Gestão da Hospitalidade e Comportamento Organizacional

M959g Mullins, Laurie J.
        Gestão da hospitalidade e comportamento organizacional / Laurie J. Mullins; trad. Vinicius Figueira. – 4.ed. – Porto Alegre: Bookman, 2004.

        1. Administração – Organizações – Gestão – Comportamento. I. Título.

        CDU 658.512/.516.3

Catalogação na publicação: Mônica Ballejo Canto – CRB 10/1023

ISBN 85-363-0398-0

Gestão da Hospitalidade e Comportamento Organizacional

4ª EDIÇÃO

Laurie J. Mullins

Tradução:
VINICIUS FIGUEIRA

Consultoria, revisão e supervisão técnica desta edição:
MARCELO SCHENK DE AZAMBUJA
Doutor em Comunicação Social pela PUC-RS
Mestre em Engenharia de Produção pela UFSM
Tecnólogo em Hotelaria pela UCS
Professor do Curso de Turismo da PUC-RS

2004

Obra originalmente publicada sob o título
Hospitality Management and Organisational Behaviour, 4/e
© Laurie J. Mullins, 1992, 1995, 1998, 2001

ISBN 0-582-43225-1

A tradução desta obra é publicada conforme
acordo com Pearson Education Limited.

Capa:
GUSTAVO MACRI

Preparação do original:
WALSON PONTES CARPES

Leitura final:
ALINE PEREIRA

Supervisão editorial:
ARYSINHA JACQUES AFFONSO

Editoração eletrônica e filmes:
WWW.GRAFLINE.COM.BR

Reservados todos os direitos de publicação, em língua portuguesa, à
ARTMED® EDITORA S.A.
(Bookman® Companhia Editora é uma divisão da Artmed® Editora S.A.)
Av. Jerônimo de Ornelas, 670 – Santana
90040-340   Porto Alegre   RS
Fone (51) 3330-3444   Fax (51) 3330-2378

É proibida a duplicação ou reprodução deste volume, no todo ou em parte,
sob quaisquer formas ou por quaisquer meios (eletrônico, mecânico, gravação, fotocópia,
distribuição na Web e outros), sem permissão expressa da Editora.

SÃO PAULO
Av. Rebouças, 1073 – Jardins
05401-150   São Paulo   SP
Fone (11) 3062-3757   Fax (51) 3062-2487

SAC 0800-703-3444

IMPRESSO NO BRASIL
PRINTED IN BRAZIL

Sobre o autor

Laurie Mullins foi professor-adjunto no Department of Business and Management da University of Portsmouth, onde ministrou aulas como especialista em Comportamento Organizacional e Gerencial e Gestão de Pessoal para estudantes de Administração e Hospitalidade. Artigos de sua autoria são publicados regularmente em uma variedade de revistas especializadas, sendo ele também autor do *best-seller Management and Organisational Behaviour*, editado pelo Financial Times Pitman Publishing.

Mullins exerce diversas atividades como consultor, tendo atuado como conselheiro e tutor de muitas organizações profissionais e educacionais. Possui também considerável experiência como supervisor externo de cursos de graduação e de pós-graduação, bem como de empresas.

Durante um ano, o autor foi professor visitante no Departamento de Gestão da University of Wisconsin, nos Estados Unidos. Atuou também como conferencista em encontros de hospitalidade na Holanda e na África do Sul. Recentemente foi convidado a permanecer, por um semestre, na Royal Melbourne Institute of Technology University, na Austrália, na condição de membro-colaborador.

À minha esposa, Pamela

*Com uma menção especial à minha família
e a meus amigos nos Estados Unidos:
Brigitte; Lisa, Zac e Matt; Steve e Linda;
Joanne e Bill; Ivan e Carol*

Em agradecimento e reconhecimento

Novamente, uma homenagem à minha esposa, Pamela, a meus filhos e família pelo interesse, incentivo e apoio permanentes. Também gostaria de registrar minha gratidão e reconhecimento às seguintes pessoas, por sua valiosa contribuição a esta obra:

- Gordon Oliver e colegas no Department of Business and Management, University of Portsmouth, especialmente Derek Adam-Smith, Gary Akehurst, Gerry Banks e Karen Meudell.
- Martin Brunner, consultor independente.
- Xiangping Bo, Escola Internacional de Administração da Universidade de Hunan, China.
- Nigel Maggs-Oosterhagen, Highbury College, Portsmouth.
- Nicky Hayward, proprietário do The Seaview Hotel and Restaurant, na Ilha de Wight, por permitir a reprodução de trechos de seu Business Excellence Model para pequenos hotéis.
- Sandra Jones, Director Higher Education General Programs, School of Management, RMIT University, Austrália.
- Hotel and Catering International Management Association.
- British Quality Foundation.
- Administradores do ramo da hospitalidade, que gentilmente concederam-me permissão para reproduzir informações de suas empresas: Linda Atsbury, Marilyn Harding-Brown, Tim Chudley, Tim Gates, Andrea McIntyre, Marie Pollock, Chis Kelsall, Janet Richardson, Jane Neil e Pat Perridge.
- Aos colegas da *Pearson Education* — especialmente Jill Jones, Judith Harvey, Sonia Wilson e Eva Martinez — por seu entusiasmo, estímulo e valioso apoio a esta edição.

Igualmente sou muito grato àqueles que me permitiram reproduzir material sob *copyright*. Fiz todo o possível para não deixar de fora os créditos referentes às obras de outros autores, mas desculpo-me se, por qualquer problema ocorrido, algum deles não tenha sido registrado. Caso haja alguma objeção, ou se houver erros e omissão de minha parte, por favor contate a editora.

Laurie J. Mullins

Sumário

1 **Introdução: preparando o cenário** 15
   Sobre este livro 15
   Objetivos do livro 16
      A quarta edição 16
      Planejamento do livro 16
   Sobre o conteúdo 16
   Guia para o estudo deste livro 18
   Estudo do comportamento no trabalho 18
   Plano de estudo 19
   Solucionando estudos de caso 19
   Tarefa introdutória 20

2 **A natureza da indústria da hospitalidade** 23
   A indústria da hospitalidade 23
   Teoria geral da administração 24
   O ambiente organizacional 25
   Características organizacionais e do quadro de empregados 28
   Estabelecimentos de pequeno porte 30
   A natureza do setor de serviços 30
      As empresas prestadoras de serviços são diferentes das outras? 31
   Gestão de serviços 33
   O modelo de análise dos sistemas abertos 34
      Aplicações à gestão da hospitalidade 35
      Influências do ambiente 37
      Análise das operações de hospitalidade 38
      A abordagem sociotécnica 38
   Metas organizacionais 40
   Filosofia e ideologia organizacionais 40
   O lucro como motivação 42
      Múltiplos objetivos de desempenho 43
      Responsabilidades sociais de gestão 44
   Estratégia corporativa 44
   Apêndice 47

3 **Trabalhando com pessoas** 55
   O comportamento das pessoas 55
      O significado do trabalho 57
      Influências sobre o comportamento 57
   Aplicações da ciência comportamental 58
   O papel da ciência social 59
   Compreendendo atitudes 60
      Avaliação das atitudes 60
      Mudança de atitude 61
   A importância das influências culturais 61
   O processo de percepção 62
      Varredura e seleção dos estímulos 63
      Aplicações na indústria da hospitalidade 67
      Percepção interpessoal 67
      Percepção seletiva 68
      O efeito halo 68
      Estereotipia 69
      Estereotipia por sexo 69
   Análise transacional 70
      Percepção do "eu" 71
      A janela de Johari 71
   Comportamento induzido pela frustração 72
   O contrato psicológico 74
      Falha em honrar o contrato psicológico 75
      Compreendendo a natureza humana 75

4 **A natureza da atividade gerencial** 83
   A natureza da gestão 83
      A relação pessoal-organização 84
   O processo de gestão 84
   A essência da atividade gerencial 86
   Princípios de gestão 88
   Papéis gerenciais 89
      Aplicações ao gerente de hotel 90
   A atividade gerencial da indústria da hospitalidade 91
      A roda gerencial 92
   A flexibilidade da atividade gerencial 93
      Padrões de comportamento dos gerentes 93
      Principais áreas de resultado na administração de hotéis 94
   Aplicações da teoria geral da administração 94
   O ambiente gerencial 95
   Eficácia gerencial 96
      A administração do tempo 98

Avaliação de desempenho 99
A administração de pessoas 100
Estrutura de gestão 100

5 Estilo e comportamento gerenciais 111
Postura gerencial 111
    Satisfação dos empregados e do cliente 112
    Atitude dos gerentes em relação à equipe 112
A grade gerencial/de liderança 114
    Gerência com circulação pelo ambiente 116
A influência do estilo gerencial 116
Sistemas de gestão 117
Perfil das características organizacionais 117
Administração por objetivos 119
Aplicações às operações de serviço 119
Perfil da personalidade dos gerentes de hospitalidade 121
Os atributos do gerente de hospitalidade 122
Aptidões gerenciais "duras" e "macias" 123
A gestão eficaz dos recursos humanos 124
    Princípios gerenciais básicos 126
    O uso da autoridade pelo gerente 128
    O custo humano de uma gestão deficiente 129

6 Processos e estrutura organizacionais 139
A importância da estrutura organizacional 139
Abordagens de organização, estrutura e gestão 140
A abordagem clássica 140
    Gestão científica 143
    Burocracia 144
A abordagem das relações humanas 145
    Uma perspectiva radical 146
A abordagem sistemática 146
A abordagem contingencial 147
    Organizações mecânicas e orgânicas 148
    Diferenciação e integração 149
    A relevância dos modelos contingenciais 150
Teoria da ação social 150
A organização trevo 151
    Implicações para a indústria da hospitalidade 152
A relação entre estrutura e pessoal 152
Projeto estrutural 153
    Harmonização com os objetivos 153
    Funções de tarefas (produtivas) e de elementos (básicas) 153
    Centralização e descentralização 154
    Abrangência do controle e cadeia hierárquica 155
    Relações organizacionais 155
    Estrutura de linha e de equipe 156
    A importância do organograma 157
A estrutura da organização "sem costuras" 158
A organização informal 158

7 Motivação, satisfação com o emprego e desempenho 171
A natureza da motivação 171
Necessidades e expectativas no trabalho 172
Motivação e satisfação com o emprego 173
Teorias motivacionais 174
    A hierarquia das necessidades de Maslow 174
    O modelo do *continuum* de necessidades de Alderfer 177
    A teoria de dois fatores de Herzberg 178
    A motivação pela realização de McClelland 180
    Pagamento e motivação dos trabalhadores horistas 181
Teorias motivacionais de processo 181
    Teoria da expectativa de Vroom 182
    O modelo de expectativa de Porter e Lawler 182
    Aplicações práticas da teoria da expectativa 184
    Teoria motivacional da eqüidade 185
    Teoria da meta 185
Aplicações das teorias motivacionais 186
A natureza do trabalho de hospitalidade 187
Modelo de função 189
    Reestruturação das funções individuais 190
    Enriquecimento da função e suas características básicas 192
    Aplicações para trabalhadores sazonais em hotéis 193
    Abordagens mais amplas para o modelo de função 194
Envolvimento e capacitação 196
Capacitação nos serviços de hospitalidade 196
Círculos de qualidade 197

8 Comportamento do grupo e desempenho 203
A natureza dos grupos de trabalho 203
A importância dos grupos de trabalho 203
Influências sobre o comportamento 204
    A necessidade do trabalho em equipe 205
    Formando uma equipe eficiente 206
Grupos formais e informais 208
Os benefícios de estar integrado ao grupo 210
Desenvolvendo grupos competentes 211
    Características de um grupo competente 213
    Desvantagens potenciais de grupos coesos 213
    Conflitos entre departamentos 214
O desempenho dos grupos 215
Canais de comunicação 216
Participação em equipes eficientes 217
Relações entre os papéis exercidos 221
    Conflito entre papéis 221
    Estresse relacionado aos papéis 224
Comportamento dos indivíduos nos grupos 224
    Sociometria 224
    Análise da interação 225

9 Liderança gerencial 235

A natureza da liderança 235
 A liderança na indústria da hospitalidade 235
 Gestão e liderança 236
 A relação de liderança 236
O estudo da liderança 237
A teoria das qualidades ou traços 237
 Características de liderança dos gerentes de hospitalidade 239
 Líderes são inatos ou são formados? 239
A abordagem funcional ou de grupo 240
 Necessidades e funções de liderança 240
Categorias comportamentais de liderança 241
 Consideração e estrutura 242
 Supervisão centrada no empregado e supervisão centrada na produção 242
 O comportamento gerencial e o estilo de liderança 243
 Continuum de comportamento de liderança 245
A abordagem situacional 246
 O modelo contingencial de Fiedler 246
 A teoria de liderança caminho-meta 248
 Prontidão dos seguidores 250
Liderança transformacional 252
O melhor estilo de liderança no ramo da hospitalidade 252
Variáveis que influenciam a eficácia da liderança 253

10 A função de pessoal/Gestão de Recursos Humanos (GRH) 263

A importância dos recursos humanos 263
A natureza da Gestão de Recursos Humanos 264
A GRH no ramo da hospitalidade 264
A função de pessoal 265
 A função de pessoal como responsabilidade compartilhada 267
 Trabalho de equipe e cooperação 267
Relações com os empregados 269
O quadro funcional da organização 271
 Rotatividade na equipe 271
 Planejamento de recursos humanos (PRH) 272
 Recrutamento e seleção 274
Análise do cargo 276
Dificuldades e aspectos desagradáveis de um cargo 276
O processo de seleção 277
 Integração e acompanhamento 278
 Termos e condições do emprego 281
Orientação, treinamento e desenvolvimento 281
Investimento nas pessoas 283
 Desenvolvimento da gestão 284
Eficiência da função de pessoal 285

11 A realização do trabalho 303

Delegação, supervisão e controle 303
Autoridade, responsabilidade e responsabilidade final 304
A prática da delegação 305
 Melhor aproveitamento dos recursos humanos 307
 Dificuldades e problemas relacionados à delegação 307
A necessidade de controle gerencial 309
 Melhoria do desempenho 310
 Principais estágios dos sistemas de controle 311
Avaliação do desempenho 312
Normas de comportamento 313
Garantia de qualidade na indústria da hospitalidade 313
A mensuração da qualidade dos serviços 314
Supervisão e relações de apoio 316
O exercício do controle 316
 Comportamento e controle gerencial 318
 Implementação de uma abordagem comportamental 318
Controle financeiro e contábil 319

12 Aprimorando o desempenho organizacional 331

Dimensões da eficácia organizacional 331
 O estudo de Heller sobre a excelência européia 332
Gestão da Qualidade Total (GQT) 332
O Modelo de Excelência da EFQM 334
Outros modelos contemporâneos da hospitalidade 336
 A mensuração da produtividade 337
Padrões de qualidade para os hotéis 338
Qualidade do serviço e desempenho empresarial 339
 Mitos referentes ao serviço ao cliente 340
Desenvolvimento organizacional 341
 O papel da cúpula administrativa 341
 Cultura organizacional 342
 A importância da cultura 345
 Clima organizacional 346
Administrando a mudança 347
Sucesso na implementação da mudança 350
Conflito organizacional 350
Perspectivas contrastantes das organizações de trabalho 351
Conclusão: entendendo os pontos de vista dos outros 351

Folhas para análise de tarefas 363
Notas e referências 365
Índice 379

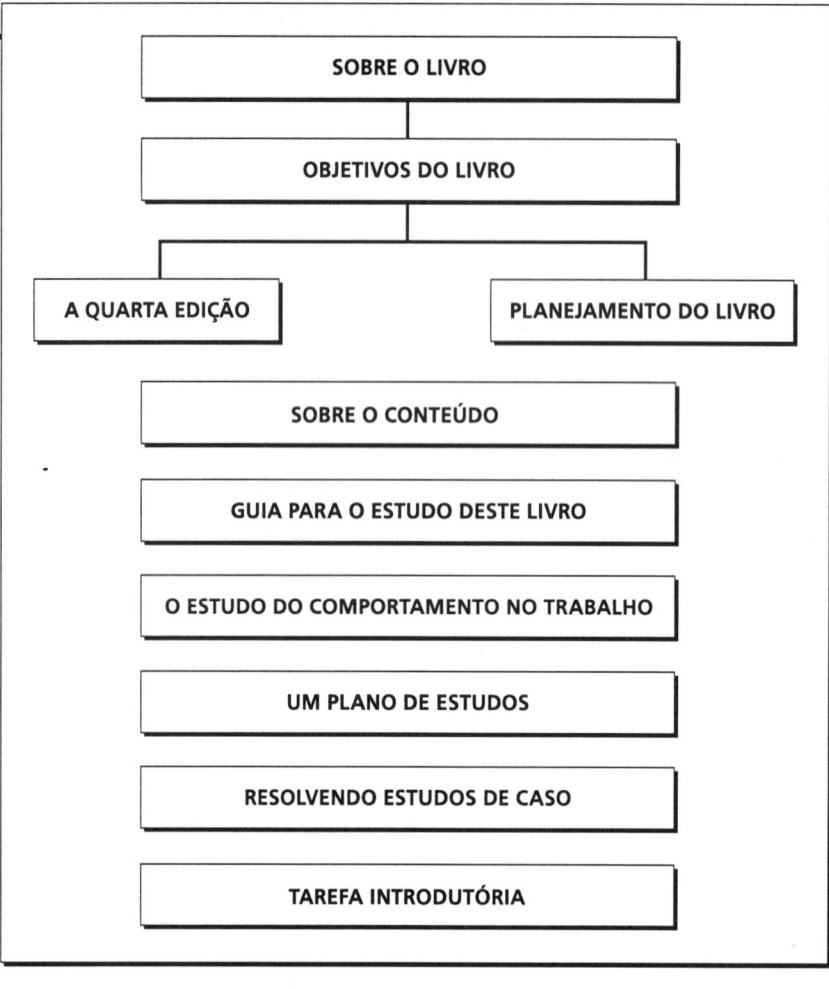

Introdução: preparando o cenário

INTRODUÇÃO

Seja qual for o ângulo pelo qual se interprete a natureza da indústria da hospitalidade, é inevitável considerar que o desempenho organizacional está relacionado principalmente àqueles que integram o quadro de funcionários. Os conceitos e as idéias apresentados neste livro oferecem a você uma base para analisar criticamente a estrutura e a gestão das organizações de hospitalidade, bem como as interações entre as pessoas que nelas trabalham. Este capítulo introdutório descreve as principais características do livro, estabelece um plano de estudos e prepara o cenário que promoverá maior conscientização e compreensão da gestão da hospitalidade e do comportamento organizacional.

SOBRE ESTE LIVRO

O tema central deste livro é o aprimoramento do desempenho organizacional por meio da administração eficiente dos recursos humanos. **Isso implica conhecer o comportamento de cada indivíduo e do grupo nas organizações, além de fatores que influenciam a gestão eficiente do pessoal.** Debatemos, com freqüência, a verdadeira natureza da administração, perguntamo-nos se o administrador é aquele que já nasce com a aptidão para sê-lo ou aquele que constrói sua formação, ou, ainda, se a administração é uma arte ou uma ciência. A resposta para essas questões é, com certeza, uma combinação de ambas as características apontadas. Mesmo que haja algumas qualidades inatas que contribuam potencialmente para a formação de um bom administrador, seu talento natural exigirá estimulação e aperfeiçoamento. É indiscutível que os administradores precisam ser competentes nas habilidades e técnicas necessárias para um desempenho operacional eficiente. A administração, porém, deve sempre contar com um pouco de arte, especialmente quando envolve avaliar pessoas e lidar com elas.

Há muitos aspectos relacionados à administração, mas um ingrediente essencial de qualquer gestor bem-sucedido é a capacidade de lidar com as pessoas de maneira satisfatória.

A gestão diz respeito, diretamente à atividade humana, e a forma de gerir pode ser tão importante quanto a competência administrativa.[1]

Nos últimos anos, tem-se notado uma predominância de estruturas organizacionais mais planas, voltadas ao trabalho flexibilizado e ao maior envolvimento do empregado. No ambiente empresarial, esse fato fez com que fosse dada uma ênfase cada vez maior a um estilo administrativo integrador e participativo, em detrimento de um molde hierárquico e controlador. Cabe a você, leitor, julgar até que ponto isso se aplica às organizações de hospitalidade.

O termo "hospitalidade" tornou-se cada vez mais popular, como substantivo genérico que abrange uma vasta gama de diferentes setores das empresas de hotelaria e de *catering*, e também de outros ramos muitas vezes associados a eles. O uso da terminologia é variável, o que faz com que o termo esteja sujeito a diferentes interpretações quando dá título a algum livro ou capítulo. Contudo, quaisquer que fossem as palavras escolhidas, nenhum livro seria capaz de cobrir todos os setores dessa espécie de atividade, a qual constitui uma área de estudo muito variada e extensa. Com o objetivo de alcançar uma profundidade de conteúdo razoável, este livro concentra-se em tópicos selecionados, relevantes à organização eficiente do trabalho, e em conhecimentos do comportamento e da administração de pessoas.

Tal procedimento sustenta-se em contextos, situações e exemplos específicos da hospitalidade.

OBJETIVOS DO LIVRO

Os objetivos deste livro são:

- Indicar maneiras pelas quais o desempenho pode ser melhorado a partir de uma correta administração dos recursos humanos;
- Apresentar a importância e a aplicação da teoria e dos princípios gerais da administração às organizações de hospitalidade;
- Apresentar uma perspectiva integrada da teoria e da prática;
- Equilibrar o rigor acadêmico com uma abordagem pragmática da área estudada.

Está entre os fundamentos de gestão que o trabalho realizado por outras pessoas é parte integrante de qualquer atividade administrativa. A gestão do pessoal, dos recursos humanos, é parte do cotidiano da administração, e todos os gerentes e supervisores são responsáveis por ela.

Os limites deste livro não permitem que todos os aspectos que influenciam a gestão eficiente do pessoal sejam examinados. A intenção aqui é ampliar a compreensão e a apreciação da área estudada, e apresentar ao leitor uma estrutura analítica que o leve a refletir sobre o que leu e a explorar aplicações específicas referentes à hospitalidade.

Há muitas maneiras de interpretar-se as organizações.[2] Este livro concentra-se na natureza e na estrutura das mesmas, no processo de gestão, nos estilos de comportamento gerencial e na obtenção de resultados por meio do trabalho de outras pessoas. Determinados processos organizacionais, como a delegação, o recrutamento e a seleção, exigem que os gerentes estejam atentos a princípios e procedimentos básicos. Da mesma forma, a análise objetiva das operações de hospitalidade sustenta-se, quando necessário, em uma atitude mais prescritiva na execução da atividade.

Pretende-se que esta obra atenda ao interesse de alunos que se encontram em nível de graduação, de profissionalização, ou que já tenham passado por experiências profissionalizantes e aspiram a um cargo gerencial. O livro também é dirigido a gerentes e supervisores que desejam ampliar seu conhecimento da área aqui estudada.

O conteúdo apresentado oferece uma base para a apreciação crítica dos processos organizacionais e gerenciais que influenciam o comportamento e o desempenho das pessoas no ramo da hospitalidade. Espera-se que o texto estimule o leitor a conscientizar-se ainda mais da importância da gestão eficiente dos recursos humanos, isto é, da administração (gestão) de pessoal.

A quarta edição

- **Uma característica desta edição é a inclusão do endereço do *site* que a acompanha: www.booksites.net/mullins**
- A mudança do título desta edição pretende refletir mais de perto a importância do processo de gestão e das características do comportamento organizacional, para que haja melhor utilização dos recursos humanos e melhor desempenho.
- Manteve-se a mesma fundamentação na abordagem, assim como a estrutura e a sistematização, marca registrada do sucesso das edições anteriores.
- Há, contudo, alterações na seqüência de alguns capítulos. Foram realizadas uma revisão e uma atualização do material, e os conteúdos foram racionalizados.
- A partir dos pontos fortes das edições anteriores, acrescentou-se material moderno — incluindo casos, ilustrações, comentários e exemplos práticos —, de interesse particular de alunos de hospitalidade e gerentes.
- A lista de assuntos do livro está mais completa e detalhada, e cada capítulo começa com um resumo de seu conteúdo.
- Há mais de 120 referências revisadas, atualizadas ou novas.
- Um acréscimo significativo a esta edição são as matrizes para transparências, **que também estão disponíveis no *site***.
- A atenção que se deu ao leiaute e à apresentação desta edição visa a ampliar o interesse que desperta e a torná-la mais agradável.

Planejamento do livro

Ver figura ao lado.

SOBRE O CONTEÚDO

- O Capítulo 2 analisa a natureza do serviço da hospitalidade, suas características e aspectos distintivos. Dá-se atenção às maneiras pelas quais as idéias provenientes da teoria e da prática gerenciais poderiam ser aplicadas, com vantagem, a esta atividade.
- O Capítulo 3 aborda o comportamento organizacional e as pessoas como o ponto central da gestão eficiente. Se os administradores quiserem melhorar seu desempenho, precisam compreender quais fatores influenciam o comportamento e as ações das pessoas no trabalho.
- Os Capítulos 4 e 5 abordam o gerenciamento como a pedra fundamental do relacionamento empresa-pessoal. O Capítulo 4 explora o processo administrativo por meio do qual as atividades relativas às organizações de hospitalidade são executadas. O gerenciamento é, em sua essência, uma atividade integradora que permeia todos os aspectos das operações de hospitalidade. O Capítulo 5 trata da natureza do relacionamento gerente-subordinado, como um componente central nas efetivas operações de hospitalidade. A forma de atuar dos gerentes e seu estilo de administrar influenciarão o trabalho e o desempenho dos empregados.
- O Capítulo 6 estuda o desenvolvimento da teoria organizacional a qual destaca a importância do projeto estru-

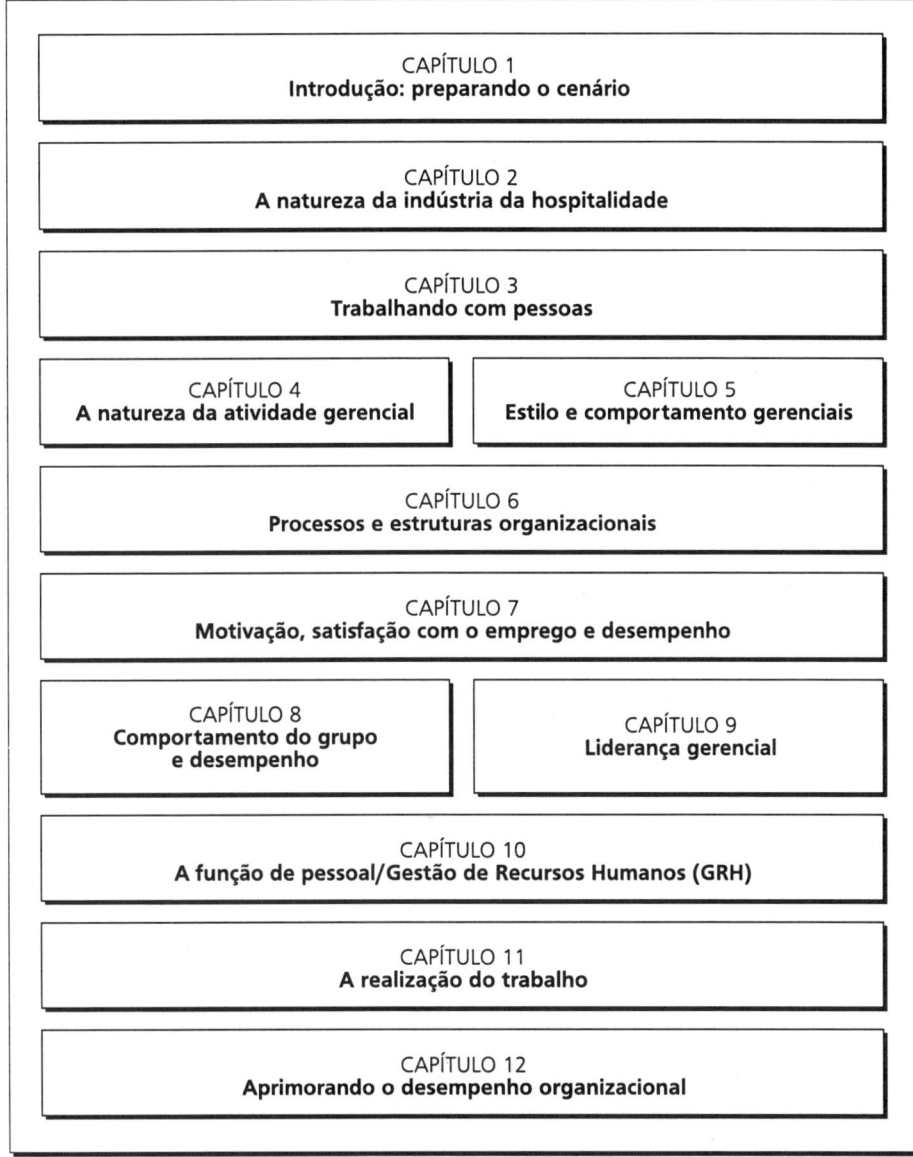

tural e da gestão dos recursos humanos. É por meio da estrutura que o trabalho da organização de hospitalidade é efetivamente realizado.

- O Capítulo 7 examina aquelas áreas que estimulam os funcionários a trabalhar bem e que promovem a sua satisfação. Os administradores alcançam seus resultados por meio da atividade de outras pessoas. Saber conduzir os funcionários a trabalhar com vontade e eficientemente é um ingrediente essencial à administração bem-sucedida.
- Os Capítulos 8 e 9 apresentam uma concepção segundo a qual os grupos de trabalho são uma das mais importantes características do ambiente organizacional.

Abordam também o significado e a natureza do relacionamento com a liderança. O Capítulo 8 reexamina o funcionamento dos grupos e a necessidade do trabalho de uma equipe eficiente. Os indivíduos raramente trabalham isolados. Os grupos são integrantes essenciais da estrutura das operações de hospitalidade e da melhoria do desempenho organizacional. O Capítulo 9 explora a natureza da liderança gerencial. Parte do processo de gestão depende fundamentalmente da coordenação e da direção da atividade dos funcionários, o que influencia o processo da liderança e da escolha de um comportamento apropriado.

- O Capítulo 10 examina a função de pessoal/Gestão de Recursos Humanos (GRH) como parte integrante do processo de gestão e aprofundamento efetivo do pessoal. Prestar a devida atenção a essa função permitirá aumentar a eficiência da força de trabalho e o nível do desempenho organizacional.
- O Capítulo 11 detalha os procedimentos para que se levem a cabo os processos organizacionais e a execução do trabalho. Para que a organização de hospitalidade funcione bem, as atividades de seus funcionários precisam ser canalizadas e conduzidas rumo a objetivos e metas corporativas.
- O Capítulo 12 encerra o livro com uma revisão do nível de eficiência organizacional e da melhoria do desempenho no trabalho. A organização de hospitalidade não é apenas uma organização laboral, mas também um complexo sistema social. Os administradores precisam necessariamente dominar os fatores que influenciam a eficiente gestão de pessoal.

GUIA PARA O ESTUDO DESTE LIVRO

Este livro adota uma abordagem objetiva em relação à análise dos conceitos e teorias organizacionais e de gestão, e à sua relevância em relação às operações de hospitalidade. Não se deixe enganar pelo uso da palavra "teoria". A maior parte das decisões sensatas baseiam-se em alguma forma de teoria contendo uma mensagem sobre como os administradores/gerentes deveriam comportar-se. Isso influenciará atitudes relativas à prática gerencial e provocará mudança no comportamento real. A teoria ajuda na construção de modelos básicos aplicáveis a uma variedade de diferentes situações organizacionais. Além disso, oferece-nos um quadro conceitual e uma perspectiva para o estudo prático do assunto. A teoria e a prática são inseparáveis. Juntas, elas nos levam a um melhor entendimento dos padrões de comportamento nas organizações e à aplicação do processo de gestão.[3]

O presente livro foi estruturado e escrito utilizando o mínimo de terminologia técnica. Cada capítulo é amplamente ilustrado com diagramas e contém:

- um resumo do capítulo e uma breve introdução;
- um sumário dos aspectos principais;
- questões para revisão e debate;
- tarefas práticas e/ou estudos de caso.

Há uma seqüência lógica de aspectos estudados, assim como uma útil referência cruzada entre os capítulos. Os capítulos, entretanto, são independentes. A seleção e a ordem destes pode ser modificada para que se adaptem às preferências pessoais do leitor ou às exigências de seu próprio ritmo de estudo. As seções principais são claramente identificadas por títulos e subtítulos detalhados.

O uso de seções separadas para cada tópico abordado é um meio reconhecidamente acadêmico de auxiliar o estudo e facilitou a explicação da matéria em questão. Contudo, na prática, as atividades de uma organização e o processo de gestão não podem ser claramente distribuídos em categorias específicas. A maior parte das ações provavelmente implicam uma determinada quantidade de funções simultâneas relacionadas ao processo de gestão como um todo. Por isso, os tópicos deste livro não devem ser considerados absolutamente independentes.

Algo que ocorre quando se estuda é que você freqüentemente se depara com a dificuldade de identificar uma resposta certa para uma determinada situação ou área problemática. Não há uma verdade absoluta, ou uma resposta apenas, o que pode fazer o estudo de sua área de interesse algo potencialmente frustrante. Mas esse fato também pode ser interessante e significar um desafio, estimulando o pensamento criativo e um saudável debate acadêmico. Os pontos de vista do autor sobre o papel das ciências sociais e a necessidade de destacar a importância vocacional (Capítulo 3), por exemplo, são em parte contestados por Wood.[4] Os leitores que desejarem dar continuidade a esse debate poderão alcançar uma percepção mais profunda do uso das ciências sociais na gestão da hospitalidade.[5]

As questões de revisão e para discussão oferecem uma base para avaliação do conteúdo apreendido. As questões, tarefas e estudos de caso nos oferecem a oportunidade de refletir sobre os tópicos fundamentais de cada capítulo, e de discutir e comparar pontos de vista com os colegas.

As notas e referências, encontradas ao final do livro, têm o objetivo de ajudá-lo a aprofundar os assuntos de seu interesse. Com a intenção de oferecer referências mais detalhadas e específicas, e de manter o texto central mais limpo, adotou-se o sistema simples de numeração. Tal sistema parece ser o preferido dos leitores. As posições teóricas e idéias de outras pessoas poderão não estar todas identificadas. Apesar de ter feito todo o esforço possível para fazer a devida referência ao trabalho de outros autores, eu, já por antecipação, peço desculpas por qualquer equívoco ou omissão dessa ordem.

Espero que você complemente a leitura desta obra aplicando os conhecimentos adquiridos em sua experiência prática. Tente encontrar boas e más estratégias e exemplos de gestão de pessoal na área da hospitalidade; reflita sobre as razões que definem seu sucesso ou fracasso aparentes.

ESTUDO DO COMPORTAMENTO NO TRABALHO

O estudo sistemático do comportamento no ambiente de trabalho é algo relativamente novo, e a terminologia utilizada ainda não é consistente. A expressão "comportamento organizacional" é, contudo, cada vez mais aceita como forma de se referir ao estudo do comportamento no ambiente das organizações. Envolve conhecimento, predição e controle do comportamento humano e dos fatores que influenciam o desempenho dos membros de uma organização[6], além de permitir uma visão comportamental da gestão.

O comportamento organizacional é, na verdade, uma expressão enganadora, porque só muito raramente os empregados de um hotel (ou de qualquer outra organização) comportam-se de uma maneira uniforme, que representaria o hotel como um todo. Na prática, referimo-nos ao comportamento e às ações de um indivíduo ou de um pequeno grupo de pessoas. Por exemplo, quando falamos sobre uma empresa de assistência médica, estamos nos referindo à filosofia, às atitudes e às ações de determinados administradores ou mesmo de um administrador apenas. Não obstante, a expressão "comportamento organizacional" tornou-se amplamente conhecida e aceita, sendo encontrada na literatura e nos livros sobre gestão da hospitalidade. "Comportamento organizacional" é uma forma cômoda, digamos, abreviada, de nos referirmos a uma multiplicidade de influências inter-relacionadas sobre o comportamento das pessoas nas organizações.

PLANO DE ESTUDO

O estudo do comportamento organizacional implica considerar-se a interação entre os funcionários, a estrutura formal, as tarefas a serem realizadas, a tecnologia empregada e os métodos de executar o trabalho, o processo de gestão e, finalmente, o ambiente externo. Esses fatores fornecem um básico, porém útil, plano de estudo (Figura 1.1) que inclui a compreensão dos seguintes aspectos:

- o comportamento das pessoas;
- o processo de gestão;
- o contexto organizacional em que ocorre o processo de gestão;
- os processos organizacionais e a execução do trabalho;
- as interações com o ambiente externo do qual a organização é parte.

SOLUCIONANDO ESTUDOS DE CASO

Os estudos de caso neste livro oferecem ao leitor uma oportunidade de demonstrar, em suas respostas, capacidade analítica, pensamento lógico, poder de julgamento e persuasão. Quando se toma o estudo de caso como um exercício coletivo, propicia-se um meio de avaliar a capacidade que os indivíduos têm de trabalhar eficientemente em grupo, bem como o desempenho deste como um todo.

Orientações para a resolução dos estudos de caso

O nível e a profundidade da análise, assim como o tipo de resposta exigida, dependerão do estudo de caso apresentado. É possível, porém, apresentar orientações gerais que o ajudarão a resolver tais estudos.

(i) Leia integralmente o estudo de caso, a fim de "sentir" de que problema trata. Confira o que a pergunta pede e se você deve assumir um determinado papel, que pode ser, por exemplo, o de gerente-geral ou o de gerente de departamento sênior.

(ii) Leia, então, o estudo de caso pela segunda vez. Examine o material atentamente e procure identificar-se com as situações ali apresentadas e com os personagens envolvidos.

(iii) Aborde o estudo de caso abertamente. Evite quaisquer predisposições que possam influenciar sua percepção daquilo que estuda. Não forme opiniões definitivas até que tenha apurado todas as provas disponíveis. Não tire conclusões precipitadas ou infundadas.

(iv) Faça um *brainstorming* e leve em consideração todas as possibilidades, dissecando o caso. Talvez seja necessário pesquisar significados obscuros e aspectos que não se deixam identificar em um primeiro momento. Lembre-se de que pode haver uma quantidade de assuntos relacionados ou independentes do caso, bem como várias linhas de ação possíveis.

(v) Uma característica particular do trabalho com o estudo de caso é que você provavelmente receberá apenas informação limitada. Portanto, não deixe de estudar todos os detalhes de maneira ordenada. Primeiramente, para ter certeza dos fatos, e, em segundo lugar, para identificar quais deduções ou inferências podem ser tiradas dos mesmos. Você precisará, talvez, esboçar algumas hipóteses, que devem *sensatamente* basear-se em aspectos do caso em questão e servir para clarear a situação. *Como parte de sua resposta, esclareça todas as hipóteses que achar necessário.*

(vi) O estudo de caso pode começar deliberadamente apresentando informações confusas, bem como eventos ou situações que precisam ser esclarecidos. Tente estabelecer as relações e distinguir causas e efeitos. Concentre-se no que você considera ser os assuntos mais importantes.

(vii) No momento certo, relacione sua análise a estudos e leituras, fundamentos e experiências práticas relevantes.

(viii) Reflita sobre a maneira pela qual a utilização de recursos audiovisuais, como diagramas, quadros e tabelas, pode enriquecer a apresentação de sua resposta. Mas não fique tentado a utilizar tais recursos mesmo sem necessidade; certifique-se de que são de fato significativos, necessários e claros.

(ix) Elabore um plano de pontos-chave que sirvam de base para sua resposta. Identifique claramente dificuldades existentes ou potenciais, assim como questões problemáticas. Quando você tiver identificado uma determinada quantidade de linhas de ação, indique onde vê a necessidade de ação urgente e quais são as prioridades que recomenda. Tenha em mente considerações práticas, tais como prioridades, *timing*, custos, comentários existentes e possíveis efeitos no quadro funcional.

(x) Inclua uma lista de referências e/ou bibliografia.

Princípios gerais e prescrições relacionadas ao processo de gestão se aplicam igualmente a todas as formas de organizações de hospitalidade. Contudo, é importante ter-se pre-

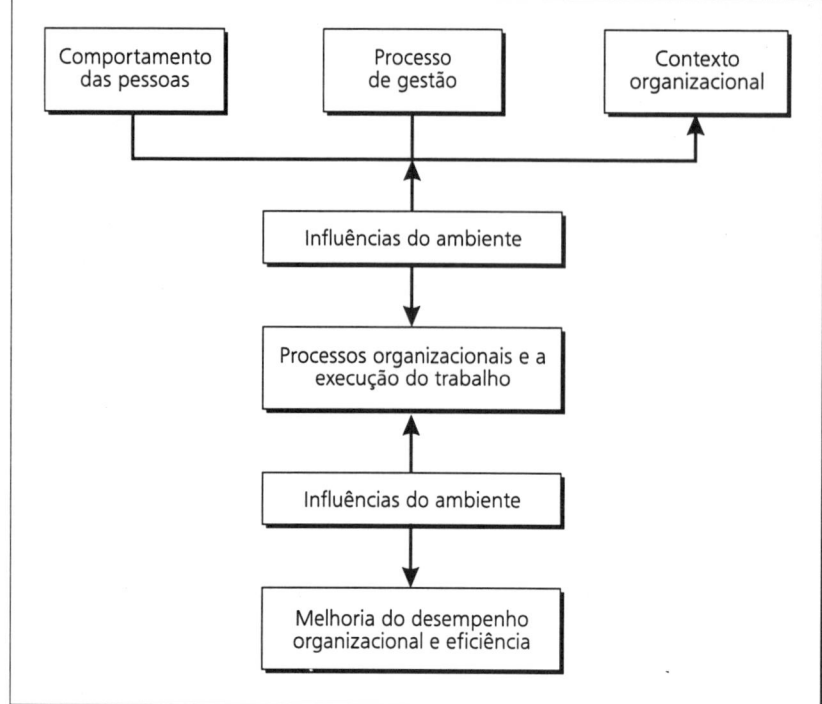

FIGURA 1.1 Um plano básico de estudos.

sente o contexto do ambiente organizacional em que o processo de gestão realmente ocorre (Capítulo 2), e a natureza das diferenças individuais e das influências culturais (Capítulo 3).

Muitos dos casos presentes neste livro são deliberadamente práticos, e baseados em situações e eventos reais. Não obstante, eles também oferecem a oportunidade de explorar potenciais conexões com conceitos teóricos, podendo ser desenvolvidos para ilustrar e extrair determinados pontos de interesse que sirvam de base para discussões futuras.

TAREFA INTRODUTÓRIA

Reúna-se em pequenos grupos livres, discuta e compare:

- o que você entende por "comportamento organizacional"; e
- as dificuldades particulares associadas com o estudo do comportamento organizacional e com a gestão de pessoas no ambiente de trabalho.

A partir de sua própria experiência, cite exemplos práticos de:

- comportamento das pessoas;
- processos de gestão;
- contexto organizacional; e
- influências do ambiente

que ilustram aplicações do comportamento organizacional e do gerenciamento de pessoas na indústria da hospitalidade.

ESTUDO DE CASO INTRODUTÓRIO 1

Winston Chua
South Avenue
Cingapura

Prezado Laurie

Sou um ex-estudante de Hotelaria e *Catering*, graduado no ano passado. Agora trabalho para uma empresa relativamente nova, que há pouco assumiu uma cadeia de restaurantes em três pontos diferentes, mas que, no momento, tem apenas um deles em funcionamento. Assumiremos o segundo ponto em dois meses e o terceiro em outros dois. Meu trabalho é diagnosticar erros. Inspecionarei as operações dos três pontos e relatarei todo e qualquer problema que ocorrer, tentando resolvê-lo. Terei contato freqüente com a diretoria e com os gerentes dos três pontos. Os diretores comunicaram-me sobre suas expectativas. Coloquei tudo no papel e passei para os gerentes; eles, então, deverão retransmitir, por meu intermédio, quaisquer informações que queiram fazer chegar aos diretores. Em outras palavras, atuo principalmente como Gerente Operacional, ou Gerente-geral.

Meu problema é o seguinte: relaciono-me bem com os diretores e gerentes, já que no momento temos apenas um ponto. Passo 2/3 do meu tempo no restaurante e o restante no escritório (locais fisicamente afastados entre si), realizando o trabalho burocrático, registrando tudo, como, por exemplo, formulando um procedimento-padrão para os funcionários do serviço e da cozinha. Sinto que alguns deles ficam ressentidos comigo. Talvez pensem que eu deveria passar mais tempo junto deles, algo que não posso me comprometer a fazer. Em quatro meses, quando eu estiver administrando os três pontos, mal poderei dedicar 2/3 do meu tempo a apenas um desses pontos. Além disso, estou um pouco atrasado com o trabalho burocrático. Como resolver este problema do ressentimento dos funcionários? (E eu que deveria diagnosticar problemas!!)

Tarefas

Trabalhando em pequenos grupos livres, elabore uma correspondência adequada em resposta ao caso de Whiston Chua, oferecendo seu aconselhamento e sugerindo linhas de ação.

ESTUDO DE CASO INTRODUTÓRIO 2: O KING'S RESTAURANT

John Hill é gerente de restaurante no ABC Hotel há três anos. Realiza muito bem o seu trabalho, apesar de ter passado por apenas um curso de *catering*, no início de sua carreira de gerente. Ele precisa passar a imagem de um gerente de restaurante experiente.

O italiano Mario Tazzi é um dos garçons que trabalha sob a orientação de Hill. Sempre trabalhou em restaurantes, sendo inclusive filho de um dono de restaurante. Tazzi reside na Inglaterra com sua esposa, uma mulher atraente, que trabalha também no hotel como garçonete.

A Srª Tazzi quase não fala inglês, mas é agradável e muitos clientes já comunicaram a Hill o quanto se sentiram satisfeitos sendo atendidos por ela.

Poucas semanas antes de o Sr. e a Srª Tazzi serem contratados pelo King's Restaurant, Hill apresentou uma jovem, sua conterrânea, ao gerente-geral do hotel, Sr. Fulbright. Essa jovem, Susan Green, foi contratada como garçonete.

Até o momento da chegada dos Tazzi, Hill freqüentemente encontrava-se com Susan. Como era o responsável pela elaboração dos horários, ele sempre fazia com que Susan trabalhasse no mesmo turno em que ele mesmo trabalhava, a fim de que pudessem sair juntos ao final do expediente.

O Sr. Fulbright recebeu reclamações de alguns clientes, os quais queixaram-se que Hill era prepotente e que Susan não sabia fazer direito seu trabalho.

Fulbright chamou Hill a seu escritório e lhe disse o que ocorrera sobre o serviço do restaurante, mas não mencionou que as pessoas reclamavam de sua atitude esnobe. Hill também nunca disse a Fulbright qualquer coisa sobre a maneira pela qual alguns clientes elogiavam a Srª Tazzi.

Durante o encontro, ambos não conseguiram identificar com precisão a causa do problema, mas decidiram que a Srª Tazzi deveria trocar seu turno de trabalho com Susan, evitando que o casal Tazzi trabalhasse no mesmo turno.

Uma semana depois da mudança, Susan comunicou a Mario Tazzi, o qual agora trabalhava no mesmo turno dela, que John Hill estava tendo um caso com sua esposa, a Srª Tazzi.

Fonte: Reproduzido, com adaptações, do Estudos de Caso para Treinamento Prático da BACIE com a permissão da mesma (British Association for Commercial and Industrial Education).

```
A INDÚSTRIA DA HOSPITALIDADE

TEORIA GERAL DA ADMINISTRAÇÃO

O AMBIENTE ORGANIZACIONAL

CARACTERÍSTICAS ORGANIZACIONAIS E DO QUADRO DE EMPREGADOS

ESTABELECIMENTOS DE PEQUENO PORTE

A NATUREZA DO SETOR DE SERVIÇOS

As empresas prestadoras de serviços são diferentes das outras?

GESTÃO DE SERVIÇOS

O MODELO DE ANÁLISE DOS SISTEMAS ABERTOS
    ├── Aplicações à gestão da hospitalidade
    ├── Influências do ambiente
    ├── Análise das operações de hospitalidade
    └── A abordagem sociotécnica

METAS ORGANIZACIONAIS

FILOSOFIA E IDEOLOGIA ORGANIZACIONAIS

O LUCRO COMO MOTIVAÇÃO
    ├── Múltiplos objetivos de desempenho
    └── Responsabilidades sociais de gestão

ESTRATÉGIA CORPORATIVA

APÊNDICE
```

2

A natureza da indústria da hospitalidade

INTRODUÇÃO

A indústria da hospitalidade possui características peculiares, mas também compartilha, com outros setores, características comuns, enfrentando os mesmos problemas gerais relativos à organização e à administração. Deve-se prestar atenção às maneiras pelas quais as idéias provenientes da teoria e da prática geral da gestão podem ser aplicadas, com vantagem, a este setor.[1]

A INDÚSTRIA DA HOSPITALIDADE

Nos últimos anos, o termo "hospitalidade" tornou-se cada vez mais popular, e seu sentido passou a abrigar muitas organizações, inclusive hotéis. Como a palavra reúne muitas acepções, a indústria da hospitalidade pode ser interpretada de diferentes maneiras. De acordo com um relatório da HCTC — Hotel and Catering Training Company (Centro de Treinamento em Hotelaria e *Catering*) — por exemplo, o setor "inclui hotéis, restaurantes, bares, *clubs*, cafés, hospedarias, *contract catering**, o setor público, além de *catering* industrial, hospitalar, educacional e de lazer".[2] O setor da hospitalidade também pode ser dividido em dois outros: serviços comerciais e serviços industriais e públicos.

Serviços comerciais

- acomodação;
- refeições;
- *trade*** licenciado;
- turismo e viagens.

Serviços industriais e públicos

- serviços industriais;
- serviços públicos; e
- hospitais e pensões.[3]

Hornsey e Dann, "por conveniência," sugerem quatro subdivisões, o que é uma maneira alternativa de dividir o setor:

- o setor hoteleiro (hotéis, restaurantes, bares e *clubs*);
- *catering* industrial;
- *catering* institucional e serviços domésticos; e
- *fast food*.[4]

Embora haja alguns fatores comuns entre as diferentes divisões apresentadas e alguma variação no encaixe do quadro de funcionários nestas, a hospitalidade compreende setores distintos e independentes. O setor hoteleiro e o de *catering*, por exemplo, são em muitos aspectos completamente diferentes, cada um merecendo um estudo a parte.

Mas o que é hospitalidade?

A partir de uma pesquisa na literatura referente às bases históricas e sociológicas da hospitalidade, King afirma que esta possui quatro características:

- é uma relação entre indivíduos que atuam como administradores do setor hoteleiro e hóspedes;
- essa relação pode ser comercial ou privada (social);
- a chave para a hospitalidade bem-sucedida, tanto na área comercial quanto privada, exige o conhecimento daquilo que agrada ao hóspede;
- a hospitalidade é um processo que inclui a chegada, a acomodação confortável, o atendimento dos desejos do hóspede e sua partida ao final da estada.

King entende que a hospitalidade comercial possui vários aspectos centrais que devem ser incluídos em um modelo de

---

*N. de R.T. *Catering* são as empresas que fornecem alimentos preparados.
**N. de R.T. *Trade* significa comércio, negócio.

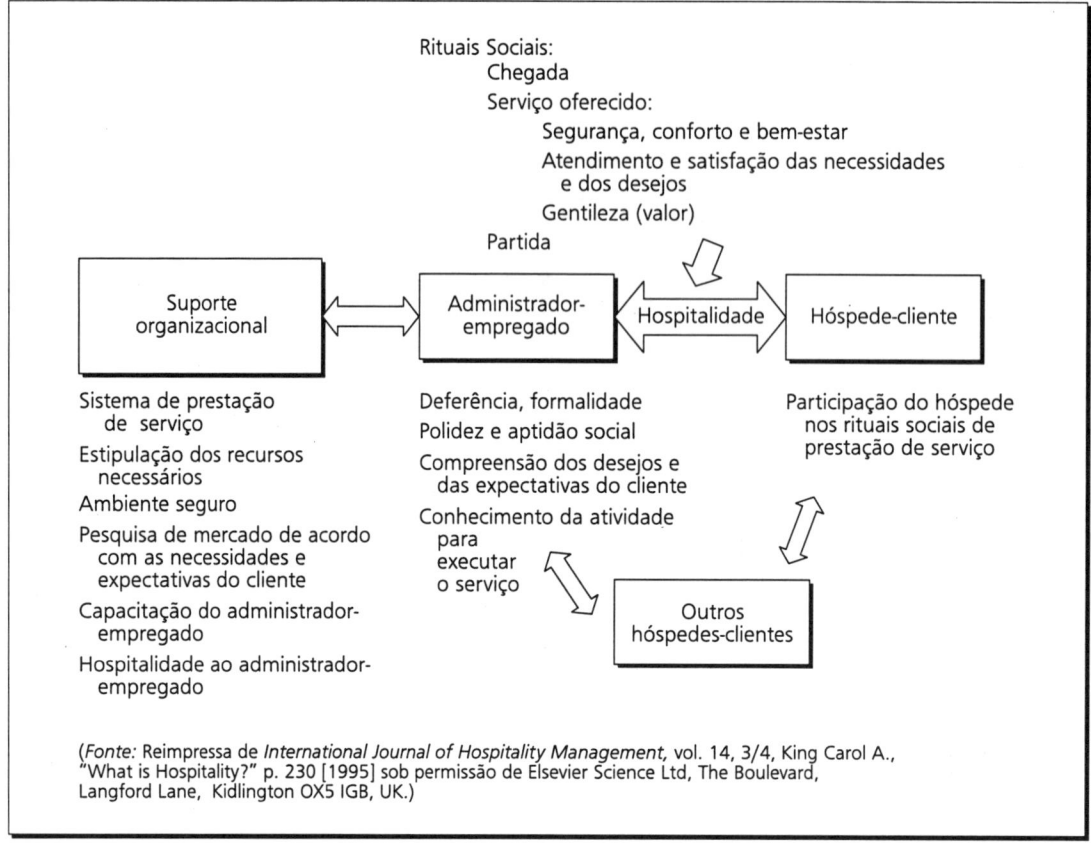

FIGURA 2.1 Modelo de hospitalidade.

hospitalidade que, por sua vez, inclua administrador-empregado e hóspede-cliente envolvidos em contatos face a face[5] (Figura 2.1).

A partir de *insights* dos processos naturais de hospitalidade, relativos às organizações comerciais modernas nessa área, Guerrier explica a hospitalidade como:

- atendimento das necessidades humanas fundamentais de alimentação, bebida e local de repouso para pessoas que não são da família;
- reconhecimento à equipe de trabalho, destacando seus méritos junto aos demais, à medida que se esforçam para oferecer boa estada aos hóspedes;
- intercâmbio de mútuo benefício entre o administrador e o hóspede.[6]

TEORIA GERAL DA ADMINISTRAÇÃO

É natural que os administradores de hotéis e de empresas de *catering* acreditem que seu setor seja singular, algo especial e diferente de qualquer outro. Mas até que ponto tal suposição está correta? De acordo com Fearn, em artigo de 1971, a administração do setor de hotéis e de *catering* não se desenvolveu no mesmo ritmo dos outros setores:

"Pouco progresso ocorreu em termos de ações administrativas, conhecimento e reflexão. Quando se observa o surpreendente progresso da administração em setores surgidos neste século, é difícil explicar a falta de evolução e de mudanças no setor de hotelaria e *catering*."[7]

Houve, é claro, avanços desde então, dando-se muito mais ênfase às maneiras pelas quais as idéias provenientes da teoria geral da administração podem ser aplicadas ao setor.[8] Há, contudo, ainda um longo caminho a percorrer. Por exemplo, Medlik defende a idéia de que "ocorre apenas um progresso limitado na transmissão da teoria da administração e de negócios das empresas de manufatura para o setor de serviços, em geral, e para os hotéis, em particular".[9]

Quais são então as razões para a ausência de avanços e mudanças na administração? Será que a indústria da hospitalidade é tão diferente das outras e, portanto, resiste a comparações?

Cultura da hospitalidade e pesquisa

A partir de uma revisão dos presentes avanços na pesquisa e na cultura da hospitalidade, Jones coloca a seguinte questão: "Existe algo que possamos chamar de pesquisa no setor da hospitalidade?". A resposta que o mesmo autor nos dá é um inequívoco "sim". Contudo, Jones ainda argumenta que a pesquisa no setor da hospitalidade não é facilmente identificável, havendo poucos trabalhos não-derivados de outras disciplinas.[10]

Concentrando-se na natureza da pesquisa acadêmica da administração da hospitalidade no Reino Unido, Taylor e Edgar consideram que há prova suficiente de que a pesquisa no setor ainda está um pouco embrionária e, embora tenha havido progresso considerável nos últimos anos no que diz respeito à quantidade e à qualidade da pesquisa, o ramo ainda não atingiu a sua maturidade.[11]

A partir de uma consulta a 156 livros e artigos sobre o comportamento organizacional e a gestão de recursos humanos no setor da hospitalidade, Guerrier e Derry concluem que as pesquisas concentram-se primeiramente em aplicar idéias da prática geral da administração ao setor da hospitalidade, em vez de influenciar pesquisa nessa prática geral. Este setor propicia um maravilhoso ambiente em que se podem explorar assuntos atuais nos estudos organizacionais e na gestão de recursos humanos. Contudo, embora exista uma base de conhecimento considerável sobre a gestão da hospitalidade, mesmo aqui há lacunas e, comparado com a retórica, pouco se sabe sobre a verdadeira natureza da atividade administrativa.[12]

Afinal, a indústria da hospitalidade é ou não diferenciada?

Um bom número de autores indica que há uma grande tendência a considerar a indústria da hospitalidade como algo "diferenciado".[13] Contudo, também se pode argumentar que todo setor tem suas peculiaridades. O mais importante é ressaltar que todos os setores compartilham características comuns, e que diferem em muitos aspectos.

Assim, as questões a serem examinadas são as seguintes:

(i) Quais são as características comuns presentes no setor da hospitalidade e nos outros setores?
(ii) Até que ponto o setor da hospitalidade é significativamente diferente dos outros?
(iii) Essas diferenças são suficientes para indicar que o setor da hospitalidade seja diferenciado e para restringir a aplicação da teoria e da prática geral da administração?

Para examinar essas questões precisamos de uma perspectiva, a partir da qual tentaremos fazer uma comparação entre as atividades do setor da hospitalidade e as de outros setores. Precisamos levar em consideração a natureza do ambiente organizacional.

O AMBIENTE ORGANIZACIONAL

O processo de administração não ocorre no vácuo, mas no contexto de um ambiente organizacional. As organizações são muito diferentes, em seus procedimentos, em seus leiautes e em seus tamanhos. A estrutura, a administração e o funcionamento das organizações variam, pois elas diferem em muitos fatores, como: natureza, tipo, metas e objetivos da organização, ambiente externo, mercadorias e/ou serviços oferecidos, clientes e comportamento das pessoas que nela trabalham.

A partir de um exemplo um tanto exagerado, consideremos duas diferentes espécies de organização — digamos, uma prisão de segurança máxima e uma universidade voltada quase que exclusivamente à pesquisa —, dois pólos extremos de um mesmo *continuum* para fins de análise. De imediato, podemos observar que, embora ambas as organizações exerçam as atividades básicas da administração, os seus procedimentos e métodos de operação, a estrutura, os sistemas e estilos administrativos, a orientação e o comportamento dos funcionários são bastante distintos.

Será interessante, portanto, ter em mente tal comparação quando explorarmos as características gerais e distintivas do ambiente organizacional do setor da hospitalidade.

Fatores comuns às organizações

Apesar das diferenças existentes entre as empresas, há pelo menos quatro aspectos comuns entre elas:

❑ pessoas; ❑ estrutura;
❑ objetivos; ❑ administração.

É a interação das **pessoas** pela busca de **objetivos** que forma a base de uma organização. A **estrutura** precisa de uma determinada forma pela qual as interações entre as pessoas e o seu trabalho sejam canalizadas e coordenadas. É por meio do processo de **administração** que as atividades empresariais e o trabalho de seus funcionários são dirigidos para determinados objetivos.

A eficiência da organização dependerá da qualidade de seu pessoal, de seus objetivos e de sua estrutura, bem como dos recursos disponíveis. Há duas amplas categorias de recursos:

❑ **não-humanos** — bens físicos, materiais, equipamento e instalações;
❑ **humanos** — capacidades/influência dos funcionários e a gestão exercida sobre eles.

A inter-relação das pessoas, objetivos, estrutura e administração, juntamente com a utilização eficiente dos recursos, determinará o sucesso ou o fracasso da organização, bem como o seu nível de eficiência (Figura 2.2).

As práticas hoteleiras e a indústria da hospitalidade

A natureza ampla e variada das práticas em hotelaria indicam que podemos considerar que elas abrangem, em

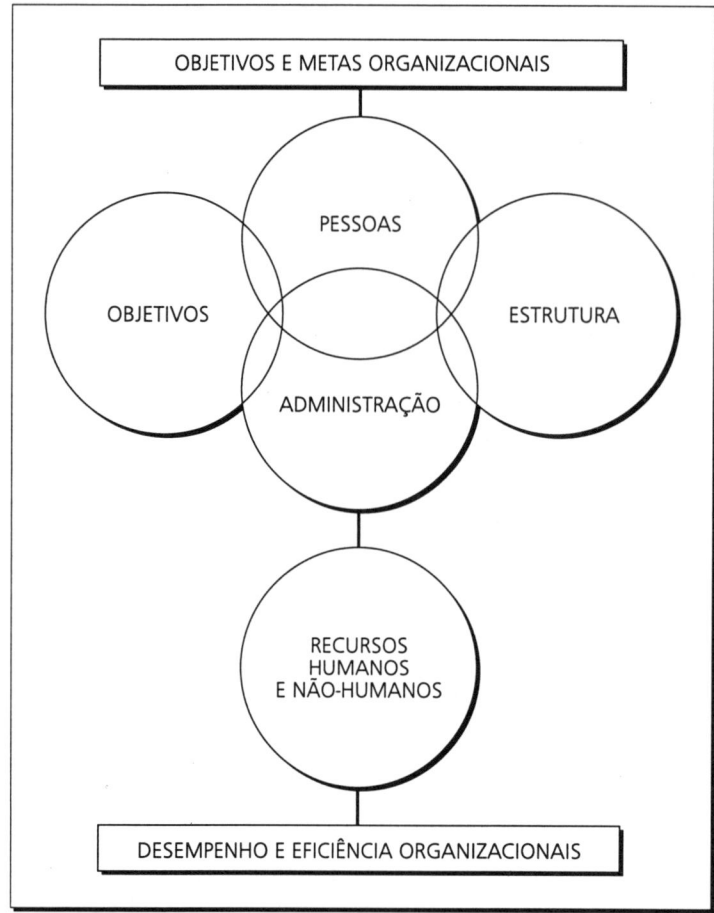

FIGURA 2.2 Fatores comuns às organizações.

menor ou maior grau, elementos de setores associados à hospitalidade, tais como o comércio licenciado, *catering* e atividades de lazer. **Em termos gerais, o setor hoteleiro também possui maior variedade no que diz respeito às características organizacionais e de seus funcionários do que aquelas que encontramos em outras áreas da indústria da hospitalidade.**

Tipos de hotel

Há muitos tipos de hotel e muitas maneiras diferentes de distingui-los e classificá-los. Medlik, por exemplo, adota os seguintes critérios para a classificação dos principais tipos de hotel:[14]

- O **local**: por exemplo, em grandes ou pequenas cidades, *resorts* na praia ou no campo; e a **posição** nesses locais, isto é, no centro da cidade, à beira-mar ou junto a uma rodovia.
- A acessibilidade fácil a um determinado **meio de transporte**: por exemplo, motéis, hotéis localizados próximos a ferrovias ou aeroportos.
- O **propósito da estada** e a razão principal para permanência dos hóspedes: por exemplo, hotéis para negócios, convenções ou hotéis para férias.
- Uma forte tendência para uma **curta ou longa duração** da estada dos hóspedes, por exemplo, hotéis de trânsito ou residenciais.
- A **variedade de instalações e serviços**: por exemplo, aberto a residentes ou não, com possibilidade de acomodação por apenas uma noite com café da manhã ou *flat*.
- A diferença entre hotéis **licenciados e não-licenciados**.
- O **tamanho** do hotel: por exemplo, o número de apartamentos ou de camas disponíveis — um hotel de grande porte dispõe de centenas deles.
- A **classificação ou graduação** do hotel em guias e publicações especializadas: por exemplo, um hotel de luxo, isto é, cinco estrelas, ou básico, uma estrela.
- A **propriedade e a administração** do hotel: por exemplo, grupos ou cadeias de hotéis, ou hotéis de propriedade individual.

O Savoy Hotel, de Londres — um corpo especial

O Savoy Hotel, em Londres, é o hotel de maior qualidade e o mais dedicado ao cliente no mundo inteiro. "For Excellence We Strive", algo como "Empenhamo-nos pela excelência", é o lema do Savoy, e qualquer funcionário sabe disso e vivencia isso todos os dias.

Lembro-me muito bem do que senti em meu primeiro dia no hotel como garçom do *River Room Restaurant*. Quando atendi o primeiro cliente, o que eu tinha em mente era prestar a ele o melhor serviço de sua vida. Não sabia a razão, mas havia algo no ar que me estimulava a agir assim. Enquanto estive lá, notei que o ambiente era sempre esse. É possível afirmar que os próprios funcionários alimentam a equipe, gerando motivação, sem importar o quanto estivéssemos ocupados ou cansados. Como resultado, encerrávamos o turno totalmente exaustos, mas muito satisfeitos com o que havíamos realizado.

O Savoy é um lugar assustador para se trabalhar, em parte devido à superstição e às histórias que o cercam, mas também pelo fato de poucas pessoas terem a chance de estar lá durante suas vidas. Para os funcionários, contudo, é uma oportunidade rara de aprender os fundamentos do melhor serviço de hotelaria do mundo. Essa era a razão pela qual os funcionários se esforçavam ao máximo. Tal é o poder do Savoy, que ele é considerado uma plataforma a partir da qual as carreiras decolam ou afundam. Os funcionários bem-sucedidos durante o seu treinamento podem ficar orgulhosos do que realizam.

Inúmeras vezes, depois de encerrar um turno que começava às 6 da manhã e terminava às 11 da noite, tudo o que eu queria fazer era pedir demissão e dizer um basta definitivo. Mas como compensação para toda a agitação vivida durante 13 horas de trabalho, em que caminhava, carregava, limpava e atendia, podíamos em fim descansar em um apartamento para funcionários no último piso do hotel, caso estivéssemos escalados para o turno da manhã no dia seguinte. Tudo de graça. O que mais se poderia pedir? Mesmo tendo seus dias de folga cancelados sem aviso prévio, ou tendo de trabalhar em turnos dobrados, raramente se ouviam reclamações ou discussões. Nunca descobri por quê.

O treinamento era parte do trabalho. Você observava e ouvia todos, e a velocidade com que se aprendia dependia de cada um. Sem dúvida, aprendíamos rápido. Não nos era possível relaxar, sempre havia algo a fazer. Certa vez um colega contou-me que ao final do dia ele calculou ter caminhado quase 8 quilômetros. Por isso, era indispensável usar sapatos confortáveis.

Um dia comum no Savoy começava, para mim, às 4h30min. Chegando ao hotel às 5h50min, eu vestia calça preta, um paletó branco, cujos botões deviam estar brilhando, e sapatos também pretos, reluzentes como novos. Não se aceitavam roupas encardidas e/ou sapatos sujos. Não trajar um paletó impecável significava ter de voltar para o vestiário, ou então não se aproximar dos clientes. Eu chegava ao restaurante por volta das 6h e começava a preparar o setor. Uma vez preparado o faqueiro de prata e tendo colocado pãezinhos frescos e amanteigados dinamarqueses em todas as cestas, tomávamos o café da manhã às 7h. Meia hora depois começávamos a atender. Sendo um garçom iniciante, tudo o que eu fazia era obedecer às ordens do Chef de Rang (chefe de seção ou chefe de fila). O garçom iniciante entrava e saía da cozinha, anotando pedidos, limpando mesas, trocando as toalhas e trazendo incontáveis bules de chá e café. Anotar o pedido de um cliente era realmente um honra para o garçom iniciante e, para todos, uma experiência para nunca mais se esquecer.

Lembro-me do dia em que me dei conta do quanto o padrão do Savoy era alto, pois quando um hóspede derramou um copo de suco de laranja em sua mesa, o Chef de Rang disse-me para trocar toda a coberta de mesa enquanto o cliente era conduzido à mesa mais próxima. Havia uma maneira especial de trocar a toalha de mesa, e os clientes jamais percebiam o pano verde usado como forro. Dessa vez, porém, achei oportuno colocar um menu entre o pano verde e a toalha nova, para que esta não absorvesse a umidade. Mas pareceu-me que um dos clientes havia visto o forro por alguns segundos. Vinte minutos mais tarde fui até o Gerente de Provisões para explicar o que havia feito e garantir a ele que isso não aconteceria de novo. Pode-se dizer que tal comportamento é absurdo, mas era um procedimento corriqueiro no hotel.

Hoje, relembro meu treinamento com orgulho e satisfação. Não havia nenhum outro lugar onde se pudesse receber tal treinamento. Era como se no Savoy nenhum cliente tivesse problemas. O hotel é uma espécie de relíquia do passado, onde todos trabalham até o limite de suas capacidades a fim de alcançar o ponto máximo de eficiência, se é que isso é possível. Já atendi princesas e reis, *pop stars* e políticos, e agradeço ao Savoy, embora tenha sido uma experiência árdua, por ter tido a oportunidade de fazê-lo.

(*Fonte:* O autor agradece a Christian Ternofsky por essa contribuição.)

> ### Estresse e hotéis localizados nas proximidades de aeroportos
>
> Altos níveis de estresse são comuns em hotéis próximos a aeroportos, em razão de uma variedade de fatores, os quais são, de certa forma, exclusivos.
>
> Um grande número de hotéis localizados nas proximidades de aeroportos indicam que a oferta de mão-de-obra é menor do que a demanda, considerado o fato de que se poderia ganhar mais dinheiro em qualquer outra função não-especializada no próprio aeroporto do que trabalhando como arrumadeira, por exemplo. A tendência é de que os funcionários se alternem entre os hotéis. É comum haver carência de funcionários, especialmente com o pagamento, sendo feito por hora, o que faz com que os funcionários busquem a melhor oferta.
>
> Hotéis localizados perto de aeroportos estão ocupados 24 horas por dia. O fornecimento de refeições funciona 18 horas por dia. O serviço de quarto precisa estar sempre atuante. Os clientes podem estar irritadiços devido a atrasos ou a *jet lag*. Os pedidos de comida podem parecer estranhos, pelo fato de os clientes internacionais estarem em fuso horário diferente, isto é, um norte-americano poderá, na Europa, pedir café da manhã no horário do almoço. É comum hospedar tripulações aéreas, as quais pedem para ser despertadas cedo e em horário pontual, exigindo apartamentos silenciosos e tarifas baixas.
>
> Vôos atrasados causam imprevistos ao serviço de *catering* por causa do grande número de pessoas que chegam de surpresa aos bares e lanchonetes. Geralmente procuram tais locais por indicação de um folheto de propaganda e têm de enfrentar o atraso de seus pedidos. Em geral, as crianças causam um grande incômodo a esses visitantes.
>
> É necessário colocar funcionários e postos nos estacionamentos, para que ninguém estacione de graça. A segurança precisa ser de alto nível, já que a grande rotatividade de hóspedes e o fato de muitos deles virem do exterior contribuem para que haja maior risco.

CARACTERÍSTICAS ORGANIZACIONAIS E DO QUADRO DE EMPREGADOS

Os hotéis não são, portanto, um grupo homogêneo. É possível, contudo, resumir suas características organizacionais e as da equipe de trabalho mais importantes, inerentes aos hotéis em geral, as quais, em parte, podem ser comuns a outros setores da hospitalidade. Por exemplo:

- um grande número de hotéis de tamanho e tipos diferentes operam no país e no exterior;
- muitas dessas unidades operam 24 horas por dia, sete dias por semana;
- há altos custos fixos, uma oferta fixa, mas uma demanda flutuante, sazonal e geralmente imprevisível;
- funciona tanto como setor de produção quanto de serviços;
- a produção e as vendas operam no mesmo local;
- há diferentes clientes procurando satisfazer uma variedade de necessidades e expectativas;
- os serviços são oferecidos diretamente ao hóspede no local, e ele ao partir não leva consigo qualquer produto tangível;
- uma ampla variedade de operações estão combinadas, muitas das quais acontecem simultaneamente;
- um alto grau de coordenação é necessário, o qual é geralmente medido em períodos de tempo muito curtos;
- aos administradores, espera-se que sejam proficientes tanto em habilidades técnicas e práticas quanto na área burocrática;
- os funcionários podem residir no local;
- exigem-se diferentes especialidades, mas também há um bom número de funcionários não-especializados;
- a maior parte da equipe recebe baixa remuneração;
- faz parte da atividade trabalhar durante longas horas, inclusive fora do horário normal;
- há uma grande proporção de jovens, mulheres, atividades de meio-turno e serviço ocasional;
- grande parte da equipe é formada por estrangeiros (pouco aplicável no Brasil);
- há muitos sindicatos novos, mas poucos funcionários são filiados a eles;
- há alta mobilidade de mão-de-obra e alta rotatividade de funcionários, que entram e abandonam o setor hoteleiro.

A natureza inconfundível do setor

São tais características que, em conjunto, diferenciam o setor hoteleiro, dão forma ao projeto e à estrutura organizacional e, em grande parte, determinam políticas, procedimentos e o comportamento organizacionais.[15] É a combinação dessas características organizacionais com a equipe de trabalho que determina o processo de gestão, com efeito significativo no comportamento funcional e nas relações entre os empregados.[16] Como exemplo da natureza do trabalho da indústria da hospitalidade, a Figura 2.3 nos oferece um *insight* do trabalho de uma camareira do Four Seasons Hotel, em Londres, segundo o ponto de vista do diário de sua filha, que fez parte do projeto "Leve sua filha para o trabalho".

Marjorie Williams, 41 anos, é camareira do Four Seasons Hotel, Park Lane, em Londres. Ela trabalha 40 horas por semana e é responsável pela limpeza e fiscalização dos serviços, observando os padrões do hotel.

DIÁRIO DE ALISON

9h Fui apanhar meu uniforme. Gosto de usá-lo — ajudou-me a compreender o meu papel no trabalho.

9h30min Compareci na reunião desta manhã para examinar o relatório do gerente noturno e saber das informações da noite anterior no hotel. Assim ficamos sabendo se alguma coisa de errado aconteceu ou se algum cliente reclamou. Depois, os chefes de departamento passaram uma lista de fatos ocorridos hoje e que se refletirão nos procedimentos do hotel — coisas de que você talvez nem suspeitasse, como uma marcha festiva na rua em frente ou clientes famosos chegando. Espero que alguém famoso chegue hoje.

11h Acompanhei minha mãe, ajudando a limpar e examinar os apartamentos. Ela tem de fazer tudo certo e deixar tudo igual em todos eles — até o espaço entre o telefone e o bloco de anotações. O padrão do hotel sempre tem que ser observado, e você não pode esquecer de nada. Não imaginava que minha mãe tinha de trabalhar tanto ou lembrar de tantas coisas — não é de admirar que ela me ache tão bagunceira. Eu limpei a mesa de cabeceira — mais ou menos oito vezes — e ajudei a arrumar a cama. Substituí todos aqueles frasquinhos de xampu e material de banho que os hóspedes usam — até levei alguns para casa!

12h Troquei de uniforme e fui trabalhar agora como porteiro — ou porteira. Não conseguia carregar as malas, mas pelo menos mostrava às pessoas o local do *check-in*. Alguns hóspedes são muito simpáticos, sorriem e conversam com você; outros simplesmente o ignoram — isto é: você está ali só para servi-los. O problema é que só pela aparência não dá para dizer que tipo de hóspedes eles são. Alguém me disse que eu estava bonitinha de chapéu. A hora do almoço é muito movimentada. Ernie Wise e Alan Whicker apareceram, mas não tive coragem de falar com eles. Pareciam pessoas normais, apesar de serem famosos. Acho que eu deveria ter dito a eles que eu gostaria de ser atriz — talvez eles tivessem me oferecido uma grande oportunidade.

13h Apanhei meu almoço — peixe frito com batatas fritas — na cantina, acompanhada de outras garotas. Trocamos histórias sobre os hóspedes que tínhamos visto, mas já estávamos bastante cansadas. Acho que meio turno de trabalho por dia é suficiente para mim.

14h O início da tarde foi calmo demais, mas mesmo assim eu tive de me concentrar para manter o melhor comportamento possível. Depois que você começa a trabalhar, não sobra tempo para relaxar. Graças a Deus não é janeiro — eu teria congelado.

15h Não fiz outra coisa a não ser sair da cozinha para o serviço de quarto e vice-versa. É incrível como os hóspedes fazem pedidos para levarmos aos seus apartamentos. Parece que nunca paramos; o serviço funciona 24 horas por dia. Pelo menos na escola você tem alguns momentos de folga para conversar com seus colegas. Aqui, mal conseguimos dar uma escapadinha para ir ao banheiro.

15h30min Outra reunião. Ainda não sei se é melhor estar aqui ou na escola. Quando tinha muito o que fazer, achava melhor estar na escola; quando tudo estava calmo, eu gostava muito de observar como todos trabalham em equipe. O que minha mãe faz é tão importante quanto o que um gerente faz. A primeira coisa que um hóspede observa em um hotel é o apartamento, e minha mãe é responsável por oferecer uma ótima primeira impressão. Isso me faz sentir orgulho dela e eu gostaria que outras pessoas soubessem disso. Alguns hóspedes elogiam o que ela faz e oferecem gorjetas; outros a ignoram.

Depois da reunião voltei a "ajudar" minha mãe, mas não tinha condições de fazer mais nada. Fiquei apenas descansando até a hora de voltar para casa.

> "Não imaginava que minha mãe tinha de trabalhar tanto ou lembrar de tantas coisas — não é de admirar que ela me ache tão bagunceira."

(*Fonte:* Reimpresso com permissão de Solo Syndication do *YOU Magazine*, 20 April 1997, p. 32.)

FIGURA 2.3 Então é isso o que minha mãe faz todo dia.

Na verdade, nem todas essas características poderão ser aplicadas a todos os hotéis. É importante lembrar a relevância do ambiente organizacional, a natureza particular do setor, e frisar que os **hotéis não formam um grupo homogêneo**. Por exemplo, hotéis de grande porte, localizados no centro das cidades, provavelmente disporão de uma maior gama de operações, mais procedimentos burocráticos, áreas mais específicas e especializadas, e um nível mais alto de mobilidade e rotatividade do pessoal do que pequenos hotéis do interior. Determinados tipos de hotéis apresentarão características mais específicas; por exemplo, hotéis para aposentados terão uma menor variedade de clientes, e oferecerão instalações e serviços adaptados às necessidades e às expectativas de sua clientela.

A indústria da hospitalidade é também muito cosmopolita e as organizações do ramo existem em todas as partes do mundo. É, portanto, essencial reconhecer o significado dos valores nacionais, culturais e éticos, bem como as influências sociopolíticas.[17]

ESTABELECIMENTOS DE PEQUENO PORTE

Grandes grupos hoteleiros ofertam um significativo número de apartamentos e muito da "teoria" da administração em hospitalidade baseia-se no estudo de organizações de grande escala. Todavia, é importante lembrar que uma característica inerente ao setor é a predominância de hotéis pequenos e independentes, quase sempre administrados pelos próprios donos. Tais hotéis propiciam uma área de estudo importante para o comportamento organizacional e também para a administração eficiente de pessoas.[18]

Um modelo de excelência

O Seaview Hotel and Restaurant é um pequeno hotel particular, situado na Ilha de Wight. Oferece a seus clientes dezesseis apartamentos, dois restaurantes e dois bares. O serviço de *catering* atende a toda espécie de hóspedes: fumantes, não-fumantes, bebês, adolescentes e animais de estimação; possui salas especiais no andar térreo e dispositivos para facilitar o acesso de deficientes. O Seaview já obteve o reconhecimento do *Department of National Heritage*, e recebeu muitos elogios por seu padrão de eficiência e serviço, satisfação do cliente e treinamento da equipe funcional. Em 1998, o hotel recebeu um "*business Oscar*", oferecido pela British Quality Foundation, tornando-se modelo para empresas do setor de lazer, hotelaria e *catering*.[19]

ASPECTOS DO MODELO DE EXCELÊNCIA DO HOTEL SÃO APRESENTADOS EM VÁRIOS CAPÍTULOS DESTE LIVRO.

O apêndice deste capítulo também traz um comentário original sobre algumas características inerentes à propriedade e à administração de um hotel interiorano e pequeno, com dezesseis apartamentos.

A NATUREZA DO SETOR DE SERVIÇOS

As operações de hotéis combinam um elemento produtivo e outro de serviços. Assim, embora alguns deles não sejam organizações voltadas exclusivamente aos serviços, apresentam muitas características básicas comuns a empresas que atuam nessa área.[20]

Pode-se considerar que o setor de serviços apresenta sete características:

- o consumidor participa do processo;
- produção e consumo simultâneos;
- capacidade perecível;
- seleção do local determinada pela demanda do consumidor;
- mão-de-obra intensiva;
- intangibilidade;
- dificuldade em medir o desempenho.[21]

O consumidor participa do processo

Ao contrário da produção física, na qual o ambiente da "fábrica" pouco importa ao comprador eventual, a presença do consumidor requer atenção ao que está à volta e às características da execução dos serviços. A satisfação do consumidor será influenciada pelo local, pela mobília e pela decoração do estabelecimento, e pelo ambiente na qual a prestação de serviços ocorre. O consumidor é parte do processo de serviços e pode influenciar nas operações envolvidas. Por exemplo, os hóspedes podem fazer uso das cafeteiras disponíveis em seus próprios apartamentos, reduzindo assim a demanda pelo serviço de quarto.

Produção e consumo simultâneos

Os serviços são criados e consumidos ao mesmo tempo. Diferentemente da atividade industrial, não há estoque. Por exemplo, o ato de um recepcionista que auxilia um hóspede não pode ser estocado para uso futuro. Os serviços não podem ser armazenados para atender à demanda flutuante. Para que ocorra a prestação de serviços, deve haver interação direta e pessoal com os clientes. A falta de controle operacional pode resultar em clientes tendo de esperar por atenção ou pela prestação de serviços.

Capacidade perecível

Os serviços não podem ser estocados e, se não forem utilizados, serão perdidos. Ao contrário da produção fabril, os serviços perecem com o tempo. Altos custos fixos ocorrerão durante períodos de baixa demanda. O lucro perdido com um apartamento desocupado por um dia não pode ser recuperado mais tarde: foi perdido para sempre. Muitas vezes não há apartamentos disponíveis para satisfazer uma demanda mais alta do que a esperada, resultando em uma oportunidade perdida para a geração de receita extra.

Seleção do local determinada pela demanda do consumidor

Também de forma contrária à atividade industrial, os serviços não podem ser distribuídos por meio de diferentes canais. A prestação de serviços e o consumidor devem andar juntos (instantaneidade). Os serviços não podem ser prestados em um só local, de forma centralizada, para atender diferentes mercados geográficos, e pode não ser possível atingir economias de escala. Os serviços de hospitalidade dependem necessariamente do contato pessoal. Como os serviços são prestados diretamente ao consumidor, isso pode resultar em operações mais modestas e locais geograficamente limitados.

Mão-de-obra intensiva

Na atividade de prestação de serviços, as linhas de ação são transmitidas às pessoas e a mão-de-obra é recurso importante na determinação da eficiência organizacional. A natureza pessoal dos serviços de hospitalidade dá ênfase à importância da interação direta entre empregados e clientes. A prestação de serviços eficiente depende da atenção, das atitudes e do desempenho da equipe toda. A utilização cada vez maior da tecnologia e da automação acaba levando à exigência de um maior nível de atenção pessoal e de serviço.

Intangibilidade

Comparado a produtos palpáveis, as características particulares dos serviços são mais difíceis de se explicar ou comunicar, o que exige conhecimento do comportamento do consumidor e total dedicação às atividades inerentes. Os benefícios derivados dos serviços estão associados aos sentimentos e às emoções. A qualidade do serviço em um hotel geralmente está ligada ao seu refinamento e aos cuidados ambientais, à disposição e às atitudes da equipe funcional, e à índole dos consumidores.

Dificuldade em medir o desempenho

A aferição dos resultados é difícil porque é improvável que haja apenas um critério importante na avaliação do desempenho efetivo. Por exemplo, a lucratividade ou o número de clientes hospedados em um hotel não é necessariamente uma medida da qualidade do serviço. A natureza intangível dos serviços, juntamente com a natureza heterogênea dos clientes, significa que a própria prestação de serviços poderá ser totalmente diferente, conforme o caso. É difícil, portanto, estabelecer ou monitorar padrões objetivos de desempenho. Inclusive no mesmo estabelecimento, a prestação de serviços a clientes individuais provavelmente irá variar muito conforme, por exemplo, as razões da presença dos mesmos e suas exigências particulares, além das personalidades e do comportamento tanto dos clientes quanto dos funcionários.

Falta de propriedade

Outra característica dos serviços é que, ao contrário da indústria ou dos fornecedores de produtos, a compra de serviços não garante ao consumidor a propriedade sobre o que consome. Toda a natureza material dos serviços permanece sob a propriedade do dono do hotel, os consumidores apenas alugam as instalações durante sua estada.[22]

As empresas prestadoras de serviços são diferentes das outras?

As organizações de hospitalidade apresentam muitas características das prestadoras de serviços, compartilhando com estas muitos fatores, tais como custos fixos altos, mão-de-obra intensiva, baixos salários e horário de trabalho especial. Mas o ramo de prestação de serviços é mesmo diferente dos demais? De acordo com autores importantes, como Levitt, não:

> Os prestadores de serviço, por sua vez, pensam que eles e seus problemas diferem muito dos outros empresários e das outras empresas. Em sua opinião, os serviços exigem mão-de-obra intensiva, enquanto que o restante da economia é de capital intensivo. Mas essas diferenças são em grande parte falsas. Na verdade não existem empresas de serviços. O que há são empresas cujos componentes de serviço são maiores ou menores do que em outras empresas. Todo mundo presta serviços.[23]

Macdonald, porém, afirma que há diferenças substanciais entre a indústria e os serviços, e que as prestadoras de serviços têm todo o direito de alegar que são diferentes. As diferenças internas entre a atividade industrial e a de serviços incluem:

- *Indústria* — a produção está voltada ao capital ou aos equipamentos; priorizam-se as aptidões técnicas; o treinamento é preponderante; os resultados da produção são variáveis.
- *Serviços* — a produção está voltada para as pessoas; as aptidões interpessoais são priorizadas; a orientação tem predominância; os resultados dos serviços estão sujeitos a maior variação ainda.[24]

A distinção entre bens e serviços é demonstrada também por Stamatis[25] (Figura 2.4).

A natureza da administração

Ao se referir à questão "Qual é a natureza da administração no setor de serviços?", Jones sugere que está implícito na questão a suposição de que os administradores de serviços se deparam com problemas diferentes e agem de forma distinta de outros administradores. O mesmo autor reconhece, porém, que essa hipótese é controversa. Mesmo onde há consenso de que os serviços sejam de alguma forma diferentes, não há o mesmo consenso sobre a causa ou importância dessa diferença.[26]

Operações de serviço centradas nos bens e na produção	Operações de serviço centradas no consumidor
Consumidor envolvido em pouquíssimos processos de produção	Consumidor envolvido em muitos processos de produção
O processo de produção e de entrega são separados	Os processos de produção e entrega sobrepõem-se em: ■ graus variáveis e ■ podem até ser idênticos
A produção é independente do consumo	A produção é quase sempre simultânea com o consumo
O planejamento do produto está centrado no cliente, e o planejamento do processo está centrado no empregado	Tanto o planejamento do produto quanto o do processo estão centrados no cliente
Os resultados da produção demonstram menor variabilidade	Os resultados da produção apresentam maior variabilidade
Mais favoráveis ao estabelecimento de padrões, mensurações, inspeção e controle	Menos favoráveis ao estabelecimento de padrões, mensurações, inspeção e controle
Tecnicamente mais complexas	Tecnicamente menos complexas
As relações consumidor-empregado geralmente não são complexas	As relações consumidor-empregado são em geral muito complexas
As habilidades técnicas predominam nas operações	As habilidades interpessoais predominam nas operações
O treinamento é em grande parte físico	O treinamento é em grande parte psicológico
A maior parte dos produtores não lida diretamente com o cliente	A maior parte dos produtores lida diretamente com o cliente
A economia de escala é em geral prontamente atingível	A economia de escala não é prontamente atingível

(Reproduzida com permissão de D. H. Stamatis, *Total Quality Service: Principles, Practices and Implementation*, © CRC Press, Florida [1996], p. 23-24.)

FIGURA 2.4 Distinção entre bens e serviços.

A maior característica do setor da hospitalidade é o papel desempenhado pelas pessoas e o contato direto e as interações entre a equipe de trabalho e os clientes. A maior parte dos administradores que o autor conhece enfatiza a necessidade de um alto nível de comprometimento com a atividade e a capacidade de oferecer o máximo de si a todas as pessoas (os atributos de um administrador de hotel serão discutidos no Capítulo 5).

Mas qualquer que seja a filosofia das empresas do setor de serviços, estas ainda têm algumas funções e propósitos a cumprir como parte de seu papel na sociedade. Elas necessitam de boa administração para que operem efetivamente, assim como qualquer outra empresa.

GESTÃO DE SERVIÇOS

As organizações de hospitalidade, criadas para oferecer tanto serviços quanto hospitalidade, nem sempre possuem serviços administrados eficientemente. Tanto a indústria da hospitalidade quanto outras prestadoras de serviços precisam reconhecer que, hoje em dia, mais do que nunca, é necessário gerir os serviços com competência, oferecendo atendimento de alta qualidade. Maior ênfase na qualidade significa também maior foco no cliente. À medida que se estabelece essa prioridade, as estratégias de gestão, conhecidas como "gestão de serviços", são desenvolvidas. A gestão de serviços adota uma política direcionada ao mercado na prestação de serviços, com ênfase em relações de longo prazo com o cliente. Albrecht define a gestão de serviços como "uma abordagem organizacional completa que constrói a qualidade dos serviços a partir da percepção do cliente, a força motriz número um nas operações de negócios".[27]

Enquanto as abordagens tradicionais de administração enfatizam as conseqüências e estruturas internas, a gestão de serviços enfatiza as conseqüências e os processos externos. Essa mudança de foco requer alterações na cultura do trabalho. A organização como um todo precisa assimilar a ênfase nos serviços e perceber que a organização só sobreviverá se for ao encontro das necessidades do cliente. O comprometimento das empresas, juntamente com suas metas e objetivos, deve manter sempre o foco no cliente. Essas afirmações orientam de maneira clara que direção a empresa deverá tomar. As metas do empregado são estabelecidas pelo cliente e os sistemas de remuneração baseiam-se na satisfação deste.

Estratégia de serviços

A estratégia de serviços é o elo que representa o foco na satisfação do cliente. A estratégia revela as linhas de ação em relação a determinado segmento de clientes, como desenvolvê-los e com que recursos. A estratégia de serviços reforça a missão estratégica da organização. Sem uma clara estratégia de serviços, toda ação será inconsistente. Fortes estratégias de serviços não apenas fortalecem as relações com os clientes, como também ajudam a manter os empregados. Corretamente executados, tornam-se uma poderosa ferramenta administrativa para a sustentação de vantagens na competitividade do mercado.

Chacko entende que "em um setor que alcançou um estágio maduro do seu ciclo de vida e onde haja grande competição, os proprietários de hotel já se deram conta que a qualidade do serviço pode ser a vantagem competitiva mais importante".[28]

Foco na gestão

O foco de uma organização que investe na gestão de serviços é diferente daquele de uma organização tradicional. A gestão de serviços permite à organização estruturar-se de forma a apoiar os trabalhadores da linha de frente e a fornecer os recursos necessários para que atendam aos clientes de maneira eficiente. A tomada de decisões, a supervisão, o sistema de remuneração e os mecanismos de *feedback* são também diferentes. A tomada de decisões é descentralizada, os empregados em contato direto com o cliente estão aptos para agir e fazer o que é necessário para satisfazê-lo. Por exemplo, se houver um hóspede descontente na portaria, os empregados responsáveis pelo serviço têm autoridade para resolver o problema, oferecer um desconto ou uma refeição, ou até mesmo entrar em contato com outras empresas, para satisfazer seu cliente. Contudo, as decisões estratégicas de longo prazo permanecem centralizadas.

Administradores e supervisores concentram-se no estímulo e no apoio aos empregados. A natureza dos serviços não permite que sejam padronizados: portanto, a organização precisa ser flexível. Para que os empregados prestem serviços de qualidade é necessária alguma flexibilidade, a fim de atender às exigências de cada cliente. O papel dos chefes não é o de dar ordens ou o de controlar atitudes, apenas, mas o de facilitador, treinador, líder da equipe. O papel dos empregados não é o de simplesmente acatar ordens, mas o de ser um participante ativo na satisfação do cliente. Os sistemas de remuneração baseiam-se justamente em proporcionar essa satisfação. Os administradores que aplicam a gestão de serviços costumam usar "momentos de verdade" como pontos de avaliação. Os "momentos de verdade" são os pontos críticos da interação entre o cliente e o prestador de serviços. O desempenho é medido conforme as expectativas durante esses momentos críticos. O *feedback* do consumidor tem um papel importante nessa forma de avaliação.

A cultura do setor de serviços

As estratégias da gestão de serviços somente serão bem-sucedidas quando acompanhadas por uma cultura corporativa, que podemos chamar de cultura do setor de serviços. Essa cultura pode ser descrita como "aquela em que há uma priorização do serviço prestado com eficiência, onde oferecer um bom atendimento aos clientes externos e internos é considerado um *way of life* natural e uma das mais importantes normas".[29] A alta administração, os executivos e os empregados da linha de frente devem todos assumi-la e exercer essa cultura, que otimiza a possibilidade de ir ao encontro das necessidades dos clientes.

O crescente reconhecimento da existência dessa cultura, o oferecimento de produtos de alta qualidade e a consciência da grande importância do cliente (algo comum nos Estados Unidos) são características cada vez mais presentes nas organizações de hospitalidade. Alguns exemplos de formas de propiciar um ambiente mais orientado ao cliente (hóspede) e a sua satisfação são apresentados na Figura 2.5.

O MODELO DE ANÁLISE DOS SISTEMAS ABERTOS

Neste mesmo capítulo, já comentamos sobre o fato de a indústria da hospitalidade ser diferenciada ou não. Riley, por exemplo, afirma: "Analisado somente como 'tarefa gerencial', administrar um hotel, um restaurante ou uma organização institucional pode ser considerado um conjunto de sistemas e processos comuns à administração de qualquer outra coisa". A política da administração científica é menosprezada e não é utilizada pelos administradores, mas isso na verdade não exclui a singularidade.[30]

As questões realmente importantes são:

❑ Até que ponto as características singulares da indústria da hospitalidade a distingue de outros setores?
❑ Até que ponto os princípios gerais da prática e da teoria da administração se aplicam às organizações de hospitalidade como organizações de trabalho?

O modelo de sistemas abertos nos oferece uma altíssima base para análise.

Todas as empresas podem ser consideradas como sistemas abertos que recebem *inputs*, como pessoas, finanças, materiais e informações do ambiente externo. Por meio de uma série de atividades esses *inputs* são transformados ou convertidos e retornam ao ambiente em diferentes formas de *outputs*, tais como bens produzidos, serviços prestados e processos ou procedimentos completados. A função dos *outputs* é atingir determinadas metas, como lucro, posição no mercado, nível de vendas ou satisfação do consumidor (Figura 2.6).

O modelo de sistemas abertos se aplica exatamente da mesma maneira às organizações de hospitalidade e a qualquer outra espécie de empresa. Por meio de um exemplo típico, a Figura 2.7 (p. 36) mostra o hotel como um sistema

---

Obrigado por escolher ficar conosco. Esperamos que sua estada seja alegre e confortável. Providenciamos tudo para atender às suas necessidades, mas se houver alguma coisa que possa tornar sua visita mais prazerosa, por favor comunique ao gerente. Todo esforço será feito para satisfazê-lo. Nossa equipe está preparada para que nenhum problema possa pertubá-lo.
A Northwest Lodging Inc. orgulha-se de oferecer a melhor acomodação possível por um preço razoável. Seus comentários ou sugestões são bem-vindos. Você pode enviar este cartão pelo correio ou então telefonar. Esperamos poder hospedá-lo outras vezes.

BEM-VINDO

Prezado hóspede,

Olá, meu nome é Roxanne, sua camareira. Limpei seu apartamento hoje e acredito que tudo esteja de acordo com sua expectativa. Se quiser sugerir algo ou fazer um pedido, por favor disque "0" (Telefonista).
Nosso prazer é servi-lo. Tenha uma agradável estada.

OBRIGADO POR SER NOSSO HÓSPEDE

Prezado hóspede,
Há pouco limpei seu apartamento e gostaria de saber se precisa de alguma coisa, como lençóis ou suprimentos extras durante sua estada. Por favor, utilize o verso desta folha para fazer seu pedido/sugestão, e deixe-a sobre a mesa.
Quero ajudar a tornar sua estada mais agradável.
Sua camareira.

FIGURA 2.5 Satisfação das necessidades do cliente.

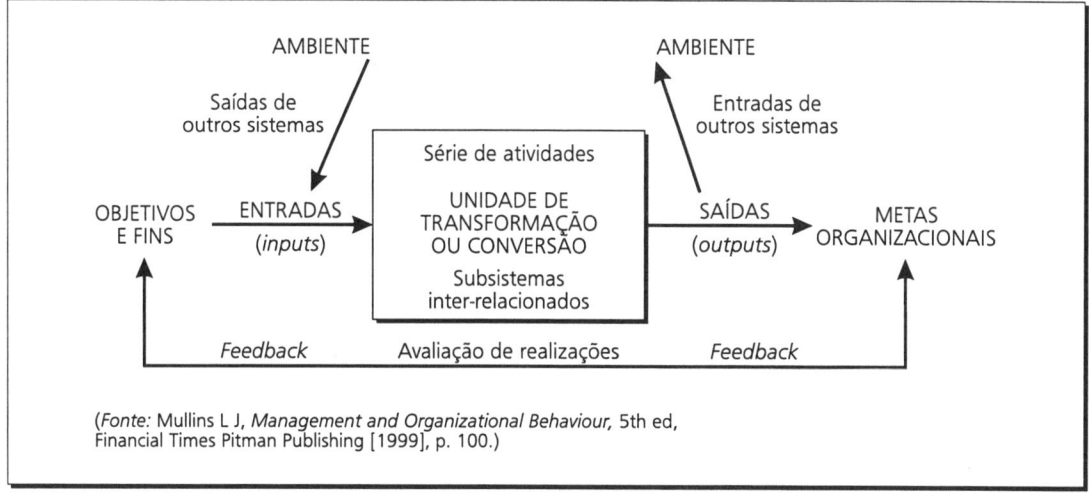

FIGURA 2.6 O modelo de organização de sistemas abertos.

aberto. Contudo, a mesma base de análise é igualmente aplicável a outros setores da indústria da hospitalidade.

O cliente como maior input

As organizações de hospitalidade "moldam" as pessoas e consideram os seres humanos a base da natureza do trabalho executado.[31] O maior *input* é o cliente que procura a satisfação de determinadas necessidades. O resultado desejado é o cliente satisfeito. Para alcançá-lo, o processo de transformação ou conversão deve fazer com que o cliente sinta-se adequadamente descansado/revigorado/entretido ou vivencie uma experiência agradável em ambiente confortável e seguro. O cliente é, portanto, também o maior "ponto de passagem" do sistema. São as demandas do cliente que exercerão maior influência nas várias atividades envolvidas no processo de transformação.

Se comparados à maior parte das empresas, os hotéis são peculiares, pelo fato de que seus clientes, sendo seu maior "ponto de passagem", recebem e consomem os serviços no próprio estabelecimento, partindo ao final da estada sem levar nenhum produto tangível.[32] Contudo, em termos do modelo de sistemas abertos, o hotel em nada difere de outras organizações, estando sujeito aos mesmos processos fundamentais:

- objetivos e fins organizacionais;
- entradas (*inputs*);
- série de atividades, como processo de transformação ou conversão;
- saídas (*outputs*);
- cumprimento de metas e avaliação de realizações.

Aplicações à gestão da hospitalidade

Restrições quanto à aplicação das práticas e técnicas gerenciais desenvolvidas em outros setores fizeram com que Nailon propusesse um modelo especificamente baseado nos elementos da gestão da hospitalidade.[33] Porém, esse modelo foi criticado duramente por Wood. A lógica que sustenta a tentativa de criar um modelo de gestão específico para as organizações de hospitalidade era falsa, considerando-se a crítica nivelada às abordagens "tapa-olhos" de outros teóricos da administração.[34]

Wood argumenta que o modelo de Nailon poderia descrever adequadamente os fatores que afetam a administração de qualquer organização e copia a estrutura das teorias de sistemas abertos mais generalistas, baseadas em estudos anteriores desenvolvidos em indústrias.

> Não há nada de especial, seja na gestão, seja na administração da hospitalidade. Uma compreensão "teórica" da "administração" só pode ser obtida por meio da observação de como as práticas administrativas se desenvolvem em um cenário de restrições sociais e econômicas, e como tais práticas se inter-relacionam em nível social em relação a todas as instituições sociais e econômicas.[35]

Comparando com a administração exercida em outro setor

Considerar a indústria da hospitalidade algo singular, ou de certa forma especial e diferenciada em relação a outros setores, em nada irá melhorar o nível de desempenho organizacional. Por outro lado, pode ajudar a ressaltar a

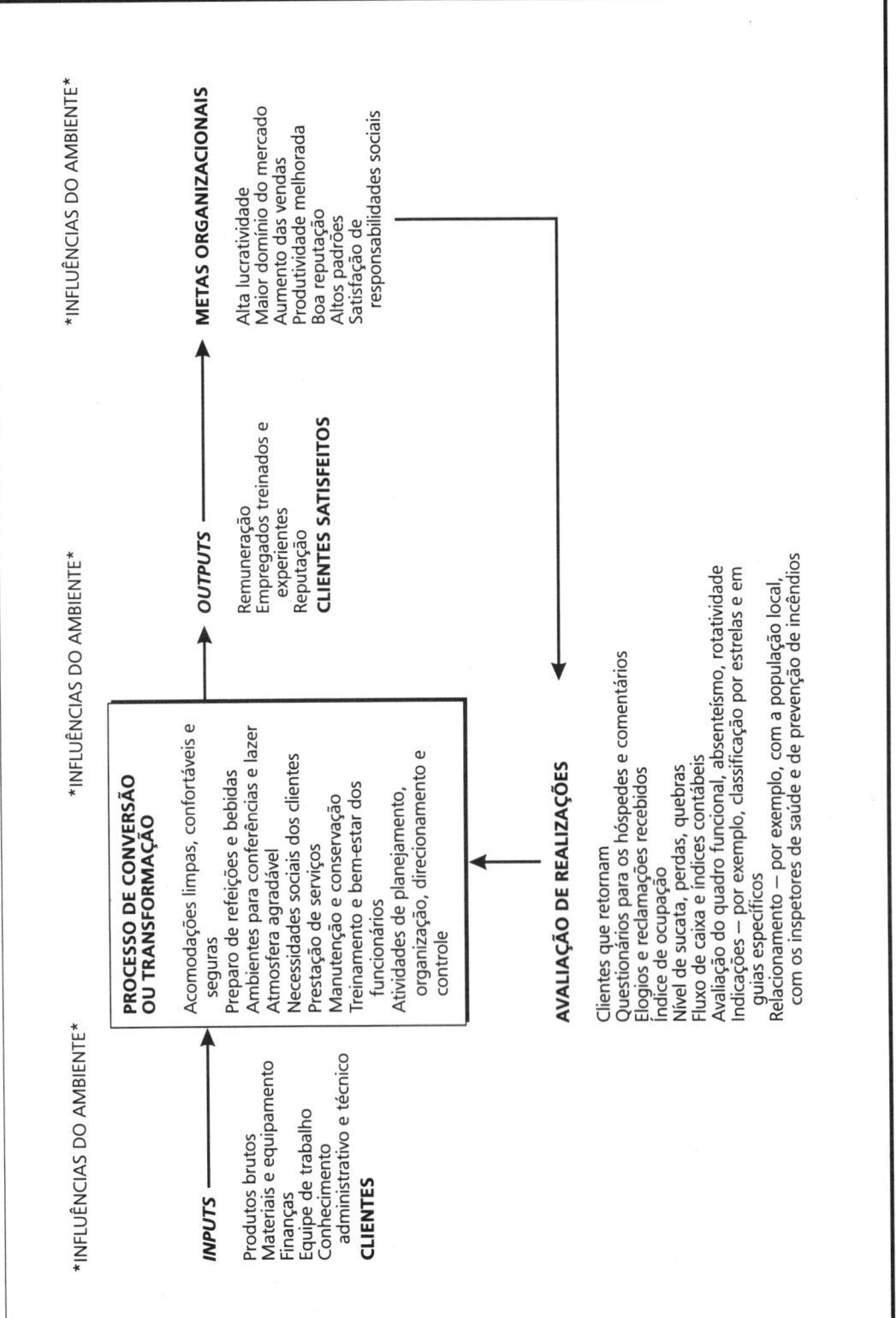

FIGURA 2.7 O hotel como sistema aberto.

falta de progresso e de mudanças na área. Por exemplo, Dodrill e Riley, ainda que baseados em um estudo limitado, foram incapazes de encontrar qualquer atitude diferenciada dos empregados de hotéis em relação ao trabalho.[36] (Esse estudo será discutido no Capítulo 3.) A partir de sua prática na administração de hotéis, Venison comenta a impressionante similaridade entre o setor da hotelaria e o varejo. Ele acredita que os alunos de administração de hotéis seriam beneficiados se estudassem o varejo.[37] Wood também desafia o mito da singularidade do setor hoteleiro e de *catering*, que propicia:

> *aos empregados, administradores e a alguns trabalhadores, um dispositivo de auto-serviço para a justificação do injustificável em termos de remuneração básica inadequada, práticas de administração feudais e a manutenção de uma cultura que desestimula a intervenção de outros nas ocorrências do setor.*[38]

Vimos, então, que a indústria da hospitalidade de fato difere de outros setores em importantes aspectos. Mas isso não deve ser interpretado como razão suficiente para evitar-se a comparação com procedimentos e práticas administrativas em outros tipos de empresas.

Ponto comum de referência

A série de atividades, pela qual *inputs* são transformados em *outputs*, é uma característica comum de qualquer setor, e torna possível a aplicação de princípios gerais de organização e administração na indústria da hospitalidade. Uma forma estrutural adequada deve ser projetada. Funções administrativas essenciais devem ser executadas. Requisitos legais devem ser observados (por exemplo, no que diz respeito à legislação trabalhista). As atividades comuns da administração — apresentação clara de objetivos, planejamento, organização, direcionamento e controle — aplicam-se em maior ou menor grau.

É importante enfatizar essas características comuns. Há, é claro, diferenças nas ações e métodos de operação, as quais existem até em organizações do mesmo tipo, por exemplo, em relação à natureza, tamanho e escala de atividades de estabelecimentos diferentes. A abordagem de sistemas abertos propicia não só a análise crítica das operações de um determinado estabelecimento, mas também a base para comparação com outras organizações de hospitalidade, como, por exemplo, ao destacar similaridades ou variações na natureza dos *inputs*, a série de atividades em processos organizacionais e a execução do trabalho, as influências do ambiente, as metas organizacionais e a avaliação das realizações.[39]

Tal abordagem faz com que nos demos conta da peculiaridade do setor, mas também das diferenças na aplicação e implementação de características comuns, em grande parte uma questão apenas de grau e de ênfase. Aplicar o modelo de sistemas abertos oferece um ponto de referência comum e nos capacita a adotar uma abordagem geral para o estudo de organizações de hospitalidade, a analisá-las, e a revisar aplicações de teoria administrativa geral.[40]

Influências do ambiente

As organizações de hospitalidade estão em contínua interação com o ambiente externo, do qual são parte. Para se tornarem eficientes, sobreviverem e desenvolverem-se, elas devem responder às oportunidades e desafios, riscos e limitações apresentados pelas circunstâncias. A política de sistemas abertos vê a organização inserida em seu ambiente global e enfatiza a importância de múltiplos canais de interação.

O crescente índice de mudança em fatores ambientais importantes (técnicos, econômicos, sociais e governamentais) ressaltou a necessidade de avaliar o estabelecimento como uma organização total e a adotar uma abordagem de sistemas. Além dessas áreas principais onde ocorrem alterações, o hotel se depara com uma multiplicidade de fatores ambientais em constante alteração que afetam suas operações e desempenho (Figura 2.8, p. 38).

Além do controle do administrador

As influências do ambiente estão geralmente fora do controle do administrador. Observe como o funcionamento e a operação de uma organização de hospitalidade podem ser afetados por essas influências do ambiente externo:

- Ações governamentais sobre o imposto sobre valor agregado, políticas de transporte, regulamentos de saúde e segurança, leis referentes à combinação álcool/direção;
- inflação, taxa de juros, níveis de desemprego;
- acontecimentos internacionais e taxas de câmbio externo;
- avanços tecnológicos;
- atividades dos concorrentes;
- comércio local, atrações turísticas ou de lazer;
- tendência maior ao consumo de produtos orgânicos;
- maior tempo de lazer para uma camada mais ampla da população;
- falência ou greve de fornecedor importante;
- grande aumento das atividades e de filiações sindicais;
- abertura ou fechamento de uma faculdade de *catering*;
- longo período de temperaturas amenas ou rigorosas.

A eficiência das operações de hospitalidade serão determinadas não apenas pelas considerações e escolhas internas, mas também pela administração bem-sucedida das oportunidades, desafios e riscos apresentados pelo ambiente externo. Os administradores devem, portanto, adaptar-se de maneira imediata às mudanças no ambiente e às demandas que se impõem a eles.

Importância da varredura no ambiente de negócios

A partir de uma revisão de temas presentes em publicações acadêmicas da área da hospitalidade, e de uma comparação com aquelas que os profissionais consideram influenciar o desempenho de suas empresas, Costa *et al*. entendem que está claro que a gama mais ampla de questões é estudada pelos acadêmicos. Os administradores preocupam-se demais com o curto prazo, e as áreas restritas de preocupação identificadas

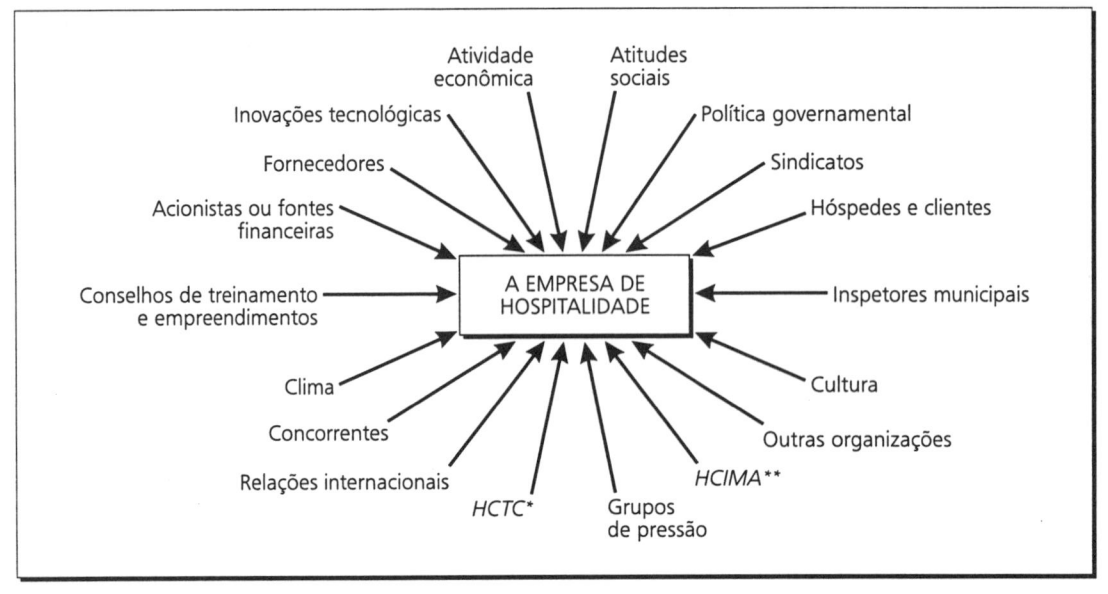

FIGURA 2.8 Influências do ambiente externo.

pelos profissionais talvez reflitam uma visão estreita do ambiente externo. O ritmo de mudança na competição com que se deparam as organizações de hospitalidade significa que apenas um pequeno grupo de aspectos pode ser monitorado de perto. Contudo, Costa et al. concluem que a identificação e administração de oportunidades e ameaças do ambiente é fundamental à posição competitiva das empresas, sugerindo a necessidade de uma mudança de atitude em relação à varredura do ambiente de negócios.[41]

Análise das operações de hospitalidade

O modelo de sistemas abertos, por si só, revela-nos pouco sobre as atividades detalhadas que ocorrem em uma empresa de hospitalidade. Para beneficiar-se de tal abordagem, o sistema precisa ser analisado de tal forma que as operações completas do estabelecimento como um todo possam ser revistas e retificadas, se necessário. No sistema de hospitalidade unificado cada um dos principais processos de transformação ou conversão pode ser considerado um subsistema independente que interage com outros subsistemas. A análise do sistema poderia, por exemplo, basear-se na estrutura tradicional da organização, com diferentes departamentos ou seções como subsistemas — tais como a recepção, as acomodações, comida e bebida, conferências, contabilidade, pessoal, segurança e manutenção. Essa forma de análise, contudo, poderia levar a uma investigação enfocada em interesses setoriais ou fechados, em vez de buscar uma abordagem unificada e corporativa.

Inter-relações e interações

Individualmente, talvez cada departamento ou seção do estabelecimento esteja operando de forma eficiente. Mas também são importantes as inter-relações e interações com outros departamentos ou seções, e as atitudes e o comportamento dos funcionários envolvidos.

Preparar e servir as refeições, por exemplo, não devem ser consideradas separadamente, mas como subsistemas integrados. A preparação de comida na cozinha e o equipamento utilizado precisam levar em consideração as regras de serviço do restaurante e o treinamento e as aptidões dos garçons.[42] É a integração da preparação e do serviço, juntamente com outros subsistemas, que determina a total eficiência do estabelecimento.

É mais vantajoso, portanto, analisar os elementos e funções principais do sistema, e reconhecer a importância da interdependência dos subsistemas, no que diz respeito à eficiência das operações de hospitalidade como um todo integrado.

A abordagem sociotécnica

A inter-relação de diferentes partes do sistema levanta a questão da identificação dos subsistemas. Estes podem ser identificados de diferentes maneiras, embora haja um grau de similaridade entre os modelos alternativos.[43]

Trist e outros, por exemplo, dando continuidade a seu estudo das mudanças tecnológicas nas minas de carvão britânicas, chamaram a atenção para a importância do sistema

---

*N. de R.T. HCTC — Hotel and Catering Training Company.
**N. de R.T. HCIMA — Hotel and Catering International Management Association.

sociotécnico.[44] Este preocupa-se com o próprio sistema de aspectos de transformação ou conversão e com a importância da relação existente entre eficiência técnica, aspectos sociais e seus efeitos nas pessoas.

Pesquisadores entendem que há três subsistemas comuns a qualquer organização:

- o subsistema **tecnológico**;
- o subsistema do **papel formal da estrutura**;
- o subsistema das **impressões ou emoções dos indivíduos**.

Subsistemas inter-relacionados

Seja qual for a identificação dos subsistemas, a tarefa da administração é coordená-los e garantir que as atividades da organização como um todo sejam dirigidas à conquista de suas metas e objetivos. Desenvolvendo a abordagem sociotécnica, podemos dividir as operações de hospitalidade em cinco subsistemas principais inter-relacionados — tarefa, tecnologia, estrutura, pessoal e gestão (Figura 2.9).

- *Tarefa* — as metas e objetivos do estabelecimento e o trabalho a ser executado. Essa é a escala e a natureza das atividades, a variação e a qualidade dos serviços prestados, por exemplo: o tipo de cliente e suas necessidades; família, instalações para conferências ou lazer; finalidade da estada; menus especiais; padrões das refeições e dos serviços no restaurante; horário de abertura dos bares; portaria e serviço de quarto.
- *Tecnologia* — meios científicos pelos quais as atividades são executadas e a natureza do desempenho do trabalho. O significado de 'tecnologia' é interpretado de várias maneiras e inclui aspectos físicos do equipamento, máquinas, materiais e leiaute do ambiente de trabalho, métodos, sistemas e procedimentos no processo de transformação ou conversão, por exemplo: o uso de computadores, microondas; cozinhar/resfriar; métodos de preparação de refeições; sistemas de registros e reserva; procedimentos de limpeza dos apartamentos. A tecnologia da produção na cozinha está relacionada seja à *table d'hôte*, ao serviço *à la carte* ou ao *buffet*.
- *Estrutura* — padrões de organização, linhas hierárquicas e canais de comunicação entre os integrantes da equipe de trabalho. É a divisão de trabalho e a coordenação de tarefas, por meio das quais as diversas atividades são executadas, por exemplo: se mecânica ou física; a abran-

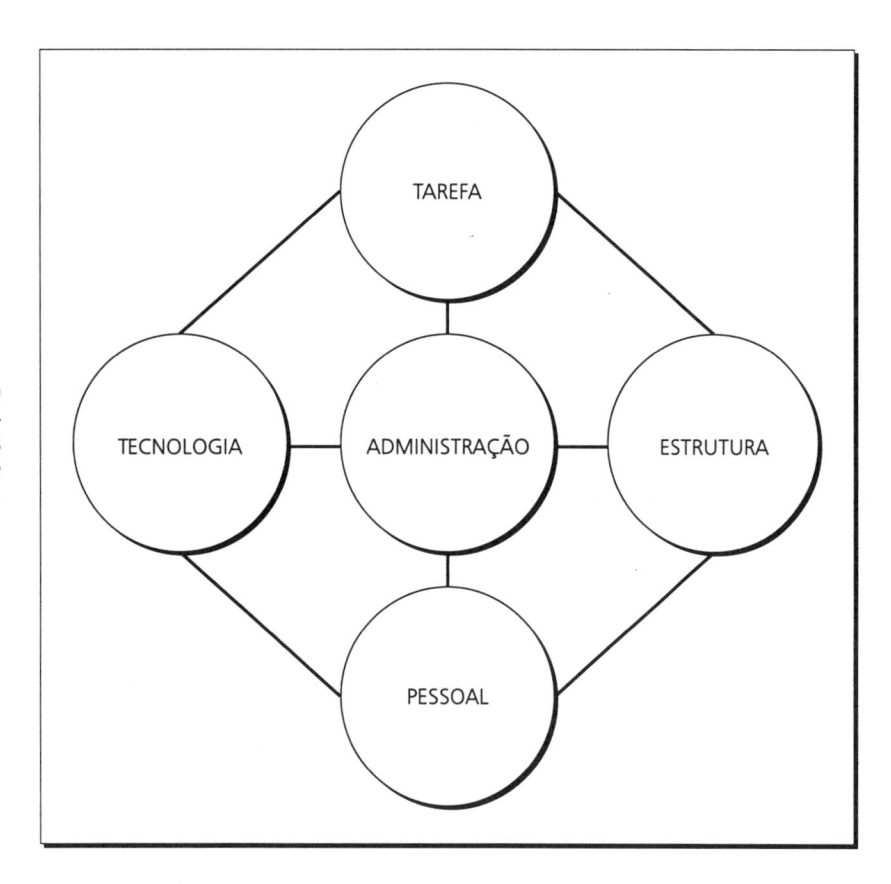

FIGURA 2.9
Subsistemas inter-relacionados das operações de hospitalidade.

gência da centralização; papéis das gerências e dos supervisores; responsabilidades dos gerentes de departamento; a organização informal.
- *Pessoal* — a postura dos funcionários que executam as diversas atividades, por exemplo: treinamento e qualificação; habilidades e capacidades; lealdade; atitudes e relações interpessoais; influências culturais; necessidades e expectativas; aplicação do grupo e seu comportamento; estilos de liderança.
- *Gestão* — coordenação de tarefas, tecnologia, estrutura e pessoal, e políticas e procedimentos para a execução do trabalho no estabelecimento de hospitalidade como um todo, por exemplo: estratégia corporativa, tomada de decisões; planejamento, organização, direção e controle das atividades; sistemas e estilos de administração; interações com o ambiente externo; responsabilidades sociais.

Eficiência total nas operações de hospitalidade

A eficiência total nas organizações de hospitalidade depende não apenas dos produtos, dos serviços e das instalações oferecidos, mas muito mais das relações sociais que se desenvolvem em cada estabelecimento. A idéia de uma abordagem sociotécnica às operações e métodos de trabalho é de extrema importância. **A abordagem de sistemas abertos é uma tentativa de ver a organização como um todo significativo e unificado, que interage continuamente com o ambiente externo.** Devemos considerar as interações entre os aspectos sociais e técnicos das operações da organização. Os cinco subsistemas estão ligados em forma de malha, e alterações em alguma área influenciarão as demais áreas das atividades organizacionais.

METAS ORGANIZACIONAIS

Todas as organizações devem traçar metas e objetivos claros, os quais determinarão a natureza dos *inputs*, a série de atividades para alcançar os *outputs* e concretizar os resultados almejados. Meta é expectativa. É algo que a organização luta para atingir. As metas de uma organização são a razão de sua existência.

O significado do termo meta está, contudo, sujeito a diferentes interpretações. Pode ser utilizado para identificar a finalidade maior de um estabelecimento de hospitalidade, como, por exemplo, obter lucro. Meta também pode estar relacionada a realizações mais específicas, por exemplo, oferecer um determinado nível de serviços e padrões de atendimento aos clientes.

Integração das metas

As metas organizacionais são estabelecidas pelas pessoas, individualmente ou em grupo, sendo esta segunda possibilidade mais comum. Na verdade, não são as organizações que estabelecem metas, mas as pessoas.

Os empregados e os clientes possuem metas diferentes e, em geral, conflitantes. Os proprietários costumam ter maior preocupação com lucros altos e com o retorno de seus investimentos; os clientes, com os preços e o padrão de atendimento e dos serviços oferecidos; os empregados, com a segurança do emprego, bons salários e favoráveis condições de trabalho. Os empregados e os clientes têm também sua própria percepção dos objetivos da empresa, e suas respectivas metas pessoais, que esperam atingir no desempenho de suas atividades, como, por exemplo, firmar seu compromisso diante da comunidade, promover a satisfação social, conquistar reconhecimento e *status*.

Se as metas organizacionais e pessoais estiverem levando a duas diferentes direções, surgirá o conflito, e o desempenho será menor. É responsabilidade dos administradores definir claramente as metas organizacionais e reconciliar interesses conflituosos. Isso exige a formulação de políticas objetivas e transparentes para o posicionamento do estabelecimento como um todo e para as atividades e operações subseqüentes. Para obter como segundo resultado a eficiência, as metas devem ser enfatizadas, discriminadas claramente e comunicadas de forma aberta a todos os integrantes do quadro de funcionários.

Uma alternativa importante para harmonizar as metas organizacionais com as necessidades dos indivíduos que integram a organização é a política da administração por objetivos, que discutiremos no Capítulo 5.

FILOSOFIA E IDEOLOGIA ORGANIZACIONAIS

As metas de uma organização podem ser perseguidas seguindo uma ideologia ou filosofia interna, baseada em crenças, valores e atitudes. A filosofia empresarial determina a doutrina comum ou os códigos comportamentais que orientam o estabelecimento na condução de suas operações e negociações com os outros. Recentemente, tornou-se cada vez mais comum as organizações criarem um *slogan*, que resume a missão da empresa, estabelece sua filosofia e objetivos, a direção que deve seguir, seus valores e os princípios orientadores.

Determinados aspectos da filosofia de uma organização podem ser tão dominantes que se tornam sua marca registrada, restringem os problemas a outras áreas de atividade e determinam a cultura da organização e sua conduta e administração geral. Exemplos incluem a Walt Disney Company — onde o serviço de qualidade e o foco no esforço mútuo e individual estão profundamente inseridos na cultura corporativa — e o Body Shop, com sua conhecida defesa da honestidade.[45]

Objetivos e políticas (linhas de ação)

As metas transformam-se em objetivos e políticas (linhas de ação), oferecendo diretrizes corporativas às operações do estabelecimento. Os objetivos e as linhas de ação orientam as

> ### A filosofia empresarial de Forte
>
> Aumentar a lucratividade e os ganhos por participação a cada ano, a fim de incentivar investimentos, melhorar e expandir nossos negócios.
> Proporcionar ao cliente satisfação total por meio de serviço eficiente e cortês, valorizando seu dinheiro.
> Apoiar os gerentes e suas equipes, estimulando a iniciativa pessoal, para aumentar os lucros e a qualidade de suas operações sem deixar de observar a filosofia da empresa.
> Propiciar boas condições de trabalho e comunicação eficiente em todos os níveis, para desenvolver um melhor entendimento e auxiliar na tomada de decisões.
> Garantir que não haja discriminação de sexo, raça, cor ou crença. Treinar, desenvolver e incentivar políticas internas baseadas no mérito e nas capacidades.
> Agir sempre com integridade e assumir completamente as suas responsabilidades perante o público.
> Reconhecer a importância de todo funcionário que contribui para a realização desses objetivos.
>
> *Fonte:* Forte C (Lord), *Forte: The autobiography of Charles Forte,* Sidgwick & Jackson (1986), p. 191.

> ### Filosofia, missão e valores
>
> *A filosofia que compartilhamos é oferecer:*
>
> Um perfeito e pequeno hotel à beira-mar,
> administrado por uma equipe feliz
> dedicada à
> arte de agradar aos nossos hóspedes
>
> *A missão é:*
>
> Oferecer aos nossos clientes um hotel de luxo ao preço de um hotel pequeno
>
> *Valores compartilhados são:*
>
> Agradar aos nossos hóspedes
> Interessar-se pela equipe de trabalho
> Estar ao lado da comunidade
>
> **THE SEAVIEW HOTEL AND RESTAURANT**

decisões e os procedimentos administrativos. A terminologia é variável na literatura, mas os objetivos podem ser considerados o "que", e as linhas de ação o "como", o "onde" e o "quando", que são os meios que acompanham tais objetivos.

- Os objetivos determinam de forma mais específica as metas da organização, os alvos a serem conquistados e os resultados finais desejados.
- A política é desenvolvida de acordo com os objetivos. Oferece a base para a tomada de decisões e as linhas de ação a seguir.

Os objetivos e a política são componentes essenciais do processo de tomada de decisão, formando a base da administração. Eles podem ser determinados a partir de uma filosofia básica de crenças, atitudes e convenções. Estes aspectos, mesmo que nem sempre possam ser incorporados a políticas formais, ainda assim influenciam na operacionalidade da organização, assim como nas atitudes e no desempenho do quadro funcional.

Fundamentos éticos e operacionais

A filosofia da empresa pode basear-se tanto em fundamentos éticos quanto operacionais.[46]

- O **fundamento ético** incorpora os princípios básicos que conduzem as relações internas e externas da empre-

sa, ditando padrões de comportamento entre clientes, fornecedores, concorrentes, representantes, inspetores de saúde ou de prevenção de incêndios, estabelecimentos de ensino, funcionários e representantes sindicais, por exemplo;
❑ Os **fundamentos operacionais** relacionam-se ao tipo de atividade, às operações e à forma como os serviços de hospitalidade são prestados, ou seja, aos métodos de produção, ao uso de equipamento, aos aspectos de higiene, limpeza, vestuário e aparência, aos sistemas e estilos de administração e supervisão.

A filosofia da organização também abrange a natureza do contrato psicológico, a ser discutido no próximo capítulo.

Upchurch afirma: "Em geral, os pesquisadores do setor da hospitalidade têm apurado que a administração confronta-se com questões éticas referentes aos direitos dos hóspedes, autorização, assédio sexual, oportunidades iguais, relações departamentais, relações com os fornecedores, administração dos rendimentos, relações comunitárias e públicas e o equilíbrio entre valores pessoais e organizacionais... Estes levantamentos permitiram identificar perfis de situações éticas e entender o papel dos administradores na resolução das mesmas em um ambiente de serviços".[47]

Os objetivos podem ser apenas implícitos, mas sua definição ajudará a destacar as linhas de ação a serem tomadas pela organização e a importância comparativa de suas várias funções. Os objetivos não devem ser estabelecidos de forma que possam prejudicar o reconhecimento de novas oportunidades, as áreas de perigo potencial, a iniciativa da equipe de trabalho ou a necessidade de inovação e mudança. Por outro lado, a clara e explícita determinação de objetivos facilita a comunicação, reduz os mal-entendidos e fornece critérios consistentes para a avaliação do desempenho.

Política geral e secional

A política de uma empresa envolve regras, diretivas, planos e procedimentos; relaciona-se a todas as atividades e níveis hierárquicos da organização. A política geral é determinada pela alta administração (diretores, proprietários ou gerentes sêniores), estabelecendo amplas linhas de ação para as operações.

Determinados itens da política de uma organização podem ser tão dominantes, às vezes, que se tornam sua marca registrada e deixam em segundo plano outros aspectos. O desejo de criar uma imagem e experiência corporativas únicas, como acontece com todos os restaurantes da TGI em qualquer lugar do mundo (tópico discutido no Capítulo 3), é um exemplo de um aspecto dominante de política utilizada. Outro exemplo é um *country and golf hotel* que faz questão de posicionar-se como um estabelecimento de alta classe, empenhando-se em mostrar que não é um hotel familiar e que não recebe crianças de menos de cinco anos como hóspedes.

A política secional deriva da geral e oferece, em termos operacionais mais específicos, princípios orientadores para aspectos e atividades particulares dessas operações. As políticas específicas possuem áreas de aplicação mais definidas e limites de tempo.

Por exemplo, uma política específica relacionada às **relações com os clientes** poderia incluir áreas de tomada de decisão e delegação de poderes relacionadas aos tipos de clientes, recursos oferecidos, preços e descontos, atenção ao hóspede e padrões de serviço, atitudes e comportamento dos funcionários e providências para resolver reclamações.

Políticas específicas também podem ser formuladas para outras áreas de relacionamento, tais como empregados e fornecedores, para as principais áreas da atividade hoteleira, como acomodação, comida e bebida, e para as áreas de apoio funcional, como contabilidade e *marketing*.

O LUCRO COMO MOTIVAÇÃO

O ramo da hospitalidade envolve uma atividade econômica, e seu propósito e objetivos são de natureza comercial. Para ser bem-sucedida, os primeiros objetivos da organização devem ser: sobreviver como empresa e continuar existindo, manter o crescimento e o desenvolvimento, e ser lucrativa. Se aceitarmos a sobrevivência como o mais fundamental dos objetivos do estabelecimento de hospitalidade, é indispensável obter lucro estável e contínuo. O estabelecimento deve estar preparado para aceitar a possibilidade de redução no lucro de curto prazo para garantir investimentos futuros.

A importância do lucro como meio de sobrevivência da empresa foi destacada por Lord Forte:

> *A política que une todas as nossas empresas é o simples axioma de que estamos neste negócio pelo lucro e baseamos nossas políticas em uma análise rigorosa do potencial de cada área em que penetramos. Estamos convencidos de que o lucro é a maneira mais correta de garantir o sustento de nossa força de trabalho. É dessa filosofia que advém a idéia de que não há espaço, caso se queira continuar crescendo, para empresas pouco competitivas.*[48]

Outras considerações e razões

Embora o objetivo da maximização do lucro seja sem dúvida de grande importância, não é um critério suficiente para a administração eficiente do cotidiano das operações de hospitalidade. Essa idéia é sustentada por Fearn, que apresenta uma interpretação bastante diferente do papel do lucro entre os objetivos da gestão da hospitalidade.

> *"Por que fazemos negócios?" A resposta preferida a essa pergunta, e freqüentemente considerada correta, é "para lucrar". De fato, isso é importante, mas dificilmente se constitui na política adequada quando se administra uma empresa. Considerar o lucro a razão única para a existência de uma empresa é certamente uma idéia atraente, mas é mais lógico considerar o lucro uma recompensa por haver prestado bons serviços. São portanto os procedimentos que tomamos para obter lucro que formam a essência de nossos objetivos.*[49]

Na prática, há muitas outras considerações e razões que influenciam no desejo de lucrar mais ou de obter máxima eficiência econômica. No entanto, deve-se também dar atenção às múltiplas áreas consideradas quando do estabelecimento dos objetivos, algumas de suma importância, como o das responsabilidades sociais.

Múltiplos objetivos de desempenho

Toda organização possui importantes áreas de atuação e de conquista de resultados, as quais exigem a fixação de objetivos. Drucker já se referiu à "falácia do objetivo único de uma empresa". A definição de um objetivo único, fixo, não é apenas improdutiva, certamente ela prejudica e conduz mal todo o empreendimento.

> *Enfatizar apenas o lucro, por exemplo, transmite uma má orientação aos administradores, a ponto de levá-los a pôr em risco a sobrevivência de suas empresas. Para obter lucro hoje, eles tendem a sacrificar o futuro... Administrar uma empresa com equilíbrio é considerar suas necessidades e metas... a própria natureza dos empreendimentos requer objetivos múltiplos, necessários a toda área onde o desempenho e os resultados, de maneira direta e vital, afetam a sobrevivência e a prosperidade da empresa.*[50]

Drucker cita oito áreas-chave nas quais os objetivos devem ser estabelecidos considerando-se os aspectos de desempenho e resultados. A lista é de grande utilidade na revisão de objetivos da organização de hospitalidade.[51]

- *Posição de mercado* — por exemplo, tipos de clientes e suas exigências vistos como a principal fonte dos negócios, natureza dos recursos e serviços oferecidos, diferenciais em relação aos concorrentes.
- *Inovação* — por exemplo, a necessidade de flexibilidade em um ambiente dinâmico, oportunidade de atingir novos clientes, avanços tecnológicos, novos processos e procedimentos.
- *Produtividade* — maior produtividade, distinta de maior produção ou *output*, por exemplo, equipamento mais modernizado, uso otimizado dos recursos, técnicas de tomada de decisões, métodos aperfeiçoados, sistemas e procedimentos.
- *Recursos físicos e financeiros* — por exemplo, local, tamanho e natureza da propriedade; equipamento e instalações; provisão de capital, planejamento financeiro; formação de estoques.
- *Lucratividade* — por exemplo, política de investimento do capital, previsão de lucratividade e planejamento; objetivos de venda em relação a acomodações, alimentos e bebidas: ações para otimizar a lucratividade, tais como retorno do capital investido e do custo com alimentação.
- *Desempenho e evolução gerencial* — por exemplo, o rumo das atividades dos gerentes, áreas de responsabilidade, resultados alcançados pela equipe de trabalho, objetivos atingidos, relacionamento dos funcionários, fortalecimento da equipe gerencial, planejamento da sucessão gerencial.
- *Desempenho e atitudes do empregado* — por exemplo, organização e execução do trabalho, padrões de desempenho, sistemas de controle, avaliação dos funcionários, relações com o cliente, políticas de pessoal, relações com o empregado, respeito à hierarquia, lealdade.
- *Responsabilidade pública* (comumente chamadas de responsabilidades sociais) — demandas internas e externas à organização, por exemplo, do quadro funcional e dos clientes, da lei ou da opinião pública, ou relativas às responsabilidades para com a sociedade e o interesse público. A importância das responsabilidades sociais da administração é examinada com maior profundidade logo a seguir.

Restrições e limitações

Observa-se então que, embora o objetivo de alcançar lucratividade seja importante, não é, por si só, um critério suficiente para assegurar uma gestão positiva nas operações de hospitalidade. No hotel, os indivíduos nem sempre são guiados pelo lucro. Essa é apenas uma das limitações.

> *O lucro pode deixar de ser prioritário na tomada de decisões da maioria dos integrantes de uma empresa. Isso não significa que seja inadequado ou descabido considerá-lo a principal meta de uma organização. Simplesmente indica que o mecanismo de tomada de decisões é um sistema livre no qual a questão do lucro limitado é apenas uma entre muitas restrições, estando presente somente de maneira indireta na maioria dos subsistemas.*[52]

As principais áreas de desempenho e resultados chamam a atenção para muitas restrições que podem afetar a conquista satisfatória de objetivos, como, por exemplo, a incapacidade de inovar, a baixa produtividade, a falta de recursos físicos e financeiros, a fraca evolução administrativa e o treinamento precário da equipe de trabalho. Outros fatores limitantes também podem surgir como resultado de uma política geral de decisões ou de pressões do ambiente.

Objetivos dentro da realidade

É importante, como se conclui, levar em conta as restrições e somente projetar objetivos alcançáveis, metas definidas dentro da realidade. Da mesma forma, objetivos projetados em nível muito baixo não entusiasmam a equipe de trabalho, nem oferecem desafios suficientes ou a sensação de se ter realizado algo. Isso pode resultar em uma oportunidade perdida de se alcançar um maior desempenho e melhores resultados.

Por outro lado, se os objetivos traçados estiverem além das possibilidades, serão contraproducentes. Os funcionários podem sentir-se pressionados em excesso, sem condições de atingir os resultados, frustrando-se pessoalmente. Objetivos fora do alcance provocam perda da motivação e comprometem o desempenho. (Acompanhe a matéria sobre motivação no Capítulo 7.)

Responsabilidades sociais de gestão

A luta por atingir suas metas faz com que as organizações de hospitalidade não possam operar isoladas do ambiente do qual fazem parte. Devem utilizar-se dos fatores de produção e de outros recursos da sociedade. A eficiência econômica depende, também, de muitas variáveis políticas, sociais, técnicas e culturais. Em contrapartida, a sociedade necessita de produtos e serviços fornecidos pela organização, incluindo a formação e a distribuição de riqueza.

A sobrevivência econômica e o desempenho empresarial dependem de uma série de atividades envolvendo a organização de hospitalidade e a comunidade onde se localiza. Esse intercâmbio e a contínua interação com o ambiente originam uma pluralidade de obrigações mais amplas para com a sociedade em geral. Tais obrigações são tanto internas quanto externas e são geralmente tratadas como responsabilidades sociais.

Amplo leque de responsabilidades

O leque potencial de responsabilidades é muito amplo e envolve diferentes grupos de pessoas. As responsabilidades sociais abrangem empregados, acionistas, clientes, comunidade, governo, fornecedores, parceiros comerciais e concorrentes.

- *Empregados* — as responsabilidades vão além dos termos e condições formais do emprego, e incluem, por exemplo, justiça no tratamento, consulta e participação, eficientes políticas de relacionamento de pessoal e de empregados; emprego com oportunidades iguais, boas condições de trabalho e acomodações *live-in*; treinamento em novas habilitações e tecnologias; satisfação com o emprego; observância do contrato psicológico (discutido no próximo Capítulo).
- *Acionistas ou outros investidores de capital* — os acionistas são atraídos de uma ampla faixa da sociedade, incluindo, pessoas físicas. Muitas pessoas atuam indiretamente como acionistas por meio de fundos de pensão e de companhias de seguro. As responsabilidades para com os acionistas vão além de uma mera compensação financeira por terem corrido riscos, e incluem a proteção aos seus investimentos, a condição para que exerçam seus direitos de proprietários, a possibilidade de participação em decisões políticas da empresa, a oportunidade de questionarem a diretoria, o fornecimento de informação completa e transparente.
- *Clientes* — as responsabilidades para com os clientes podem muito bem ser consideradas como o resultado natural de bons negócios, especialmente no setor da hospitalidade. Há, porém, responsabilidades sociais mais amplas, incluindo propaganda e promoções com alto grau de confiabilidade, valorização do dinheiro do cliente, preocupação com a sua satisfação, honestidade e informação completa de todos os custos e tarifas, atendimento imediato e cortês a pedidos e reclamações, proteção e segurança.
- *Comunidade* — é na área de preocupação com a comunidade que as responsabilidades sociais podem ser observadas mais claramente. A organização de hospitalidade é responsável diante da sociedade, em relação aos aspectos ambientais e à prestação de serviços de forma eficiente. Exemplos: os efeitos e potenciais incômodos da localização e da aparência do prédio, ruído, poluição, tratamento do lixo; o uso de produtos biodegradáveis e de aerossóis que não contenham clorofluorocarboneto (CFC); o interesse pelo bem-estar da comunidade local. Organizações maiores ampliam a gama de suas responsabilidades sociais, por exemplo, realizando eventos filantrópicos, patrocinando atividades artísticas, esportivas ou educacionais.
- *Governo* — é o dever da gestão da hospitalidade, obviamente, observar as leis que regulam as operações das empresas, mesmo que aparentemente não atendam aos seus interesses. O que se pode debater é o quanto a alta gerência deve cooperar voluntariamente com as ações propostas pelo governo, como, por exemplo, formas de evitar o crescimento exagerado da inflação, aceitação dos controles sobre a importação, funcionários sob condições de treinamento governamentais, controle de potenciais problemas sociais, tais como a venda de cigarros ou acidentes de trabalho.
- *Fornecedores, parceiros comerciais e concorrentes* — exemplos incluem: padrões justos de comércio, termos de compromisso e condições de compra, fixação de datas para pagamento de contas, assistência a pequenas organizações, participação apenas em concorrências justas e respeito pelos concorrentes.

Uma questão de equilíbrio

A diferença entre o exercício de responsabilidades sociais por razões genuinamente filantrópicas e as ações tomadas em busca do que se considera não mais do que a prática de bons negócios e voltadas ao próprio interesse nem sempre é fácil de ser determinada. Na prática, é uma questão de grau e equilíbrio, de combinar operações econômicas sadias com um real interesse por responsabilidades mais amplas junto à sociedade.

O reconhecimento das responsabilidades sociais pela empresa deve ser parte do seu planejamento estratégico e da formulação de objetivos e políticas. Cabe à alta administração determinar a extensão e a maneira pela qual a organização de hospitalidade deverá cumprir suas responsabilidades sociais.

ESTRATÉGIA CORPORATIVA

A competição cada vez maior e o ambiente externo dinâmico aumentaram a importância da estratégia corporativa e da competência dos administradores. De acordo com Kanter, por exemplo, "Administrar significa gerir um contexto inteiro. Se você deixar de fora um elemento e se aplicar apenas uma metodologia, fracassará".[53] A gestão eficiente, portanto, ocorre no interior do contexto corporativo (Figura 2.10, p. 46) e envolve relações e coordenação claramente estabelecidas entre todos os níveis da organização.

Os objetivos e a política necessitam ser estabelecidos levando-se em conta a estratégia corporativa. Alguma forma de estratégia corporativa é necessária para todas as organizações, especialmente para as maiores — e isso inclui as empresas de serviços.[54] O desempenho organizacional depende da harmonia existente entre estrutura, estratégia e o ambiente.[55]

A partir da pesquisa realizada no Swallow Hotels, Webster chama a atenção para a importância da gestão estratégica no contexto da hospitalidade.

Em resumo, a gestão estratégica acarreta um fluxo de decisões e ações que levam ao desenvolvimento e implementação de procedimentos eficazes. As decisões estratégicas determinam o direcionamento futuro e a posição competitiva de uma organização e isso tem produzido efeitos importantes no seu desempenho. Estratégias voltadas ao crescimento, consolidação e diversificação do mercado são programas gerais de ação que trazem em si um comprometimento de recursos.[56]

Variedade de estágios

O planejamento estratégico pode ser abordado de diferentes maneiras. Keiser, por exemplo, sugere os sete passos a seguir para a sua execução no setor da hospitalidade.[57]

- *Avaliar a posição atual da organização* — quais são seus pontos fracos e fortes, qual o nível de competição e participação no mercado, que desafios e oportunidades existem?
- *Avaliar o ambiente atual e futuro* — como se comportam os ambientes externo e interno, que mudanças afetarão os negócios atuais ou criarão possíveis novas oportunidades?
- *Avaliar o impacto das mudanças projetadas* — que reflexo as mudanças trarão às operações atuais, elas oferecerão ameaças ou oportunidades?
- *Identificar oportunidades e avaliar riscos* — identificar possíveis oportunidades a partir de mudanças no ambiente e estimar riscos, incluindo custos, outros mercados e efeitos nos negócios atuais.
- *Traçar metas e objetivos dentro da realidade* — expansão dos negócios atuais ou desenvolvimento de novas oportunidades.
- *Oferecer diretrizes operacionais* — implementar planos operacionais e táticos detalhados.

Análise SWOT

Um importante aspecto das mudanças e do planejamento estratégico é a análise dos pontos fortes e fracos da organização de hospitalidade, seguindo-se a formulação de objetivos e as oportunidades e ameaças apresentadas pelo ambiente externo.[58] A utilização da análise SWOT (do inglês, *Strengths, Weaknesses, Opportunities e Threats*) permite melhor avaliação das operações e do desempenho da empresa de hospitalidade.

- *Pontos fortes* são os atributos distintivos e aspectos positivos que propiciam uma vantagem significativa no mercado, ou sobre os quais a organização de hospitalidade pode construir e desenvolver, por exemplo, posicionamento no mercado, abrangência e estrutura das operações, recursos físicos e financeiros, *expertise* administrativa, equipe funcional, imagem e reputação.
- *Pontos fracos* são deficiências nos procedimentos e *expertise* atuais, nos recursos da organização de hospitalidade, na sua imagem ou reputação, que necessitam ser corrigidas para minimizar seus efeitos. Os pontos fracos podem estar na fixação das metas e objetivos particulares; como exemplos de pontos fracos, podem-se citar uma estrutura física de alto custo em relação à dos concorrentes ou uma alta incidência de reclamações dos clientes.
- *Oportunidades* são situações favoráveis que surgem da natureza da mudança do ambiente. A organização de hospitalidade precisa estar atenta às mudanças que poderão propiciar a oportunidade de oferecer novas facilidades e serviços, ou desenvolver as atuais. As oportunidades podem surgir a partir do desenvolvimento da política econômica local, do maior tempo de lazer das pessoas, das falhas da concorrência, de ampliação de mercados ou oferta de novos produtos e dos avanços tecnológicos.
- *Ameaças* representam o contrário das oportunidades. São situações desfavoráveis que surgem de mudanças no ambiente e tendem a pôr em perigo as operações da organização. Como exemplos podem ser incluídos a legislação governamental, os novos concorrentes ou as alterações demográficas.

(Para outros exemplos de oportunidades potenciais ou ameaças, consulte a seção sobre *Influências do ambiente*, na página 37.)

Identificação de oportunidades e riscos

Costa *et al.* apresentam dados sobre o ritmo das mudanças no ambiente empresarial, a competição feroz que as organizações de hospitalidade enfrentam, e a necessidade de melhor identificação de oportunidades e riscos. Os administradores precisam entender a importância da varredura formal do ambiente a fim de municiar os tomadores de decisão com informações de apoio. As organizações de hospitalidade melhor explorariam as oportunidades e evitariam as ameaças identificando tais fatores mais cedo.[59]

O contexto corporativo

Administrando um hotel por dentro .... Meios limitados na administração de uma organização corporativa.

O papel do gerente-geral é justamente este — o do generalista (*expert* ao seu modo) que zela pelos bens que avaliados em milhões de libras estão sob seu "cuidado".

A equipe de gerentes-assistentes auxilia o gerente-geral em suas principais tarefas.

A corporação pode prover um grau de habilitação até então não-disponível a um dos operadores, agregando assim valor à gestão da empresa. É a filosofia da sinergia, onde o todo é maior do que a soma das individualidades (2 + 2 = 5).

É importante para a administração eficiente que haja um claro entendimento da relação do gerente-geral com sua equipe e com os departamentos de apoio especial.

Tanto quanto oferecer um nível de *expertise* profissional para sua área de atuação, cada especialista é responsável pelo apoio ao Diretor Administrativo na definição da política que deverá levar a empresa a garantir seu sucesso no futuro.

Chamamos isso de *visioning*. Portanto, cada departamento tem a responsabilidade de "vivenciar" a visão, o ponto de vista da empresa.

Isso é realizado em conjunto com os integrantes da nossa equipe de administração do hotel para garantir que a visão seja realística e tão próxima dos desejos de nossos clientes quanto prática.

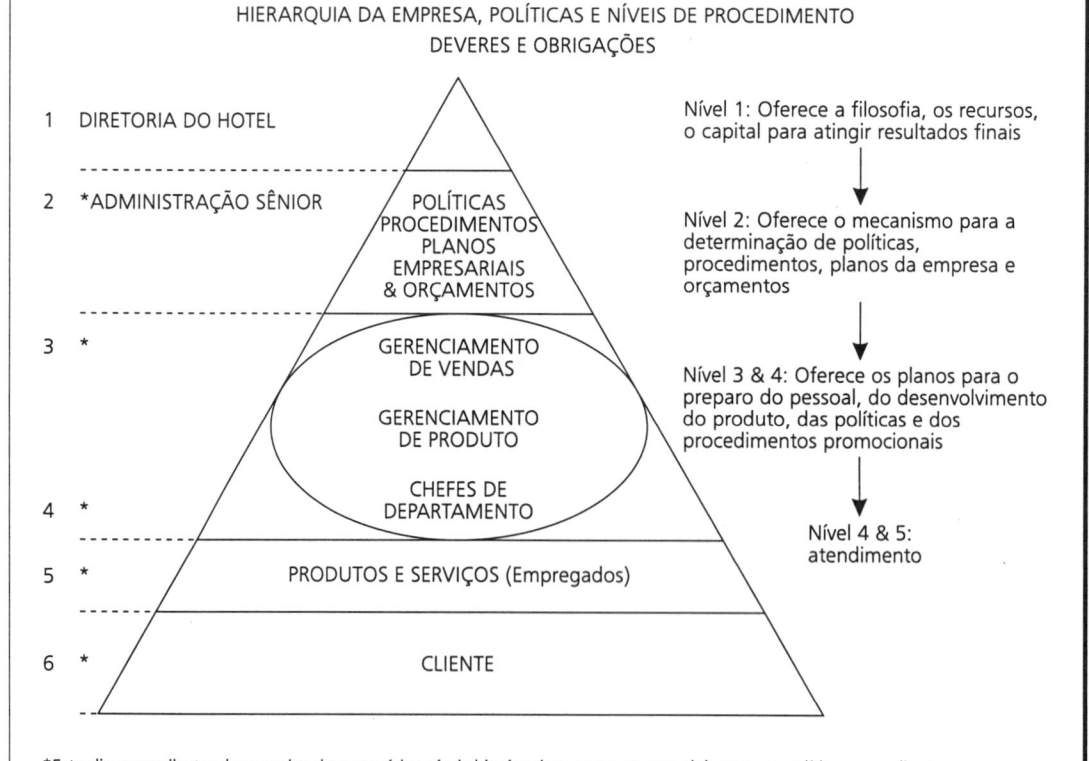

HIERARQUIA DA EMPRESA, POLÍTICAS E NÍVEIS DE PROCEDIMENTO
DEVERES E OBRIGAÇÕES

1 DIRETORIA DO HOTEL

Nível 1: Oferece a filosofia, os recursos, o capital para atingir resultados finais

2 *ADMINISTRAÇÃO SÊNIOR — POLÍTICAS, PROCEDIMENTOS, PLANOS EMPRESARIAIS & ORÇAMENTOS

Nível 2: Oferece o mecanismo para a determinação de políticas, procedimentos, planos da empresa e orçamentos

3 * GERENCIAMENTO DE VENDAS

GERENCIAMENTO DE PRODUTO

Nível 3 & 4: Oferece os planos para o preparo do pessoal, do desenvolvimento do produto, das políticas e dos procedimentos promocionais

4 * CHEFES DE DEPARTAMENTO

Nível 4 & 5: atendimento

5 * PRODUTOS E SERVIÇOS (Empregados)

6 * CLIENTE

*Este diagrama ilustra de maneira clara os vários níveis hierárquicos entre os que elaboram as políticas e os clientes. É, portanto, essencial que haja ajustes regulares (para que se atualizem políticas e procedimentos a partir das opiniões dos clientes) em todos os hotéis.
(Reproduzida com permissão.)

FIGURA 2.10 O contexto corporativo.

RESUMO

- Os administradores de hotéis e de *catering* em sua maioria interpretam suas áreas de atuação como diferenciadas. O setor da hospitalidade de fato possui características que o distinguem das demais, mas também compartilha de características importantes com outras empresas. O ensino e a pesquisa no setor de hospitalidade requer sucessivo desenvolvimento, devendo-se considerar possíveis aplicações da teoria geral da administração.
- O processo de gestão ocorre no contexto de um ambiente organizacional. A inter-relação das pessoas, objetivos, estrutura e administração determina a eficiência das operações de hospitalidade. A natureza das operações hoteleiras, suas características organizacionais e da equipe do trabalho indicam que elas abrangem, em menor ou maior grau, aspectos também presentes em outros setores associados à hospitalidade. Organizações de hospitalidade têm de estar atentas à eficiente administração de serviços.
- A aplicação do modelo de sistemas abertos apresenta um ponto comum de referência e uma forma de comparação significativa com outros setores. A abordagem sociotécnica possui grande relevância em relação às operações e ao trabalho do setor da hospitalidade. Podemos analisar as operações de hospitalidade em termos de cinco subsistemas inter-relacionados: tarefa, tecnologia, estrutura, pessoal e administração.
- As organizações devem traçar metas e estabelecer políticas claras que favoreçam as decisões e ações administrativas. As metas organizacionais devem levar em consideração as necessidades individuais dos membros que compõem a empresa. Objetivos e políticas devem ser formulados dentro de uma filosofia básica de atuação da empresa, que se reflete no comportamento geral da organização de hospitalidade e nas atitudes e desempenho do grupo funcional.
- Embora seja de grande importância, a motivação do lucro não pode ser por si só um critério absoluto na gestão eficiente das operações de hospitalidade. É necessário também considerar as múltiplas áreas de estabelecimento de objetivos e de desempenho, principalmente as responsabilidades sociais. O desempenho organizacional é resultado de uma sintonia entre a estrutura, a estratégia e o ambiente organizacionais.

APÊNDICE

O seguinte comentário foi apresentado pelos proprietários/administradores de um pequeno hotel *country house*.

Na administração de um pequeno estabelecimento, ao contrário de uma grande empresa, um dos primeiros pontos a se considerar é qual tipo de hóspede você deseja atrair. Essa perspectiva não é tão simplista quanto parece. Há muitas pessoas com gostos e interesses similares na população, independentemente da classe ou da crença, e em um estabelecimento pequeno você precisa acrescentar um pouco de cada um desses aspectos para criar uma atmosfera agradável. Isso significa, portanto, refletir com cuidado sobre onde e como você vai anunciar. Nós, por exemplo, destacamos o aspecto da vida selvagem, a paz e o silêncio apenas para os adultos. Uma vez que você tenha decidido estabelecer qualquer limitação como a presença de crianças e de animais de estimação, é essencial não hesitar, pois muitos hóspedes escolherão seu hotel de acordo com as regras que você implantou.

A maior parte dos hotéis pequenos é administrada pelos proprietários que quase sempre realizam a maior parte do trabalho, senão todo ele. Isso significa que você tem de ser bem-organizado, capaz de pôr as mãos em todas as tarefas e negócios, e, mais do que tudo, não entrar em pânico se as coisas não derem certo, como é comum acontecer de tempos em tempos. Quando as pessoas escolhem um pequeno hotel, administrado por uma família, elas esperam receber atendimento personalizado, o que significa que você deve estar disponível a maior parte do dia e da noite, e sempre com um sorriso na face, preparado para passar seu tempo junto aos hóspedes, e isto significa muito mais do que o habitual "olá" e as cordialidades artificiais e protocolares.

O trabalho, e este é o assunto que interessa, requer um alto grau de dedicação, mas pode ser muito compensador. Se você for bem-sucedido em seu desempenho e na administração de seu estabelecimento, o índice de retorno de hóspedes fará com que boa parte do trabalho pesado seja compensado, pois os próprios clientes trocam opiniões, armando o palco para uma atmosfera feliz e descontraída. Pequenos ajustes nas facilidades de atendimento e no ambiente podem ajudar, e muito, no bem-estar dos hóspedes, sem elevar os custos, como, por exemplo, singelos enfeites no local, quadros e fotos.

Os recursos financeiros e a lucratividade são, com certeza, aspectos da maior importância e requerem muita reflexão. Estabelecimentos pequenos não costumam ser muito lucrativos e a maior parte dos proprietários ficarão felizes se conseguirem levar uma vida razoavelmente confortável administrando seu negócio. A contabilidade jamais deve ser negligenciada. Se suas contas estiverem confusas, provavelmente seus recursos também ficarão. Procure administrar suas contas de perto e fique atento a qualquer imposto devido. Um bom procedimento é separar os impostos a pagar e tentar esquecer de sua existência até o dia do vencimento. Sempre pague em dia e trate com gentileza os pequenos comerciantes locais com quem negocia. Eles provavelmente estão também lutando por seus negócios. Lembrando deles, você obterá um bom retorno.

A comida servida é obviamente muito importante e por certo representa grande parte de suas despesas. Descobrimos que poderíamos oferecer uma boa e variada escolha se apresentássemos nosso menu toda manhã e pedíssemos a nossos clientes, caso eles fossem jantar no hotel, para nos avisar, escolhendo sua refeição com pelo menos uma hora de antecedência. É impressionante o quanto as pessoas podem ser amáveis, pois com freqüência passam a nos informar já pela manhã o que deveríamos preparar para o jantar. Esse método não só racionaliza os custos como também garante que os pratos sejam apetitosos e preparados na hora certa, bem ao gosto dos hóspedes.

Outro ponto importante nas refeições é a flexibilidade. Se os hóspedes preferirem uma pequena variação no menu, o hotel deve ser capaz de torná-la disponível com presteza. Embora seja compreensível a preocupação em conter custos, a comida jamais pode ser escassa. Por exemplo, uma tábua de queijos repleta sempre recebe comentários favoráveis. Você terá melhores clientes se eles saírem da mesa satisfeitos.

Se você prosperar o suficiente para ter um quadro de funcionários, deixe claro o que você espera deles e confie na potencialidade de cada um na execução de suas tarefas. Ninguém gosta de ser monitorado continuamente e se você estiver sempre criticando-os, poderá causar aborrecimentos. Isso não quer dizer que você não deva acompanhar o trabalho deles, mas faça-o com discrição e, caso isso não baste, uma boa conversa é capaz de solucionar qualquer deficiência.

Se a sua equipe estiver em algum momento resistente em relação a alguma tarefa (talvez, por exemplo, eles não se sintam bem cumprindo-a), você deve ajudar. Isso fará com que seja respeitado por demonstrar que também sabe fazer o trabalho e não só dar ordens. Em geral, essa atitude funciona como um bônus, pois quando você estiver pressionado pelo tempo, a ajuda será recíproca. Alimente a confiança em sua equipe e esteja preparado para defendê-los, salvo se obviamente eles estiverem errados. Ao contrário do dito popular, o freguês nem sempre tem razão e conseguir uma boa equipe de trabalho nem sempre é fácil.

Ser honesto é da maior importância. Se o seu estabelecimento não corresponder à propaganda, haverá insatisfação. Não pregue a propaganda enganosa, nunca afirme coisas que não sejam exatas. Se o fizer, terá de ouvir reclamações, e um cliente insatisfeito pode destruir a imagem da empresa junto aos demais hóspedes. Caso apareça um hóspede insatisfeito, o melhor é devolver-lhe o dinheiro gentilmente e deixar que procure outro local. Mesmo que você esteja com a razão e não o hóspede, essa é a melhor atitude a tomar. Como diz o ditado, "uma só maçã estragada no cesto..."

Concluindo, vale realmente a pena operar um hotel bem-sucedido, mesmo que pequeno, pois a sensação de orgulho e de realização suplanta o trabalho e as preocupações.

Fonte: O autor agradece a Stella e Paul Silver por este comentário.

QUESTÕES PARA REVISÃO E DEBATE

1. Explique o que se entende por ambiente organizacional. Quais são os fatores comuns que as empresas de hospitalidade compartilham com outras organizações?
2. Resuma, apresentando exemplos práticos, as características organizacionais e da equipe de funcionários mais importantes em uma empresa de hospitalidade de sua escolha.
3. Identifique com clareza as principais características das empresas de serviço. Até que ponto elas diferem das de outras empresas?

4. As organizações de hospitalidade foram desenvolvidas com base na prestação de serviços. Isso quer dizer que essas organizações necessariamente aplicam todas as regras da administração do setor de serviços? Dê exemplos que justifiquem sua resposta.
5. Explique o fato de a organização de hospitalidade ser um sistema aberto. Como o modelo de sistemas abertos ajuda a fornecer uma base para a análise das operações de hospitalidade?
6. Avalie a importância das metas organizacionais e da filosofia empresarial. Identifique exemplos de objetivos e políticas de uma organização de hospitalidade de sua escolha e comente a eficiência de sua implementação.
7. Esclareça até que ponto a importância do lucro é, por si mesma, um critério suficiente para a gestão eficiente das operações de hospitalidade. Em que outras áreas deveriam ser estabelecidos objetivos buscando o desempenho organizacional e de resultados?
8. Justifique até que ponto você aceita o conceito de responsabilidades sociais da administração. Dê exemplos práticos de como uma organização de hospitalidade cumpriu (e/ou falhou em cumprir) suas responsabilidades ou obrigações sociais.
9. Explique os passos específicos necessários para realizar o planejamento estratégico no setor da hospitalidade. Avalie o aspecto prático da análise SWOT como parte do processo de planejamento e mudanças estratégicas.

TAREFA 1

De acordo com Venison, há uma similaridade impressionante entre o setor hoteleiro e o varejo.

(i) Investigue: (a) um hotel; (b) uma empresa varejista; (c) outro tipo de organização.
(ii) Desenvolva um perfil comparativo das características principais de cada uma das organizações acima, juntamente com a descrição dos aspectos que envolvem cada tipo de gestão.
(iii) Destaque fatores comuns, similaridades e diferenças significativas nas três organizações.
(iv) Que conclusões você tira da análise que fez?

TAREFA 2

Com a ajuda de um diagrama, descreva uma organização de hospitalidade real e de sua escolha, utilizando modelos de sistemas abertos.

(i) Explique o tipo e a natureza da organização, discriminando seu tamanho, local onde se encontra e principais características.
(ii) Cite exemplos específicos de como o funcionamento e a operação da organização são influenciados pelo ambiente externo. Quão eficiente é a organização em adaptar-se às mudanças do ambiente externo?
(iii) Citando exemplos que sustentem sua tese, analise as operações da organização em relação aos subsistemas inter-relacionados: tarefa, tecnologia, estrutura, pessoal e administração. As inter-relações e interações entre esses subsistemas são eficientes?
(iv) Discuta criticamente a efetividade da gestão na coordenação dos subsistemas e na condução das atividades da organização como um todo visando à realização de suas metas e objetivos.

TAREFA 3

O comentário a seguir representa o ponto de vista de um antigo gerente-geral do Golf and Country House Hotel.

Atribuições do gerente de hotel

Empenhar-me-ei em listar alguns pontos que, em minha opinião, são os atributos de um gerente de hotel e onde ele costuma errar.

Logo no início, os estudantes esperam pelo *status* da profissão, mas não há *status*. Como na guerra, os principais generais lideram o *front*, não ficam na retaguarda. Ponha-se sempre na linha de fogo. Os clientes gostam de se dirigir ao gerente — não ao substituto do gerente, nem ao gerente do bar ou do restaurante. Pode ser uma simples cumprimento com a cabeça, um aperto de mãos ou um aceno, mas os hóspedes querem ser reconhecidos por quem está na posição mais alta. Você deve dar o exemplo de liderança. Muitos gerentes pensam que já realizaram tudo o que deveriam para estar na posição onde estão, e que agora podem acomodar-se.

O setor hoteleiro e de lazer é amplo demais para ser resumido. Não é possível classificar o Savoy ou o Hilton da mesma forma que se classifica um hotel *country-house* ou um *night-club*. Por isso, o gerente precisa ter atributos diferentes. É necessário saber conviver socialmente com seus clientes. Pode ser com uma vovó, com recém-casados, com um casal em seu primeiro encontro, com um torcedor de futebol que se diverte — a lista é interminável. Você precisa saber como conversar com eles na linguagem que lhes é peculiar e deixá-los à vontade. É necessário saber avaliar as características das pessoas rapidamente.

Será que, apesar de estarmos conquistando as pessoas, estamos oferecendo a elas uma falsa impressão? A gerência do hotel não é uma maneira fácil de se ganhar a vida. O trabalho é duro e estressante. Você tem de trabalhar em turnos irregulares, acordar cedo, talvez no meio da madrugada, e trabalhar até tarde da noite. Não é uma carreira glamourosa, onde você fica apenas circulando, vestindo um bonito terno.

Administrar um hotel é trabalhar com pessoas, ponto final. Você deverá manter um bom relacionamento com os funcionários e com os clientes, estar sempre sorrindo, mesmo diante de qualquer fatalidade da família. Os clientes não estão interessados nisso, pouco se importam. Porém, se o mesmo problema ocorrer com o cliente, você tem de mostrar o máximo interesse.

Como gerente, você está lá para resolver problemas. Se não existissem problemas, não precisaríamos de gerentes. Por isso, você estará ocupado quando houver dificuldades. Você precisa ser capaz de tomar decisões rápidas e poderá não ter tempo de corrigi-las, o que exige um procedimento correto já na primeira tentativa. Sua vida social ficará prejudicada, por causa do comprometimento que seu trabalho requer. Para ter sucesso, é necessário viver, comer e respirar o estabelecimento em que trabalha.

O setor hoteleiro é singular. Não deveria ser, mas é, sob várias formas — mas assim também são grande parte dos empreendimentos. Um bom gerente de hotel talvez não consiga administrar um circo ou uma mina de carvão. Se os funcionários de um hotel fossem grosseiros ou ignorassem os clientes, como acontece em determinadas lojas, eu perderia meu emprego em uma semana. Pouquíssimas pessoas reclamam quando vão às compras, mas quando estão em um hotel mudam totalmente sua forma de agir. Por isso, você precisa ter nervos de aço e um pavio longo. Deve, portanto, ser capaz de manter a calma e a compostura quando tudo ao seu redor estiver desabando.

Acredito que seria impossível melhorar o padrão de gerenciamento sem primeiro tentar resolver problemas importantes. Neste país, os funcionários de hotel são sempre menosprezados. Na França, na Alemanha, por exemplo, ser garçom é um trabalho altamente valorizado. Aqui, se você não tem emprego, é sempre possível conseguir trabalho em um hotel ou em um restaurante, como última alternativa.

Precisamos conhecer quais fatores fazem um bom gerente. Por exemplo, produzir lucratividade, não receber reclamações, manter a equipe de trabalho, melhorar o *turnover*? As atividades variam quando realizadas para uma grande empresa ou para um proprietário particular. Se você é o gerente de uma das unidades de uma grande rede hoteleira, não precisará muita iniciativa, porque tudo está escrito nos manuais que lhe serão entregues, e isso vai de como atender gentilmente ao telefone até como abrir corretamente uma lata de ervilhas, como distribuir as saladas no prato e como servir duas porções de cenoura. Há um padrão para tudo, que não pode, e não será, desobedecido de forma alguma.

A única maneira de melhorar o *turnover* é voltar a dedicar-se às pessoas. Você tem de ser simpático com elas. As grandes empresas não querem gerentes, mas clones — elas lhe dizem como fazer tudo, ponto final. Se você não agir assim, conforme a empresa programa, será substituído.

As grandes empresas contam em seus escritórios com analistas de orçamento, técnicos em treinamento, gerentes de área, departamentos de *marketing* e de vendas, consultores, auditores, acionistas, setor de pagamento de salários. Na verdade, eles têm de tudo. Informam a você como administrar um hotel bem-sucedido, mas não valorizam o fator mais importante — a vida. Quando devo parar de atender o Sr. Smith, que está quase me esfaqueando? Ou como lidar com a Srª Jones, que acabou de desmaiar?

No final, tudo diz respeito às pessoas. Eles podem administrar tudo, mesmo estando a 300 km de distância, mas não conseguem controlar meu tom de voz. É possível dizer "olá" de tantas maneiras diferentes — grosseira, *sexy*, reservada, agradável, descontraída — a lista é enorme.

Por isso, é provável que você tenha de definir a palavra "gerente". O gerente de um café cujos proprietários moram na Espanha provavelmente precisará ser mais do que gerente, se comparado a alguém que administra uma unidade de 500 apartamentos integrante de uma rede hoteleira.

Será que os estudantes que ingressam neste ramo sabem o que querem dele? Se você gosta de tomar decisões, então não trabalhe para uma grande empresa.

Cheguei à conclusão de que o atributo mais importante de um gerente é a capacidade de executar o que lhe mandam fazer sem questionar seus superiores. Talvez os bons gerentes de hotel devessem ser treinados na polícia ou no setor público, porque a única oportunidade que se tem de tomar decisões dizem respeito, novamente, às pessoas.

Sempre nos dão as diretrizes ou os padrões. Tudo o que nos resta é aderir a eles, e isso provavelmente ocorre com 95% dos gerentes. Talvez se possa descrever os gerentes como aqueles profissionais que sempre dizem sim.

Então, é necessário uma abordagem inteiramente nova para este assunto. A capacidade técnica ocuparia um lugar muito alto na escala, ao passo que o planejamento estratégico e a tomada de decisões ocupariam um lugar mais abaixo. Se você não dominar completamente o aspecto técnico, não saberá quando as coisas estiverem indo mal.

Se mantivermos essa linha de raciocínio, vamos nos deparar com um problema muito grande. Atuando em uma grande empresa, a quantidade de trabalho burocrático é muito maior, e você tem de passar muito mais tempo no escritório. Terá de confiar em uma segunda ou terceira pessoa, o que faz com que bons gerentes necessitem de bons auxiliares. Por isso, precisam saber escolher uma boa equipe. E aí voltamos, mais uma vez, às pessoas.

Então, ao tratarmos do ponto central, não creio que possamos generalizar. Todo caso é particular. Você tem, sim, de interagir com as pessoas. Tem de dar ordens e instruções claras, destituído de vida social, e precisará ter um bom olho para o detalhe. Você recebe tiros de todos os lados: dos hóspedes, dos funcionários, dos proprietários e dos diretores. Sua vida pode ser muito solitária, pois você só depende de si mesmo. Não é possível se aproximar muito das pessoas. Não é permitida nenhuma relação não-profissional com as pessoas com que trabalha, pois isso causará problemas. Terá, portanto, de se manter à distância.

Você deverá ser animado, simpático, honesto e, acima de tudo, justo. Deverá sempre ouvir os dois lados das questões e jamais ignorar este ou aquele aspecto. Saber ouvir será uma grande vantagem, já que a vida no hotel muda bastante. Para muitos daqueles que trabalham e vivem no hotel, não é um emprego que está em questão — mas suas vidas. Tudo é uma coisa só. Não é uma ocupação onde você se desliga sexta-feira à noite, esquecendo de tudo até segunda pela manhã.

Ao final do dia você ainda terá de estar *adorando* o trabalho, sendo considerado tão bom quanto o mais fraco dos elos da corrente. Se você não agüenta a pressão, saia da cozinha, do hotel e do ramo, porque jamais será um bom gerente.

Tarefas

Reúna-se em grupo de quatro a seis pessoas.

(i) **Discuta de maneira crítica o que você considera ser os pontos e as questões principais deste comentário.**
(ii) **Até que ponto você concorda ou discorda dos aspectos apresentados? A partir de sua experiência, explique como as idéias apresentadas contam com seu apoio. Houve acordo entre os participantes do grupo?**
(iii) **Que tipos de ações o grupo considera adequadas para solucionar as áreas problemáticas identificadas no texto?**

ESTUDO DE CASO 1: O NEW JAMAICA HOTEL

O New Jamaica é um dos menores hotéis de propriedade do Pearmain Group. Situado em um *resort* bem-localizado da Costa Sul, o hotel recebeu a classificação de 2 estrelas, em grande parte pela sua cozinha. O *chef* é o italiano Alberto Ciccetti, que poderia escolher um emprego de melhor remuneração em qualquer hotel do grupo na Grã-Bretanha ou no resto da Europa, mas sua filha casou-se com um inglês e mora a poucos quilômetros do New Jamaica, o que influencia a permanência de Alberto.

Outro integrante importante da equipe é Jane Garner, a gerente-assistente. Ela é a primeira mulher apontada pelo grupo para um posto na alta administração. Jane está sendo observada de perto por sua chefia para que seja avaliada a experiência.

A gerente foi indicada há dez semanas e até agora ela apenas substituiu o gerente quando necessário, entretanto ele sairá de férias por 15 dias. Durante a primeira semana das férias do gerente, Jane enfrenta os seguintes problemas:

1. Alberto Ciccetti vai até seu escritório. Está perturbado. Sua filha resolveu divorciar-se. Ciccetti diz que decidiu levar sua filha e seus netos (dois meninos, de 6 e 10 anos) de volta à Itália o quanto antes.
2. Jane descobriu que o gerente tem cobrado do hotel mais do que paga aos fornecedores, em algumas ocasiões. Em um caso, a fatura apresentada regularmente para carne de frango e de caça mostra o valor de £90, enquanto os cheques pagos semanalmente são de £98. Apenas duas faturas estão disponíveis (as dos pagamentos mais recentes), mas ambas parecem ter sido adulteradas de £90 para £98.
3. Um jovem casal em lua-de-mel está no apartamento 29, um dos melhores do hotel, com vista para o mar, suíte e sacada. Nenhum outro apartamento no local apresenta todas essas características. Mas outro hóspede chegou e diz ter reservado a mesma unidade dois meses atrás. Fica evidente que houve um erro quando a recepcionista fez a reserva, pois embora esteja registrado que este hóspede reservou o apartamento 30, o valor da diária se refere ao 29. O hóspede está muito irritado.
4. Em poucos dias, dois hóspedes reclamaram do sumiço de objetos pessoais. Um deles perdeu um filme colorido que havia deixado sobre a mesa de cabeceira, e o outro queixava-se de não encontrar um frasco quase cheio de Chanel Nº 5. Nenhum dos hóspedes quis chamar a polícia, mas ambos têm certeza de que os objetos foram roubados.
5. Passando pelo restaurante — que estava lotado — na hora do almoço, Jane ouviu um dos clientes reclamar de um filé que estava passado demais. A garçonete, contrariada, retrucou: "Não ponha a culpa em mim. É assim que eles preparam o filé aqui". Seus modos foram deselegantes e o cliente e sua esposa ficaram descontentes.

Reimpresso com a permissão do autor, Joe Chilver.

Tarefas

(a) Discuta as principais questões sugeridas por esses problemas.
(b) Explique como você acha que Jane deveria lidar com cada uma dessas situações.

ESTUDO DE CASO 2

O Gerente-geral passou a você a seguinte carta, enviada recentemente por um hóspede.

Pessoal
(Nome)
Gerente-Geral
ABC Hotel, Londres

22 de Março de XXXX

Prezado (Nome)

Minha esposa e eu permanecemos dois dias no ABC Holiday (apartamento 117). Não havia formulário no quarto, por isso escrevo esta carta com meus comentários.

1. No banheiro, a pia estava encardida, a barra de apoio do box estava quebrada e o chuveiro enferrujado. Embora houvesse uma saboneteira na parede, bem próxima do chuveiro, não havia sabonete — e como apanhá-lo, quando se está na banheira, se ele foi colocado um metro acima?
2. Na primeira manhã, não havia água quente no apartamento. Isso eu informei prontamente à recepção, mas a resposta ou o interesse foi pouco entusiasta, parecendo estar no limite da indiferença e de uma atitude do tipo "o que você quer que eu faça?"
3. No quarto havia um acessório frouxo entre as duas camas e a incrível ausência do cesto de frutas, que é parte da foto promocional do hotel.
4. Para o café da manhã, a mesma propaganda informava que o café/chá/torradas seriam automaticamente servidos à mesa pelos garçons. Em ambos os dias, depois de um longo tempo de espera, tivemos de requisitar o serviço para sermos atendidos.
5. Não houve quase nenhuma ajuda com as nossas malas — ou, se houve, foi muito discreta e ninguém se apressou nem um pouco em oferecer ajuda.
6. Embora não sejam totalmente descorteses, os recepcionistas parecem não saber que é permitido sorrir para os hóspedes ou, se não for preciso trocar agrados, ao menos, ser gentil. Exemplo: minha esposa disse "bom dia" e perguntou se havia um serviço de coleta de cartas no hotel. A resposta foi apenas um movimento com a cabeça. Depois de perguntar novamente, apontaram-me, novamente sem nenhuma palavra, o local onde deveria deixar as cartas que precisava enviar.

Os preços do ABC Hotel não são baratos, especialmente quando se trata de hóspedes particulares (não estávamos participando de nenhuma conferência, nem éramos um grupo de homens de negócios), pois pagamos do nosso próprio bolso. Não fiquei nem um pouco satisfeito com o padrão de serviços, que certamente ficou muito aquém das expectativas e das experiências adquiridas em estadas em outros hotéis similares. Espero que o senhor saiba tirar proveito destes comentários. Muito obrigado.

Atenciosamente...

Tarefa

Colocando-se na posição do gerente-geral, elabore uma resposta aceitável.

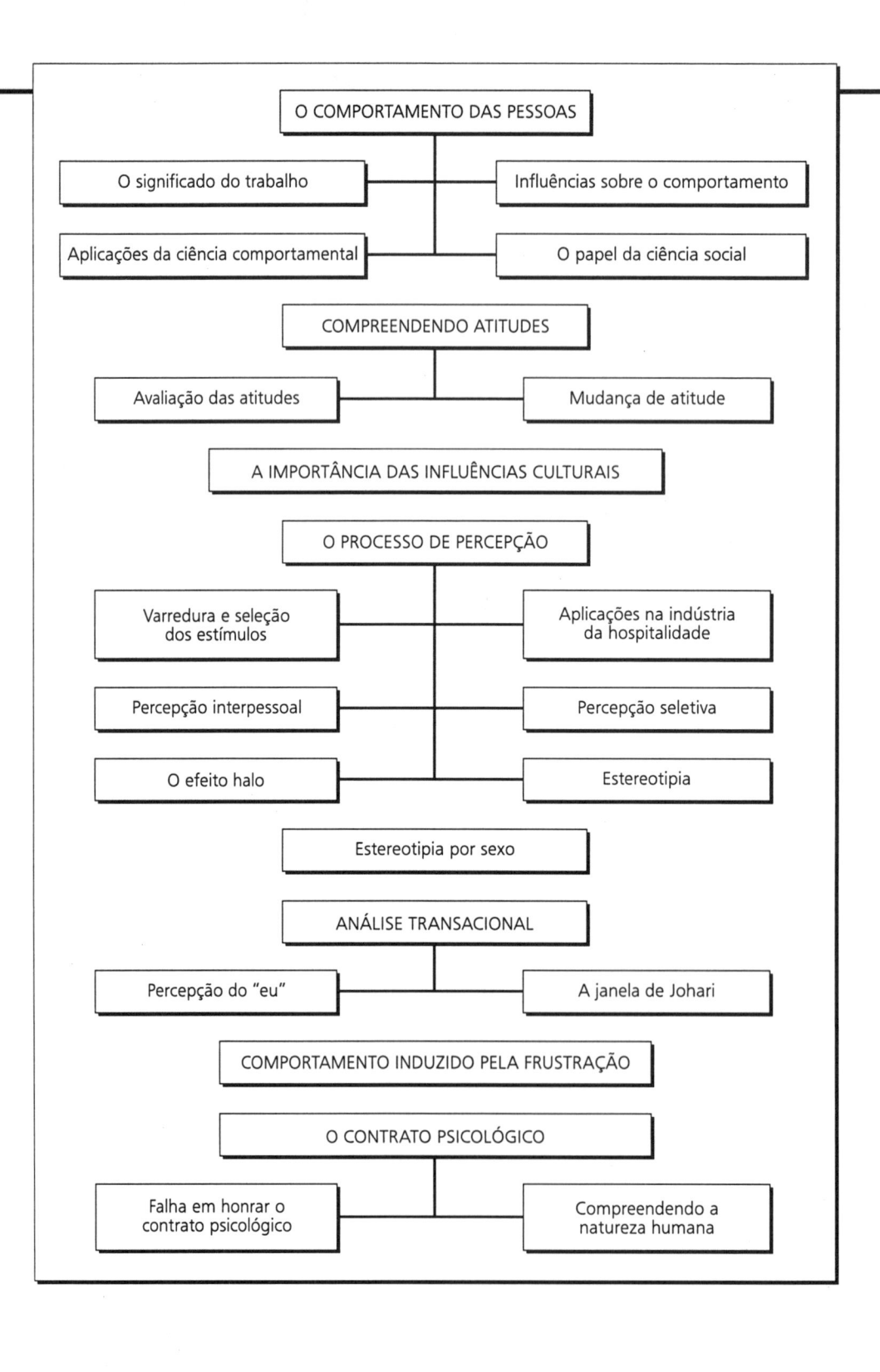

O COMPORTAMENTO DAS PESSOAS

- O significado do trabalho
- Influências sobre o comportamento
- Aplicações da ciência comportamental
- O papel da ciência social

COMPREENDENDO ATITUDES

- Avaliação das atitudes
- Mudança de atitude

A IMPORTÂNCIA DAS INFLUÊNCIAS CULTURAIS

O PROCESSO DE PERCEPÇÃO

- Varredura e seleção dos estímulos
- Aplicações na indústria da hospitalidade
- Percepção interpessoal
- Percepção seletiva
- O efeito halo
- Estereotipia
- Estereotipia por sexo

ANÁLISE TRANSACIONAL

- Percepção do "eu"
- A janela de Johari

COMPORTAMENTO INDUZIDO PELA FRUSTRAÇÃO

O CONTRATO PSICOLÓGICO

- Falha em honrar o contrato psicológico
- Compreendendo a natureza humana

# 3

Trabalhando com pessoas

INTRODUÇÃO

As pessoas são o ponto central da gestão eficiente. É a interação das pessoas na busca dos objetivos traçados que forma a base de uma organização. Sem o seu pessoal, o setor da hospitalidade não pode funcionar. Se os administradores pensam em melhorar o desempenho, deverão conhecer e entender os aspectos que influenciam o comportamento das pessoas no trabalho.[1]

O COMPORTAMENTO DAS PESSOAS

Vimos, no Capítulo 2, que uma das principais características do setor da hospitalidade é o papel desempenhado pelas pessoas. A experiência na prestação de serviços depende da interação entre os funcionários e os clientes. A gestão eficiente, portanto, está intimamente relacionada a trabalhar com pessoas. Ao contrário dos recursos físicos, as pessoas não são propriedade da empresa. E, é claro, as pessoas são diferentes umas das outras.

As pessoas não são todas feitas do mesmo jeito. Não são todas esféricas. Algumas são angulosas, outras são complicadas, e você tem de se adaptar a elas e às suas personalidades.[2]

Os integrantes da equipe de trabalho terão suas próprias percepções da empresa de hospitalidade como organização de trabalho e terão seus próprios pontos de vista sobre a política interna e o estilo de gestão. As pessoas carregam consigo seus próprios sentimentos e atitudes para o exercício de seus deveres e responsabilidades e para as condições sob as quais trabalham.

O comportamento humano é caprichoso e resulta de uma multiplicidade de influências de difícil identificação ou explicação. Os métodos ou princípios científicos aplicados na avaliação do comportamento não possuem total confiabilidade. Tensões, conflitos e estresse são quase inevitáveis, assim como as estruturas informais da organização e os métodos de trabalho extra-oficiais.[3]

O dia em que o *chef* "esquentou a cabeça"

Um dos mais conceituados jovens *chefs* da Grã-Bretanha pediu demissão de um excelente restaurante depois de supostamente ter marcado um *trainee* com uma faca em brasa.

O que se conta é que Tom Aikens "aqueceu" o *trainee* Marcus Donaldson, de 19 anos, após este ter cometido um pequeno erro na cozinha do Pied a Terre, no West End londrino.

O *chef*, o mais jovem do país a receber duas cobiçadas estrelas Michelin, foi acusado de esquentar uma faca com um tipo de maçarico — normalmente utilizado para preparar coberturas crocantes para sobremesas — até que estivesse em brasa.

Depois, teria pressionado a faca contra o braço de Donaldson, dizendo: "Você não tem queimaduras o suficiente para trabalhar em um restaurante".

Aos funcionários que estavam na cozinha naquele momento, Tom teria recomendado "continuar o trabalho" e "esquecer" o incidente.

Ontem, porém, administradores do restaurante, que fica na Charlotte Street, confirmaram que o sócio-diretor Sr. Aikens, 29 anos, conhecido por seu comportamento intempestivo, teria sido induzido a pedir demissão de sua posição de cozinheiro-chefe. Sua esposa, Laura, que trabalhava como gerente-assistente no mesmo local também demitiu-se.

O que se conclui é que Tom Aikens teria de enfrentar uma ação disciplinar caso não tivesse concordado em demitir-se imediatamente.

Um empregado do restaurante revelou: "O pedido de demissão de Aikens está diretamente ligado ao incidente da última sexta-feira. Coisas como essa não podem acontecer na cozinha. Mesmo que tenha ocorrido no calor de uma discussão, tal atitude é absurda e prejudica a imagem do Pied a Terre. Um comportamento desse tipo não pode ser tolerado e os outros quatro diretores decidiram unanimemente pela saída de Aikens."

Um dos sócios do restaurante, David Moore, acrescentou: "Tom é um *chef* muito talentoso, exigindo sempre um padrão muito alto daqueles que trabalham com ele. Mas em uma cozinha quente localizada no subsolo, o que as pessoas aceitam como sendo algo normal não é o mesmo considerado à clara luz do dia."

Moore projeta um futuro brilhante para Aikens, mas com uma ressalva: "Seu comportamento precisa ser trabalhado". O incidente no Pied a Terre não foi registrado na polícia.

A saída de Aikens, causada por seu comportamento, é a última de uma longa lista de incidentes envolvendo *chefs* londrinos de primeira linha, uma profissão lucrativa mas de alta competitividade.

A tendência de contratar *chefs* disciplinares e temperamentais começou com Marco Pierre White. Mais recentemente, o ex-jogador de futebol Gordon Ramsay — que possui um restaurante em Chelsea — ganhou fama pelo ritmo frenético e alucinante de sua cozinha. Diz-se que Aikens e Ramsay tornaram-se grandes rivais.

"Pode haver muita irritação"

Ontem à noite, Ramsay, que disse "não ter nenhum problema" com o fato de ser descrito como portador de gênio "explosivo", revelou que tinha ouvido falar do incidente no Pied a Terre porque um de seus empregados dividia o apartamento com Donaldson. Ele declarou que o pai de Donaldson, Malcolm, teria vindo de Sheffield até Londres para "encontrar Tom Aikens".

À noite passada, nem Aikens nem Donaldson foram encontrados — Donaldson estava em sua casa em Yorkshire, mas planeja voltar ao Pied a Terre para esclarecer o assunto.

Tom Aikens, natural de Norwich, recebera o prêmio Michelin por sua "brilhante e eficiente" cozinha. Tinha, então, 26 anos, e poucos meses depois seria contratado pelo Pied a Terre. À época do recebimento do prêmio, declarou: "Não acredito! É um sonho que se tornou realidade."

"E ser o mais jovem vencedor me dá ainda mais prazer." Aikens, que tem um irmão gêmeo, revelou que "nutria" a ambição de tornar-se um *chef* de primeira linha desde os 12 anos de idade e que já havia trabalhado até 20 horas por dia em busca de sua meta.

Também falou sobre "violência" nas cozinhas de restaurante: "Pode haver muita irritação lá. Todos conhecemos *chefs* que inclusive batem em seus auxiliares, mas não há necessidade, em absoluto, disso".

Para ele, "não há problema em chamar a atenção de alguém com rigor", mas "soquear e bater nas pessoas não faz sentido nenhum".

Comentara ainda o seguinte sobre os *trainees*: "Alguns têm talento, outros não. Aqueles que não têm, precisam ser um pouco mais cobrados, mas mesmo assim às vezes não aprendem".

Reproduzido com a permissão do *Daily Mail*, 17 de dezembro de 1999, p. 8.

Temperando o sucesso

Os *chefs* ganharam a reputação de ter pouca paciência e de gritar com funcionários menos competentes. Porém, de acordo com Gill Scott, *chef* e co-proprietária do Bistro Montparnasse, em Southsea, o trabalho do *chef* não precisa ter sempre esta característica. Ela enfatiza que nem todos os *chefs* são prima-donas abençoadas e recomendaria a profissão a qualquer pessoa com ambição para tanto.

"Se você for organizado o suficiente, não precisará entrar em pânico. Já trabalhei em lugares onde o cozinheiro-chefe atirava uma panela aos seus pés caso você estivesse falando ou fazendo algo indevido". É normal trabalhar em uma cozinha em que o *chef* não lhe dirige a palavra por dois dias. Já vi *chefs* jogarem uma boa quantidade de comida ao chão porque determinado prato não estava preparado da maneira como queriam. Mas não creio que isso seja producente. Tento não perder a calma, o que, ainda assim, acontece uma ou duas vezes por mês. Relaciono-me muito bem com os dois *chefs* a mim subordinados. O ambiente de trabalho é muito alegre e gostamos do que fazemos. As horas de trabalho são longas e pouco comuns. Os *chefs* de hotel têm de trabalhar por turno, ou tarde da noite ou de manhã bem cedo. Às vezes, é preciso trabalhar em turnos subseqüentes, isto é, sair à meia-noite e voltar às cinco e meia da manhã seguinte. Eu

> começo a trabalhar às 10h e meu dois *chefs* juntam-se a mim às 14h, trabalhando até a meia-noite, com intervalo entre 18h e 18h45min. O dia é longo e os salários não são muito altos, mas trabalhamos juntos há um bom tempo. Meus auxiliares gostam do trabalho que fazem. Você tem de ser determinado e ter ambição para ser bem-sucedido como *chef* ou atuando em *catering*."

O significado do trabalho

Trabalhar tem uma porção de significados e de valores diferentes para as pessoas, e desempenha um papel variado em suas vidas. O trabalho ajuda a preencher uma quantidade de necessidades e de expectativas diferentes relacionadas, por exemplo, à remuneração financeira, à satisfação intrínseca e às relações sociais (esses conjuntos de necessidades e expectativas serão discutidos no Capítulo 7). As pessoas diferem, portanto, na maneira e no grau de envolvimento com o trabalho. Goldthorpe, por exemplo, identificou três grupos de atitudes, ou orientações, relativas ao trabalho.[4]

- Alguns indivíduos talvez tenham apenas um envolvimento numérico ou econômico com o trabalho. Isso indica uma **orientação instrumental**, onde o comportamento em relação ao trabalho não é uma questão fundamental na vida, mas simplesmente um meio para atingir um fim.
- Para outros, o trabalho pode ganhar importância máxima. Há uma sensação de comprometimento com as atividades da organização e um forte envolvimento positivo na formação de uma estrutura de carreira. Isso indica uma **orientação burocrática**.
- Outros indivíduos, ainda, podem interpretar o trabalho como atividade coletiva e de envolvimento egoístico com grupos de trabalho, como se não houvesse a empresa por trás de tudo. Isso indica uma **orientação solidária**, com forte vínculo entre as atividades de trabalho e as sociais.

Essas diferentes orientações determinarão as atitudes do indivíduo em relação ao trabalho e terão uma influência significativa na importância atribuída àqueles fatores que afetarão sua motivação e satisfação com o que faz. Algumas pessoas possuem uma orientação firme, determinada, que não muda conforme o ambiente de trabalho; para outras, diferentes situações de trabalho implicam diferentes orientações. Por exemplo, quando se percebe uma falta de oportunidade para receber maior remuneração ou falta de segurança no emprego, predomina a orientação solidária e uma preocupação primeira com o trabalho de equipe e com a satisfação de expectativas de caráter social.

Orientação para o trabalho

Até que ponto, então, a natureza do trabalho no setor de serviços, e características como baixos salários, más condições de trabalho e a natureza quase sempre rotineira e não envolvente das tarefas dão surgimento a uma orientação particular ou a uma determinada série de atitudes em relação ao trabalho? Dodrill e Riley, por exemplo, elaboraram um pequeno projeto de pesquisa a fim de investigar como os trabalhadores do setor hoteleiro valorizam a variação de tarefas e as oportunidades em seu trabalho.[5] Havia expectativa de que o questionário aplicado mostrasse que os empregados de hotéis demonstrassem uma atitude positiva em relação a cinco fatores característicos — ambição, o desejo de mais oportunidades de crescimento no emprego, variedade, segurança e autonomia. Contudo, os resultados da pesquisa, envolvendo 88 trabalhadores de idades e funções diferentes, mais a amostra de controle, não confirmaram tal expectativa. Apenas ambição e maiores oportunidades no trabalho foram consideradas atitudes positivas, o mesmo acontecendo com a amostra de controle. A partir desse estudo, reconhecidamente limitado, Dodrill e Riley concluíram que funcionários de hotel não possuem nenhuma orientação específica ou exclusiva em relação ao trabalho que desenvolvem.

Influências sobre o comportamento

O comportamento das pessoas no trabalho não pode ser estudado isoladamente. A empresa de hospitalidade, como organização de trabalho, é uma rede de atividades em que há mudanças constantes. Aplicando-se o modelo de sistemas abertos apresentado no Capítulo 2, podemos perceber que o desempenho eficiente dependerá das interações entre as pessoas que executam as tarefas e a natureza destas, da tecnologia empregada e dos métodos de execução do trabalho, dos padrões defendidos pela organização e do processo de gestão, assim como do ambiente externo.

Essas variáveis apresentam parâmetros que nos permitem identificar quatro aspectos fundamentais pelos quais se analisam as influências sobre o comportamento: o indivíduo, o grupo, a organização e o ambiente.[6]

- *O indivíduo* — por exemplo, sua personalidade, habilidades e atributos, valores e atitudes, necessidades e expectativas. O indivíduo é ponto central do comportamento organizacional quando age, isoladamente ou integrando um grupo, em resposta às demandas da organização ou como resultado das influências do ambiente.
- *O grupo* — por exemplo, a estrutura e a forma de atuar dos grupos de trabalho, a organização informal, relações entre os papéis. Os grupos são essenciais para desenvolver um trabalho eficiente e todos serão integrantes de

um ou mais grupos. As pessoas, quando integrantes de um grupo, são influenciáveis de várias formas e os grupos podem criar suas próprias hierarquias e líderes. As pressões do grupo podem ter grande influência no comportamento e no desempenho dos seus componentes.

❑ *A organização* — por exemplo, objetivos e política, tecnologia e métodos de trabalho, estilos de liderança, métodos de supervisão e de controle. Os indivíduos e o grupo interagem dentro da organização formal. O tipo de estrutura, os padrões de gestão e os processos organizacionais para a execução do trabalho terão impacto no comportamento dos empregados.

❑ *O ambiente* — por exemplo, avanços científicos e tecnológicos, atividade econômica, influências culturais e sociais, ações governamentais. A organização de hospitalidade funciona como parte de um ambiente mais amplo do qual é integrante, e deve responder às demandas externas que lhe são apresentadas. Os fatores ambientais se refletem na forma de administração de oportunidades e riscos, operações estratégicas e comportamento funcional.

Aplicações da ciência comportamental

No cenário formado pelo indivíduo, pelo grupo, pela organização e pelo ambiente, podemos identificar dimensões inter-relacionadas que coletivamente influenciam o comportamento das pessoas em situações de trabalho. Há uma quantidade enorme de abordagens alternativas para o estudo do comportamento humano, o que tem gerado freqüentes debates e discussões.

É possível, por exemplo, adotar uma abordagem psicológica, cuja ênfase principal é o indivíduo; ou adotar uma abordagem sociológica, salientando o comportamento humano em sociedade. Também é possível fazer uso de uma abordagem antropológica, destacando o estudo da cultura e dos costumes do comportamento humano como um todo.

Uma abordagem interdisciplinar

As três áreas mencionadas são importantes, como também o são outras áreas relacionadas às ciências sociais, tais como a economia e a ciência política. Nosso principal interesse aqui está, porém, não nos detalhes mais sofisticados de disciplinas acadêmicas específicas, mas no comportamento e administração das pessoas como recursos humanos do setor da hospitalidade.

A compreensão do comportamento das pessoas no trabalho não pode ser alcançada pelo simples estudo de uma disciplina. É mais apropriado adotar uma abordagem interdisciplinar, com base na da ciência comportamental, fazendo uso de aspectos relevantes da psicologia, da sociologia e da antropologia (Ver Figura 3.1).

❑ A *psicologia* concentra-se principalmente no estudo do comportamento humano, das características do indivíduo e de sua participação em pequenos grupos sociais.

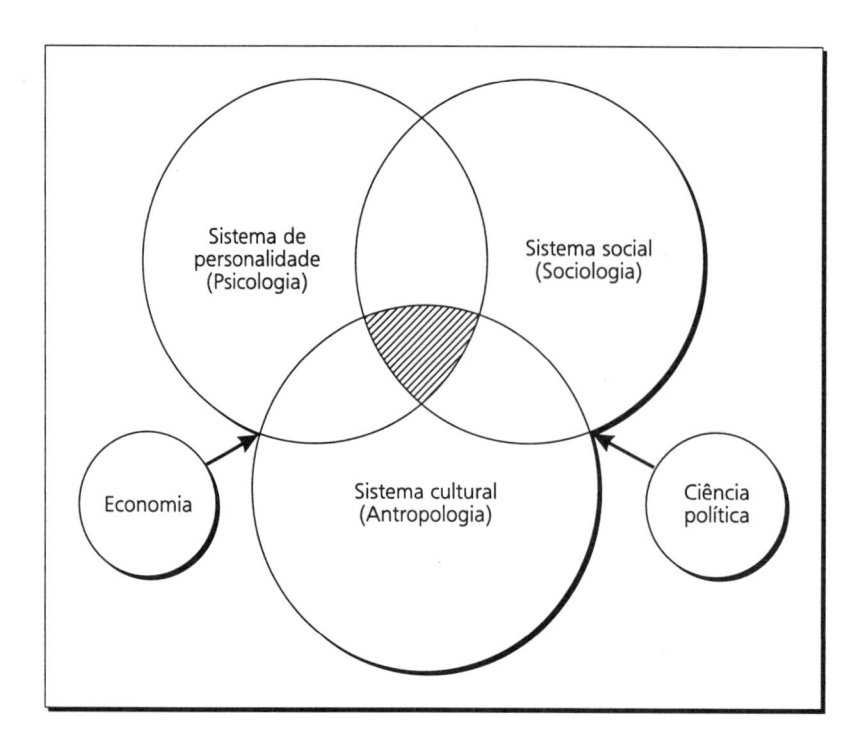

FIGURA 3.1 Uma abordagem interdisciplinar para o estudo do comportamento.

O principal foco de atenção está nos "sistemas de personalidade", em características e aptidões individuais, tais como percepção, atitudes, motivações e sentimentos.

❑ A *sociologia* concentra-se mais no estudo do comportamento social e nas relações entre os grupos sociais e a sociedade. O principal ponto de enfoque é o "sistema social" e a análise de estruturas e posições sociais, por exemplo, as relações entre o comportamento de líderes e seus seguidores.

❑ A *antropologia* é conhecida como a ciência da humanidade e tem como finalidade o estudo do comportamento humano como um todo. O principal aspecto destacado é o "sistema cultural", as crenças, os costumes, as idéias e os valores de uma sociedade, os quais interferem na ênfase que os indivíduos dão a certos aspectos do comportamento.

Aplicações da ciência comportamental

A terminologia, como já dissemos, é imprecisa e a expressão "ciência comportamental" não tem definição científica rígida. Pode ser usada aplicada genericamente para todas as ciências sociais voltadas ao estudo do comportamento humano. Entretanto, o termo tem sido usado em um sentido mais limitado e seletivo, que diz respeito aos problemas de organizações e de gestão no ambiente de trabalho. A ciência comportamental tenta estruturar organizações, a fim de garantir um ambiente de trabalho otimizado. Preocupa-se em harmonizar as necessidades produtivas da organização com as necessidades dos indivíduos e a sua realização profissional. Algumas aplicações da ciência comportamental no ramo da hospitalidade são fornecidas, por exemplo, por Atkinson[7], Wood[8] e Carmouche e Kelly[9].

O papel da ciência social

A natureza da hospitalidade como um setor voltado às pessoas e a importância dos estudos das ciências sociais são amplamente reconhecidos. Por exemplo, Slattery argumenta que as ciências sociais são capazes de oferecer interpretações teóricas fundamentadas das pessoas e dos eventos sociais na hospitalidade. O sucesso dessas interpretações depende dos seguintes fatores:

❑ a seleção de teorias relevantes;
❑ o desenvolvimento de versões da hospitalidade para as teorias; e
❑ uma avaliação dos defeitos e limitações, e sua importância para o setor de hospitalidade.[10]

Slattery sugere que embora nem todas as ciências sociais tenham proveito, a variedade de teorias úteis é muito grande. A escolha de uma teoria depende dos problemas ou questões pelos quais nos interessamos. As teorias de motivação, comprometimento e organização são bases necessárias.

A necessidade da relevância vocacional

Em uma crítica a respeito do papel dos temas da ciência social no ensino da gestão da hospitalidade, Wood aponta que existe a necessidade de uma reavaliação substancial do ensino das chamadas ciências sociais.[11] Ele questiona a necessidade de garantir a relevância vocacional e argumenta que tal abordagem poderia levar à diluição da sustentabilidade da matéria. Uma alternativa seria fundamentar os componentes específicos das ciências sociais — principalmente a economia e a sociologia — com uma base teórica ou empírica. Contudo, como o próprio Wood afirma, "embora essa abordagem *talvez* incentive a honestidade intelectual, não pode prometer nada além disso".

Tal abordagem, conforme sugere Wood, provavelmente não encontraria muita receptividade entre estudantes ou profissionais. O uso das ciências sociais deve ser visto como parte de um conjunto de ferramentas administrativas utilizadas de acordo com a demanda. O objetivo principal deve, com certeza, ser o de continuar a compreender como a aplicação prática de aspectos relevantes das ciências sociais pode melhorar a relação pessoas-organização.

Uma abordagem "que ensina a gerenciar organizações"

Em um estudo sobre as matérias sociológicas em cursos profissionalizantes de gestão de hotéis e *catering*, Lennon e Wood também relatam a chamada diluição intelectual da sociologia e do conhecimento sociocientífico. Tal diluição é vista como resultado de muitas pressões institucionais que acatam os pontos de vista dos industriais, e se caracteriza por uma abordagem multidisciplinar relacionada aos critérios de relevância do trabalho de um gerente e de uma aplicação da abordagem "que ensina a administrar organizações" aos estudos sociais. Lennon e Wood concluem que "parece haver pouco perigo de contradição quando se afirma que a gestão (de hotéis e *catering*) e ensino de administração é, pelo menos em termos sociocientíficos, intelectualmente fraco e de valor prático dúbio".[12]

Embora se possa talvez entender o ceticismo de Lennon e Woods quanto à idéia de que as ciências sociais representam um conhecimento consistente, isso não diminui as vantagens de uma abordagem interdisciplinar e comportamental no entendimento do comportamento das pessoas no trabalho.

Problemas referentes à organização e à gestão

Os aspectos sociológicos são sem dúvida importantes, mas grande parte da argumentação é demonstrada de forma abstrata e carece de idéias construtivas sobre como, em termos práticos, poder-se-ia agir para melhorar o desempenho organizacional. Uma exigência de rigor intelectual é, obviamente, um objetivo procedente. Mas não se deve permitir que esse rigor encubra o fato de que parte da gestão da hospitalidade e do ensino de administração deve acertadamente enfatizar a relevância profissional e destacar o ensino de como se administra uma organização.

Nosso conhecimento do comportamento humano deriva de diferentes fontes. Ao tentar resolver problemas relativos às organizações e à sua gestão, é necessário suprimir algumas disciplinas acadêmicas tradicionais.[13] É por essa razão que a ciência comportamental desenvolveu-se como um campo de conhecimento. Sustenta-se fortemente que hoje:

> o conhecimento e a compreensão da ciência comportamental, e a aplicação de algumas das idéias fundamentais sobre comportamento, podem ajudar a melhorar tanto o desempenho administrativo quanto o organizacional.[14]

COMPREENDENDO ATITUDES

As organizações são compostas por pessoas que trabalham juntas, mas os indivíduos oferecem-nos diferentes atitudes e percepções acerca de seu trabalho. As diferenças entre as pessoas podem ser uma fonte para o desenvolvimento da criatividade ou a raiz de um conflito potencial, de frustração e problemas organizacionais. É possível diferenciar os indivíduos em relação a seus tipos/características, psique, sexo, capacidade, aspectos relativos ao seu desenvolvimento, atitudes, percepção, motivação e ambiente social e cultural de onde são oriundos. Para facilitar sua compreensão do comportamento das pessoas, os administradores precisam estar atentos e ser sensíveis aos fatores que afetam as diferenças entre os indivíduos, os seus conceitos e atitudes.

Referir-se à atitude de alguém é algo comum no ambiente de trabalho, especialmente no setor da hospitalidade, onde as pessoas trabalham muito próximas umas das outras e têm contato direto com o cliente. A compreensão da natureza das atitudes e da sua relação com o comportamento é, portanto, decisiva na gestão eficiente das pessoas. *As atitudes podem ser definidas como provedoras de um estado de "aptidão" ou tendência a responder de determinada maneira.*[15] Atitudes são diferentes de opiniões, convicções (o que conhece do mundo), e valores (o que é desejável e deveria acontecer). Gross sugere que, "para transformar uma convicção em atitude, é necessário um ingrediente de 'valor', o qual, por definição, está relacionado com o que um determinado indivíduo considera desejável, bom, valioso, conveniente, etc.". Apesar de os adultos terem milhares de convicções, possuem apenas algumas centenas de atitudes e poucas dezenas de valores.[16]

As atitudes são aprendidas ao longo da vida e incorporadas ao nosso processo de socialização. Não há limite para as atitudes que as pessoas tomam. Algumas atitudes, tais como crenças religiosas ou outras influências culturais (discutidas logo abaixo) podem ser fundamentais para nós — uma base forte —, sendo extremamente resistentes a qualquer mudança. Outras atitudes, mais periféricas, podem estar mais facilmente sujeitas a mudança sob a influência de novas informações ou experiências pessoais. Acontecimentos específicos, especialmente os traumáticos, por exemplo, demissão inesperada, podem ter um efeito dramático em nossas atitudes.

Funções atendidas pelas atitudes

As atitudes e as motivações estão interligadas e, dependendo da motivação individual, Katz propõe que as atitudes podem atender quatro funções principais:

- *de conhecimento* — uma base para a interpretação e classificação de informações novas. As atitudes propiciam uma base e um quadro de conhecimento no qual novas informações podem ser acolhidas.
- *expressiva* — um meio de expressão. As atitudes permitem que os indivíduos indiquem aos outros os valores que defendem e que expressem seu autoconceito e adotem ou assimilem os valores do grupo.
- *instrumental* — atitudes tomadas maximizam compensações e minimizam sanções. As atitudes tomadas em relação a outras pessoas, ou objetos, podem ocorrer devido a experiências anteriores positivas (ou negativas). O conhecimento e o comportamento que resultam em satisfação de necessidades têm mais chance de determinar atitudes favoráveis.
- *egodefensivas* — atitudes que são tomadas para proteger o ego de uma verdade ou realidade indesejável.[17]

Implicações importantes para o estudo das atitudes

Parece que as pessoas nem sempre se comportam de maneira fiel a suas convicções: o que dizem e o que fazem às vezes é bastante diferente. As atitudes podem ser reveladas não só no comportamento, mas também nos pensamentos do indivíduo (embora tais pensamentos não sejam revelados em público) e nos sentimentos, cuja força demonstra o quanto a atitude é central ou periférica.

Este ponto é ilustrado por um estudo clássico de La Piere. Ao visitar hotéis e restaurantes norte-americanos com um casal chinês, La Piere não descobriu nenhum sinal aparente de atitudes preconceituosas em situações de contato face a face, mas na pesquisa escrita havia indicação de atitudes racistas. La Piere descobriu fortíssimas contradições entre as atitudes abertas e as fechadas.[18]

Há duas importante questões para o psicólogo e para o administrador nesse estudo de atitudes.

- *As atitudes não podem ser vistas, podem apenas ser inferidas* — A confiança na precisão da avaliação é, portanto, muito alta. As atitudes tomadas pelos integrantes do quadro funcional são importantes para o moral e a eficiência da organização, então é importante ter confiança nas técnicas usadas para avaliar a natureza e a intensidade de tais atitudes.
- *As atitudes são com freqüência compartilhadas nas organizações* — elas podem estar incorporadas na cultura da organização. As atitudes não são apenas formadas individualmente, mas surgem a partir da interação (não apenas dentro da própria organização, mas também, mais amplamente, na comunidade). Compartilhar o sistema de crenças de outros pode influenciar sentimentos positivos ou negativos sobre o trabalho na organização.

Avaliação das atitudes

Há uma enorme variedade de técnicas que poderiam ser utilizadas para medir atitudes; as duas mais comuns são a observação direta e as técnicas de auto-relato. A observação direta depende de uma abordagem informal e não-sistemática baseada em hipóteses e de um entendimento de indicativos sociais e de linguagem corporal. Contudo, os administradores podem estar errados em suas hipóteses e crenças, que podem nunca ter sido testadas — meramente assumidas como corretas por eles.

As organizações que avaliam as atitudes de seus empregados por meio de questionários (técnicas de auto-relato/auto-avaliação) buscam de maneira sistemática aferir e medir essas crenças e hipóteses. Questionários sobre as atitudes são usados por muitas empresas como um barômetro que mede a atmosfera e que capacita os administradores a conhecer os pontos de vista e os sentimentos de seus empregados.

O problema é que tais questionários tomam muito tempo em sua elaboração e controle. As questões aplicadas, sua relevância, estilo e extensão são variáveis importantes para validar o questionário, assim como responder a ele com honestidade. Tornar públicas as atitudes privadas das pessoas pode também ser perigoso, já que expectativas de mudança podem ser vislumbradas e, se não ocorrerem, resultarão em decepção e baixo moral.[19]

Uma visão compartilhada do setor

Uma pesquisa realizada por Hicks no setor hoteleiro revelou que, independentemente de circunstâncias pessoais (idade, gênero, nível de instrução, classe social), os administradores tinham sido expostos a um processo que os havia "padronizado", isto é, levado a uma visão comum do setor, o que resultava em atitudes padronizadas acerca de uma variedade de aspectos. Suas atitudes em relação aos *trainees* de gerenciamento foram consideradas significativas no que dizia respeito ao desenvolvimento dos mesmos; expectativas tão altas garantiram amplas oportunidades de treinamento, e o uso de sua própria rede pessoal de contatos garantiram o sucesso de seus pupilos. A importância das atitudes positivas dos administradores[20] em relação aos seus *trainees* não pode, entretanto, ganhar maior realce.

Mudança de atitude

As teorias sobre mudanças de atitude destacam a importância do equilíbrio e da capacidade de nossa psique. Heider, por exemplo, aponta que nós não só consideraríamos desconfortável tomar duas atitudes conflitantes, mas também, se o fizéssemos, nos motivaríamos a mudar uma delas para chegar a um estado de equilíbrio.[21] A teoria da dissonância cognitiva de Festinger se refere ao desconforto psicológico sentido quando sustentamos crenças inconsistentes ou quando agimos de maneira contrária às nossas verdadeiras convicções. A teoria sugere que somos motivados a reduzir o impacto desse desconforto por meio de uma ação apropriada e da mudança de uma crença.[22]

O processo de mudança de atitude depende de vários fatores fundamentais, que incluem: por que, em primeiro lugar, se toma determinada atitude; por que ela deveria mudar; quais são os benefícios e para quem são dirigidos; e os resultados prováveis, caso ela não mude. Como mencionado anteriormente, as atitudes periféricas podem estar sujeitas a mudança mais facilmente com a chegada de novas informações ou experiências pessoais, ao passo que atitudes centrais ligadas a uma base forte podem ser altamente resistentes a qualquer mudança.

A IMPORTÂNCIA DAS INFLUÊNCIAS CULTURAIS

O setor de hospitalidade é muito cosmopolita, por isso é bastante importante reconhecer o significado das diferenças culturais e dos valores étnicos, de tradições a eles associados, crenças religiosas e costumes. Entender os pontos de vista de outras pessoas acerca do mundo não apenas propiciará melhores relações entre o cliente e os funcionários, como também pode ajudar a prevenir possíveis alegações de discriminação.

Deve-se, sem dúvida, levar em consideração as diferenças nas dietas, o idioma, o contato físico, gestos e peculiaridades. A língua inglesa, por exemplo, é escrita da esquerda para a direita, mas o hebraico é escrito da direita para a esquerda, e o chinês é escrito de cima para baixo. Há muitos exemplos de diferentes características e peculiaridades culturais. Quando, por exemplo, os holandeses apontam o indicador para suas têmporas estão demonstrando sua aprovação a uma boa idéia. Em outros locais, o gesto não tem a mesma força como elogio. Em muitos países europeu, é costume dar três ou quatro beijos no rosto, e rejeitar tal cumprimento pode significar absoluta falta de educação. Quando falam com outra pessoa, os britânicos costumam olhar ligeiramente para o lado do interlocutor, enquanto os noruegueses tendem a olhar fixamente nos olhos.

O ambiente multicultural é uma característica do setor hoteleiro. O comprometimento de características culturais, incluindo aspectos espirituais e morais de vários grupos étnicos, ajudarão a compreender o comportamento do pessoal interno e dos clientes, devendo, por isso, ser parte integrante de programas de indução e treinamento. Os administradores também precisam estar cientes de que as diferenças culturais influenciam as atitudes, motivações e ritmo de trabalho de seus funcionários. Isso exige sistemas eficientes de comunicação e especial atenção às relações interpessoais.[23]

Efeitos das diferenças culturais

Pode-se encontrar um exemplo nas pessoas que seguem a fé islâmica. Hotéis que hospedam clientes dessa religião devem saber que os frigobares dos quartos não deverão ter bebidas alcoólicas. Durante o Ramadã, os funcionários muçulmanos do hotel talvez jejuem durante o dia, façam suas refeições somente em horários especiais e não trabalhem durante alguns dias por alegados motivos religiosos. A administração poderá, então, programar os feriados e horários de trabalho de acordo com a realidade do hotel.

Determinados hotéis em Londres oferecem agora refeições especiais para o número crescente de clientes japoneses, e alguns hotéis oferecem inclusive menus diferenciados, assim como outros procedimentos. Se houver um grande número de clientes judeus, o hotel não deverá oferecer carne suína. Os hotéis localizados próximo a aeroportos, cujos clientes em grande parte são judeus, talvez até devessem adaptar seus serviços, oferecendo atendimento de acordo com o sistema *kosher*.

As diferenças culturais talvez também ajudem a explicar a atitude de determinados clientes. Os executivos japoneses, acompanhados de suas esposas, esperam sempre ocupar os melhores lugares à mesa de jantar. Os norte-americanos têm a fama de ser exigentes e de exigir máxima atenção. Tais expectativas serão interpretadas melhor se os gerentes e a equipe de trabalho souberem lidar com as diferenças culturais e, de acordo com o testemunho deste autor, souberem prestar alto padrão de serviços ao cliente, bem como atender suas exigências individuais, prática bem comum em muitas regiões dos Estados Unidos.[24] Os executivos alemães são em geral mais formais em seus relacionamentos de trabalho, sempre levando em consideração o respeito à hierarquia organizacional e evitando expor-se publicamente. Outro aspecto relevante entre os valores culturais é a distância física entre pessoas que se encontram. Todas as culturas consideram tal aspecto. Os árabes, por exemplo, gostam de falar bem de perto com outra pessoa; já os norte-americanos, quando apresentados a alguém, recuam um ou dois passos depois de cumprimentá-la, a fim de guardar um espaço que julgam confortável para a conversação.

A cultura também influencia a aparência e o vestuário. Há muitos exemplos: os saris, usados pelas mulheres hindus; os mantos compridos dos árabes; os cabelos longos dos *sikhs* e a tradição de carregar um pente de aço e um bracelete. As mulheres muçulmanas, em respeito a sua cultura, usam roupas que cobrem totalmente as pernas, além de um tipo de véu que esconde parte do rosto. Outro exemplo são os *dreadlocks* dos rastafáris.

O PROCESSO DE PERCEPÇÃO

Um aspecto particularmente significativo das diferenças individuais, mas com papel importante na determinação do comportamento no setor da hospitalidade, é o processo da percepção. As pessoas "vêem" as coisas de maneira diferente. Proprietários, administradores, funcionários, representantes sindicais, clientes, hóspedes, visitantes, fornecedores, agentes sanitários e habitantes locais terão uma percepção própria do funcionamento e das operações de uma determinada empresa. E assim ocorre com todo indivíduo. Cada pessoa tem interpretação própria do que arbitrariamente considera ser o mundo "real". Observe o exemplo a seguir.

As pessoas percebem as coisas a seu jeito

O gerente-geral da empresa está preparando um plano para a área de recursos humanos e deseja coletar informações que possam ajudar a melhorar níveis futuros dos quadros de pessoal. Ele solicita aos chefes de setor que forneçam detalhes da sua atividade e da dos empregados temporários lotados no setor durante os últimos seis meses, juntamente com projeções para os próximos seis meses.

- Algum chefe de setor pode interpretar o pedido de informação como uma demanda desnecessária, cujo objetivo é apenas capacitar a administração a exercer uma supervisão mais próxima e controlar as atividades do setor.
- Outro chefe pode entender a solicitação como mais um aspecto burocrático posto em prática, acreditando que nada de positivo surgirá daí.
- Um terceiro chefe de setor pode receber bem o pedido, interpretando-o como um sinal positivo de acréscimo de pessoal permanente em seu setor.
- Um último chefe poderá, inclusive, estar preocupado com a possibilidade de que o gerente queira pressionar a equipe permanente a trabalhar mais e com mais afinco, usando a coleta de informações como estratégia.

Estímulo do ambiente

Por que a mesma solicitação pode causar reações tão diferentes e por que as pessoas interpretam os fatos de formas tão variadas? Constantemente nos deparamos com uma vasta quantidade de informação (estímulos) do ambiente, tais como formas, cores, movimentos, gosto, sons, toques, cheiros, dor, pressões e sentimentos. *A percepção é o processo pelo qual os estímulos são mapeados e selecionados para nos fornecer significado e importância*. A maneira como os estímulos são selecionados e organizados dá origem às respostas comportamentais do indivíduo (Figura 3.2).

Os indivíduos têm sua própria visão "mental" da realidade. Apesar do fato de que um grupo de pessoas "fisicamente" veja ou ouça a mesma coisa, cada uma dará sua própria versão do que viu ou ouviu. O padrão de comportamento pessoal

O processo da percepção

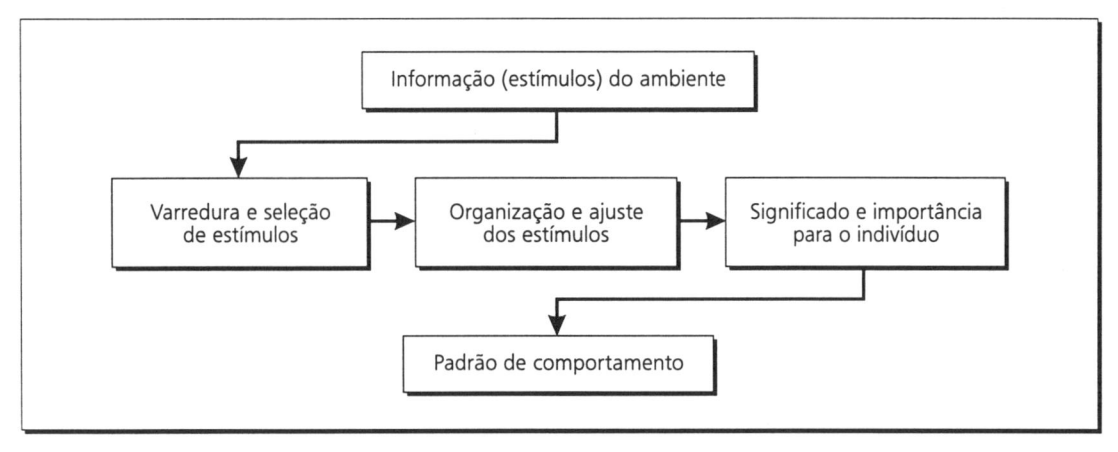

FIGURA 3.2 O processo de percepção.

se forma em resposta ao modo pelo qual o indivíduo percebe determinada situação. O processo de percepção é essencial, portanto, para o entendimento do comportamento humano. Considere, por exemplo, a forma da Figura 3.3.[25] *Descreva o que você vê.* Faça isso agora, antes de continuar a leitura deste livro. Voltaremos a este assunto mais adiante.

Percepção ambígua

Um claro exemplo do que se pode chamar de percepção ambígua é a forma da Figura 3.4.[26] O que *você vê*?

Grande parte das pessoas provavelmente verá o perfil do rosto de uma jovem bem-vestida, olhando de lado. Outras, no entanto, verão a face de uma mulher idosa, de aspecto infeliz, olhando para frente. Alguns conseguirão ver as duas figuras, uma logo em seguida da outra. Como é que as pessoas podem enxergar coisas diferentes se observam a mesma figura? Isso ajuda a explicar a importância da percepção.

Você consegue, agora, ver as duas possibilidades da Figura 3.4? Se consegue, isso o ajudará a compreender por que as pessoas têm uma percepção diferente da sua. Depois de ver as duas figuras, será possível passar de uma imagem à outra rapidamente, o que pode lhe deixar confuso quanto ao que de fato vê.

Varredura e seleção de estímulos

Pelo fato de haver uma grande quantidade de estímulos, não podemos lidar com todos adequadamente, por isso nos concentramos em alguns deles e excluímos outros. Essa varredura e seleção de estímulos baseia-se em uma combinação de fatores externos e internos, e no contexto no qual os estímulos ocorrem (ver Figura 3.5, p. 64).

Fatores internos

Os fatores internos se relacionam às características do indivíduo, tais como personalidade, atitudes, aprendizagem,

FIGURA 3.3 Exemplo de estímulo incompleto.

FIGURA 3.4 Exemplo de percepção ambígua.

```
┌─────────────────────────────────────────────────────────────┐
│              Varredura e seleção dos estímulos              │
│                                                             │
│   ┌──────────────────────────┐  ┌──────────────────────────┐│
│   │ Fatores internos:        │  │ Fatores externos:        ││
│   │  ■ personalidade         │  │  ■ dimensão              ││
│   │  ■ atitudes              │  │  ■ movimento             ││
│   │  ■ aprendizagem          │  │  ■ intensidade           ││
│   │  ■ motivações            │  │  ■ volume (som)          ││
│   │  ■ necessidades/         │  │  ■ contraste             ││
│   │    preferências          │  │  ■ novidade              ││
│   │  ■ interesses            │  │  ■ brilho                ││
│   │  ■ expectativas          │  │  ■ repetição             ││
│   │  ■ experiências          │  │                          ││
│   │    anteriores            │  │                          ││
│   └──────────────────────────┘  └──────────────────────────┘│
│                                                             │
│              INFLUÊNCIAS NA PERCEPÇÃO                       │
│                                                             │
│              ┌──────────────────────────┐                   │
│              │ Contexto:                │                   │
│              │ O padrão total de        │                   │
│              │ estímulos e o contexto   │                   │
│              │ no qual ocorrem          │                   │
│              └──────────────────────────┘                   │
└─────────────────────────────────────────────────────────────┘
```

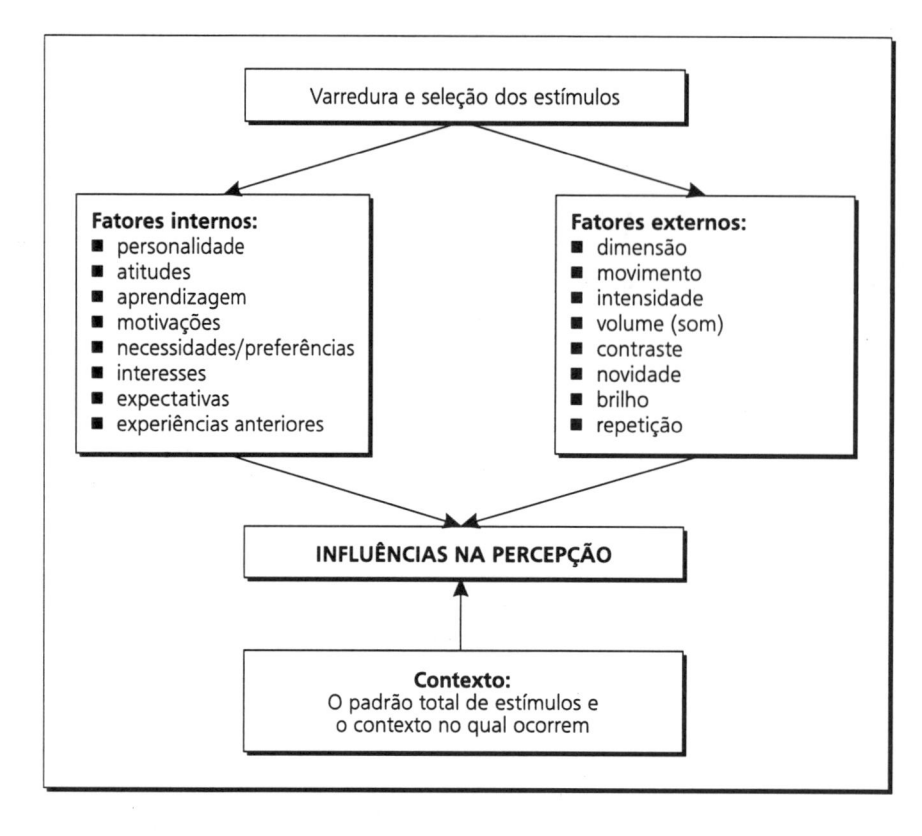

FIGURA 3.5 Fatores que influenciam a percepção.

motivações, necessidades e preferências, interesses, expectativas e experiências anteriores. As pessoas geralmente percebem os estímulos que se adaptam à satisfação de suas necessidades ou que se mostram agradáveis. Também aprendem a ignorar estímulos desagradáveis, enquanto respondem a estímulos importantes. Um administrador, por exemplo, pode desconsiderar o movimento constante de pessoas, telefones tocando e outras formas de atividade, mas responder rapidamente a um hóspede que faz reclamações a um recepcionista.

Fatores externos

Os fatores externos se referem à natureza dos próprios estímulos. As pessoas em geral darão maior atenção aos estímulos que, por exemplo, são espaçosos, que se movem, são altos, contrastantes, cintilantes, novos, que se repetem e se destacam como pano de fundo. Um exemplo é o inconfundível "homem-torta" vermelho e branco do Little Chef Travelodges. Outro exemplo é o extintor de incêndio, que deve ser visível e destacar-se no ambiente.

Somente determinados estímulos são captados pela percepção de um indivíduo. Um cliente potencial que ingressa na recepção de um hotel vê um funcionário discutindo com um hóspede e vai embora sem registrar-se. O cliente vê apenas a discussão e descarta todas as outras características positivas do hotel. Outro cliente potencial de um restaurante percebe que o ambiente está lotado e barulhento, vira as costas e vai embora sem ver as mesas vazias no fundo do estabelecimento e sem saber que a comida e o serviço são excelentes.

A importância do contexto

Qualquer número de estímulos pode estar presente em um determinado momento ou situação. É, portanto, o padrão total de estímulos e o *contexto no qual eles ocorrem* que influenciam a percepção. Ver botas de borracha embarradas na prateleira de uma fazenda que ofereça cama e café da manhã é bem diferente de ver a mesma prateleira na recepção de um hotel para conferências, situado no centro de uma cidade.

Observe a Figura 3.6.[27] Qual dos círculos pretos é maior — A ou B?

Na verdade, ambos os círculos são do mesmo tamanho. Talvez o leitor tenha observado isso. Porém, o fato de o círculo preto B estar cercado de círculos menores, faz com que pareça maior para a grande maioria das pessoas.

Organização e ajuste dos estímulos

Uma vez recebidos, os estímulos externos são organizados e ajustados pelos indivíduos, de forma que possuam significado e importância para ele. Isso é influenciado pela

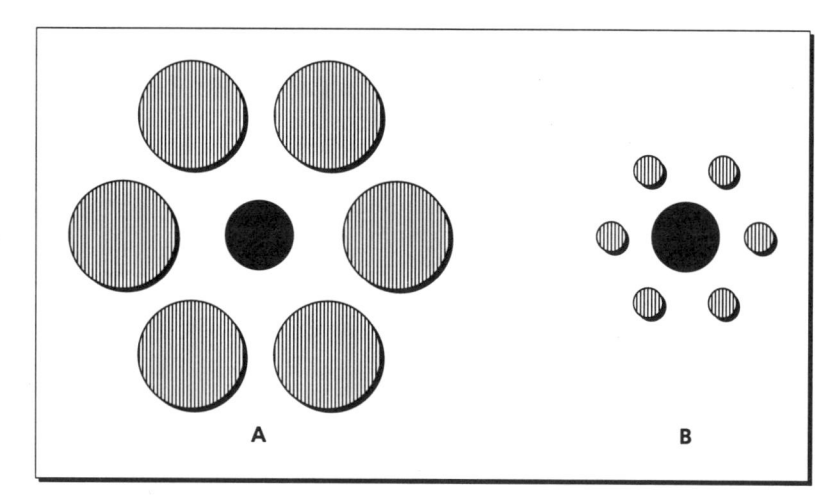

FIGURA 3.6 Exemplo de importância do contexto.

continuidade, proximidade ou similaridade, que é *o princípio de agrupamento*.

Na Figura 3.7(a), os hóspedes presentes no refeitório são facilmente percebidos como sendo 16, ou ao menos como um grupo grande. Mas na Figura 3.7(b) os mesmos hóspedes serão provavelmente percebidos como quatro grupos distintos. E essa percepção pode influenciar a maneira como o serviço será prestado.

O princípio de fechamento

Quando as pessoas recebem estímulos incompletos ou ambíguos, há a tendência de "fechar" a informação a fim de completar o quadro mental e criar uma imagem significativa. Mas vamos voltar, agora, à Figura 3.3, algumas páginas atrás.

É provável que a maior parte das pessoas perceba a forma no interior do retângulo como uma letra B ou como o

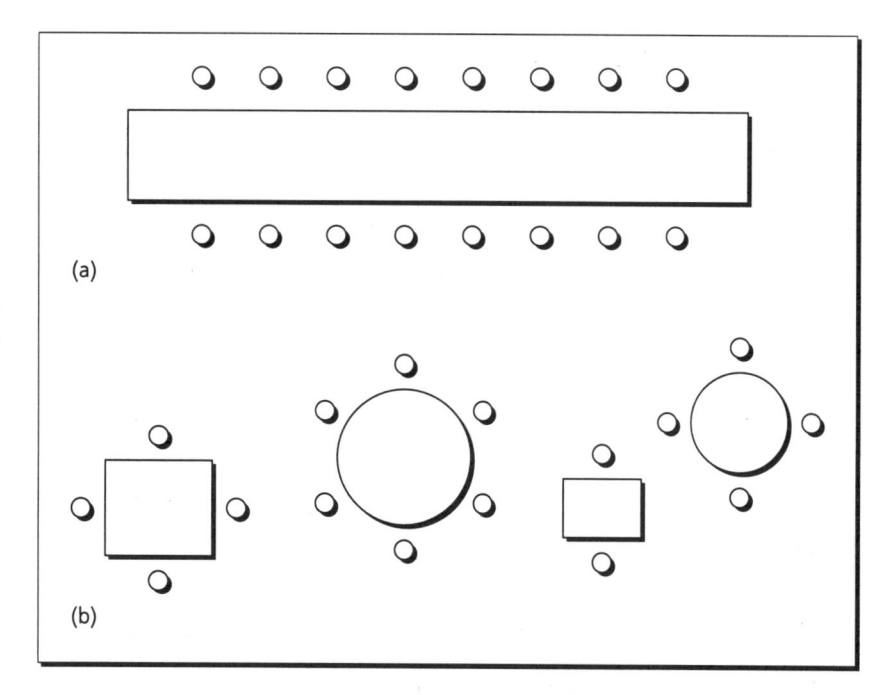

FIGURA 3.7 Exemplo do princípio de agrupamento.

número 13 traçado de forma incompleta. Contudo, alguns podem ver a forma como simplesmente 11 pingos de tinta, lado a lado, ou como uma série de pingos independentes. Para outros, ainda, a forma poderá ser percebida como algo diferente, por exemplo, uma borboleta. Entre as respostas de estudantes de administração hoteleira e *catering*, foram citados um palhaço, um cachorro, um rosto, uma série de letras do alfabeto, e até um campo de golfe (Figura 3.8). Pode ser difícil, para cada um de nós, entender como as outras pessoas conseguem ver tais imagens, *mas é o que a percepção deles captou*.

O princípio de fechamento é importante na medida em que se aplica não apenas aos estímulos visuais mas a todos os nossos sentidos. Todos nós provavelmente lembramos de um fato que interpretamos erradamente por termos ouvido apenas uma parte da história.

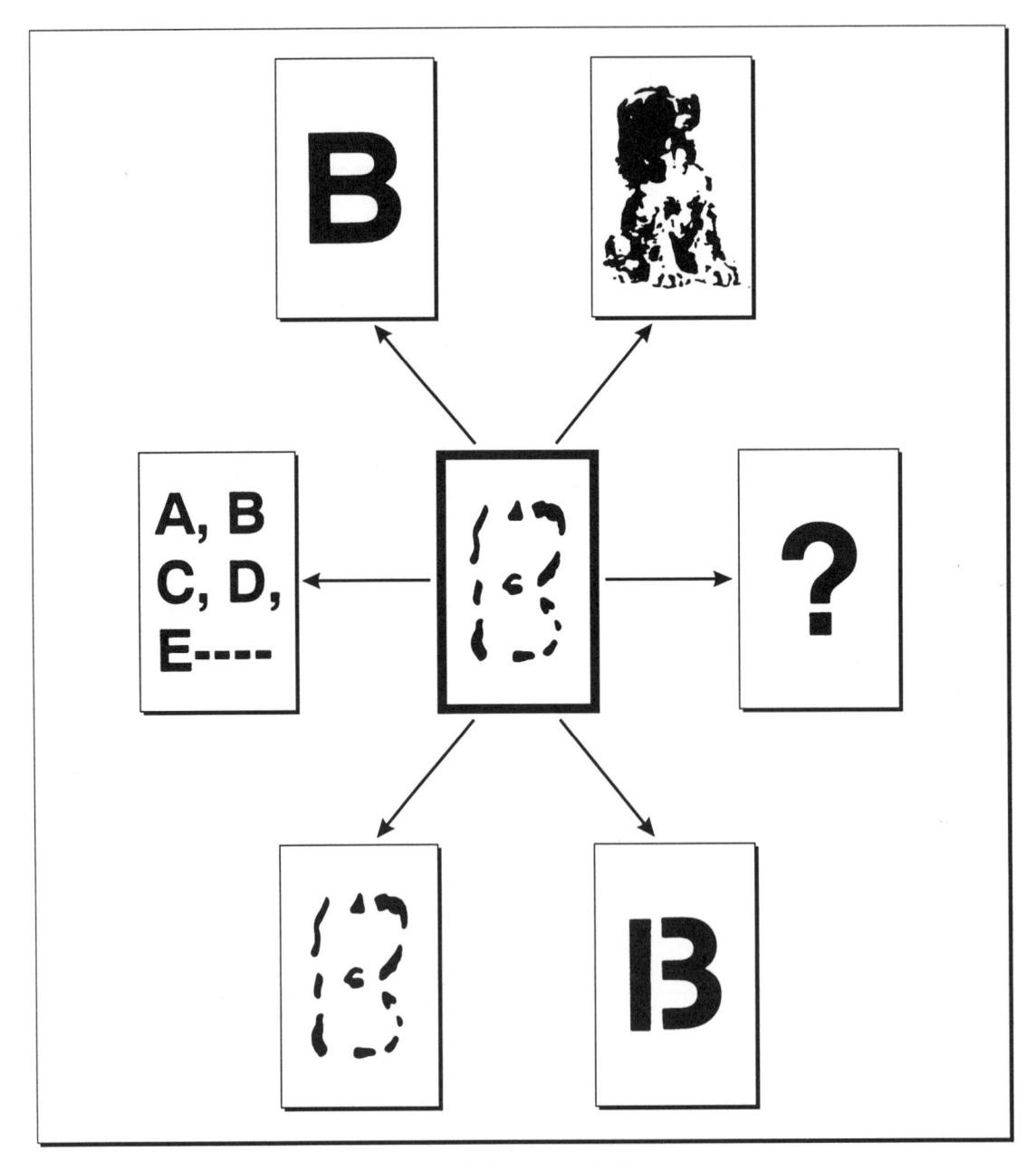

FIGURA 3.8 Exemplos de respostas ao estímulo incompleto da Figura 3.3.

Aplicações na indústria da hospitalidade

A partir do fato de que as pessoas selecionam os estímulos que determinam suas respostas e padrões de comportamento, é importante estar atento aos fatores que provavelmente mais influenciam a percepção e criam a imagem desejada nas mentes dos clientes. Muitos grandes grupos hoteleiros e de *catering* adotam um esquema-padrão de cores e de leiaute para cada um de seus estabelecimentos. Isso ajuda a influenciar a percepção do cliente por meio do reconhecimento instantâneo e da familiaridade com o ambiente. É a pista que se dá ao cliente para que saiba o que esperar do local e para que se sinta logo em casa. O objetivo é reforçar a identificação com o grupo e gerar a repetição nos negócios.

Na TGI Friday's, por exemplo, pisos de madeira, tetos metálicos, abajures da Tiffany, toalhas listradas em vermelho, semáforos nos toaletes e a coleção de distintivos usada pelos garçons ajuda criar uma atmosfera corporativa diferenciada.

Efeitos visuais

A percepção é fortemente influenciada pelo uso apropriado de efeitos visuais que criem uma sensação de, por exemplo, calor ou frio, intimidade ou formalidade, aconchego ou distanciamento, espaço ou tumulto. O projeto, o leiaute e a iluminação, os padrões e as cores do local, das acomodações, dos restaurantes e dos bares provocam um impacto muito grande na percepção do ambiente e na atmosfera criada.[28] A percepção também é importante na forma como os clientes respondem à aparência e apresentação da comida, à organização dos pratos, ao equilíbrio entre tamanho e cor, ao aroma, à textura e ao sabor.

A importância da primeira impressão

A primeira impressão é muito importante. Se uma pergunta feita por telefone for respondida de maneira cordial, amigável e precisa pelo recepcionista, o cliente provavelmente receberá boas "vibrações" e colherá uma percepção favorável do estabelecimento como um todo. Da mesma forma, quando o recepcionista trata o cliente asperamente e sem cordialidade cria uma percepção desfavorável do que é, sob todos os aspectos, um estabelecimento agradável e bem-administrado.

Uma quantidade surpreendente de pessoas decide não se hospedar em um determinado hotel mesmo antes de entrar no apartamento. A razão está na insatisfação ocorrida na chegada: a má primeira impressão, o tempo gasto no *check-in*, a forma como são dadas as boas-vindas, a ausência de sorrisos, o não-reconhecimento do cliente, o fraco serviço de portaria.[29]

Vestuário e aparência

O vestuário e a aparência são fatores importantes na percepção do cliente, que formará sua primeira impressão. O estilo do vestuário e o uniforme dos funcionários contribuem para criar uma imagem positiva da organização e influenciam na percepção dos padrões de serviço e da relação funcionário-cliente. A limpeza das roupas brancas do *chef* influencia na percepção da higiene da cozinha. Os ternos pretos usados pelos funcionários do Claridges indicam um serviço de alta-classe e relações bastante formais entre a equipe de trabalho e os clientes.

Percebendo outras pessoas

A indústria da hospitalidade é realmente um negócio que envolve pessoas. A maneira pela qual as pessoas percebem as outras — isto é, o processo de percepção interpessoal — é sem dúvida de especial importância. É essencial que os gerentes e seus colaboradores internos tenham desenvolvido um sentido de percepção das pessoas e entendam as razões das distorções perceptivas e dos equívocos discutidos logo adiante.

O entendimento de como funciona a percepção pode evitar a tomada de decisões precipitada sobre outras pessoas, antes de se ter analisado profundamente a situação. Julgamentos rápidos podem prejudicar a "precisão" da percepção. Na Figura 3.4, em geral necessitamos algum tempo para ver a jovem e a velha no mesmo desenho.

A equipe de trabalho deve receber orientação adequada e treinamento em habilidades sociais. Todos devem estar atentos às necessidades e expectativas dos clientes, percebendo rapidamente quando os procedimentos e serviços não estão nos níveis desejados.

O bom atendimento aos clientes começa com o bom tratamento aos funcionários.[30] É imprescindível que os administradores demonstrem uma atitude positiva na forma como tratam seus funcionários, suas necessidades e expectativas. A percepção que o administrador tem da força de trabalho exerce grande influência no estilo de comportamento por ele adotado. (O comportamento do administrador será discutido no Capítulo 5.)

Percepção interpessoal

Os princípios de diferenças na percepção discutidos antes refletem a maneira como percebemos outras pessoas e são fonte de muitos problemas no ambiente de trabalho. O processo de percepção interpessoal pode influenciar tanto a relação chefe-subordinado quanto a relação funcionário-cliente. Desenvolver boa percepção das outras pessoas é fator determinante para o desempenho e para o padrão de serviços prestados pelo hotel.

Julgamento de outras pessoas

A forma como julgamos outras pessoas pode ser influenciada pela percepção de estímulos, tais como o papel social ou *status*, a ocupação, fatores físicos, aparência e linguagem corporal — troca de olhares, expressão facial ou tom de voz. Por exemplo, a altura estimada de uma pessoa pode variar de acordo com a maneira pela qual percebemos o *status* dela.

Em um estudo realizado com estudantes universitários norte-americanos, um visitante inglês foi apresentado brevemente a cinco grupos diferentes. Em cada apresentação ele dizia ocupar um cargo acadêmico de nível diferente e a cada grupo de alunos pediu-se para estimar a altura desse visitante. O resultado foi o seguinte: quanto mais alto o nível do cargo ocupado pelo visitante inglês, mais os alunos aumentavam a altura dele.[31]

Toda pessoa vê as coisas à sua maneira e, na medida em que a percepção se torna sua realidade, pode haver mal-entendidos. Entre os três fatores principais que podem criar dificuldades particulares para a percepção interpessoal e causar problemas na maneira como lidamos com as outras pessoas, estão: a percepção seletiva, o efeito halo e a estereotipia.

Percepção seletiva

Devido às suas próprias características, as pessoas são seletivas quanto à informação a que prestam atenção em particular. Elas vêem e ouvem apenas o que querem ver e ouvir. Essa seletividade dá surgimento à defesa perceptiva. As pessoas podem selecionar informações que sustentem seus pontos de vista e escolher não reconhecer qualquer informação contrária. Observe o exemplo a seguir.

Percepção seletiva

Um gerente várias vezes expressou sua insatisfação ao cozinheiro chefe, com quem teve muitos atritos de personalidade. Ao deixar o restaurante, o gerente pergunta a um cliente assíduo do local, e a alguns colegas que o acompanhavam, se haviam gostado da comida. O cliente responde com um sorriso e, apontando para um colega, diz: "Peter preferiria que seu filé não estivesse tão bem-passado, porque ele precisa de carne bem crua para usar como emplastro em seu olho roxo". Então, já falando sério, emendou: "Fora isso, a comida estava excelente e todos nós gostamos, obrigado".

O gerente ouviu apenas a crítica referente ao fato de o filé estar passado demais e "não viu" o sorriso ou o gesto que acompanhou o comentário do cliente. Vai até o *chef* e relata que houve "outra" reclamação, que o filé de um cliente estava muito passado.

Outro gerente, que jamais teve alguma espécie de conflito com o *chef*, percebeu de forma bem diferente os comentários do cliente, interpretando que se tratava apenas de uma brincadeira relativa ao fato de o amigo Peter gostar de carne mal-passada. O gerente fica satisfeito com os comentários do cliente e relata sua satisfação ao *chef*.

O efeito halo

Esse efeito surge quando as opiniões e juízos acerca de outra pessoa são formulados com base em características e impressões prontamente detectáveis. O efeito halo tende a influenciar na percepção sobre essa pessoa, negativa ou positivamente, e resulta em hipóteses e generalizações oriundas de informação insuficiente.

Um exemplo bem comum é o da entrevista de seleção profissional. Um candidato chega na hora marcada, corretamente trajado, tem um discurso fluente é simpático — características positivas que podem influenciar a opinião do recrutador. O efeito halo, neste caso, leva este a acreditar que o candidato terá um bom desempenho, não havendo a necessidade de avaliar tão profundamente sua experiência ou capacidade técnica.

O efeito halo enferrujado

O processo pode também ser inverso (efeito halo enferrujado). É quando se faz um julgamento geral da pessoa a partir da percepção de uma característica negativa. Por exemplo, o fato de o candidato chegar atrasado para a entrevista.

A razão para o atraso pode ter fundamento, originando o imprevisto. Mas apenas com base no fato de o candidato ter chegado atrasado, o recrutador pode pensar que se trata de um candidato irresponsável, que não cumpre horários.

A importância para os administradores

O efeito halo possui importância fundamental, em especial para os gerentes e supervisores que observam apenas um aspecto limitado do comportamento e das atividades do quadro de funcionários. Uma peculiaridade qualquer, tal como chegar ou não na hora marcada, pode se tornar o principal, senão o único critério para julgar o desempenho de alguém. Um gerente que pela primeira vez observa um integrante da equipe executando uma tarefa qualquer de maneira adequada ou inadequada talvez transforme essa impressão no padrão de julgamento da competência dessa pessoa.

Um perigo associado ao efeito halo é o de que podemos nos tornar "perceptivamente cegos", impedindo que qualquer outra observação ou informação complementar que não esteja de acordo com a impressão original seja relevada. Um gerente que tenha recusado há pouco promover um de seus subordinados, apesar da recomendação do chefe de departamento, pode ter ignorado qualquer informação favorável àquele profissional, apenas considerando fatores que confirmem a decisão de não concordar em promovê-lo.

Outro perigo é o da projeção, isto é, a tendência de projetarmos nossos próprios sentimentos, motivações ou características na percepção que temos das outras pessoas. Um gerente pode julgar mais favoravelmente aqueles funcionários cujas características são mais parecidas com as suas.

Estereotipia

É a tendência de atribuir características positivas ou negativas a uma pessoa com base em uma classificação generalizada e em similaridades percebidas. A estereotipia é uma maneira de distribuir papéis. É um meio de simplificar o processo de percepção e de fazer julgamentos coletivos, em vez de reconhecer a pessoa em sua individualidade.

A estereotipia representa a tendência de classificar as pessoas de acordo com características facilmente identificáveis e de agrupá-las conforme aspectos que lhe são comuns, o que pode influenciar (talvez subconscientemente) o modo pelo qual o serviço é prestado. Em um movimentado hotel matriz de quatro estrelas, o hóspede mais comum no início da semana pode ser classificado como do sexo masculino, trajando terno escuro ou cinza, cuja preferência é jantar sozinho, geralmente lendo, fazendo uso freqüente do serviço de quarto, conversando pouco, mantendo uma relação formal com os funcionários e tendo sua conta paga pela empresa onde trabalha. Essa forma de estereotipia contrasta com qualquer hóspede que pague suas próprias contas ou que esteja hospedado com sua família, aproveitando uma folga de meio de semana. Sem o treinamento adequado, é possível que a equipe do hotel tenha dificuldades em se ajustar aos diferentes padrões de comportamento e às expectativas em relação ao serviço oferecido.

A classificação de um cliente também depende da sua nacionalidade, sexo, idade, cor da pele, maneira de se manifestar, aparência e estilo de vestir. Alguns hotéis exigem que os hóspedes do sexo masculino usem terno e gravata no restaurante. Outros estabelecimentos não admitirão calças jeans ou jaquetas com botões de pressão. Em cada caso, há uma estereotipia coletiva da clientela com base nos trajes que vestem.

Percebendo cada pessoa como um indivíduo

Todos fazemos uso de estereótipos. É possível que tais recursos nos ajudem a prever determinados padrões de comportamento, reduzindo o estresse na maneira como lidamos com pessoas desconhecidas. Contudo, embora haja alguma verdade nos estereótipos (é por isso que eles existem), eles são na verdade generalizações simplistas.

Nem sempre pessoas que pertencem a um mesmo grupo se encaixam no estereótipo esperado. É importante, portanto, ser receptivo a aspectos pessoais relacionados às atitudes e ao comportamento. Percepções preliminares, baseadas em estereótipos, talvez tenham de ser revistas, e só assim conheceremos cada pessoa como um indivíduo.

Estereotipia por sexo

O relatório da (então) HCITB (Hotel and Catering Industry Training Board) sobre a imagem do trabalho no setor de hotéis e *catering* destacou a importância da estereotipia de sexo, que é bastante forte e enraizada. Ainda percebemos algumas atividades como sendo masculinas ou femininas, e a diferença é relevante quando fazemos uma escolha de emprego.

> *Os empregos que as pessoas consideram adequados demonstram forte estereotipia por sexo. As funções ligadas à recepção, serviço de quarto e assistência de cozinha são desempenhadas principalmente por mulheres, sendo que a atividade de recepcionista é a alternativa mais comum. Os homens predominam nas funções relacionadas à administração e à portaria. A esteriotipia por sexo não deve ser imposta como uma razão nas organizações. Será mais produtivo treinar mulheres para as funções administrativas, por exemplo.*[32]

A maneira como percebemos a mulher

Como o relatório da HCITB bem demonstrou, a estereotipia por sexo existe, é real e de alguma forma se justifica. É possível prever quem é mais capaz de receber os clientes, quem irá limpar os quartos e quem cozinhará. Normalmente é uma mulher que recebe os hóspedes, limpa seus quartos e serve suas refeições, assim como é o homem que prepara a comida, realiza consertos diversos e administra o hotel.

> *As estatísticas demonstram que o número de mulheres é predominante, particularmente em atividades operacionais de meio turno. Contudo, em nível administrativo, acontece o contrário. A segregação sexual pode ser notada nos diversos setores do hotel: as cozinhas são quase que exclusivamente masculinas, já o serviço de quarto é função feminina.*[33]

Por que esses papéis diferentes?

Por que os homens e as mulheres desempenham papéis diferentes nos hotéis? Seria por uma questão de adaptação natural às suas habilidades ou haveria outras explicações? Não teriam, as mulheres, ambição de se tornarem gerentes? Ou será que a tradição e o preconceito é que excluem a mulher? A forma como é entendida e exercida a administração pelos gerentes e por outras chefias seria a chave para a compreensão da estereotipia por sexo?

De certa forma, talvez percebamos que os hotéis tipificam o estereótipo relacionado ao "trabalho de mulher". Os hotéis são casas temporárias dos hóspedes, onde os funcionários têm de antever as necessidades de seus clientes e satisfazê-los, em termos de repouso, comida e conforto. Em tal ambiente, é possível imaginar que as mulheres devem ser percebidas como profissionais que detêm as características operacionais necessárias, assim como conhecimento e iniciativa para agir corretamente — e para conquistar também cargos em nível administrativo.

A ausência de mulheres nas funções administrativas

Na década passada, 75% dos alunos dos melhores cursos de administração de hotéis eram mulheres. Por isso, acredita-se que em breve haverá mais mulheres do que homens em funções administrativas. Contudo, um relatório da (então) HCTIB revelou que as mulheres não estão bem representadas nas funções administrativas, tendendo, por isso, a optar pela especialização. Sabe-se que há barreiras para as mulheres, especialmente no que diz respeito às diferenças nas oportunidades de treinamento.[34]

A equipe de pesquisa também apontou que tais barreiras existem mesmo entre as próprias mulheres e que há uma falta de confiança tanto em suas aspirações quanto no planejamento de suas carreiras. O estudo, porém, parece ter exagerado ao apontar as diferenças entre homens e mulheres, pelo menos em termos de ambições de longo prazo, aceitando sem contestação a "rápida" trajetória masculina como sendo a melhor solução.

Habilidades práticas e personalidade

Os hotéis esperam que seus gerentes possuam múltiplas habilidades e que estejam disponíveis 24 horas por dia. Um aspecto típico do setor hoteleiro é o seu estilo "tradicional" de operações com alto grau de movimentação ligado à ênfase nas habilidades técnicas e profissionais.[35] Estudos recentes também confirmam que a administração de hotéis está preocupada principalmente com a demonstração de habilidades práticas e a capacidade de atuar como um *mine host*.[36]

Se por múltiplas habilidades nos referimos às habilidades da cozinha em vez daquelas relacionadas ao serviço de andares, as mulheres estarão em grande desvantagem. O setor de comida e de bebidas sempre desempenhou um papel importante nos hotéis, mas as mulheres quase nunca recebem treinamento para atuar nesta área.[37] A noção de *mine host* indica características que, no passado, sempre estiveram associadas a uma imagem masculina. Há muitos estudos indicando que a personalidade é o critério essencial para a seleção e promoção de gerentes.[38]

A avaliação da personalidade, porém, é muito subjetiva, condicionada à interpretação e pode estar mais relacionada ao fato de o indivíduo adaptar-se à cultura do hotel. O avanço na carreira depende não só do desenvolvimento de habilidades, ou de um conjunto de características pessoais, mas pode estar relacionado ao fato de a *persona* de um indivíduo estar adaptada à cultura do hotel.

Kanter demonstrou que nesse aspecto as mulheres estão em desvantagem porque não se adaptam ao perfil masculino convencional.[39] Hicks, em sua pesquisa, demonstrou que as mulheres somente eram percebidas em condições não-gerenciais, que o trabalho administrativo era avaliado a partir de um enfoque puramente masculino. Além disso, dava-se maior incentivo a *trainees* homens; as mulheres não tiveram acesso fácil a contatos informais.[40]

Relações informais e redes

Criar coligações e redes são fatores considerados indispensáveis no desenvolvimento da carreira e na eficiência dos administradores.[41] A progressão da carreira no setor hoteleiro depende essencialmente da forma como seus gerentes avaliam *trainees* promissores e garantem a eles treinamento e orientação necessários. Pelo uso de suas próprias redes, os gerentes de hotéis viabilizam a progressão dos *trainees* e reforçam o significado da máxima "não importa o que você conhece, mas quem você conhece". As pesquisas têm demonstrado que os administradores crêem que *trainees* masculinos sejam mais comprometidos com a carreira gerencial e suspeitam que *trainees* do sexo feminino tendem, com o tempo, a abandonar o setor. Assim, determinados *trainees*, geralmente homens, são empurrados para as novas oportunidades e promoções.[42]

Ação nas práticas de emprego

De acordo com Jagger e Maxwell, muitas práticas atuais de emprego discriminam de maneira sutil as mulheres. É possível, porém, agir positivamente para evitar tal discriminação. Isso requer atenção às práticas e procedimentos relacionados à avaliação do emprego, recrutamento e seleção, treinamento, desenvolvimento gerencial, planejamento de carreira, sistemas de valorização, políticas de readmissão, educação terciária e responsabilidades em relação às crianças.[43]

Está ocorrendo uma maior preocupação com a "clonagem" de organizações e com o fato de que geralmente o corpo diretivo de uma empresa é constituído por homens brancos de meia idade e de classe média. Mais atenção tem sido dada à proposta de que a diversidade é importante para o sucesso de uma organização e de que, realmente, as contribuições das mulheres são consideradas de primeira ordem.[44] As ações positivas parecem, portanto, estar nas mãos dos gerentes sêniores. Não há dúvida de que a discriminação sexual é prejudicial tanto para os indivíduos como para as organizações. "Enquanto os mais poderosos não tratarem o preconceito com responsabilidade, ele continuará a nos mutilar".[45]

ANÁLISE TRANSACIONAL

Já vimos que a capacidade de nos relacionarmos com as outras pessoas é uma característica importante no trabalho do setor da hospitalidade. Uma forma de facilitar o entendimento do comportamento interpessoal no trabalho é por meio da análise transacional, conceito popularizado por autores como Berne[46] e Harris.[47] A análise transacional é o desenvolvimento das idéias de Sigmund Freud e basicamente se trata de um meio de aplicar as bases da personalidade para obter-se uma classificação bastante simples das interações sociais.

Na análise transacional, a personalidade de um indivíduo é expressa em três padrões de sentimentos e comportamentos, ou estados de ego: pai, adulto e criança.

- *O estado pai* refere-se aos sentimentos de certo e errado e à maneira de cuidar e lidar com outras pessoas. Este estado resulta de um condicionamento anterior e do que se aprendeu por meio de fontes externas. Está associado à superioridade e à autoridade. Exemplo: "Por que você nunca lembra de registrar imediatamente as reservas feitas por telefone, como eu lhe disse antes? Você sabe o que acontece se..."
- *O estado adulto* representa os aspectos racionais e objetivos da personalidade e do comportamento. As transações estão baseadas em um comportamento não-emocional, calculista e em discussões objetivas da realidade. Exemplo: "Parece que tivemos um problema com o equipamento de gravação na sala de conferência. Você acha que conseguiremos consertá-lo até à noite ou devemos pensar em alguma alternativa?"
- *O estado criança* se caracteriza pelas respostas desenvolvidas a partir de experiências infantis. Este estado pode estar associado com o querer, com o divertir-se, com o brincar, com a impulsividade, com a revolta, com o comportamento espontâneo e com respostas emocionais. Exemplo: "Não consigo fazer esta droga de computador funcionar! Bem, mas isso não é um problema meu; o responsável pelo setor é você".

Interpretando o comportamento humano

Esses estados nada tem a ver com a idade cronológica mas, de acordo com Berne, representam aspectos de situações psicológicas, ou de ego, comuns a todos. Diz-se que todas as pessoas assumem cada um desses comportamentos em momentos diferentes. Os três estados de ego existem simultaneamente em cada indivíduo, embora um desse estados predomine em determinada situação. Se as transações forem paralelas (isto é, pai-pai, adulto-adulto, criança-criança), podem continuar indefinidamente.

Contudo, no estado adulto, a pessoa processa as transações de maneira racional e não-emotiva, respondendo à outra parte como pessoa responsável e sensata. Na *maioria* das situações de trabalho, portanto, a forma mais eficiente de comunicação acontece quando cada indivíduo percebe o outro como adulto e quando ambos adotam este estado de ego, fazendo com que um estímulo adulto seja seguido de uma resposta também adulta. Essa forma de transação estimula ações racionais e de resolução de problemas, reduzindo a possibilidade de conflito emocional. Pode haver, contudo, determinadas situações em que transações diferentes podem ser mais eficazes. Um gerente pode deliberadamente atuar como um pai para ajudar a recuperar a confiança de um novo integrante do quadro funcional que tenha cometido um erro, e que, adota o estado de ego criança.

Além da análise das interações verbais, como por exemplo o tom da voz, a análise transacional inclui a percepção da comunicação não-verbal, como a postura, a linguagem corporal e as expressões faciais. Transações cruzadas tendem a inibir a comunicação eficiente e podem levar a situações de conflito. Por meio da avaliação das interações que ocorrem em um relacionamento, a análise transacional pode ajudar a entender os estados de personalidade e o comportamento humano. Essa técnica pode auxiliar no aprimoramento das habilidades comunicativas por meio da interpretação do estado de ego de uma pessoa e a partir de que estado será oferecida a melhor resposta. Com isso, otimizam-se não só as relações com os clientes como também a relação gerente-subordinados.

Percepção do "eu"

Um fator importante do comportamento e das relações interpessoais é a percepção do eu, a auto-imagem, que é o modo pelo qual as pessoas se vêem e traçam avaliações de si próprias. As pessoas tendem a ter uma imagem ideal de si mesmas e de como gostariam de ser. Essa é exatamente a imagem que projetam quando lidam com outras pessoas.

As respostas das outras pessoas, sua aprovação ou reprovação, influencia o desenvolvimento de nossa imagem. A aprovação servirá para reforçar essa imagem, contribuindo para nossa auto-estima. As pessoas tendem a se ver conforme a imagem que os outros têm delas e conforme a expectativa que os outros têm de seu comportamento. A auto-estima é o quanto as pessoas aprovam e aceitam a si próprias, e seus sentimentos de respeito próprio.

Relacionamentos baseados nos papéis individuais

A auto-imagem é influenciada pelos diferentes papéis desempenhados pelas pessoas dentro e fora do ambiente de trabalho. O papel é um padrão de comportamento esperado e faz parte da rede de atividades e relacionamentos com as outras pessoas. Cada indivíduo terá um determinado número de relações baseadas em papéis — um conjunto de papéis que compreende um conjunto de associações ou contatos com quem a pessoa tem interações significativas.

O padrão de comportamento esperado de um gerente do setor de hospitalidade influenciará a auto-imagem de qualquer gerente. Determinadas características associadas com essa auto-imagem tenderão a persistir fora do ambiente de trabalho, como por exemplo a aparência elegante e o comportamento cortês no relacionamento com outras pessoas. (A importância dos relacionamentos baseados nos papéis individuais será discutida mais detalhadamente no Capítulo 8.)

A janela de Johari

Para que se chegue a interações efetivas com as outras pessoas é necessário que os indivíduos estejam conscientes das características de sua própria personalidade e de seu padrão de comportamento. Uma maneira simples de observar o *auto-insight* e a auto-análise de um indivíduo é a "Janela de

Johari" (Figura 3.9)[48], que apresenta quatro aspectos da personalidade e classifica o comportamento da seguinte forma:

- O que é conhecido-desconhecido pelo ego;
- O que é conhecido-desconhecido pelos outros.
- *Pública* diz respeito à área que contém aspectos conhecidos pelo indivíduo e pelas outras pessoas. É a parte do ego compartilhada com os outros e em que há uma livre revelação de informações e sentimentos. Quanto maior a área pública, mais eficientes tenderão a ser as interações com as outras pessoas.
- *Cega* diz respeito à área que contém informações desconhecidas pelo indivíduo mas conhecidas pelas outras pessoas. Esse ponto cego pode ser, por exemplo, as atitudes, os maneirismos, a forma de falar, a linguagem corporal, ou a maneira de se relacionar com outras pessoas. Na área cega, outras pessoas podem prontamente perceber aspectos de comportamento que não são conhecidos pelo indivíduo.
- *Escondida* diz respeito à área de comportamento que o indivíduo deseja ocultar ou não comunicar às outras pessoas. O indivíduo pode tentar disfarçar seu verdadeiro ego quando, por exemplo, procura disfarçar sua timidez ou seu nervosismo adotando uma fachada de pessoa segura.
- *Desconhecida* diz respeito à área que contém informações desconhecidas tanto pelo indivíduo quanto pelas outras pessoas. Determinados aspectos podem estar presentes, mas não se manifestam. Por exemplo, um indivíduo pode ter uma habilidade ou experiência passada "desconhecidas".

Mudanças de comportamento

Para auxiliar os indivíduos a melhor entenderem a si próprios e a aperfeiçoarem as interações com outras pessoas, é necessário expandir a área pública e reduzir as áreas escondida e cega. Para reduzir o comportamento escondido é necessário incentivar uma maior auto-revelação em um ambiente não-ameaçador, onde predomine uma atmosfera de segurança e confiança. Reduzir o comportamento cego requer um *feedback*, por parte das outras pessoas, o qual o indivíduo esteja disposto a aceitar.

COMPORTAMENTO INDUZIDO PELA FRUSTRAÇÃO

O comportamento e as ações das pessoas no trabalho resultam do desejo de alcançar algum objetivo que venha a satisfazer determinadas necessidades ou expectativas. É isso que produz motivação em uma pessoa, exercendo grande influência na natureza das suas relações interpessoais. As necessidades e as expectativas no trabalho incluem a satisfação das necessidades econômicas, como, por exemplo, o salário e a segurança; satisfação intrínseca, por exemplo, uma atividade variada e interessante; relações sociais, como a camaradagem e o sentimento de ser parte de um todo. (A motivação, bem como as necessidades e expectativas das pessoas no trabalho, serão discutidas no Capítulo 7.)

Quando a força que guia a motivação de uma pessoa é bloqueada antes de alcançar um objetivo desejado há dois resultados possíveis: comportamento construtivo ou frustração (Figura 3.10). Mesmo que a pessoa demonstre comportamento construtivo, é possível dizer que ela "frustrou-se", ainda que levemente ou por pouco tempo. O termo *frustração*, contudo, é normalmente interpretado como algo relacionado a respostas comportamentais negativas, cuja origem é uma barreira ou bloqueio que impede a satisfação de um objetivo e provoca um sentimento de desconforto psicológico.[49]

Comportamento construtivo

É uma reação positiva ao bloqueio de um objetivo e pode assumir duas formas principais: resolução de problemas ou reestruturação. Essas formas de reação não são excludentes,

	Comportamento conhecido pelo ego →	Comportamento desconhecido pelo ego
Comportamento conhecido pelos outros	PÚBLICA	CEGA
Comportamento desconhecido pelos outros	ESCONDIDA	DESCONHECIDA

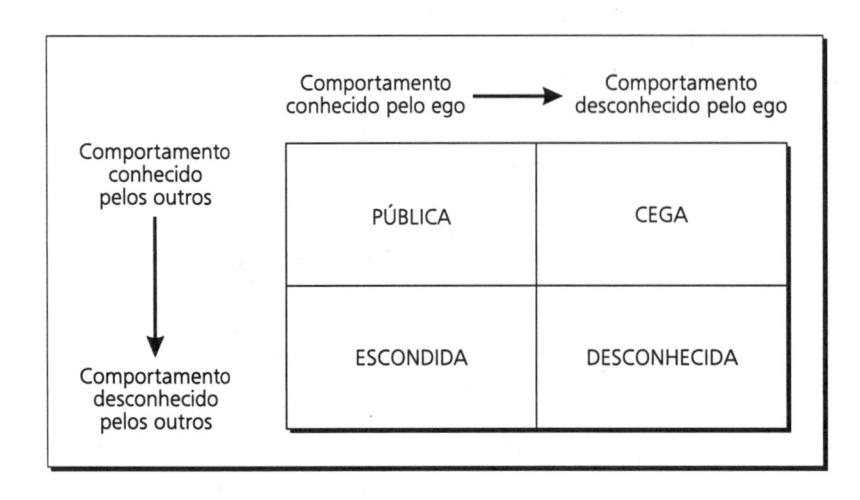

FIGURA 3.9 A janela de Johari.

Comportamento induzido pela frustração

```
                    ┌─────────────┐
                    │ BARREIRA OU │
NECESSIDADES OU ──→ │ BLOQUEIO    │      OBJETIVOS
EXPECTATIVAS        └─────────────┘      DESEJADOS

                         Resolução  ┐
                         de problemas│
                                     │ COMPORTAMENTO
                         Reestruturação │ CONSTRUTIVO
       FRUSTRAÇÃO        (objetivo   │
                         alternativo)┘

   Agressão  Regressão  Fixação  Retraimento
```

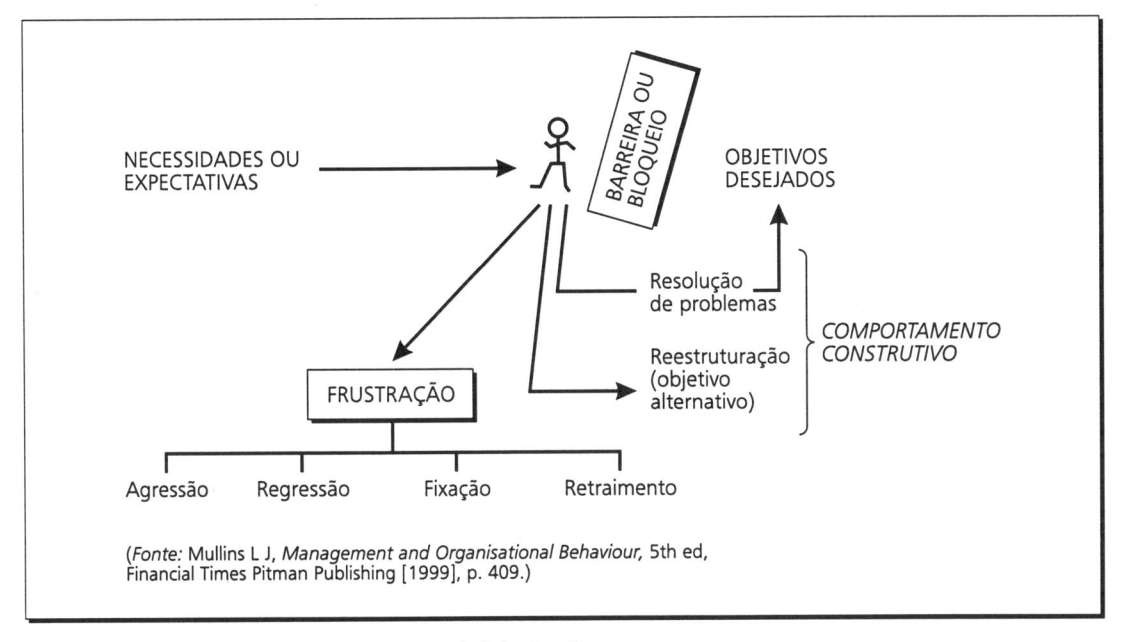

(*Fonte:* Mullins L J, *Management and Organisational Behaviour*, 5th ed, Financial Times Pitman Publishing [1999], p. 409.)

FIGURA 3.10 Respostas comportamentais à frustração.

pois o comportamento construtivo pode envolver uma combinação de ambas.

- A *resolução de problemas* implica a remoção da barreira: ignorar um colega que não coopera; consertar um equipamento que não funciona; submeter-se a treinamento ou adquirir qualificação, persuadindo o gerente a providenciar promoções, descobrindo um método alternativo de trabalho.
- A *reestruturação* envolve a substituição de um objetivo por outro, embora este possa ter menor importância ou prioridade. A reestruturação pode também significar transigência na satisfação de objetivos conflitantes, como pedir uma transferência para outro departamento ou para um turno diferente, buscar outro trabalho de meio-turno, aceitar uma função menos interessante porque o horário é mais conveniente.

Frustração

É uma resposta negativa ao bloqueio de um objetivo e resulta em um comportamento defensivo. Há muitas reações possíveis à frustração, mas podemos resumi-las em quatro amplos grupos: agressão, regressão, fixação e retraimento.[50] Como já afirmamos, essas categorias não são mutuamente excludentes. A maior parte das formas de comportamento induzido pela frustração no ambiente de trabalho é uma combinação de agressão, regressão e fixação.

- A *agressão* é um ataque físico ou verbal a uma pessoa ou objeto: desacatar um supervisor, danificar equipamentos, destruir documentos, gritar ou usar linguagem inadequada, espalhar comentários mal-intencionados sobre um colega. Essa forma de comportamento pode se dirigir contra a pessoa ou contra o objeto percebido como sendo o verdadeiro agente bloqueador considerado fonte da frustração.
- A *regressão* ocorre quando se volta a uma forma de comportamento infantil ou mais primitivo: gritos, acesso de raiva, choro, mau humor, recusa à cooperação ou a ouvir argumentação razoável, lamentação constante, comportamento neurótico, golpear ou chutar equipamento ou maquinário defeituoso.
- A *fixação* se caracteriza pela forma de comportamento na qual não há adaptação ao ambiente e pela repetição de ações sem resultados positivos: continuar a tentar operar um equipamento que não irá funcionar, insistir em concorrer a uma promoção para a qual não está preparado, ser excessivamente crítico, recusar mudanças ou novas idéias.
- O *retraimento* é a apatia, a desistência ou a resignação: perder o interesse pelo trabalho, não cumprir horários, absenteísmo, recusar-se a assumir responsabilidades, transferir tarefas aos colegas, evitar tomar decisões, não prestar apoio aos colegas, recusar-se a participar de atividades sociais e de grupo, abandonar o trabalho completamente.

Agressão projetada

O comportamento induzido pela frustração pode resultar em agressão projetada, que ocorre quando a fonte da frustração não está clara ou quando é temida, como um superior poderoso. Então, a pessoa encontra um alguém ou um objeto mais fácil ou "seguro" para descarregar sua frustração. É o que ocorre quando demonstramos pouca paciência com subordinados, quando batemos portas, quando chutamos cestos de lixo, quando nos irritamos com os amigos.

O conceito de agressão projetada tem especial importância no setor da hospitalidade. É preciso treinar os funcionários para que todos atuem conforme a filosofia popular que diz que "o cliente *sempre* tem razão" e, embora as circunstâncias estimulem ou sejam tentadoras, jamais dar vazão à frustração diante dos clientes ou dos hóspedes. Da mesma forma, porém, os gerentes e os colegas devem ser compreensivos quando a equipe de funcionários precisa encontrar uma alternativa que funcione como bode expiatório para sua frustração.

Fatores que influenciam a frustração

Há muitos fatores que influenciam o sentimento de frustração e as reações de um indivíduo, por exemplo, a importância de seus objetivos e a força da necessidade, os valores culturais, o tipo de agente bloqueador, a pressão sob a qual o indivíduo está trabalhando, a bagagem de experiências, suas características de personalidade e habilidades sociais.

Deve igualmente ser lembrado que a maior parte das pessoas não necessariamente separa sua vida profissional de sua vida doméstica ou social; inclusive não é razoável esperar que assim o façam.[51] O comportamento e as ações das pessoas são influenciados por problemas e frustrações externas e internas em relação ao ambiente de trabalho. Os administradores têm a responsabilidade social de reconhecer que as pessoas nem sempre podem se desvencilhar de suas dificuldades pessoais enquanto trabalham.

O CONTRATO PSICOLÓGICO

O administrador deve tentar harmonizar elementos do comportamento individual e de grupo a fim de evitar conflitos e frustrações. Um aspecto importante da gestão eficiente de pessoal é o conceito de contrato psicológico. Não se trata de um documento escrito, mas implica uma série de expectativas mútuas e satisfação de necessidades entre o indivíduo e a organização de hospitalidade onde trabalha. O contrato psicológico abrange uma variedade de direitos, privilégios, comportamentos, deveres e obrigações que não fazem parte de um acordo formal, mas que, ainda assim, possuem grande influência no comportamento das pessoas.[52]

Expectativas do indivíduo

As expectativas do indivíduo variam muito e podem mudar com o tempo, mas geralmente incluem a idéia de que a organização:

- pagará horas-extras ou permitirá que haja compensação de horas adicionais trabalhadas;
- adotará políticas de pessoal e procedimentos justos;
- fornecerá um padrão razoável de acomodação para os empregados residentes;
- respeitará a privacidade dos funcionários quando estes não estiverem trabalhando;
- oferecerá boas condições de trabalho e de instalações aos funcionários;
- tratará a equipe de trabalho com consideração e respeito;
- demonstrará uma atitude compreensiva em relação a problemas pessoais;
- providenciará oportunidades de treinamento para novas funções e para ascensão na carreira.

Expectativas da organização de hospitalidade

As expectativas da organização de hospitalidade se formam a partir das atitudes implícitas e do comportamento de seus integrantes. A empresa espera que seus funcionários:

- aceitem a política da organização e defendam sua imagem;
- esforcem-se ao máximo para satisfazer as necessidades dos clientes;
- estejam preparados para trabalhar horas adicionais ou assumir funções extras, com remuneração adequada, sempre que houver necessidade;
- demonstrem lealdade e honestidade e jamais traiam a confiança neles depositada;
- trabalhem diligentemente em busca dos objetivos e aceitem a autoridade dos superiores;
- nunca abusem da boa vontade dos clientes ou dos administradores;
- acatem a filosofia popular, segundo a qual o cliente sempre tem razão.

Negociação e equilíbrio

O ponto de vista da organização de hospitalidade em relação ao contrato psicológico talvez coloque ênfase nas expectativas, exigências e restrições que, com freqüência, diferem das expectativas do indivíduo e entram em conflito com elas. É improvável que todas as expectativas de ambas as partes sejam satisfeitas. A natureza dessas expectativas não se define formalmente e há um processo constante de negociação e de equilíbrio.

Entender a natureza do contrato psicológico é um aspecto importante para a socialização dos novos integrantes do quadro funcional. As expectativas informais atuam como determinantes importantes do comportamento e podem ter uma grande influência nas atitudes subseqüentes de um indivíduo, bem como em sua satisfação com o trabalho e no que diz respeito ao nível de rotatividade dos funcionários.

Falha em honrar o contrato psicológico

Infelizmente o ramo da hospitalidade não possui uma boa reputação no que se refere a honrar o contrato psicológico com seus integrantes. Um exemplo típico pode ser observado no aproveitamento de estudantes. Embora nem sempre ocorram, os seguintes depoimentos de alunos universitários parecem bastante corriqueiros:

> Participamos do processo de admissão e vimos a equipe ser maltratada, o que explica por que eu não ingressaria no setor hoteleiro, a não ser que as coisas mudem. É trabalho escravo.
> ... Estava trabalhando seis dias por semana, 14 ou 15 horas por dia, sem ter recebido treinamento... Antes, quando fui entrevistado, apresentaram-me uma bela perspectiva do treinamento que receberia — mas eu é que treinava os outros. Assinei um contrato de 40 horas semanais e quando fui falar nas horas-extras riram de mim.

Situações como essas sem dúvida justificam o fato de os estudantes de nível superior virarem as costas para o setor, sendo absorvidos por grandes grupos varejistas.[53]

Garantindo o comprometimento da equipe

Hiltrop sugere que a pressão crescente por mudanças nas organizações leva a uma também crescente desilusão relativa ao contrato psicológico tradicional baseado no emprego vitalício e em promoções estáveis. As empresas devem desenvolver novas maneiras de aumentar a fidelidade e o comprometimento dos funcionários. Isso inclui prestar atenção às políticas de remuneração baseadas no reconhecimento da contribuição do empregado, e não no seu *status* ou cargo ocupado, incluindo no treinamento e desenvolvimento sistemáticos a capacidade de trabalhar em equipes multifuncionais; deve-se também treinar os gerentes para o aconselhamento, liderança e treinamento dos empregados.[54]

De acordo com Altman, a reestruturação e o progresso tecnológicos indicam que já é hora de surgir um novo contrato entre empregadores e empregados.

> Como é possível que os empregados continuem a acreditar em qualquer contrato psicológico estabelecido, embora não escrito, baseado em segurança no emprego, treinamento e desenvolvimento pessoal?... Reduzir os níveis de gestão intermediária é, em grande parte, um reflexo da nova tecnologia e da eliminação da burocracia. Quanto mais as empresas reduzirem-se, mais se considera que quebram o "contrato psicológico" com os empregados. Quando os empregados percebem isso, tratam de cuidar de suas próprias carreiras e passam a ser fiéis a si próprios em primeiro lugar.[55]

Os administradores do setor da hospitalidade que desejam aumentar o comprometimento de sua equipe com as metas e os objetivos da organização devem dedicar maior atenção à importância do contrato psicológico.

Compreendendo a natureza humana

O componente que sustenta a gestão bem-sucedida é a capacidade de desenvolver um bom relacionamento com as pessoas.

> O fato é que a administração positiva depende em primeiro lugar de uma compreensão da natureza humana. Na minha opinião, o assunto é bem mais amplo do que se imagina. Em primeiro lugar, a boa gestão decorre da aceitação de determinados valores básicos. Ela jamais será alcançada sem que haja honestidade e integridade, ou sem a preocupação com os interesses dos outros. Em segundo lugar, é necessário compreender os pontos fracos dos seres humanos, presentes em todos nós, como o ciúme, a inveja, o nível de status, o preconceito, a capacidade de percepção, o temperamento, a motivação e as habilidades, elementos que desafiam a capacidade dos administradores.
>
> HRH The Duke of Edinburgh,
> Patron Institute of Management.[56]

Entender as emoções do quadro de funcionários, suas necessidades e expectativas, juntamente com uma real preocupação com o seu bem-estar, contribuirá, e muito, para incentivar seu desempenho. Deve-se, portanto, priorizar o aprimoramento da relação pessoal-organização e criar uma atmosfera em que as pessoas trabalhem com vontade e eficientemente. A relação pessoal-organização será discutida no Capítulo 5.

RESUMO

- A gestão eficiente implica trabalhar com pessoas, aspecto decisivo no setor da hospitalidade. As pessoas são diferentes em suas atitudes ou procedimentos de trabalho. O comportamento no trabalho é influenciado por uma combinação de fatores e o estudo de uma só disciplina já se revelou insuficiente. É mais adequado adotar uma abordagem interdisciplinar que leve em consideração a importância das influências culturais.

- Os indivíduos têm atitudes e percepções diferentes em relação a sua vida profissional. A necessária compreensão das atitudes e de sua relação com o comportamento é um aspecto importante da gestão de pessoal. Um determinante do comportamento, de especial importância no setor da hospitalidade, é o processo de percepção. A percepção interpessoal influencia tanto a relação gerente-subordinado quanto a relação funcionários-cliente.
- Um meio de facilitar a compreensão do comportamento interpessoal no trabalho é por meio da análise transacional, uma técnica psicológica que permite desenvolver a capacidade comunicativa e reduzir o conflito emocional. Um fator importante do comportamento interpessoal e das relações com outras pessoas é a percepção do "ego" ou auto-imagem.
- Se a força que alimenta a motivação de uma pessoa está bloqueada, teremos duas conseqüências possíveis: comportamento construtivo ou respostas negativas (comportamento induzido pela frustração). A principal reação à frustração acontece na forma de agressão (incluindo agressão projetada), regressão, fixação e retraimento.
- O ponto central da gestão eficiente é a capacidade de estabelecer bom relacionamento com outras pessoas. Um alto nível de habilidade interpessoal é importante para um desempenho produtivo no trabalho. Os administradores devem concentrar sua atenção na melhoria da relação pessoal-organização, criando uma atmosfera na qual os funcionários trabalhem com boa-vontade e eficiência. Produz enorme influência na relação pessoal-organização o reconhecimento da importância do contrato psicológico.

QUESTÕES PARA REVISÃO E DEBATE

1. Cite os principais aspectos por meio dos quais podemos compreender as influências no comportamento durante o trabalho. A partir de sua própria experiência, forneça alguns exemplos práticos para cada um dos aspectos relacionados.
2. Faça um comentário crítico sobre o papel da ciência social no ramo da hospitalidade. Explique como interpreta a ciência comportamental como uma abordagem interdisciplinar para o estudo do comportamento. Forneça seus próprios exemplos a respeito da importância das diferenças culturais.
3. Por que o estudo da percepção é de particular importância para o setor da hospitalidade? Explique o que entende por ilusões perceptivas e pela varredura e seleção de estímulos perceptivos.
4. Discuta os fatores que influenciam o julgamento que fazemos de outras pessoas. Explique as fontes principais de distorções e erros na percepção interpessoal.
5. Fundamente, com exemplos, seu ponto de vista sobre a extensão do problema da estereotipia por sexo atualmente no setor da hospitalidade. O que você faria para tentar solucionar a questão?
6. Discuta a importância, para o gerente do setor da hospitalidade, de conhecer o funcionamento da análise transacional. Sugira procedimentos que permitam a ele conhecer melhor sua percepção do "ego" e auto-imagem, e a partir daí de realizar mudanças em seu comportamento.
7. Explique o que se entende por comportamento induzido pela frustração. Faça a distinção entre comportamento construtivo e frustração. A partir de sua própria experiência, cite exemplos práticos de ambos.
8. Explique o que se entende por contrato psicológico. Forneça exemplos práticos de (a) expectativas que os indivíduos possam ter; e (b) expectativas que a organização de hospitalidade possa ter. Entre as suas próprias expectativas quais você gostaria que estivessem presentes no contrato psicológico?

TAREFA 1

Todos nós geralmente somos responsáveis por distorções e erros na percepção interpessoal, por tomar decisões precipitadas, isto é, formar conceitos antes de pensar profundamente sobre determinada situação, sobre o comportamento e as ações de outras pessoas.

(i) Reflita de maneira honesta sobre sua eventual tendência ao preconceito e a atitudes semelhantes em relação a certas pessoas. Explique como você age para evitar a discriminação e avaliar os outros de maneira justa e objetiva.
(ii) Relate julgamentos que você tenha feito de outras pessoas com base no(a):
   (a) efeito halo;
   (b) efeito halo enferrujado; e
   (c) estereotipia.
(iii) Faça um breve relato de situações em que você:
   (a) julgou alguém com base na percepção seletiva; e
   (b) confiou demais em *informação limitada,* quando havia interpretação mais sensata, embora diferente da sua.

Compartilhe e discuta suas experiências em grupos livres de 4 a 6 participantes. Tome nota do que você considera ter aprendido com esta tarefa.

TAREFA 2

A partir de sua própria experiência, forneça um breve exemplo de um problema ou dificuldade real que você tenha encontrado ao trabalhar com outras pessoas no setor da hospitalidade. Explique de maneira clara:

(i) a natureza exata do problema ou dificuldade;
(ii) o comportamento/ações das pessoas envolvidas;
(iii) os passos dados para superar a situação e seus resultados *e/ou* as ações que você sugeriria.

TAREFA 3

Essa perspectiva é feminina?

As pessoas em geral fazem as seguintes perguntas:

- Sendo mulher, como você se sente no cargo de gerente-geral?
- Você teve de trabalhar mais para conseguir acompanhar seus colegas do sexo masculino?
- Foi difícil tornar-se uma gerente-geral?

A resposta é geralmente bastante simples — como é que eu vou saber? Nunca fui homem! Jamais tive a oportunidade de ver o mundo sob a ótica masculina. Eu poderia ter uma opinião mais fundamentada se pudesse avaliar e julgar, o que infelizmente é algo que está fora do meu alcance, pois nunca tive a oportunidade de comparar e, portanto, não posso ter uma resposta e nem fazer qualquer comentário.

Na empresa, o que mais importa para mim não é a vida que tenho como mulher — mas como gerente-geral. Não serei eu que vou dizer aos meus colegas homens o quanto eu devo ter trabalhado mais do que eles para chegar onde estou hoje — prefiro que eles façam seu próprio julgamento. Talvez eu tenha tido a sorte de ter crescido em uma organização onde não me senti como uma mulher gerente-geral, mas simplesmente como gerente-geral, uma profissional importante da equipe.

Se para meus colegas sou diferente, eles fizeram um bom trabalho e esconderam isso de mim todo o tempo. Talvez minhas costas sejam largas, pois nem notei — estava muito ocupada me capacitando para ser gerente-geral.

Tive a vantagem de construir uma carreira sólida e natural, que me deu as oportunidades certas no momento certo. Nunca considerei que, por ser mulher, talvez tivesse que abrir mão de meus objetivos. Termino o dia sempre confiante — do tipo, digamos, faça e tente o que quiser, seja qual for a sua experiência e sexo. O que vale é a idéia de que "o desempenho é que faz a realidade". Esse espaço e essa oportunidade de desempenho é que são a chave do sucesso, juntamente com muito dinamismo, ambição e boa experiência. É isso que me levou a ser a gerente-geral de um hotel, cargo que sonhava obter há 17 anos, quando concluí a faculdade. Será que minha feminilidade me deu mais dinamismo e determinação? Quem sabe a resposta?

Não posso apresentar uma perspectiva feminina do trabalho dos gerentes-gerais na gestão eficiente do pessoal. Como já disse, só posso oferecer a perspectiva de uma gerente-geral em atividade. Existem, no entanto, algumas dicas importantes que posso repassar.

As pessoas são o nosso único e maior bem. Somente por intermédio delas é que alcançaremos sucesso. Falando claramente, cuide de seu pessoal que eles cuidarão dos hóspedes e tudo funcionará bem. Os membros da equipe de trabalho, com certeza, merecem nosso tempo, nossa paciência e nossa atenção. Há três aspectos que considero decisivos para o meu sucesso: meu pessoal, meus hóspedes e a situação financeira do meu negócio. O meu pessoal, portanto, merece um terço do meu tempo, energia, interesse e comprometimento, isto é, uma igual parcela dos meus esforços. É assim que planejo meu dia, minha semana, meu mês e meu ano. As três áreas mais importantes têm um direito natural sobre o meu tempo. Se toda minha carga horária de hoje ocupou-me as "não-tradicionais" oito horas diárias, posso passar duas horas e quarenta minutos com meu pessoal. Alguns precisarão de mais tempo do que outros, mas a equipe, como um todo, pode coletivamente tirar proveito de minha presença.

Todos nós sabemos como gerenciar simplesmente transitando pelo ambiente. Tudo bem, mas eu gosto de acrescentar "com um propósito". Tenho um plano, mas qual é seu objetivo? Percorrer o ambiente pode inclusive ser uma atitude errada. Você pode sorrir a todos, cumprimentá-los, dando aquela impressão de que todos já o viram e que, por isso, pode sumir pelo resto do dia. Mas isso é insuficiente. Seria mais produtivo se você percorresse o ambiente para treinar, observar seus funcionários, corrigindo-os quando necessário. Surpreenda as pessoas fazendo algo corretamente e faça da sua visita ao andar em que trabalham uma experiência prazerosa para todos os envolvidos; e não esqueça da arrumadeira que está enfiada lá em outro andar. Administrar pessoas é uma atividade que depende da relação que você tem com elas.

É importante suplantar as barreiras hierárquicas, não apenas dizer ou documentar isso burocraticamente, mas realmente praticá-lo. Faça com que seus empregados saibam que você é um deles, abandone a formalidade, trate-os pelo primeiro nome. Se você chama seu sócios de Peter, John ou Jane, por que manter seus colaboradores chamando-o de senhor ou senhora? O respeito vem do que você faz e diz, não do nome que tem (quando está ao alcance da voz).

É importante que o seu pessoal saiba que você "joga no mesmo time". Eu vim da classe média, como muitos deles. Nem o tempo nem o meu cargo mudaram isso, por que fingir, então? Nós aprendemos a nos aproximar de nossos empregados. Sentimo-nos realizados quando não apenas lembramos de seus nomes, mas os nomes de seu companheiros, de seus filhos, seus *hobbies*, as coisas de que gostam ou não, mas esquecemos de uma coisa — não faça de sua vida um segredo, permita que eles o conheçam. Se você tem algum hábito esquisito, por exemplo, se ronca, conte a eles — eles vão se sentir mais à vontade quando você estiver presente, vão se abrir, oferecerão mais *feedback* e informarão quando as coisas estiverem erradas. Os verdadeiros relacionamentos são transparentes. Você não quer que eles escondam o comentário mais recente de um hóspede. Quando o seu mundo "cheira a tinta", quando você não permite que alguém se aproxime, haverá problemas. Para ser "um deles" precisamos realmente demonstrar na prática essa intenção. Almoce com eles na cantina e não na área dos hóspedes. Se houver um estacionamento e uma entrada específica para os funcionários subalternos, use-os também. Se você faz as regras, certifique-se de que as segue religiosamente. A maneira mais fácil de arruinar um relacionamento é não praticar o que você prega.

Em uma relação transparente nada se esconde, a roupa suja aparece. Tudo bem, fica-se conhecendo erros e problemas — congratule por isso, não censure. Os erros são nossa maior ferramenta de aprendizagem. Funcionários que cometem erros são empreendedores que correm riscos, e que a partir de suas experiências construirão soluções para o futuro. Se você os impedir de correr riscos e errar, na próxima oportunidade eles não tentarão novamente, pois a memória da censura que sofreram não os deixará agir.

Se o nosso mundo não "cheira a tinta", o deles também não deve cheirar. Compartilhe aspectos negativos, desapontamentos e problemas com os companheiros. Às vezes, tais atitudes são evitadas, na batalha para manter o pessoal animado, mas não deveria ser assim. Deixe-os ajudar — permita-lhes participar de grupos de resolução de problemas. Isso mostrará que as opiniões e sugestões deles são valorizadas e que podem fazer a diferença.

Se cada um de nossos companheiros acreditar que este hotel é "meu" hotel, então eles têm todo o direito de compartilhar seus problemas. Sendo o gerente, você aprende uma nova habilidade — como administrar o desapontamento. Em "meu" hotel você tem também de compartilhar o sucesso — celebrar, recompensar e reconhecer os esforços feitos, em todos os momentos possíveis.

Ainda lembro, e acho que nada mudou, que com muita freqüência nossas equipes (especialmente nas funções intermediárias) sentiam-se discriminadas ao final do dia, pois depois de todo o trabalho, eram os chefes que recebiam os elogios. Devemos evitar de todas as maneiras que isso ocorra.

Lembro também de experiências recentes em que meu hotel recebeu um prêmio anual em uma cerimônia. Assim que pude, liguei para minha equipe informando sobre a premiação recebida, para que celebrassem logo nosso sucesso. Quando cheguei no dia seguinte ao hotel, ostentando nosso troféu, houve muita empolgação e uma funcionária apertou a minha mão, cumprimentando-me pelo prêmio. Eu respondi: "Parabéns a você também. Esse prêmio não é meu, é nosso, é seu também". Ela disse: "Não. Jamais teríamos chegado lá sem você".

Um comentário aparentemente insignificante, mas foi meu momento de maior orgulho, ainda maior mesmo do que receber o prêmio na cerimônia, e que me deixou com lágrimas nos olhos. (Algo que só uma mulher pode sentir?!!)

A gestão eficiente do pessoal é fruto de muitas habilidades, sob a forma de uma excelente liderança — mas, antes de exercê-la, precisamos ter um relacionamento positivo com nossa equipe de trabalho.

Deixo-lhes uma pergunta. Essa perspectiva é feminina?

Fonte: O autor agradece a Pam Monks, Gerente-geral do Swindon Marriott Hotel por fornecer este texto.

Tarefas

Em pequenos grupos, preferivelmente formados por homens e mulheres:

(i) **Discuta criticamente o que você considera os pontos principais levantados pelo comentário anterior.**
(ii) **Até que ponto você concorda ou discorda dos pontos de vista nele contidas? A partir de sua própria experiência, fundamente sua opinião.**
(iii) **Os integrantes do grupo concordam entre si, a respeito do texto?**

ESTUDO DE CASO 1: JOHN ADAMS

John Adams estava trabalhando como integrante da equipe noturna do ABC Hotel. Depois que uma hóspede estrangeira estalou os dedos e assobiou para ser servida, Adams perdeu o controle: "A senhora não é a única hóspede do hotel". Em seguida, alertou-a que se não parasse com seu comportamento inconveniente ninguém mais a serviria. No dia seguinte, a tal hóspede queixou-se a uma camareira. O gerente de pessoal repreendeu Adams, ameaçando-o de demissão. Adams defendeu-se, dizendo que havia trocado palavras duras com a hóspede quando ela deixou o saguão tarde da noite para voltar a seus aposentos. "Eu não a xinguei, mas permiti que ela se irritasse comigo. Ela começou a causar problemas assim que entrou no saguão, depois de o bar ter fechado. O pessoal que trabalha à tarde me alertou a respeito dela quando cheguei. Ela passou a noite inteira estalando os dedos e assobiando para ser atendida. Jogou a bandeja de volta em mim quando levei comida até seu apartamento, às três da manhã. Falei que a hora era imprópria para ela se comportar daquele jeito. O que aconteceu foi que eu perdi a paciência. Disse que ela não seria mais atendida se continuasse tratando as pessoas daquele jeito."

Tarefas

(i) **Analise as principais questões administrativas e de comportamento organizacional identificadas na situação comentada.**
(ii) **Sugira como resolver a questão. Se você fosse o gerente do ABC Hotel, que procedimento tomaria?**

ESTUDO DE CASO 2: O QUE ACONTECEU A SEGUIR?

Richard Jackson é uma pessoa extrovertida, dotado de um agudo senso de humor e adora se comunicar com outras pessoas. Ele passou a maior parte de sua vida profissional no setor de *catering*, geralmente em hospedarias. Depois de deixar Londres, Jackson aceitou com entusiasmo a oportunidade de administrar a The River View, uma hospedaria/restaurante localizada no litoral. Seu sócio, Tony Wheeler, era um homem mais jovem, graduado em Administração. Ficou acertado que Jackson seria responsável pela cozinha e pela preparação de comida, além de ajudar no bar, quando necessário.

No princípio, tudo parecia ir bem. Depois de servidas as refeições, Jackson ajudava no bar. Com freqüência ele se juntava aos fregueses, bebia e ria com eles, tornando-se rapidamente uma figura pública. A sociedade já tinha um ano quando, para a surpresa de Jackson, Wheeler anunciou seu noivado com Belinda Daniels, uma mulher divorciada, alguns anos mais velha do que ele. Jackson não conseguiu disfarçar um sentimento de desconforto em relação ao relacionamento. À medida que Belinda Daniels passava mais tempo no The River View, Jackson mais se decepcionava.

Jackson sentia que cada vez mais esperavam que ele assumisse atividades secundárias, sem quase nenhum envolvimento com a tomada de decisões. Quando um integrante da cozinha pediu demissão, Wheeler relutou em indicar um substituto, alegando que Jackson poderia assumir mais aquela função. O relacionamento com Wheeler tornou-se tenso.

O resultado foi que Jackson candidatou-se a um cargo de *chef* — e acabou conseguindo, para sua surpresa e satisfação — no The Hollow, um *golf and country club hotel*. Imediatamente ele comunicou a Wheeler que estava se retirando da sociedade, deixando o The River View naquela mesma semana.

O hotel The Hollow possui 75 apartamentos, é um prédio moderno, com salas de conferências com capacidade para 180 pessoas. Fica na zona rural inglesa e dispõe de um campo de golfe de alto nível, além de um centro de lazer. As celebridades locais e os desportistas são clientes assíduos do hotel, que está localizado em um área nobre. O problema é que o quadro de funcionários é sempre menor do que o necessário, especialmente durante o verão.

Jackson rapidamente fez amizade com o administrador do The Hollow e logo ganhou a reputação de um *chef* de alta competência, cuidadoso e capaz de nunca reclamar das longas horas de trabalho. Porém, dois meses depois de Jackson ter sido contratado, o gerente do restaurante, que havia começado a trabalhar ali quatro meses antes, pediu demissão sem aviso prévio. A vaga foi oferecida a Jackson, que prontamente a aceitou. Isto, porém, não agradou ao gerente-assistente, homem mais jovem e com maior qualificação do que Jackson, que trabalhava no hotel havia 10 meses.

Jackson, por sua vez, parecia muito satisfeito em sua nova função. Uma de suas primeiras atitudes foi remover a mesa da entrada do restaurante, onde os clientes faziam ou confirmavam suas reservas. A idéia era "criar mais espaço, para melhor recebê-los". Podia-se ver Jackson conversando e rindo com os clientes. Ele os recebia à porta do restaurante e anotava seus pedidos.

Uma noite, logo após consumir o prato principal, um cliente bastante conhecido e freqüentador contumaz do restaurante, acompanhado de alguns convidados, pediu para falar com Jackson. Havia claros sinais de brincadeira partindo da mesa daqueles clientes.

"Não gosto de dizer isso, mas a carne estava passada do ponto, os pratos estavam tão quentes que não podíamos tocá-los, e o atendimento foi muito lento. A sopa deixou muito a desejar. Da última vez que viemos aqui, a comida já não estava muito boa. Não quis reclamar na ocasião para não incomodá-lo, mas — sinto muito — hoje, isso não está nada bom."

Jackson acalmou os clientes e foi até a cozinha. Pouco depois, voltou com uma garrafa de vinho, puxou uma cadeira e sentou-se à mesa ao lado.

"Desculpem nossa falha. Foi uma noite pouco inspiradora para o pessoal da cozinha, eu acho. Por favor, aceitem outra garrafa de vinho, com as minhas saudações. Podem também escolher doces livremente, por conta da casa."

"Muito obrigado", respondeu o cliente que havia reclamado. "Sabíamos que você resolveria esse problema para nós".

"Tudo bem — alguma outra coisa que eu possa fazer por vocês, meninas aflitas?", falou Jackson, em tom debochado-sério.

"Não, obrigado. Como dissemos, nossa intenção não é perturbar."

"Bem, que tal me oferecerem um copo do vinho que há pouco trouxe para vocês?"

"Com certeza", respondeu um dos clientes, que, com um sorriso, encheu um copo de vinho e alcançou a Jackson.

Jackson então olhou à sua volta e, com surpresa, notou que o gerente do hotel estava em pé, silencioso, observando toda a cena em um canto próximo à entrada do restaurante.

Na manhã seguinte, no escritório do gerente do hotel.

Jackson, apreensivo, está em pé diante do gerente do hotel, sentado atrás de sua mesa de trabalho.

"Parece que têm ocorrido algumas reclamações dos clientes do restaurante, ultimamente. Também me disseram que por causa dos problemas com a entrega, mais de uma vez foi necessário alguém sair para comprar vinho para os clientes. Acho que ontem foi o dia de folga do *chef*, e o único item da comida que ele preparou foi a sopa do dia anterior. Você sabe que, não importa o quanto cada um conheça seu trabalho, o *chef* não pode trabalhar sozinho aqui, mas como integrante de um grupo."

"Tudo para você funciona à base de regras e preconceitos", respondeu Jackson.

"Não", respondeu o gerente. "Falo da necessidade de cooperação e de trabalho de equipe. De qualquer forma, precisamos falar disso mais tarde."

O gerente do hotel então saiu de onde estava e fez sinal para Jackson sentar-se próximo dele. Jackson ficou se perguntando, cheio de dúvidas, se a expressão no rosto do gerente havia mudado quando dissera: "Quanto a ontem à noite,..."

Tarefa

(i) **Analise as questões principais que surgem deste caso.**
(ii) **Se você fosse o gerente do The Hollow, quais atitudes tomaria?**

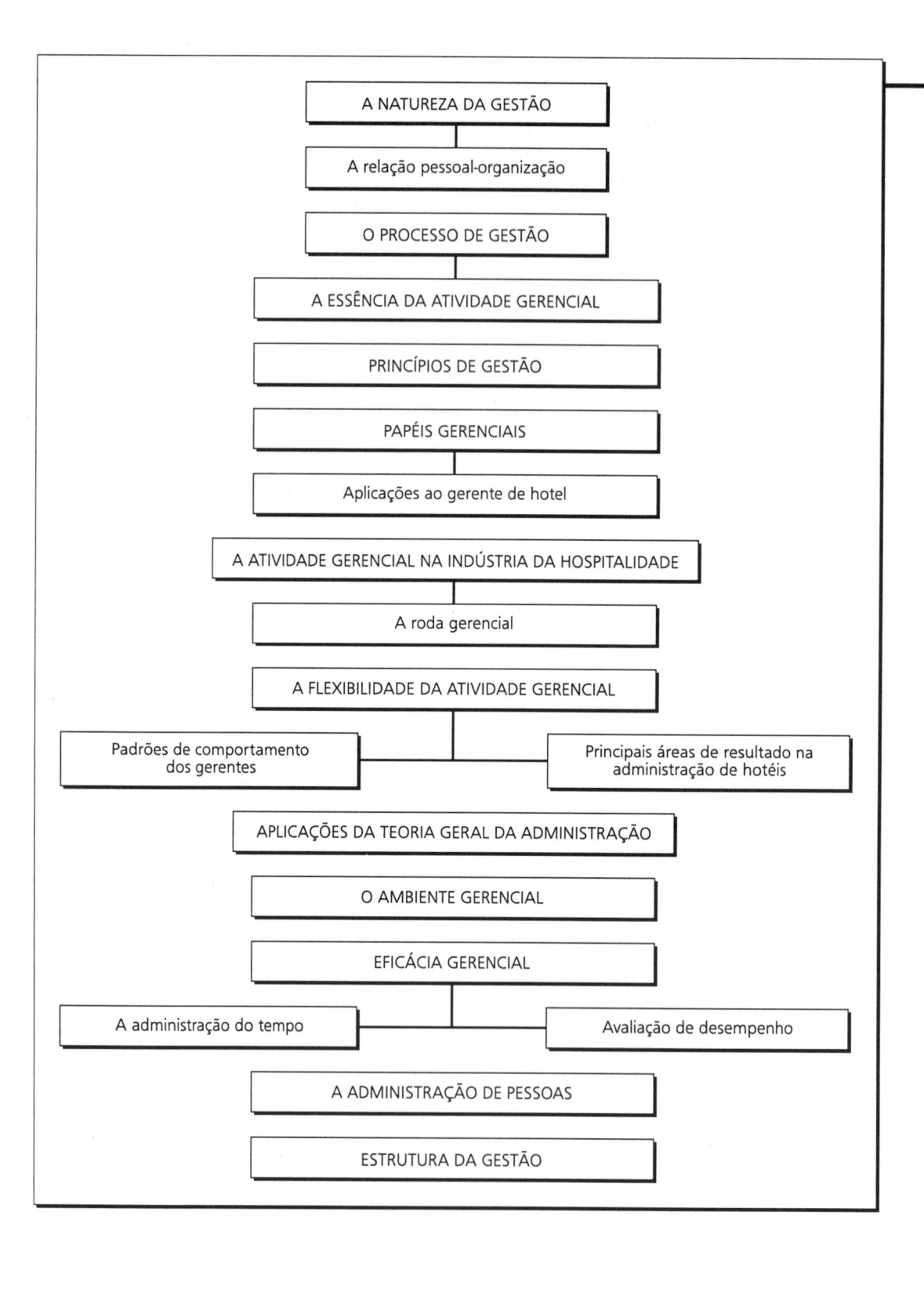

```
A NATUREZA DA GESTÃO
          │
A relação pessoal-organização
          │
O PROCESSO DE GESTÃO
          │
A ESSÊNCIA DA ATIVIDADE GERENCIAL
          │
PRINCÍPIOS DE GESTÃO
          │
PAPÉIS GERENCIAIS
          │
Aplicações ao gerente de hotel
          │
A ATIVIDADE GERENCIAL NA INDÚSTRIA DA HOSPITALIDADE
          │
A roda gerencial
          │
A FLEXIBILIDADE DA ATIVIDADE GERENCIAL
          │
┌─────────┴─────────┐
Padrões de comportamento    Principais áreas de resultado na
dos gerentes                administração de hotéis
          │
APLICAÇÕES DA TEORIA GERAL DA ADMINISTRAÇÃO
          │
O AMBIENTE GERENCIAL
          │
EFICÁCIA GERENCIAL
          │
┌─────────┴─────────┐
A administração do tempo    Avaliação de desempenho
          │
A ADMINISTRAÇÃO DE PESSOAS
          │
ESTRUTURA DA GESTÃO
```

4

A natureza da atividade gerencial

INTRODUÇÃO

É por meio do processo de gestão e da execução do trabalho que as atividades da organização de hospitalidade são levadas adiante. Gerenciar é promover a execução do trabalho proposto por intermédio dos funcionários. Esse é o ponto principal da relação pessoal-organização. A gestão é essencialmente uma atividade integradora, presente em todas as operações de hospitalidade.

A NATUREZA DA GESTÃO

Gestão é um termo genérico, sujeito a muitas interpretações. Freqüentemente provoca debates e discussões.[1] Há diferentes formas de conceituá-lo e também de definir as atividades do gerente. Neste livro, contudo, veremos que a gestão:

- existe em uma organização estruturada e com papéis definidos;
- propõe-se a cumprir metas e objetivos;
- alcança resultados por meio do trabalho de outras pessoas; e
- utiliza sistemas e procedimentos.

A fixação de objetivos e a formulação de uma política de atuação ocorrem em diferentes níveis dentro de uma organização, mas fazem parte de um mesmo processo. A diretoria, ou sua equivalente, estabelece tais objetivos e define a política da organização como um todo. A gestão é responsável pela implementação de decisões que dizem respeito à política da empresa e pela execução do trabalho projetado para cumprir tais objetivos.

A importância da gestão

A responsabilidade e a importância da gestão são amplamente reconhecidas. Entre tantos autores de destaque que enfatizam esses aspectos está Drucker:

A responsabilidade da gestão em nossa sociedade é algo decisivo, não apenas em relação à empresa, mas sob o ponto de vista do papel público da administração, seu sucesso e status, sua contribuição ao nosso sistema econômico e social, e à sobrevivência da empresa como instituição autônoma.[2]

No caso da indústria da hospitalidade, o reconhecimento é igualmente notório:

A gestão eficiente é um dos mais importantes fatores para o sucesso ou fracasso de um negócio. Isso se aplica ao hotel, aos serviços de catering e institucionais, tanto quanto a qualquer outro setor, especialmente porque os gerentes precisam encontrar o ponto de equilíbrio entre conhecimento administrativo e técnico e as habilidades adquiridas por meio da instrução e da experiência.[3]

Lord Forte também salientou a gestão como atividade decisiva no desempenho organizacional.

O sucesso tem origem — inicial e principalmente — nas atividades do gerente atento, trabalhe ele em um hotel, restaurante, café ou à beira de uma estrada. É a sua capacidade de administrar bem o negócio, incentivando e orientando seus funcionários, que levará a empresa a crescer. O hotel ou o restaurante dependerá do desempenho de seu administrador. Se ele for eficiente, sua equipe também o será; se a equipe trabalhar bem, o hotel ou restaurante também o fará.[4]

A gestão como atividade integradora

A gestão não é uma atividade isolada, à parte das demais. Não pode ser setorizada nem centralizada. Uma organização de hospitalidade não pode possuir um "departamento de gestão, funcionando nas mesmas condições que, por exemplo, a diretoria, o setor de alimentos e bebidas, a manutenção, o departamento de pessoal, o *marketing*, a recepção ou o setor de conferências. Além disso, não existe homogeneidade na gestão, sua natureza é variável, abrange todas as atividades de uma organização. Ela opera de diferentes maneiras e é executada em todos os níveis.[5] Webster, por exemplo, chama a atenção para a importância da gestão estratégica no ramo da hospitalidade. As decisões estratégicas determinam a direção futura, a posição competitiva de uma empresa e os procedimentos administrativos.[6]

É quase impossível encontrar qualquer aspecto ligado ao funcionamento de uma organização de hospitalidade ou à atuação da equipe de funcionários que não esteja de alguma forma relacionado à gestão. Por exemplo, um conflito de personalidades entre empregados é um problema que possivelmente teria sua origem nos procedimentos administrativos de recrutamento e seleção, treinamento, delegação ou nível/estilo de supervisão. A propósito, conflitos como esse tendem a causar um efeito negativo no desempenho dos funcionários envolvidos, no moral dos demais colegas e inclusive no padrão de serviços oferecidos ao cliente.

A relação pessoal-organização

Já vimos que é condição para a gestão bem-sucedida a capacidade de nos relacionarmos bem com as pessoas. Os gerentes passam boa parte de seu tempo em encontros e conversas com outras pessoas,[7] e isso acontece cotidianamente no setor de hospitalidade.[8] É importante, portanto, desenvolver um alto nível de habilidade interpessoal para alcançar resultados positivos no trabalho. Relações interpessoais harmoniosas otimizam a qualidade do trabalho e a satisfação em relação a ele.

É necessário, portanto, aprimorar constantemente a relação pessoal-organização, criando uma atmosfera onde as pessoas trabalhem de boa vontade e de maneira produtiva. Sob esse aspecto, o trabalho de gestão é imprescindível. O objetivo é manter um ambiente de trabalho sadio e conciliar desempenho eficiente e produtividade com a satisfação de cada um em desenvolver as atividades que lhe cabem (Figura 4.1).

Como já verificamos, cabe à gestão conduzir bem os processos organizacionais para a execução a contento das atividades. É sua atribuição consolidar um padrão adequado para essas atividades se desenvolverem, considerando o ambiente em que o estabelecimento opera, aproveitando o empenho e o comprometimento dos funcionários aplicando programas modernos de motivação, satisfação com o trabalho e remuneração.

Exercício de autoridade

A responsabilidade pela produtividade no trabalho compete ao gerente, que deve enxergar além das suas próprias atividades e exercer autoridade equilibrada sobre as atividades e o desempenho dos seus subalternos. O gerente é um administrador com poder e autoridade para fazer as atividades se desenvolverem no âmbito da empresa, sendo avaliado não só pelo seu próprio desempenho, mas também pelos resultados alcançados pelo grupo de funcionários sob sua supervisão.

O gerente é, portanto, aquele profissional que tem mais trabalho a fazer do que poderia e que distribui tarefas a terceiros, as quais passa a controlar.[9]

Uma das definições mais conhecidas de gestão é a que a caracteriza como a execução de trabalho por intermédio de outras pessoas, isto é, *por meio da atividade de terceiros*. Stewart resume várias definições, estabelecendo que gerir é:

> decidir o que deve ser feito e, então, providenciar para que outras pessoas o façam. Uma definição mais longa implicaria provar como essas tarefas podem ser executadas. A primeira tarefa compreende a fixação de objetivos, o planejamento (incluindo a tomada de decisões) e o estabelecimento de uma organização formal. A segunda consiste em motivação, comunicação, controle (incluindo avaliação) e desenvolvimento do pessoal.[10]

O PROCESSO DE GESTÃO

É por meio do processo de gestão que o empenho dos funcionários é posto em prática, fiscalizado e orientado visando ao cumprimento dos objetivos e metas organizacionais. Mas como, exatamente, o processo se desenvolve e quais atividades abrange?

Há muitas maneiras de entender a gestão. Uma delas é identificar as atividades comuns aos gerentes das mais variadas organizações. Por certo muitas descrições diferentes do que seja gestão irão aparecer, mas sendo detidamente analisadas elas mostrarão similaridade em seus fundamentos. A inclusão ou exclusão de um determinado aspecto normalmente se refere ao uso e à interpretação de diferentes termos e da ênfase que se dá a eles.

A gestão como processo social

Entre as mais bem conhecidas análises está a de Brech, que define gestão como:

> Um processo social que envolve a responsabilidade pelo planejamento eficiente e econômico e pela regulação das operações de uma empresa, em cumprimento a propósitos ou tarefas. Tal responsabilidade envolve:
>
> (a) julgamento e decisão na determinação de planos, e no uso de dados para controlar o desempenho e a evolução das ações, de acordo com esses planos;
> (b) orientação, integração, motivação e supervisão dos recursos humanos que integram a empresa e executam suas operações.[11]

Essa definição é oportuna, porque chama a atenção para a gestão como "processo social", destacando as responsabili-

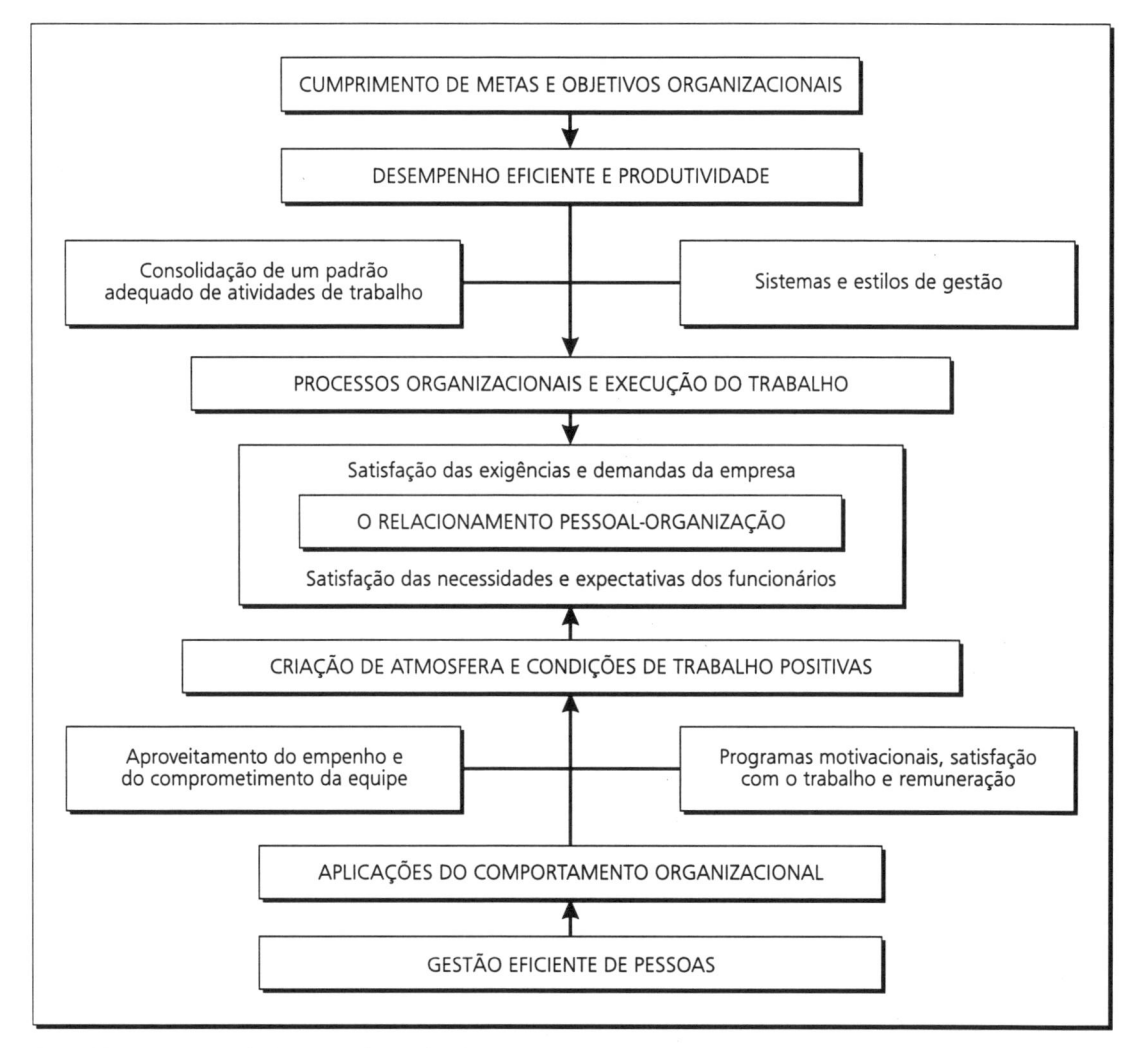

```
┌─────────────────────────────────────────────────────────────────────────┐
│                 CUMPRIMENTO DE METAS E OBJETIVOS ORGANIZACIONAIS        │
│                                    ↓                                    │
│                      DESEMPENHO EFICIENTE E PRODUTIVIDADE               │
│                                    ↑                                    │
│   Consolidação de um padrão ─────────────────── Sistemas e estilos de gestão
│   adequado de atividades de trabalho                                    │
│                                    ↓                                    │
│                 PROCESSOS ORGANIZACIONAIS E EXECUÇÃO DO TRABALHO        │
│                                    ↓                                    │
│                   Satisfação das exigências e demandas da empresa       │
│                        O RELACIONAMENTO PESSOAL-ORGANIZAÇÃO             │
│                Satisfação das necessidades e expectativas dos funcionários
│                                    ↑                                    │
│              CRIAÇÃO DE ATMOSFERA E CONDIÇÕES DE TRABALHO POSITIVAS     │
│                                    ↑                                    │
│   Aproveitamento do empenho e ─────────── Programas motivacionais, satisfação
│   do comprometimento da equipe            com o trabalho e remuneração  │
│                                    ↑                                    │
│                    APLICAÇÕES DO COMPORTAMENTO ORGANIZACIONAL           │
│                                    ↑                                    │
│                         GESTÃO EFICIENTE DE PESSOAS                     │
└─────────────────────────────────────────────────────────────────────────┘
```

FIGURA 4.1 A relação pessoal-organização.

dades de um administrador e a importância da relação pessoal-empresa.

Como parte de um debate sobre a necessidade de um modelo de estudo da gestão no ramo da hospitalidade (discutido no Capítulo 2), Wood também chama a atenção para o reconhecimento da natureza essencialmente **social** dessa técnica. A natureza social, e portanto variável, da gestão como atividade impede a evolução de qualquer teoria ou teorias "sistemáticas" sobre a mesma.[12]

As tarefas e a contribuição do gerente

Outra forma de descrever a gestão é fornecida por Drucker, que identifica três tarefas, de mesma importância mas essencialmente diferentes, que devem ser executadas:

❑ cumprir a missão e o propósito específicos da instituição, seja ela uma empresa de negócios, um hospital ou uma universidade (podemos acrescentar "ou organização de hospitalidade");
❑ tornar o trabalho produtivo e o trabalhador dedicado;
❑ administrar conflitos e responsabilidades.[13]

O exercício do cargo de gerente exige uma combinação de capacidade de análise e de síntese, integridade, percepção aguçada, iniciativa, e habilidade social.

Drucker também aponta que os gerentes podem ser definidos pela função que exercem e pela contribuição que deles esperamos:

O que distingue o gerente de outros profissionais é a função que somente ele, e ninguém mais, pode realizar. A contri-

buição maior que se espera de um gerente eficiente é que saiba orientar seus funcionários, capacitando-os a um desempenho a contento. É a visão e a responsabilidade moral que, em última análise, definem um bom administrador.[14]

Gerentes de exceção

Gerente de restaurante: Le Gavroche Restaurant, Londres

Nome: Silvano Giraldin

Quando você se tornou gerente? Em 1973, quando o Le Gavroche ficava em Chelsea e eu tinha 26 anos. Fui um dos gerentes de restaurante mais jovens do país.

O que a gerência de restaurante significa para você? Total controle do Le Gavroche — exceto da comida, que é preparada por Michel [Roux] —, das bebidas e da fachada da casa. O restaurante tem de estar bonito, a equipe tem de estar disponível e se alguém da equipe faltar, essa ausência não pode ser notada pelos clientes. O ambiente tem de ser aprazível — quando há *chefs* e garçons gritando uns com os outros, o local não está bem administrado. Meu trabalho é agir como intermediário e garantir que tais situações nunca ocorram — uma equipe de trabalho feliz significa fregueses felizes. Não é segredo que eu tenha que "negociar" com clientes difíceis. No interior do Gavroche, os clientes devem trajar e manter-se usando paletó e gravata, mas certo dia um deles tirou seu paletó e recusou-se a vesti-lo quando alertei-o. Quando eu disse "Senhor, por favor volte a vestir seu paletó", sua esposa tirou a saia e desafiou-me: "O que você vai fazer agora?". Eu respondi: "Nada, minha senhora. A senhora está muito bem assim, mas seu marido não pode permanecer aqui dentro sem o paletó".

O que você gosta/detesta na profissão? Eu aprecio muito o bom nível dos clientes. Relaciono-me bem com todos, de *pop stars* a políticos, do mais simples ao mais aristocrata. O único aspecto desfavorável são as longas horas de trabalho.

Reimpresso com permissão do *Management Today*, October 1999, p. 24.

A ESSÊNCIA DA ATIVIDADE GERENCIAL

Em termos gerais, como vimos, a gerência é responsável pelo cumprimento dos objetivos estabelecidos pela empresa. No entanto, a essência da atividade gerencial não é de fácil descrição, pois aspectos bastante comuns a determinadas aplicações podem nos escapar. E também não podemos identificar um gerente pelo nome ou cargo que ocupa, embora às vezes este último caso ocorra, em uma tentativa de aumentar o moral e o *status* da equipe de trabalho. Como resultado, pode por exemplo haver vários profissionais intitulados gerentes, mas que, na verdade, não executam as atividades características do cargo. Por outro lado, há muitos profissionais que executam funções cujo cargo não inclui a palavra gerente — por exemplo o cozinheiro-chefe, o controlador, o contador, e, é claro, o *maitre* —, mas que executam na prática muitas atividades de gerência.

A diferença entre "administrar" e "fazer"

Se você observar como o quadro funcional utiliza seu tempo, perceberá a diferença entre aqueles cuja ocupação principal é o cumprimento de tarefas práticas, trabalhos de manuseio, e aqueles que dedicam-se quase integralmente a decidir como as ações devem ocorrer, determinando o trabalho a ser feito pelos outros, planejando e organizando as atividades deles, transmitindo-lhes instruções e conselhos, medindo seus desempenhos.

A partir de um estudo realizado em 65 hotéis irlandeses, Baum descobriu que os gerentes estavam ativamente envolvidos na supervisão e freqüentemente na operação de áreas como a diretoria, o restaurante, o bar e a cozinha. Seu tempo foi gasto em tarefas que empregados de ofício ou semi-especializados poderiam executar, o que indica pouca conscientização ou falta de interesse pelo custo efetivo do uso do tempo. Contudo, foi decisivo na atividade gerencial o conceito *mine host*. Mais da metade dos gerentes entrevistados definiu seu trabalho como sendo estritamente dirigido à satisfação das necessidades dos clientes.[15]

Principais atividades envolvendo a gestão

A natureza particular da indústria da hospitalidade, incluindo-se a clara e absoluta necessidade de os gerentes demonstrarem competência em habilidades técnicas e de ofício (discutidas no Capítulo 2), faz com que percebamos tais profissionais passando mais tempo "fazendo" do que seus colegas de cargo em outros tipos de empresas. Não obstante, a base para a distinção entre "gerenciar" e "fazer" ainda existe, o que nos permite definir as principais características da gestão (Figura 4.2):

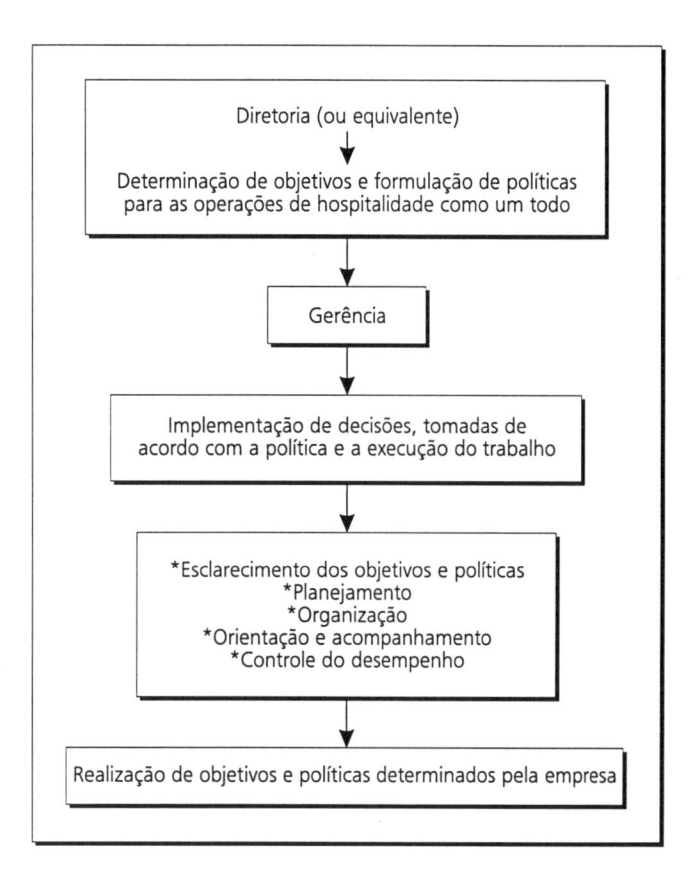

FIGURA 4.2
A essência da atividade gerencial.

```
Diretoria (ou equivalente)
          ↓
Determinação de objetivos e formulação de políticas
para as operações de hospitalidade como um todo
          ↓
       Gerência
          ↓
Implementação de decisões, tomadas de
acordo com a política e a execução do trabalho
          ↓
*Esclarecimento dos objetivos e políticas
*Planejamento
*Organização
*Orientação e acompanhamento
*Controle do desempenho
          ↓
Realização de objetivos e políticas determinados pela empresa
```

- o esclarecimento de objetivos e políticas;
- o planejamento do trabalho a ser executado;
- a organização e a distribuição de atividades e tarefas;
- a orientação e o acompanhamento das atividades dos funcionários;
- o controle do desempenho da equipe.

Esclarecimento dos objetivos e políticas

Os objetivos são as metas a serem atingidas e os resultados finais desejados. A política de uma empresa fornece as diretrizes para a operação da organização de hospitalidade e determina a linha de ação a ser seguida. O devido esclarecimento a respeito dos objetivos e políticas da empresa é pré-requisito no processo de gestão, para garantir resultados positivos. Caso contrário, faltará uma base segura ao gerente para a tomada de decisões e para o comando de sua equipe de trabalho.

Planejamento do trabalho

O planejamento determina as linhas de ação a serem seguidas visando à conquista dos objetivos e dos resultados finais desejados. Por exemplo, em relação às taxas de ocupação, procedimentos financeiros ou desempenho de vendas. Um planejamento bem fundamentado é essencial para que a equipe de funcionários saiba o que fazer e se conscientize das expectativas que recaem sobre ela, por exemplo, o *timing* e a seqüência das operações, os métodos pelos quais as operações são executadas e os padrões de desempenho.

Organização

Em uma empresa, as diversas atividades são divididas entre os funcionários. Organizar implica estruturar áreas relacionadas a tais atividades, como recepção, acomodação, cozinha e restaurante. A empresa estabelece o modelo ao qual a gerência deve se enquadrar, o que torna possível a execução do trabalho e envolve a distribuição de tarefas e responsabilidades, níveis de autoridade hierárquica, relacionamentos profissionais e coordenação entre indivíduos, grupos e departamentos.

Orientação à equipe

É responsabilidade dos gerentes estimular sua equipe a trabalhar com afinco e eficiência. A isso chamamos motivar. É sem dúvida parte do trabalho do gerente motivar seus funcionários e proporcionar-lhes satisfação com suas atividades, mas há mais a fazer. A equipe também precisa ser orientada e acompanhada pelo gerente, o que representa segurança para *alcançar alto nível de desempenho*. Aos funcionários compete seguir estritamente as políticas traçadas pela empresa. É atribuição do gerente avaliar se a equipe sob sua responsabilidade tem capacidade profissional e atende às expectativas da empresa.

Controle do desempenho

O controle é um fator indispensável à gerência efetiva. Por meio dele, verifica-se até que ponto foram ou estão sendo alcançados os objetivos e alvos planejados. Esse controle exercido pelo gerente é muito mais do que um meio de fiscalizar atitudes ou de exercitar a autoridade sobre a equipe. Não deve, portanto, ser interpretado de forma negativa, pois visa à produtividade.

Sistemas eficientes de controle são desenvolvidos pelas organizações para monitorar o desempenho e o progresso que atingem, deixando todo o quadro funcional a par da situação e orientando operações futuras e o desenvolvimento dos recursos humanos. O controle completa o ciclo de atividades gerenciais, constituindo-se em um aspecto essencial do processo de gestão.

O papel dos supervisores

Os supervisores são freqüentemente considerados "os que fazem" ou técnicos, em vez de gerentes. Em especial no setor da hospitalidade, eles ocupam papel de grande importância. Posicionam-se geralmente na linha de frente das operações gerenciais e têm grande responsabilidade na execução das atividades. Os supervisores podem ser vistos como profissionais que têm interesse particular pelo rumo, pela orientação e pelo controle das atividades de desempenho na área de gestão. Precisam estar aptos para motivar sua equipe a alcançar um bom desempenho, para resolver de maneira imediata problemas de produção e atendimento, para administrar dificuldades e reclamações com diplomacia e, possivelmente, para impor a disciplina interna.

É necessário que os supervisores ajam de maneira equilibrada e justa, exercendo um papel fundamental como elo e como amortecedor das expectativas contrárias existentes entre a gerência sênior e os funcionários.[16] A tendência geral de criar sistemas organizacionais horizontais e níveis gerenciais reduzidos valorizou o papel do supervisor.

Criam-se, inclusive, oportunidades para recrutar gerentes de alto nível, no setor da hospitalidade, a partir de avaliação da equipe de supervisores.[17]

PRINCÍPIOS DE GESTÃO

Apesar da natureza diversificada da gestão, Fayol aponta um conjunto de 14 princípios que facilitam o estudo da teoria da gestão:[18]

(i) *Divisão do trabalho* — as vantagens da especialização e da divisão do trabalho. Porém, há limites na distribuição de tarefas, que o conhecimento técnico e a experiência indicam que não devem ser excedidos.

(ii) *Autoridade e responsabilidade* — a responsabilidade é conseqüência da autoridade. Onde quer que se exerça a autoridade, a responsabilidade estará presente. A aplicação de penalidades é essencial à gestão eficiente, para estimular ações positivas e inibir as negativas. A melhor salvaguarda contra o abuso de autoridade é a integridade pessoal do gerente.

(iii) *Disciplina* — é essencial para a operação eficiente de uma organização; em síntese, é o cumprimento do acordo formal firmado entre a equipe de trabalho e a empresa. O gerente é quem decide sobre a mais apropriada forma de sanções para atitudes que romperam com as regras disciplinares.

(iv) *Comando único* — em qualquer atividade, o empregado deve receber ordens de um superior apenas, caso contrário, a autoridade será minada e a disciplina, a ordem e a estabilidade estarão ameaçadas. O duplo comando é uma fonte perpétua de conflitos.

(v) *Unidade diretiva* — a fim de que haja unidade de ação, coordenação e foco nas realizações da empresa, deve haver um líder e um plano para qualquer grupo de atividades com objetivo comum.

(vi) *Subordinação dos interesses individuais ao interesse coletivo* — o interesse da organização deve predominar sobre o interesse de um indivíduo ou grupo.

(vii) *Remuneração do pessoal* — a remuneração, tanto quanto possível, deve satisfazer o empregado e o empregador. Os salários influenciam o desempenho funcional; a remuneração portanto deve ser justa, promovendo a recompensa por atividades desenvolvidas. Remuneração excessiva pode trazer problemas à empresa.

(viii) *Centralização* — de alguma forma está sempre presente em qualquer organização, variando apenas de grau de uma empresa para outra.

(ix) *Níveis hierárquicos* — a cadeia hierárquica partindo da autoridade máxima à mais modesta. O respeito pela autoridade em todos os níveis deve estar em harmonia com as atividades que requerem ação urgente e com a necessidade de contribuir com iniciativa em todos os níveis de comando.

(x) *Ordem* — inclui a ordem material e a ordem social. O objetivo da ordem material é evitar perdas. Deve-se indicar um local para cada coisa. E cada coisa deve estar em seu lugar. A ordem social se refere ao local de trabalho de cada empregado, e cada um deles deve atuar em seu posto. A organização interna depende da boa seleção.

(xi) *Justiça* — o desejo de justiça e igualdade de tratamento são aspirações a serem levadas em consideração ao lidar-se com empregados em todos os níveis.

(xii) *Estabilidade no emprego* — as organizações prósperas normalmente contam com profissionais estáveis em nível gerencial. Mas mudanças de pessoal são inevitáveis e a estabilidade no emprego é uma questão a ser administrada.

(xiii) *Iniciativa* — representa um importante recurso da organização e deve ser incentivada e desenvolvida. Tato e integridade são condições para promover a iniciativa e para manter o respeito pela autoridade e pela disciplina.

(xiv) *Espírito de equipe* — deve ser estimulado, já que a harmonia e a integração entre os componentes de uma organização são aspectos decisivos. O princípio do comando único deve ser observado. É necessário evitar o perigo do "dividir para reinar", e o abuso da comunicação burocrática. Sempre que possível, utilizar o contato verbal.

Diretrizes gerais para o processo de gestão

Os princípios de gestão apresentados oferecem um modelo útil pelo qual se julgam os processos organizacionais e a execução do trabalho. Aplicam-se tanto às operações de hospitalidade quanto a qualquer outro tipo de organização de trabalho, embora essa aplicação possa variar de acordo com determinadas situações encontradas. Por exemplo, os princípios de disciplina, nível hierárquico e espírito de equipe podem ser considerados de fundamental importância para a gestão da hospitalidade.

Tais princípios devem também ser flexíveis e adaptáveis às circunstâncias, alguns deles com ênfase maior em determinadas operações. Por exemplo, as decisões sobre a distribuição de trabalho e o grau de centralização das atividades são mais significativos em estabelecimentos de grande porte. Porém, como diretrizes gerais para o processo de gestão, esses princípios são praticamente incontestáveis. Eles oferecem uma base útil sobre a qual podemos apreciar a natureza da gestão no século XXI.[19]

PAPÉIS GERENCIAIS

A idéia tradicional do gerente como alguém que organiza, coordena, planeja e controla não é sempre fácil de relacionar ao que observamos nas suas atividades. Mintzberg, por exemplo, acredita que a visão clássica nos diz pouco sobre o que os gerentes de fato fazem. É mais adequado definir o trabalho do gerente como diversificado, onde desempenha vários papéis, ou um conjunto organizado de comportamento identificado com uma determinada posição.[20]

Baseado em um estudo das atividades desenvolvidas por cinco executivos importantes de organizações que variavam de médias a grandes, Mintzberg classifica as funções básicas do trabalho do gerente de alto nível em 10 papéis inter-relacionados. Esses papéis são divididos em três grupos principais: (i) papéis interpessoais; (ii) papéis informativos e (iii) papéis decisórios.[21]

O *status* profissional do gerente e sua autoridade dão origem à importância das relações interpessoais. Como resultado dos papéis interpessoais, o gerente é o foco da captação e do processamento de informações, as quais servem de base para a tomada de decisões (Figura 4.3, p. 90).

Papéis interpessoais

Os papéis interpessoais referem-se a relações com outras pessoas e surgem do *status* e da autoridade do gerente.

(i) *O papel de testa-de-ferro* é o mais simples entre os papéis gerenciais. O gerente é um símbolo e representa a organização em situações formais, como na assinatura de documentos e em acontecimentos sociais importantes. O gerente também está disponível para as pessoas que insistem em ter acesso ao *top*, por exemplo, um cliente que tenha uma reclamação séria a fazer sobre um integrante da equipe de trabalho, com agravo.

(ii) *O papel de líder* é um dos mais significativos e está presente em todas as atividades de um gerente. Envolve a responsabilidade pelo preenchimento de vagas, pela motivação e orientação aos funcionários.

(iii) *O papel de elo* envolve o gerente e suas relações com funcionários e grupos fora da unidade onde atua na empresa, por exemplo, outros gerentes; ou fora da empresa, por exemplo, organizadores de conferências. Assim, o gerente representa um elo dentro e fora do seu ambiente de trabalho específico.

Papéis informativos

Os papéis informativos referem-se às fontes e à comunicação das informações que surgem a partir dos contatos interpessoais do gerente.

(iv) *O papel de monitor* identifica o gerente na busca e no recebimento de informação, a fim de aprimorar sua compreensão do funcionamento da organização e da sua área. Isso pode incluir, por exemplo, a informação sobre a taxa de ocupação, reservas futuras ou níveis de substituição de funcionários.

(v) *O papel de disseminador* envolve o gerente e a transmissão de informações externas e internas. A informação externa, por exemplo, os resultados de um encontro com outro gerente, é passada por meio do exercício do papel de elo. Já a informação interna, por exemplo, um documento exigindo obediência a novas normas, é transmitida por meio do exercício do papel de líder.

(vi) *O papel de porta-voz* envolve o gerente como autoridade formal na transmissão de informação às pessoas fora de sua unidade, por exemplo, aos diretores ou a pessoas fora da organização, como fornecedores, hóspedes, departamentos governamentais ou imprensa.

Papéis decisórios

Os papéis decisórios envolvem a tomada de decisões organizacionais estratégicas com base no *status* e na autoridade de gerente, bem como em seu acesso às informações.

(vii) *O papel de empreendedor* é aquele que o gerente exerce ao iniciar e propor mudanças planejadas, por meio da exploração de oportunidades ou pela resolução de problemas, assim como de agir para melhorar a situação existente (por exemplo, introduzindo ofertas mais amplas na baixa temporada ou otimizando a produtividade).

```
┌─────────────────────────────────────┐
│   Status profissional e autoridade  │
└─────────────────┬───────────────────┘
                  ▼
┌─────────────────────────────────────┐
│        Papéis interpessoais         │
│           Testa-de-ferro            │
│                Líder                │
│                 Elo                 │
└─────────────────┬───────────────────┘
                  ▼
┌─────────────────────────────────────┐
│         Papéis informativos         │
│              Monitor                │
│            Disseminador             │
│             Porta-voz               │
└─────────────────┬───────────────────┘
                  ▼
┌─────────────────────────────────────┐
│          Papéis decisórios          │
│            Empreendedor             │
│      Administrador de problemas     │
│       Organizador de recursos       │
│             Negociador              │
└─────────────────────────────────────┘
```

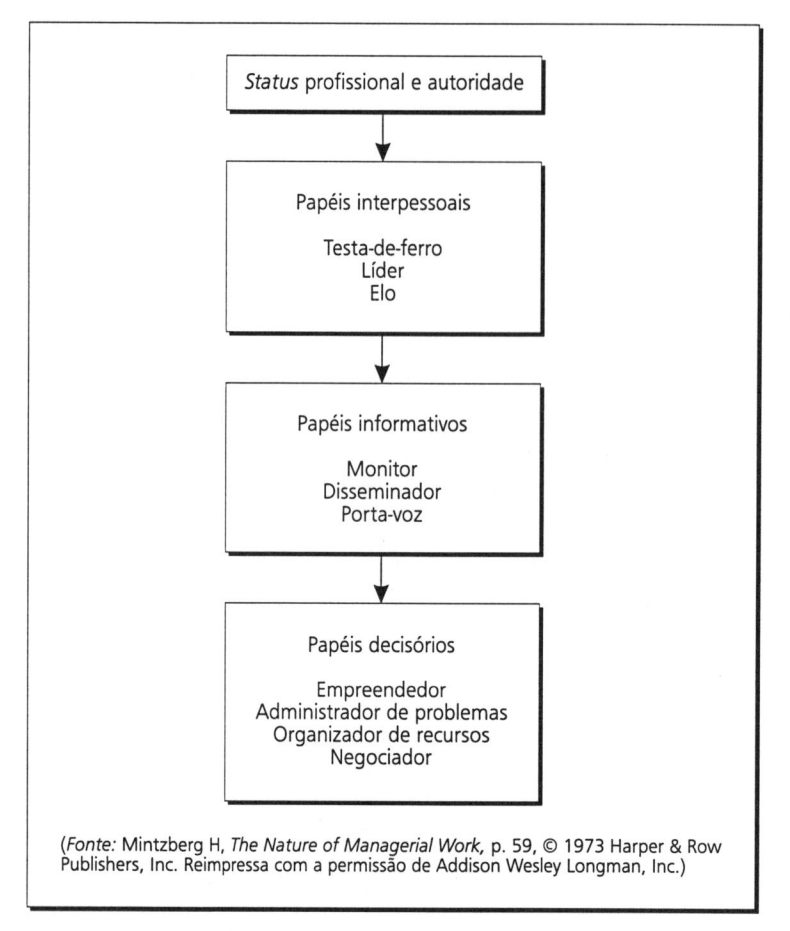

FIGURA 4.3 Os papéis do gerente.

(*Fonte:* Mintzberg H, *The Nature of Managerial Work*, p. 59, © 1973 Harper & Row Publishers, Inc. Reimpressa com a permissão de Addison Wesley Longman, Inc.)

(viii) *O papel de administrador de problemas* envolve o gerente e sua reação diante de situações difíceis e acontecimentos imprevisíveis. Quando um fato inesperado ocorre, por exemplo, uma súbita e inexplicável avaria em determinado equipamento da cozinha, cabe ao gerente providenciar a imediata solução para o problema e prontamente normalizar a situação, se possível.

(ix) *O papel de organizador de recursos* exige o exercício da autoridade profissional do gerente para decidir onde se deve ampliar esforços, para definir de onde alocar recursos, como capital, tempo, materiais e recursos humanos. Por exemplo, decidir entre ampliar os equipamentos de lazer ou melhorar as instalações para conferências.

(x) *O papel de negociador* refere-se à atividade de negociação do gerente com outros indivíduos ou organizações, por exemplo, um novo acordo salarial com representantes dos funcionários ou com um sindicato, ou negociações com um potencial fornecedor.

Conjunto integrado

Mintzberg destaca que o conjunto de 10 papéis é uma divisão de certo modo arbitrária das atividades de um gerente. Apresenta apenas uma, das muitas maneiras possíveis, de interpretar os diversos papéis em nível de gerência. Os dos itens não funcionam isolados na prática: integram-se. Qualquer um deles que seja removido, afetará a eficiência do desempenho geral do gerente.

Tais atribuições indicam que o gerente é, na verdade, um especialista de quem se exige o desempenho de um conjunto particular de atividades especiais. Mintzberg argumenta que provas empíricas sustentam a opinião de que este conjunto de papéis é comum ao trabalho de todos os gerentes.

Aplicações ao gerente de hotel

Entre os estudos das aplicações do trabalho de Mintzberg ao gerente de hotel estão os de Ley, Arnaldo e Shortt.

Avaliação, realizada pela diretoria, da eficiência do trabalho gerencial

Ley realizou uma observação detalhada das atividades de gerentes-gerais em sete hotéis de tamanho médio da Holiday Inn, na América do Norte. O estudo visava apurar o tempo gasto com diferentes papéis gerenciais relacionados à avaliação da diretoria em relação à eficiência dos gerentes.[22] Depois de classificar as funções do trabalho gerencial de acordo com os papéis descritos por Mintzberg, os gerentes foram então avaliados pelos seus superiores:

- dois gerentes foram classificados como altamente eficientes,
- três foram considerados eficientes e
- dois foram avaliados como ineficientes.

Os gerentes eficientes parecem ter distribuído seu tempo no desempenho dos diferentes papéis de maneira diferente dos considerados ineficientes. Os gerentes que dedicaram grande parte de seu tempo ao papel de **empreendedor** foram considerados mais eficientes. Porém, aqueles que trabalharam durante um maior número de horas foram também considerados como altamente eficientes pela diretoria, o que levanta dúvidas sobre o sistema de avaliação. Embora todos os gerentes interpretassem a **liderança** como um item importante, parece não ter havido nenhuma relação direta entre o tempo ocupado no desempenho desse papel e a avaliação de eficiência. Os dois gerentes avaliados como altamente eficientes na verdade dedicaram menos tempo à liderança do que os dois classificados como ineficientes.

O tempo e a importância atribuída aos papéis

Arnaldo pesquisou 194 gerentes de hotéis norte-americanos, aos quais solicitou que classificassem suas atividades de acordo com os 10 papéis gerenciais de Mintzberg, e que indicassem a quantidade de tempo e a importância atribuída a cada um deles.[23] O estudo pedia aos gerentes que fornecessem um *ranking* estabelecendo uma relação entre o tempo em que se mantiveram ocupados com cada papel e a importância das várias funções dos três grupos principais de Mintzberg.

- Dos papéis interpessoais, o de **líder** foi o que mais tempo absorveu (71,7%), tendo sido considerado o de maior importância (86,1%).
- Nos papéis informativos, tanto o **monitoramento** quanto a **disseminação** foram considerados relativamente importantes, consumindo o mesmo tempo. O papel de porta-voz tomou menos tempo e foi considerado de menor importância.
- Dos papéis decisórios, todos, exceto o papel de negociação, absorveram praticamente o mesmo tempo. O papel de **empreendedor** foi considerado o de maior importância (55,2%), embora um menor percentual de tempo (35,6%) tenha sido necessário para desempenhar esse papel.

Com base nos resultados desse estudo, Arnaldo aponta que as práticas de treinamento programado poderiam otimizar essas atividades essenciais de líder, monitor, disseminador e empreendedor.

Um estudo semelhante, desenvolvido por Shortt, envolveu 62 gerentes-gerais de hospedarias na Irlanda do Norte.[24] Os papéis mais importantes foram identificados como **administrador de problemas**, **líder** e **empreendedor**. Já os menos importantes foram os de **testa-de-ferro**, **disseminador** e **negociador**.

A ATIVIDADE GERENCIAL NA INDÚSTRIA DA HOSPITALIDADE

A partir de uma revisão na literatura sobre a natureza da atividade gerencial na indústria da hospitalidade, centrada principalmente na administração de hotéis, Wood apresenta uma síntese contendo as seis características principais dos profissionais que atuam nessa área.[25,26]

- As pessoas ingressam nessa carreira das mais variadas maneiras, incluindo, treinamento formal em instituição de ensino; treinamento para ocupar gerência, desenvolvido no próprio setor; e estréia no ramo após carreira iniciada em outro setor. A última hipótese parece ser a mais comum ao proprietário-gerente, mas, em geral, as três caracterizam as carreiras do setor.
- A gerência de hotéis, como qualquer outra ocupação e como o próprio setor, é uma atividade bastante isolada. Os alunos interessados em atuar nessa área são geralmente separados dos alunos que cursam administração, e seu treinamento para colocação no setor serve como uma forma de ambientação. Toda a ênfase é necessária às habilidades técnicas e à competência, especialmente no que se refere a comida e bebida.
- A maior parte dos gerentes sênior de hotel fazem sua primeira entrevista ainda jovens. Qualificações formais parecem não influenciar nem o ingresso no setor nem os requisitos de carreira. O critério vocacional ou o tempo utilizado na busca de experiência no setor são aspectos que fazem pouca diferença diante de perspectivas de longo prazo.
- Os cargos administrativos em hotéis caracterizam-se por freqüentes mudanças. Os gerentes de hotel e *catering* trocam de trabalho mais freqüentemente do que os gerentes de outros ramos. Possuir experiência na recepção e em alimentos e bebidas são condições geralmente decisivas para promoções profissionais. Pode-se ganhar experiência atuando em vários hotéis da mesma companhia ou trocando de empresa. O salário parece estar em geral relacionado ao porte do hotel, o que, portanto, é outro incentivo à mudança.
- O grau de responsabilidade do gerente, na administração de sua unidade, se refletirá na forma como desenvolverá a gestão do hotel. Ocupam particular importância, aí, os papéis de líder e empreendedor. A gerência de ho-

téis é dominada por demandas operacionais e pelo tempo utilizado no acompanhamento da equipe de trabalho e no contato com os clientes. Os gerentes têm uma preferência pela atuação ativa e, em vez de ficarem sentados atrás de uma escrivaninha, procuram "estar presentes" em todas as circunstâncias. Os procedimentos gerenciais em nível de unidade evidenciam uma perspectiva uniforme em detrimento de uma perspectiva pluralista.

- A remuneração básica de um gerente, como o resto da equipe de trabalho dos hotéis e *catering*, é relativamente baixa. Os salários médios nesses ramos estão abaixo dos de outros setores industriais. Embora as carreiras na administração de hotéis sejam às vezes fáceis para alguns, o trabalho é geralmente árduo e a remuneração é considerada, pelo menos para quem está de fora, escassa.

A roda gerencial

Referindo-se à questão do relacionamento entre o comportamento esperado e o comportamento real, Hales e Nightingale avaliaram um grande número de gerentes atuantes na indústria da hospitalidade.[27] Ambos identificaram um "conjunto de papéis" — isto é, o grupo de pessoas com que o gerente tem contato, e as demandas feitas ao gerente por uma variedade de pessoas. Além da percepção do gerente em relação a seu próprio papel, pediu-se a cada membro do "conjunto de papéis" que identificasse as demandas, exigências e expectativas relacionadas ao gerente estudado, as quais foram registradas em uma "roda gerencial", como demonstrado na Figura 4.4 (a natureza das relações entre os papéis e o "conjunto de papéis" será discutida em detalhes no Capítulo 8).

Como se pode antecipar, o estudo constatou que o trabalho do gerente de unidade está sujeito a uma gama de demandas conflitantes, que competem entre si, provenientes de variadas fontes, tanto internas quanto externas. A expectativa que se tinha do gerente variava entre os diferentes setores e integrantes do "conjunto de papéis". A conclusão principal foi a de que o nível da gerência de unidade é determinado tanto pelo tipo de unidade e pelo que se gerencia como pelas características gerais do processo de gestão.

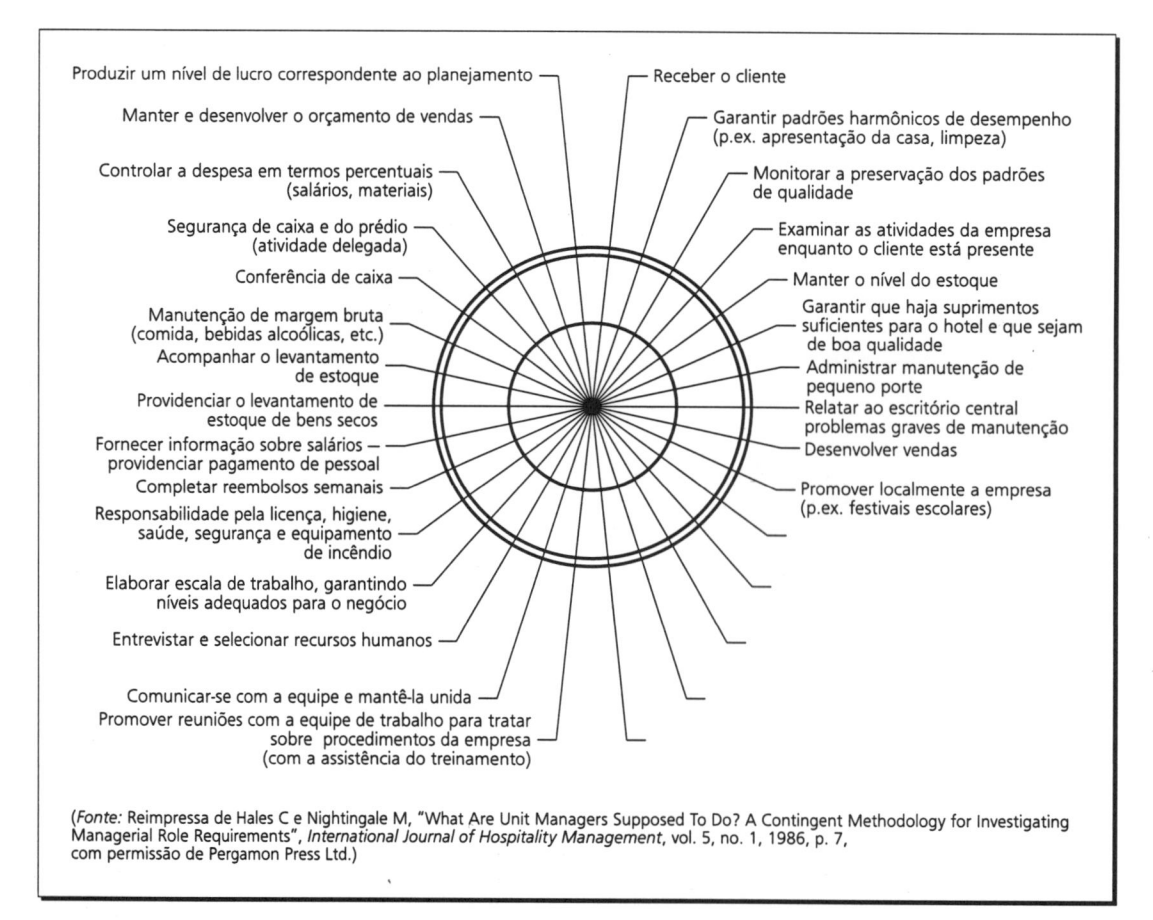

(*Fonte:* Reimpressa de Hales C e Nightingale M, "What Are Unit Managers Supposed To Do? A Contingent Methodology for Investigating Managerial Role Requirements", *International Journal of Hospitality Management*, vol. 5, no. 1, 1986, p. 7, com permissão de Pergamon Press Ltd.)

FIGURA 4.4 A roda gerencial: expectativas do gerente-geral de uma região em relação ao gerente de unidade.

A FLEXIBILIDADE DA ATIVIDADE GERENCIAL

Baseados em estudos recentes de ocupações de cargos de gerente, Stewart desenvolveu um modelo para a compreensão do trabalho e do comportamento gerenciais.[28] Tal modelo enfatiza as generalizações que podem ser feitas sobre o trabalho gerencial e as diferenças que existem entre os empregos em nível de gerência. Reconhece a ampla variedade de gerentes em trabalhos similares, no que diz respeito à maneira como vêem seus empregos, e o trabalho que realmente fazem. As três principais categorias no modelo de Stewart são: demandas, restrições e escolhas. Elas identificam a flexibilidade da atividade gerencial.

- As *demandas* são o que qualquer um que ocupa o cargo *tem* de realizar. Não são o que o gerente *deveria* fazer, mas somente o que *deve* ser feito, por exemplo, corresponder a critérios mínimos de desempenho, trabalhar no que exija envolvimento pessoal, cumprir procedimentos burocráticos inevitáveis, comparecer a reuniões.
- As *restrições* são fatores externos ou internos que limitam o que o gerente pode fazer, por exemplo, escassez de recursos, restrições legais ou do sindicato, a natureza da tecnologia utilizada, a localização física, o cumprimento da filosofia da empresa, as atitudes de outras pessoas.
- As *escolhas* são as atividades que o gerente pode ou não executar. São as oportunidade de realizar tarefas de maneira diferente das realizadas por um colega, por exemplo, que trabalho deve ser feito por determinada área, trocar a área de trabalho, dividir trabalho, participar em atividades públicas ou organizacionais.

Stewart entende que o modelo oferece uma estrutura para refletirmos sobre a natureza das atividades gerenciais e sobre a forma como os gerentes as executam. Para compreender realmente a importância do trabalho do gerente é preciso perceber o quanto ele é flexível e por quê. É preciso considerar as variações no comportamento e as diferenças existentes nas atividades gerenciais, antes de qualquer generalização a respeito delas.

Padrões de comportamento dos gerentes

Com base em um estudo detalhado desenvolvido junto a 15 gerentes-gerais norte-americanos dos mais variados ramos, Kotter descobriu que embora seus trabalhos fossem diferentes e eles executassem seu trabalho de maneira também diferente, todos passavam a maior parte do seu tempo interagindo com outras pessoas utilizando reuniões para intercâmbio de informação sobre uma variada gama de assuntos em um curto espaço de tempo. Os gerentes apresentaram dois tipos de atividades significativas em comum: organização da agenda e formação de rede.[29]

- A *organização da agenda* é uma atividade permanente dos gerentes. É um conjunto de itens que envolvem metas e objetivos, planos, estratégias, idéias, decisões a serem tomadas e prioridades de ação, a fim de alcançar os resultados finais desejados.
- A *formação de rede* envolve a interação dos gerentes com outras pessoas e o estabelecimento de uma rede de relações cooperativas. Estas redes ficam fora da estrutura formal e incluem, com freqüência, um grande número de pessoas, muitas das quais não eram chefes ou subordinados diretos, mas indivíduos e grupos de fora da organização. O objetivo principal da formação de rede foi estabelecer e manter contatos que pudessem auxiliar na realização dos itens da agenda.

Administração como atividade humana

A partir da revisão de uma pesquisa sobre comportamento gerencial, Stewart conclui que predomina uma idéia bastante diferente da tradicional descrição do gerente como alguém que organiza, coordena, motiva e controla envolvido em um processo lógico e ordenado. A gestão é em grande parte uma atividade humana.

> *O quadro que surge dos estudos sobre o que os gerentes fazem é o de alguém que vive em um turbilhão de atividades, no qual a atenção deve passar, de poucos em poucos minutos, de um assunto, problema ou pessoa, para outro; é o de um mundo incerto em que informação relevante inclui fofoca e especulação sobre como outras pessoas pensam e o que estão fazendo; onde é necessário, especialmente em cargos superiores, formar uma rede de pessoas que possam informar sobre o que está acontecendo e o que poderá acontecer. É também o quadro de um gerente que não fica sentado em silêncio, controlando, mas que depende de muitas pessoas, que não pertencem a sua equipe, com quem deve criar relações recíprocas; que precisa aprender como negociar, barganhar e fazer acordo. É um quadro de gerentes que cada vez mais, à medida que crescem profissionalmente, passam a viver em um mundo político onde devem aprender a influenciar pessoas que não são seus subordinados, a saber manobrar, a saber ganhar apoio para o que desejam realizar. Em resumo, é uma atividade muito mais humana do que aquela comumente sugerida em livros sobre administração.*[30]

Como os gerentes de restaurante usam seu tempo

Usando uma metodologia similar à de Kotter, um estudo com nove gerentes de restaurante foi realizado por Ferguson e Berger. A partir da observação e da documentação das atividades desses gerentes, o tempo por eles utilizado foi classificado da seguinte maneira:

- Trabalho burocrático na escrivaninha   17%
- Chamadas telefônicas   13%
- Reuniões agendadas   29%
- Reuniões não-agendadas   35%
- Viagens   6%

Ferguson e Berger consideram que os aspectos de trabalho burocrático e de reuniões agendadas demonstram um nível razoável de ordem e estrutura, necessários à organização, planejamento e decisão. Contudo, segundo o mesmo estudo, as atividades dos gerentes de restaurante parecem bastante distantes das descrições encontradas em livros do que seria um organizador, um coordenador, um planejador e um controlador, sendo que ambos os autores encontraram respostas semelhantes às de Stewart.

> Mintzberg descreveu as atividades dos executivos como sendo breves, fragmentadas e reativas. As atividades dos operadores de restaurante neste estudo parecem muito mais distantes da descrição de um planejador, organizador, coordenador e controlador existentes nos livros do que aquelas apresentadas no modelo de Mintzberg. O planejamento parece ter cedido lugar à reação; a organização pode ser descrita como simples execução; a coordenação parece mais uma espécie de malabarismo; e o controle ficou reduzido à observação em tempo integral.[31]

Principais áreas de resultado na administração de hotéis

Jones e Lockwood oferecem um modelo de gestão para hotéis baseado em áreas fundamentais de resultado, definidas como "uma área de atividade que deve ser eficientemente administrada, a fim de mantê-la produtiva e garantir o sucesso da operação".[32]

As três principais áreas de resultado são:

- a garantia de satisfação do cliente;
- a manutenção do desempenho positivo dos funcionários; e
- a proteção aos bens diante de circunstâncias perigosas.

Esses três componentes não são administrados isoladamente, mas interagem e sobrepõem-se. Isso destaca as outras áreas fundamentais de resultado que o gerente deve considerar, tais como administração do serviço ao cliente, maximização da produtividade, maximização da renda e do lucro, administração da qualidade (Figura 4.5).

O foco de atenção ou de prioridade em relação às principais áreas de resultado variam de acordo com circunstâncias particulares e com as exigências do hotel. O modelo pode também ser modificado para se adaptar a outros setores da indústria da hospitalidade.

APLICAÇÕES DA TEORIA GERAL DA ADMINISTRAÇÃO

Você lembra dos aspectos discutidos no Capítulo 2, quando vimos que a indústria da hospitalidade compartilha de características importantes com outros setores, enfrentando

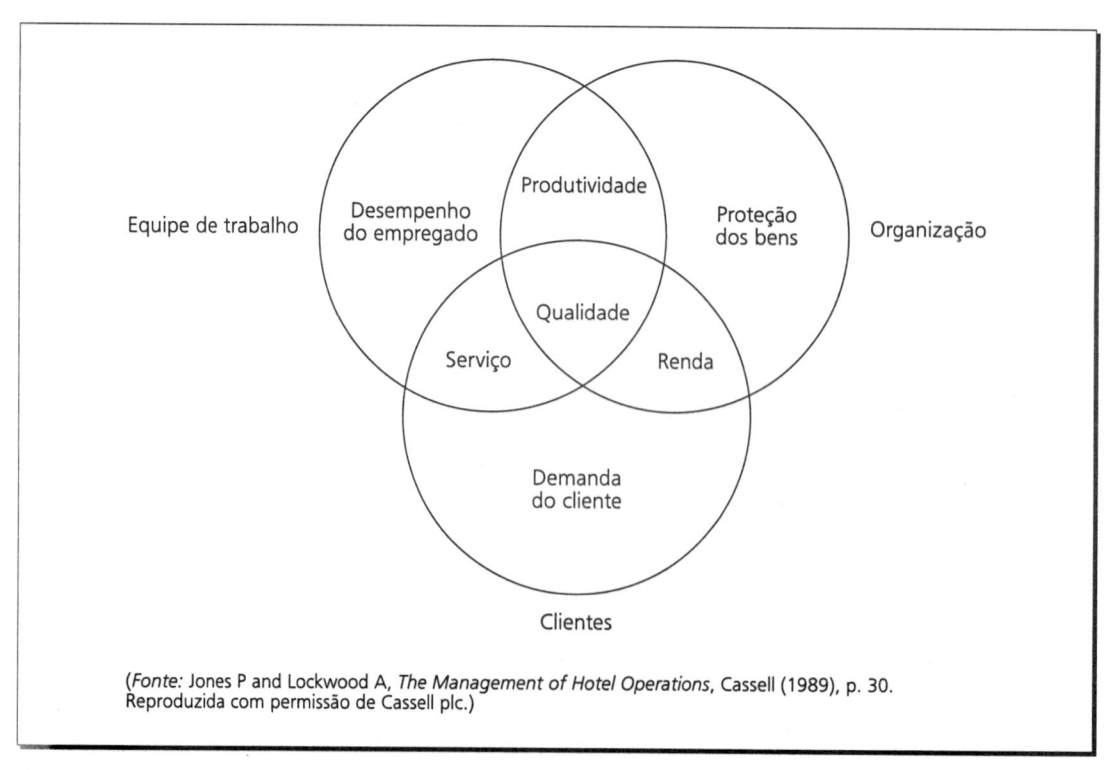

(Fonte: Jones P and Lockwood A, *The Management of Hotel Operations*, Cassell (1989), p. 30. Reproduzida com permissão de Cassell plc.)

FIGURA 4.5 Um modelo de gestão de hotel.

os mesmo problemas administrativos. Modelos especiais de comportamento gerencial em relação à hospitalidade têm pouca relevância e seu único efeito talvez seja restringir uma interpretação aberta e fluida do desenvolvimento gerencial.[33]

Ao identificar as áreas principais de atividade e o conhecimento de que os estudantes do setor de hospitalidade precisam, *The Profile of Professional Management* comenta o seguinte sobre as áreas de gestão:

> *As áreas de atividade gerencial abrangem funções comuns à gerência em qualquer situação que tenha sido identificada como importante para o bom desempenho dos serviços de hotel, catering e institucionais. Assim, elas refletem as funções gerenciais que merecem especial ênfase neste setor e que representam os elos entre a administração deste setor específico e o de outros setores.*[34]

A atividade gerencial na indústria da hospitalidade

A partir de estudos recentes Dann conclui que o trabalho gerencial na indústria da hospitalidade adapta-se perfeitamente ao principal grupo de estudos deste campo. A necessidade agora é integrar os estudos da atividade gerencial no ramo da hospitalidade na base geral de conhecimentos relativos ao trabalho gerencial.[35]

Um modelo para pesquisas futuras

Com base em outros estudos realizados, Dann apresenta um modelo para a melhor compreensão do processo de trabalho gerencial e um guia para novos estudos. O modelo envolve três níveis interligados: insumos e demandas; conduta e escolhas; objetivos e resultados.

- O *Nível 1* refere-se aos insumos do cargo e às demandas feitas àquele que o ocupa, por exemplo: nível hierárquico, abrangência do conjunto de papéis, demandas e expectativas dos integrantes do conjunto de papéis, estratégia da empresa, a natureza inerente ao ambiente de trabalho.
- O *Nível 2* relaciona-se aos procedimentos e decisões do indivíduo na administração das diversas situações, por exemplo: desenvolvimento da equipe de trabalho, formas de contato, delegação de tarefas, utilização do tempo, escolha das funções de trabalho e eficiência.
- O *Nível 3* relaciona-se aos objetivos e resultados do trabalho do gerente. Um claro padrão de resultados a serem atingidos é um fator importante na identificação da natureza do trabalho gerencial. Os gerentes podem desejar ser avaliados não apenas por fatores quantitativos, mas também pela sua relação com a equipe; grande ênfase também é dada às influências externas que afetam a rentabilidade.

Os três níveis não são mutuamente excludentes ou separados. São apresentados principalmente como um *continuum* e não como áreas distintas e claramente definidas, havendo uma interação entre cada um dos níveis. De acordo com Dann, a indústria da hospitalidade requer muito mais pesquisa em todos os níveis apresentados.

Vínculos com outros ramos empresariais

As atividades comuns a qualquer tipo de gerência se aplicam em maior ou menor grau ao setor hoteleiro. Stewart defende a idéia de que o trabalho dos gerentes varia e "as diferenças são muitas e importantes", mas "precisamos, e, com a ajuda da pesquisa, podemos, fazer generalizações quanto ao trabalho gerencial".[36]

Em vez de supervalorizar sua singularidade, deve-se dar atenção às formas pelas quais as idéias provenientes da teoria da administração podem ser aplicadas, com vantagem, ao setor. Esta idéia, defendida anteriormente pelo autor, é reforçada por Baum:

> *Apesar de o ambiente empresarial em hotéis possuir de fato características muito diferentes, há o perigo de que a ênfase dada pelo setor à sua singularidade culmine com a não-aplicação dos princípios gerais de boa administração.*[37]

Em um estudo sobre o que os gerentes de hospitalidade fazem e como fazem, Guerrier e Lockwood concluem que:

> *É estimulante que os pesquisadores da gestão de hospitalidade estejam cada vez mais recorrendo à literatura sobre administração geral, assim como aqueles que pesquisam a administração geral demonstram maior interesse pela indústria da hospitalidade — o que é uma consequência óbvia do maior interesse pelo setor de serviços em geral. Talvez se tenha dado atenção indevida a certas teorias e teóricos. Com a riqueza da pesquisa sobre administração disponível, espera-se que os pesquisadores do ramo da hospitalidade continuem a ampliar o escopo de seus estudos.*[38]

Stewart destacou as variações no comportamento e as diferenças referentes às funções gerenciais. Estudos sobre gerentes que atuavam em empregos semelhantes indicam que seu foco de atenção difere.[39] Isso se aplica tanto aos gerentes do setor de hospitalidade quanto a qualquer outro grupo similar de gerentes.

Devemos também lembrar a discussão sobre os perigos de se considerar o setor da hospitalidade algo singular (Capítulo 2). Também se deve lembrar que Wood afirma que perpetuar o mito da singularidade é:

> *para os empregadores, administradores e alguns trabalhadores, um artifício para justificar o que é injustificável em termos de remuneração básica inadequada, práticas feudais de gestão e a manutenção de uma cultura que desestimula a contribuição de outros nos assuntos do setor.*[40]

O AMBIENTE GERENCIAL

Os gerentes devem administrar a situação em que se encontram. Um fator determinante do trabalho individual de um gerente do setor de hospitalidade é o ambiente, tanto interno quanto externo, no qual trabalha.[41]

> Tanto como disciplina acadêmica quanto como um conjunto de práticas da "vida real", a gestão é essencialmente uma resposta às demandas do ambiente mais amplo circundante e também parte deste ambiente.[42]

O funcionamento e a operação de uma organização de hospitalidade ocorrem no contexto de um ambiente que a engloba. O processo real de gestão e a execução do trabalho são influenciados pela combinação do:

(i) ambiente interno, no qual os processos organizacionais ocorrem e onde o exercício da gerência é capaz de influenciar; e
(ii) ambiente externo do qual a organização é parte, mas que está fora do controle direto do gerente.

O ambiente no qual o gerente trabalha determinará tanto a natureza dos papéis gerenciais quanto as demandas, restrições e escolhas que identificam a flexibilidade do comportamento gerencial.

O ambiente interno

Apesar das similaridades existentes nas atividades gerenciais em geral, o trabalho do gerente é variado e fragmentado. O trabalho de dois gerentes do setor de hospitalidade será muito diferente um do outro, sendo influenciado por fatores inter-relacionados, tais como:

- *a própria natureza da organização* — sua cultura, filosofia e objetivos, porte, prédio, localização, tipo e variedade de serviços oferecidos, instalações e clientes;
- *a estrutura* — se mecânica ou orgânica, divisão de trabalho, padrões de organização e relações formais, canais de comunicação;
- *a natureza do trabalho e das tarefas* a serem realizadas;
- *a "tecnologia"* — forma como o trabalho é executado, os materiais, equipamentos e mobília;
- *o pessoal* — seu conhecimento, habilidades, experiência, atitudes e motivação, padrões de comportamento, desempenho do grupo e organização informal;
- *o nível em que o gerente trabalha* — políticas e decisões de alto nível, o estilo de liderança de quem ocupa posição superior à de gerente.

Essas diferenças não existem apenas entre diferentes organizações de hospitalidade. Muitas organizações de grande porte nesse ramo podem ter mais pontos em comum, em suas operações e em sua gestão, com empresas de outros ramos mas de mesmo porte do que com estabelecimentos de hospitalidade pequenos.

O ambiente externo

O processo de gestão não é apenas influenciado pelos aspectos e escolhas internas, mas também por uma variedade de fatores externos. No Capítulo 2, vimos que o hotel é um sistema aberto e em contínua interação com o ambiente externo do qual faz parte (Figura 4.6). Todas as empresas de negócios operam em um ambiente externo, sendo influenciadas por ele. Para as organizações de hospitalidade, as demandas do ambiente externo, por exemplo, hóspedes/clientes, pode ser bastante significativa.[43]

Também no Capítulo 2, observamos a importância de grandes fatores externos, como as inovações tecnológicas, a atividade econômica, as atitudes sociais e as políticas governamentais. Há uma multiplicidade de fatores ambientais em permanente mudança que estão fora do controle gerencial, mas que afetam as operações da organização de hospitalidade.

Como exemplos adicionais, considere como o processo de gestão de um hotel pode ser afetado por fatores externos específicos, como:

- a decisão governamental de aplicar o imposto sobre circulação de mercadoria à comida;
- a total proibição para dirigir a quem houver ingerido bebida alcoólica;
- as restrições ao uso de água, devido à estiagem prolongada;
- a construção de um novo hotel, de propriedade de um grande concorrente, nas proximidades;
- o aumento inesperado e excepcional no preço da energia elétrica;
- a recomendação da TUC (Trades Union Congress) para que seus integrantes boicotem hotéis que paguem salários abaixo de um determinado nível;
- o grande progresso em tecnologia computacional;
- o período prolongado de recessão econômica.

Nem sempre é fácil de distinguir

É importante notar que, na prática, nem sempre é fácil fazer uma distinção clara entre as situações que surgem como resultado do ambiente interno ou do ambiente externo. Uma tende a sobrepor-se a outra. Por exemplo, até que ponto as dificuldades em recrutar *pessoal* de alto nível se deve a procedimentos de seleção inadequados, baixos salários e más condições de trabalho (todos sob o controle do gerente), ou a mudanças demográficas (fora do controle do gerente)?

EFICÁCIA GERENCIAL

Já vimos que para a organização de hospitalidade ser bem-sucedida, será, sem dúvida, necessário uma gestão eficaz. Deve-se distinguir eficácia de eficiência.

- **Eficiência** significa "fazer as coisas corretamente" e se refere aos insumos e às atividades do gerente.
- **Eficácia** significa "fazer a coisa certa" e se refere à produtividade do gerente.[44]

É preciso também distinguir eficácia de atividade. Rees, por exemplo, faz uma distinção entre os gerentes que definem o que deve ser feito e alcançam resultados positivos, e

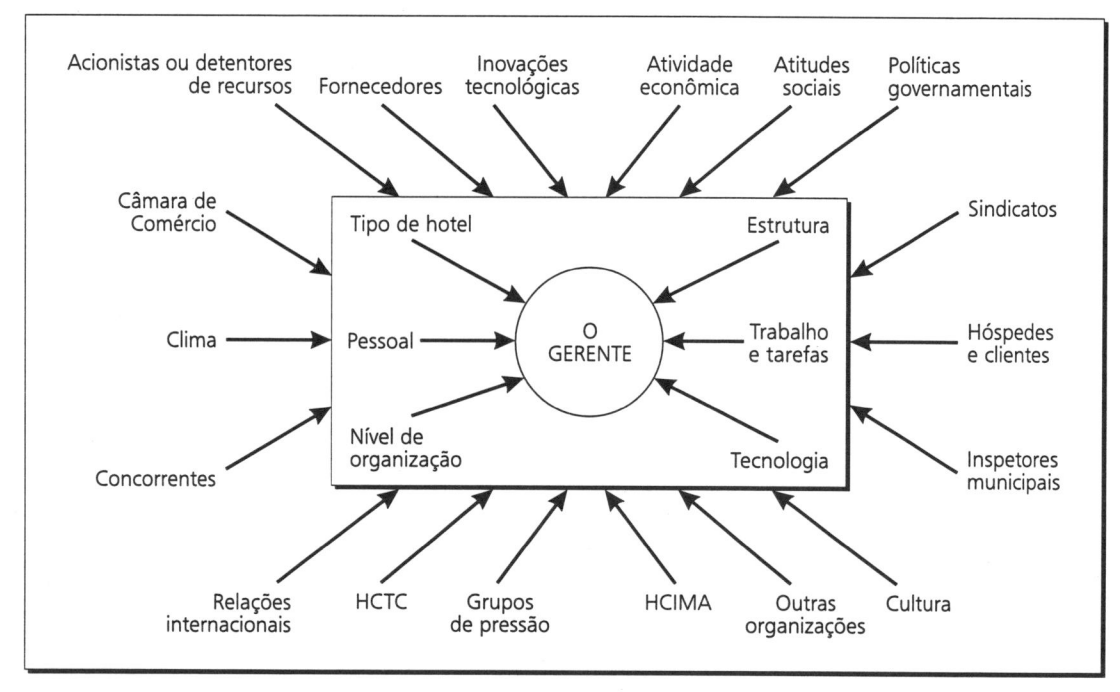

FIGURA 4.6 O ambiente gerencial.

os gerentes que procuram justificar seus procedimentos por meio da criação de uma torrente de atividades, em vez de justificá-los pelos resultados que atingem.

> *O grande perigo é que, se passarem tempo demais simplesmente se justificando, os gerentes podem de fato não saber diagnosticar o que deveriam estar fazendo e, portanto, não o fazerem. Os gerentes são basicamente avaliados muito mais pelos resultados do que por qualquer outro aspecto. Um comportamento centrado na atividade se deve, em qualquer situação, principalmente à incompetência e/ou insegurança do gerente, que se mostra pouco hábil e político. Esse tipo de comportamento tende a agravar a posição desse profissional a longo prazo, em vez de melhorá-la.*[45]

Avaliação da eficácia

A eficácia está relacionada ao desempenho do processo de gestão e à execução do trabalho, sendo medida pelos resultados positivos obtidos pelo gerente e pela qualidade dos procedimentos que toma.[46] Mas a eficácia gerencial não é tão fácil de se medir, objetivamente. Os gerentes são avaliados não só pelo seu próprio desempenho, mas também pelos resultados alcançados por seus funcionários a ele subordinados. A eficácia do gerente pode em parte ser avaliada, portanto, por meio de critérios como a motivação e o moral de seus subordinados, o sucesso alcançado nos treinamentos e desenvolvimento de pessoal, e seu nível de desempenho no trabalho (Figura 4.7, p. 98).

Contudo, a dificuldade é determinar medidas objetivas para tais critérios. Alguns possíveis indicadores podem ser fornecidos pelo nível de troca de funcionários, pela incidência de casos de doenças ou absenteísmo, pelo não cumprimento de horários, acidentes de trabalho, indenizações e quantidade excessiva de lixo.

Outra dificuldade em aplicar medidas de avaliação gerencial é que os números tendem a ser influenciados por fatores organizacionais ou ambientais mais amplos e fora do controle do gerente. Por exemplo, o tipo, porte e localização do estabelecimento, o nível de competição do mercado, o panorama econômico geral que pode gerar insegurança no emprego, a filosofia da empresa ou as políticas que aplica.

Produtos do trabalho

Para alcançar a eficácia laboral, o gerente deve estar atento aos resultados do trabalho — ao desempenho —, a fatores como resultados positivos nas principais áreas de operação, uso equilibrado de recursos, aumento da rentabilidade e cumprimento das metas e objetivos do hotel.

Critérios que indicam a eficácia gerencial incluem a eficiência nos sistemas e procedimentos, alto padrão de serviços oferecidos a outros departamentos, cumprimento de prazos importantes, adesão a padrões de qualidade, baixo índice

```
                    EFICÁCIA GERENCIAL
                    
                    Fazer a coisa certa
                    O que o gerente planejou realizar
                    
              O DESEMPENHO DO GERENTE E
           OS RESULTADOS OBTIDOS POR SUA EQUIPE
           
              ■ Motivação e moral
              ■ Treinamento e desenvolvimento
              ■ Ambiente organizacional
              ■ Eficiência de sistemas e procedimentos
              ■ Padrão de serviços oferecidos
              
              POSSÍVEIS INDICADORES DE EFICÁCIA
```

Substituições de empregados		Cumprimento de prazos
Incidência de casos de doenças		Precisão
Absenteísmo	A administração do tempo	Nível de reclamações
Cumprimento de horários	Distinção entre atividade e eficácia	Padrões de qualidade
Acidentes de trabalho		Controle orçamentário
		Níveis de produtividade

```
     RESULTADOS QUE O GERENTE REALMENTE ALCANÇA
  RESULTADOS DO TRABALHO E SEUS EFEITOS SOBRE OUTRAS PESSOAS
```

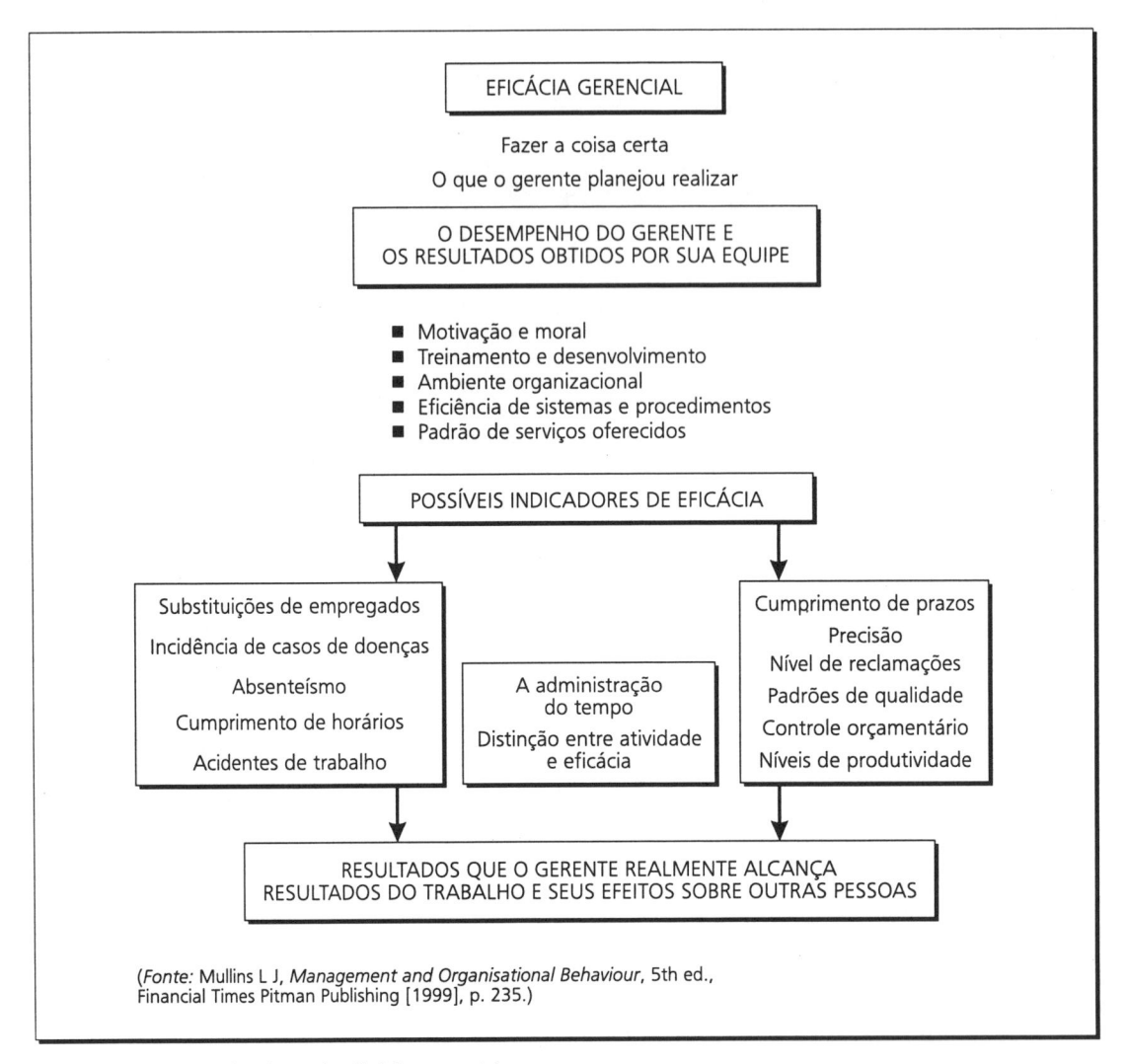

(*Fonte:* Mullins L J, *Management and Organisational Behaviour*, 5th ed., Financial Times Pitman Publishing [1999], p. 235.)

FIGURA 4.7 Indicadores da eficácia gerencial.

de erros ou reclamações registrados, respeito aos limites orçamentais, e produtividade.

Há, contudo, como já foi mencionada, a questão de como efetuar-se uma avaliação objetiva de tais critérios e até que ponto eles estão sob o controle do gerente.[47]

A administração do tempo

A importância da administração do tempo há muito foi reconhecida como uma característica inerente à gestão eficaz. Drucker, por exemplo, se refere ao tempo como um fator limitante. É um recurso único que não se pode alugar ou contratar, comprar ou mesmo obter. O estoque de tempo é totalmente inelástico; o tempo é totalmente insubstituível e tudo requer tempo.[48] De acordo com o Institute of Management, saber administrar o tempo sempre foi uma habilidade importante, mas hoje pode-se afirmar que é uma virtude imprescindível.[49]

Não importa quantos sejam os atributos de um bom gerente, ou as qualidade de sua equipe; é condição básica para seu sucesso o uso efetivo do tempo. Uma característica fundamental da hospitalidade é que ela envolve uma ampla gama de serviços e operações, além de interações diretas entre os funcionários e os clientes. Isso implica o uso racional do tempo pelos gerentes. Quando muitos gerentes reclamam não ter tempo suficiente, pode ser o caso de que não tenham conseguido se organizar ou organizar seu trabalho adequadamente. Os mais importantes integrantes do *staff* a serem gerenciados são eles próprios.

O gerenciamento do tempo implica utilizar o tempo disponível da melhor maneira possível. Embora de simples con-

ceituação, o gerenciamento do tempo pode ser de difícil implementação. Quando se considera o gerenciamento do tempo mais profundamente, fica claro que não é o tempo que os gerentes devem administrar, mas a si próprios. O segredo para o gerenciamento do tempo é entender o planejamento adequado e estabelecer prioridades.[50]

Checklist *do gerente*

Stewart sugere aos gerentes compararem o que planejam realizar com o que acontece na prática. Responder as questões que seguem os auxiliará a decidir que itens devem conferir e a revisar a administração efetiva do tempo.[51]

1. *Estou dando a devida atenção às atividades correntes, à revisão de procedimentos e ao planejamento das ações futuras? Estou refletindo o suficiente sobre o futuro?*
2. *Estou dividindo meu tempo corretamente entre as diferentes atribuições do meu trabalho? Há, talvez, algum aspecto em que eu desperdice tempo?*
3. *Já alterei meus planos? Como trabalho para que os efeitos da mudança ocorram no meu setor?*
4. *Tenho certeza de que não estou realizando nenhuma atividade que deveria ser delegada a alguém?*
5. *Com quem devo fazer contato? Estou dedicando muito ou pouco tempo a eles?*
6. *Organizo meu dia de trabalho e minha semana, tanto quanto possível, de acordo com as prioridades? Ou tento resolver os problemas à medida que eles surgem? Ou somente quando me lembro deles, sem parar para pensar se há algo mais importante a fazer?*
7. *Consigo completar uma tarefa, ou sou interrompido com freqüência? As interrupções que ocorrem são de fato necessárias?*

Há três perguntas que os gerentes deveriam fazer sobre cada uma de suas atividades.

- *Esta atividade deve mesmo ser realizada?*
- *Se a resposta for sim, quando deve ser realizada?*
- *Pode ser delegada a alguém?*

(A natureza da delegação de atividades será discutida no Capítulo 11.)

Avaliação de desempenho

Como parte de um estudo realizado com 63 gerentes de três empresas norte-americanas de hotelaria, Umbreit e Eder pediram aos participantes que registrassem avaliações de resultado que um gerente de hotel deveria controlar, e de acordo com as quais seria medido seu desempenho. Depois de um debate, o grupo elaborou uma lista contendo 14 itens de avaliação de resultados.[52]

- *Comentários de hóspedes* — comunicados verbalmente aos atendentes ou por escrito.
- *Fatia do mercado* — percentual de apartamentos ocupados à noite em relação ao total disponível no mercado.
- *Apartamentos comercializados* — total de apartamentos ocupados durante determinado período.
- *Redução na substituição de empregados* — em comparação a um determinado período anterior.
- *Orçamento controlado* — vendas geradas e despesas controladas de acordo com o orçamento.
- *Lucro do departamento de alimentos e bebidas* — valor líquido, obtido após a dedução das despesas.
- *Lucro com o departamento de reservas* — valor líquido, obtido após a dedução das despesas com a comercialização de apartamentos.
- *Reclamações de funcionários* — sobre as condições de trabalho ou sobre o tratamento recebido, comparados com um determinado período anterior.
- *Cursos realizados pelos empregados* — números de funcionários que participaram de programas de treinamento durante um determinado tempo.
- *Receita* — dívidas ativas e receitas obtidas durante um determinado período de tempo.
- *Número de posições de liderança* — por um gerente na comunidade.
- *Avaliação do hotel* — realizada por uma agência externa.
- *Freqüência de acidentes de trabalho* — em comparação com um determinado período anterior.
- *Adesão a padrões de produtividade* — tais como número de apartamentos limpos por turno.

Dimensões comportamentais da avaliação

Umbreit e Eder também apontam sete "aspectos comportamentais" a serem considerados na avaliação de um gerente de hotel:

- lidar com reclamações dos hóspedes e estabelecer relações com eles;
- desenvolver uma estratégia de mercado e monitorar os programas de vendas;
- comunicar-se adequadamente com os empregados;
- motivar e modificar comportamentos;
- implementar políticas, tomar decisões e delegar responsabilidades;
- monitorar operações e manter a qualidade do produto;
- cumprir responsabilidades em relação ao pessoal.

Esses sete itens apresentados servem de base para a avaliação do desempenho de um gerente de hotel e oferecem um *feedback* valioso sobre os melhores procedimentos a serem tomados visando otimizar o desempenho futuro.[53]

O que torna um gerente de hospitalidade bem-sucedido?

Peacock realizou um estudo com 200 gerentes atuantes na indústria da hospitalidade, a quem fez a seguinte pergunta, por telefone: "Como você determina se realizou ou não um bom trabalho?" A partir das respostas, elaborou-se uma classificação de sete itens. (Ver Figura 4.8)

Quando os gerentes deram mais de uma resposta, a primeira delas serviu de base para a classificação.

- A maioria dos gerentes media seu sucesso em *termos financeiros*. O grupo estava dividido de forma homogênea entre todos os setores da atividade hoteleira.
- O segundo maior grupo justificou seu sucesso pela troca de idéias *sobre os clientes*. Os gerentes, em sua maioria, trabalhavam em estabelecimentos pequenos.
- O terceiro maior grupo definiu *"fatores operacionais"* como razão para seu sucesso — basicamente, a administração tranqüila do estabelecimento. Aqui, os gerentes atuam em estabelecimentos maiores, divididos entre hotéis e restaurantes, cadeias e múltiplos.
- O quarto maior grupo creditou o sucesso a *fatores internos* ou sentimentos pessoais — satisfação com o trabalho ou fator intrínseco. Os gerentes deste grupo trabalham em estabelecimentos de pequeno porte, mais em restaurantes do que em hotéis, e preferem estabelecimentos independentes a redes.
- O quinto grupo considerou *sua equipe de trabalho* decisiva para seu sucesso, destacando a estabilidade na função, o moral e o *feedback*. Estes gerentes trabalham em estabelecimentos maiores, especialmente hotéis, e dificilmente atuam em unidades independentes.
- O sexto grupo de gerentes justificou seu desempenho *a partir de seus superiores* e do que as chefias pensavam deles. Os gerentes deste grupo costumavam tendem a trabalhar em estabelecimentos maiores, trabalham, na razão de dois para um, em hotéis e não trabalham para o setor independente.
- O último grupo é a minoria que não deu nenhuma resposta ou que deu resposta muito vaga, impedindo a categorização.[54]

A ADMINISTRAÇÃO DE PESSOAS

Os critérios para avaliar a eficácia gerencial passam pelos dos resultados que o gerente pretende alcançar e sobre os quais ele tem controle. Outro aspecto importante é a forma como o gerente alcança tais resultados e seus reflexos sobre outras pessoas. Isso pode influenciar a eficácia a longo prazo.

Já vimos que há muitos aspectos referentes à administração das operações de hospitalidade, mas o ingrediente essencial de qualquer gerente bem-sucedido é sua capacidade de se relacionar positivamente com as pessoas. O gerente precisa estar familiarizado com os elementos sociais e humanos, e ser capaz de trabalhar produtivamente com as pessoas e por meio delas. Sem as pessoas não pode haver empresa e nenhuma atividade significativa.[55]

Por trás de toda ação ou documento há pessoas. A importância da relação gerente-subordinado e a gestão efetiva de pessoal serão examinadas no próximo capítulo.

ESTRUTURA DA GESTÃO

Já vimos que há muitas maneiras de compreender a natureza da gestão e o trabalho do gerente de hospitalidade. Um resumo dos principais aspectos examinados neste capítulo é apresentado na Figura 4.9. Ela fornece uma útil estrutura que orienta o estudo do assunto.

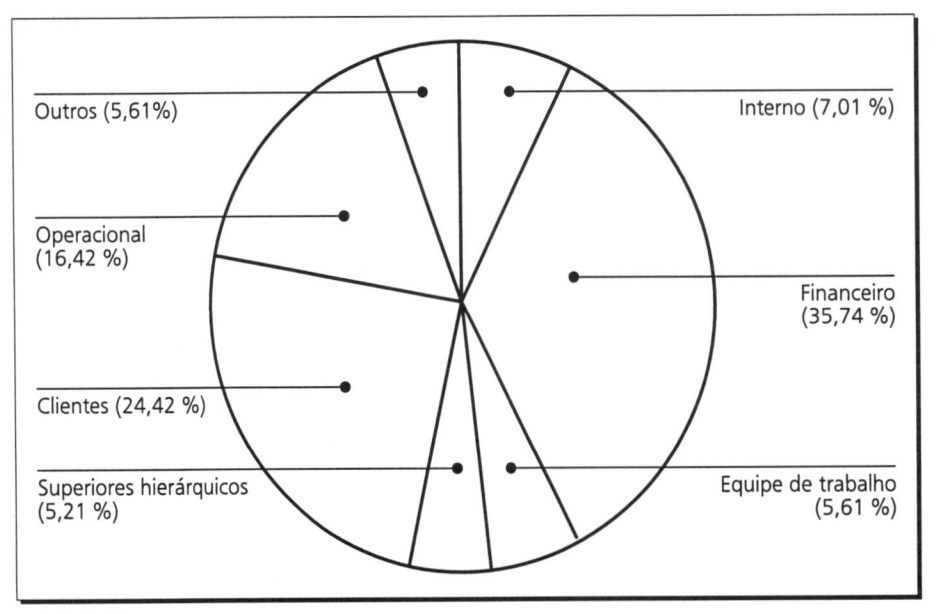

FIGURA 4.8 Determinantes do sucesso, segundo gerentes do setor de hospitalidade.

- Outros (5,61%)
- Operacional (16,42%)
- Clientes (24,42%)
- Superiores hierárquicos (5,21%)
- Interno (7,01%)
- Financeiro (35,74%)
- Equipe de trabalho (5,61%)

(*Fonte:* reimpressa com a permissão de Peacock, Martin, "A Job Well Done: Hospitality Managers and Success", *International Journal of Contemporary Hospitality Management*, vol.7, no. 2/3, 1995, p. 49.)

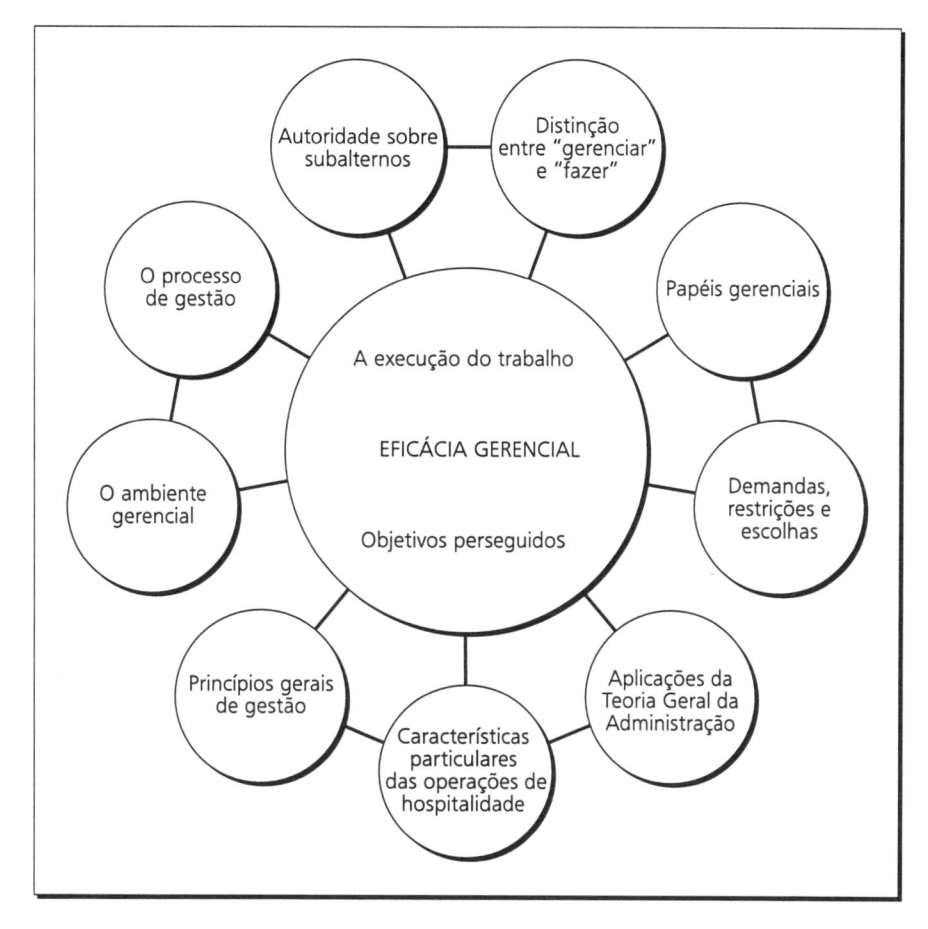

FIGURA 4.9
Estrutura para o estudo da gestão.

Diagrama com "EFICÁCIA GERENCIAL" ao centro (A execução do trabalho / Objetivos perseguidos), cercado por:
- Autoridade sobre subalternos
- Distinção entre "gerenciar" e "fazer"
- Papéis gerenciais
- Demandas, restrições e escolhas
- Aplicações da Teoria Geral da Administração
- Características particulares das operações de hospitalidade
- Princípios gerais de gestão
- O ambiente gerencial
- O processo de gestão

RESUMO

- A importância da gestão, incluindo a administração do setor da hospitalidade, é amplamente reconhecida. A gerência é responsável pela implementação de políticas e pela execução do trabalho, o que envolve o exercício da autoridade sobre os funcionários Também é essencial como atividade integradora — é a base da relação pessoal-organização.
- Pela distinção entre "gerenciar" e "fazer", a natureza fundamental do trabalho gerencial pode ser resumida como o esclarecimento dos objetivos e políticas da empresa, planejamento, organização, orientação e controle. Os princípios gerais de gerenciamento proporcionam diretrizes que ajudam o processo.
- O trabalho de um gerente pode ser considerado de várias maneiras, inclusive como um conjunto de atribuições inter-relacionadas; como um conjunto de papéis e a roda gerencial; demandas, restrições e escolhas, e a flexibilidade no trabalho gerencial; e áreas fundamentais de resultado.
- A indústria da hospitalidade tem suas próprias características e particularidades, mas também se depara com os mesmos problemas administrativos encontrados em outros tipos de empresas. Ao contrário de supervalorizar suas peculiaridades, deve-se levar em conta as aplicações da teoria geral da administração e a integração dos estudos de gestão da hospitalidade com idéias oriundas de outros setores.

- Um fator determinante do trabalho de um gerente são os ambientes interno e externo nos quais ele atua. A eficácia gerencial não deve ser confundida com a eficiência e a atividade. Os critérios para avaliar a eficácia de um gerente devem estar relacionados à sua produtividade e aos resultados que obtém no cargo, além da gestão adequada dos recursos humanos.

QUESTÕES PARA REVISÃO E DEBATE

1. Por que as organizações precisam de gerentes? Dê sua opinião sobre a importância da gestão no setor da hospitalidade.
2. Discuta o que se entende por: (i) relação pessoal-organização e (ii) processo de gestão.
3. Sugira maneiras pelas quais você tentaria analisar a natureza essencial do trabalho gerencial. Como você distinguiria o trabalho de um gerente em um estabelecimento de hospitalidade de outras atividades na mesma empresa?
4. Avalie criticamente a relevância prática e as aplicações dos princípios comuns à gestão em uma grande organização de hospitalidade.
5. De que maneira o trabalho do gerente pode ser descrito como um conjunto de atribuições inter-relacionadas? Cite um exemplo de cada uma dessas atribuições no trabalho de um gerente de hotel sênior. O que se entende por flexibilidade do trabalho gerencial?
6. Discuta criticamente até que ponto a teoria geral da administração pode ser aplicada com sucesso ao setor da hospitalidade. Justifique sua resposta com exemplos práticos.
7. O que se entende por ambiente gerencial? A partir de sua experiência, dê exemplos *específicos* de influências ambientais internas e externas em uma organização de hospitalidade.
8. Como você tentaria distinguir um gerente eficaz de um gerente não-eficaz? Quais critérios específicos você usaria para avaliar a eficácia de um determinado gerente do setor de hospitalidade?

TAREFA

Selecione uma atividade gerencial praticada em uma organização de hospitalidade e observe o gerente em ação, preferencialmente durante um período de tempo razoável.

(i) Tome nota de quanto trabalho e tempo o gerente dedicou:
   (a) para executar tarefas isoladas e ao verdadeiro "fazer" o trabalho pessoalmente;
   (b) para decidir que trabalho deve ser feito e a planejar, organizar, dirigir ou controlar as atividades de funcionários.
(ii) Identifique com clareza os fatores que determinam as demandas, restrições e escolhas do trabalho. Comente a respeito dos fatores que determinam a flexibilidade do trabalho de gerente.
(iii) Faça uma análise sobre como as características dos ambientes interno e externo influenciam o trabalho do gerente.
(iv) Registre claramente as conclusões que você tirou de suas observações.

ESTUDO DE CASO: O QUE É GESTÃO?

> *Uma coisa pode parecer razoável na teoria, mas ser negativa na prática; assim como algo pode parecer ruim na teoria, mas, na prática, ser excelente.*
>
> EDMUND BURKE

Adam Smith sentou-se à sua mesa e refletiu que fazia agora 12 meses que tinha sido indicado ao cargo de assessor-geral de Charles Gaynor, diretor-administrativo do Gaynor Hotels. Durante esse tempo foi conselheiro, consultor interno e terapeuta. Ele havia investigado problemas, desenvolvido conceitos, estabelecido princípios e geralmente contribuía para o processo de tomada de decisões que ocorria na mente de seu empregador, Gaynor. Um artigo que estava lendo chamara sua atenção, e dizia:

> A fim de manter o seu processo interno dinâmico, essencial ao progresso, uma empresa precisa ter um grupo rebelde que esteja em primeiro lugar interessado em desafiar a política dessa empresa, um grupo que considere ser sua função principal a geração de atitudes céticas em relação aos métodos de operação, de organização e de políticas. Tal grupo deveria adotar como princípio de trabalho o slogan "se funciona, está em obsolescência". Em outras palavras, o mero fato de que um sistema esteja funcionado satisfatoriamente deve por si só ser razão suficiente para que seja reexaminado.*

Adam elaborou esta reflexão e considerou que, com Carson, seu assistente, tinham realmente criado uma atividade de gestão de serviços baseada em dois homens, já que ambos haviam se concentrado em observar e resolver velhos problemas de uma nova maneira. Um resíduo de pensamento racional em uma imensidão de sentimentalismo — caso isso fosse realmente verdade, pensou Adam.

Sentia-se deprimido. Embora soubesse que algum progresso tinha sido feito, parecia infinitesimal quando se considerava a companhia como um todo. Onde está a verdadeira resposta que permitirá alcançar o progresso?, pensava Adam. Se fosse possível obtê-la... Aspectos particulares, métodos, soluções, etc., foram observados, os quais pareciam parte da resposta, mas onde estava a resposta completa? Charles Gaynor, embora um homem intrigado há muito tempo com as atitudes e procedimentos administrativos de hotéis, era bastante receptivo a novas idéias; de fato, ele poderia gerá-las e gabar-se de sua prontidão para aceitar mudanças necessárias. Mas nada mais parecia ter mudado nesses 12 meses, o Gaynor Hotels ainda estava lucrando, seus gerentes ainda "gerenciavam", mas os problemas continuavam a surgir em grande número e parecia haver igual quantidade de perguntas sem resposta.

Adam debruçava-se à mesa com a cabeça entre as mãos. Perguntava-se se a empresa estava de fato progredindo. Se o panorama estava um pouco melhor, e se ele não estava se enganando. Talvez o problema fosse o de que a companhia estava apenas "gerenciando", apenas tocando os negócios, mantendo-se viva. Estaria ela realmente ajustada para crescer, desenvolver-se e prosperar? Estaria ela vislumbrando o futuro e pronta para aceitar as mudanças impostas por um mundo que muda constantemente? Essa é a questão central, pensava Adam, e eu esperava poder respondê-la com segurança.

Gestão! Tudo se resume a gestão, um punhado de homens não pode administrar uma empresa — é a força e o interesse de *todas* as pessoas que levam ao sucesso. Seus pensamentos foram interrompidos pela porta que se abria, e Gaynor apareceu com um sorriso benevolente, dizendo "Boa tarde, Adam".

Gaynor: Pensei em lhe informar que parece que terei de despedir um gerente; ou, para usar um eufemismo, sugerir a ele que peça demissão.
Adam: Quem é ele, senhor?
Gaynor: Hedges, do Zephyr. Um negócio nojento, o tipo de escândalo que deploro. Recebi uma carta de um tal Sr. Coloniki; sua esposa é a secretária de Hedges, que, afirmou Coloniki, tem dormido com ela. Pensei que tudo era bobagem e contei a história a Hedges, esperando que sua resposta não fosse outra senão a de negar o fato. Bem, o idiota confirmou que era verdade, que ele vinha dormindo com sua secretária. Não tenho muitas alternativas, não é? Não posso comprometer meus princípios e não quero que meus executivos comecem a entrar nessa espécie de relacionamento com seus funcionários. Meu deus! Que tipo de exemplo é esse? Aquele imbecil! E ele estava trabalhando tão bem para nós!
Adam: Bem, senhor, há um velho provérbio húngaro que diz que quando a fantasia de um homem é estimulada, seu cérebro afunda.
Gaynor: É bem verdade! Mas um pouco de controle, senso de responsabilidade, uma boa dose de maturidade, é tudo o que eu peço. Não vou exigir que ele tenha intenções sérias com ela; de acordo com o que me falou, era apenas sua "pequena indiscrição" e ele esperava que eu não fosse descobrir. A propósito, você não sabia de nada, sabia?
Adam: Não, claro que não, senhor. Não fazia a mínima idéia.

---

*Ward, T R, Management Services — The Way ahead, *National O & M Conference*, 1964; publicado como monografia por Anbar Publications, 1965.

Gaynor: Bem, voltemos ao velho problema de encontrar um novo gerente. Como se bons gerentes crescessem em árvores! Eles são seres raros — exigem muita procura, muito cuidado.

Adam: E o assistente dele, Gripple, o senhor acha que ele estaria pronto para assumir?

Gaynor: Talvez esteja... Não sei. Se pelo menos soubéssemos para que trabalho estaríamos contratando Gripple. Mas o que é a gerência? Eu gostaria de saber. O que estamos de fato procurando?

Adam: Sendo bem honesto, não sei se ele está pronto, senhor. Acho até que poderia se tornar um bom gerente, mas precisa de mais tempo.

Gaynor: Muito bem, teremos de encontrar alguém. Já sei o que vamos fazer: você assume como gerente do Zephyr durante o mês que vem. Enquanto isso, eu buscarei um novo gerente. Isso realmente nos pegou desprevenidos, não consigo pensar em ninguém que, hoje, se encaixe no cargo.

Adam: Mas eu nunca gerenciei um hotel!

Gaynor: Será uma experiência excelente. De qualquer forma, não tenho nenhuma dúvida quanto à sua capacidade gerencial. Mas você ainda não respondeu minha pergunta. Como definir a gerência? — Você sabe?

Adam: Estranho que o senhor me pergunte isso hoje. Acho que eu estava prestes a me fazer a mesma pergunta quando o senhor entrou.

Gaynor: Muito bem, mas você sabe ou não a resposta?

Adam: Bem, obviamente a gerência está relacionada ao interesse pelo lucro e pelas pessoas, e com a criação de um ambiente onde ambos possam crescer e se desenvolver.

Gaynor: Isso é bastante vago.

Adam: Deixe-me continuar, senhor. Se está relacionada ao lucro, então também está ao conhecimento de métodos e técnicas modernas de gestão e ao modo como os utilizamos. Se tem relação com as pessoas, então também está ligada ao conhecimento do comportamento humano e suas aplicações.

Gaynor: Você está se esforçando, Adam. Lembro que falamos sobre o objetivo dos negócios e devemos partir daí. Concordamos que tal objetivo era a satisfação de necessidades, carências e desejos daqueles que controlam a empresa e que geralmente, mas não sempre, implicava um certo nível de rentabilidade. O objetivo de uma empresa deve definir ou ajustar os objetivos e metas. A seguir, as políticas indicam os meios pelos quais tais metas e objetivos serão alcançados. A política de uma empresa atua como um firme guia para todas as tomadas de decisão em nível operacional. A gerência, portanto, é a implementação de políticas para a realização dos objetivos e das metas de uma empresa. Gosto bastante disso — tenho de lembrar de usar isso de novo.

Adam: Sei que o senhor não se opõe a opiniões contrárias, por isso posso dizer que não concordo.

Gaynor: Continue, então. Não estou muito ocupado agora.

Adam: Não discordo do que o senhor diz, mas estou de fato preocupado com as hipóteses levantadas. Realmente a empresa estabelece metas e objetivos, mas isso implica que os mesmos tenham sido estabelecidos, assimilados por todos e aceitos. A seguir, o senhor infere que a política é formulada e aplicada racionalmente, que os gerentes estão cientes dela, e que tomam suas decisões respeitando os limites por ela impostos.

Gaynor: Talvez isso descreva a situação ideal. Mas eu ainda sustento o que disse — o que era mesmo? —, que a gerência é responsável pela implementação de políticas para realizar os objetivos e metas de uma empresa, uma boa descrição.

Adam: Posso saber qual política Hedges descumpriu?

Gaynor: Bem... Ahn... Várias, ora! Primeiro, não foi ético; segundo, se o que fez se tornasse público, comprometeria nossa imagem, prejudicaria as relações com os funcionários, e há muitas outras coisas.

Adam: Mas Hedges tomou uma decisão — presumivelmente sabendo das políticas que o senhor mencionou —, cujos efeitos poderiam vir contra nossos objetivos e metas, tanto quanto prejudicar sua carreira.

Gaynor: E foi um belo de um idiota, também!

Adam: Se fosse um caso menos sério, algo que só desrespeitasse um pouco a política da empresa, eu gostaria de saber como ele ou nós teríamos sabido que tal desrespeito houvesse ocorrido. Por exemplo, se um gerente oferecesse comissão de 11% para os agentes de viagem lhe concederem a preferência durante o inverno, o senhor interromperia o negócio, caso soubesse?

Gaynor: Eu esperaria que ele tivesse discutido a questão comigo primeiro, mas posso entender a questão. Afinal de contas, devemos todos ser flexíveis o bastante para saber lidar com situações especiais.

Adam: Isso, então, não destacaria o problema do que queremos dizer com políticas? Antes o senhor disse que elas atuam como um firme guia, mas o pagamento de comissões está muito bem estabelecido em

10%, embora o senhor estivesse preparado para avaliar exceções. Espero não estar sendo muito detalhista se eu demonstrar que nossa política é pagar comissões e que se estabeleceu um procedimento que fixa tais comissões em 10%.

Gaynor: Acho que nesse caso você está tendendo ao detalhe, à minúcia, mas sei onde você quer chegar: existe uma confusão entre políticas e procedimentos. Devo admitir que eu mesmo os confundo, às vezes. Sim, entendo a questão — as políticas devem atuar como guia. Mas formular políticas dessa forma as torna tão genéricas que elas acabam por não ser um grande guia, o que é de fato um paradoxo. Outro pensamento que me ocorre é que se a política de uma empresa tiver de ser um guia efetivo, ela deve ser formulada por escrito e disponível para o gerente consultar. Confesso que essa tarefa não seria nada simples!

Adam: Lendo sobre gestão, descobri que o incentivo a adotar-se uma política escrita é um tema comum. Jamais vi algo direcionado aos hotéis, e podemos entender por que isso ocorre. Ao mesmo tempo, eu diria ser comparativamente fácil elaborar algumas políticas; na área financeira, por exemplo, esse exercício seria bastante objetivo.

Gaynor: E acho que poderia ser feito na área operacional, também. Devo admitir, contudo, que não tenho certeza se gostaria de ter um longo texto escrito. Acho que ele restringiria minhas ações.

Adam: Acredito que esse sentimento é bastante comum entre os executivos. A Glacier Metal Company elaborou um programa por escrito e sua experiência registra que a flexibilidade *aumentou*, já que, quando uma mudança tinha de ser feita, todos podiam ser informados por meio de uma emenda no texto. Isso faz sentido para mim, mas sempre tive a sensação de que eles haviam escrito um manual de procedimentos, e não um contendo as políticas da empresa.

Gaynor: Então você está voltando à distinção entre políticas e procedimentos! Tenho de aceitar que você então está defendendo a idéia de que nós deveríamos elaborar um documento escrito para a política da companhia?

Adam: Não, senhor, pode ser que eu esteja exagerando, mas eu penso que a existência de tal documento representaria uma deficiência gerencial. Quando se trata de uma unidade, e principalmente quando se trata da empresa como um todo, é essencial que haja manuais de procedimentos, pois eles nos oferecem um meio de estabelecer e manter padrões e também uma base para treinamento. Eu também diria que é essencial para uma companhia passar muito tempo esclarecendo os objetivos e metas em alto nível. O verdadeiro problema é que muitos dos chamados documentos que expressam a política de uma empresa são pouco mais do que um folheto de propaganda. Se uma companhia é clara sobre o que ela quer ser, com certeza deveria esforçar-se ao máximo para que todos entendessem e aceitassem essas metas e se comportassem de maneira a cumpri-las.

Gaynor: Eu até acreditaria que dispor da política da empresa por escrito ajudaria nesse aspecto, já que as pessoas poderiam visualizar quais são as metas e agir de acordo com elas.

Adam: Tenho certeza de que isso poderia funcionar, em parte, mas o que estou tentando dizer é que, ao começar pelo nível mais alto, os integrantes de uma organização demonstrariam por meio de seu comportamento qual é a política, e isso se refletiria nos níveis inferiores. Se os executivos mais antigos passam a idéia de que o cliente é importante, seus subordinados adotarão comportamento similar.

Gaynor: Em outras palavras, as pessoas aprenderiam por meio de um exemplo. Estou bastante intrigado pelo fato de você ter uma idéia fascinante e antiquada!

Adam: Por meio do exemplo, é claro. Mas não é só isso. Fazendo uso do jargão, eu diria que haveria uma minimização da discrepância corporativa, isto é, reduziria a diferença entre o que uma empresa é, segundo o que as pessoas dizem, e o que de fato elas fazem.

Gaynor: Muito bem, concordo com o que você diz, mas há um grande perigo de que mal-entendidos ocorram. Se a conclusão, sem o argumento que lhe sustenta, for adotada, poderá se tornar uma desculpa para evitar o necessário pensamento crítico no mais alto nível administrativo. Parece que estivemos percorrendo um longo caminho desde que tentei definir o que era gestão; levando em consideração tudo o que você disse até agora temos uma boa descrição.

Adam: Concordo, mas todo o problema do vocabulário utilizado no exercício da gerência continua a ser um obstáculo. Eu sempre lembro de um palestrante na faculdade que dizia ter de elaborar um vocabulário que usaria para falar conosco, o qual nós automaticamente adotaríamos, mas jamais tentaríamos usar lá fora. Já que não havia vocabulário definido ou geralmente aceito, ele teve de dar forma a um vocabulário próprio para se comunicar conosco. Nós todos esquecemos seu conselho, é claro, e levou algum tempo para que parássemos de usar nossa linguagem particular quando partimos para o trabalho.

Gaynor: Você ainda esquece, às vezes.

Adam: Desculpe! Se realmente entendemos que a política de uma companhia e seus objetivos e metas estão de alguma forma relacionados à interpretação individual, dependendo da percepção das pessoas envolvidas, então eu acho que temos uma boa *descrição*. Mas uma definição desse tipo não deveria ser uma *prescrição*? Quando dizemos o que é, temos a indicação de como fazer?

Gaynor: Descrição, prescrição, você está misturando palavras novamente. Vou aceitar, embora ache que você esteja tentando encontrar uma pedra filosofal, uma definição que pode dizer a um gerente como fazer seu trabalho.

Adam: Voltando à definição, senhor, suponha que a política esteja errada ou que os objetivos e metas estejam errados. É verdadeiro dizer que um indivíduo está gerenciando se ele continua fazendo as coisas com o único propósito de atingir tais objetivos e metas, sem a perspicácia ou a criatividade de importunar seus superiores para sugerir uma mudança de rumo?

Gaynor: Ah! Agora você está introduzindo julgamentos de valor sobre "boa" e "má" gestão"!

Adam: Não, Senhor Gaynor. O senhor vai me acusar de um sofisma novamente, mas eu diria que uma pessoa que é gerente está gerenciando de forma eficaz. Se não estiver, é porque não é um gerente.

Gaynor: Poupe-me dos trocadilhos! Mas continue, continue.

Adam: Quando eu estava nos Estados Unidos, deram-me uma tarefa, que consistia em coletar tantas definições de gestão quanto pudesse. Foi de fato um exercício fascinante mas, no final, me achei em tal confusão que mal podia pensar direito. As coisas que as pessoas têm a dizer sobre esse processo, com que centenas de milhares de pessoas lidam cinco dias por semana, ano após ano, é impressionante. A idéia de que me lembro, considerada a mais banal de um grupo não muito feliz de idéias, é "Gerenciar é fazer as coisas por meio das pessoas".

Gaynor: Sempre considerei isso um truísmo.

Adam: Sim, sem dúvida. Mas não favorece nossa compreensão do problema. Motoristas de ônibus, garçonetes e supervisores fazem coisas por meio das pessoas, mas não são gerentes.

Gaynor: Muito interessante; então você não acha que os supervisores sejam gerentes?

Adam: Não. Gerentes são táticos, isto é, são pessoas que não tem relação com os verdadeiros operadores, os quais servem a comida ou preparam as camas. Os gerentes estão voltados à distribuição de recursos. O gerente *diz* o que tem de ser feito, o supervisor com freqüência *mostra* às pessoas o que tem de ser feito. O supervisor é um técnico, o gerente é um tático. Neste sentido, ele está *sempre* "fazendo as coisas por meio de outras pessoas" e as outras pessoas são seus supervisores.

Gaynor: Bem, então por que esse "fazer as coisas por meio de outras pessoas" o incomoda tanto?

Adam: Principalmente porque carece de prescrição. O senhor diria que uma pessoa que passa todo seu tempo com os supervisores, guiando, instruindo, dirigindo e decidindo é um gerente eficaz?

Gaynor: Não, certamente não. Eu esperaria que ele estabelecesse diretrizes — a política, se quiser — e que por meio de sua seleção e desenvolvimento dos supervisores, alcançasse um estágio em que estes dessem conta do trabalho, para que ele tenha tempo de pensar.

Adam: Exatamente. Eu acho que foi suficientemente demonstrado pelos estudos sobre o comportamento de gerentes e supervisores que ambos têm papéis bem diferentes. Devemos ser cuidadosos, porém, com as denominações que damos a cada função.

Gaynor: Sim, com certeza. Sempre me foi uma fonte de divertimento, quando eu tinha o título de Gerente-Geral, sentar-me, nas conferências, ao lado de pessoas que tinham a mesma designação e que administravam hotéis de 20 quartos. Eu era o primeiro a insistir que estávamos no mesmo negócio, mas que nossas necessidades e problemas eram muito diferentes! Será que temos algo em comum? Outra coisa que me interessa é o aspecto do empreendedorismo. O dono de um hotel de 20 quartos é um empreendedor, ao passo que Kimble, o gerente do Diana, é um empregado. Ainda assim, ele é responsável por um movimento 20 vezes maior do que o do pequeno empreendedor.

Adam: Eu freqüentemente pondero isso. É algo pessoal, sob muitos aspectos. Às vezes, eu encontro pessoas que me perguntam por que trabalho para o Gaynor Hotels se eu poderia ser meu próprio chefe, administrando um pequeno hotel em Cotswolds e tendo provavelmente toda a tarde livre para jogar golfe. Mas tudo depende do que você entende por "ser seu próprio chefe". Tenho certeza de que há uma grande satisfação em estar pessoalmente envolvido com os clientes em um negócio pequeno, mas o verdadeiro chefe é então o gerente de banco, e há uma dependência muito clara dos fornecedores. Acho que se pode supervalorizar a diferença entre empreendedor e gerente. Provavelmente o proprietário de um pequeno hotel passe 5% de seu tempo tomando decisões de um empreendedor, sendo gerente no resto do tempo. Então Kimble e o proprietário têm 95% em comum por estarem administrando estabelecimentos similares.

Gaynor: Suponho que sou o empreendedor profissional desta empresa, mas nunca consegui encontrar qualquer curso que tratasse do assunto! Mas ainda estamos tateando no escuro. Você tem a vantagem de sua pesquisa sobre as definições de gestão, quais são suas conclusões? Afinal de contas, pessoas como eu, que apenas administram, que tempo têm para tamanha introspecção?

Adam: Agora estou em dificuldades! De um lado, o senhor me pede para falar de minhas conclusões em comparação com sua experiência; de outro, pedem-me para sentar e julgar uma multidão de autores que escreveram sobre gestão!

Gaynor: Pensei que fosse isso que você fazia, mas por favor... Você sabe que eu quero conhecer suas idéias e que eu devo usar minha experiência para desafiá-lo nos pontos em que acho que está errado. Sei que você vai produzir resultados de que nunca ouvi falar, como quem tira coelhos de uma cartola, com essa pesquisa. Mas ainda estou interessado em suas idéias.

Adam: Desculpe-me, mas acabei de me dar conta da enormidade do que o senhor me pede para fazer. Uma coisa é comentar sobre uma definição que alguém apresenta; outra bem diferente é quando lhe pedem, a partir de uma experiência limitada, para correr riscos diante dos sábios!

Gaynor: Eu o compreendo perfeitamente, mas continue.

Adam: Bem, os primeiros autores que escreveram sobre gestão acabaram por se envolver profundamente com a tentativa de definir a matéria, mas eu acho que pelo fato de serem engenheiros ou técnicos, eles queriam que tudo fosse bastante convencional. Eles interpretam o mundo em termos mecânicos e davam toda a ênfase ao que deveria ser feito para se criar um método e uma organização que funcionasse como uma máquina bem azeitada.

Gaynor: Então os cientistas sociais apareceram e começaram a demonstrar que a maior parte dos problemas estavam centrados nas pessoas, que não se comportavam como máquinas. E que eram, na verdade, imprevisíveis.

Adam: Sim, mas eu acho que o sucesso das técnicas de publicidade demonstram que há muitos elementos previsíveis no comportamento das pessoas. Mas o efeito das descobertas dos cientistas comportamentais atrapalhou o estado de equilíbrio de muitos gerentes, que passaram da preocupação com a produção para a preocupação com as pessoas. Na verdade, eu às vezes acho que isso ainda acontece muito; pela maneira como alguns falam, alguém poderia pensar que os experimentos de Hawthorne foram os únicos estudos realizados nesta área.

Gaynor: Você está querendo dizer que um gerente deve se preocupar em manter o equilíbrio entre sua preocupação com as pessoas e sua preocupação com a produção?

Adam: Sim. Isso significa que a gestão é um processo que implica atingir metas nos negócios ao mesmo tempo em que propicia um meio de satisfazer as necessidades e expectativas dos empregados. Agora acho que o perigo real à manutenção desse equilíbrio pode ser o retorno do tempo investido. Um tempo comparativamente pequeno, utilizado no redimensionamento do leiaute de uma cozinha, ou o desejo de instalar algum dispositivo que informe se os apartamentos estão ou não vazios, pode rapidamente gerar benefícios. Podemos, assim, preparar mais refeições ou verificar rapidamente se o apartamento já está livre. Mas melhorar a eficácia das pessoas requer um investimento de tempo muito maior para estabelecer que metas elas querem atingir.

Gaynor: Acredito que a maior parte dos gerentes concordaria com você e também aprovariam medidas para o desenvolvimento de pessoal, mas sempre há a pressão de outros aspectos a serem trabalhados e a consequente falta de tempo. E o que dizer da tomada de decisões? Eu achava que este fosse um item fundamental e básico da administração!

Adam: O problema do tempo é algo que eu gostaria de comentar novamente. Admito que fico um pouco perturbado quando a tomada de decisões é considerada uma prerrogativa dos gerentes. Afinal de contas, todas as pessoas têm de tomar decisões todos os dias. Uma dona de casa se depara com um grande problema no supermercado quando precisa decidir entre pagar 28 pence por uma embalagem grande de detergente ou 32 pence por outro, de tamanho especial, e que vem acompanhado de uma flor plástica.

Gaynor: Entendo. Mas não podemos separar essa história de tomar decisões do processo de gestão? Eu sempre leio que o uso de computadores deverá eliminar grande parte do processo de tomada de decisões na administração intermediária no futuro. Mas acho que isso ainda vai demorar muito a acontecer e, com certeza, na administração de hotéis continuará a existir muitas decisões que resistirão a qualquer computador. Ainda precisamos do gerente na recepção, alguém que possa hospedar um cliente regular que apareça de surpresa, mesmo quando os computadores alertem que o hotel está cheio.

Adam: Sim, com certeza. Não podemos ignorar que as decisões têm de ser tomadas e precisam ser bem pensadas para que possamos distinguir entre a tomada de decisões cotidiana, pela qual todo ser humano passa, e a característica especial da tomada de decisões no mundo dos negócios.

Gaynor: Isso não deve ser difícil. Às vezes, me dou conta do fato de passar meu tempo coletando informações antes de tomar uma decisão. Da mesma forma, você ou o contador-chefe passam muito tempo preparando documentos sobre possíveis alternativas disponíveis e seus resultados prováveis. Quase todo esse processo envolve cifras, projeções etc. Sem querer desrespeitá-lo, boa parte desse trabalho poderia ser realizada — ainda melhor — pelo computador, mas eu ainda terei que decidir qual linha seguir. Eu também diria que os gerentes de unidade terão de continuar a tomar decisões similares; talvez essas decisões sejam menos importantes, no sentido de que uma decisão errada que tomem não prejudica a empresa, o que ocorreria sendo minha tal decisão. No caso de decisões como essas, em ambos os níveis temos de usar a experiência e julgar de acordo com nossas convicções.

Adam: Se a maioria das decisões operacionais em nível de unidade deverão ser tomadas pelos computadores, no futuro, o papel do gerente passa a ser o de uma espécie de mecânico das relações humanas.

Gaynor: Não acho que seja assim. Espero que os gerentes usem a informação que o computador lhes fornece para chegar às decisões operacionais; suponho que esteja concordando com o seu equilíbrio entre pessoas e produção. Minha preocupação, contudo, é que esse seja o único método que vislumbro para executivos em desenvolvimento. Como você sabe, somos uma empresa um tanto quanto descentralizada, e quero que meus gerentes sintam que são mais do que aquilo que você chama de "mecânicos das relações humanas". Isso realmente leva ao que eu estava pensando antes, quando usei a palavra "política". Todos gostamos que, em uma empresa, as decisões sejam tomadas de acordo com a política estabelecida, e esse foi o paradoxo que você apontou. Reluto em começar a registrar tudo no papel, mas de fato quero que as decisões tomadas sustentem o que tentamos ser como empresa. Talvez uma maneira melhor de explicar isso seja dizer que eu gostaria de criar um *ethos* ou espírito que garantisse tal procedimento.

Adam: Eu diria que criar esse ambiente, ou *ethos*, é parte muito importante do processo de gestão. Talvez possa ser comparado ao treinamento que temos quando crianças, isto é, sentirmo-nos confiantes em algumas situações sociais pelo fato de termos uma boa idéia do que é a "coisa certa a fazer", como não colocar nossos cotovelos sobre a mesa, durante as refeições.

Gaynor: Eu pensava que só as tias-avós se preocupavam com isso hoje em dia! Mas eu acho que você teve uma boa idéia. Diga-me, onde a resolução de problemas entra nisso tudo? Eu, com certeza, passo parte significativa do meu tempo lidando com problemas e estou certo de que o mesmo acontece com todos os gerentes.

Adam: Um pouco antes de o senhor entrar, eu estava pensando nisso; passou-se um ano e eu ainda estou envolvido com a resolução de problemas, o que é bastante desapontador.

Gaynor: É isso o que eu quero dizer. Com certeza você não pode fazer com que os problemas parem de exigir soluções. Eu diria que isso é quase a questão central do que seja a gestão.

Adam: Isso faz com que eu me sinta pouco à vontade. Identificar problemas e resolvê-los é, sem dúvida, parte da atividade administrativa. Mas não consigo evitar de pensar que estejamos abordando a situação pelo lado errado. Se nos concentrássemos em identificar as causas dos problemas e em eliminar aquelas que conseguíssemos, seríamos mais eficazes?

Gaynor: Não sei se entendi o que você quer dizer com isso...

Adam: Talvez eu possa ilustrar o que penso com o problema que tivemos no Apollo. Aliás, com os problemas. Nenhum gerente potencial estava surgindo, havia uma grande rotação na mão-de-obra, etc. Poderíamos ter tentado resolver os problemas pela introdução de novos procedimentos de seleção, salários mais altos e vários outros métodos. Isso poderia ter provocado outros efeitos, mas, a longo prazo, não teríamos identificado e atacado a causa, que era Whitstone, cujo comportamento autocrático como gerente foi a verdadeira causa dos problemas.

Gaynor: Sim, compreendo. É como se nos preocupássemos com o problema dos altos custos com a mão-de-obra na matriz, quando a causa eram as pessoas que queriam tudo por escrito, como uma proteção.

Adam: Exatamente, mas mesmo tendo dito isso, não tenho certeza de como tudo se encaixa com o processo de gestão. Os gerentes, sem dúvida, estão envolvidos em resolver problemas, e agora parece que estou dizendo que eles não devem resolvê-los.

Gaynor: Segundo o que você diz, o que é com certeza uma postura nova para mim, eu consideraria isso parte do *ethos*. O que está em questão aí é a análise da causa dos problemas, e não o fato de dizer "temos um problema". Isso me lembra de um dos almoços no British Institute of Management, em que Peter Drucker falou. Algo que me impressionou bastante foi quando ele disse que "estamos preocupados com a gestão eficaz, e não com a gestão eficiente, porque um gerente pode ser muito eficiente em fazer coisas que não precisam ser feitas". Lembro-me que essa afirmação me deixou perturbado durante alguns dias.

Adam: Isso de fato caracteriza como se pode vislumbrar uma dimensão totalmente nova para a tarefa de gerenciar "dando um passo para o lado" a fim de observar as palavras que usamos. Às vezes acho que as palavras e os clichês são como chinelos velhos: são confortáveis até o momento em que você percebe que estão furados.

Gaynor: Confortáveis, mas não apresentáveis! O que você me diz sobre a comunicação? Eu lembro que já falamos disso antes. Ela deve entrar em algum lugar.

Adam: Acho que você, naquela ocasião, citou Thoreau e disse: "Como posso ouvir o que você diz, quando o que você é continua a martelar meus ouvidos".

Gaynor: Ah, sim. Uma das minhas citações favoritas.

Adam: Bem, o que eu vejo é que se o seu *ethos* existe, então a comunicação ocorrerá. A maior parte das pessoas que fala sobre comunicação geralmente valoriza bastante a escrita, a fala e a leitura. Às vezes também incluem a audição. Todas elas são importantes, mas eu acho que os contextos social e emocional também o são. E é isso que Thoreau dizia.

Gaynor: Então você acredita que a comunicação não faz parte do gerenciamento?

Adam: Sim, acho que faz. Mas se misturarmos Drucker e Thoreau e adicionarmos um pouco de sua observação sobre o *ethos* de uma empresa, poderemos concluir que a comunicação é uma função do ambiente interno. Se a confiança existe e se as pessoas prezam os objetivos, a comunicação ocorrerá. Caso contrário, não haverá comunicação.

Gaynor: De certa forma, eu a descreveria como "boa" ou "má" comunicação, mas estou um pouco preocupado com o fato de você poder pedir que eu trabalhe essas palavras! E veja bem, eu tenho um almoço marcado e vou ter de sair daqui a alguns minutos. Essa discussão foi muito interessante. Como devo agir? Fazer um resumo do que conversamos ou deixar que você prepare um memorando?

Adam: Preferiria que o senhor fizesse um resumo. Afinal de contas, não quero acabar tendo que resolver o problema de um datilógrafo sobrecarregado!

Gaynor: Seus motivos são suspeitos, mas deixe-me pensar. O processo de gestão parece que visa a criar um ambiente onde exista o equilíbrio entre o interesse pela produção e o interesse pelas pessoas, além de propiciar um guia para a tomada de decisões. Está dirigido a uma análise das causas que originam os problemas e procura vitalizar o cumprimento dos objetivos organizacionais, ao mesmo tempo em que satisfaz necessidades individuais. Isso está certo?

Adam: É uma síntese perfeita de tudo aquilo que discutimos há pouco.

Gaynor: Isso satisfaz sua demanda por uma prescrição?

Adam: Acho que sim, porque enfatiza as atribuições de um gerente. Formar o ambiente, por exemplo. Mas fico curioso para saber quanto tempo será necessário para isso.

Gaynor: Você tem a chance de descobrir, Adam. Conte-me o que descobriu, quando voltar do Zephyr! Até logo, e divirta-se!

Fonte: Reimpresso com permissão do Professor P W Nailon e R Doswell, a partir do livro *Further Case Studies in Hotel Management*, Century Hutchinson (1977).

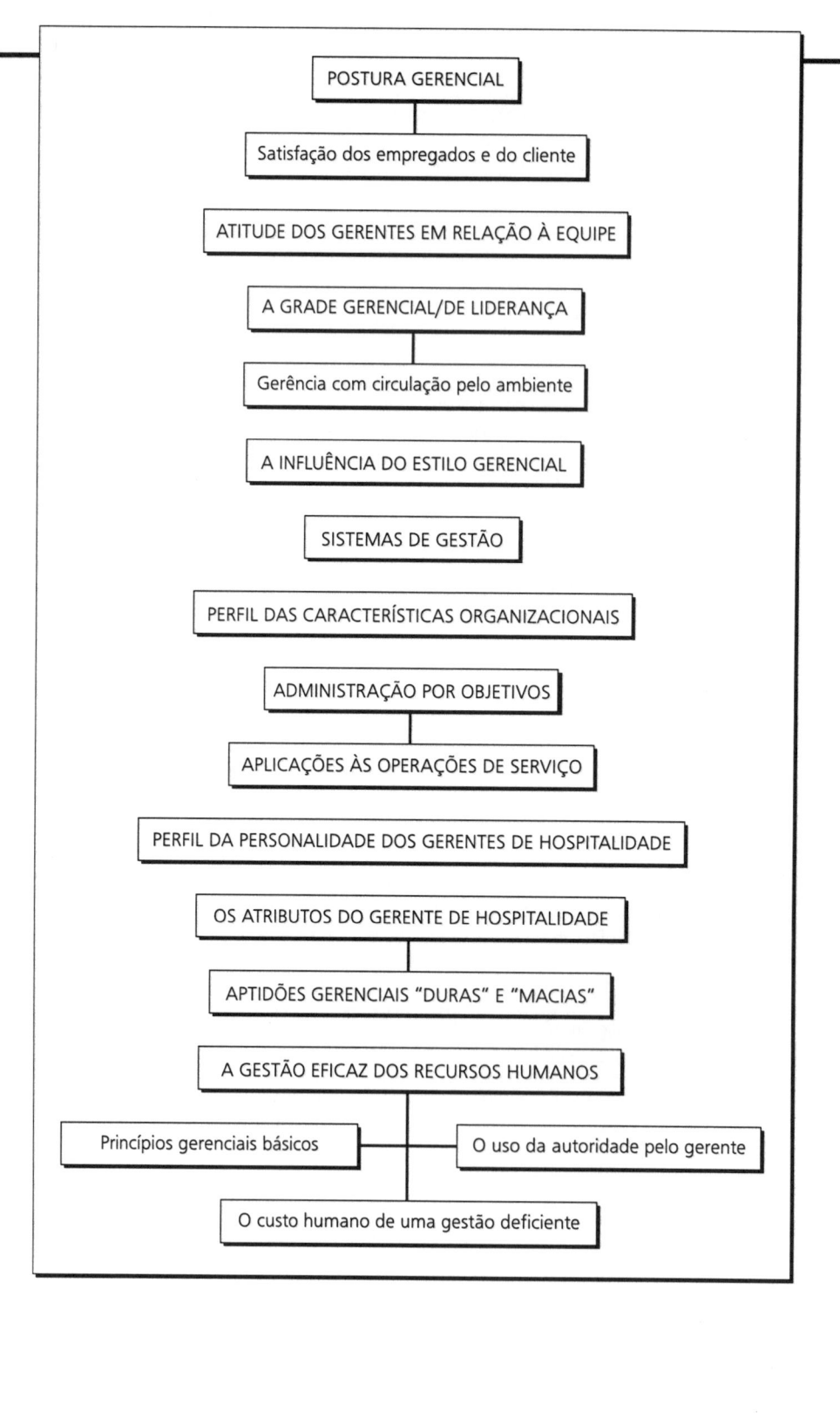

```
                        POSTURA GERENCIAL
                              │
                              ▼
              Satisfação dos empregados e do cliente

              ATITUDE DOS GERENTES EM RELAÇÃO À EQUIPE

                  A GRADE GERENCIAL/DE LIDERANÇA

                Gerência com circulação pelo ambiente

                   A INFLUÊNCIA DO ESTILO GERENCIAL

                        SISTEMAS DE GESTÃO

              PERFIL DAS CARACTERÍSTICAS ORGANIZACIONAIS

                    ADMINISTRAÇÃO POR OBJETIVOS

                  APLICAÇÕES ÀS OPERAÇÕES DE SERVIÇO

          PERFIL DA PERSONALIDADE DOS GERENTES DE HOSPITALIDADE

                OS ATRIBUTOS DO GERENTE DE HOSPITALIDADE

                  APTIDÕES GERENCIAIS "DURAS" E "MACIAS"

                 A GESTÃO EFICAZ DOS RECURSOS HUMANOS

       Princípios gerenciais básicos      O uso da autoridade pelo gerente

                  O custo humano de uma gestão deficiente
```

5

Estilo e comportamento gerenciais

INTRODUÇÃO

Os gerentes atingem resultados por meio do trabalho de outras pessoas, o que envolve a gestão efetiva dos recursos humanos. A postura gerencial e a sua forma de administrar influenciará a realização das atividades do hotel e o nível de desempenho de toda a equipe. A relação gerente-subordinado é o componente central de operações bem-sucedidas no setor de hospitalidade.

POSTURA GERENCIAL

A tarefa básica do gerente é obter o melhor aproveitamento possível da equipe que comanda, de forma a cumprir os objetivos da empresa de maneira satisfatória. Administrar, portanto, é uma responsabilidade da gerência. Como os "administrados" são os empregados, eles devem receber uma atenção que respeite sua condição de seres humanos. A eficiência da equipe e o seu comprometimento com as metas e com a filosofia do estabelecimento são estimulados pelo bom relacionamento e pelo tipo de atuação gerencial.

A maior parte da equipe de trabalho chega com vontade de dar o melhor de si e mostrar o máximo desempenho possível. Muitas vezes esse interesse deixa de existir devido à maneira como os funcionários são tratados pela gerência e pelo conceito que formam da atividade gerencial. Isso joga uma grande responsabilidade para cima dos gerentes.[1]

Vimos no capítulo anterior que se deve dedicar a devida atenção à melhoria da relação pessoal-organização e à criação de uma atmosfera em que os integrantes da equipe trabalhem com vontade e produtivamente. O ponto-chave da gestão bem-sucedida é a capacidade de bem nos relacionarmos com os demais na empresa. A maneira como os gerentes avaliam suas equipes tem enorme influência no estilo gerencial que adotam. **O estilo gerencial pode ser tão importante quanto a competência.** A tendência geral para estruturas horizontais nas organizações, sistemas de trabalho flexíveis e maior capacitação do empregado são fatores que dão grande ênfase à integração, em detrimento do tradicional estilo gerencial controlador.

Intenção e implementação

Interpretar corretamente os sentimentos de cada funcionário, conhecer suas necessidades e expectativas, juntamente com uma preocupação legítima pelo seu bem-estar, são condições imprescindíveis para gerar bom desempenho. A maneira como os gerentes exercem a responsabilidade e as obrigações relativas ao cargo é um aspecto também decisivo. Muitos problemas no trabalho surgem não tanto *do que* o gerente faz, mas *da maneira como* o faz.

A forma muitas vezes equivocada de implementar políticas e procedimentos — mesmo que não seja intencional — tem sido a causa principal do mal-estar do grupo de funcionários e de sua insatisfação. Os membros da equipe podem até mesmo aceitar, embora com relutância, que, quando há funcionários doentes, os gerentes precisam elaborar uma nova escala de horário para aqueles que estão trabalhando. Contudo, alguns talvez fiquem ressentidos se não forem consultados, se não forem consideradas suas questões pessoais e se a maneira pela qual foi comunicado o novo horário não for adequada. Além disso, podem pensar que a gerência está fazendo uso de "contingências emergenciais" para suprir a falta de planejamento e de consulta.

Satisfação dos empregados e do cliente

As boas relações gerente-subordinado são o ponto de partida para a satisfação do cliente. É importante lembrar que o tratar bem o cliente começa por cuidar bem da equipe de trabalho. Os empregados são os embaixadores da organização de hospitalidade e devem ser tratados como seus clientes mais importantes. Relações harmoniosas e incentivadoras criarão um ambiente de trabalho favorável, que resultará em altos níveis de satisfação dos clientes e da equipe interna. Por isso, os gerentes devem adotar uma atitude positiva em relação aos seus auxiliares e desenvolver um espírito de cooperação mútua. Os empregados devem sentir-se como se estivessem trabalhando *com* a gerência e não *para* o gerente.

A "satisfação dos empregados" é fácil de ser percebida por qualquer pessoa que visita o hotel. Os hóspedes freqüentemente comentam a cortesia e a cordialidade demonstradas pela equipe. A "atmosfera" é adequada. Isso indica claramente a presença de uma força de trabalho satisfeita, sem a qual um alto nível de satisfação dos clientes jamais ocorreria no setor de serviços. O funcionário sem dúvida considera o hotel um lugar agradável para trabalhar, sentindo-se à vontade para dar sua opinião e discutir problemas. Como os clientes, toda equipe é tratada como indivíduos que têm suas próprias necessidades e problemas pessoais. Certamente há uma variação nos salários, baseada na responsabilidade e na experiência, e também há bônus para os líderes de equipe, de acordo com seus desempenhos, mas em todos os outros aspectos as pessoas são tratadas individualmente. Da mesma forma que as reclamações dos clientes são tratadas caso a caso, as questões levantadas pelos empregados também o são.

THE SEAVIEW HOTEL AND RESTAURANT

A partir de dados coletados em várias empresas de bom desempenho nos Estados Unidos, Waterman chama a atenção para os ajustes organizacionais como soluções viáveis, obtidas por meio de um ponto de vista humanista, bem distante do "processo de reengenharia empresarial". As empresas de sucesso organizam-se com o objetivo de atender necessidades de seu pessoal, atraindo assim profissionais melhores, mais motivados a realizar um ótimo trabalho e mais bem preparados para tratar da melhor maneira possível os clientes. As empresas precisam saber administrar o intricado jogo de pessoas, estratégias, ajustes organizacionais e clientes. A conclusão é "pessoas em primeiro lugar". Trate bem seu pessoal e seus clientes, e logo os bons resultados virão.[2]

A importância da satisfação dos funcionários e dos clientes no setor da hospitalidade é ressaltada por Klein:

> Valorizar o papel das habilidades interpessoais na satisfação do cliente é de grande relevância para o setor hoteleiro e de catering... Na verdade, tratar bem o cliente depende, em primeiro lugar, de tratar bem o funcionário.[3]

ATITUDE DOS GERENTES EM RELAÇÃO À EQUIPE

A maneira como os gerentes encaram sua atividade e a forma como se comportam diante de sua equipe tendem a ser condicionadas pelas predisposições referentes às pessoas, à natureza humana e ao trabalho. O estilo de gestão adotado é uma função da atitude do gerente para com o seu pessoal.

Com base na hierarquia do modelo de necessidades de Maslow, McGregor destaca dois grupos de suposições, sustentados em hipóteses opostas sobre as atitudes dos gerentes em relação às pessoas no trabalho: Teoria X e Teoria Y.[4]

As hipóteses da Teoria X

A Teoria X representa as hipóteses nas quais estão baseadas as organizações tradicionais e foi amplamente aceita e praticada antes de as relações humanas haverem atingido o patamar de importância atual. Estas hipóteses indicam que:

❑ as pessoas em geral são preguiçosas e não gostam de trabalhar;
❑ as pessoas, em sua maioria, devem ser coagidas, controladas, dirigidas e ameaçadas com punições, caso a empresa queira atingir seus objetivos;
❑ as pessoas em geral não assumem responsabilidades, preferem ser dirigidas, carecem de ambição e valorizam, mais do que tudo, a segurança;
❑ a motivação só ocorre em níveis fisiológicos e de segurança.

O princípio fundamental da Teoria X é dirigir e controlar por meio de um sistema centralizado de organização e pelo exercício de autoridade. As hipóteses baseadas nessa teoria, e o tradicional uso de recompensas e de sanções exercidas pela natureza e pela autoridade da função gerencial, provavelmente resultarão em um estilo de gestão explorador e autoritário.

As hipóteses da Teoria Y

Diametralmente oposta à Teoria X está a Teoria Y, que representa as hipóteses que estão de acordo com abordagens mais recentes em relação à natureza humana e ao comportamento. Estas hipóteses apontam que:

- para a maior parte das pessoas trabalhar é tão natural quanto divertir-se ou descansar;
- as pessoas exercerão sua autodeterminação e autocontrole para atender aos objetivos da empresa, com os quais estão comprometidas;
- o comprometimento com os objetivos está ligado à remuneração associada à conquista de tais objetivos;
- se oferecidas as condições adequadas, o trabalhador médio pode aprender a aceitar e a buscar responsabilidades;
- a capacidade de ser criativo na resolução de problemas organizacionais é ampliada;
- o potencial intelectual das pessoas é utilizado apenas parcialmente;
- a motivação ocorre nos níveis de envolvimento, estima e auto-realização tanto quanto nos níveis fisiológicos e de segurança.

O princípio fundamental da Teoria Y é a integração do indivíduo com a organização. A tarefa da gerência é criar condições para que os funcionários satisfaçam suas necessidades motivacionais e atinjam suas próprias metas por meio do atendimento das metas da organização. McGregor desenvolve uma análise das implicações de aceitar a Teoria Y no que diz respeito à avaliação de desempenho, administração de salários e promoções, participação, relações equipe-normas, liderança, desenvolvimento da gestão e equipe gerencial.

A relação gerente-subordinado

Embora baseadas em aspectos opostos e em uma simplificação, as teorias X e Y de fato representam filosofias que influenciam a natureza da relação gerente-subordinado. As duas perspectivas representam extremos de uma inclinação natural dos gerentes a um estilo particular de comportamento no exercício do cargo.

As hipóteses baseadas no uso tradicional de recompensas e sanções, supervisão próxima e controle, além do peso da autoridade do gerente, resultam em um estilo de gestão explorador ou autoritário.

A maior parte das pessoas, contudo, possuem potencial para a automotivação. Elas atingirão mais facilmente seus objetivos pessoais por meio da autodeterminação em suas atividades, visando ao atendimento das metas da organização. A evolução dos padrões educacionais e dos valores sociais significa que as pessoas, hoje, têm expectativas mais amplas quanto à qualidade das condições de trabalho, incluindo oportunidades de emitir opiniões e participação nas decisões que as envolvem.

McGregor conclui que a Teoria Y é a melhor estratégia para estimular a cooperação dos empregados que integram uma empresa. Com base na experiência desenvolvida na gestão de hotéis, esse ponto de vista é compartilhado por Venison.

Pessoalmente, sempre tentei administrar mais de acordo com a hipótese da Teoria Y do que com a Teoria X, e minha experiência vai ao encontro de muitas pesquisas que indicam que as hipóteses da Teoria Y sobre as atitudes das pessoas estão mais próximas da verdade. A Teoria Y, contudo, não implica abdicação administrativa, ausência de liderança ou rebaixamento dos padrões. Não se trata de uma administração puramente light. Na verdade, é um tipo de gestão mais difícil de ser conduzido, mas potencialmente mais próximo de ser bem-sucedido. [5]

Demandas circunstanciais

A Teoria X e a Teoria Y representam tendências opostas na postura gerencial por um estilo particular de gestão. Na prática, contudo, o verdadeiro estilo administrativo adotado será influenciado pelas demandas apresentadas pelas circunstâncias. Mesmo quando um gerente está convicto em relação às hipóteses da Teoria Y, e ao valor da automotivação e da autodeterminação da equipe de trabalho, pode haver ocasiões em que seja necessário ou mais adequado adotar um procedimento diferente.

Quando a natureza do próprio trabalho oferece pouca satisfação ou escassas oportunidades de satisfazer adequadamente necessidades de alto nível, talvez um estilo de gestão mais autoritária e controladora funcione melhor. Algumas atividades são projetadas de forma restrita, contendo tarefas bastante previsíveis e resultados precisamente medidos. Para essa espécie de trabalho, é possível que a aplicação da Teoria X seja necessária e inclusive alcance melhores resultados.

Situações de emergência onde o tempo é escasso, ou circunstâncias similares, talvez demandem maior uso da autoridade e do controle do gerente na determinação das tarefas. Considere-se, por exemplo, a grande movimentação, o calor e o barulho de uma cozinha em um dia de grande atividade, em que muitos pratos precisam ser preparados ao mesmo tempo. Muitas tarefas devem ser coordenadas dentro de escalas de tempo muito curto, o que faz com que um estilo gerencial mais enérgico e dirigido seja, portanto, o mais apropriado. Enquanto tais condições persistirem, essa forma de comportamento gerencial provavelmente será bem compreendida pela equipe da cozinha.

As hipóteses da Teoria Y, nos hotéis onde são adotadas, têm-se mostrado efetivas. Mesmo assim, é preciso reconhecer que, conforme as características dos funcionários no setor da hospitalidade (discutidas no Capítulo 2), vários deles poderão evitar a autodeterminação e resistir em assumir as responsabilidades no trabalho, mostrando pouco comprometimento com os objetivos organizacionais. São indivíduos que possuem uma orientação instrumental quanto ao trabalho, e parecem preferir um estilo de gestão mais dirigido e controlado, respondendo melhor a essa espécie de administração. Há momentos, portanto, em que o gerente pode ter razão em adotar as hipóteses da Teoria X.

A GRADE GERENCIAL/DE LIDERANÇA®

Um meio de identificar e avaliar diferentes estilos de gestão é por meio da Grade de Blake e Mouton, inicialmente publicada como Grade Gerencial® em 1964, alterando a denominação em 1978 e em 1985, e sendo republicada como Grade de Liderança® em 1991.[6] A Grade apresenta uma base para compararmos estilos gerenciais considerando-se duas dimensões principais:

(i) interesse pela produção;
(ii) interesse pelas pessoas.

O *interesse pela produção* é a ênfase que o gerente dá à realização de tarefas, alcançando um alto nível de produção e alcançando resultados ou lucros. Este interesse está representado no eixo horizontal da Grade. O *interesse pelas pessoas* é a ênfase que o gerente dá aos colegas e subordinados e às necessidades e expectativas deles. Este interesse está representado no eixo vertical da Grade.

Cada eixo apresenta uma escala de 1 a 9, indicando graus variáveis de interesse que o gerente demonstra pela produção ou pelas pessoas. O modo pelo qual esses dois interesses estão ligados depende da aplicação da hierarquia, do aspecto "chefe" e das hipóteses que o gerente faz sobre o uso do poder e de como obter produção.

Cinco combinações básicas

A escala de nove pontos em cada eixo representa um total de 81 combinações diferentes (ver Figura 5.1). Os quadrantes da Grade oferecem cinco combinações-base de interesse pela produção juntamente com interesse pelas pessoas. Essas cinco combinações representam os extremos da postura gerencial.

- *Gerentes desanimados* (escala 1,1) tendem a estar distantes de seus subordinados e assim pretendem permanecer. Exercem mínimo esforço com vistas à produção ou às pessoas. Muita atenção a um poderia causar dificuldades com o outro, segundo pensam.
- *Gerentes dominadores* (escala 9,1) são autocráticos e tendem a exercer controle centralizado, aplicando forte autoridade. A equipe funcional significa apenas um meio de produção. Se um empregado se recusar a cumprir uma instrução ou procedimento-padrão, será considerado não-participativo.
- *Gerentes Country Club* (escala 1,9) acreditam que se a equipe estiver satisfeita, realizará suas tarefas adequadamente, alcançando resultados razoáveis. A produção não vem em primeiro lugar, pois priorizam a inexistência de conflitos e a manutenção da harmonia entre os empregados. Os gerentes administrarão problemas à base de acordos favoráveis a todos. Há espaço para incentivar a inovação, mas boas idéias tendem a ser rejeitadas se causarem dificuldades à equipe de trabalho.
- *Gerentes intermediários* (escala 5, 5) adotam o estilo brando, tipo "viva e deixe viver", e tendem a evitar questões que envolvem atritos. Essa forma de gestão é chamada "pendular". Os gerentes alternam interesse pela produção e interesse pelas pessoas. Sob pressão, esse estilo poderá tornar-se administração de tarefas (9,1), mas, se isso causar ressentimento à equipe, tal pressão é aliviada e os gerentes buscam o acordo.
- *Gerentes de equipe* (escala 9,9) acreditam no equilíbrio entre comandar a execução das tarefas e demonstrar interesse pelos funcionários. Acreditam que o mais indicado é criar uma situação por meio da qual as pessoas possam satisfazer suas próprias necessidades e assim comprometer-se com os objetivos da organização. Os gerentes discutem problemas com a equipe, ouvem suas idéias e oferecem liberdade de ação. Dificuldades de relacionamento são enfrentadas diretamente, e as questões polêmicas são resolvidas em conjunto.

Mais dois estilos incluídos na Grade

A edição de 1991 da Grade também faz referência a dois outros estilos incluídos:

- *Gestão paternal 9 + 9 ou "papai-sabe-tudo"*, em que se recompensam e aprovam as pessoas conforme sua lealdade e obediência, com punição aos empregados que discordarem.
- *Gestão oportunista*, tipo "quanto é que eu levo nisso?", na qual o gerente adota a postura que lhe possibilitará maiores vantagens pessoais.

A importância da gestão de equipe

A Grade Gerencial apresenta uma estrutura na qual os gerentes podem identificar e rever seus padrões de atitudes no exercício do cargo. Blake e Mouton argumentam que a Grade Gerencial admite que o administrador pode ter benefícios em aplicar, simultaneamente, métodos orientados tanto à produção quanto às pessoas. A escala 9,9, que indica a gestão de equipe, embora pareça utópica, deve ser perseguida e aplicada.

A efetiva gestão de equipe é sem dúvida de extrema importância em qualquer empresa, especialmente no ramo da hospitalidade. Nas operações de um hotel, por exemplo, é necessário combinar o elemento "produção", isto, é, rápida e eficiente provisão de acomodação e alimentação, com o elemento "pessoal", isto é, alto padrão de serviços, além de atitude e comportamento adequados dos funcionários. Isso enfatiza a necessidade de consultar eventualmente a equipe, para aprimorar o trabalho conjunto, e também passar a adotar um comportamento gerencial baseado na integração, desenvolvendo alto interesse pela produção e pelas pessoas.

O desempenho do empregado é fundamental no processo de gestão. Uma administração fraca trará sérias conseqüências, tanto para o ânimo da equipe como para as operações do hotel, o que poderá redundar em alto custo para o gerente.[7] Faz parte das atribuições do gerente desenvolver e manter um alto nível de desempenho de seus su-

A grade gerencial/de liderança®

```
Alto
 9  1,9                                                                9,9
        Gestão Country Club                    Gestão de equipe
 8      Preocupação com as necessi-             O trabalho é realizado por
        dades dos funcionários e rela-          pessoas comprometidas com
        ções satisfatórias constroem            a empresa; um objetivo
        um ambiente onde todos se               comum constrói relaciona-
        sentem à vontade e o                    mentos de confiança e
 7      trabalho se desenvolve de               respeito.
        modo agradável.

 6
                            Gestão intermediária
 5                                  5,5

                        A produtividade da empresa é possível
                        por meio do equilíbrio entre a necessidade
 4                      de realizar o trabalho e de manter o ânimo
                        das pessoas em nível satisfatório.

 3
        Gestão desanimada                       Gestão dominadora
        Exercer o mínimo esforço para           A eficiência das operações
 2      que o trabalho seja realizado           resulta do controle exercido
        é suficiente para garantir a            sobre os procedimentos de
        participação dos integrantes            trabalho, com mínima inter-
        da empresa.                             ferência da equipe.

 1  1,1                                                                9,1
Baixo
     1    2    3    4    5    6    7    8    9
    Baixo         Interesse pela Produção         Alto
```

(Interesse pelo Pessoal)

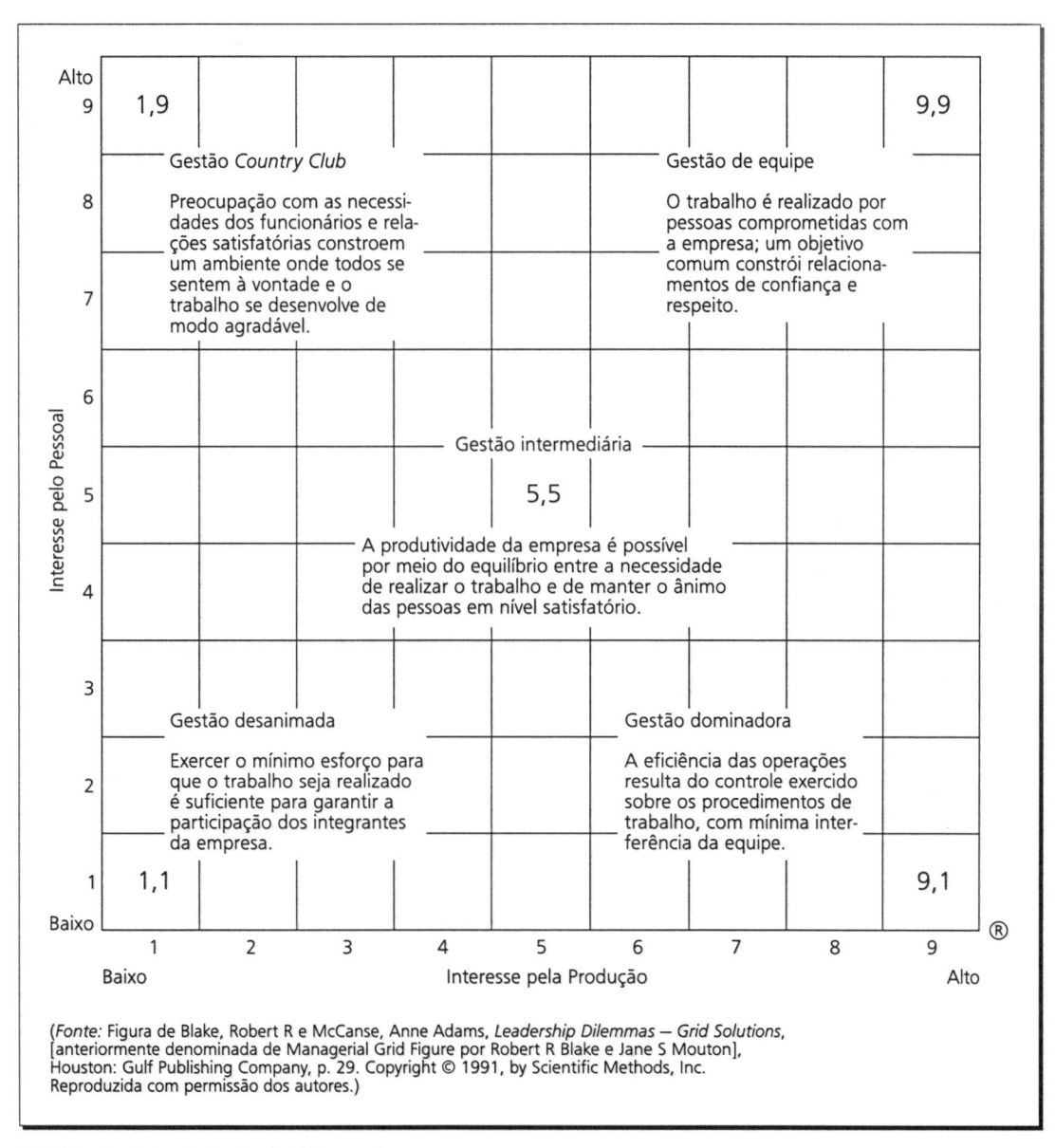

(*Fonte:* Figura de Blake, Robert R e McCanse, Anne Adams, *Leadership Dilemmas – Grid Solutions*, [anteriormente denominada de Managerial Grid Figure por Robert R Blake e Jane S Mouton], Houston: Gulf Publishing Company, p. 29. Copyright © 1991, by Scientific Methods, Inc. Reproduzida com permissão dos autores.)

FIGURA 5.1 A Grade de Liderança®.

bordinados, a fim de torná-los integrantes de uma efetiva equipe de trabalho.

Aplicabilidade hoje

De acordo com Newborough:

A estrutura, o planejamento e o conceito de uma organização são cruciais para sua eficácia. Além desses aspectos, o fator mais significativo é a forma de agir da equipe administrativa. Seus integrantes devem atuar como líderes. Devem conquistar seus objetivos por meio da capacidade de orientar, motivar e integrar o trabalho de outras pessoas.

O propósito final dos estudos sobre estilos gerenciais é o de contribuir no treinamento e desenvolvimento daqueles que desejam tornar-se líderes mais bem preparados, e Newborough sustenta que a aplicabilidade da Grade Gerencial/de Liderança é tão importante hoje quanto o foi na época de sua publicação.[8]

Gerência com circulação pelo ambiente

Um dos aspectos fundamentais da gestão bem-sucedida é acompanhar visualmente como as coisas estão acontecendo.[9] No capítulo anterior, fizemos referência à revisão do uso efetivo do tempo feita por gerentes, que devem repartir o tempo utilizado consigo mesmos, com a disponibilidade para consultas com a equipe de trabalho e com os clientes, racionalizando e otimizando a comunicação.[10]

A abordagem chamada *Gerência com Circulação pelo Ambiente*, juntamente com processos informais de comunicação, é considerada uma prática administrativa das mais eficazes — e, de fato, o é. Mas só trará efeito se for interpretada pelos funcionários como sendo parte de uma linha de procedimentos da administração e não mera intromissão da gerência. Deve ficar claro que a movimentação do gerente visa a ouvir e a entender as reais condições de trabalho, os sentimentos e os problemas da própria equipe.[11]

Gerente burocrata, gerente itinerante

A chamada Gerência com Circulação pelo Ambiente tem sido uma característica do padrão de trabalho dos gerentes da hospitalidade.[12]

Venison, por exemplo, faz referência ao uso de uma escala de 10 pontos que faz a distinção entre um tipo de gerente excessivamente burocrata e um gerente excessivamente itinerante e voltado a promoções.[13]

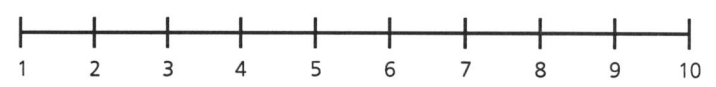

```
|----|----|----|----|----|----|----|----|----|
1    2    3    4    5    6    7    8    9    10
```

O gerente passa muito tempo planejando, contabilizando e controlando. Raramente abandona o escritório e não se sente à vontade com vendas ou atividades que envolvam relações públicas.	O gerente faz contato com muitas pessoas. É sociável e circula muito tempo em áreas públicas, observando o desenrolar das ações. Relaciona-se facilmente com os clientes e fica entediado com a rotina ou o excesso de procedimentos burocráticos.

Aqueles que aspiram a cargos de gerência em hotéis devem, antes de tudo, informar à empresa seu estilo de gestão. A maioria se coloca entre os pontos 3 e 4 da escala ou entre os pontos 6 e 7. Isso indica uma tendência aos extremos, em que os potenciais gerentes de hotel direcionam-se natural e claramente para o início ou para o final da escala.

Venison chama a atenção para a importância de o gerente de hotel estar no *front*, estar à frente dos acontecimentos. O cargo de gerente implica observar os empregados no trabalho, conhecê-los, verificar padrões de serviço, identificar com rapidez pontos problemáticos e adotar ação corretiva imediata, sempre que possível.

O gerente ideal, contudo, não é aquele que fica estável em um ponto da escala, mas o que é capaz de se movimentar livremente de uma ponta a outra, de acordo como as situações de apresentam. O gerente de hotel "perfeito" precisa estar à vontade em todas as posições da escala. Saber ampliar o espectro do comportamento considerado adequado é importante para quem ocupa esse cargo.

A INFLUÊNCIA DO ESTILO GERENCIAL

Em outra pesquisa junto a várias organizações de bom desempenho nos Estados Unidos, Waterman chama a atenção para o atendimento das necessidades dos funcionários, de maneira a atrair profissionais melhores, mais motivados, capazes de realizar um trabalho de qualidade superior e satisfazer plenamente as necessidades dos clientes. A conclusão foi "primeiro as pessoas". Trate bem seu pessoal e seus clientes, e bons resultados virão.[14] A partir do estudo de casos das organizações de hospitalidade, Lockwood *et al.* se referem a importância do estilo de gestão e seus reflexos sobre as questões de controle, cultura corporativa e motivação.[15]

No capítulo anterior, vimos que o estilo gerencial tipo "se fazer presente" e a de acompanhamento da equipe são as principais características da gestão da hospitalidade.[16] Em um estudo realizado por Lee-Ross em cinco hotéis localizados à beira-mar, todos privados, com capacidades entre 30 e 65 apartamentos, investigou-se a influência do estilo de gestão na percepção que os empregados têm de seu trabalho e na satisfação em relação a ele.[17]

A investigação contrapôs o estilo "mãos à obra" (em que os gerentes trabalharam a maior parte do tempo em conjunto com os empregados e executaram tarefas similares) ao estilo "fiscalizador" (em que os gerentes delegaram tarefas aos empregados na maior parte do tempo). Apurou-se que, dada a natureza dos empregos no setor de hotéis, os gerentes "mãos à obra", que trabalham lado a lado com seus empregados, manifestaram percepções similares a estes sobre o trabalho executado e se mostrarem mais conscientes dos problemas operacionais e, portanto, mais propensos a atender aos objetivos organizacionais.

Pouco efeito na percepção que o empregado tem do trabalho

Na prática, os conceitos de estilo "mãos à obra" e estilo "fiscalizador" não foram claramente definidos. O estilo de gestão aplicada parece resultar das demandas dos clientes, da política de emprego do hotel e do preparo técnico do gerente. O estudo constatou que os gerentes passavam pelos dois papéis, envolvendo-se com alguns departamentos e deixando outros sem supervisão. Também ficou claro que, embora os empregados que passaram por uma experiência de gestão "mãos à obra" estejam mais aptos a compartilhar da mesma percepção que o gerente tem de suas atividades, a forma de administrar tem pouco efeito prático na maneira como os empregados avaliam seus empregos.

SISTEMAS DE GESTÃO

Com base em uma abrangente pesquisa envolvendo um grande e variado número de organizações, Likert avalia a natureza da relação gerente-subordinado na forma de um modelo quádruplo de sistemas de gestão.[18] Os sistemas são identificados por número:

- Sistema 1: Autoritário explorador;
- Sistema 2: Autoritário benevolente;
- Sistema 3: Consultivo;
- Sistema 4: Grupo participativo.

Sistema 1: Autoritário explorador — As decisões são impostas aos subordinados; a motivação está baseada em ameaças; há muito pouco trabalho de grupo ou comunicação; a responsabilidade está posicionada no topo da hierarquia organizacional.

Sistema 2: Autoritário benevolente — Há uma forma condescendente de liderança; a motivação está baseada em um sistema de recompensas; o trabalho de grupo e a comunicação são limitados; há responsabilidade em nível gerencial, mas não em níveis mais baixos da hierarquia organizacional.

Sistema 3: Consultivo — Os líderes demonstram alguma confiança nos subordinados; a motivação está baseada em recompensas, mas também em alguma espécie de envolvimento; há um grau razoável de trabalho de grupo e a comunicação ocorre vertical ou horizontalmente; a responsabilidade por alcançar os objetivos da organização apresenta-se mais distribuída entre a hierarquia.

Sistema 4: Grupo participativo — Os líderes confiam plenamente nos subordinados; a motivação está baseada em recompensas pela conquista dos objetivos determinados; há participação global e um alto nível de trabalho de equipe e comunicação satisfatória; a responsabilidade por alcançar os objetivos da organização está repartida entre todos os níveis hierárquicos.

PERFIL DAS CARACTERÍSTICAS ORGANIZACIONAIS

Likert também traçou um perfil das características organizacionais, explicando a natureza dos quatro sistemas de gestão. Tal perfil compara os quatro sistemas a partir de uma tabela de variáveis organizacionais sob os seguintes títulos:

(i) processos de liderança;
(ii) forças motivacionais;
(iii) processos de comunicação;
(iv) processos de interação-influência;
(v) processos de tomadas de decisão;
(vi) estabelecimento ou ordenamento de objetivos;
(vii) processos de controle.

Likert e Likert criaram uma tabela simplificada do perfil das características organizacionais[19] (ver Figura 5.2, p. 118).

Os benefícios do Sistema 4 de gestão

Com base em uma extensa análise realizada em muitas organizações, Likert confirmou que os departamentos mais produtivos empregavam práticas de gestão dos Sistemas 3 e 4, Consultivo e Grupo Participativo, respectivamente. O Sistema 4 fundamenta-se no envolvimento, relações de apoio e participação. As decisões organizacionais são aprimoradas por terem como base a informação mais precisa, havendo, também, maior motivação para implementar decisões.

> *Nos Sistemas 1 e 2... os objetivos de alto desempenho determinados pelos superiores, assim como a supervisão de alta pressão, que utiliza orçamentos curtos e controles rigorosos, possibilitam inicialmente alta produtividade por causa da submissão baseada no medo.*[20]

Contudo, devido a atitudes inapropriadas, à comunicação deficiente, à falta de motivação cooperativa e às restrições ao produto, o resultado a longo prazo revela absenteísmo muito alto, rotatividade da mão-de-obra, produtividade baixa e ganhos reduzidos. Likert aponta com veemência que, quanto mais próximo as características operacionais e administrativas de uma organização chegarem do Sistema 4, maiores possibilidades haverá de melhorias a longo prazo na estabilidade dos funcionários, resultando em alta produtividade, pouco desperdício, custos baixos e altas receitas.

Devido às características organizacionais e do pessoal interno na indústria da hospitalidade, pode parecer óbvio que os gerentes teriam muito a ganhar se adotassem o Sistema 4 de gestão. Mas o que envolve de fato esse Sistema?

Likert estabelece três conceitos fundamentais para o Sistema 4 de Gestão. Esses conceitos implicam o uso do(a):

- princípio das relações cooperativas entre os integrantes da organização e, em particular, entre superior e subordinado;
- tomada de decisão em grupo e métodos de organização e supervisão de grupo;

	Variáveis organizacionais	Sistema 1 Autoritário Explorador	Sistema 2 Autoritário Benevolente	Sistema 3 Consultivo	Sistema 4 Grupo Participativo	Item nº
Liderança	Que grau de confiança e segurança demonstram os empregados?	Praticamente nenhum	Pouco	Médio a Bom	Alto	1
	Eles sentem-se à vontade para tratar com os superiores sobre o trabalho?	Pouco à vontade	Razoavelmente à vontade	À vontade	Muito à vontade	2
	Com que freqüência consultam-se as idéias dos subordinados e o quanto são aproveitadas de maneira construtiva?	Raramente	Às vezes	Freqüentemente	Muito freqüentemente	3
Motivação	Aplicam-se de forma predominante 1 medo, 2 ameaças, 3 punição, 4 recompensas, 5 envolvimento?	1, 2,3 e, ocasionalmente, 4	4, às vezes 3	4, às vezes de 3 e 5	5, 4 com base em metas estabelecidas pelo grupo	4
	Onde se observa maior responsabilidade no cumprimento dos objetivos da empresa?	Nos níveis hierárquicos mais altos	Nos níveis alto e médio	Razoavelmente distribuída	Em todos os níveis	5
	Existe cooperação no trabalho de equipe?	Muito pouca	Relativamente pouca	Quantidade média	Grande quantidade	6
Comunicação	Qual é o sentido usual do fluxo de informação?	De cima para baixo	Em sua maior parte, de cima para baixo	De cima para baixo e de baixo para cima	De cima para baixo, de baixo para cima, e lateralmente	7
	Como é aceita a comunicação de cima para baixo?	Com desconfiança	Possivelmente com desconfiança	Com precaução	Com receptividade	8
	O quanto é exata a comunicação de cima para baixo?	Geralmente inexata	Freqüentemente inexata	Freqüentemente exata	Quase sempre exata	9
	Os superiores conhecem os problemas que os subordinados enfrentam?	Não muito bem	Pouco	Razoavelmente	Muito bem	10
Decisões	Em que nível são tomadas as decisões?	Em sua maioria, no topo	Política no topo, alguma delegação	Grande parte da política no topo, mais delegação	Em todos os níveis, com boa integração	11
	Os subordinados estão envolvidos nas decisões relacionadas a seu trabalho?	Quase nunca	Ocasionalmente são consultados	Geralmente são consultados	Completamente envolvidos	12
	Em que proporção o processo de tomada de decisões contribui para a motivação?	Relativamente nada	Relativamente pouco	Razoável	Muito	13
Metas	Como as metas organizacionais são estabelecidas?	Ordens emitidas	Ordens, alguns comentários solicitados	Depois de debate, por meio de ordens	Pela ação de grupo (exceto em períodos de crise)	14
	Quanta resistência oculta é oferecida às metas?	Forte resistência	Resistência moderada	Alguma resistência em determinadas situações	Pouca ou nenhuma	15
Controle	Onde estão concentradas as funções de inspeção e controle?	Muito concentradas no topo	Em grande parte concentradas no topo	Delegação moderada aos níveis mais baixos	Amplamente compartilhadas	16
	Há uma organização informal que resiste à formal?	Sim	Geralmente	Às vezes	Não... as mesmas metas da organização formal	17
	Para que são usados os dados de custos, de produtividade e outras informações de controle?	Policiamento, punição	Recompensa, punição	Recompensa, alguma autodeterminação	Autodeterminação, resolução de problemas	18

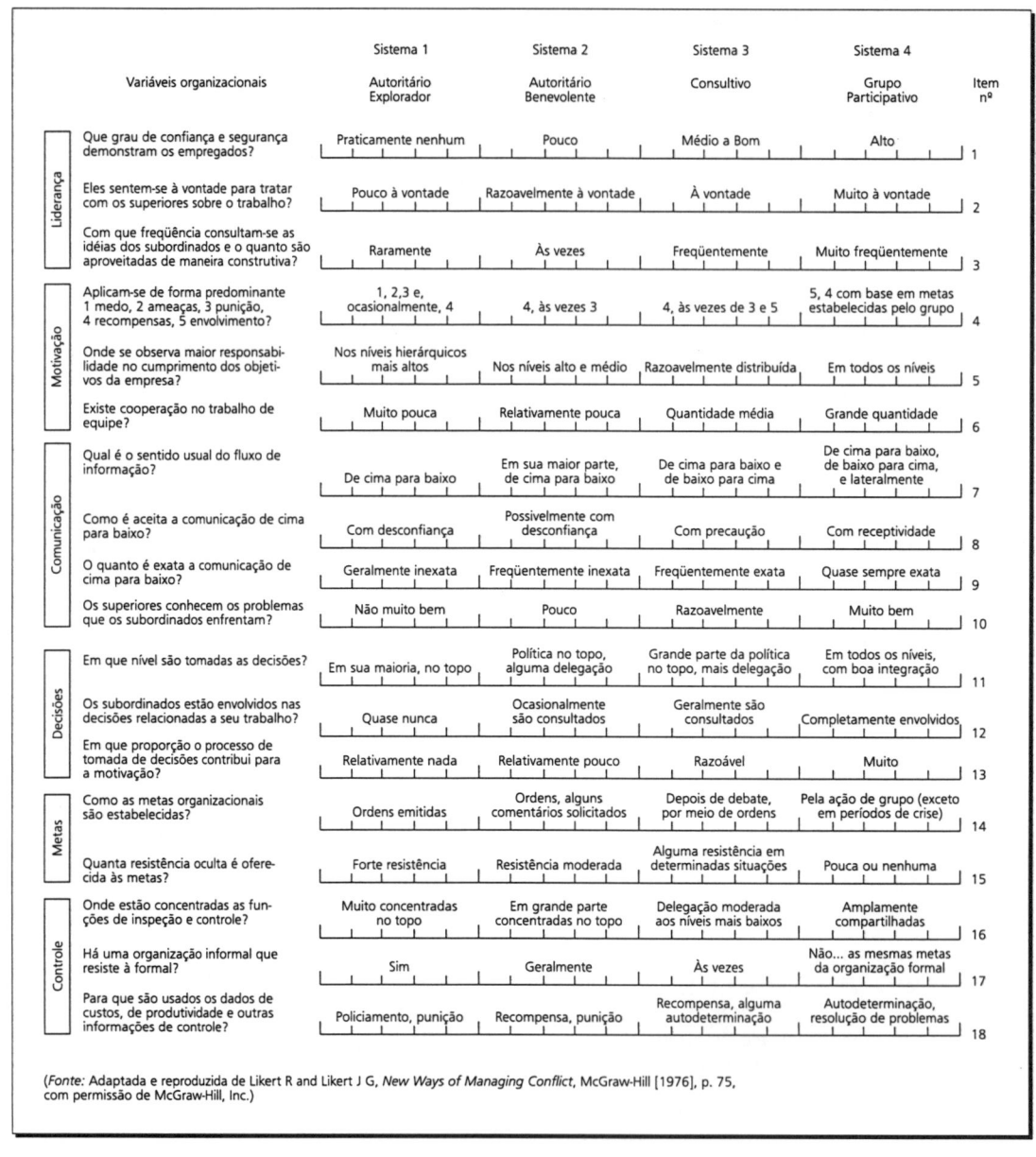

(*Fonte*: Adaptada e reproduzida de Likert R and Likert J G, *New Ways of Managing Conflict*, McGraw-Hill [1976], p. 75, com permissão de McGraw-Hill, Inc.)

FIGURA 5.2 Perfil resumido das características organizacionais.

- aspiração por alto desempenho de parte de todos os integrantes da organização.

O princípio de relações cooperativas

O objetivo das relações cooperativas é desenvolver a auto-estima e a afirmação de personalidade, contribuir para o sentimento de valor e importância dos subordinados, reconhecendo sua contribuição e dignidade. A atitude do gerente em relação aos seus subordinados é considerada cooperativa quando traz consigo:

- confiança mútua;
- contribuição para gerar boa receita;
- compreensão dos problemas do trabalho e auxílio na execução das tarefas;

- interesse sincero pelas questões pessoais da equipe;
- colaboração no treinamento para viabilizar promoções de cargos;
- compartilhamento de informação;
- valorização das opiniões sobre os problemas do trabalho;
- comportamento acessível e amistoso;
- reconhecimento do trabalho de equipe.

No Sistema 4 de Gestão a interação e a tomada de decisões dependem muito dos processos de grupo e do foco da discussão sobre as decisões a serem tomadas. Os gerentes devem aspirar a alto desempenho próprio e de cada integrante de sua equipe. Contudo, para garantir eficácia, as metas para esse fim não devem ser impostas, mas estabelecidas por meio da participação, envolvendo a tomada de decisões de grupo.

ADMINISTRAÇÃO POR OBJETIVOS

Uma das principais abordagens participativas, voltada à motivação do grupo de trabalho, é a administração por objetivos (APO). A expressão "administração por objetivos" foi possivelmente introduzida por Drucker em 1954.[21] A técnica foi adotada por McGregor que defendeu seu uso preferencial no estabelecimento de metas, avaliação do desempenho gerencial e auto-avaliação. A APO tenta relacionar o cumprimento das metas organizacionais ao desempenho e desenvolvimento pessoais. A base da APO é o *envolvimento e a participação* dos funcionários por meio do(a):

- estabelecimento de objetivos e metas;
- concordância acerca dos resultados a serem alcançados e dos critérios de desempenho;
- inspeção regular e avaliação de desempenho.

A APO é considerada, principalmente, um ciclo contínuo de atividades (Figura 5.3, p. 120).

Concordância sobre os objetivos e metas

A principal característica da APO é que os objetivos e metas não devem ser impostos, mas estabelecidos em comum acordo pelos superiores e subordinados. Antes de se dizer o que fazer aos subordinados, estes devem aceitar a responsabilidade por metas definidas e por resultados a serem alcançados.

Para cada tarefa deve estar presente uma análise de resultados para identificar claramente as áreas críticas das atividades, bem como padrões de desempenho indicativos de alcance de resultados. Em retribuição à melhoria do desempenho, deve ser introduzido um processo efetivo de orientação, treinamento e desenvolvimento para os subordinados, juntamente com uma política de gratificação.[22]

O nível de desempenho é avaliado com base no atingimento de resultados por parte dos subordinados, em vez de levar em consideração, em primeiro lugar, sua capacidade de cumprir instruções detalhadas sobre como realizar o trabalho. É concedida aos subordinados, dentro de limites e políticas acordados, a liberdade de ação para decidir como melhor atingir os resultados. Um sistema de administração por objetivos pode ser contrastado, portanto, com uma postura baseada na autoridade e no controle, bem como na obediência a regras.

A APO assemelha-se às vezes ao sistema de controle orçamentário.[23] Embora haja algumas semelhanças de caráter amplo, os dois sistemas são diferentes. A APO estabelece que objetivos e metas definidos para os integrantes da equipe sejam indicadores positivos da conquista de resultados, e não apenas uma série de limites de gastos financeiros. O orçamento até pode fazer parte das metas acordadas pela APO, mas tende a ser apenas um dos principais aspectos envolvidos.

APLICAÇÕES ÀS OPERAÇÕES DE SERVIÇO

Alguns autores também se referem à APO como uma técnica, mas na verdade trata-se de algo mais amplo do que isso. A APO é mais corretamente descrita como um estilo ou sistema de gestão. Pode ter diferentes formas e ser adaptada às demandas das mais variadas organizações, incluindo pequenas empresas de hospitalidade.

A APO parece particularmente adequada a atividades de serviço, embora não seja sempre fácil distinguir padrões quantificados bem-definidos. Nas operações de hospitalidade, objetivos e metas poderiam estar, por exemplo, relacionados às áreas principais de resultado identificadas por Jones e Lockwood: (i) garantir a satisfação do cliente; (ii) manter o desempenho do empregado; (iii) proteger os bens[24] (discutidos no Capítulo 6).

Entre os aspectos favoráveis ao acordo, em relação às metas da APO por um determinado período de tempo, estão:

- aumento nas taxas de ocupação geral ou em uma área específica, tal como retorno de hóspedes, negócios envolvendo conferências e restaurantes;
- redução na rotatividade dos funcionários ou na incidência de dívidas duvidosas;
- controle de custos, níveis de estoque, quebras, desperdício;
- aumento de vendas ou no gasto *per capita* nos bares ou em outros serviços ao consumidor;
- redução do absenteísmo, acidentes e danos;
- crescimento dos comentários favoráveis dos hóspedes / redução no número de reclamações;
- lucro otimizado relacionado à rotatividade ou custos de compras.

Benefícios potenciais da APO

A APO é, portanto, um sistema potencialmente atrativo. Propicia à equipe de trabalho a oportunidade de aceitar maior responsabilidade e a dar maior contribuição pessoal. Adequadamente aplicado, e como parte de um estilo participativo

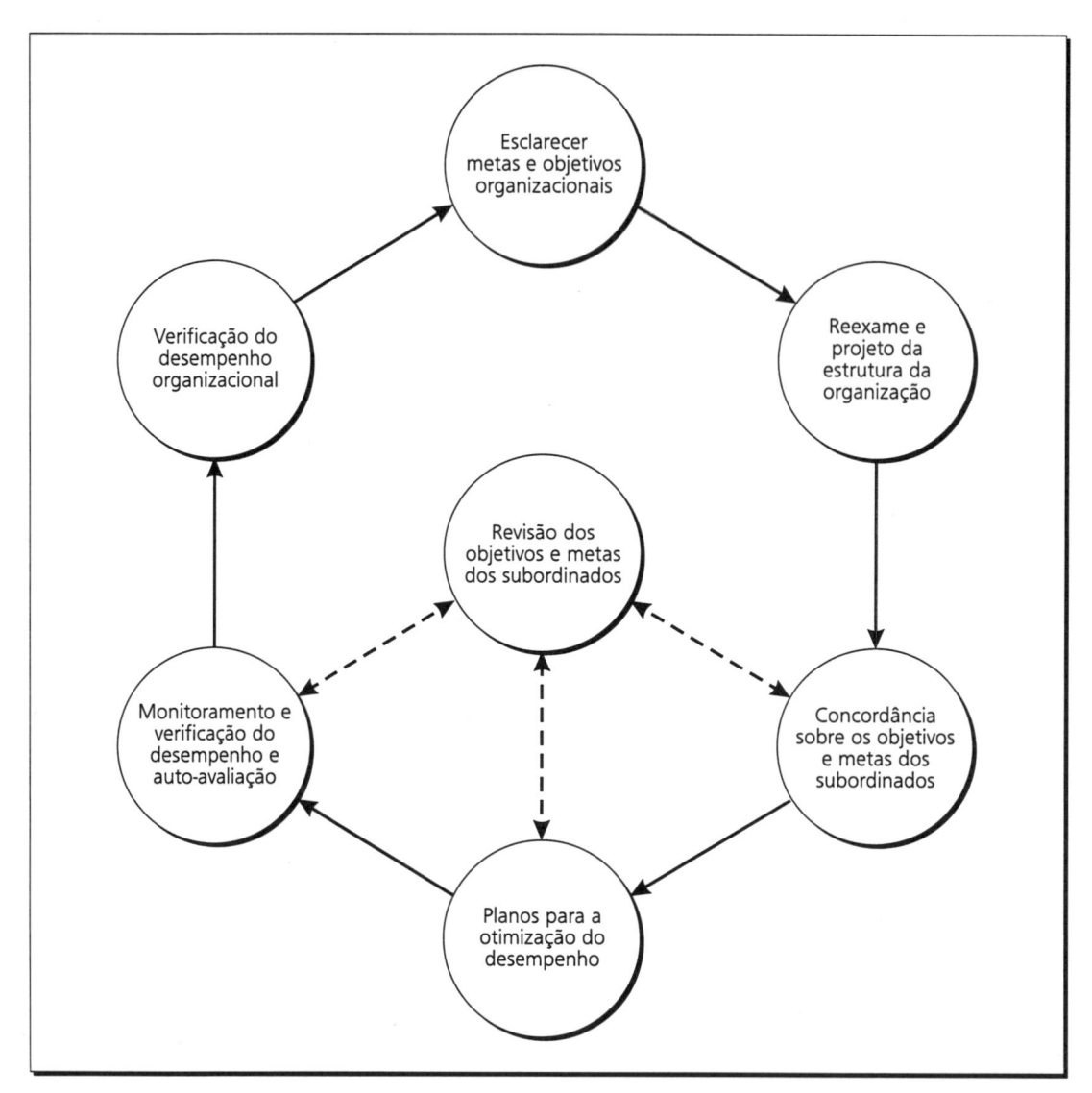

FIGURA 5.3 O ciclo das atividades da APO.

de gestão, esse estilo é recomendável e apropriado tanto à organização de hospitalidade quanto aos seus funcionários. Os benefícios potenciais que a APO apresenta:

- atenção concentrada em áreas críticas de atividade;
- os subordinados sabem exatamente o que seus líderes esperam deles;
- identificam-se melhor as áreas problemáticas que poderiam obstaculizar o atingimento das metas;
- a informação de controle da gestão é aperfeiçoada;
- estimula-se o reexame da estrutura organizacional, facilitando o processo de delegação;
- o planejamento seqüencial na gestão é facilitado;
- identificam-se as necessidades de treinamento, estimulando-se o crescimento e o desenvolvimento pessoais;
- propicia-se uma base segura para os sistemas de avaliação e critérios justos para a determinação de gratificações e promoções;
- utiliza-se a motivação para melhorar o desempenho individual.

Um sistema eficaz de APO pode ampliar o sentimento de capacitação e estimular o exercício de maior iniciativa. Por exemplo, com o objetivo de aumentar a receita por ocupação, um gerente-geral pode preferir adotar uma política de altas tarifas com baixa taxa de ocupação, ao passo que outro pode optar por menores tarifas com maior taxa de ocupação. Dependendo da situação específica do hotel, ambos os métodos poderiam levar ao mesmo resultado, atingindo uma determinada receita total, o que talvez não ocorresse se os gerentes tivessem recebido instruções sobre como deveriam agir.

Críticas potenciais e limitações da APO

- Um sistema eficaz de APO requer total comprometimento e apoio da cúpula administrativa, boas relações entre superiores-subordinados e participação ativa dos funcionários. Também é importante manter-se o ímpeto do sistema, mas sem gerar uma quantia excessiva de trabalho burocrático.
- Os objetivos de mais difícil especificação e mensuração precisas podem ser negligenciados em favor de objetivos que sejam mais facilmente estabelecidos e monitorados. Um sistema de APO pode ser também de difícil aplicação quando os objetivos estão sujeitos a mudanças constantes e rápidas.
- A APO não deve ser aplicada simplesmente como um instrumento de pressão, pelo qual os superiores estabelecem alvos de demanda cada vez maiores para os subordinados. Dar muita ênfase aos resultados pode provocar um efeito adverso no comportamento e no desempenho funcional. Por exemplo, um garçom que esteja lutando por atingir o objetivo de vendas de vinho pode sentir-se forçado a utilizar técnicas de venda de alta pressão, muito embora isso leve à perda da satisfação com o trabalho e possa também perturbar os clientes.[25]
- O sistema de APO está geralmente associado a um sofisticado método de avaliação de desempenho e escalas classificatórias. Isso pode dar surgimento a problemas, como falta de parâmetros nos padrões de desempenho ou ênfase excessiva em empreendimentos de curto prazo.[26] Processos de avaliação baseados na APO não substituem a gestão eficiente dos recursos humanos.
- A realização deficiente de tarefas pode ser o resultado de fatores ambientais externos, fora do controle do subordinado e do superior. É importante, portanto, distinguir claramente entre meras desculpas e razões fundamentadas que impedem a obtenção de um nível satisfatório de desempenho. Também é necessário um procedimento rápido e efetivo na reavaliação e a reformulação de objetivos e metas.

Aplicações na indústria da hospitalidade

Apesar das críticas e de suas limitações, o sistema APO tem sido adotado por um grande número de organizações, tanto no setor público quanto no privado. Porém apesar dos muitos benefícios potenciais, a introdução da APO nas empresas de hospitalidade teve um progresso lento.

Em conformidade com o ponto de vista do autor, Wood oferece o seguinte raciocínio para tal situação:

> *No que diz respeito à indústria da hospitalidade, a natureza ad hoc da gestão e a imprevisibilidade da demanda, quando combinadas com altos níveis de instabilidade na mão-de-obra, podem significar que os custos humanos e financeiros de introduzir a APO, do ponto de vista gerencial, simplesmente não valem a pena. Além disso, fica bastante clara a posição de que os estilos de gestão na indústria da hospitalidade, em sua essência, não levam à participação. Ao contrário, os gerentes se vêem como a maior fonte de autoridade. Além disso, a natureza da demanda pelos serviços de hospitalidade significa que os gerentes de unidade tendem a fixar-se primeiramente em objetivos de curto e médio prazo, e não em objetivos de longo prazo. De maneira similar, a ausência de uma política e de procedimentos de recursos humanos altamente desenvolvidos leva a crer que a implementação sistemática da APO nas organizações de hospitalidade apresentaria problemas administrativos e custos de benefício duvidosos para a organização como um todo.*[27]

Boella, no entanto, sugere que a APO é uma estratégia gerencial que, se operada efetivamente, influencia todos os níveis e atividades de uma organização. Embora conceitualmente seja típico de um estilo democrático de gestão, na prática é freqüentemente introduzido por gerentes partidários de outras posições.

> *Sempre que os conceitos de APO foram aplicados em empresas de hotelaria e de catering de acordo com as regras estabelecidas, verificou-se que os padrões de desempenho da equipe funcional estiveram centrados no hóspede, isto é, voltados à aplicação dos padrões de serviço em benefício do cliente. Já os padrões de desempenho dos chefes de departamento, por outro lado, estiveram centrados no lucro, isto é, o critério econômico determina a produção de serviços ao hóspede. Os chefes de departamento são, contudo, diretamente responsáveis por garantir que os padrões de desempenho operacionais sejam atendidos pelos funcionários, de forma que o desempenho destes possa incorporar aspectos de qualidade tanto quanto aspectos centrados no lucro.*[28]

Atenção ao desempenho do grupo de trabalho

A APO normalmente centraliza sua atenção no desempenho individual dos integrantes da equipe. Em muitas situações, contudo, é o trabalho de equipe e o trabalho eficaz do grupo, e não o desempenho de cada um o que mais importa. Isso acontece com freqüência em muitas organizações de hospitalidade que tendem a se dividir naturalmente em atividades de trabalho cuja base é o grupo. O recomendável, portanto, é enfatizar o valor da atuação conjunta na conquista dos objetivos. Isso ajudará a fomentar o esforço coletivo e o apoio recíproco entre os membros do grupo.

PERFIL DA PERSONALIDADE DOS GERENTES DE HOSPITALIDADE

Como verificamos no Capítulo 2, muito foi comentado sobre as características particulares do setor da hospitalidade, admitindo-se que, por sua natureza "singular", os requisitos exigidos de seus gerentes são de alguma forma diferentes. Como um exemplo do permanente debate sobre a natureza especial do setor, uma variedade de estudos centraram sua atenção nas características da personalidade dos gerentes que atuam nesse ramo. Mas até que ponto esses estudos podem ajudar na orientação e desenvolvimento desses profissionais?

Shaner entende que, devido às demandas específicas da indústria da hospitalidade, os valores pessoais e o comportamento de seus gerentes também são diferenciados. Os valores mais importantes identificados pelos gerentes de hospitalidade são honestidade, responsabilidade e capacidade.[29] Porém, embora seja difícil argumentar contra tais valores, eles são muito genéricos e nos dizem pouco sobre os atributos exigidos de um gerente eficiente. Shaner também aponta que a obediência às regras da empresa e a boa disposição foram considerados atributos de menor importância, se comparados a outros valores inerentes a gerentes de outros ramos.

Com base em uma amostragem envolvendo 28 gerentes de uma mesma cadeia de hotéis no Reino Unido, Worsfold descobriu que, segundo as normas gerais de gestão, os gerentes deste ramo de atividade eram mais afirmativos, arrojados e criativos, buscando sempre ressaltar as habilidades da equipe e o trabalho coletivo.[30]

Um profissional diferenciado

Outra pesquisa, realizada por Stone, envolveu 140 gerentes-gerais do Reino Unido, sendo que 71 deles eram empregados de cadeias de hotéis e 69 eram gerentes ou proprietários independentes.[31] A partir dessa pesquisa, Stone constatou que os gerentes de hotel apresentam uma forma de atuação diferenciada, plena de atributos que os distinguem dos gerentes de outros ramos. Comparados com seus colegas de outras áreas de atividade, os gerentes de hotel são:

- mais calmos, realistas e estáveis;
- mais afirmativos, competitivos e persistentes;
- mais bem-dispostos, ativos e entusiasmados;
- mais confiantes socialmente e mais espontâneos;
- mais realistas, independentes e céticos;
- mais difíceis de enganar, mais determinados e comprometidos consigo próprios;
- mais interessados com questões práticas e detalhes.

Não se deve concluir, porém, que tais características sejam necessariamente as mais adequadas ou que resultarão em melhor desempenho organizacional. O estilo gerencial adotado, como se sabe, influencia o ânimo, o desempenho e a capacidade de retenção da equipe.[32]

Stone também apurou que os gerentes de hotel têm uma capacidade de discernimento e mental mais baixa, o que é um aspecto bem problemático. No entanto, embora esse dado seja representativo atualmente, não necessariamente deverá sê-lo no futuro.

A idéia de considerar as características da personalidade como um indicador do desempenho efetivo não é nova. Por exemplo, um antigo estudo abordando a liderança foi a tentativa que vários autores fizeram de identificar as características comuns à personalidade dos líderes positivos ou bem-sucedidos.[33] Contudo, a extensa pesquisa nesta área revelou que há pouco a explicar em relação à natureza da liderança ou à contribuição no treinamento de futuros líderes. As investigações identificaram vários traços que tendem a se sobrepor ou a se contradizer, evidenciando pouca correlação (este assunto será discutido no Capítulo 9).

OS ATRIBUTOS DO GERENTE DE HOSPITALIDADE

Em vez de tentar identificar qualquer conjunto particular ou singular de características do gerente de hospitalidade, uma política mais construtiva é concentrar a atenção nos atributos gerais que se requerem de um gerente de sucesso.[34]

Para desenvolver o processo de gestão e a execução do trabalho, o gerente deve reunir competência técnica, habilidades sociais e capacidade criativa (Figura 5.4). Embora seja uma abordagem simplificada, ela oferece um modelo útil e pragmático no qual se examinam os atributos do eficiente gerente do setor de hospitalidade.

- A *competência técnica* refere-se à aplicação de conhecimento específico e métodos a tarefas distintas, estando o verdadeiro "fazer" relacionado ao trabalho e às operações cotidianas dirigidas à efetiva provisão de serviços.
- As *habilidades sociais* referem-se aos relacionamentos interpessoais no local de trabalho, à atividade conjunta, à orientação e liderança da equipe, para se chegar a um esforço coordenado e a altos níveis de desempenho.
- A *capacidade criativa* é indispensável para que todas as complexidades que envolvem as operações organizacionais sejam analisadas globalmente, incluídas aí as influências do ambiente externo. Também envolve o planejamento estratégico e a capacidade de tomar decisões.

O gerente de várias unidades

No caso do gerente que exerce seu cargo em várias unidades, Goss-Turner indica que o próprio papel múltiplo já requer a implementação de padrões que exigem características mais amplas em torno das habilidades gerenciais, tais como aptidões de *marketing* e Gestão de Recursos Humanos. As costumeiras habilidades técnicas setoriais se tornam menos significativas e as habilidades gerenciais de caráter geral adquirem maior importância. Os cargos mais altos da organização necessitarão de treinamento adicional e mais abrangente na área da formulação estratégica e na tomada de decisões corporativas, havendo potencial para um sério desencontro entre as habilidades necessárias em nível de admi-

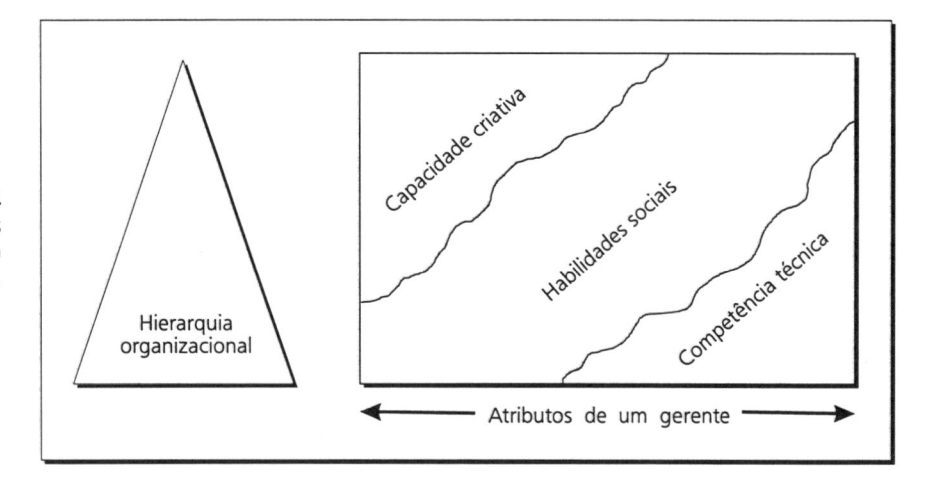

FIGURA 5.4
A combinação dos atributos de um gerente.

Triângulo: Hierarquia organizacional. Quadro: Capacidade criativa, Habilidades sociais, Competência técnica. Atributos de um gerente.

nistração de várias unidades e os papéis gerenciais localizados imediatamente acima na estrutura organizacional.[35]

O equilíbrio adequado

Tentar assegurar o mais adequado equilíbrio entre os atributos desejáveis implica uma discussão constante sobre o projeto e o conteúdo de programas de orientação e de treinamento para gerentes da indústria da hospitalidade.

À medida que o gerente avança na hierarquia organizacional, o que normalmente se espera é uma maior ênfase à capacidade criativa e, proporcionalmente, menor ênfase à capacidade técnica. Dessa forma, o equilíbrio entre a competência técnica e a capacidade criativa deve ser determinado pelo nível de expectativa em relação aos gerentes potenciais e pelo provável padrão de sua progressão na carreira.

A natureza do setor não impõe demandas específicas a seus gerentes. Nas operações hoteleiras, no entanto, é indispensável que os gerentes tenham recebido treinamento e sejam proficientes nas práticas inerentes ao setor, além disso, é necessário demonstrar um alto nível de conhecimento técnico e de múltiplas habilidades gerenciais.[36] Pode ocorrer, contudo, que a exigência relativa à competência técnica seja maior na hotelaria do que nos outros ramos. Essa demanda pelo conhecimento técnico é compreensível e se ajusta às características atuais do setor. Mas não deve acontecer em detrimento do desenvolvimento e do ensino da administração.

De acordo com um relatório da HCTC, 30% dos gerentes não possuem qualificação formal.[37] Na área de recursos humanos/ gestão de pessoal, um estudo realizado por Maher constatou que apenas uma minoria dos integrantes de gerências-gerais possuía qualificação profissional para exercer o cargo em seu setor. A investigação, contudo, indicou um aparente crescimento da conscientização sobre a importância de recrutar *profissionais* qualificados assim como registrar uma demanda crescente por alta aptidão para ocupar os cargos gerenciais.[38] O conhecimento técnico já não é suficiente; deve ser compensado pela ampla competência gerencial. Não será o número de encontros de treinamento ou a experiência por si só que produzirão bons gerentes se eles não possuírem a necessária habilidade social e humana.

O Capítulo 10 trará uma nova discussão sobre desenvolvimento gerencial.

APTIDÕES GERENCIAIS "DURAS" E "MACIAS"

É cada vez mais comum fazer-se a distinção entre as aptidões gerenciais "duras" e as "macias".[39] Aptidões duras são as técnicas necessárias para realizar adequadamente as tarefas. As aptidões macias se referem às relações interpessoais e às atividades em equipe. (Ambas estão relacionadas ao tema trabalho coletivo e construção e manutenção de grupo, discutida no Capítulo 8.) Green se refere à importância de se formar um conceito acerca de como administrar recursos humanos. A atividade gerencial opera ao longo de um *continuum* de aptidões duras e macias. Exemplos de pontos extremos nesse *continuum* seriam a aptidão dura de administrar assuntos disciplinares difíceis ou a defesa de ponto de vista em um debate sobre alocação orçamentária, e a aptidão macia de prestar consultoria ou orientar um integrante da equipe que busca apoio ou aconselhamento. Os gerentes eficazes devem possuir sensibilidade e capacidade de moverem-se ao longo do *continuum*, ajustando sua atitude no exercício do cargo e sua forma de agir de acordo com a ocasião.[40]

Habilidades sociais e humanas

As habilidades sociais e humanas refletem a capacidade de relacionar-se com outras pessoas, sendo, portanto, atributos importantes em todos os níveis de gestão e no desenvolvimento da equipe de trabalho. A capacidade de aproveitar ao máximo as aptidões das pessoas é uma característica marcante do processo de gestão.

Drucker, por exemplo, defende o seguinte ponto de vista:

> A função que, acima de qualquer outra, distingue o gerente é aquela que ninguém, senão ele, pode executar, ou seja, transmitir a sua equipe a importância do trabalho que realizam e como poderão desempenhar produtivamente seus papéis.[41]

A importância das pessoas como principal recurso da indústria da hospitalidade é reconhecida.

> Em uma organização, os únicos recursos capazes de transformar são os recursos humanos. Dinheiro e equipamentos se esgotam. Refeições são consumidas, camas servem para dormir. O equipamento está sujeito ao desgaste; pode ser bem ou mal aproveitado, mas jamais poderá exercer um papel mais eficaz do que aquele para o qual foi projetado. Os seres humanos, ao contrário, podem crescer e se desenvolver. São o recurso mais complexo e, ao mesmo tempo, o mais recompensador com que lidamos.[42]

A indústria da hospitalidade é em grande parte um "ramo de pessoas". Muitos integrantes da equipe de trabalho entram em contato direto com o cliente. As pessoas são um ingrediente essencial nas operações do hotel: elas são parte do produto acabado pelo qual o cliente paga. A satisfação do cliente sofre a influência também das atitudes e comportamento dos funcionários, e não apenas do padrão de acomodação, comida e bebida, e outros serviços oferecidos. Isso tudo aumenta a importância da gestão eficaz dos recursos humanos. As habilidades interpessoais são decisivas quando se trata de gestão de hospitalidade.[43]

Pessoas: um fator comum

Jones argumenta que o principal fator que justifica a afirmação de que os serviços e os serviços gerenciais são diferentes é o papel das pessoas.[44] Isso pode ser verdade, mas ao mesmo tempo também estabelece que as pessoas são um fator comum em qualquer espécie de organização. Aquilo que se percebe sobre o desempenho funcional na indústria da hospitalidade serve para enfatizar a importância das aptidões humanas e sociais de seus gerentes.

Os gerentes alcançam resultados por meio do trabalho de outras pessoas que integram sua equipe. Compreender as diversas influências que determinam o comportamento das pessoas em um empresa deve, portanto, ser um aspecto prioritário na orientação e no desenvolvimento dos gerentes.

Teoria e prática não são inseparáveis. Mullins e Aldrich, por exemplo, fazendo uso de sua vasta experiência acumulada sobre teoria administrativa, construíram um modelo integrado de comportamento gerencial e de desenvolvimento que se aplica não só à indústria da hospitalidade como também a qualquer outro tipo de organização.[45]

A GESTÃO EFICAZ DOS RECURSOS HUMANOS

Qualquer que seja o debate sobre as características da personalidade ou sobre os atributos de um eficiente gerente de hospitalidade, seu atributo principal está por demais claro — a competência em administrar pessoas. O único ingrediente essencial de qualquer gerente bem-sucedido é a capacidade de administrar produtivamente seus funcionários. Livros conhecidos sobre a atividade gerencial parecem apresentar um ponto de vista positivo acerca da natureza humana e apóiam a política que incentiva as pessoa a trabalhar com boa-vontade e a atuar da melhor maneira possível.[46] Contudo, como muitos de nós já testemunhamos, a gestão voltada a atitudes benevolentes, de aproximação com os membros da equipe de trabalho não costuma ser o que, na prática, se encontra.

A cultura administrativa é importante. Freemantle, por exemplo, afirma que uma verdadeira chaga na cultura gerencial é o fato de os gerentes realmente não se interessarem pelas pessoas até o momento em que elas se tornam um problema. De acordo com o mesmo autor, considerar os empregados como custo desqualifica o administrador e debilita suas características de liderança. Muitas empresas tendem a apontar especialistas técnicos para as posições de gerência, negligenciando o imprescindível atributo de saber administrar pessoas.[47]

Apesar da especial importância dos recursos humanos para o ramo da hospitalidade, a aplicação de uma política de ação cuidadosa quanto à administração de pessoas é um aspecto que não encontra muito respaldo na área gerencial.

> Como um setor envolve e depende das pessoas, parece que se exagera quando o assunto é a preocupação com os empregados.[48]

> Administradores da indústria da hospitalidade costumam referir-se com freqüência ao fato de que os recursos humanos constituem bens valiosos de uma organização... Embora a contribuição e a importância das manifestações relativas a pessoal sejam reconhecidas, pelo menos teoricamente ("nossas pessoas são nossos recursos mais importantes"), as atitudes cotidianas da gestão de linha e de topo geralmente não correspondem a esse sentimento.[49]

Estilo autocrático de gerentes da indústria da hospitalidade

Apesar das lições a serem aprendidas a partir dos estudos de McGregor, Blake e Mouton, e Likert, muitos gerentes de hospitalidade ainda insistem em adotar um estilo autocrático, centrado em tarefas.

White, fazendo uso de um conjunto similar àquele formado pelos quatro sistemas de Likert, solicitou a equipes de trabalho de empresas de vários ramos de atividades que identificassem qual o seu estilo preferido de gestão — gerente autocrático, gerente persuasivo, gerente consultivo e gerente participativo.[50]

Na indústria, o estilo preferido de gestão foi o consultivo. Porém, na pesquisa realizada em hotéis, a maioria das respostas mostrou que os estilos autocrático e consultivo eram os prediletos.

White também solicitou aos funcionários pesquisados que definissem o estilo de seu próprio gerente. Na indústria, verificou-se que os gerentes possuem vários estilos administrativos. Quanto aos hotéis, a maioria dos respondentes indicou que seu gerente era autocrático. Isso pode influenciar a estabilidade do funcionário no emprego. White sugere que, embora há mais tempo na função, funcionários mais antigos podem sentir-se bem dentro da gestão autocrática, mas esse mesmo estilo pode levar a altos níveis de rotatividade entre pessoal há menos tempo na empresa. Ele defende a transformação do estilo autocrático predominante em estilo consultivo.

Parece duvidoso, contudo, que tais mudanças possam realmente ocorrer na prática. Wood, por exemplo, sustenta que: "há evidências que indicam que os estilos de gestão aplicados na indústria da hospitalidade não se inclinam, em geral, a serem participativos".[51]

Mas por que a maioria dos gerentes de hotel adotam um estilo voltado preferencialmente ao cumprimento de tarefas e centrado na autocracia? Consideramos cinco razões principais.

Uma preocupação avassaladora pelos resultados de curto prazo

Há uma visão amplamente aceita no ramo hoteleiro de que toda atividade deve estar relacionada diretamente à lucratividade. Umbreit, por exemplo, defende a idéia de que:

> *Tradicionalmente, o setor hoteleiro tem tido uma forte orientação operacional cujo interesse está primeiramente centrado em resultados de curto prazo. Seus gerentes foram avaliados com base nas medidas de lucratividade e de controle de despesas.*[52]

A partir de seu estudo sobre gerentes, desenvolvido junto a várias organizações de hospitalidade, Hales e Nightingale consideraram que: "As expectativas dos integrantes da administração central ou sênior de uma empresa em relação aos gerentes de unidade parecem estar predominantemente enfocadas no cumprimento das tarefas e não em atividades, sobre os números que os gerentes de unidade devem atingir e não sobre o que devem fazer".[53]

A lucratividade e o controle de despesas, assim como a atenção às tarefas, são aspectos evidentemente importantes da gestão eficaz. Mas a atenção dada aos resultados, nesta área, deve corresponder a um igual interesse pelo tratamento adequado aos funcionários e pelo seu bem-estar.

Comprometimento com as operações de linha de frente

As operações de hospitalidade combinam uma grande variedade de atividades, muitas das quais ocorrem simultaneamente. Os serviços são oferecidos diretamente aos hóspedes. Assim, é indispensável um alto grau de coordenação, muitas vezes medido em escalas de tempo muito curtas. Cabe diretamente aos gerentes, portanto, a definição e organização das interações em que se envolve a equipe, na busca das metas e objetivos.

A necessidade de manter altos padrões de serviço poderia também, em parte, explicar por que os gerentes freqüentemente demonstram grande comprometimento com a realização das tarefas. Worsfold, por exemplo, aponta que na indústria da hospitalidade é necessário:

> *manter padrões elevados (alguns dos quais são obrigatórios por lei), em um ambiente altamente variável, trabalhando com um produto transiente. Para manter esses padrões de alto nível, é necessário estabelecer regras e procedimentos aos quais a equipe deve se adaptar.*[54]

Práticas administrativas tradicionais

Os gerentes costumam confiar em práticas administrativas tradicionais e ultrapassadas, mostrando excessiva preocupação com as diferenças entre o ramo da hospitalidade e os demais. Isso resulta em uma visão equivocada, que evita as aplicações de teorias e práticas de gestão genéricas, que no entanto são úteis. Servem de exemplo o lento progresso no reconhecimento da potencial contribuição dos conceitos de administração por objetivos (a que nos referimos anteriormente) e no desenvolvimento da gestão dos recursos humanos. Wood faz referência à ausência de uma política e de procedimentos de pessoal altamente desenvolvidos na indústria da hospitalidade, que tem um histórico de burocracia excessiva e de indiferença quanto à administração dos recursos humanos, cujos gerentes demonstram muita resistência, em todos os níveis, a inovações nessa área.[55]

Isso pode, também, ser uma das razões pelas quais ainda existe alguma relutância de parte de alguns gerentes de hospitalidade em receber com boa vontade os estudantes dos cursos de administração, considerando-os acadêmicos demais e possivelmente também como uma ameaça a seus próprios cargos. Por outro lado, aparentemente há menos resistência à contratação de estudantes de cursos técnicos, considerados mais preparados na orientação "prática".[56, 57]

Falha na administração de pessoas

Uma linha de ação administrativa fundamentada na execução de tarefas pode ser considerada mais fácil. As pessoas não são, todavia, positivas por natureza; possuem personalidade própria e diferem entre si como indivíduos. O comportamento humano é inconstante e a aplicação de métodos científicos não garante sucesso. As pessoas trazem consigo seus próprios sentimentos e atitudes em relação a seus deveres e responsabilidades. Você deve lembrar que Venison defende o ponto de vista de que um estilo de gestão nos moldes da Teoria Y não é uma abordagem "leve", na verdade é mais difícil de ser posta em prática, embora potencialmente possa obter maior sucesso.[58]

Muitos gerentes parecem optar pela abordagem "fácil" e tentam administrar meramente por meio da realização das tarefas, pela hierarquia organizacional, pelos sistemas e procedimentos, em vez de administrar *com e pelas pessoas*. Os gerentes precisam ampliar sua percepção a respeito das pessoas, entender os sentimentos da equipe, suas necessidades e expectativas como seres humanos. O desenvolvimento de habilidades sociais e humanas é uma prioridade.

O crescente reconhecimento da utilidade de programas como o *Investors in People* deve ajudar a reduzir os problemas e promover o sucesso das organizações de hospitalidade por meio de seu pessoal.[59]

Um círculo vicioso

Muitos gerentes da indústria da hospitalidade alegarão que a falta de empregados mais aptos, a natureza das condições de trabalho e a alta rotatividade no emprego exigem uma atitude gerencial comprometida unicamente com a realização das tarefas. Mas, exatamente pelo fato de tal estilo administrativo ser aplicado é que surgem, pelo menos em parte, as *causas básicas* que originam os problemas a que se referem e a que dizem estar reagindo.

Podemos, por exemplo, relembrar que Likert constatou que um sistema autoritário de gestão pode render alta produtividade *a curto prazo*, mas é um sistema participativo, envolvendo o grupo, que a longo prazo levará à melhoria dos níveis da rotatividade funcional, à alta produtividade e ao melhor desempenho organizacional. Lembramos também que White destacou que um estilo autocrático de gestão pode gerar rotatividade acima do normal entre os funcionários mais recentes.

A alta rotatividade da equipe não deve ser, portanto, uma desculpa inerente, característica do setor. A atitude da gerência deve ser a de identificar e administrar essa área problemática — um problema em termos de custo, tempo, ânimo do pessoal e possíveis efeitos nos padrões dos serviços oferecidos. Os gerentes devem ser sensíveis a tais aspectos e adotar uma estilo mais participativo de gestão, desenvolvendo políticas de apoio aos subordinados. Devem também estar aptos a aprender com as experiências de outros setores, a rever procedimentos e práticas, e a dar maior atenção ao planejamento dos recursos humanos, incluídos aí recrutamento e seleção, lotação e treinamento.

Princípios gerenciais básicos

Uma política forte de investimento em pessoas e em relacionamento interpessoal sempre vale a pena, mesmo que a longo prazo. É importante que os gerentes tenham um sentido altamente desenvolvido para "perceber as pessoas" e entendam os sentimentos de seus funcionários, suas necessidades e expectativas. São pessoas sendo administradas, e elas devem ser tratadas por meio de uma perspectiva humana. Um interesse sincero pelo bem-estar da equipe de trabalho é decisivo para aumentar o desempenho organizacional e a eficácia de todos. De acordo com este autor, são vários os princípios e políticas gerenciais básicos, capazes de contribuir para a boa administração dos recursos humanos e levar a um melhor desempenho no trabalho (Figura 5.5).

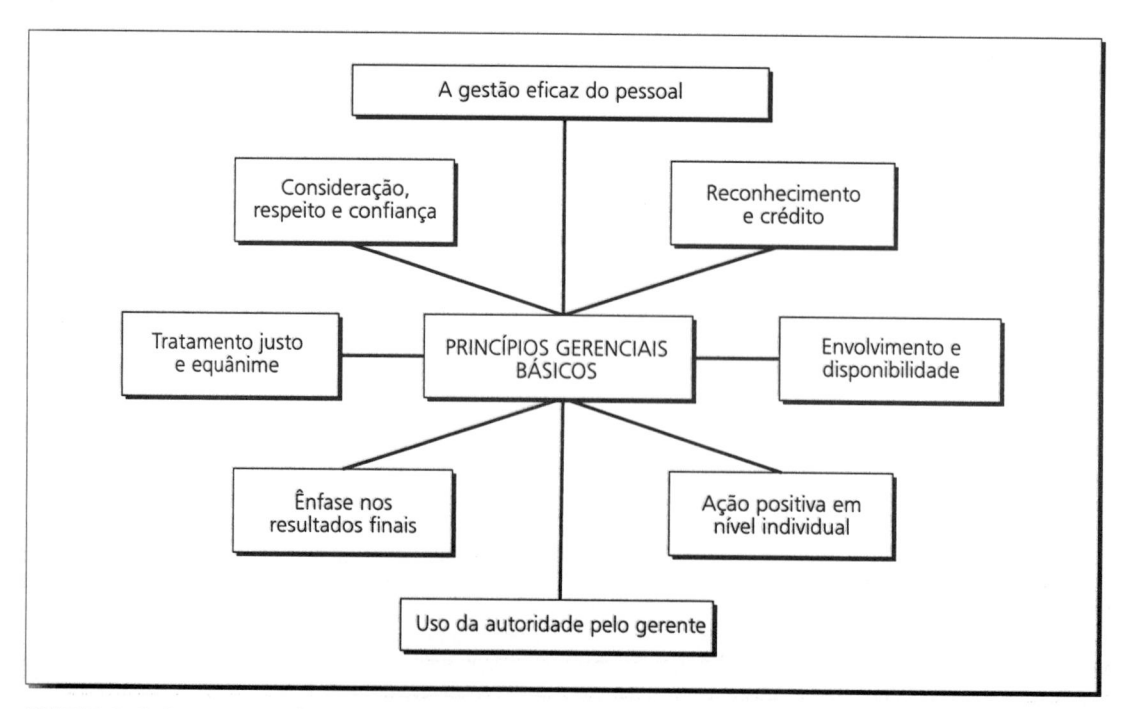

FIGURA 5.5 A gestão eficaz do pessoal.

Consideração, respeito e confiança

As pessoas em geral respondem de acordo com a maneira como são tratadas.[60] O pouco que você oferecer significará o retorno de muito. Faça com que as pessoas sintam-se importantes e faça-as entender como são valiosas para a empresa. A maior parte da equipe responderá de forma construtiva se for tratada com consideração e respeito, e como indivíduos responsáveis por bem servir à organização. "Se as pessoas perceberem que são confiáveis aos olhos das chefias, farão esforços extraordinários para mostrar que tal confiança é fundamentada".[61]

A partir de sua pesquisa envolvendo expressivas empresas norte-americanas, Peters e Waterman fazem o seguinte comentário sobre a lição fundamental de se alcançar a produtividade por meio das pessoas:

> Trate as pessoas como adultos. Trate-as como parceiros; trate-as com dignidade. Trate-as com respeito. Trate-as — não como custo ou máquinas — mas como a fonte primeira dos ganhos de produtividade.[62]

Reconhecimento e crédito

Os empregados devem ser elogiados pelo sucesso que alcançarem. Dê total reconhecimento e crédito quando devidos e deixe que as pessoas saibam que você gosta delas. Muito freqüentemente os gerentes não reagem ao bom desempenho de sua equipe, o que pode acontecer em grande parte do tempo, e parecem interpretar que é natural não reagir; por outro lado, são rápidos em criticar as poucas ocasiões em que o desempenho cai abaixo das expectativas. Um *feedback* positivo quando há bom desempenho é um forte motivador, inclusive favorecendo uma atitude mais receptiva de todos ao receber críticas construtivas.

A experiência baseada nas visitas realizadas por estudantes de administração, durante o seu ano de treinamento, revelou a enorme importância do reconhecimento ao desempenho. Uma das reivindicações mais comuns é obter informações sobre como estão indo nas suas atividades. Para a equipe sentir orgulho de seu trabalho, precisa antes de tudo saber que está sendo bem-avaliada e receber o devido reconhecimento por isso.

Reconhecimento

O reconhecimento ao desempenho efetivo da equipe é sempre discutido em reuniões. Tal reconhecimento, pelas chefias, tem grande repercussão junto aos funcionários. Além de eventos regularmente planejados, garrafas de vinho por exemplo são distribuídas como forma de agradecer a qualquer integrante do grupo que tenha colaborado além das expectativas para ajudar clientes ou colegas, ou que tenha solucionado situações difíceis ou desafiadoras com iniciativa e entusiasmo.

THE SEAVIEW HOTEL AND RESTAURANT

Se você apanhar alguém fazendo algo certo. Informe-nos!

Bom trabalho!

Nome do funcionário: _____

Data: _____

(Breve descrição no verso)

BEST WESTERN HOTEL, EUA

Envolvimento e disponibilidade

Envolva-se com o trabalho de sua equipe, e tenha certeza de que você entende perfeitamente as dificuldades e qualquer desajuste decorrente de suas obrigações e responsabilidades. Garanta um fluxo aberto de comunicação, e incentive a participação e o *feedback*. Demonstre interesse pelo trabalho de todos, mas sem demonstrar controle excessivo nem inibir a liberdade de ação. Sempre que possível, esteja em primeiro lugar disponível a sua equipe de trabalho e só depois à administração, e lembre-se da importância de reservar um tempo para ouvir o que seus colaboradores têm a dizer e conhecer, seus problemas e sentimentos. É importante lembrar o que Fletcher recomenda: "Há uma diferença entre ouvir e somente escutar. Ouvir o que os outros dizem não é uma atividade automática, mas trabalho duro. Precisamos estar atentos e concentrados".[63]

Tratamento justo e equânime

Trate as pessoas com igualdade, mas reconheça o mérito de cada um. Garanta-lhes justiça no tratamento, métodos equilibrados de motivação e gratificação, políticas claras de pessoal, e completa observação das leis trabalhistas e dos códigos de conduta relacionados ao emprego. As pessoas aguardam determinados resultados em troca de suas contribuições no trabalho. Sentimentos de desigualdade causam tensão e motivam a pessoa a desenvolver outras formas de comportamento a fim de remover ou reduzir a desigualdade percebida. A teoria da eqüidade da motivação será discutida no Capítulo 7.

Ação positiva em nível individual

Trate os integrantes da equipe como indivíduos. Situações individuais devem ser tratadas caso a caso. Evite generalizações. Um exemplo de generalização é quando o gerente percebe que dois funcionários que trabalham no mesmo turno têm chegado atrasados para o trabalho e manda uma circular para *todos* os integrantes da equipe, em que lembra a importância de cumprir o horário de trabalho. Isso pode parecer uma boa saída para o gerente, mas qual será a provável reação do grupo?

Os dois integrantes atrasados podem até se abrigar na generalização da circular e fazer de conta que ela não se aplica a eles. Podem também preferir acreditar que o gerente deve estar se referindo à equipe que trabalha em outro turno, sem dar muita importância à circular. Os demais integrantes da equipe, ou a sua maioria, que de fato cumpre seu horário, poderá sentir-se aborrecida ou contrariada com o conteúdo da circular.

Pode haver, por exemplo, empregados que, apesar de dificuldades em nível pessoal, orgulham-se do que fazem e se esforçam ao máximo para manter a pontualidade — provavelmente sem nenhum reconhecimento prévio da gerência. Seria compreensível se a reação desses empregados fosse de ressentimento e desilusão, com um possível efeito adverso em sua atitude futura no trabalho. O gerente tem mais a per- der do que a ganhar se tratar coletivamente um problema particular e se não tomar uma atitude seletiva e positiva de caráter individual.

Ênfase nos resultados finais

O cumprimento de horários é, sem dúvida, um aspecto da maior importância, especialmente no setor de serviços, como é o caso da hospitalidade. Porém, se o fato de estar sempre presente não é uma condição absoluta para o desempenho efetivo, o que se ganha com a insistência na rigidez de horários? O crescente movimento por padrões flexíveis de trabalho procura dar maior ênfase à produtividade da equipe e não às horas que passa envolvida no trabalho. Os critérios mais importantes são a qualidade dos serviços e o nível de desempenho. Mesmo quando "estar presente" é uma exigência fundamental do trabalho, os gerentes devem priorizar os resultados finais, os níveis reais de desempenho, e não apenas as horas trabalhadas ou a submissão a instruções detalhadas, regras e regulamentos.

O uso da autoridade pelo gerente

Há quem argumente que tais princípios relacionados à preocupação com o bem-estar dos funcionários são idealistas demais e que, dadas as realidades hostis no setor da hospitalidade, os gerentes precisam adotar uma postura mais dominadora. Mas em nenhum momento se sugere que os gerentes devam, sob qualquer circunstância, abrir mão do direito de gerenciar: é apenas uma questão de *como* gerenciam e de como usam sua autoridade.

Um exemplo interessante é oferecido pelo empresário alemão Klaus Kobjoll, cujo hotel mantém índices de ocupação em torno de 92% e uma longa lista de espera de candidatos às vagas de emprego, esperançosos de integrar uma força de trabalho altamente motivada.

> *os tempos modernos exigem uma mudança fundamental na relação gerência/empregados. Há três tipos de autoridade: a divina, do tipo Luís XIV, que muitos presidentes de empresas assumem — mas que não significa nada para o sujeito que está no shopfloor; autoridade recebida por meio do exercício de aptidões profissionais; e finalmente a autoridade de "solidariedade humana", em que você demonstra que se importa tanto em nível pessoal quanto profissional com os empregados. Essa é a melhor e mais alta forma de autoridade... Se o proprietário de um hotel afirma que seus funcionários estão trabalhando mal, é ele quem precisa mudar seu estilo.*[64]

Uma atitude interessada em relação à equipe

Os gerentes precisam adotar uma atitude positiva em relação a sua equipe de trabalho e desenvolver um espírito de mútua cooperação. Os funcionários devem perceber que estão trabalhando com o gerente, e não para o gerente.

Como princípio geral do comportamento gerencial, é difícil alguém posicionar-se contra a idéia de colocar as pessoas em primeiro lugar e contra a filosofia da chamada "regra de ouro" — **administre os outros da forma que você gostaria que o administrassem**. Venison oferece uma valiosa comparação entre o setor hoteleiro e a indústria varejista,[65] outro interessante e inteligente enfoque gerencial priorizando as pessoas, baseado na regra de ouro, é o que encontramos na Mary Kay Cosmetics dos Estados Unidos. Da mesma forma, atitudes de preocupação com o quadro funcional são encontradas na Marks & Spencer e na Body Shop.[66]

Administrar com competência não é fácil

Ninguém deve pensar que administrar é fácil. Mas será que é demais pedir que os gerentes tratem os integrantes de sua equipe com cortesia e consideração? Isso, por acaso, diminuiria a capacidade que gerente tem de cumprir seus deveres e responsabilidades efetivamente? Convenhamos, se o administrador estiver preparado para pôr em prática suas atribuições e seguro de sua própria competência, só tem a ganhar tratando com atenção o grupo sob liderança.

Certamente que a adoção desse estilo gerencial requer uma ação positiva e cooperativa, tanto dos gerentes quanto dos funcionários do hotel. Mas a iniciativa deve ser tomada pela gerência. Caso determinados integrantes da equipe não cooperarem ou falharem em responder de maneira construtiva, cabe ao administrador tomar a atitude mais adequada para ocasião. Gerentes devem ser flexíveis e estar preparados para tomar decisões imediatas e eficientes em situações críticas, principalmente em relação a pessoal.

O custo humano de uma gestão deficiente

O estilo de procedimento gerencial tem um efeito óbvio e direto no bem-estar dos funcionários, e nos seus níveis de desempenho. Os gerentes decidem o modo pelo qual determinadas obrigações e responsabilidades devem ser executadas. Diferentes formas de administrar podem ser a solução para comandar diferentes pessoas em diferentes circunstâncias. O estilo um pouco mais autoritário de gestão pode não ser necessariamente algo mau em determinadas situações.

Contudo, um ambiente de trabalho desagradável e más relações gerente-empregado podem causar tensão e estresse. Tem aumentado a preocupação relativa aos problemas de saúde classificados como frutos do estresse e relacionados às condições de trabalho. É importante lembrar os reflexos negativos no desempenho organizacional e o alto custo humano de uma gestão inadequada e deficiente.

RESUMO

- As pessoas são o foco central da gestão. A boa relação gerente-subordinado é essencial às operações efetivas de hospitalidade, garantindo a satisfação dos funcionários e dos clientes. A postura administrativa do gerente diante dos subordinados está condicionada a sua visão e compreensão sobre a natureza humana e o trabalho. Um meio de avaliar diferentes estilos de gestão é verificar o interesse demonstrado em relação à produção e às pessoas..
- Um aspecto central da gestão eficaz é a visibilidade que o gerente precisa ter dos fatos. A "gerência com circulação pelo ambiente" é uma característica do ramo da hospitalidade. A natureza do relacionamento gerente-subordinado pode ser interpretada por meio de uma estrutura quádrupla de práticas administrativas e um perfil das características organizacionais. Um modelo participativo de gestões, baseado no envolvimento e nas relações de apoio oferece maiores possibilidades de conquistar melhorias a longo prazo no desempenho organizacional.
- Um dos principais modelos participativos é a administração por objetivos (APO). A APO é particularmente adequada para as operações de serviço, oferecendo uma variedade de benefícios potenciais. Há, também, críticas à APO e algumas limitações; este sistema exige muita atenção ao desempenho dos grupos de trabalho.
- Grande quantidade de pesquisas insiste em concentrar-se nas características de personalidade dos gerentes da hospitalidade. No entanto, seria mais construtivo verificar e avaliar os atributos gerais necessários a um gerente eficiente. O conhecimento técnico deve estar em equilíbrio com a postura e a competência gerenciais. Os gerentes precisam desenvolver aptidões "duras" e "macias". As boas relações interpessoais são imprescindíveis na indústria da hospitalidade e o desenvolvimento de habilidades humanas e sociais é uma prioridade.
- O ingrediente essencial de qualquer gerente bem-sucedido é sua capacidade de administrar recursos humanos com efetividade. Porém, no ramo da hospitalidade, parece comum essa falta de uma política de aproximação com os funcionários. É preciso muita atenção aos princípios básicos de gestão e às políticas de investimento nas pessoas. O estilo gerencial se reflete no ânimo da equipe de trabalho e, por consequência, nos seus níveis de desempenho. É possível afirmar que, a longo prazo, o investimento nas relações interpessoais no ambiente de trabalho vale a pena.

QUESTÕES PARA REVISÃO E DEBATE

1. Comente como a relação gerente-subordinado pode ser influenciada pela visão do gerente sobre a natureza humana e o comportamento das pessoas no trabalho.
2. Opine sobre a Grade Gerencial/ de Liderança como um meio de comparar estilos gerenciais. Qual é a importância da administração de pessoal na indústria da hospitalidade?
3. Como você explicaria a natureza da relação gerente-subordinado a partir da estrutura quádrupla de sistemas de gestão? O que você entende como princípio das relações cooperativas?.
4. Quais são os benefícios potenciais e as críticas/limitações da Administração por Objetivos (APO)? Avalie criticamente as aplicações da APO às operações de serviço e ao setor de hospitalidade.
5. Com freqüência se argumenta que, em razão da natureza da indústria da hospitalidade, o que se exige de seus gerentes é de certa forma diferente do que se exige dos gerentes de outros setores. Discuta criticamente a validade dessa argumentação e sugira a maneira pela qual você analisaria as qualidades de um gerente bem-sucedido.
6. Por que grande parte dos gerentes de hotéis costuma adotar um estilo de gestão autocrático concentrado apenas no cumprimento das tarefas?
7. Afirma-se que há uma quantidade de vários princípios fundamentais que contribuem para a gestão bem-sucedida e o desempenho organizacional melhorado. Comente a respeito.
8. Expresse seu ponto de vista sobre o direito de o gerente fazer uso de sua autoridade. Por que é importante fazer a distinção entre uma "intenção" e a "implementação" de decisões e ações gerenciais?

TAREFA 1

(i) A partir de sua própria experiência, explique em detalhes uma situação que você acredita caracterizar uma maneira efetiva e/ou não-efetiva de gerenciar a equipe de trabalho. Comente sobre a postura, as ações e decisões do gerente ou supervisor envolvido.
(ii) Explique até que ponto se pode relacionar essa situação à aplicação de teorias e/ou princípios de atuação gerencial.
(iii) Reúna-se em grupos de 4 a 6 integrantes e discuta suas observações. Tome nota das opiniões de seus colegas e registre por que eles apóiam suas observações ou discordam delas.
(iv) Elabore uma síntese desses debates e compartilhe-a com outros grupos da turma.

TAREFA 2

Utilizando o perfil resumido das características organizacionais de Likert (ver Figura 5.2), programe e realize uma pesquisa em uma empresa de hospitalidade de sua escolha.

(i) Faça um círculo em volta da resposta que você considerar a mais precisa para cada uma das 18 questões propostas por Likert. Quando possível, justifique resumidamente suas respostas, fazendo os devidos esclarecimentos.
(ii) Resuma o padrão de suas respostas e indique até que ponto ele indica uma tendência por determinado modelo de sistema gerencial.
(iii) Se possível, repetir essa pesquisa em outra organização de hospitalidade.
(iv) Explique as conclusões que você tirou de sua investigação.
(v) Compare os resultados com os de seus colegas. Até que ponto você acha que as investigações sustentam o ponto de vista de que as organizações mais eficientes adotam os Sistemas 3 ou 4 de gestão?

ESTUDO DE CASO: QUEM SÃO OS GERENTES AGORA? A NATUREZA MUTANTE DA GESTÃO NO PARK TAVERNS

Notas: (i) Para garantir privacidade, a identidade da companhia foi preservada, substituindo-se sua verdadeira denominação por Park Taverns. Observe-se também que os números apresentados a seguir não representam os números reais da empresa. Exceto por essas duas alterações, os fatos a seguir são verdadeiros e reproduzem o que vem acontecendo nessa organização varejista britânica que opera *pubs e hostelries (hostelry ou hostel: misto de bar noturno e pousada, onde são oferecidas bebidas e cômodos).* (ii) o autor gostaria de agradecer a Gordon Steven pela colaboração a esse estudo de caso.

Introdução

Em resposta a algumas alterações fundamentais no contexto externo ao Park Tavern, e a certos alvos financeiros de longo prazo bastante esticados, estabelecidos pela *plc** (*Public Limited Company* — Companhia Pública Limitada) a que se refere, um extenso programa de mudanças foi iniciado nessa organização que está entre as mais expressivas empresas públicas britânicas. Inicialmente, este caso examina as origens, as circunstâncias e o caráter dessas mudanças; logo depois, descreve de que forma o processo de gestão está sendo transformado, tanto como um elemento que integra o programa de mudanças como uma conseqüência acidental de sua implantação.

O Park Taverns é parte de uma companhia de lazer muito maior, operando em bares e restaurantes por todo o Reino Unido (outros ramos da empresa são as cervejarias, vinhos, destilados e hotéis). O Taverns foi fundado em 1989, quando houve a divisão entre a cervejaria e o bar, uma das maiores empresas de hospitalidade do Reino Unido, com mais de 100.000 empregados. Obviamente não é possível separar o que está acontecendo no Taverns dos fatos e mudanças no restante da *plc*, pois há uma interdependência entre as divisões, por exemplo, entre o Taverns e os hotéis, vinhos e destilados, cervejarias e a *plc*. Esta, naturalmente, está bastante interessada no desempenho das divisões que a constituem, a partir do estabelecimento de objetivos comuns e alvos que as divisões têm de alcançar em um determinado período.

O Park Taverns garante uma grande contribuição financeira à *plc* (gerou pelo menos 35% do total dos lucros durante alguns anos), emprega aproximadamente 30 mil pessoas e possui cerca de 2.500 *hostelries* sob seu controle e 1.250 em arrendamento. Observe, na tabela ao lado, os números dos últimos anos:

Até bem pouco tempo, os *hostelries* estavam organizados em oito regiões, cada uma destas dividida em áreas. Uma variedade de serviços especializados eram então providenciados e tornados disponíveis pela gerência geral e/ou pelas gerências regionais a essas unidades. Exemplos: aquisições (de novos *hostelries* ou restaurantes), *marketing*, construção, pesquisa, pessoal e treinamento, tecnologia da informação e capital. Um diretor-gerente administrava cada uma das regiões e havia uma forte identidade regional, nutrida pela companhia ao longo dos anos por meio de estratégias como ter nomes comerciais diferentes em cada região. Os territórios e recursos eram conduzidos com cuidado; o ingrediente principal da tomada de decisões era a aversão ao risco. A responsabilidade era pouco dividida. A cultura da organização era predominantemente conservadora, de mudanças lentas. A prioridade era o controle gerencial e a responsabilidade pelos resultados.

TABELA 1 Número de *hostelries*, 1990-1996

Ano	Número total de hostelries
1990	7.330
1991	5.800
1992	4.350
1993	4.270
1994	4.220
1995	4.165
1996	4.110

A orientação predominante na empresa (e isso caracterizava o setor à época) era a seguinte: (i) "Gerentes não são confiáveis, portanto, devem ser vigiados"; (ii) "O *hostelry* depende do que oferece — é uma vitrine para uma variedade de *ales* e *lagers* (cervejas); (iii) "O nível de desempenho de cada unidade é o que mais importa". Mais especificamente: a estrutura da organização era hierárquica; a *expertise* do negócio estava fundamentada no trabalho; os gerentes atuavam a maior parte do tempo como supervisores e a diretoria como "registradora de escores", sendo que a prioridade dos gerentes sênior era controlar as operações; a atitude da equipe de funcionários era sempre defensiva e o gerente era alguém considerado *VIP*.

Com base nesse breve resumo da estrutura e da cultura predominantes no Park Taverns, vamos examinar a seguir as formas pelas quais suas operações externas estiveram mudando nos últimos anos.

---

*N. de R.T. Uma *plc* é uma empresa que pode vender suas ações ao público.

Mudanças nas operações

Os quatro elementos principais responsáveis pelas mudanças na forma de operar do Park Taverns, são:

Alterações nas preferências dos clientes Os exemplos aqui incluem o impacto do *lobby* pela comida e bebida saudáveis, e a troca do sistema *on trade* (em que as pessoas compram comida e bebida em bares) para o *off trade* (em que as pessoas compram toda ou a maior parte dos vinhos, destilados e cervejas em supermercados ou lojas especializadas em bebidas, para consumir em casa).

Recessão econômica no final dos anos 1980 e no início dos anos 1990 Como resultado dessa retração, muitos clientes reduziram seu consumo e, por isso, os preços mais baixos dos produtos oferecidos pelo sistema *off trade* (como nos supermercados) e das cervejas e destilados importados tornaram-se mais atrativos.

A natureza da competição Fusões e associações ocorreram entre grupos cervejeiros e varejistas; companhias cervejeiras internacionais entraram em grande número no mercado britânico pela primeira vez; muitos *hostelries* foram reformulados por empresas menores e independentes que se dedicaram a aprimorar serviços, oferecer novos itens aos clientes, prestar *ales* de alta qualidade e devolver ao consumidor aquele "local aprazível".

Alterações legais Como resultado das *Beer Orders* (Legislação para Cervejarias) impostas pelo governo britânico em 1989, foi fixado um teto acerca do número de *hostelries* que uma determinada cervejaria poderia possuir e abastecer. Para o Park Taverns, o cumprimento da lei significou a venda de 40% de seus postos de venda durante o período 1990-92 e, por sua vez, evidenciou que a estrutura de apoio se tornara grande demais para as novas dimensões físicas da empresa; o número de empregados foi reduzido em 23%. Hoje a empresa se mantém abaixo do teto fixado; permanece, no Reino Unido, um rigoroso controle legal sobre o número de *hostelries* que podem ser abertos sem que seja necessário fechar outros (em outras palavras, sem passar do número máximo permitido pela legislação).

Gênese do programa de mudanças

Em 1992 a *plc* estabeleceu metas extremamente desafiadoras para o Park Taverns, que deveriam ser atingidas em 1997/8:

(i) suplantar o *on trade* em 7%;
(ii) aumentar o lucro líquido por libra, de 12 pence para 22 pence;
(iii) aumentar o movimento médio em 16% por *hostelrie*;
(iv) abrir um novo *pub* a cada oito dias de trabalho, e vender ou ceder outro em *leasing* a cada dois dias;
(v) aumentar o retorno financeiro dos bares de 8% para 15%.

Tais metas não poderiam ser atingidas por meio de corte nos custos ou por qualquer outra ação tradicional (como desenvolver novas marcas (que são, de uma forma ou de outra, quase que instantaneamente copiadas por outros grupos que sejam proprietários de *pubs*), e ficou decidido que a empresa tinha de "começar tudo de novo". Foi aí que entrou o *BPR* (*Business Process Redesign* ou *Business Process Reengineering* — Processo de Reengenharia de Negócios) (Hammer e Champy, 1993; Davenport, 1993). Naquela época, o *BPR* era um novo conceito para a organização, mas os gerentes sênior, assessorados por uma empresa de consultoria administrativa, rapidamente perceberam o que era necessário fazer, e quais seriam os efeitos. Chegou-se à conclusão de que o *BPR* poderia viabilizar um salto qualitativo no desempenho da empresa, pois trazia "um novo pensamento e um novo projeto radical em relação aos processos administrativos permitindo alcançar grande progresso em aspectos essenciais e atuais de desempenho, tais como custo, qualidade, serviço e velocidade... Em resumo, começar de novo" (Hammer e Champy, 1993). Como resultado de *workshops* e simulações promovidas pelos consultores, três medidas básicas foram identificadas e recomendadas para toda a organização: operar *pubs*, desenvolvê-los e administrar o dinheiro.

Embora o *BPR* fosse considerado um componente importante do programa de mudança organizacional que a empresa estava adotando, não deixava de ser apenas um elemento de uma série contínua de mudanças estratégicas introduzidas desde 1989. Outras iniciativas de mudança incluíam tornar o Taverns uma divisão independente da Cervejaria em 1989; disponibilizar para negócios as unidades principais em 1991; adotar o programa de qualidade total e alterar a infra-estrutura em 1993; desenvolver nova política salarial em 1994; e implementar um moderno sistema de tecnologia da informação, que previa um ponto de vendas eletrônico totalmente integrado ao *pub*, com *checkout pads* e telas de toque, e completa monitoração eletrônica — todos conectados a um computador central na sede da empresa, instrumento para ampliar os negócios. Isso significava que a qualquer momento, em qualquer lugar, em qualquer escritório, os gerentes e suas equipes poderiam saber com exatidão o que estava sendo vendido nos *pubs*, a que preço, para quem, a que horas, quem vendeu, etc.

Um indicador da forma pela qual deveriam ocorrer as modificações na empresa consta em um relatório apresentado em 1993 por um integrante da Equipe de Inovações Administrativas. Algumas das mais importantes questões culturais e organizacionais foram assim identificadas:

> *Um dos problemas das empresas é que elas continuam a tentar recriar-se. A inovação e o estímulo a processos inovadores para o desenvolvimento de produtos não convivem facilmente com o projeto organizacional existente, com a burocracia e as funções especializadas. Estaremos tomando o caminho de menor resistência por meio das trilhas funcionais ou estruturais em que estamos e em que adoramos estar? Precisamos discutir sobre a estrutura e os propósitos multidisciplinares, além da questão da inovação, em um espaço de tempo muito curto.*

A seguinte observação de um boletim do *BPR* foi citada positivamente no documento: "Onde estão os erros da maioria dos programas de mudança? Eles sobrepõem novos processos a velhas estruturas organizacionais; introduzem equipes administrativas de base funcional; redefinem novos trabalhos sem mudar valores antigos; são brandos na mudança" (CSC Index, 1994).

Em 1993, duas alternativas inéditas foram tentadas como pilotos, uma em cada duas das oito regiões da empresa. No início de 1994, um dos líderes da Equipe de Inovações Administrativas expressou o seguinte ponto de vista, baseado na análise dos resultados obtidos pelos pilotos:

> *Ficamos satisfeitos que nenhuma dessas duas metas estratégicas (lucro, retorno ao valor de mercado dos bens, como foi exigido pela plc) seja capaz de ser executada na escala de tempo determinada (isto é, até 1997/8) sem que haja outras intervenções. Na situação em que se encontram, tais metas não apresentem a profundidade suficiente para "proporcionar liberdade às pessoas" ou retirar a carga que pende sobre suas cabeças na busca do cumprimento das exigências de lucro da plc. Não fazer nada não é opção; a necessidade de desenvolver alternativas radicais passa a ser algo de fundamental importância.*

"Números nada estimulantes" dos *hostelries* foram apresentados. O sentimento geral era o de que a empresa não seria capaz de alcançar a meta de lucros estabelecida. "Assim, (argumentou-se em um documento da empresa), tanto em hotéis quanto no mercado de *pubs*, a vantagem competitiva só pode ser alcançada se nosso pessoal executar suas tarefas melhor, ou por menos, do que nossos concorrentes... Todos os aspectos revelados a partir dos estudos desenvolvidos pelo *BPR* levam à conclusão que o trabalho e a remuneração dos funcionários eram elementos decisivos para um desempenho substancialmente melhor." Quatro novos projetos, baseados nos princípios do *BPR*, foram avaliados em detalhes. Depois de muito debate entre a equipe encarregada das mudanças e a cúpula administrativa, houve uma definição pela opção mais radical — "mais radical" no sentido de acarretar o maior grau de mudança em comparação à estrutura e ao sistema operacional existente. Essa opção foi assim descrita em um documento da empresa:

> *Trata-se de fato do "quanto menor, melhor". Nosso pensamento está enraizado na criação de novos pubs, cada um administrado por um diretor de operações, responsável por 90-110 lojas. Sua base será geograficamente flexível, e um elemento fundamental será a capacidade que essas empresas deverão apresentar de organizarem-se à medida que se considerarem aptas a responder às necessidades de seus clientes.*

Determinadas exigências "obrigatórias" seriam impostas às empresas:

(i) utilizar somente *PTS** e outros sistemas Park Taverns/*plc*;
(ii) atender às exigências da política financeira adotada;
(iii) angariar fundos e outros recursos escassos;
(iv) enquadrar-se nos padrões do *plc* em relação aos termos e condições de emprego;
(v) apoiar iniciativas de desenvolvimento de administração de alto nível.

O papel do diretor de operações era ser "não mais nem menos do que o banqueiro central e o responsável por desenvolver o talento gerencial... eles terão de aceitar que uma parte desta nova geração cometerá equívocos. O papel do diretor de operações é garantir que os novatos aprendam com seus próprios erros e que continuem a assumir riscos calculados; é o de criar a cultura empresarial" (documento interno). Os dois pontos-chave para o sucesso da reorganização estavam baseados em: será que a unidade atingirá as metas de lucro por volta de 1997/8? Será ela capaz de mudar de uma "orientação de controle" para uma "orientação centrada no cliente"?

---

*N. de R.T. *PTS* — *Park Taverns Sistem* — Sistema de gestão próprio da rede Park Taverns.

Reorientação e reestruturação

A nova organização tinha por objetivo "dar um salto de qualidade no que se refere ao desempenho dos *hostelries* por meio do aumento no movimento", aplicando as seguintes medidas:

1. *Pubs* agrupados em equipes de seis ou sete gerentes licenciados, por tipo de negócio, com um Gerente de Vendas liderando três equipes.
2. Remunerações e reconhecimento das equipes.
3. Maior autonomia aos gerentes licenciados.
4. Gerente de Vendas concentrado no desenvolvimento de negócios (em vez de controlar os gerentes licenciados, como antes).
5. Tecnologia da informação em todos os pontos de venda.

Como vimos anteriormente, três medidas fundamentais foram identificadas como princípios promotores da reestruturação da empresa: controle financeiro, administração dos *pubs* e desenvolvimento dos mesmos. Para entendermos o que isso significa na prática, vamos observar alguns dos elementos fundamentais e princípios básicos:

- equipes multifuncionais e interdisciplinares;
- sistemas adequados de aferição para os processos principais, como por exemplo medir o desempenho visando à remuneração das equipes;
- compartilhamento das melhores práticas;
- avaliação criteriosa do desempenho: construtivo em vez de destrutivo;
- "aproximar-se dos interesses do cliente" por meio do uso, por exemplo, de informações para o desenvolvimento de novos projetos ou produtos;
- recrutamento e retenção dos melhores funcionários;
- uma série de inovações do tipo "tentativa e erro", desenvolvida por meio do contato próximo com os clientes e membros da equipe;
- "quanto menor, melhor";
- disseminação e assimilação, pela empresa, de que a inovação é a chave para o crescimento; que se trata de um processo fundamental e não um evento; que é um projeto contínuo, sustentado pelo debate constante na empresa.

A nova estrutura organizacional em nível local era a seguinte:

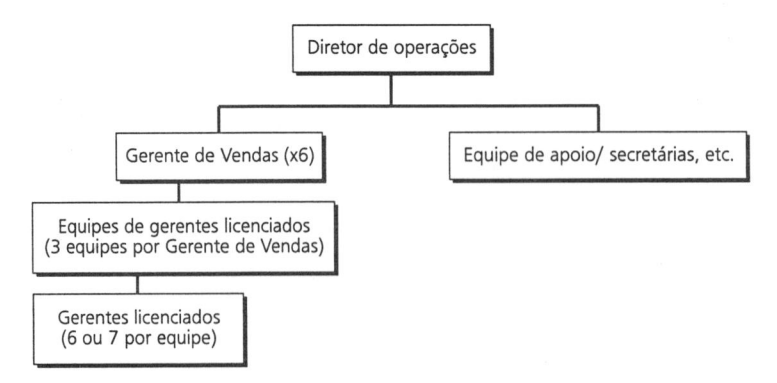

```
                    Diretor de operações
                    /                \
        Gerente de Vendas (x6)    Equipe de apoio/ secretárias, etc.
                |
    Equipes de gerentes licenciados
    (3 equipes por Gerente de Vendas)
                |
        Gerentes licenciados
        (6 ou 7 por equipe)
```

Um papel importante no novo regime, considerado essencial para o processo de desenvolvimento dos *pubs*, é o do Gerente de Vendas. O texto que segue descreve esse novo cargo, caracterizando sua forma de orientação e método operacional.

Descrição de cargo: Gerente de Vendas

Objetivo Desenvolver um ambiente de confiança, de criatividade, de trabalho conjunto e de apoio às equipes gerenciais, a fim de maximizar o movimento de negócios, o fluxo de caixa e o lucro de cada ponto de venda. Garantir que o retorno necessário seja alcançado pelas unidades por meio do planejamento das equipes.

Principais atribuições Em parceria com o gerente licenciado e a equipe, desenvolver e implementar planos individuais e de grupo, para garantir que todas as oportunidades sejam identificadas e executadas apropriadamente...

Competência administrativa Administrar pessoas: atingir alto desempenho por meio do trabalho dos liderados, aplicar técnicas de treinamento para promover desenvolvimento individual e coletivo. Manter-se atento, facilitar ações, ouvir e orientar funcionários para melhorar seus desempenhos...

Motivação Motivar os demais, mostrando dinamismo pessoal, energia e comprometimento com a busca de resultados. Consultar e negociar, para alcançar objetivos junto aos integrantes da equipe de trabalho...

Integrante da equipe Agir como um legítimo integrante do grupo de trabalho, permitindo a livre opinião de todos para a tomada de decisões; demonstrar e estimular um comportamento de equipe, ouvindo, apoiando e debatendo com os demais.

Desenvolvimento de negócios Maximizar o lucro por meio da colaboração e criatividade pessoal e da equipe; avaliar riscos e desenvolver ações; aumentar o volume de negócios a partir de planos engenhosos e inovações oportunas.

Tendo identificado e discutido as origens, os contextos (internos e externos) e a natureza do programa de mudanças do Park Taverns, o documento encerra com uma breve análise das implicações desse programa (tanto as pretendidas quanto as não-pretendidas) para o (mutante) processo de gestão e sua natureza.

Discussão

Quais são, então, as implicações da reestruturação e reorientação em relação à natureza do papel gerencial no nível do atendimento e imediatamente acima? É de fato importante tratar agora de "gerentes" no sentido tradicional do termo?

Para começar a abordar essas questões, é necessário primeiro perguntar "O que entendemos por 'gerente'?" Hales, que dedicou muito estudo ao assunto, observou que:

> *Poucos fenômenos modernos examinados de maneira tão profunda e sistemática quanto a "gestão" estiveram tão ameaçados pela ambigüidade, pela confusão e, às vezes, pelo obscurecimento. Na língua inglesa, o termo* management *denota, entre outras coisas: uma função organizacional, um estrato organizacional, um processo interpessoal e um processo intrapessoal (autogestão), cada um com seus próprios campos de conhecimento e conjuntos de práticas. O termo é empregado como substantivo e como verbo, de maneira descritiva e normativa, em sentido aprobatório e em sentido pejorativo (1993, p. 1).*

Baseado em um relatório de pesquisa que comenta a respeito de tais complexidades, Hales conclui que: "No geral, portanto, os pontos de contato entre conteúdo e forma na atividade gerencial refletem o distanciamento e o caráter problemático da gestão. Variações no trabalho do gerente refletem a dispersão de funções administrativas em meio a uma diversidade de tarefas gerenciais... Gerenciar é responsabilizar-se por um processo de trabalho, do qual fluem os processos de planejamento/tomada de decisões, alocação, motivação, coordenação e controle... Conseqüentemente, gerenciar é desenvolver a função inerentemente problemática de administrar outras pessoas, sejam elas modestos trabalhadores ou outros gerentes" (1993, p. 15). Essa conceitualização pode parecer extremamente linear e racional; "corretivos" úteis podem ser encontrados nas pesquisas e nos textos de Watson (1994), Alvesson e Willmott (1996), e Mangham (1986), entre outros.

A natureza e o processo de gestão no Park Taverns estão sendo então transformados como resultado do programa de mudanças? Com base no relatório examinado, que traz mudanças fundamentais em nível de gerentes licenciados e de Gerente de Vendas, podemos agora depreender do ponto de vista de Hales sobre a gestão, que trata-se do exercício de um cargo que essencialmente envolve a responsabilidade pelos processos de trabalho e que, portanto, implica a tomada de decisões e a alocação de recursos relacionados às atividades de outras pessoas (sejam elas gerentes ou não), bem como sua motivação, coordenação e controle. Particularmente, o que desejamos saber é se os gerentes licenciados ganharam ou perderam controle, autonomia e responsabilidade (ou se nada aconteceu), e, a partir daí, identificar, qual o lugar dos Gerentes de Vendas. Observou-se anteriormente que uma doutrina central da "velha" cultura administrativa pregava que os "gerentes não são confiáveis, portanto devem ser vigiados". Essa opinião ainda é predominante? Ou, pelo menos, a mudança já começou a ocorrer?

Uma resposta detalhada a esse questionamento acarretaria, entre outras coisas, a dissecação dos conceitos de controle e autonomia até chegarmos aos elementos que os constituem. Por exemplo, autonomia em que sentido(s)? E de quem: dos gerentes sênior ou da organização em geral? Controle e autonomia estão com certeza intimamente inter-relacionados, e a visão poderia ser a de que quanto mais controle detém um gerente licenciado, maior é o nível de autonomia que assume perante a organização (ou será o contrário?). Ao mesmo tempo, todos os gerentes da empresa (os licenciados e os que estão acima deles) podem estar granjeando mais controle e autonomia simultaneamente, pelo fato de a *natureza* do controle e da autonomia ter mudado na organização. Por outro lado, sob uma perspectiva menos otimista, mais controle /autonomia em poder do gerente licenciado representaria menos em poder de outro empregado da empresa. Assim, observando-se bem a relação de controle entre o gerente licenciado e o Gerente de Vendas, se aquele obtiver mais controle/autoridade, é porque o Gerente de Vendas perdeu parte deles. A discussão a seguir se baseia em nossas observações, respostas a questionários e entrevistas com gerentes licenciados e Gerente de Vendas no Reino Unido. Inicialmente, examinaremos o fato de os gerentes licenciados possuírem menos ou, na melhor das hipóteses, não mais controle ou autonomia, depois que as mudanças foram implantadas:

Situação 1: o *status quo* foi mantido

1. A hierarquia administrativa e a estrutura de controle ainda estão em seus respectivos lugares, embora com características um pouco diferentes. As decisões estratégicas fundamentais estão ainda no ápice do Park Taverns, com decisões operacionais sendo tomadas em nível empresarial pelo diretor de operações. A consulta ocorre em grande parte como funcionava antes (isto é, seu equivalente no antigo regime), com os Gerente de Vendas, e as instruções são passadas hierarquicamente aos gerentes licenciados.
2. O *PTS* permite que os Gerente de Vendas e os gerentes sênior observem e monitorem o que está acontecendo nos *pubs* (por exemplo, quais produtos estão sendo vendidos, a que preço, quando e por quem) com maior precisão e detalhes do que antes, e em tempo real. Isto é, sem dúvida, um exemplo de como a tecnologia da informação pode ser utilizada para propósitos de supervisão e controle (ver, por exemplo, Sewell e Wilkinson, 1992).
3. A competição no setor é tão intensa quanto antes, talvez até mais forte, imprevisível e instável. Em uma empresa de tal porte, isso atua como uma restrição ao grau de risco que os tomadores de decisão estão preparados a correr ao tentar alterar o *status quo*, já que a organização possui uma longa história de lucratividade, crescimento das vendas e retorno de capital.

Por outro lado, há uma farta quantidade de argumentos que sustentariam a tese de que os gerentes licenciados foram "liberados" pelos novos arranjos organizacionais (ganhando, entre outros, maior autonomia e controle sobre as operações dos estabelecimentos), e que a natureza da gerência e da gestão na empresa mudou significativamente:

Situação 2: a natureza da gestão mudou significativamente

1. Aproveitando-se de forma inversa do item 3 da Situação 1, poder-se-ia também afirmar que a natureza instável da competição e a dificuldade de alcançar os alvos estabelecidos pelo *plc* levaram a uma liberação da estrutura de controle, manifestada no exemplo onde os gerentes licenciados são estimulados a usar a iniciativa para apresentar novas idéias e fazer uso de autonomia e flexibilidade para experimentar, em uma cultura "sem culpa". A exigência agora é a de uma empresa que apresente agilidade, seja inovadora e concentre-se nos clientes; essa qualidade até agora é pouco difundida em organizações burocráticas e fundamentadas meramente no controle.
2. Os ambientes em que se vendem bebidas alcoólicas (*pubs*) sempre foram considerados "mininegócios" (incluindo *managed houses*, embora não no mesmo nível das *tenancies* e das *free houses*), embora o argumento de que estavam e estão sujeitos a um grau de controle central muito forte e de que tal forma de gestão tenha sido utilizada em excesso. O que aconteceu, como resultado do programa de estruturação e mudança, é que essa autonomia foi reconhecida, estimulada e ampliada.
3. O objetivo principal na reorientação da organização acerca das novas empresas de operação de *pubs* tem precisamente sido o de descentralizar e devolver o controle, utilizando os Gerentes de Vendas por exemplo, como "treinadores" e "facilitadores", e não como monitores ou controladores.
4. No novo regime é mais fácil rejeitar aspectos do velho modo de operar da companhia. Um exemplo disso foi apresentado durante uma entrevista com um gerente licenciado, que destacou como um gerente igual a ele poderia agora (usando a tecnologia da informação do estabelecimento — note-se

bem — mostrando assim que a tecnologia da informação não necessariamente tem de ser usada para uma finalidade principal, ou seja, controle; ver Preece, 1995) comparar o que havia sido ganho com uma promoção particular com o que foi investido nela, e, assim, tomar uma decisão sobre sua efetividade e se algo diferente poderia ser feito da próxima vez. Um caso de negócios para uma nova/inovada promoção poderia então ser posto em pauta e discutido com o Gerente de Vendas, na expectativa de que receberia apoio se o caso fosse bem preparado. Vale a pena observar que no entendimento do gerente licenciado, esse fato poderia dar maior liberdade a novos gerentes dos estabelecimentos, já que "vários outros mais antigos desempenharam, de qualquer maneira, o seu papel" (ver 2, acima).

5. O que se constata e está provado é que o trabalho de equipe garante aos gerentes licenciados o apoio e a confiança necessários para tentar novas idéias, seja no próprio grupo ou no *hostelry* que administra. Isso, às vezes, funciona como base de lançamentos para inovações, e como meio para experimentar novas idéias/conceitos.

Não nos sentimos capazes de, neste momento, tão pouco tempo depois da implementação do programa de mudanças, estabelecer um juízo definitivo sobre o resultado "líquido" dos ajustes aos quais o *status quo* teve de se submeter em razão das mudanças na natureza do papel gerencial na empresa. Concluímos que, pelo menos, para os cargos administrativos de gerente licenciado e Gerente de Vendas no Park Taverns, a natureza e o desenvolvimento futuro do papel gerencial está relativamente "aberto", em um grau que provavelmente não se poderia prever há alguns anos. Nossas informações, porém, indicam que o processo de gestão, como uma atividade que envolve o exercício da discrição e do controle, é reconhecido cada vez mais pelos integrantes desta empresa como um método que rejeita a manutenção de determinados papéis entre os médios e altos escalões da organização.

Referências
Alvesson, M. and Willmott, H. (1996) *Making Sense of Management: A Critical Introduction*, Sage, London.

CSC Index (1994) *State of Reengineering Report: North America and Europe*, CSC Index: Cambridge, MA.

Davenport, T. (1993) *Process Innovation: Re-engineering Work through Information Technology*, Harvard University Press, Boston, MA.

Hales, C. (1993) *Managing through Organisation: The Management Process, Forms of Organisation and the Work of Managers*, Routledge, London and New York.

Hammer, M. and Champy, J. (1993) *Reengineering the Corporation. A Manifesto for Business Revolution*, Nicholas Brealey, London.

Mangham, I. (1986) *Power and Performance in Organizations*, Blackwell, Oxford.

Preece, D. (1995) *Organizations and Technical Change: Strategy, Objectives and Involvement*, Routledge, London and New York.

Preece, D., Steven, G. and Steven, V. (1996) 'The End of Organized Management in (Park Taverns)', texto apresentado ao Tenth Annual Conference of the Association of Industrial Relations Academics of Australia and New Zealand, University of Western Australia, Perth, February, 1996.

Preece, D., Steven, G. and Steven, V. (1998) *Work, Change and Competition*, Routledge, London.

Sewell, G. and Wilkinson, B. (1992) "Someone to Watch Over Me": Surveillance, Discipline and the Just-in-Time Labour Process', *Sociology*, 26, 2, 271-91.

Watson, T. (1994) *In Search of Management: Culture, Chaos and Control in Managerial Work*, Routledge, London and New York.

Fonte: O Copyright deste estudo de caso pertence a David Preece, University of Portsmouth.
Texto aqui reimpresso com permissão.

Tarefas

(i) **Como você descreveria o estilo de gestão que caracterizava o Park Taverns antes do programa de mudanças?**
(ii) **Que estilo de gestão está surgindo agora?**
(iii) **Quais eram considerados os principais impedimentos para a criação de uma organização mais inovadora e responsiva?**
(iv) **Por que a natureza da gestão é problemática em novas organizações?**

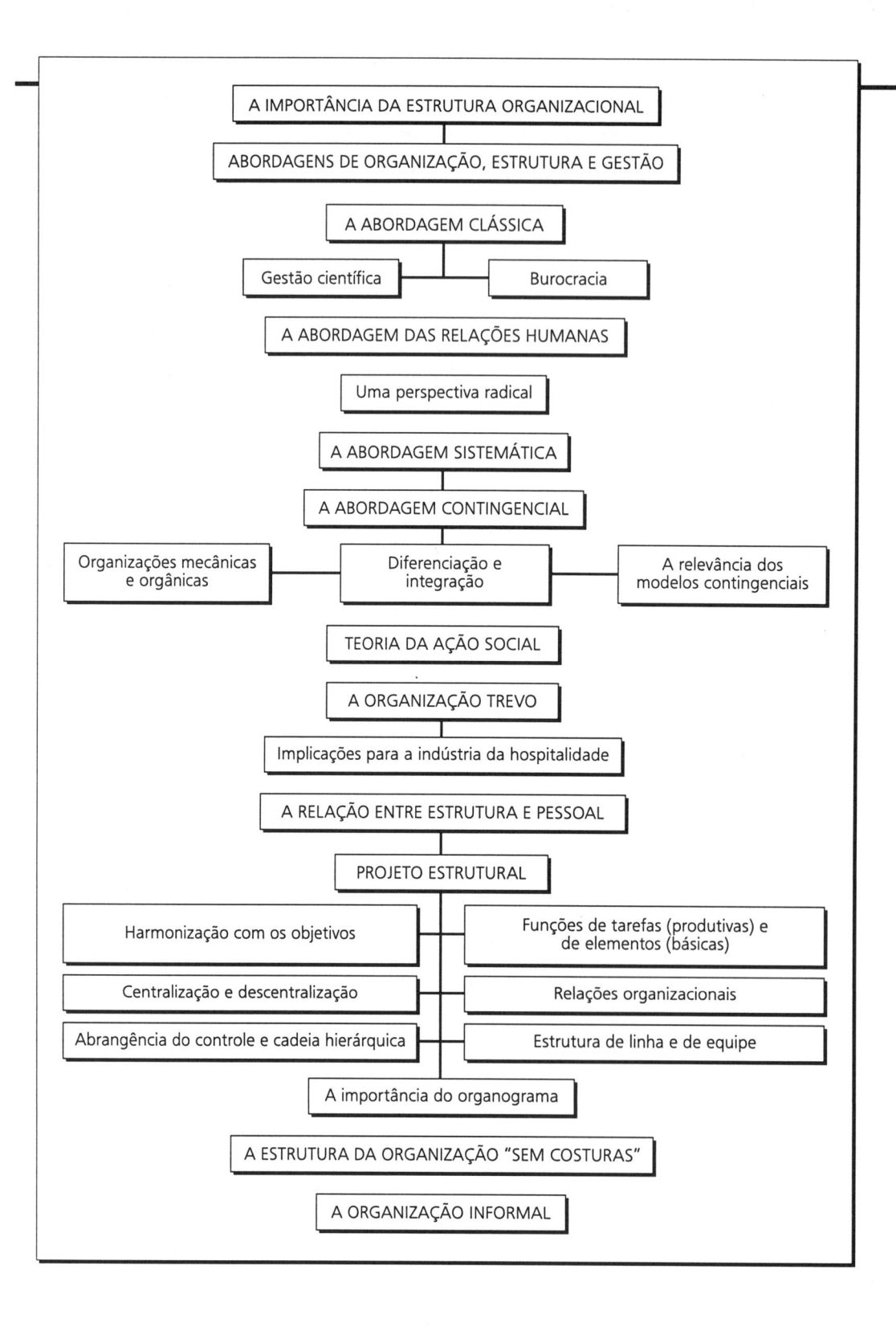

```
┌─────────────────────────────────────────────────────────────┐
│         A IMPORTÂNCIA DA ESTRUTURA ORGANIZACIONAL            │
└─────────────────────────────────────────────────────────────┘
                              │
┌─────────────────────────────────────────────────────────────┐
│         ABORDAGENS DE ORGANIZAÇÃO, ESTRUTURA E GESTÃO        │
└─────────────────────────────────────────────────────────────┘
                              │
                ┌──────────────────────────┐
                │    A ABORDAGEM CLÁSSICA   │
                └──────────────────────────┘
                    │                   │
        ┌───────────────────┐   ┌───────────────┐
        │ Gestão científica │   │   Burocracia  │
        └───────────────────┘   └───────────────┘
                              │
            ┌──────────────────────────────────┐
            │  A ABORDAGEM DAS RELAÇÕES HUMANAS │
            └──────────────────────────────────┘
                              │
                ┌──────────────────────────┐
                │  Uma perspectiva radical │
                └──────────────────────────┘
                              │
                ┌──────────────────────────┐
                │  A ABORDAGEM SISTEMÁTICA │
                └──────────────────────────┘
                              │
                ┌──────────────────────────┐
                │ A ABORDAGEM CONTINGENCIAL│
                └──────────────────────────┘
                              │
   ┌──────────────┐   ┌──────────────────┐   ┌──────────────────┐
   │ Organizações │   │  Diferenciação e │   │  A relevância dos│
   │ mecânicas    │───│    integração    │───│     modelos      │
   │ e orgânicas  │   │                  │   │  contingenciais  │
   └──────────────┘   └──────────────────┘   └──────────────────┘
                              │
                ┌──────────────────────────┐
                │   TEORIA DA AÇÃO SOCIAL  │
                └──────────────────────────┘
                              │
                ┌──────────────────────────┐
                │    A ORGANIZAÇÃO TREVO   │
                └──────────────────────────┘
                              │
        ┌──────────────────────────────────────┐
        │ Implicações para a indústria da      │
        │           hospitalidade              │
        └──────────────────────────────────────┘
                              │
        ┌──────────────────────────────────────┐
        │  A RELAÇÃO ENTRE ESTRUTURA E PESSOAL │
        └──────────────────────────────────────┘
                              │
                ┌──────────────────────────┐
                │    PROJETO ESTRUTURAL    │
                └──────────────────────────┘
                    │                   │
 ┌──────────────────────────┐   ┌────────────────────────────────┐
 │ Harmonização com os      │   │ Funções de tarefas (produtivas)│
 │        objetivos         │   │   e de elementos (básicas)     │
 └──────────────────────────┘   └────────────────────────────────┘
 ┌──────────────────────────┐   ┌────────────────────────────────┐
 │ Centralização e          │   │    Relações organizacionais    │
 │    descentralização      │   │                                │
 └──────────────────────────┘   └────────────────────────────────┘
 ┌──────────────────────────┐   ┌────────────────────────────────┐
 │ Abrangência do controle  │   │   Estrutura de linha e de      │
 │  e cadeia hierárquica    │   │           equipe               │
 └──────────────────────────┘   └────────────────────────────────┘
                              │
            ┌──────────────────────────────────┐
            │   A importância do organograma   │
            └──────────────────────────────────┘
                              │
        ┌──────────────────────────────────────┐
        │ A ESTRUTURA DA ORGANIZAÇÃO           │
        │          "SEM COSTURAS"              │
        └──────────────────────────────────────┘
                              │
            ┌──────────────────────────────────┐
            │      A ORGANIZAÇÃO INFORMAL      │
            └──────────────────────────────────┘
```

6

Processos e estrutura organizacionais

INTRODUÇÃO

É por meio da estrutura que o trabalho da organização de hospitalidade é executado. A estrutura fornece o modelo para o padrão de gestão organizacional. Tem influência sobre o desempenho econômico e o comportamento do quadro funcional. O desenvolvimento da teoria organizacional tem destacado a importância do projeto estrutural e da gestão dos recursos humanos.

A IMPORTÂNCIA DA ESTRUTURA ORGANIZACIONAL

A aplicação do processo de gestão e a execução do trabalho ocorrem na estrutura da empresa de hospitalidade. A estrutura é o padrão das relações entre os cargos existentes no estabelecimento e entre os integrantes da equipe de trabalho. A estrutura cria um modelo de ordem e comando por meio do qual as atividades são planejadas, organizadas, dirigidas e controladas.

É a estrutura, portanto, que dá forma ao estabelecimento e fornece a base para os processos organizacionais e a execução do trabalho. O propósito da estrutura é definir:

- a divisão de trabalho;
- tarefas e responsabilidades;
- atribuições e relações no trabalho;
- canais de comunicação.

Em estabelecimentos muito pequenos geralmente há menos problemas com a estrutura. A distribuição de tarefas, a definição de autoridade e responsabilidade, e o relacionamento entre os integrantes da equipe podem ser construídos sobre fundamentos pessoais e informais. Todas as empresas, porém, independentemente de seu tipo ou tamanho, requerem alguma forma de estrutura pela qual as interações entre as pessoas e seus esforços sejam canalizados e coordenados. Em organizações de grande porte há maior necessidade de uma estrutura cuidadosamente projetada, com objetivos bem delineados. (Ver quadro, p. 140.)

Um croqui das atividades principais e da divisão de trabalhos é apresentado na Figura 6.1 (ver p. 141).

Estrutura e desempenho efetivo

Para alcançar seus objetivos, o trabalho desenvolvido pela empresa tem de ser dividido entre seus integrantes. A estrutura utilizada deve ser aquela mais apropriada aos objetivos do negócio. Como já dissemos, ela é necessária para o desempenho efetivo das tarefas fundamentais e para respaldar as atividades de toda a equipe. A partir da estrutura a responsabilidade é dividida pelos diversos setores e assumida por seus integrantes. Assim, implica a organização de ativos humanos.[1]

Um adequado projeto estrutural é condição essencial para o desempenho organizacional, efetivo. Drucker, por exemplo, defende a seguinte posição:

A boa estrutura organizacional, por si só, não assegura resultados positivos. Mas a má estrutura torna impossível o bom desempenho, independentemente do quanto os gerentes possam ser competentes. Melhorar a estrutura organizacional equivale a sempre melhorar o desempenho.[2]

É sempre necessário observar uma revisão contínua da estrutura, para garantir que ela se mantenha apropriada para o estabelecimento e que esteja de acordo com as alterações e desenvolvimento empreendidos. A qualidade da estrutura afetará o agrupamento das funções, a alocação de responsabilidades, a tomada de decisões, a coordenação, o controle e

> **Modelo da empresa**
>
> Não há um quadro organizacional. As pessoas trabalham em equipe (veja ilustração), cooperativamente e de maneira flexível para propiciar um serviço "sem costuras" aos clientes. Isso é controlado por meio de livros de registro, utilizados para anotar dúvidas, comentários, problemas, sugestões e instruções que garantam a continuidade do serviço em todos os turnos de trabalho. Esses livros são o **Livro do escritório, Livro do gerente, o Livro de mensagens telefônicas** e diários para **Reservas de apartamentos, Restaurantes, Conferências e Solenidades**. A equipe toda contribui com dados para esses livros, que são lidos diariamente pelos colegas, líderes de grupos e por aqueles que chegam para seu turno de trabalho. Com freqüência, esses livros são citados e consultados em reuniões funcionais, servindo de fonte para muitas iniciativas de melhorias.
>
> **THE SEAVIEW HOTEL AND RESTAURANT**

a remuneração. O atendimento a esses requisitos é decisivo para as operações de uma empresa.[3]

A estrutura não se reflete apenas na receita e no desempenho, mas também no ânimo de todos os funcionários e em sua satisfação com o trabalho. Os gerentes precisam dar-se conta de como o projeto estrutural e os métodos de trabalho influenciam o comportamento e o desempenho da equipe. A estrutura é também um aspecto importante da estratégia corporativa eficaz.[4]

ABORDAGENS DE ORGANIZAÇÃO, ESTRUTURA E GESTÃO

A estrutura empresarial, o processo de gestão e o desempenho das pessoas no trabalho estão interligados profundamente. Paralelas ao desenvolvimento da teoria e da prática gerenciais desenvolvem-se posturas antagônicas quanto ao projeto estrutural e às atitudes do corpo funcional. A identificação das principais tendências no estudo das organizações e de gestão permitirá obter uma clara perspectiva sobre os conceitos e idéias discutidas nos capítulos subseqüentes.

Muito já se disse sobre as diferentes políticas voltadas a aprimorar a eficácia das empresas. É normal, portanto, classificar o trabalho e as teses de diferentes autores em diferentes "abordagens", baseadas em suas visões de estrutura e gestão. Isso tudo nos oferece um modelo para o qual podemos direcionar nossos estudos e nossa atenção.

É importante enfatizar, porém, que nenhuma abordagem isolada dará todas as respostas. É o estudo comparativo das diversas abordagens que trará benefícios para o gerente. O bom projeto organizacional depende também de saber-se retirar de diferentes abordagens as idéias que mais bem se adaptam às necessidades de uma determinada situação.

Classificação das abordagens

Há muitas maneiras de classificar-se as variadas abordagens. Gullen e Rhodes, por exemplo, referem-se às relações humanas tradicionais e empíricas, à teoria de decisão e às abordagens formalistas.[5] Keiser, por outro lado, as identifica como: científica-clássica, organização clássica, relações humanas, técnica gerencial, contingência e japonesa.[6]

Qualquer que seja a classificação das principais abordagens, é possível identificar um número de possíveis grupos inter-relacionados e de subgrupos. Alguns desses subgrupos são considerados mutuamente exclusivos; outros, como subdivisões de abordagens mais amplas.[7]

Com o objetivo de dispormos de um modelo apropriado como base de nossa discussão, utilizaremos uma categorização quádrupla:

- A abordagem clássica — incluindo a gestão científica e a burocracia;
- A abordagem de relações humanas — incluindo os estruturalistas;
- A abordagem de sistemas;
- A abordagem de contingência (Figura 6.2, p. 142).

A ABORDAGEM CLÁSSICA

A abordagem clássica está associada ao trabalho desenvolvido na primeira metade do século XX. Os adeptos desta linha priorizavam os objetivos, a estrutura e as exigências técnicas da empresa. A identificação de objetivos gerais levaria ao esclarecimento dos propósitos e responsabilidades em todos os níveis da organização e a uma estrutura mais efetiva.

A abordagem clássica

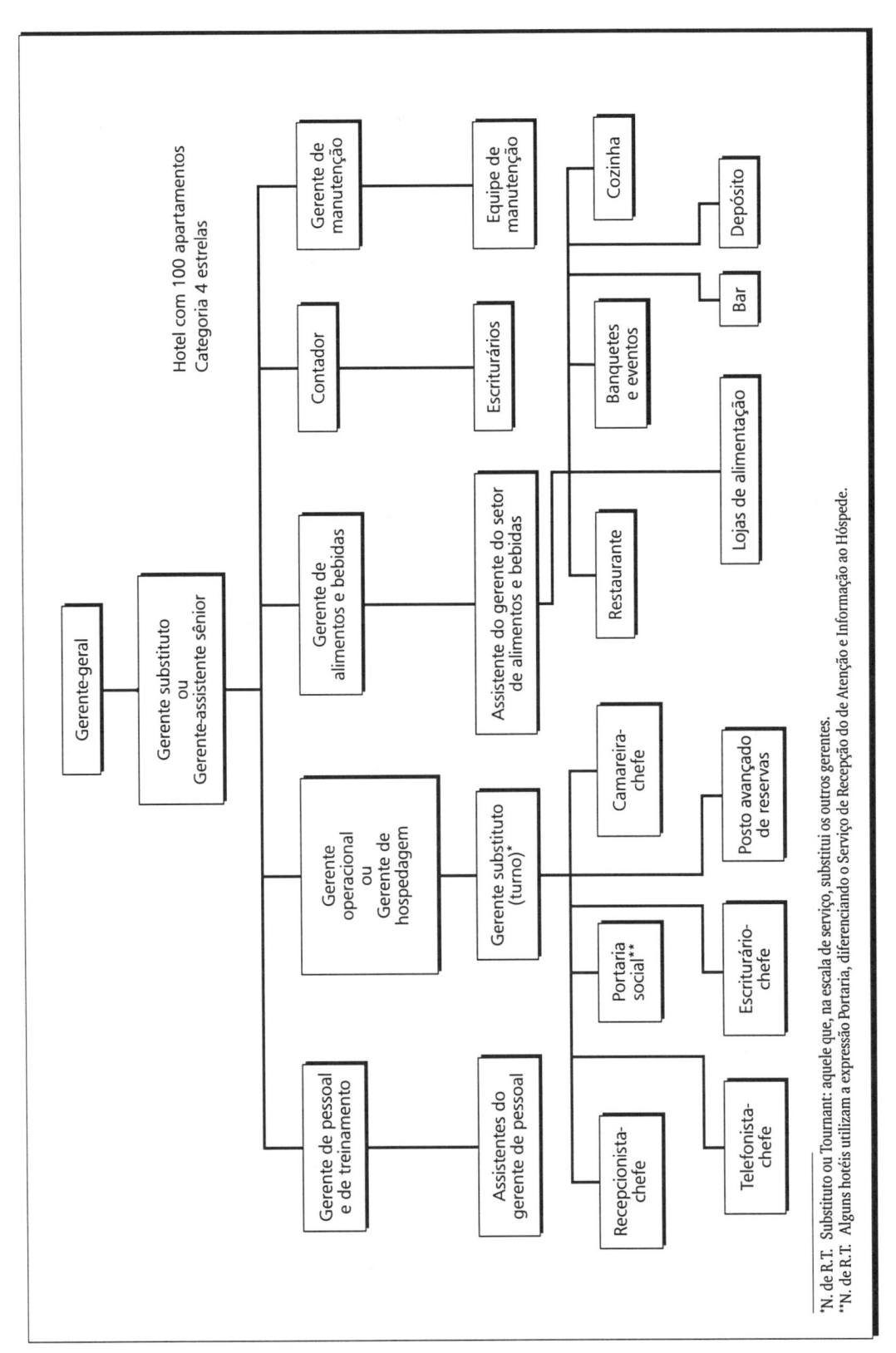

FIGURA 6.1 Principais atividades e divisão de trabalho em um hotel com 100 apartamentos, categoria 4 estrelas.

Hotel com 100 apartamentos
Categoria 4 estrelas

- Gerente-geral
  - Gerente substituto ou Gerente-assistente sênior
    - Gerente de pessoal e de treinamento
      - Assistentes do gerente de pessoal
    - Gerente operacional ou Gerente de hospedagem
      - Gerente substituto (turno)*
        - Recepcionista-chefe
          - Telefonista-chefe
        - Portaria social**
          - Escriturário-chefe
        - Camareira-chefe
          - Posto avançado de reservas
    - Gerente de alimentos e bebidas
      - Assistente do gerente do setor de alimentos e bebidas
        - Restaurante
        - Lojas de alimentação
        - Banquetes e eventos
          - Bar
        - Cozinha
          - Depósito
    - Contador
      - Escriturários
    - Gerente de manutenção
      - Equipe de manutenção

*N. de R.T. Substituto ou Tournant: aquele que, na escala de serviço, substitui os outros gerentes.
**N. de R.T. Alguns hotéis utilizam a expressão Portaria, diferenciando o Serviço de Recepção do de Atenção e Informação ao Hóspede.

```
┌─────────────────────────────────────────────────────────────────────────────┐
│      ┌──────────┐      ┌──────────────────┐      ┌──────────┐      ┌──────────────┐
│      │ CLÁSSICA │ ───▶ │ RELAÇÕES HUMANAS │ ───▶ │ SISTEMAS │ ───▶ │ CONTINGÊNCIA │
│      └──────────┘      └──────────────────┘      └──────────┘      └──────────────┘
└─────────────────────────────────────────────────────────────────────────────┘
```

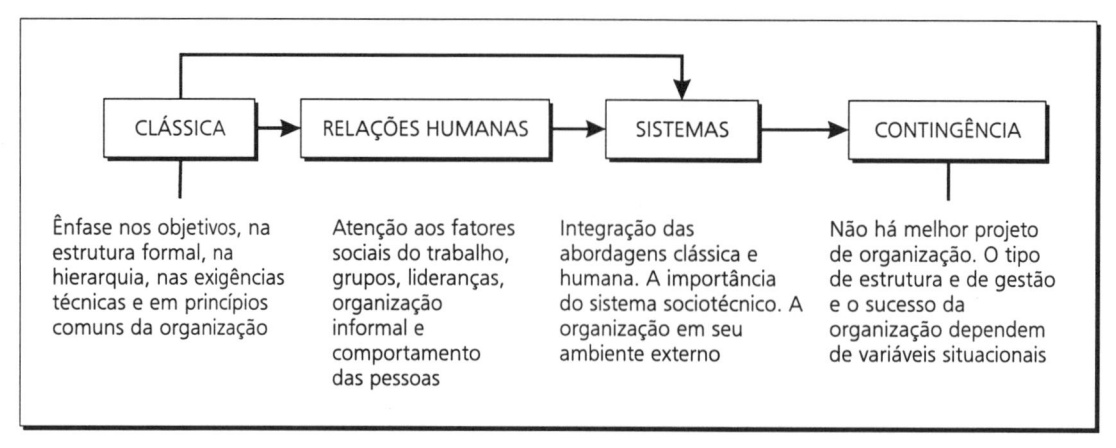

Ênfase nos objetivos, na estrutura formal, na hierarquia, nas exigências técnicas e em princípios comuns da organização | Atenção aos fatores sociais do trabalho, grupos, lideranças, organização informal e comportamento das pessoas | Integração das abordagens clássica e humana. A importância do sistema sociotécnico. A organização em seu ambiente externo | Não há melhor projeto de organização. O tipo de estrutura e de gestão e o sucesso da organização dependem de variáveis situacionais

FIGURA 6.2 Principais abordagens de organização, estrutura e gestão.

A ênfase recai sobre a divisão do trabalho, as relações, a clara definição dos deveres e responsabilidades e a manutenção da especialização e da coordenação. Valoriza a estrutura, baseada em uma hierarquia administrativa e em relações formais.

Princípios organizacionais

Os teóricos clássicos preocupavam-se com a melhoria do processo de gestão e com a estrutura organizacional como meio de aumentar a eficiência. A ênfase estava na importância de um conjunto comum de princípios para compor uma estrutura lógica. A maior parte dos defensores da abordagem clássica possuía seu próprio conjunto de princípios, mas a liderança maior cabia a Urwick, que estabeleceu 10 princípios organizacionais.[8]

1. *Princípio do objetivo:*
   "Toda a organização e todos os seus setores devem ser expressão do propósito de comprometimento, ou nada fará sentido, sendo assim desnecessário qualquer esforço."
2. *Princípio da especialização:*
   "As atividades de todo integrante de qualquer grupo organizado devem estar restritas, tanto quanto possível, ao desempenho de uma determinada função."
3. *Princípio da coordenação:*
   "O propósito de organizar *per se*, distinto do propósito de comprometimento, é o de facilitar a coordenação e a unidade de esforços."
4. *Princípio da autoridade:*
   "Em todo grupo organizado, a autoridade suprema deve estar com alguém. Todos devem perceber a existência de uma nítida linha hierárquica."
5. *Princípio da responsabilidade:*
   "A responsabilidade do superior pelos atos do subordinado é absoluta."
6. *Princípio da definição:*
   "As atribuições de cada um, a responsabilidade envolvida em cada função e a forma de relacionamento com outras pessoas devem estar claramente definidas por escrito e disponíveis a todos."
7. *Princípio da correspondência:*
   "Em todo cargo, deve haver correspondência entre responsabilidade e autoridade."
8. *Princípio da abrangência do controle:*
   "Ninguém deverá ter sob sua supervisão mais do que cinco ou, no máximo, seis subordinados."
9. *Princípio do equilíbrio:*
   "É indispensável que os vários setores da organização sejam mantidos em equilíbrio, desenvolvendo-se harmoniosamente."
10. *Princípio da continuidade:*
    "A 're-organização' é um processo contínuo: para todo comprometimento deve haver uma provisão específica."

A definição de responsabilidades

Outra contribuição importante à abordagem clássica foi feita por Brech, que tenta fornecer uma abordagem prática à estrutura organizacional, baseada em princípios gerais e não na ênfase em casos específicos ou em organizações complexas.[9] Brech ressalta a importância das relações formais, da definição por escrito das responsabilidades e do valor da descrição de funções como formas de auxiliar a estrutura efetiva e viabilizar a delegação. Seu trabalho está fundamentado nas idéias de teóricos mais antigos e, portanto, a visão que fornece da abordagem clássica é muito genérica.

Importância e aplicações

Os partidários da abordagem clássica tiveram seus textos criticados negativamente por relegarem aspectos humanos, criando uma estrutura organizacional onde as pessoas podem exercer apenas um controle limitado sobre o ambiente de trabalho. Estudos diversos também já expressaram muitas dúvidas quanto à efetividade da abordagem clássica aplicada na prática.[10]

Embora o trabalho desses autores clássicos seja às vezes considerado ultrapassado, é verdade que converge a atenção para fatores importantes relacionados ao projeto organizacional.[11] A boa estrutura é de fato necessária para alcançar eficiência, sendo um fator decisivo para aumentar os níveis de desempenho.

A idéia de conjuntos de princípios têm estado sujeita a muitas críticas. Simon, por exemplo, afirma que:

> O projeto organizacional não é diferente de um projeto arquitetônico. Envolve a criação de sistemas amplos e complexos, com múltiplas metas. É ilusão pensar que bons projetos podem ser criados pelo uso dos chamados "princípios" da teoria clássica organizacional.[12]

Muitos dos princípios são expressos como afirmações brandas em termos não-operacionais e oferecem pouca base para a ação administrativa específica. Ainda assim, os princípios são relevantes e de fato fornecem diretrizes gerais para o projeto e estruturação empresariais. É também interessante notar que, apesar das críticas, muitos dos mais recentes textos sobre a matéria parecem estar baseados no trabalho original dos teóricos da abordagem clássica.

Os conceitos básicos podem ser valiosos para o gerente do setor de hospitalidade se forem modificados para atender às demandas de uma situação particular. A aplicação desses princípios precisa levar em conta o seguinte:

❑ a situação específica das variáveis do estabelecimento; e
❑ os fatores psicológicos e sociais relacionados às pessoas que fazem parte da estrutura.

Dois importantes grandes subgrupos da abordagem clássica são:

❑ gestão científica; e
❑ burocracia.

Gestão científica

A gestão científica privilegia o aumento na produtividade dos trabalhadores por meio da estruturação técnica da organização de trabalho. A maior contribuição para essa abordagem veio de F. W. Taylor (1856-1917), que entendia que assim como há uma máquina adequada para cada tipo de trabalho, há também um método de trabalho mais adequado para cada atividade.[13]

Taylor estava então interessado em encontrar métodos e procedimentos mais eficazes na coordenação e no controle do trabalho. Ele também acreditava no conceito das necessidades racionais-econômicas da motivação. A provisão de incentivos monetários era o principal motivador para altos níveis de produção. Os trabalhadores seriam motivados pelos salários mais altos possíveis, o que seria alcançado por meio do trabalho mais produtivo.

Princípios da gestão científica

A gestão científica baseava-se nos seguintes princípios:

❑ seleção, treinamento e desenvolvimento científico dos trabalhadores;
❑ clara divisão de trabalho e responsabilidades entre gerentes e subordinados;
❑ controle gerencial exercido próximo dos processos de trabalho mais importantes.

Taylor considerava que todos os processos poderiam ser decompostos em tarefas discretas e que pelo método científico era possível encontrar "a única e melhor forma" para executar cada tarefa. Cada atividade era dividida em partes e cada parte era cronometrada; depois, as diversas partes eram reorganizadas da maneira mais eficiente.

Críticas à gestão científica

A gestão científica ficou conhecida como modelo da teoria mecânica. Adota uma forma instrumental em que o comportamento humano mistura-se à aplicação de especialização e procedimentos padronizados de trabalho. Os trabalhadores são vistos menos como indivíduos e mais como unidades de produção a serem manipulados de maneira muito semelhante a máquinas. O estudo científico do trabalho pode levar a tarefas repetitivas, entediantes e que requerem pouca habilidade.

Os princípios que sustentam a gestão científica sofreram grande descrédito por parte dos teóricos da gestão que se manifestaram tempos depois. Fortes críticas àquele método afirmavam que ele representava um controle gerencial excessivamente rigoroso dos trabalhadores. Pela eliminação das opiniões quanto à maneira de executar o trabalho, pela divisão da mão-de-obra e pela imposição de estágios precisos e métodos para qualquer aspecto do desempenho, tal gestão ganhava controle sobre o processo de trabalho. A racionalização dos processos de produção e a divisão das tarefas resultaria na generalização e na "desespecialização" do trabalho, o que poderia ser uma estratégia de gestão.[14]

A questão da "desespecialização" assumiu particular importância no setor de hotéis e de *catering*, onde recentemente ocorreram muitos casos.[15] (Ver também a discussão sobre a organização trevo, ainda neste capítulo.)

Relevância para a indústria da hospitalidade

Apesar das críticas, a abordagem básica da gestão científica mantém alguma relevância para o setor da hospitalidade. Taylor e seus seguidores introduziram um conceito de abordagem sistemática para a gestão, legando à moderna administração práticas como a análise do emprego, a seleção e o treinamento sistemáticos, o estudo do trabalho, a gratificação por resultados, controle de produção e a gestão por exceção. A adoção de tais práticas é capaz de produzir realmente um efeito positivo na gestão da hospitalidade.

Os gerentes precisam encontrar os métodos mais eficientes e produtivos de trabalho. Em particular, a eficiência das áreas de "produção", como preparação e serviço de comida, limpeza, por certo obterão grandes vantagens a partir de uma clara divisão de trabalho e de responsabilidades, de tarefas bem-definidas e de políticas de economia de mão-de-obra.

Receitas culinárias e manuais de procedimentos padronizados, incluindo fotografias da finalização de pratos, são amplamente utilizados no setor. Nas cadeias de hotéis, é comum ter um leiaute padronizado para cada apartamento; o treinamento é baseado em manuais de procedimentos e na única e melhor maneira de executar o trabalho. Se exige-se da equipe que ela limpe um determinado número de apartamentos por turno, então, deve haver incentivos quando esse número for superado. Contudo, o mais importante é o contexto e a maneira pelos quais as atividades são executadas e se há espaço para a iniciativa pessoal.

Burocracia

Um aspecto estrutural bastante comum, especialmente em estabelecimentos maiores, é a burocracia, embora hoje o termo tenha conotações de rigidez e de atividade rotineira. Contudo, no estudo de organização e de gestão, é importante que o termo não seja *necessariamente* assimilado em seu sentido depreciativo, mas como uma técnica que se aplica a certas características estruturais da organização formal.

O sociólogo alemão Max Weber demonstrou interesse particular pelo que chamou de "estruturas burocráticas". Afirmou que a razão principal e decisiva para o crescimento da organização burocrática era sua superioridade puramente técnica sobre qualquer outra forma de organização.[16] Embora Weber em nenhum momento defina burocracia, ele identificou suas principais características.

Principais características da burocracia

A burocracia é caracterizada por:

- definições claras dos papéis, deveres e responsabilidades;
- divisão de trabalho e alto nível de especialização;
- estrutura hierárquica da autoridade;
- decisões uniformes;
- sistema sofisticado de regras, procedimentos e normas;
- seleção de pessoal com base em qualificações técnicas e mérito formalmente atestado;
- imparcialidade na execução de deveres e responsabilidades.

As quatro características principais da burocracia foram resumidas por Stewart como sendo: especialização, hierarquia de autoridade, sistema de regras e impessoalidade.[17]

- A *especialização* se aplica mais ao emprego do que à pessoa que assume a função. Isso contribui para a continuidade, já que o trabalho geralmente continua quando o empregado deixa a empresa.
- A *hierarquia de autoridade* contribui para uma distinção aguda entre gerência e subalternos. A linha administrativa possui níveis de autoridade claramente definidos.
- O *sistema de regras* objetiva propiciar operações eficientes e impessoais. Trata-se de um sistema geralmente estável, embora algumas regras possam ser modificadas ao longo do tempo. No estilo burocrático, o conhecimento das regras é um requisito essencial para a atividade produtiva.
- *Impessoalidade* significa a alocação de privilégios e a verificação se o exercício de autoridade está de acordo com o sistema de regras vigente. Em sistemas democráticos altamente desenvolvidos há procedimentos cuidadosamente definidos para apelar contra determinados tipos de decisões. De acordo com Stewart, a característica da impessoalidade é a que mais distingue a burocracia de outros tipos de organização. A burocracia não deve apenas ser pessoal, mas ser entendida e observada como impessoal.

Críticas à burocracia

Essas características oferecem um retrato preciso de quantas organizações de fato funcionam. Contudo, as estruturas burocráticas têm um número de desvantagens potenciais e estão sujeitas a duras críticas, incluindo as seguintes:

- A ênfase exagerada em regras e procedimentos. O trabalho de registro de dados pode tornar-se mais importante por si só, em vez de ser um meio para alcançar um fim.
- Os funcionários podem desenvolver uma dependência em relação ao *status* burocrático, aos símbolos e às regras.
- A iniciativa pode ser sufocada e pode haver uma certa inflexibilidade e inadaptação a circunstâncias que estão em constante mudança.
- A posição hierárquica e as responsabilidades na organização podem levar a comportamento burocrático oficioso.
- As relações impessoais podem levar a um comportamento estereotipado e a uma falta de resposta a situações ou problemas individuais.

Entre os mais fortes críticos da organização burocrática está Argyris. Ele argumenta que a organização formal e burocrática restringe o crescimento psicológico do indivíduo, causando sentimentos de fracasso, frustração e conflito. Argyris propõe que a empresa desenvolva um relacionamento mais "autêntico" com seus integrantes, além de propiciar:

- um alto grau de responsabilidade individual e de autocontrole;
- comprometimento com as metas organizacionais;
- produtividade e trabalho;
- oportunidade para os indivíduos fazerem uso de todas as suas habilidades.[18]

Hotéis e burocracias

O desenvolvimento da burocracia aconteceu por meio do crescimento físico e da complexidade das modernas organizações de trabalho, assim como da demanda associada às operações efetivas. Enorme importância tem sido atribuída ao projeto criterioso da estrutura e à definição de deveres e responsabilidades individuais. Maior especialização e conhecimento, bem como aplicações de aptidões técnicas, têm ressalvado a necessidade de procedimentos práticos.

Como resultado, muitos hotéis, especialmente os de grande escala, refletem, pelo menos em parte, características similares às de uma forma de organização burocrática. Essa visão é sustentada por Lockwood e Jones:

> Ao observarmos as estruturas organizacionais em hotéis, encontramos uma predominância preferencial pelo formato mecânico ou burocrático, tal como a clássica cozinha militar. Essa estrutura baseia-se na tradição, com uma divisão das operações em áreas especializadas. Também é influenciada pela necessidade de um modelo formal onde a incerteza e a instabilidade, relativas à presença ou não do hóspede, devem ser bem conduzidas — com todos da equipe conhecendo sua função específica e, portanto, prestando bom atendimento aos clientes.[19]

Parece, assim, haver um dilema particular para a gestão entre as características fundamentais da burocracia e a natureza inerente da indústria da hospitalidade. O conceito de prestação de serviços personalizados requer uma política flexível e respostas às necessidades e problemas dos hóspedes. Isso demanda que toda a equipe de trabalho conheça profundamente seus deveres e responsabilidades e possa ter a oportunidade de usar sua iniciativa e inventividade.

Na prática, contudo, poucas empresas se encaixam com exatidão em qualquer modelo particular de projeto e estrutura organizacionais. A maior parte delas é híbrida e se enquadra em um *continuum* entre formas estruturais burocráticas e formas estruturais mais orgânicas. Os hotéis, em particular, parecem não se encaixar integralmente no modelo estrutural burocrático.[20]

Muitas das críticas feitas à burocracia são sem dúvida pertinentes, mas certamente também existem comentários injustos. De qualquer forma, grande parte das atividades desenvolvidas pela equipe nos hotéis é conservadora por natureza e todos sentem-se mais seguros trabalhando em uma estrutura rígida e "sabendo onde é seu lugar". A questão principal, contudo, é que, independentemente da validade das críticas, se torna difícil imaginar como hotéis modernos de grande escala poderiam funcionar efetivamente sem exibir pelo menos algumas características de uma estrutura burocrática.

A ABORDAGEM DAS RELAÇÕES HUMANAS

O enfoque principal da abordagem clássica estava na estrutura e na organização formal como base para alcançar altos níveis de desempenho no trabalho. Entretanto, nos anos 20, cresceu a preocupação em relação aos aspectos sociais do trabalho e à forma como as pessoas atuavam nas empresas — isto é, a valorização das relações humanas. Enquanto a abordagem clássica adotava uma perspectiva mais gerencial, a abordagem de relações humanas buscava conhecer melhor as necessidades psicológicas e sociais dos funcionários, bem como aprimorar o processo de gestão. No que diz respeito às organizações e à gestão, esta forma de abordagem foi a mais enfática em defender a sociologia industrial. O maior impulso à abordagem de relações humanas teve origem nos famosos estudos Hawthorne, da Western Electric Company in America (1924-1932).

Tais estudos apresentavam quatro fases principais: o experimento da iluminação, a sala de testes para a montagem do relé, o programa de entrevistas e o *bank wiring observation room.*

O experimento da iluminação

Esta investigação foi conduzida para examinar a tese de que melhorias nas condições físicas de trabalho, tais como a intensidade de luz, aumentariam a produtividade. Os resultados dos testes não foram conclusivos, já que a produção variava sem relação aparente com o nível de claridade, e na verdade até aumentava quando as condições de luz pioravam. A produção também crescia no grupo de controle, embora a iluminação fosse sempre a mesma. Ficou claro que outros fatores influenciaram o nível de produção, o que levou a novos experimentos.

A sala de testes para a montagem do relé

Este experimento envolveu seis mulheres que montavam, manualmente, relés para os telefones. O trabalho era entediante e repetitivo. Os pesquisadores selecionaram duas montadoras que eram amigas, três outras operadoras e uma operadora de leiaute. As seis funcionárias foram colocadas para trabalhar em uma sala em separado, mas com as mesmas condições da área de montagem principal. Elas foram submetidas a uma série de mudanças planejadas e controladas, tais como horas de trabalho, pausas para descanso e intervalos para alimentação. Durante o experimento, o observador foi cordial, consultando as trabalhadoras, mantendo-as informadas e ouvindo suas reclamações. Depois de todas as mudanças, exceto por uma delas, houve um aumento contínuo no nível de produção. Tanto a doença quanto o absenteísmo diminuíram, e o estado de ânimo pareceu melhorar. Os pesquisadores chegaram à conclusão de que as razões principais foram o trabalho em pequenos grupos, a atenção extra dada às trabalhadoras e o interesse aparente que a gerência mostrou por elas.

O programa de entrevistas

Em uma tentativa de saber mais sobre o que os trabalhadores sentiam em relação a seus supervisores e às condições de trabalho, um amplo programa de entrevistas foi introduzido. Inicialmente, os entrevistadores aplicavam um conjunto de questões prontas que indagavam principalmente como os trabalhadores se sentiam em seu emprego. Esse método, porém, produziu apenas informações limitadas. Por isso, mudou-se o estilo de entrevistar para um modo não-direcionado e aberto. Os trabalhadores podiam dizer o que quisessem sobre qualquer aspecto da sua atividade. Tudo era confidencial, não havia identificação e nenhum detalhe pessoal era revelado aos gerentes.

Os entrevistadores adotavam um comportamento amistoso e solidário, além de uma postura imparcial e livre de julgamentos, isto é, não tomavam partido ou emitiam opinião. Se necessário, eles explicavam a política da empresa e detalhes, por exemplo, das vantagens da função exercida, mas praticamente limitavam-se a escutar. Por meio dessa abordagem, os pesquisadores descobriram com maior precisão a real opinião dos trabalhadores sobre a empresa, as condições de trabalho, a supervisão e a gestão, as relações do grupo e assuntos externos.

Muitos trabalhadores receberam bem a oportunidade de ter alguém para ouvir suas opiniões e problemas, e alguém com quem pudessem desabafar em um ambiente agradável. O programa de entrevistas foi essencial para estimular a gestão de pessoal moderna e as entrevistas de aconselhamento. Também destaca a importância de os gerentes ouvirem seus empregados.[21] Dada a natureza da indústria da hospitalidade e a importância das boas relações com os empregados, as lições aprendidas com o programa de entrevistas têm significação especial para os gerentes.

The bank wiring observation room*

Este experimento envolveu a observação de um grupo de 14 homens trabalhando no *bank wiring observation room*. Notou-se que os homens formavam sua própria organização informal, com subgrupos e "panelinhas". Os líderes naturais surgiam com a aprovação dos integrantes. O grupo desenvolveu seu próprio padrão de relações sociais informais, com "normas" que definiam qual era o comportamento "aceitável", além de um sistema de sanções aos trabalhadores que não obedeciam a tais regras. As pressões do grupo a trabalhadores individuais limitavam a produtividade, apesar dos incentivos financeiros oferecidos pela gerência. A importância de práticas de trabalho informais e de "normas" de grupo serão discutidas no Capítulo 8.

Avaliação da abordagem de relações humanas

Os estudos Hawthorne estiveram sujeitos a críticas e a uma quantidade de diferentes interpretações.[22] Porém, independentemente da maneira pela qual consideremos os resultados, os estudos apresentam importantes implicações ligadas à estrutura organizacional, pois geraram novas idéias sobre interação social, restrições à produção e indivíduos em grupos de trabalho. Como aponta Nailon: "A maior parte dos gerentes já experimentou sentimentos antagônicos quando alguma sugestão foi feita para que a composição dos grupos mudasse".[23]

A abordagem de relações humanas marcou uma mudança que estava distante da precisão da gestão científica e que levava a um aumento na produtividade pela humanização da organização de trabalho. A abordagem clássica procurava aumentar a produção por meio de uma estrutura formal e pela racionalização da organização de trabalho. Com a abordagem de relações humanas, reconheceu-se a importância da organização informal, que sempre estará presente na estrutura formal. Os trabalhadores foram considerados indivíduos e membros de um grupo social, onde os aspectos comportamentais, são a chave para a efetividade.[24]

Novas relações humanas

Os resultados dos estudos Hawthorne e a atenção subseqüente dedicada à organização social deu surgimento, nas décadas de 50 e 60, a um grupo de autores classificados sob o título de novas relações humanas. Os principais aspectos que defendiam eram a adaptação pessoal do indivíduo à estrutura da organização, os efeitos das relações de grupo e os estilos de liderança. Os autores que sustentam tais posições são Maslow, Argyris, Herzberg, McGregor e Likert. Suas obras serão examinadas em capítulos posteriores.

Uma perspectiva radical

Às vezes, a obra de Weber é associada às idéias de autores como Karl Marx, sob o subtítulo da abordagem estruturalista, a qual é uma síntese da escola clássica (ou formal) e a escola de relações humanas (ou informal).[25] Uma das principais linhas de pensamento é a de que as primeiras abordagens eram incompletas. A abordagem estruturalista fornece uma perspectiva radical do comportamento social e organizacional. Prioriza-se maior atenção às relações entre os aspectos formais e informais da organização, ao estudo do conflito entre as necessidades do indivíduo e a organização, e entre os trabalhadores e os administradores. (Ver também a discussão sobre o conflito e a perspectiva radical no Capítulo 12.)

A ABORDAGEM SISTEMÁTICA

A abordagem clássica enfatizava a estrutura formal como sendo o maior mecanismo da otimização do desempenho organizacional. A abordagem de relações humanas enfatizava as necessidades sociais das pessoas no trabalho e a importância da organização informal. A abordagem sistemática tenta conciliar ambas as linhas. A atenção está centrada na organização completa do trabalho e na inter-relação de estrutura e comportamento. A organização, em seu ambiente externo e com múltiplos canais de interação, é devidamente considerada.

A abordagem sistemática chama a atenção para a importância do sistema sociotécnico. Este se detém em avaliar a organização como um todo e as relações entre as variáveis técnicas e sociais. Mudanças em uma área, técnica ou social, afetarão outras áreas e, assim, toda a organização como um sistema. O Capítulo 2, você lembra, trouxe-nos uma análise do hotel como um sistema aberto.

---

*N. de R.T. *The bank wiring observation room* era uma situação experimental de trabalho. Os participantes eram empregados de verdade mas seu trabalho foi movido para uma sala especial para realização do estudo.

A ABORDAGEM CONTINGENCIAL

A abordagem contingencial, que também pode ser considerada uma extensão da abordagem sistemática, destaca os meios possíveis de se fazer a diferenciação entre formas alternativas de estrutura organizacional e sistemas de gestão. Não existe uma situação ótima. A estrutura da organização e seu "sucesso" dependem de uma variedade de fatores situacionais.

A abordagem contingencial assume a posição de que há um grande número de variáveis ou fatores circunstanciais que influenciam o projeto e o desempenho organizacionais. Não há, portanto, o conceito de melhor estrutura ou de estrutura universal. A estrutura mais adequada depende das contingências da situação que cada hotel vive. São esses fatores organizacionais que contam para a variação nas estruturas dos diferentes hotéis.

Embora os modelos contingenciais não abranjam a indústria da hospitalidade diretamente, sua relevância e aplicações potenciais podem ser facilmente notadas. Os gerentes podem fazer uso desses modelos para comparar e contrastar a estrutura e o funcionamento de seus próprios hotéis, e para tirar desses modelos as idéias que se aplicam melhor a suas necessidades.

Uma relação "se-então"

Os modelos contingenciais podem ser considerados como uma forma de relação matriz "se-então".[26] Se determinados fatores existem, então determinadas variáveis na estrutura organizacional e nos sistemas de gestão são as mais adequadas. A Figura 6.3 apresenta uma ilustração simplificada das relações contingenciais.

As variáveis circunstanciais podem ser identificadas de diferentes formas. Alguns fundamentos básicos para a comparação são o tipo e a natureza do estabelecimento, a variedade e o padrão de serviços e facilidades oferecidos, além da natureza dos clientes e das características da equipe de trabalho. Outras variáveis importantes incluem tamanho, tecnologia e ambiente (Ver Figura 6.4, p. 148).

Tamanho

As dimensões têm implicações óbvias em relação ao desenho da estrutura. O tamanho não é uma variável simples, e pode ser medido de maneiras diferentes. Por exemplo, a referência mais comum quanto ao porte de um hotel é geralmente o número de apartamentos (ou quartos), talvez associada ao número de empregados. Em outros casos, porém, diferentes fatores, tais como a variedade de facilidades oferecidas pode ser um melhor indicador.

Nos hotéis muito pequenos, por exemplo, com apenas seis quartos, administrado por um casal e com alguma ajuda da família, há pouca necessidade de uma estrutura formal. Mas com o aumento do tamanho e a complexidade de operações, o hotel pode ser dividido em departamentos distintos, com tarefas e responsabilidades definidas, relações mais burocratizadas e maior uso de regras de procedimentos padronizados.

FIGURA 6.3 Ilustração simplificada da relação contingencial "se-então".

(*Fonte:* Mullins L J, *Management and Organisational Behaviour*, 5th edition, Financial Times Pitman Publishing [1999], p. 556.)

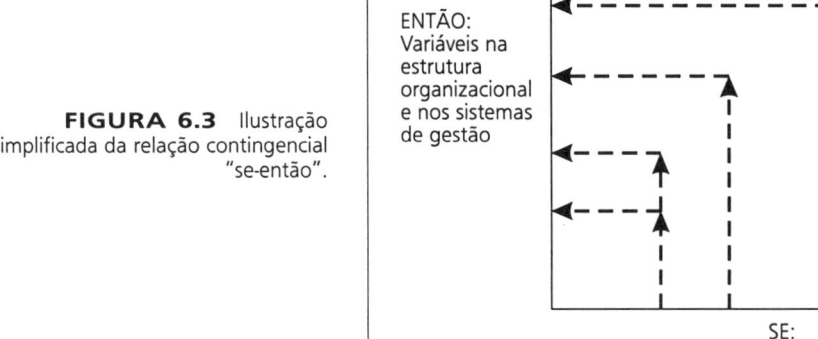

```
┌─────────────────────────────────────────┐
│   Fundamentos básicos para comparação   │
│              Por exemplo:               │
│  ■ Tipo e natureza do estabelecimento   │
│  ■ Natureza dos clientes e características da │
│    equipe de trabalho                   │
└─────────────────────────────────────────┘
                    │
                    ▼
┌─────────────────────────────────────────┐
│   A RELAÇÃO CONTINGENCIAL "SE-ENTÃO"    │
│  Fatores circunstanciais que influenciam a estrutura │
│  organizacional, os sistemas de gestão e o │
│  desempenho da empresa                  │
└─────────────────────────────────────────┘
                    ▲
                    │
┌─────────────────────────────────────────┐
│   Outras variáveis importantes incluem  │
│              ■ Tamanho                  │
│              ■ Tecnologia               │
│              ■ Ambiente                 │
└─────────────────────────────────────────┘
```

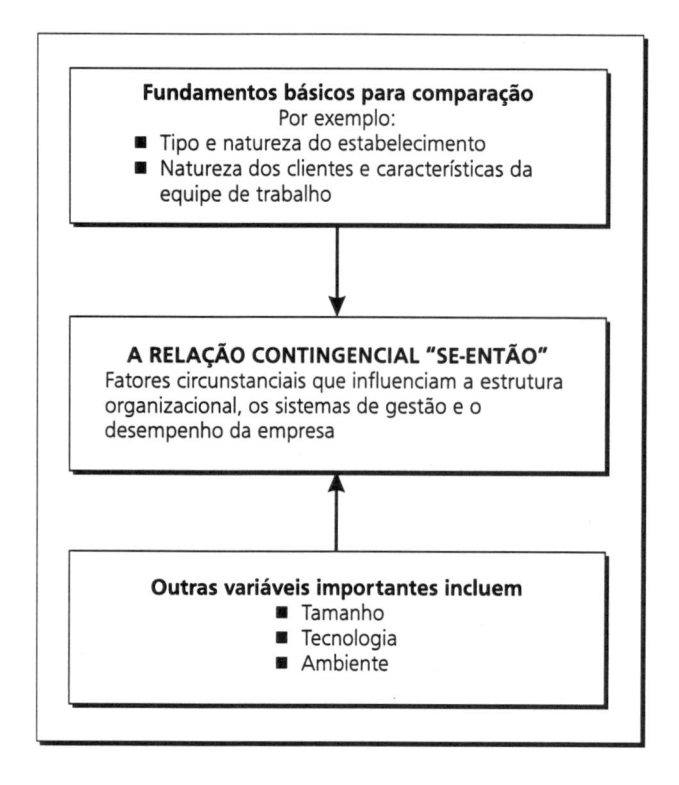

FIGURA 6.4 A abordagem contingencial — principais influências na organização e no gerenciamento.

Processos tecnológicos

A partir de um aprofundado estudo junto a organizações administrativas na Inglaterra, Woodward chama a atenção para as relações entre tecnologia, estrutura da organização e sucesso nos negócios.[27] A abordagem clássica e a idéia de princípios de organização pareceram falhar em oferecer uma base direta e simples para relacionar a estrutura organizacional e o sucesso nos negócios. Outra importante descoberta diz respeito à natureza da verdadeira relação entre as três "tarefas" fundamentais de desenvolvimento, produção e *marketing*. A mais crítica delas variava de acordo com o tipo de sistema de produção.

Descobriu-se que os padrões de organização estavam relacionados mais à similaridade dos objetivos e da tecnologia de produção. Entre as características organizacionais que demonstram uma relação direta com a tecnologia estavam a proporção de gerentes para o número total de empregados, a forma da estrutura, a amplitude do controle e o número de níveis de autoridade. Pode-se perceber como a natureza do processo da "tecnologia da produção" é responsável por diferenças nos padrões de estrutura e sistemas de gestão de diferentes organizações de hospitalidade — entre, por exemplo, uma cadeia de *fast-food*, um grande hotel especializado em facilidades para conferências e lazer, uma pousada cujo público é em sua maioria familiar, um pequeno *country club hotel*, um restaurante de altíssima categoria.

Influências do ambiente

Dois importantes estudos concentraram-se nos efeitos da incerteza e de um ambiente em mudança, na organização, sua administração e estrutura. São eles:

❑ Burns e Stalker — organizações mecânicas e organizações orgânicas; e
❑ Lawrence e Lorsch — diferenciação e integração.

Organizações mecânicas e orgânicas

Burns e Stalker investigaram a relação entre o padrão da estrutura, a natureza do ambiente externo e o desempenho econômico.[28] Eles identificaram dois tipos ideais de organização em dois pontos opostos de um *continuum* — a organização "mecânica" e a organização "orgânica". Ambas representavam os pólos extremos da forma que as organizações poderiam ter quando adaptadas às mudanças técnicas e comerciais. Na prática, a maior parte das organizações utiliza uma mescla das duas estruturas.

A organização mecânica

A organização mecânica lembra uma burocracia e tem uma estrutura hierárquica e rígida. Caracteriza-se por obrigações, responsabilidades e métodos técnicos definidos de perto, pela especialização das tarefas, pelo conhecimento centrado no topo da hierarquia, por instruções de superiores e pela interação vertical entre superiores e subordinados.

A organização mecânica é incapaz de lidar adequadamente com a mudança rápida. É portanto mais apropriada para condições ambientais estáveis. Um exemplo seria um hotel tradicional, de alta classe e caro, operando de maneira clássica, gozando de boa reputação e com seu tipo de cliente definido.

A organização orgânica

A organização orgânica é mais flexível, sua estrutura tem fluidez, caracterizando-se por apresentar rede de controle e autoridade, comunicações laterais baseadas em informações e conselhos, contribuição de conhecimento especializado, contínua redefinição de tarefas e comprometimento com a tarefa comum à organização como um todo.

A organização orgânica é necessária quando surgem novos problemas e circunstâncias imprevistas. É, portanto, a mais apropriada para as condições de incerteza e de mudanças no ambiente. Um exemplo poderia ser um hotel para turistas ou de férias em que houvesse uma demanda imprevisível e tipos muito variados de cliente. Outro exemplo seria uma *country club hotel* especializado em uma gama de diferentes funções, tais como recepções de casamento e atividades esportivas de uma corporação, que requerem tendas ao ar livre e a provisão de outras facilidades.

Um resumo das principais características dos sistemas mecânicos e orgânicos foi fornecido por Litterer (Figura 6.5). Esse resumo pode ser útil para revisar a estrutura e a gestão de uma organização de hospitalidade.

Diferenciação e integração

Lawrence e Lorsch realizaram um estudo com várias empresas, duas delas do setor de alimentação, e analisaram a estrutura da organização em termos de "diferenciação" e "integração".[29] Os autores tentaram ampliar o trabalho de Burns e Stalker, e examinaram não apenas a estrutura geral, mas também o modo pelo qual departamentos específicos foram organizados para adaptar-se aos diferentes aspectos do ambiente externo.

Mecânica		Orgânica
Alta, muitas e fortes diferenciações	ESPECIALIZAÇÃO	Baixa, não há limites rígidos, há relativamente poucos trabalhos diferentes
Alta, métodos explicados em detalhe	PADRONIZAÇÃO	Baixa, indivíduos decidem qual método usar
Meios	ORIENTAÇÃO DOS INTEGRANTES	Metas
Responsabilidade do superior	RESOLUÇÃO DE CONFLITOS	Interação
Baseado na hierarquia e em relação contratual	PADRÃO DE CONTROLE DA AUTORIDADE E DE COMUNICAÇÃO	Ampla rede baseada em comprometimento comum
No topo da organização	LOCAL DA COMPETÊNCIA SUPERIOR	Onde quer que haja habilidade e competência
Vertical	INTERAÇÃO	Lateral
Diretrizes, ordens	CONTEÚDO DA COMUNICAÇÃO	Conselho, informação
À organização	LEALDADE	Ao projeto e ao grupo
A partir do cargo na organização	PRESTÍGIO	A partir da contribuição pessoal

(*Fonte*: © Joseph A. Litterer, 1973. Reimpressa com a permissão do autor. Litterer, Joseph A. *The Analysis of Organizations*, 2nd ed., John Wiley & Sons (1973), p. 339.)

FIGURA 6.5 Características das organizações mecânicas e orgânicas.

Diferenciação

A diferenciação se refere às diferenças entre os departamentos da organização quanto às suas metas, limites de tempo, relações interpessoais e formalidade da estrutura. Reconheceu-se que diferentes departamentos poderiam ter suas próprias formas de estrutura, de acordo com a natureza das tarefas executadas, com as diferentes demandas do ambiente e os diferentes níveis de incerteza.

Integração

A integração se refere não somente à minimização de diferenças entre os departamentos, mas ao grau de coordenação e cooperação entre os diferentes setores da empresa e as tentativas de alcançar a unidade de esforços. Os mecanismos para alcançar a integração incluem: políticas, regras e procedimentos; trabalho de equipe e cooperação mútua; relações laterais formais, comitês e equipes de projetos; "integradores" indicados e responsáveis pelo contato entre as partes.

Demandas do ambiente

Lawrence e Lorsch sugerem que a extensão da diferenciação e da integração em organizações eficazes será variável, de acordo com as demandas do ambiente. Em um ambiente instável e dinâmico, a organização mais eficaz seria altamente diferenciada e altamente integrada. Esse estudo teria particular relevância para o setor hoteleiro por causa das diferentes orientações e demandas entre os departamentos, tais como cozinha, recepção, conferência e banquetes e eventos, segurança e manutenção.

A relevância dos modelos contingenciais

Os modelos contingenciais chamam a atenção para os fatores circunstanciais responsáveis por variações no projeto estrutural. Eles estão mais voltados às diferenças do que às similaridades existentes em uma organização. A abordagem contingencial tende a assumir, porém, a idéia de que o desempenho depende do quanto a estrutura da organização se equipara às contingências predominantes.

Assim como acontece com outras abordagens relativas a organizações e gestão, a teoria da contingência tem estado sujeita a muitas críticas.[30] De fato, corre o risco de concluir que "tudo depende de tudo", e há o perigo de se dar uma ênfase exagerada às diferenças entre as organizações, excluindo as similaridades. Deve haver um equilíbrio.

Maior entendimento da organização e da estrutura

Apesar das críticas e limitações, a teoria da contingência tem servido de base para a compreensão das relações entre os fatores que influenciam a estrutura, a gestão e as operações das organizações. Pode ajudar-nos a planejar como os hotéis devem ser organizados.

Com base na distinção entre organizações mecânicas e orgânicas, Shamir indica que os hotéis tendem a resolver o conflito entre as demandas por democracia e o serviço de hospitalidade mesclando sistemas de controle informais e orgânicos com um padrão lateral de comunicação — uma mescla que está por detrás da fachada de uma estrutura formal e mecânica. Além daqueles gerentes que têm a responsabilidade de coordenar o trabalho de diferentes departamentos, a maior parte dos hotéis parece carecer de mecanismos de integração formal em nível organizacional.[31]

Os modelos contingenciais chamam a atenção para a importância de diferentes estruturas para diferentes organizações e para diferentes atividades de uma organização. Nailon tem a opinião de que a maior parte das teorias ajudaram a elaborar uma compreensão mais profunda do setor de *catering* e de que "escolher a forma adequada de organização evitará os problemas criados por estruturas inapropriadas".[32]

TEORIA DA AÇÃO SOCIAL

A ação social representa uma contribuição dos sociólogos para o estudo das organizações. Os autores que defendem a ação social analisam a organização a partir do ponto de vista que os membros individuais (atores) terão de suas próprias metas, e da interpretação que farão de sua situação funcional em relação à satisfação buscada e ao significado do trabalho por eles executado. A ação social busca a definição própria de cada indivíduo para a situação, como base da explicação do comportamento. O conflito de interesses é considerado comportamento normal e é parte da vida organizacional.

Teoria da ação em hotéis e catering

Uma teoria particular do comportamento humano, a partir de uma "abordagem de ação" para setor de hotéis e *catering*, é apresentada por Bowey.[33] Ela indica que seria possível tomar-se os aspectos mais positivos das teorias sistemática e contingencial e combiná-los na forma de outra teoria, que serviria de modelo para o comportamento empírico e também facilitaria a análise de grande quantidade de pessoas nas organizações.

Bowey apresenta quatro conceitos básicos retirados da teoria sistemática e redefinidos de acordo com uma abordagem de ação:

❑ *Papel* — é necessário para a análise do comportamento nas organizações. Explica a ação similar de diferentes pessoas em situações similares na organização, e as expectativas que as outras pessoas têm.
❑ *Relações* — são necessárias para explicar o padrão de interação entre as pessoas e os comportamentos apresentados perante os outros.
❑ *Estrutura* — a relação entre os membros de uma organização dá surgimento aos padrões de ação que podem ser

identificados como "estrutura social transitória". Os fatores sociais e não-sociais, tais como sistemas de pagamento, métodos de produção e leiaute físico, forma em conjunto a estrutura comportamental.
- *Processo* — o comportamento humano pode ser analisado em termos de processos, definido como "seqüências de ações contínuas e interdependentes". O conceito de processo é necessário para dar conta da maneira pela qual as organizações exibem mudanças em sua estrutura.

Bowey continua, ilustrando sua teoria por meio de estudos de caso de cinco diferentes tipos de organizações, todas no setor de restaurantes.

A ORGANIZAÇÃO TREVO

Uma abordagem particular para o projeto estrutural, que parece ter aplicações interessantes para a indústria da hospitalidade, é a concepção de Handy da organização "trevo".[34] As três folhas de cada ramo do trevo são símbolos de uma organização que é constituída por três grupos distintos de pessoas, que são administradas, organizadas e pagas diferentemente, além de possuírem expectativas diferenciadas: o núcleo profissional, a margem contratual e a força de trabalho flexível (ver Figura 6.6).

- *O núcleo profissional* compreende profissionais qualificados, técnicos e gerentes imprescindíveis à existência e ao desempenho efetivo da organização. Coletivamente, as pessoas possuem o conhecimento que distingue a organização. O núcleo profissional é caro e a tendência tem sido a de reestruturá-lo, reduzindo números.
- *A margem contratual* compreende as pessoas ou outras empresas, fora da organização, que prestam serviços especializados e executam todo o trabalho não-essencial, e que, teoricamente, são capazes de fazê-lo melhor e por menos. É inteligente para a organização trevo não incluir o trabalho entediante e repetitivo no contrato, especificando os resultados esperados e, depois, pagando pelo serviço executado.
- *A mão-de-obra flexível* representa todos aqueles trabalhadores temporários e de meio-turno que formam o grupo de crescimento mais rápido, permitindo flexibilidade nos recursos humanos. As pessoas são contratadas como mão-de-obra extra ou como equipe temporária, à medida que as situações de trabalho assim o exigem.
- *Clientes*, às vezes chamados de a quarta folha, já que muitas organizações agora oferecem facilidades para que os clientes realizem o "auto-serviço".

De acordo com Handy, as organizações agora têm três forças de trabalho significativas, cada uma com um tipo de

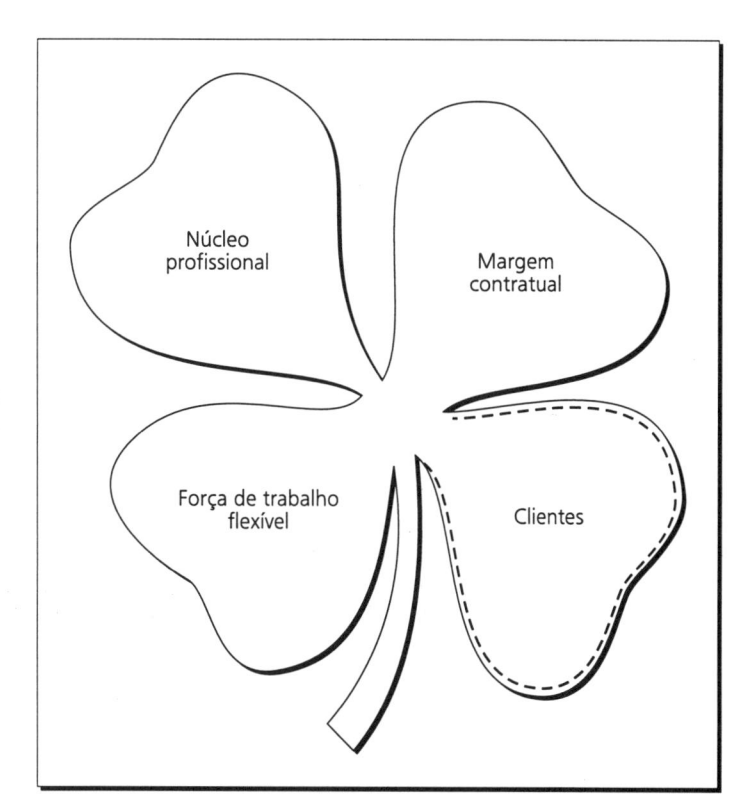

FIGURA 6.6 Representação da organização trevo de Handy.

comprometimento com a empresa e com um conjunto diferente de expectativas, necessitando de formas diversas de gestão.

Implicações para a indústria da hospitalidade

As pressões econômicas, os rápidos desenvolvimentos na tecnologia da informação e a necessidade de uma revisão de projetos estruturais têm destacado a importância desses diferentes grupos. As organizações reduziram a sua força de trabalho, especialmente a equipe que trabalha em tempo integral, utilizando estruturas mais planas e com menos níveis hierárquicos. O conceito da organização trevo estimula os gerentes de hospitalidade a questionar a operação de suas organizações, dando surgimento a importantes decisões relacionadas às atividades e às pessoas pertencentes ao núcleo, à gestão, ao controle de subcontratação e à força de trabalho flexível.

A tendência crescente de fazer uso da subcontratação e da compra de produtos alimentícios padronizados ou convenientes levanta importantes questões de controle de gestão sobre o desempenho e os resultados. Contratar empregados externos pode levar a uma significativa redução na escolha dos clientes e à potencial "desespecialização" das atividades. Muitos hotéis e restaurantes agora podem, por exemplo, comprar seus produtos de confeitaria e, como resultado, não mais necessitar de um *chef* especializado em confeitos.

Clientes como a quarta folha?

Handy também faz referência à prática crescente de economizar mão-de-obra no núcleo pela introdução de outra forma, informal e não-paga, de subcontratação — a de fazer com que os clientes executem parte do trabalho da organização. No ramo da hospitalidade há muitos exemplos dessa política de auto-serviço. Exemplos disso são a provisão de equipamento ou máquinas para limpeza de calçados, as situações em que os hóspedes fazem seu próprio café ou chá no apartamento em que estão hospedados, o auto-serviço no restaurante ou no café da manhã, *buffets*, refeições, bebidas e condimentos dispostos em pontos de venda de *fast-food*, a limpeza das mesas realizada pelo próprio cliente e máquinas automáticas para vender lanches e bebidas.

Vários motéis norte-americanos também possuem microondas para os hóspedes prepararem pipoca ou outros lanches comprados em máquinas. Outros restaurantes norte-americanos convidam os clientes a comprar seu filé ou frutos do mar no restaurante e depois preparar suas próprias refeições.

Administrando a força de trabalho flexível

O aumento na força de trabalho flexível é facilmente parecido a partir do crescimento das empresas de serviços. Como foi discutido no Capítulo 2, os serviços são criados e consumidos simultaneamente. Diferentemente da indústria, os serviços perecem com o tempo e não podem ser armazenados. A força de trabalho flexível tem sido cada vez mais utilizada como um meio mais barato e conveniente para lidar com os altos e baixos da demanda, e como forma de ajustar o nível de serviços às mudanças nas necessidades dos clientes.

Embora a equipe temporária ou de meio-turno provavelmente não tenha o mesmo grau de comprometimento ou ambição do núcleo, é importante que sejam tratados com consideração e vistos como parte valiosa da organização. A força de trabalho flexível deve ser tratada com respeito, deve receber tratamento, treinamento e pagamento adequados, assim como boas condições de trabalho. Se o gerente deseja que a resposta dos funcionários temporários e de meio-turno seja positiva e que a equipe alcance um alto padrão de serviços, será necessário aplicar uma forma de gestão amistosa e atenta.

A RELAÇÃO ENTRE ESTRUTURA E PESSOAL

Qualquer que seja a forma da organização, sua efetividade será influenciada tanto pelo projeto estrutural sólido quanto pelos indivíduos que ocupam os diversos cargos. O ponto de vista dos autores que defendem a política de relações humanas relembra a importância do elemento humano na elaboração da estrutura. Os gerentes precisam, certamente, conscientizar-se que o projeto estrutural e os métodos de organizações de trabalho influenciam o comportamento e o desempenho dos funcionários.

As funções da estrutura formal, as atividades e as relações definidas nessa estrutura, existem independentemente dos funcionários que executam o trabalho. A personalidade de cada um, contudo, representa um aspecto decisivo no ambiente de trabalho. A operação produtiva do estabelecimento e o sucesso no cumprimento de seus objetivos estão vinculados ao comportamento das pessoas que fazem parte da estrutura e que dão forma e personalidade a ela. "A estrutura organizacional não é nada mais do que a simplificação de complexos padrões de comportamento humano."[35]

Lord Forte chamou atenção para a importância do elemento humano na estrutura:

> *o aspecto humano em uma empresa é vital: você pode continuar a elaborar quadros, linhas e diagramas, mas as pessoas devem estar presentes neles, envolvendo-se profundamente com a empresa. Se isso não acontecer, então as linhas, quadros e diagramas nada significam.*[36]

Mantendo o sistema sociotécnico

No Capítulo 2, referimo-nos à importância das relações entre a eficiência e os fatores sociais. A estrutura deve ser elaborada, portanto, para manter a efetividade do sistema sociotécnico e do estabelecimento como um todo. Deve-se dar atenção às interações entre as exigências estruturais e tecnológicas, fatores humanos e as necessidades e demandas das pessoas.

PROJETO ESTRUTURAL

Na análise final, contudo, há uma necessidade básica de estabelecer um modelo de ordem e comando por meio do qual as atividades do estabelecimento se desenrolam com sucesso. Isso exige que se dê atenção a determinadas considerações fundamentais na elaboração da estrutura (Figura 6.7).

Harmonização com os objetivos

A estrutura deve estar em harmonia com as metas e os objetivos do estabelecimento. Apenas quando os objetivos tiverem sido claramente estabelecidos e houver completa concordância sobre eles é que as formas estruturais poderão ser analisadas e comparadas. Uma definição clara das metas e dos objetivos fornece base para a divisão do trabalho e o argumento de atividades em subunidades. Os objetivos dessas subunidades devem estar relacionados à estratégia geral do hotel, a fim de que um padrão adequado de estrutura organizacional seja estabelecido.

Schaffer, por exemplo, enfatiza a importância de as organizações de hospedagem estarem continuamente engajadas no processo de fazer com que as estratégias competitivas e as estruturas da organização correspondam às mudanças no ambiente. Para alcançar um desempenho efetivo, a estratégia deve ser ajustada para se adequar ao ambiente. A estrutura da organização e os processos devem então ser criados para sustentar apropriadamente a estratégia.[37]

Funções de tarefas (produtivas) e de elementos (básicas)

Em seu estudo sobre a organização gerencial de empresas britânicas, Woodward faz a distinção entre funções produtivas e funções básicas.[38] Segundo a autora, as funções produtivas são aquelas atividades fundamentais que se rela-

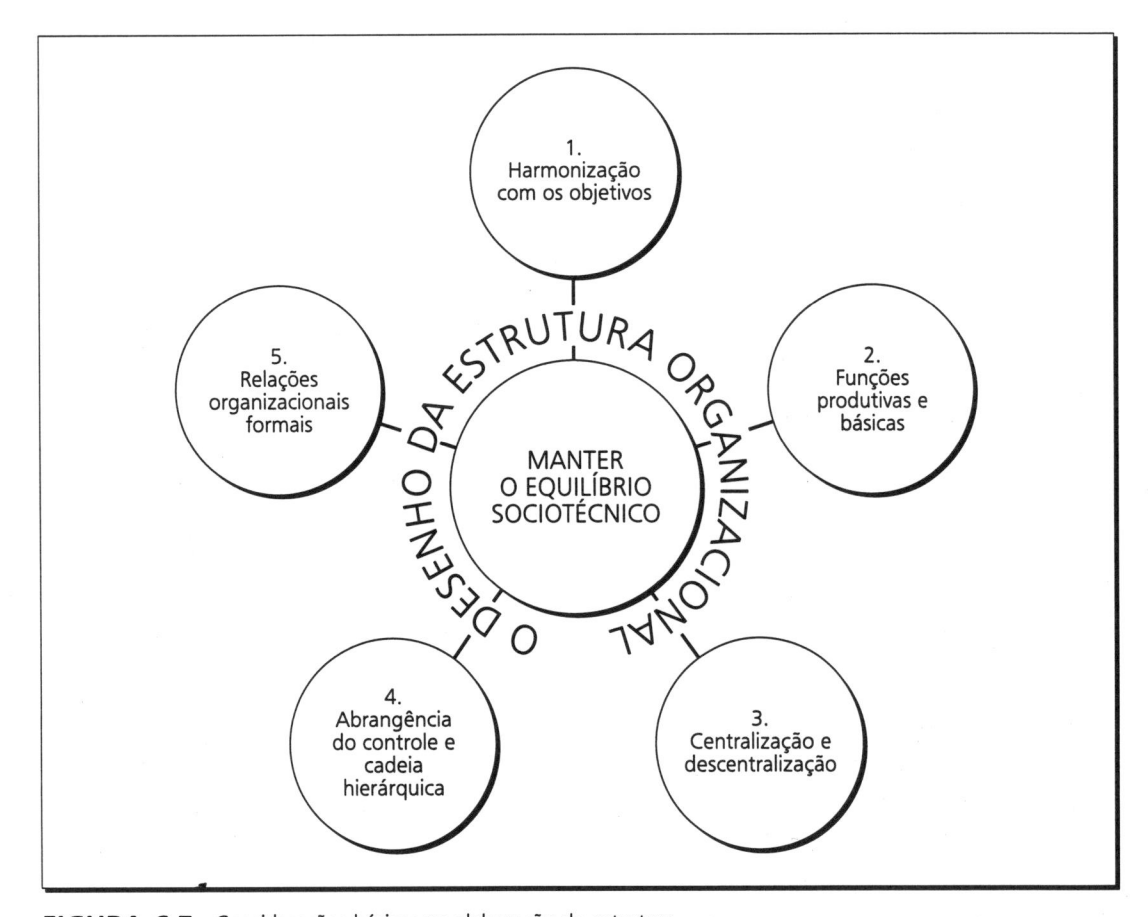

FIGURA 6.7 Considerações básicas na elaboração da estrutura.

cionam à efetiva realização do processo "produtivo" e dirigidas a resultados finais específicos e definidos. Há funções essenciais com as quais a organização deve se envolver e executar: fornecer o produto/facilidade/serviço, colocá-los no mercado e a administrar os ganhos.

As funções básicas são aquelas atividades que não se dirigem a fins específicos e definidos, mas que sustentam as funções produtivas e são parte intrínseca do processo de gestão. Essas funções incluem, por exemplo, o planejamento, serviços gerenciais, apoio administrativo, controle de qualidade e manutenção.

Estrutura baseada em funções produtivas

Na estrutura formal, os deveres e responsabilidades têm de ser divididos entre os integrantes e as diferentes atividades interligadas. A diferença entre as funções produtivas e básicas formam a base para a divisão do trabalho e tem implicações importantes para a organização.

A organização está alicerçada sobre objetivos, e a complexidade dos negócios no ramo da hotelaria existe porque está voltada a produtos, serviços e facilidades diferentes, oferecidos em diversas combinações.[39]

A estrutura deve portanto estar centrada nas atividades fundamentais diretamente relacionadas aos produtos, serviços e facilidades oferecidos pelo estabelecimento. Essas funções produtivas estão relacionadas a atividades como recepção, comida e bebida, acomodação, conferências e *banqueting*, *marketing* ou vendas e outras facilidades ou serviços dirigidos ao consumidor, como, por exemplo, atividades de lazer, lavanderia e serviço de quarto. Os serviços de apoio tendem a incluir, por exemplo, contabilidade, segurança, obras, manutenção e administração.

Necessidade de distinguir funções produtivas de funções básicas

Não saber distinguir essas duas funções pode causar confusão e dificuldades no relacionamento entre os integrantes da equipe. Woodward comenta sobre as más relações entre os gerentes de contabilidade e os demais ocupantes de gerências. Os contabilistas tendem a assumir responsabilidades pelos resultados finais que não são de fato seus. Consideram sua atribuição como sendo um papel de controle e de sanção, em vez de ser de serviço e de apoio. As atividades voltadas à geração de receita, manutenção de contas e determinação da política financeira são funções produtivas. Mas a gerência contábil é uma função básica. As relações costumavam ser melhores quando ambas as funções estavam separadas organizacionalmente.

A função de pessoal

A função de pessoal é geralmente identificada como uma das funções básicas em uma organização. Mas, no ramo da hospitalidade, a importância do contato da equipe para a satisfação do cliente significa que o pessoal pode estar intimamente associado à função produtiva (ver Capítulo 10).

Centralização e descentralização

A divisão do trabalho e agrupamento de atividades levanta a questão da centralização e da descentralização. Isso surge em dois níveis:

- a autoridade dos gerentes de uma cadeia ou grupo, a extensão da autoridade para aquisições locais, o recrutamento ou demissão de empregados;
- a delegação específica a subunidades, departamentos ou seções do estabelecimento, por exemplo, uma cozinha central, ou a descentralização de parte da preparação da comida.

A questão subjetiva é identificar a medida de autonomia transferida, de independência e liberdade de ação desfrutada pelo gerente de hospitalidade ou pelas subunidades.

Vantagens e desvantagens

As vantagens da centralização geralmente incluem a identificação de uma imagem corporativa (discutida no Capítulo 3), melhor tomada de decisões, implementação mais fácil de uma política comum para cadeia/grupo ou para o hotel como um todo, coordenação e controles otimizados, economias de escala, redução nas despesas gerais e uso da especialização, incluindo melhores instalações e equipamentos.

Há, contudo, vários argumentos contra a centralização. Ela criaria um estrutura mais burocrática, podendo resultar em uma cadeia de comando mais longa. A tomada de decisões pode ser um processo enfadonho quando precisa ser definido por uma cúpula administrativa, talvez distante demais. Muita centralização pode prejudicar a iniciativa e o senso de responsabilidade.

Há, além disso, argumentos positivos defendendo a descentralização. Ela permitiria que as decisões fossem tomadas em pontos mais próximos do nível operacional e de acordo com as necessidades imediatas. Os serviços de apoio são mais eficazes quando realizados com maior aproximação com as atividades inerentes a eles. A descentralização permite melhor treinamento e desenvolvimento de gerentes. Normalmente, apresenta também um efeito positivo na motivação e no moral do grupo de trabalho.

O grau de centralização ou de descentralização deve ser examinado considerando-se o tamanho e a natureza do estabelecimento, a localização geográfica, circunstâncias particulares e qualidade da equipe. É uma questão de equilíbrio na escolha administrativa. O crescimento das organizações de hospitalidade internacionais tem chamado a atenção para a questão do grau e do modo de descentralização, bem como para a capacitação, relacionados à elaboração da estrutura e ao controle gerencial.[40]

Abrangência do controle e cadeia hierárquica

Dois dos mais específicos princípios para um bom desenho organizacional são: (a) a abrangência do controle e (b) a cadeia hierárquica. A abrangência do controle está presente na autoridade de linha e se refere aos subordinados que se reportam *diretamente* a um determinado gerente ou supervisor. Não se refere ao número total de empregados. Por isso, o termo "abrangência da responsabilidade" ou "abrangência da supervisão" é algumas vezes preferido.

Limites à abrangência do controle

Os autores clássicos ressaltaram a importância da abrangência do controle, mas sugeriam que ela fosse limitada a um número definido. Graicunas enfatizava que o número de subordinados capazes de ser supervisionados de maneira eficaz depende do número total de relações diretas e cruzadas.[41] O mesmo autor desenvolveu uma fórmula matemática para a abrangência do controle:

$$R = n\left(\frac{2^n}{2} + n - 1\right)$$

onde n = número de subordinados e R = número de inter-relações.

Com cinco subordinados, o número total de inter-relações que requer a atenção do gerente é igual a 100; com seis subordinados, o número de inter-relações passa para 222.

Importância da amplitude de controle

Se a abrangência do controle for muito estreita, haverá aumento no número de níveis de autoridade. Se for limitada, pode resultar em um nível de supervisão muito próximo e na impossibilidade de fazer o melhor uso do talento potencial do gerente. Com uma abrangência muito aberta, torna-se difícil supervisionar os subordinados de maneira efetiva. Subgrupos ou "panelinhas" e líderes informais poderão surgir. Já uma abrangência do controle muito aberta exigirá mais do gerente, que terá menos tempo para suas demais atribuições. Poderá também limitar as oportunidades de promoção.

Ao discutir a abrangência do controle, Venison comenta:

> *O gerente-geral do hotel tem uma tarefa impossível de ser cumprida, porque ela está em geral além do alcance comportamental da maioria dos seres humanos, e quem tem sofrido é o hóspede — já que o contato com o cliente e, em grande parte, o contato com a equipe de trabalho, são com freqüência perdidos ao longo do processo.*[42]

Essa observação ilustra a importância de uma boa estrutura organizacional concentrar atenção na abrangência do controle.

Considerações práticas

No cotidiano prático, contudo, não é possível implementar uma abrangência do controle ideal, única: há muitas variáveis circunstanciais que influenciam o limite de quantos subordinados uma pessoa pode controlar com sucesso. Tais variáveis incluem a natureza do estabelecimento, os serviços/facilidades oferecidos, a padronização de métodos e procedimentos, a capacidade do gerente, o treinamento e a motivação dos subordinados, a comunicação e os sistemas de controle, a localização geográfica ou física, e a extensão da cadeia hierárquica.

A cadeia hierárquica

"Cadeia hierárquica" é o número de diferentes níveis da estrutura, em termos de comando. Essa cadeia estabelece a graduação vertical de autoridade e de responsabilidade, e um modelo para as relações superior-subordinado. O próprio ato de criar uma estrutura introduz o conceito de cadeia hierárquica.

Todos os integrantes da equipe de trabalho devem conhecer sua posição na estrutura. Uma linha clara de autoridade e responsabilidade é necessária para a efetiva operação da organização. Em geral, isso é aceito, contudo, o ideal é que haja o menor número possível de níveis. Uma cadeia muito longa pode provocar um efeito adverso no ânimo, na tomada de decisões e nas comunicações.

Necessidade de equilíbrio

Há uma tendência generalizada para estruturas organizacionais mais planas. Contudo, se forem feitos esforços para reduzir o número de níveis, isso pode gerar um aumento na abrangência do controle. Quando da elaboração da estrutura, portanto, é necessário manter um equilíbrio entre a abrangência do controle e a cadeia hierárquica. A harmonia entre esses dois aspectos é que determina o formato piramidal da organização e se a estrutura hierárquica é "plana" ou "alta". (Ver Figura 6.8, p. 156.)

Relações organizacionais

Na estrutura, o padrão definido de deveres e responsabilidades cria certas relações organizacionais formais entre os indivíduos. Essas relações *individuais* estabelecem a natureza da hierarquia superior-subordinado, dos fluxos de autoridade e responsabilidade e dos padrões das relações funcionais.

Relações de linha

Os gerentes a quem cabe a responsabilidade pelos objetivos principais ou pelas atividades básicas, por exemplo, recepção, acomodação, comida e bebida, são geralmente conhecidos como "gerentes de linha". Eles detêm a autoridade e a responsabilidade pelas atividades de seu próprio de-

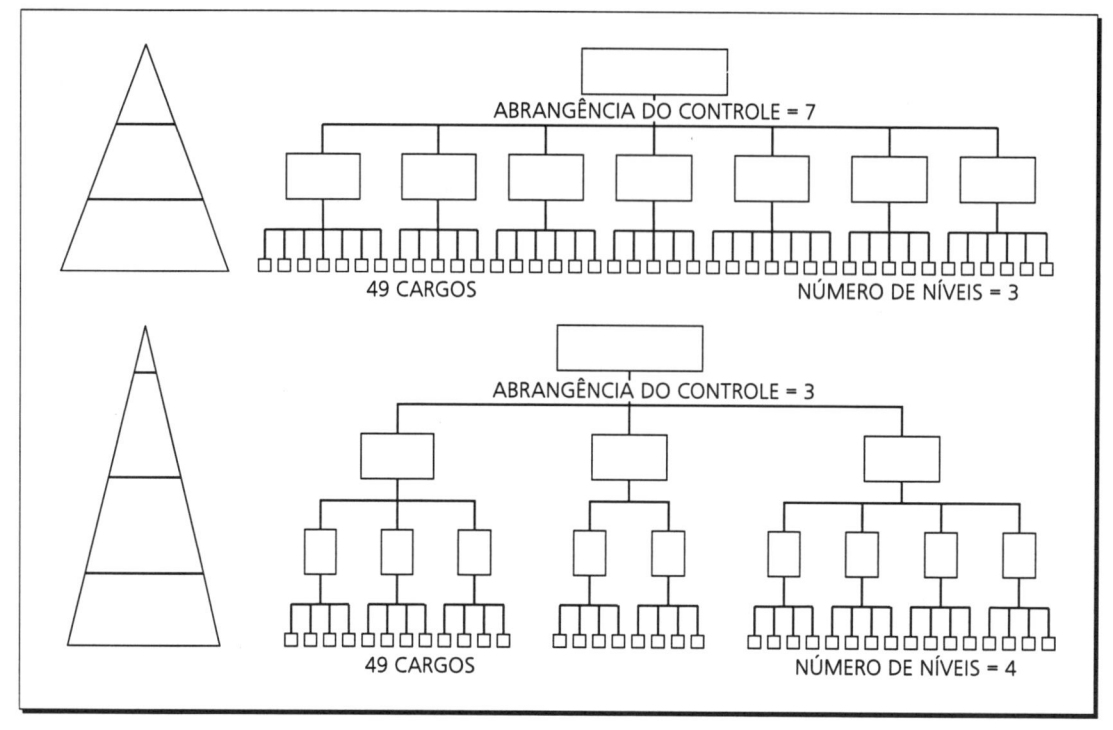

FIGURA 6.8 Efeitos da abrangência do controle e da cadeia hierárquica.

partamento. As relações de linha são as formas de estrutura mais simples e diretas. Há uma relação vertical direta entre os superiores e os subordinados, e cada subordinado relaciona-se com apenas uma pessoa. A autoridade flui, por exemplo, do gerente-geral para os gerentes de departamento (de linha), supervisores de seção e outros empregados. Cada nível hierárquico exerce autoridade sobre o nível localizado logo abaixo.

Relações de equipe

À medida que os estabelecimentos crescem e o trabalho se torna mais complexo, a variedade de atividades e funções realizadas aumenta. A estrutura de linha pode então receber o apoio de especialistas com uma função consultiva, horizontalmente, ao longo de todos os departamentos. Essas funções consultivas especializadas são freqüentemente conhecidas como equipe. Cabe à equipe dar sustentação às atividades principais e ao trabalho dos gerentes de linha. As funções da equipe incluem, por exemplo, pessoal, contabilidade gerencial, *marketing*, manutenção e administração.

As pessoas envolvidas nas chamadas "relações de equipe" têm pouca ou nenhuma autoridade direta sobre os empregados de outros departamentos: essa é uma responsabilidade do gerente de linha. Entretanto, como as atribuições e a responsabilidade dos cargos da equipe foram estabelecidos pela cúpula administrativa, é de se esperar que os gerentes de linha aceitem as orientações especializadas que são fornecidas. Os gerentes de equipe podem também ter a responsabilidade específica que lhes dá autoridade direta sobre os outros trabalhadores, por exemplo, se o gerente de pessoal for indicado para ser o responsável pela segurança e pela saúde do estabelecimento. Em seu próprio grupo, há ainda uma relação de linha entre os especialistas funcionais e seus próprios subordinados e superiores.

Estrutura de linha e de equipe

Quando os cargos de equipe são criados, eles têm de estar integrados à estrutura gerencial. Uma "estrutura de linha e de equipe" tenta fazer amplo uso de especialistas, ao mesmo tempo que mantém o conceito de autoridade de linha (Figura 6.9). Mas essa forma de estrutura pode apresentar dificuldades potenciais, havendo atrito freqüente entre os gerentes de linha e os gerentes equipe. Uma das grandes dificuldades é persuadir os gerentes de linha a aceitar os conselhos e recomendações oferecidos, e agir com base neles.

Os gerentes de linha podem ter a impressão de que os gerentes de equipe exercem um cargo mais tranqüilo e menos exigente, porque estes não têm a responsabilidade direta de proporcionar facilidades e serviços ao cliente. Já os gerentes de equipe são com freqüência criticados por interferirem

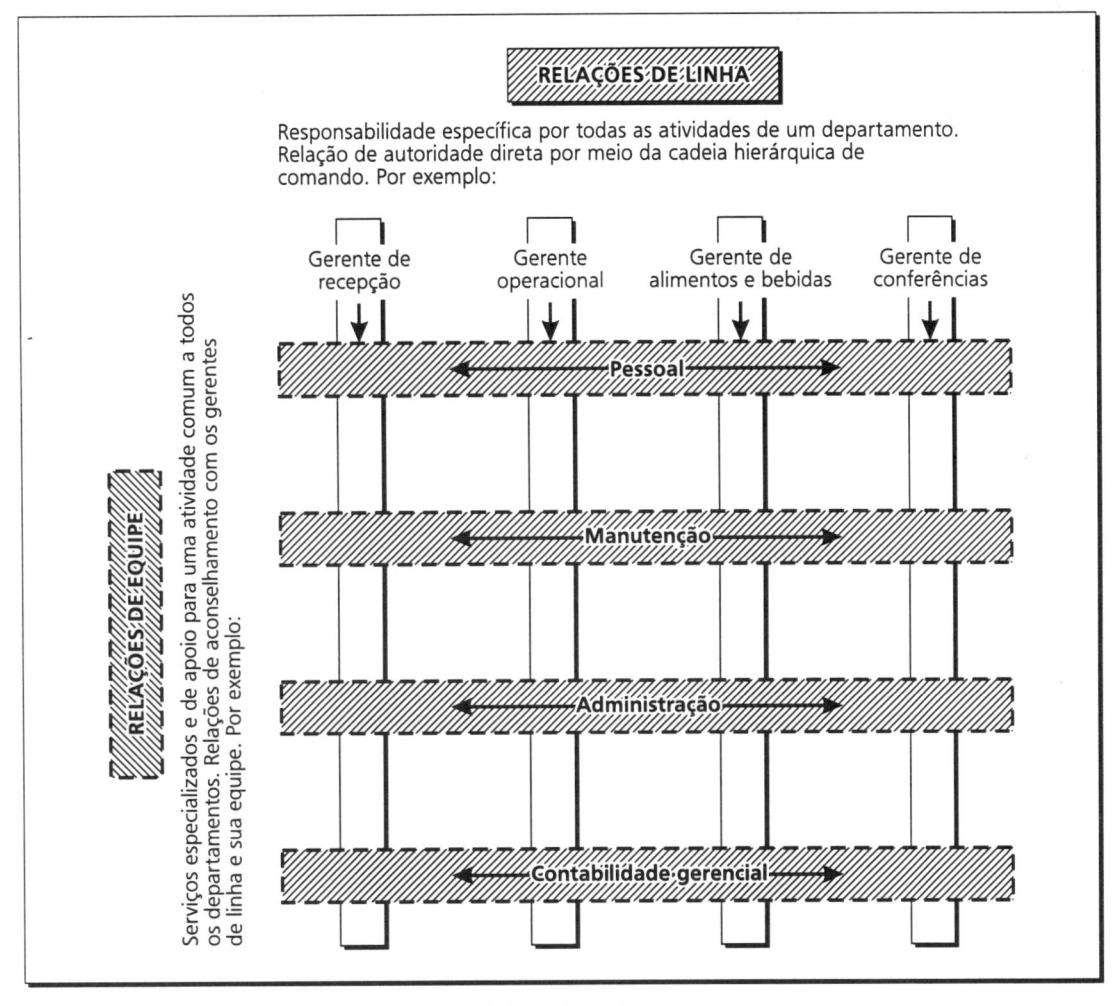

FIGURA 6.9 Representação da estrutura de linha e de equipe.

Diagrama:
- **RELAÇÕES DE LINHA**: Responsabilidade específica por todas as atividades de um departamento. Relação de autoridade direta por meio da cadeia hierárquica de comando. Por exemplo: Gerente de recepção, Gerente operacional, Gerente de alimentos e bebidas, Gerente de conferências.
- **RELAÇÕES DE EQUIPE**: Serviços especializados e de apoio para uma atividade comum a todos os departamentos. Relações de aconselhamento com os gerentes de linha e sua equipe. Por exemplo: Pessoal, Manutenção, Administração, Contabilidade gerencial.

desnecessariamente no trabalho dos gerentes de linha e por tentarem impor seus pontos de vista e orientações. Os gerentes de linha, por sua vez, sofrem críticas por resistir às tentativas que os gerentes de equipe fazem de prestar assistência, e por fazer exigências desnecessárias visando à independência de cada departamento. Os gerentes de equipe podem também crer que suas próprias dificuldades e problemas não são levados totalmente a sério pelos gerentes de linha.

Necessidade de cooperação efetiva

Nem sempre é fácil fazer uma clara distinção entre o que é diretamente essencial à operação do estabelecimento e o que pode ser considerado apenas uma função de apoio. A distinção entre um gerente de linha e um gerente de equipe não é absoluta. O importante é que tanto um quanto o outro reconheçam o papel e a finalidade do outro. Para que haja sucesso, a linha e a equipe devem trabalhar juntos e estabelecer uma cooperação efetiva. Quanto mais os gerentes de equipe puderem demonstrar os benefícios práticos de seu aconselhamento especializado aos gerentes de linha, maior receptividade encontrarão — e mais serão ouvidos no futuro.

A importância do organograma

Normalmente, a estrutura é apresentada na forma de um quadro organizacional, um organograma, mostrando o modelo estrutural do estabelecimento e sua área principal de atividades. É muito útil, por exemplo, fazendo parte de um manual de integração de funcionários e pode também ser usado como base para a análise e revisão da estrutura, para o treinamento e sucessão gerencial e para a formulação de mudanças.

Um organograma pode mostrar, em um determinado momento do tempo, como o trabalho é dividido, as abrangências do controle, os níveis de autoridade, as linhas de comunicação e as relações formais. Mas os organogramas variam muito. O objetivo de alguns é oferecer a menor quantidade de informação possível, talvez apenas um perfil da estrutura administrativa do hotel. Outros oferecem uma variedade de detalhes adicionais — por exemplo, todos os cargos da estrutura, nomes dos detentores de cargos sênior e uma ampla indicação dos deveres e responsabilidades das diferentes seções.

Os organogramas são, geralmente, apresentados verticalmente. As vezes aparecem na forma horizontal ou com detalhes que devem ser lidos da esquerda para a direita;[43] ou na forma de círculos concêntricos, com a cúpula administrativa bem ao centro. Alguns deles trazem um subtítulo, como: "Este organograma apresenta as linhas de comunicação e não necessariamente as linhas de autoridade".

Limitações

Há várias limitações na maioria dos organogramas empresariais. Eles representam apenas uma visão estática do estabelecimento e aquilo que a estrutura deveria ser. Eles não demonstram a autoridade comparativa de cargos que estão no mesmo nível, contatos laterais, delegações dos superiores aos subordinados ou as relações entre os cargos de linha e de equipe. Um organograma não mostra a estrutura informal, como a organização de fato funciona ou como se comportam os funcionários.

A ESTRUTURA DA ORGANIZAÇÃO "SEM COSTURAS"

Chacko concluiu que, embora a pirâmide tenha sido o modelo da estrutura organizacional por bastante tempo, isso não favoreceu os trabalhadores da linha de frente tanto quanto os controlou. Como os clientes do ramo da hospitalidade são quase sempre sazonais, viajam bastante e exigem qualidade, a estrutura de uma organização hoteleira deve facilitar a implementação de estratégias elaboradas para propiciar altos níveis de qualidade de serviço. Há a necessidade do desenvolvimento de uma organização "sem costuras". A estrutura é elaborada para ser circular, plana e dinâmica: *circular*, de modo que todos os limites do hotel, onde os empregados servem os clientes, sejam igualmente acessíveis; *plana*, para reduzir o número de níveis hierárquicos no hotel; *dinâmica*, para criar a flexibilidade de servir às diferentes necessidades dos hóspedes. Na elaboração "sem costuras" não haverá departamentos, como há hoje, mas apenas duas categorias de empregos. A primeira é chamada Serviço ao Hóspede e, a segunda, Serviço Interno.

Os empregados da categoria Serviço ao Hóspede tomam conta de todas as necessidades dos hóspedes e devem ser treinados para verdadeiramente ter múltiplas habilidades, além de estarem preparados para trabalhar em equipes cujos objetivos são diferentes. A primeira e mais importante das características é a de ser capaz de satisfazer as exigências de cada hóspede. O Serviço Interno, tradicionalmente chamado de funções de equipe, compreende determinadas habilidades especializadas, além do serviço ao hóspede, necessárias para o efetivo funcionamento do hotel. Os empregados desse setor são os principais responsáveis pelo apoio aos empregados do setor de Serviço ao Hóspede. As funções são tradicionalmente chamadas de funções de equipe, mas, na nova organização, o propósito de cada grupo será redefinido como: *marketing* interno (gestão de recursos humanos); consultoria financeira (contabilidade); gestão de risco (segurança); renovação de produtos (limpeza e manutenção); vendas e segurança dos empregados (vendas e *marketing*) e produção de alimentos (se necessário).[44] (Figura 6.10.)

A ORGANIZAÇÃO INFORMAL

A organização formal é deliberadamente planejada e produzida. Apresenta estrutura hierárquica, com divisão de tarefas e relações definidas de autoridade e responsabilidade. Um organograma, por exemplo, representa a estrutura formal. Sempre haverá, dentro de uma estrutura formal, uma organização informal. Aos poucos, as pessoas modificam a organização formal, os métodos de operações e as reais práticas de trabalho. O que acontece na prática será por certo diferente do que consta na estrutura formal. Ver Figura 6.11 (p. 160).

O estabelecimento de hospitalidade não é apenas uma organização de trabalho, é também uma organização social. Os integrantes da equipe de trabalho criarão seus próprios grupos sociais e relações, independentemente do que foi estabelecido na estrutura formal. A organização informal surge das interações das pessoas, de suas necessidades psicológicas e sociais, e do desenvolvimento de grupos com relacionamentos e normas de comportamento próprias. A organização informal é flexível e organizada de maneira livre. As relações podem se manter indefinidas. Participar de um grupo é algo espontâneo e existem graus de envolvimento variáveis.[45]

O estilo de gestão, a personalidade dos integrantes e a organização informal refletir-se-ão sobre a operação do estabelecimento e o modo pelo qual se organiza o trabalho. O que acontece na prática pode, assim, ser diferente do que mostra a estrutura formal. De acordo com Stewart, há uma relação recíproca entre as pessoas e a organização.

> *As pessoas modificam o funcionamento da organização formal, mas seu comportamento é também influenciado por ela. O método da organização do trabalho pode determinar como as pessoas se relacionam entre si, o que pode afetar tanto a sua produtividade quanto o seu ânimo. Os gerentes, portanto, precisam estar cientes dos modos pelos quais os métodos da organização de trabalho podem influenciar as atitudes e a ação das pessoas.*[46]

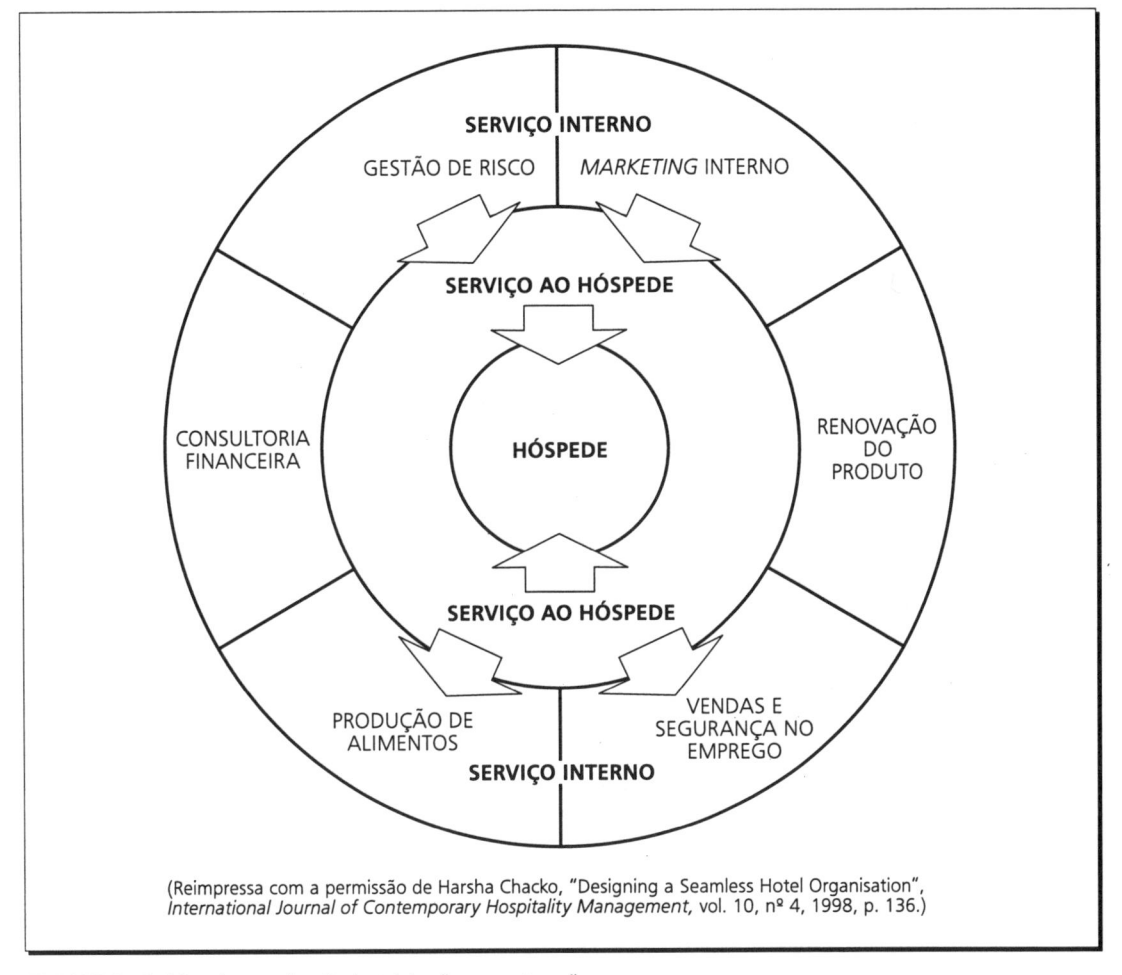

FIGURA 6.10 A organização hoteleira "sem costuras".

A importância da organização informal

A organização informal desenvolve várias funções:

- A satisfação das necessidades de seus componentes no trabalho, e um sentimento de identificação pessoal e de integração ao grupo.
- Uma forma de motivação, por exemplo, por meio do *status*, da interação social, da variação em trabalhos rotineiros ou entediantes, e de métodos informais de trabalho.
- Canais adicionais de comunicação. Por exemplo, por meio de informação passada de boca em boca, a comunicação é direta e rápida.
- Sentimento de estabilidade e segurança. Por meio de normas de comportamento informais, exerce-se uma forma de controle sobre os integrantes.
- Um meio de destacar as deficiências ou pontos fracos da organização formal, por exemplo, áreas de responsabilidade não cobertas nas descrições do cargo, ou sistemas e procedimentos ultrapassados. A organização informal pode também ser usada quando procedimentos formais não seriam apropriados para lidar com uma situação incomum ou imprevista.

A organização informal, portanto, exerce importante influência no comportamento das pessoas. Afeta o moral, a motivação, a satisfação com o trabalho e o desempenho. A organização informal pode proporcionar à equipe melhores oportunidades para usar sua iniciativa e criatividade, tanto no desempenho pessoal quanto organizacional. As pessoas avaliarão a organização de hospitalidade por meio dos valores e atitudes de seus colegas.

Uma ilustração com as características da organização formal e da organização informal é apresentada na Figura 6.12 (p. 161). (A importância e a natureza dos grupos informais serão discutidas mais detalhadamente no Capítulo 8.)

COMO SE MOSTRA

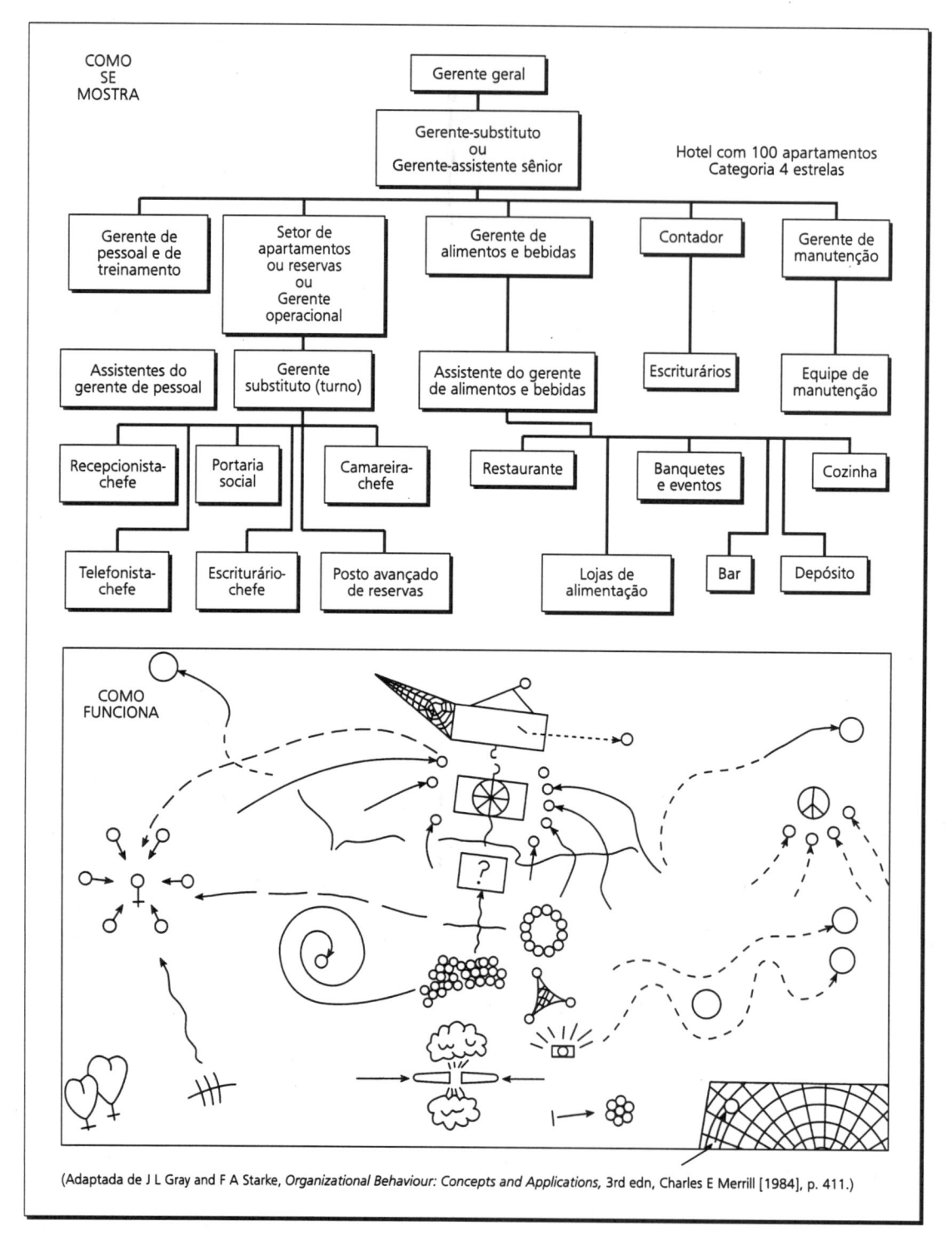

- Gerente geral
  - Gerente-substituto ou Gerente-assistente sênior

Hotel com 100 apartamentos
Categoria 4 estrelas

- Gerente de pessoal e de treinamento
  - Assistentes do gerente de pessoal
- Setor de apartamentos ou reservas ou Gerente operacional
  - Gerente substituto (turno)
    - Recepcionista-chefe
      - Telefonista-chefe
    - Portaria social
      - Escriturário-chefe
    - Camareira-chefe
    - Posto avançado de reservas
- Gerente de alimentos e bebidas
  - Assistente do gerente de alimentos e bebidas
    - Restaurante
      - Lojas de alimentação
    - Banquetes e eventos
      - Bar
    - Cozinha
      - Depósito
- Contador
  - Escriturários
- Gerente de manutenção
  - Equipe de manutenção

COMO FUNCIONA

(Adaptada de J L Gray and F A Starke, *Organizational Behaviour: Concepts and Applications*, 3rd edn, Charles E Merrill [1984], p. 411.)

FIGURA 6.11 O que a organização parece ser deve ser comparado à forma como ela realmente funciona.

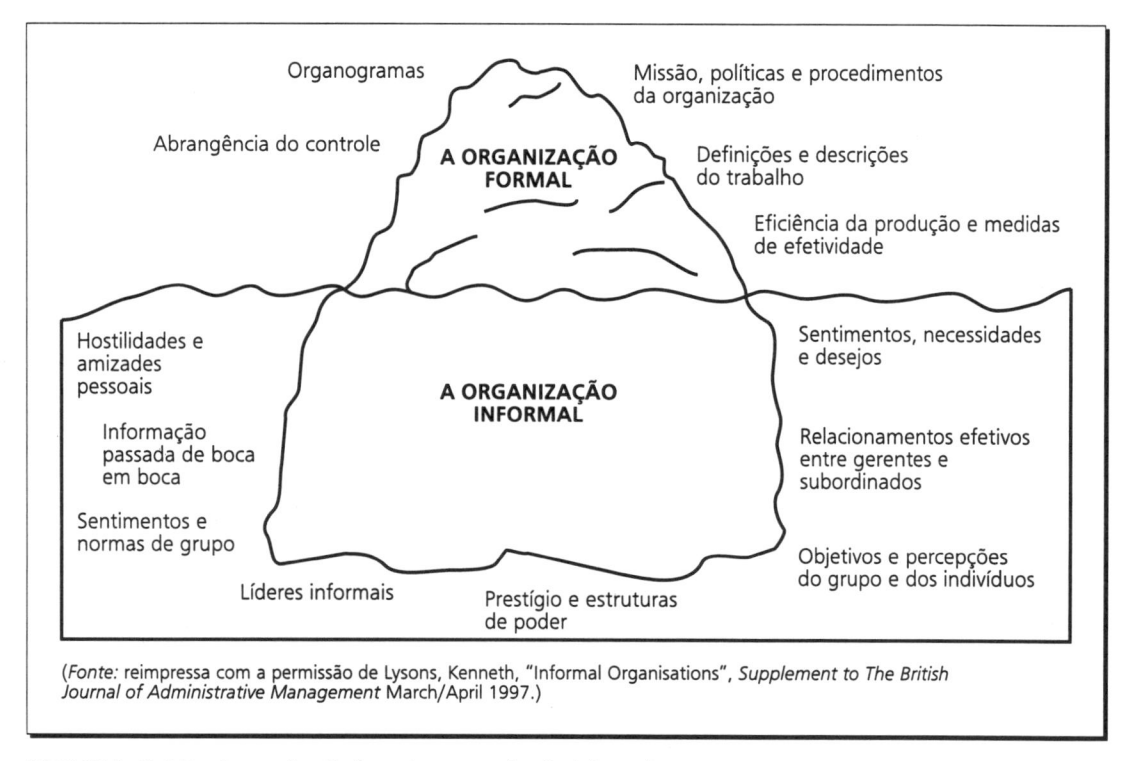

FIGURA 6.12 A organização formal e a organização informal.

(Fonte: reimpressa com a permissão de Lysons, Kenneth, "Informal Organisations", Supplement to The British Journal of Administrative Management March/April 1997.)

Administrando pela organização informal

É necessário que os gerentes reconheçam a existência e a importância da organização informal, e por meio desta devem tentar exercer seus cargos e, quando apropriado, usá-la para seu próprio benefício. Tentar ignorar a existência da organização informal provavelmente levará apenas à frustração e ao conflito potencial.

RESUMO

- A estrutura fornece a base para os processos organizacionais e para a execução do trabalho. A estrutura da organização afetará tanto o desempenho organizacional quanto o moral e a satisfação da equipe de trabalho do hotel. Como base do desenvolvimento da teoria gerencial, estão as idéias contrastantes sobre a organização e o projeto estrutural.
- A abordagem clássica dá ênfase à proposta, à estrutura técnica e à hierarquia da gestão, incluindo a gestão científica e a burocracia. A abordagem de relações humanas dedica especial atenção aos fatores sociais e ao comportamento humano no trabalho, incluindo a organização informal. A abordagem sistemática tenta integrar essas duas abordagens anteriores e vê na organização uma entidade com múltiplos canais de interação.
- A abordagem contingencial destaca as variações na estrutura e gestão, e a influência das variáveis circunstanciais. Uma abordagem especial para o projeto estrutural é o conceito de organização trevo, que chama a atenção para a constituição do núcleo profissional e para a gestão e controle de subcontratações e da força de trabalho flexível.
- É importante prestigiar o elemento humano e verificar como o projeto estrutural pode influenciar positivamente o comportamento e o desenvolvimento dos funcionários. É preciso estar atento à manutenção do sistema sociotécnico e às interações entre as exigências estruturais e tecnológicas, e as necessidades e demandas das pessoas.

- A fim de estabelecer um sistema de ordem e comando, é também importante prestar atenção a determinadas considerações básicas no projeto da estrutura: harmonização com as funções ligadas aos objetivos, tarefas e elementos, centralização e descentralização, a abrangência do controle e a cadeia hierárquica, e as relações organizacionais formais. A estrutura formal da organização será modificada pela estrutura informal.

QUESTÕES PARA REVISÃO E DEBATE

1. Qual é a importância da estrutura da organização? Como a estrutura está relacionada ao desempenho efetivo das operações de hospitalidade?
2. Com base na atenção a fatores técnicos e estruturais, destaque as diferenças entre as abordagens que melhoram o desempenho organizacional e as abordagens que se baseiam em fatores psicológicos e sociais.
3. Explique o que você entende por gestão científica. Avalie criticamente a relevância desta forma de gestão para o setor da hospitalidade hoje.
4. Apesar da crítica feita à burocracia, é difícil vislumbrar como os grandes estabelecimentos modernos poderiam funcionar efetivamente sem exibir pelo menos algumas das características de uma estrutura burocrática. Discuta criticamente a validade desta argumentação.
5. Quais são as conclusões principais que se pode tirar da abordagem de relações humanas à organização, à estrutura e à gestão? Avalie as aplicações práticas da abordagem de relações humanas para o setor da hospitalidade.
6. Explique o que se entende por modelos contingenciais de organização. Diferencie os sistemas de prática e estrutura gerencial mecânicos e orgânicos, e sugira maneiras pelas quais uma organização de hospitalidade de sua escolha opta por um dos dois sistemas.
7. Explique, fornecendo exemplos ilustrativos, os principais fatores que devemos considerar no projeto da estrutura organizacional. Avalie as implicações da organização trevo para o ramo da hospitalidade.
8. Discuta criticamente a argumentação de que uma estrutura lógica organizacional é mais adequada para a eficiência e o ânimo da equipe de trabalho do que uma estrutura que se desenvolve em torno das personalidades do grupo.

EXERCÍCIO

Estude uma organização de hospitalidade de sua escolha e obtenha, ou elabore, um organograma que retrate a estrutura da mesma.

(i) Comente sobre os seguintes aspectos:
   - as relações entre as funções produtivas e as funções básicas;
   - os níveis de centralização e descentralização;
   - a abrangência do controle e a cadeia hierárquica;
   - as relações organizacionais formais.
(ii) Aplicando seu conhecimento adquirido a partir dos modelos contingenciais, comente a aparente efetividade da estrutura da organização e/ou dos seus departamentos.
(iii) Identifique e explique o que você acredita serem bons e maus exemplos de projeto estrutural.
(iv) Cite, sustentando sua argumentação, as mudanças que você recomendaria à estrutura da organização. Se julgar necessário, elabore um organograma.
(v) Dê exemplos práticos da influência e da importância da organização *informal*.

ESTUDO DE CASO: HAZEL WOOD COURT

1.1 Introdução

O Hazel Wood Court foi construído em 1958, quando seus donos afirmavam ser um dos primeiros motéis da Grã-Bretanha. O motel* está situado no sudeste da Inglaterra, nos limites de um grande porto e próximo de uma das principais rodovias do país. A cerca de cinco milhas ao norte localiza-se um movimentado terminal de serviços de travessia (*ferryboat*) do Canal da Mancha, e a menos de quatro milhas há uma área industrial em expansão. O Hazel Wood Court ocupa o local das antigas ruínas de uma hospedaria do século XVI, onde a taverna conhecida como King's Retreat ainda permanece, funcionando como bar. Inclusive, este bar é uma atração a parte, pois mantém as características decorativas de 500 anos atrás, com uma grande lareira, bancos de madeira e teto baixo, apoiado em grossas vigas de carvalho. O lugar é tão atraente que os habitantes locais ainda se referem a ele como The Retreat, mesmo 30 anos depois de ter recebido o nome de Hazel Wood Court.

1.2 Outras instalações

Além do popular King's Retreat bar, as outras instalações do motel incluem 51 apartamentos, uma suíte para conferências para 40 pessoas, um restaurante de 160 lugares e um *cocktail bar* para 55 pessoas. O Hazel Wood Court está em grande parte cercado por amplos e bem-cuidados jardins, e há um espaçoso parque de estacionamento de veículos nos fundos.

O motel recebeu a classificação de três estrelas pela AA (Automobile Association) e pela RAC (Royal Automobile Club).

1.3 Acomodações

Apenas 25 apartamentos estavam no projeto inicial do motel, mas, como sua reputação cresceu, este número subiu para 40 apartamentos em 1968, e uma nova ala foi construída em 1976. Dos atuais 51 apartamentos, 31 possuem duas camas de solteiro, 12 possuem camas de casal e oito possuem três camas que podem ser transformadas em quatro, se necessário.

Todos os apartamentos têm banheiro privativo, televisor em cores, rádio e equipamento para chá e café. É importante salientar que, embora a empresa tente "padronizar" os quartos, a gerência tem enfrentado muitas reclamações, principalmente de clientes regulares, desde a ampliação feita em 1976. A maior parte das reclamações se refere aos preços, que não estariam refletindo os alegados padrões diferenciados de acomodação do motel.

1.4 Fontes de renda

A renda é obtida das seguintes fontes:

(a) *Empresários locais* — utilizam o restaurante para recepcionar seus convidados, freqüentemente utilizam a suíte de conferências e fornecem um fluxo constante de reservas para acomodação noturna.
(b) *Operadores de turismo* — vários operadores de turismo fazem uso das acomodações, em jantares, serviço de quarto, e café da manhã. Vários grupos de 30-60 pessoas (a maioria norte-americanos, holandeses, australianos e alemães) chegam semanalmente ao motel durante a temporada de verão.
(c) *Empresários visitantes* — a proximidade ao sistema rodoviário faz com que o motel seja um lugar ideal para empresários visitantes, e os clientes "regulares" permanecem no local pelo menos uma noite por semana, agendando reservas com muitos meses de antecedência.
(d) *Negócios de ocasião* — devido ao fácil acesso ao terminal de *ferryboat*, há uma demanda regular, durante a alta temporada, de visitantes que se deslocam do e para o continente. Sempre que necessário, o motel providencia ajustes no serviço de café da manhã para atender esses clientes.
(e) *Recepções/cerimônias de casamento* — um negócio estável, geralmente nos finais de semana.
(f) *Negócios do bar* — A renda estável do *cocktail bar* é proveniente dos hóspedes e dos jantares nos restaurantes, ao contrário do King's Retreat, cuja receita básica tem origem nas vendas aos habitantes locais e nos negócios de ocasião. Lanches são bastante populares.

---

*N. de R.T. Motel é, originalmente, a designação para motor-hotel, ou pequenos hotéis próximos às rodovias.

1.5 Flutuações nos negócios

Afora uma queda geral na demanda pelos serviços do motel fora do período junho-setembro, há flutuações semanais que resultam na boa utilização dos serviços de segunda a sexta-feira durante o resto do ano. Várias tentativas foram feitas para incrementar os negócios nas noites de sexta e sábado, e nos domingos, durante o período de baixa temporada. A publicidade local tentou estimular a procura por jantares nas noites de domingo e por almoços nos sábados.

As noites de domingo continuam, contudo, a ser consideradas "noites mortas", conforme o vocabulário do setor. Apesar dessas dificuldades, alcança-se uma taxa de ocupação que varia entre 70 e 75% no Hazel Wood Court, e nenhuma dessas flutuações afeta os negócios no King's Retreat.

1.6 Estrutura do grupo

O Hazel Wood Court é propriedade de um grande complexo empresarial. Os interesses do grupo estão divididos em diferentes setores, controlados por muitas empresas subsidiárias, muitas das quais também têm sua sede em Londres. A relação entre hotéis e motéis, como o Hazel Wood Court, e a empresa-matriz é mostrada na Figura 6.13.

A empresa subsidiária possui seu próprio quadro executivo e é gerida por um diretor administrativo, diretamente responsável pela diretoria da empresa-matriz. A empresa subsidiária é formada por hotéis e motéis localizados por toda a Grã-Bretanha, divididos em quatro áreas. O gerente-geral de um hotel/motel de qualquer uma dessas áreas está sob a responsabilidade de um consultor de *catering* para todas as operações referentes a alimentos e bebidas, e a um gerente distrital cuja principal preocupação é a lucratividade do negócio.

A comunicação entre o gerente-geral do hotel/motel e os executivos distritais é normalmente restrita a uma visita mensal, no caso do consultor de *catering*, e a uma visita semanal no caso do gerente distrital.

1.7 A estrutura organizacional do Hazel Wood Court

A equipe do Hazel Wood Court é composta de 50 pessoas, a maior parte trabalhando em turno integral, todos sob o comando do gerente-geral do hotel, como mostra a Figura 6.14.

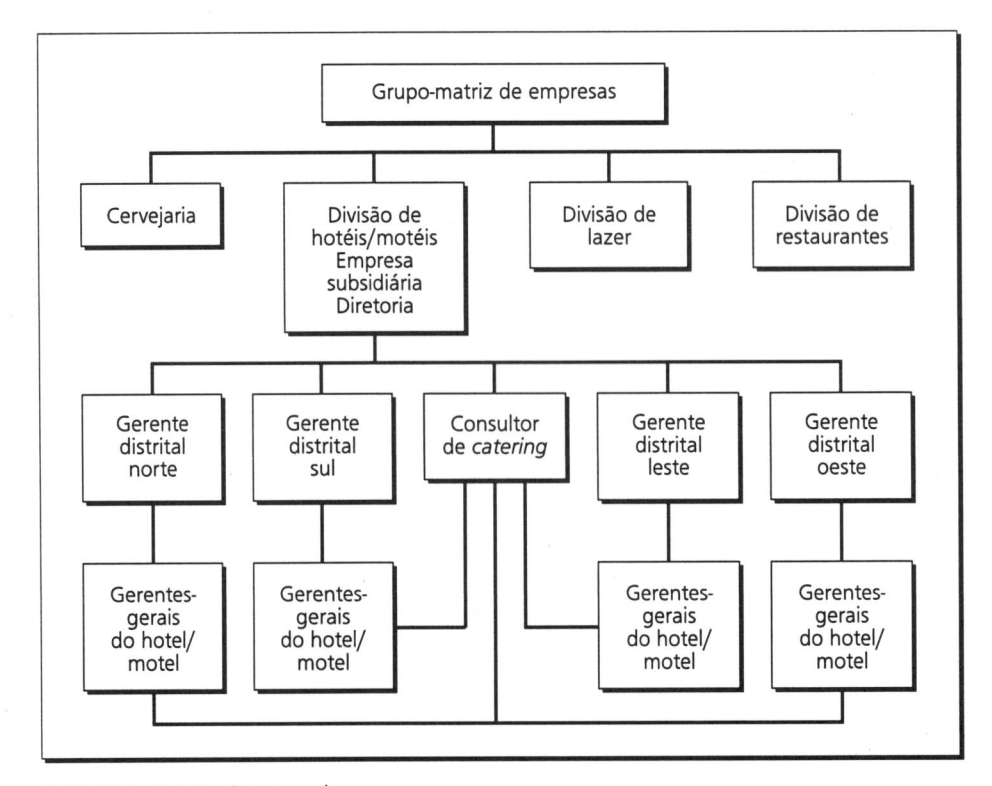

FIGURA 6.13 Estrutura do grupo.

Estudo de caso: Hazel Wood Court

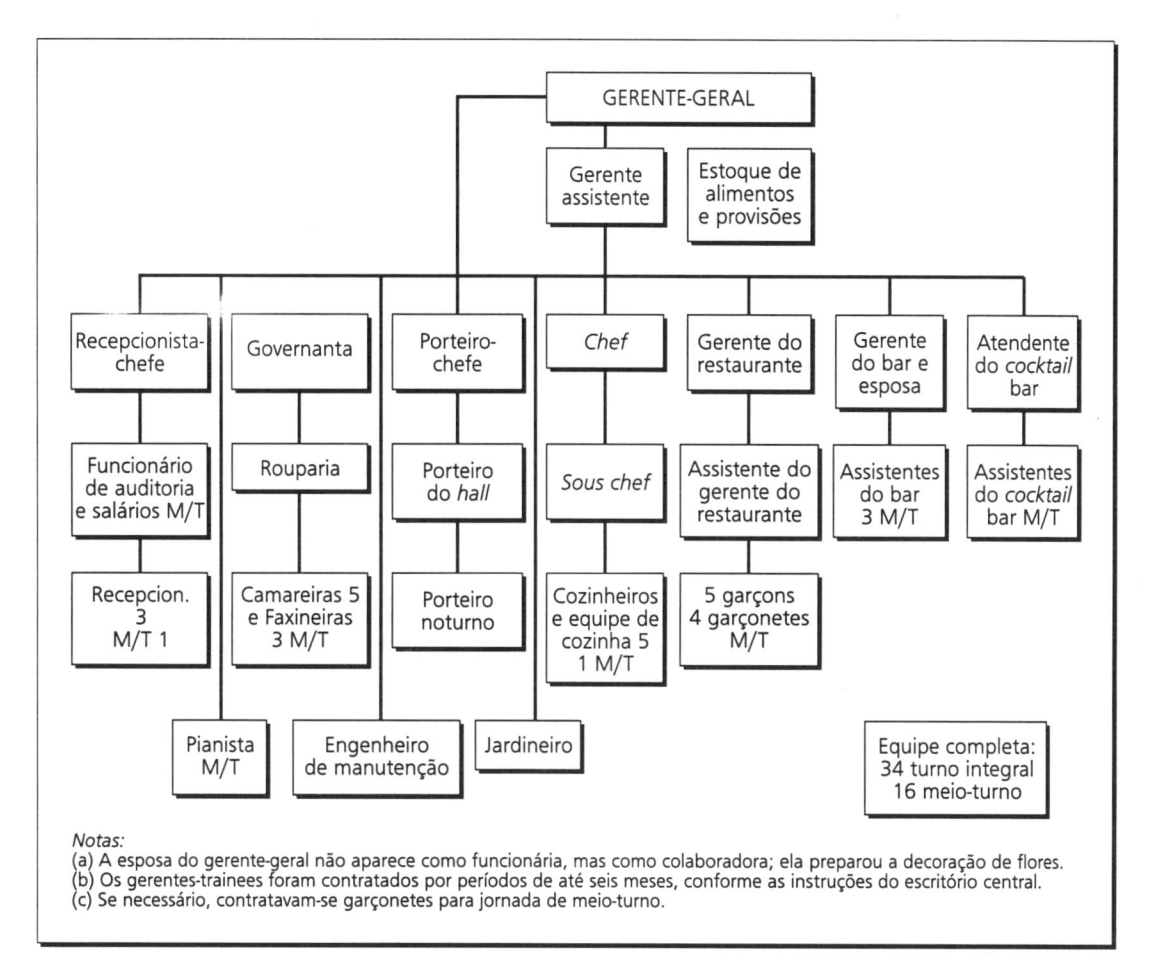

```
                        ┌──────────────────┐
                        │  GERENTE-GERAL   │
                        └──────────────────┘
                                 │
                    ┌────────────┴────────────┐
                    │                         │
            ┌──────────────┐          ┌──────────────┐
            │   Gerente    │          │  Estoque de  │
            │  assistente  │          │   alimentos  │
            │              │          │  e provisões │
            └──────────────┘          └──────────────┘
                    │
┌──────────┬────────┬─────────┬──────┬──────────┬──────────┬──────────┐
│          │        │         │      │          │          │          │
Recepcionista- Governanta Porteiro-  Chef   Gerente do  Gerente    Atendente
  chefe                    chefe              restaurante do bar e  do cocktail
                                                         esposa       bar

Funcionário   Rouparia    Porteiro  Sous chef  Assistente do  Assistentes  Assistentes
de auditoria               do hall             gerente do      do bar      do cocktail
e salários M/T                                 restaurante     3 M/T       bar M/T

Recepcion.   Camareiras 5  Porteiro  Cozinheiros  5 garçons
    3        e Faxineiras  noturno   e equipe de  4 garçonetes
  M/T 1       3 M/T                  cozinha 5      M/T
                                       1 M/T

             Pianista   Engenheiro   Jardineiro              Equipe completa:
              M/T       de manutenção                         34 turno integral
                                                              16 meio-turno
```

Notas:
(a) A esposa do gerente-geral não aparece como funcionária, mas como colaboradora; ela preparou a decoração de flores.
(b) Os gerentes-trainees foram contratados por períodos de até seis meses, conforme as instruções do escritório central.
(c) Se necessário, contratavam-se garçonetes para jornada de meio-turno.

FIGURA 6.14 Estrutura organizacional do Hazel Wood Court.

2.1 Um novo gerente-geral é indicado

Por volta dos anos 80, Jack Cox, que havia sido gerente-geral do Hazel Wood, foi promovido a consultor de *catering* para todos os hotéis e motéis que operam sob a bandeira da subsidiária. Vários currículos foram analisados quando Cox deixou o posto de gerente-geral, e a diretoria decidiu-se por Pat Squires para substituí-lo no motel a partir do mês de agosto.

Squires detinha quase 32 anos de experiência no setor de hotelaria e *catering*, incluindo seis anos como oficial no Exército. Antes, havia sido gerente-geral de uma pequena cadeia de três motéis no sudoeste da Inglaterra, mas aceitou o que, no jornal, parecia ser um cargo de menor exigência no Hazel Wood Court, sob a recomendação, feita por seu médico, de reduzir sua jornada de trabalho.

Squires foi designado para o cargo pelo diretor administrativo da empresa subsidiária, que lhe informou que, como gerente-geral, estaria sob a responsabilidade do novo consultor de *catering*, para operações referentes a alimentos e bebidas, e ao gerente distrital, nos assuntos relativos à lucratividade do motel.

A remuneração de Squires incluía um salário de bom nível, mais uma comissão de 5% sobre o lucro líquido, que seria progressivamente reduzida para 2% à medida que os lucros líquidos ultrapassassem as metas estabelecidas. As acomodações para Squires e sua família estariam localizadas acima do King's Retreat.

O diretor administrativo alertou Squires que o gerente do restaurante, Ray Welsh, e a governanta, Brenda Cox, poderiam ter dificuldades sob o seu comando, já que ambos eram temperamentais e desfrutavam de privilégios consideráveis com o gerente anterior. O gerente administrativo revelou ainda a Squires que Brenda Cox era esposa de Jack Cox, o novo consultor de *catering*, não perdendo tempo em pedir ao novo gerente-geral que fizesse o possível para criar um novo espírito de equipe. Todavia, caso não conseguisse, seria melhor evitar a aplicação de punições disciplinares contra Brenda e Ray sem antes consultar a direção administrativa.

2.2 Outros cargos importantes no Hazel Wood Court

Quando Pat Squires assumiu seu cargo de gerente-geral no Hazel Wood Court, as funções mais importantes foram preenchidas pelos seguintes profissionais:

(a) *Gerente-geral assistente* — Ted Gascoigne, um morador local com vinte e poucos anos e experiência limitada; sua esposa, Frances, trabalhava como recepcionista-chefe.
(b) *Chef* — cargo ocupado por John Drury, 45 anos, funcionário do motel há seis anos e reconhecido como um dos profissionais mais destacados da equipe.
(c) *Gerentes do bar* — esta gerência estava sob a responsabilidade de um casal, Lee e Beryl Marks, que há pouco tempo tinham assumido o cargo.

2.3 Primeiro ano de Pat Squires como gerente-geral

O primeiro ano foi considerado um período de total sucesso. A receita ultrapassou em 15% as expectativas, tanto em relação a reservas quanto em vendas de alimentos e bebidas.

Diversas maneiras de incrementar a receita durante os fins de semana da baixa temporada também foram introduzidas. Squires trabalhou arduamente para manter o bom estado de ânimo da equipe, embora tenha sido necessário censurar, com certo tato, o comportamento da senhora Brenda Cox em várias ocasiões. As relações dele com Ray Welsh, o gerente do restaurante, eram boas, assim como também o eram as relações com os demais membros da equipe.

2.4 Dificuldades no segundo ano

As coisas começaram a dar errado para Squires no seu segundo ano como gerente-geral. No início, os problemas pareciam ser pequenos, em condições de ser resolvidos rapidamente. As dificuldades começaram quando o gerente distrital chamou a atenção de Squires para o fato de que, embora a receita continuasse a crescer, a lucratividade poderia ser ainda maior se os custos com mão-de-obra no motel fossem reduzidos ao mesmo nível de outros hotéis e motéis naquela área.

Squires não tinha certeza se a comparação era justa, mas concordou em reduzir os custos com a mão-de-obra desde que a Governanta Brenda Cox e o gerente do restaurante Ray Welsh reduzissem suas equipes, em especial os funcionários de meio-turno. Foi solicitado a Squires que preparasse um relatório que o gerente distrital levaria, confidencialmente, ao diretor administrativo.

2.5 Resumo do relatório confidencial sobre o desempenho de Brenda Cox

Foram destacados os seguintes problemas:

(a) Desde que ingressara na empresa, Brenda jamais havia trabalhado aos sábados e domingos, isto é, nunca estava disponível para supervisionar seus funcionários nos finais de semana.
(b) Seu departamento sempre tinha empregados demais (pelo menos dois).
(c) Ofereciam-se, de maneira indiscriminada, horas extras à equipe, pagando-se em dobro por isso.
(d) Brenda era ineficiente na supervisão dos apartamentos, o que resultava na reclamação dos clientes sobre o padrão de limpeza, etc.
(e) Ela compra material e equipamentos de limpeza sem a aprovação ou autorização da gerência.

Para concluir, Squires afirmou que se não tivesse sido alertado pelo diretor administrativo que o emprego de Brenda devia ser preservado, não teria sido necessário escrever um relatório sobre o desempenho dela, pois já teria sido substituída por causa de sua ineficiência.

2.6 Resumo do relatório confidencial sobre o desempenho de Ray Welsh

No que diz respeito ao gerente do restaurante, Squires afirmou que Welsh havia adotado uma atitude arrogante em relação à gerência, a seus próprios funcionários e aos visitantes.

Outros problemas apontados:

(a) Welsh, empregado no motel desde a época de sua inauguração, aparentemente tinha a opinião de que poderia administrar seu departamento como quisesse, sem levar em consideração a demanda.

O restaurante tinha empregados demais; mesmo assim, quando se precisava da equipe, nas horas de maior movimento, sempre faltava gente.

(b) A atitude inadequada de Welsh para com os hóspedes não-freqüentes era cada vez mais evidente e, em alguns casos, houve reclamações sobre as observações feitas por ele, já no limite da ofensa.

Squires estava preparado para resolver esses problemas com Welsh, mas tinha a opinião de que não poderia mais contar com sua total lealdade.

2.7 Problemas no bar

As compras do bar e a reposição de estoque eram realizadas, de comum acordo, em intervalos de aproximadamente seis semanas com uma empresa de Londres, indicada pela matriz. Isso normalmente ocorria na tarde de segunda-feira, com dois representantes que começavam seu trabalho às 14 horas e o terminavam por volta das 17 horas. Eles obtinham todos os números referentes às vendas e a informação sobre as mercadorias a partir do que retornava ao escritório central do motel. Seus resultados dos levantamentos eram recebidos aproximadamente duas ou três semanas depois de cada verificação de estoque. O *cocktail bar* e a adega produziam excelentes números, o que indicava que estavam sendo administrados conforme a boa prática comercial.

Os resultados do bar aberto ao público preocuparam bastante Squires, porque os números da adega não estavam equilibrados, e os repositores externos de estoque concluíram que a falta de mercadoria dizia respeito ao bar.

Decidiu-se que todas as mercadorias deveriam ser enviadas à adega principal, e que cada bar fizesse seus pedidos ao gerente de alimentos e bebidas, que distribuía os itens diariamente. Esses pedidos eram então agregados ao período de levantamento de estoque, sendo adicionados ao estoque de cada bar. Para que o estoque total da adega estivesse equilibrado, o estoque de abertura, com todos as compras incluídas, menos o total de todos os pedidos, etc., deveria ser igual ao estoque de fechamento de cada item da adega. Foram essas discrepâncias, que chegavam a quase 3% do *turnover*, que jamais puderam ser explicadas adequadamente pelo gerente do bar ou por sua esposa.

Como a câmara fria, onde eram mantidas as cervejas, estava localizada na área da adega, era necessário que houvesse acesso às entregas, manutenção, limpeza das pipas, substituição dos barris, etc.

O gerente do bar, portanto, tinha um molho de chaves para esse propósito, exceto para a seção em que estavam os destilados, os licores e os aperitivos, que eram armazenados em um local separado na adega principal. Tanto Squires quanto seu gerente-assistente tinham a opinião de que a entrada para a adega principal era de muito fácil acesso, por estar localizada atrás do balcão de serviços do bar.

Squires e seu assistente elaboraram um sistema discreto para monitorar os movimentos da equipe, ficando perplexos ao descobrir que Welsh, grande amigo do casal Marks, visitava regularmente essa parte do motel, fora de seu horário de serviço. Squires relatou sua preocupação tanto ao gerente distrital quanto ao consultor de *catering*, já que ambos deviam estar a par da situação, embora não houvesse nenhuma prova concreta contra Welsh.

2.8 A resposta do gerente distrital

Depois de discutir as reclamações de Squires com o diretor administrativo, o gerente distrital informou que duas linhas de ação seriam adotadas:

(a) Brenda Cox seria entrevistada pelo gerente distrital na presença de Squires e, a menos que ela oferecesse explicações convincentes para justificar seu comportamento, receberia uma advertência de caráter disciplinar.
(b) Nenhuma ação seria tomada contra Welsh por enquanto, mas o levantamento de estoque no bar e na adega seria executado com maior regularidade e possivelmente sem aviso.

3.1 Processos disciplinares contra a governanta

O gerente distrital manteve sua palavra e Brenda Cox teve de passar por um processo disciplinar na presença de Squires. O encontro foi bem conduzido pelo gerente distrital, que manteve o processo em um ambiente de calma, permitindo que Brenda se defendesse e mantendo a imparcialidade. Não foi concedida à governanta a oportunidade de transformar o encontro em um debate caloroso; ao contrário, ela acabou por admitir as críticas feitas por Squires.

O encontro acabou com o gerente distrital insistindo, de maneira tranqüila, que Brenda Cox deveria mudar de atitude, comunicando-se com mais freqüência e de forma mais cooperativa com Squires no futuro; ela também deveria criar um sistema mais eficaz de supervisão para cobrir o final de semana.

3.2 Levantamento de estoque do bar e da adega principal executado por auditores externos

Três semanas depois do último levantamento de estoque, uma auditoria foi realizada pelos mesmos dois representantes. O elemento-surpresa não foi possível, porque a empresa telefonou ao gerente do bar pedindo permissão para fazer uma visita à tarde. O levantamento de estoque durou duas horas e o auditor sênior alertou Squires que nenhuma discrepância significativa havia sido constatada. Squires questionou como tinha sido possível realizar uma auditoria detalhada em tão pouco tempo e passou a tirar suas conclusões, mas sua pergunta foi respondida por um silêncio constrangedor.

Mais tarde, Squires relatou sua insatisfação ao gerente distrital no escritório central, mas foi informado de que a auditoria havia sido aceita pela diretoria e que as reclamações contra Welsh seriam esquecidas e o assunto, encerrado. Como Squires foi insistente, a empresa de auditoria aceitou, mesmo de má-vontade, incluí-lo, ou ao seu assistente, em todas as auditorias futuras.

3.3 Reclamações manifestadas pelo consultor de catering

Durante os meses seguintes, o consultor de *catering*, que anteriormente estava satisfeito com as melhorias feitas por Squires, começou a reclamar sobre margens inaceitáveis de lucro nas vendas de comida no motel.

O procedimento normal seria o de o consultor de *catering* reunir-se uma vez ao mês com Squires, mas ele subitamente começou a aparecer toda a semana em horários incomuns. Uma situação desagradável ocorreu quando ele chegou ao motel às 19 horas de sábado, protestando pelo fato de Squires não estar presente. A explicação de que Squires havia saído há pouco, depois de ter acompanhado uma grande recepção de casamento, e deixando o assistente em seu lugar, não foi aceita. Cox argumentou que, pelo fato de as noites de sábado serem extremamente movimentadas, Squires deveria estar ali pessoalmente para verificar se tudo estava correndo de maneira satisfatória.

Cox fez mais críticas a Squires, reclamando ao escritório central do novo menu "estilo *country*", introduzido sem que houvesse certeza de que daria certo. Squries negou essa acusação, afirmando que no passado o Hazel Court Wood havia conquistado uma excelente reputação devido a seu menu *à la carte*. Ele apenas havia tentado melhorar ainda mais essa reputação. No entanto, o "estilo *country*", que exigia que comidas congeladas, pré-embaladas em Londres, fossem despachadas para serem reprocessadas e servidas à clientela, não havia obtido sucesso. As refeições tinham preços razoáveis, mas a escolha era extremamente limitada e todo cliente regular havia reclamado da mudança. Tudo o que Squires fez foi repassar essas informações ao gerente distrital, como sempre havia feito. O consultor de *catering* mais uma vez recusou-se a aceitar essa explicação, saindo irritado do motel.

3.4 A resposta do gerente do restaurante

As relações entre o gerente do restaurante e o gerente-geral pioraram, e Squires tinha a opinião de que Welsh aproveitava toda e qualquer situação para "botar mais lenha na fogueira" do conflito entre o consultor de *catering* e o próprio Squires.

A situação ficou insustentável entre o Natal e o Ano-Novo, quando o motel anunciou um almoço de Natal por um preço fixo, ao qual Welsh adicionou 10% pelo serviço, enquanto Squires encontrava-se ausente, indisposto devido a uma gripe. Isso provocou muitas reclamações e Squires teve de sair da cama para acalmar os ânimos e determinou que os 10% fossem devolvidos aos clientes.

Durante a semana seguinte, quando Squires já havia se recuperado e estava recebendo alguns integrantes da comunidade empresarial local em um jantar, um prato *flambé* foi pedido por vários dos clientes, mas este foi apresentado tão abaixo do padrão aceitável pelo gerente do restaurante que Squires ficou em situação delicada.

3.5 Squires decide pedir demissão

Squires comunicou a sua esposa, logo após o incidente, que procuraria outro emprego. Ela sentiu-se aliviada, pois nunca havia se adaptado às acomodações que lhes haviam sido oferecidas, além de considerar que um apartamento bem acima de um bar não era o local adequado para criar sua filha adolescente.

Algumas semanas mais tarde, por sorte, Squires encontrou em uma exposição sobre hotéis e *catering* em Londres um antigo colega do exército, que estava agora empregado como chefe de *catering* em um grande conselho municipal nas Midlands. Havia surgido uma vaga para consultor de *catering* na maior faculdade para treinamento de professores, e Squires resolveu candidatar-se ao cargo.

As entrevistas por que Pat Squires passou foram todas bem aproveitadas por ele, o que fez com que o cargo lhe fosse oferecido, desde que passasse por um exame médico, que demorou dois meses para ser realizado.

Embora Squires estivesse gozando de excelente estado de saúde, ele decidiu não formular seu pedido de demissão até que o exame estivesse concluído. De alguma forma, porém, a informação vazou e cerca de 10 dias depois Squires foi surpreendido por uma visita inesperada do gerente distrital, que mencionou o fato de que lhe haviam informado de sua provável saída, sendo que uma decisão havia sido tomada pelo gerente administrativo: a de que Squires deveria deixar a empresa em quatro semanas. Squires respondeu que ele tinha direito a quatro semanas de férias e que, portanto, sairia ao final da semana. De fato saiu, portando um documento onde o gerente distrital confirmava a dispensa das quatro semanas de aviso prévio por motivo de "reestruturação da equipe".

Na semana seguinte, Squires declarou-se desempregado e recebeu o salário-desemprego durante três semanas, até ser impedido de fazê-lo pelo Departamento de Empregos, pois seus antigos empregadores haviam declarado que ele tinha pedido demissão. Squires elaborou uma correspondência onde afirmava que lhe fora solicitada sua saída da empresa, e com isso voltou a receber o salário-desemprego por mais cinco semanas, até começar no novo emprego.

Como tudo ficou
Pat Squires ainda está empregado como consultor de *catering* por uma instituição de ensino superior nas Midlands, tendo agora maiores responsabilidades.

Foi substituído no Hazel Wood Court por um jovem pós-graduado que, antes de assumir seu cargo, telefonou a Squires para pedir conselhos sobre como administrar o motel. Como conseqüência, esse novo gerente pediu que a governanta, Brenda Cox, fosse transferida ou despedida. Também exigiu que lhe fosse dada carta branca para tomar qualquer decisão que achasse necessária em relação ao restaurante e ao bar. Todos os pedidos foram acatados pela empresa.

Na semana anterior à chegada do novo gerente, Brenda resolveu pedir demissão e voltar às atividades domésticas; poucos meses depois, Ray Welsh, o gerente do restaurante encaminhou sua aposentadoria. Logo após essas mudanças, a matriz foi adquirida por uma organização internacional e tanto o gerente distrital quanto o consultor de *catering* deixaram a empresa.

Fonte: McEwan T e Mullins L J, *Horae*, Portsmouth Business School, *Hotel and Catering Research Unit Review* vol. 1, nº 1, Verão de 1989, p. 3-13.

Tarefas

(i) **Identifique com clareza os principais aspectos envolvendo organização e gestão, presentes neste estudo de caso.**
(ii) **Faça sugestões de como melhorar a situação no Hazel Wood Court.**

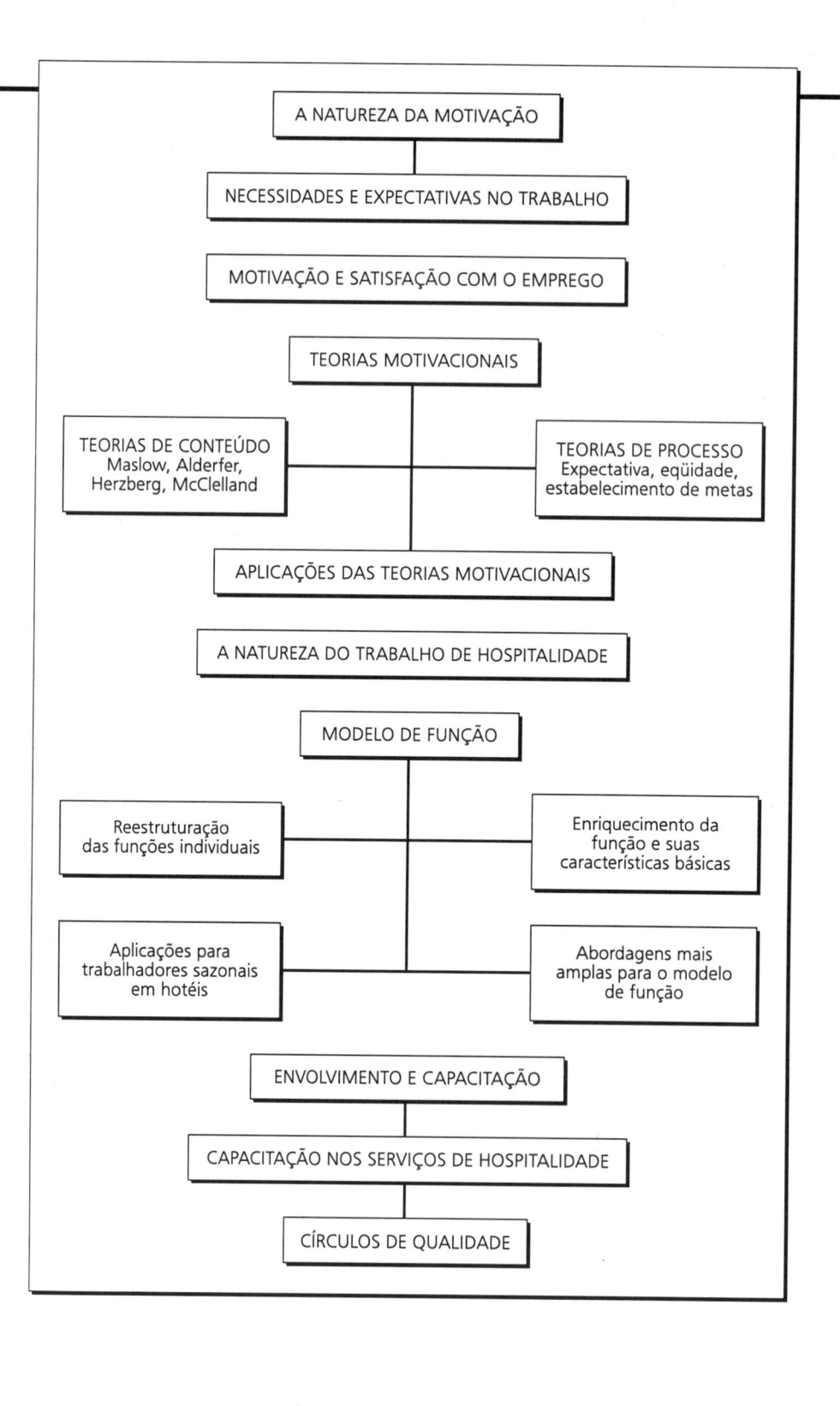

```
┌─────────────────────────────────────┐
│      A NATUREZA DA MOTIVAÇÃO        │
└─────────────────┬───────────────────┘
                  │
┌─────────────────┴───────────────────┐
│  NECESSIDADES E EXPECTATIVAS NO TRABALHO │
└─────────────────┬───────────────────┘
                  │
┌─────────────────┴───────────────────┐
│  MOTIVAÇÃO E SATISFAÇÃO COM O EMPREGO │
└─────────────────┬───────────────────┘
                  │
┌─────────────────┴───────────────────┐
│         TEORIAS MOTIVACIONAIS       │
└─────────────────┬───────────────────┘
                  │
       ┌──────────┴──────────┐
┌──────┴───────────┐  ┌──────┴──────────────┐
│ TEORIAS DE CONTEÚDO │  │ TEORIAS DE PROCESSO │
│ Maslow, Alderfer,   │  │ Expectativa, eqüidade, │
│ Herzberg, McClelland│  │ estabelecimento de metas │
└──────────────────┘  └─────────────────────┘
                  │
┌─────────────────┴───────────────────┐
│  APLICAÇÕES DAS TEORIAS MOTIVACIONAIS │
└─────────────────┬───────────────────┘
                  │
┌─────────────────┴───────────────────┐
│  A NATUREZA DO TRABALHO DE HOSPITALIDADE │
└─────────────────┬───────────────────┘
                  │
┌─────────────────┴───────────────────┐
│          MODELO DE FUNÇÃO           │
└─────────────────┬───────────────────┘
       ┌──────────┴──────────┐
┌──────┴─────────┐    ┌──────┴─────────┐
│ Reestruturação │    │ Enriquecimento da │
│ das funções    │    │ função e suas     │
│ individuais    │    │ características básicas │
└────────────────┘    └───────────────────┘

┌────────────────┐    ┌───────────────────┐
│ Aplicações para│    │ Abordagens mais   │
│ trabalhadores  │    │ amplas para o modelo │
│ sazonais em hotéis │ │ de função         │
└────────────────┘    └───────────────────┘
                  │
┌─────────────────┴───────────────────┐
│      ENVOLVIMENTO E CAPACITAÇÃO     │
└─────────────────┬───────────────────┘
                  │
┌─────────────────┴───────────────────┐
│ CAPACITAÇÃO NOS SERVIÇOS DE HOSPITALIDADE │
└─────────────────┬───────────────────┘
                  │
┌─────────────────┴───────────────────┐
│        CÍRCULOS DE QUALIDADE        │
└─────────────────────────────────────┘
```

7

Motivação, satisfação com o emprego e desempenho

INTRODUÇÃO

A natureza da relação pessoal-organização sofre a influência dos aspectos que motivam a equipe a trabalhar e da satisfação derivada do trabalho. Os gerentes atingem resultados por meio do esforço e do desempenho de outras pessoas, seus funcionários. A capacidade de motivar o grupo a trabalhar com boa-vontade e de maneira produtiva é um ingrediente essencial da gestão efetiva.

A NATUREZA DA MOTIVAÇÃO

A administração efetiva do pessoal dependerá da qualidade das relações estabelecidas com a equipe de trabalho e dos eventuais problemas daí decorrentes. Mais atenção deveria ser dada ao lado emocional do grupo e aos aspectos relacionados à motivação, satisfação e gratificação com o trabalho realizado. Isso é sem dúvida muito importante em qualquer organização de trabalho, mas ainda mais em organizações de serviço de mão-de-obra intensiva, como as do ramo de hospitalidade.[1] Segundo Riley, "a administração de hotéis e *catering* investe muito na motivação porque a maior parte de seus empregos requer a presença de insumos nos pontos em que o esforço e as características especiais são de fato importantes".[2]

O estudo da motivação envolve a razão pela qual as pessoas se comportam de uma determinada maneira e com o que determina a direção e a continuidade de suas ações. Os níveis de desempenho no trabalho são aferidos não apenas pela capacidade da equipe, mas também pela força de sua motivação. Portanto, para obter-se deles o melhor desempenho possível, é imprescindível dar atenção à natureza da motivação no trabalho e à satisfação com o emprego.

A motivação é uma força motriz introjetada pelos indivíduos, e por meio da qual eles tentam alcançar algum objetivo, a fim de satisfazer uma necessidade ou expectativa. Isso dá surgimento ao modelo motivacional básico, mostrado na Figura 7.1.

A oportunidade de se obter um bom desempenho

Sempre que o gerente pensar em aprimorar o trabalho da organização, deve antes prestar atenção ao nível de motivação de seus funcionários. É atribuição do gerente estimular sua equipe a direcionar seus esforços (sua força motriz) para a conquista das metas e objetivos da empresa.

O desempenho é uma função que envolve tanto o nível de capacidade quanto a motivação de pôr em prática essa capacidade.[3]

Desempenho = função (**capacidade** × **motivação** para usar essa capacidade)

Não se consegue motivar alguém a realizar alguma coisa para a qual não possui capacidade. Isso enfatiza a importância do treinamento e da motivação (ver Capítulo 10).

O desejo de ter um bom desempenho dever ser estimulado e sustentado pela oportunidade de o grupo de trabalho desenvolver seu potencial integralmente. É estimulante para as pessoas experimentar a sensação de realização e de crescimento ao desempenhar um trabalho importante e significativo. Com isso, todos se empenharão em alcançar melhores

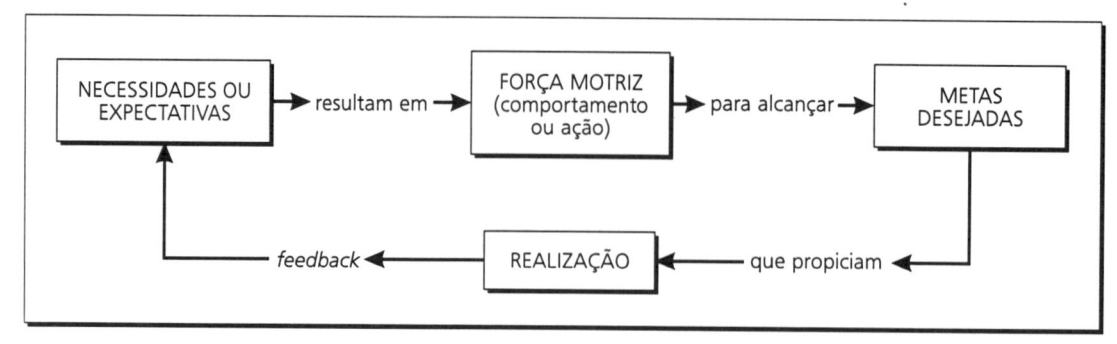

```
┌─────────────────────────────────────────────────────────────────────────────┐
│   ┌──────────────┐              ┌──────────────┐              ┌──────────┐  │
│   │ NECESSIDADES │              │ FORÇA MOTRIZ │              │  METAS   │  │
│   │      OU      │→ resultam em→│(comportamento│→para alcançar→│ DESEJADAS│  │
│   │ EXPECTATIVAS │              │   ou ação)   │              │          │  │
│   └──────────────┘              └──────────────┘              └──────────┘  │
│          ↑                            ┌──────────────┐              ↓        │
│          └────── feedback ←───────────│  REALIZAÇÃO  │← que propiciam ←     │
│                                       └──────────────┘                       │
└─────────────────────────────────────────────────────────────────────────────┘
```

FIGURA 7.1   O modelo motivacional básico.

resultados. A motivação deriva da realização das necessidades e expectativas do indivíduo.[4]

NECESSIDADES E EXPECTATIVAS NO TRABALHO

O comportamento e a ação das pessoas estão dirigidos à satisfação de certas necessidades e expectativas, que formam a base de sua força motriz motivacional. A motivação é um assunto complexo, algo muito pessoal, multifacetado e que sofre a influência de muitas variáveis. Green, por exemplo, apresenta mais de 30 propostas aos gerentes, para que motivem suas equipes eficazmente.[5]

Os indivíduos possuem uma variedade de necessidades e expectativas, que estão em constante mudança ou em conflito, às quais procuram satisfazer de diferentes maneiras. Tais necessidades e expectativas podem ser classificadas de várias maneiras. Uma forma básica de classificação está na simples divisão entre motivações extrínsecas e motivações intrínsecas.

- *Motivação extrínseca* — refere-se às recompensas "tangíveis", tais como pagamento e benefícios adicionais, acomodação ou refeições subsidiadas, segurança no trabalho, promoção, contratação de serviços, ambiente e condições de trabalho.
- *Motivação intrínseca* — refere-se às recompensas "psicológicas" e com sentimentos tais como a satisfação pessoal no trabalho, a oportunidade de ter de enfrentar desafios e de realizar-se, críticas favoráveis, reconhecimento e tratamento com consideração e atenção.

Um modelo amplo e triplo

Por causa da natureza complexa e diversa da motivação, é aconselhável partir de um modelo básico de análise. O modelo a seguir oferece um ponto de partida adequado, cujos focos são a motivação no trabalho e a satisfação com o emprego.

- *Gratificação econômica* — tais como pagamento, estímulos e benefícios adicionais, bens materiais, segurança no emprego e direitos de pensão. A provisão de acomodação e alimentação no trabalho poderia também ser incluída aqui.
- *Satisfação intrínseca* — é derivada da natureza do próprio trabalho e inclui uma atividade interessante e desafiadora, variedade, sensação de envolvimento e realização, e espaço para o desenvolvimento pessoal.
- *Relações sociais* — tais como o tipo de ambiente de trabalho, companheirismo, amizade, integração ao grupo, desejo de participar, *status*, apoio e vínculo.

Importância comparativa

A motivação, o prazer em trabalhar e o desempenho serão determinados pela importância comparativa desse conjunto de necessidades e expectativas, assim como pelo nível de atendimento dos mesmos (Figura 7.2).

As gratificações econômicas são sem dúvida um fator de motivação em maior ou menor grau para todo o quadro funcional. Porém, devido aos baixos níveis remuneratórios da maioria dos funcionários do ramo de hospitalidade, outros recursos motivacionais teriam significação especial. Veja mais adiante, neste capítulo, a discussão sobre o pagamento como forma de motivação.

A satisfação intrínseca se altera conforme o tipo de emprego, e mesmo em vários aspectos da mesma função. A maior parte das pessoas provavelmente perceberia a diferença entre a satisfação intrínseca do *chef* e a de um faxineiro, ou entre a de atender no bar e a de fazer a limpeza ou trabalhar como porteiro. É, porém, difícil generalizar. A motivação intrínseca é um componente pessoal, que varia de acordo com o indivíduo e circunstâncias particulares.

As relações sociais parecem ser um item importante para muitos empregados. As características da indústria da hospitalidade como setor de serviços, o papel das pessoas, as interações com os outros, a importância de um bom trabalho de equipe e as boas relações de trabalho podem ser fortes motivadores.

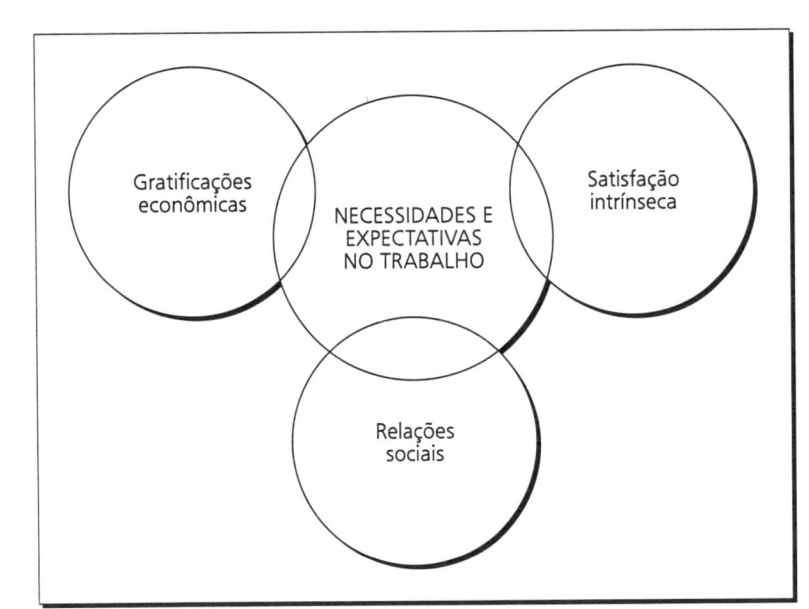

FIGURA 7.2
Necessidades e expectativas das pessoas no trabalho.

[Diagrama: três círculos rotulados "Gratificações econômicas", "Satisfação intrínseca" e "Relações sociais", convergindo em torno de "NECESSIDADES E EXPECTATIVAS NO TRABALHO"]

Combinação e equilíbrio

A motivação no trabalho é algo bastante pessoal. Cada indivíduo buscará alcançar a desejada combinação de equilíbrio entre as gratificações econômicas, a satisfação intrínseca e as relações sociais. Para alguns trabalhadores do ramo da hospitalidade, as gorjetas, as acomodações e as refeições subsidiadas são fatores importantes. Para outros, a baixa remuneração, embora não seja obviamente bem-vinda, pode até ser aceita por causa da forte motivação de um trabalho interessante e de relações sociais recompensadoras. A importância comparativa dos três conjuntos de necessidades e expectativas são passíveis de alteração, de acordo com a situação particular em que os indivíduos se encontram.

A motivação para o trabalho é também influenciada pelo "contrato psicológico" (discutido no Capítulo 3). Embora não esteja definido formalmente, o contrato psicológico implica uma série de expectativas mútuas e de satisfação de necessidades entre o indivíduo e a organização. Ele cobre uma gama de direitos, privilégios, atitudes, deveres e obrigações que têm uma forte influência no comportamento e nas ações das pessoas no trabalho.

MOTIVAÇÃO E SATISFAÇÃO COM O EMPREGO

A motivação para trabalhar produtivamente em geral está relacionada à satisfação com o emprego. Mas a natureza dessa relação não é clara. A satisfação com o emprego pode estimular uma pessoa a alcançar um alto nível de desempenho. As teorias de conteúdo de motivação, em particular, estão mais relacionadas à satisfação. A teoria de dois fatores de Herzberg (discutida a seguir), por exemplo, é essencialmente uma teoria de satisfação com o emprego. Embora o nível dessa satisfação possa afetar o poder motivador, isso nem sempre ocorre.

Dimensões da satisfação com o emprego

A satisfação com o emprego é um conceito complexo e nem sempre é fácil de ser medido objetivamente. Satisfação não é o mesmo que motivação. A satisfação com o emprego é principalmente uma atitude, um estado interno. Poderia, por exemplo, estar associada ao sentimento de realização pessoal, quantitativa ou qualitativa. A motivação é um processo que pode levar à satisfação com o emprego.

Não está claro se a satisfação com o trabalho consiste em uma dimensão apenas ou em várias dimensões separadas. De fato, parece haver uma correlação positiva entre a satisfação e determinadas áreas de trabalho. Alguns empregados podem estar satisfeitos com determinados aspectos de seu trabalho e insatisfeitos com outros.[6] O que está claro é que o nível de satisfação com o emprego é afetado por muitas variáveis, relacionadas a fatores individuais, sociais, culturais, organizacionais e ambientais. Todos esses fatores podem afetar a satisfação com o emprego em um dado conjunto de circunstâncias, mas não necessariamente em outras.

Primeiras abordagens da motivação e da satisfação com o emprego

As primeiras abordagens da motivação baseavam-se na simples premissa de que a satisfação estava relacionada à satisfação de necessidades econômicas. Podemos lembrar que um princípio básico da gestão científica (discutida no Capítulo 6) era aquele que dava crédito ao conceito racional-econômico da motivação. Os trabalhadores seriam motivados em primeiro lugar por salários; quanto mais altos maior a motivação. Dava-se ênfase ao conteúdo do "trabalho de cada dia" e à otimização do nível de produtividade dos trabalhadores. Contudo, a definição do trabalho de cada dia é subjetiva e, se os indivíduos trabalham arduamente para aumentar seus ganhos, a administração poderia redefinir o alvo para esse dia específico.

Uma gama de necessidades diferentes

As descobertas dos experimentos de Hawthorne e dos autores partidários das relações humanas demonstraram que as pessoas são motivadas para trabalhar a fim de satisfazer uma gama de necessidades diferentes e complexas; não trabalham simplesmente pela remuneração. Foi ressalvada a importância da satisfação das necessidades psicológicas e sociais dos indivíduos, as normas e os valores do grupo, os estilos de liderança. Isso, em contrapartida, deu surgimento a obras dos autores das novas relações humanas e a teorias motivacionais baseadas na subjetividade do indivíduo, e também no conteúdo e no significado do trabalho.

TEORIAS MOTIVACIONAIS

Infelizmente não há uma resposta simples ou única à questão sobre o que motiva as pessoas a trabalhar bem. A motivação é por natureza um assunto complexo, sendo influenciada por uma ampla gama de variáveis individuais, sociais, culturais e situacionais. A motivação também varia de acordo com a época e as circunstâncias. Está mais presente entre aqueles indivíduos que estão na metade de sua carreira profissional e em especial entre aqueles que crêem que as oportunidades para avanços ou promoções são limitadas.[7]

A natureza complexa e variável da motivação no trabalho deu surgimento a muitas propostas e teorias opostas. *Mas essas teorias não são definitivas.* Estão todas sujeitas a críticas ou a opiniões divergentes. É sempre fácil citar um exemplo que parece contradizer qualquer observação genérica sobre o que motiva as pessoas a trabalhar bem (Figura 7.3).

Essas teorias, contudo, ajudam a destacar os muitos motivos que influenciam o comportamento e o desempenho das pessoas. As diferentes teorias oferecem, coletivamente, um modelo no qual o gerente pode dedicar atenção ao problema de como motivar melhor sua equipe, para que trabalhe animada e efetivamente. Qualquer contribuição que favoreça a motivação da equipe é útil:

> *Todos os gerentes têm o dever de motivar suas equipes. As pessoas motivadas sentem-se mais orgulhosas em seus empregos e trabalham melhor. Mas muitos gerentes ainda não sabem como levar motivação aos seus funcionários.*[8]

Motivação no setor de serviços

Willman faz referência às dificuldades particulares de motivar funcionários que não estão desenvolvendo carreira no setor de serviços. Esse *grupo* é geralmente composto por mulheres, que trabalham em regime de meio turno e sem maior preparo técnico, desenvolvem atividades importantes de contato com o cliente, mas não alcançam cargos gerenciais.

> *Seu envolvimento com a organização é passageiro, o salário que recebem é baixo e o seu trabalho é rotineiro. Porém, o problema para a empresa de serviços é que, com freqüência, esse grupo de pessoas é tudo o que o cliente vê, e que define a qualidade do serviço que a organização pode oferecer. Isso é mais relevante em empresas onde o próprio serviço é o produto do que onde um serviço fraco pode ser compensado por produtos bons... A motivação, as habilidades e o conhecimento que a equipe possui é a questão central da qualidade de serviço oferecida por uma organização.*[9]

Os gerentes podem aprender com as variadas teorias e abordagens motivacionais. Se um gerente de hospitalidade puder identificar diferentes fatores motivacionais na equipe, isso provavelmente levará a melhores atitudes no trabalho, *turnover* mais baixo e melhores relações com os clientes. O gerente deve avaliar a relevância das diferentes teorias verificando como tirar o melhor proveito delas em situações de trabalho. Isso é parte das atribuições do que chamamos de gerente eficaz.

Teorias motivacionais de conteúdo e de processo

As teorias de motivação podem ser divididas em duas amplas abordagens — teorias de conteúdo e teorias de processo. As teorias de conteúdo dão ênfase *àquilo que motiva* e tentam explicar aqueles aspectos específicos que de fato estimulam o indivíduo no trabalho. Essas teorias estão voltadas à identificação das necessidades das pessoas, a seus pontos fortes e às metas que perseguem para satisfazer tais necessidades. As principais teorias de conteúdo incluem:

❑ o modelo de hierarquia de necessidades de Maslow;
❑ o modelo do *continuum* de necessidades de Alderfer (teoria ERG);
❑ a teoria de dois fatores de Herzberg; e
❑ a teoria da motivação pela realização de McClelland.

As teorias de processo dão ênfase ao *processo motivacional* e tentam identificar as relações existentes entre as variáveis dinâmicas que constituem a motivação. Essas teorias são discutidas mais adiante, neste capítulo.

A hierarquia das necessidades de Maslow

A teoria de desenvolvimento e motivação individuais de Maslow, publicada originalmente em 1943, oferece um pon-

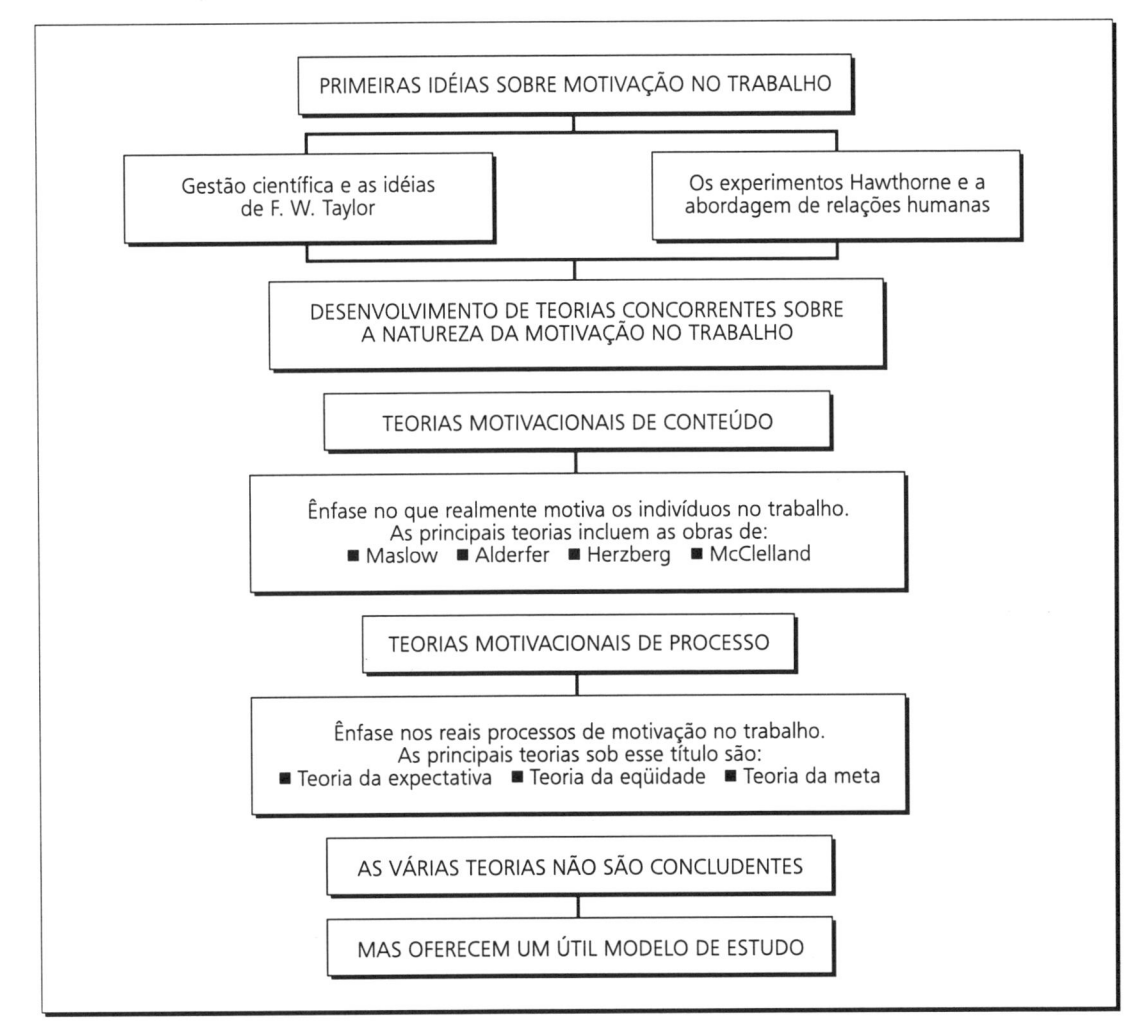

```
┌─────────────────────────────────────────────────────────────────────┐
│                  PRIMEIRAS IDÉIAS SOBRE MOTIVAÇÃO NO TRABALHO        │
│                                                                      │
│    ┌──────────────────────────┐    ┌──────────────────────────────┐ │
│    │ Gestão científica e as   │    │ Os experimentos Hawthorne e a│ │
│    │ idéias de F. W. Taylor   │    │ abordagem de relações humanas│ │
│    └──────────────────────────┘    └──────────────────────────────┘ │
│                                                                      │
│        DESENVOLVIMENTO DE TEORIAS CONCORRENTES SOBRE                 │
│              A NATUREZA DA MOTIVAÇÃO NO TRABALHO                     │
│                                                                      │
│              TEORIAS MOTIVACIONAIS DE CONTEÚDO                       │
│                                                                      │
│        Ênfase no que realmente motiva os indivíduos no trabalho.     │
│              As principais teorias incluem as obras de:              │
│          ■ Maslow  ■ Alderfer  ■ Herzberg  ■ McClelland              │
│                                                                      │
│              TEORIAS MOTIVACIONAIS DE PROCESSO                       │
│                                                                      │
│           Ênfase nos reais processos de motivação no trabalho.       │
│              As principais teorias sob esse título são:              │
│     ■ Teoria da expectativa  ■ Teoria da eqüidade  ■ Teoria da meta  │
│                                                                      │
│              AS VÁRIAS TEORIAS NÃO SÃO CONCLUDENTES                  │
│                                                                      │
│              MAS OFERECEM UM ÚTIL MODELO DE ESTUDO                   │
└─────────────────────────────────────────────────────────────────────┘
```

FIGURA 7.3 Modelo para o estudo da motivação no trabalho.

to de partida útil.[10] A proposição básica de Maslow é a de que as pessoas são seres que querem, sempre desejam mais, e o que querem depende do que já possuem. Ele afirma que as necessidades humanas estão dispostas em uma série de níveis — uma hierarquia de importância. No nível mais baixo estão as necessidades fisiológicas, depois, as necessidades de segurança, de amor (ou sociais), de estima, até chegarmos à necessidade de auto-realização (Figura 7.4, p. 176).

A premissa fundamental da teoria de Maslow é a de que, satisfeita uma necessidade de nível mais baixo, esta não atua mais como um forte motivador. As necessidades do nível imediatamente superior na hierarquia precisam ser satisfeitas, tornando-se motivadores de primeira grandeza. Apenas as necessidades não satisfeitas nos motivam. Assim, Maslow afirma: "uma necessidade satisfeita já não é mais um fator motivador".

É importante notar, contudo, que Maslow aponta que uma necessidade de um determinado nível não precisa ser totalmente satisfeita para que surja outra necessidade. Há um surgimento gradual de necessidades mais elevadas, à medida que as necessidades abaixo dessas são mais amplamente satisfeitas.

Não necessariamente uma ordem fixa

A hierarquia não é necessariamente uma ordem fixa, e, para algumas pessoas, haverá necessidades mais dominantes, além de uma inversão hierárquica. Para algumas pesso-

```
┌─────────────────────────────────────────────────┐
│                 AUTO-REALIZAÇÃO                 │
│           A realização de todo o potencial      │
│                   do indivíduo.                 │
│         Tornar-se tudo o que se é capaz de ser  │
├─────────────────────────────────────────────────┤
│                  ESTIMA (OU EGO)                │
│   Respeito próprio, por exemplo, confiança e    │
│   realizações; e estima, por exemplo, atenção,  │
│                 status, prestígio               │
├─────────────────────────────────────────────────┤
│              AFEIÇÃO (OU SOCIAIS)               │
│  Inclui a necessidade de afeto, sentimento de pertencer │
│   a um determinado grupo, atividades sociais,   │
│         amizades, dar e receber afeto           │
├─────────────────────────────────────────────────┤
│                   SEGURANÇA                     │
│  Inclui segurança e garantias, não estar sujeito a dor │
│  ou ameaça de natureza física, proteção do perigo e de perdas, │
│         necessidade de prever/ordenar           │
├─────────────────────────────────────────────────┤
│                  FISIOLÓGICAS                   │
│ Inclui satisfazer a fome e a sede; a necessidade de oxigênio, de manter │
│  a temperatura do corpo, de ser ativo, de dormir; comportamento │
│              maternal e desejo sexual           │
└─────────────────────────────────────────────────┘
```

FIGURA 7.4
O modelo de hierarquia de necessidades de Maslow.

as, a auto-estima, por exemplo, pode ser mais importante do que as necessidades de afeto ou sociais. Para outros, mais criativos, o desejo de satisfazer as necessidades referentes à estima ou à auto-realização podem ser a influência mais forte. Isso pode se aplicar a alguns *chefs*, por exemplo.

Um relatório da então HCITB* destaca o trabalho do *chef* como uma atividade definitivamente importante, que exige capacidade e responsabilidade. Não é um trabalho fácil, mas desafiador. Embora seja considerada uma atividade segura, muitas pessoas preferem um trabalho mais arriscado. Entre os aspectos mais positivos dessa atividade estão o respeito pelo cargo e as boas oportunidades para promoção.[11]

A relevância da teoria de Maslow

A obra de Maslow está aberta a dúvidas e a críticas.[12] É difícil testar a teoria empiricamente, e ela está sujeita a várias interpretações de diferentes autores. Há também vários problemas em relacionar a teoria de Maslow às situações de trabalho.

As pessoas não obrigatoriamente satisfazem suas necessidades, em especial as de nível mais alto, somente pelo trabalho. O gerente precisa levar em consideração a vida privada e social das pessoas, e não apenas seu comportamento profissional. Também algumas recompensas ou resultados obtidos no trabalho podem satisfazer mais do que um nível de necessidade. Por exemplo, um salário mais alto ou uma promoção podem ser aplicados a todos os níveis da hierarquia.[13]

Contudo, apesar de sua natureza um tanto quanto simplista, o modelo da hierarquia de necessidades oferece um útil instrumento para observarmos as diferentes necessidades e expectativas das pessoas no ambiente profissional. A posição dos integrantes da equipe na hierarquia ajudará a determinar os motivadores mais apropriados. Por exemplo, se as necessidades fisiológicas e de segurança de uma pessoa tiverem sido satisfeitas, não surtirá efeito motivador oferecer-lhes mais do mesmo tipo de necessidade. A fim de propiciar a motivação para uma mudança no comportamento, o gerente precisaria dirigir sua atenção ao nível imediatamente superior: a satisfação das necessidades sociais. Steers e Porter apontam uma lista de gratificações e de fatores organizacionais utilizados para satisfazer necessidades diferentes.[14] (Figura 7.5).

---

*N. de R.T. HCITB (Hotel and Catering Industry Training Board) é o antigo nome da atual HCTC (Hotel and Catering Training Company).

Níveis das necessidades	Gratificações gerais	Fatores organizacionais
1 Fisiológicos	Comida, água, sexo, sono	a Remuneração b Condições agradáveis de trabalho c Restaurante de auto-serviço
2 Segurança	Segurança, estabilidade, proteção	a Condições seguras de trabalho b Benefícios da empresa c Proteção no trabalho
3 Sociais	Amor, afeto, integração a um grupo	a Grupo de trabalho coeso b Supervisão amistosa c Associações profissionais
4 Estima	Auto-estima, respeito próprio, prestígio, *status*	a Reconhecimento social b Prestígio do cargo ocupado c Emprego de alto *status* d *Feedback* do próprio emprego
5 Auto-realização	Crescimento, progresso, criatividade	a Trabalho estimulante b Oportunidades de exercer a criatividade c Realização no trabalho d Progresso na organização

(*Fonte:* Reproduzido com a permissão de Steers R M e Porter L W, *Motivation and Work Behavior*, 5th ed., McGraw-Hill [1991], p. 35)

FIGURA 7.5 Aplicando a hierarquia de necessidades de Marlow.

Devemos lembrar que a teoria de Maslow está relacionada ao desenvolvimento individual e à motivação nos demais aspectos da vida, e não apenas ao comportamento das pessoas no trabalho. O modelo de hierarquia de necessidades, portanto, pode também ser aplicado à satisfação das necessidades e expectativas dos clientes e dos empregados de um hotel.[15]

O modelo do *continuum* de necessidades de Alderfer

Um modelo de hierarquia de necessidades modificado, aplicado ao ambiente organizacional, foi apresentado por Alderfer. Esse modelo condensa os primeiros cinco níveis de necessidade em um *continuum*, baseado em três conjuntos básicos de necessidades: existenciais, de semelhança e de crescimento (teoria ERG).[16]

- As *necessidades existenciais* referem-se à preservação da existência humana e à sobrevivência. Incluem necessidades fisiológicas e de segurança, de natureza material.
- As *necessidades de semelhança* referem-se às relações com o ambiente social. Elas incluem o afeto ou o fato de pertencer a um grupo, relações interpessoais significativas e fraternais, cuja natureza é de segurança ou de estima.
- As *necessidades de crescimento* referem-se ao desenvolvimento do potencial. Incluem a auto-estima e a auto-realização.

Um continuum de necessidades

Alderfer afirma que embora os indivíduos progridam ao longo de níveis diferentes de necessidades, estas constituem mais um *continuum* do que uma hierarquia. Segundo a teoria ERG, um determinado indivíduo pode estar motivado a satisfazer mais do que um conjunto de necessidades, além de poder também retornar a um nível mais baixo de necessidade. Por exemplo, se alguém continuamente frustrar-se ao tentar satisfazer necessidades de crescimento, então as necessidades de semelhança podem assumir importância como um fator motivador, tornando-se o principal foco do esforço dessa pessoa.

Os resultados da obra de Alderfer sustentam a idéia de que as necessidades de nível mais baixo perdem sua força à medida que são satisfeitas. Contudo, as necessidades de nível mais baixo não precisam ter sido satisfeitas para que necessidades de nível mais alto surjam. A ordem do conjunto de necessidades e sua relativa importância varia de indivíduo para indivíduo. Algumas pessoas serão motivadas por um forte desejo de satisfazer suas necessidades existenciais, enquanto outras terão um desejo de satisfazer suas necessidades de semelhança e/ou de crescimento.

Estratégias flexíveis de motivação

A teoria ERG surge para oferecer uma abordagem prática e mais flexível da motivação. Um conjunto de necessidades não opera independentemente dos outros. Portanto, se as necessidades de um funcionário em um determinado nível estiverem bloqueadas, o gerente deve providenciar a satisfação de outros conjuntos de necessidades. Estratégias alternativas de motivação podem ser mais apropriadas para departamentos diferentes e para tipos diferentes de equipe. Por exemplo, se os garçons sentirem que suas necessidades de crescimento estão bloqueadas por falta de oportunidades de desenvolvimento pessoal, o gerente deve tentar propiciar mais oportunidades para satisfazer necessidades existenciais e de semelhança.

A teoria de dois fatores de Herzberg

A teoria de dois fatores de Herzberg é essencialmente uma teoria de satisfação com o emprego relacionada à motivação no trabalho.[17] O estudo original consistiu em entrevistas com 203 contabilistas e engenheiros nos Estados Unidos. Pediu-se que informassem: (i) as ocasiões em que se sentiram excepcionalmente bem com seu trabalho atual ou com um trabalho anterior e (ii) as ocasiões em que se sentiram excepcionalmente mal nas suas profissões.

A partir das respostas obtidas, Herzberg chegou a dois conjuntos de fatores que afetam a motivação e o trabalho: a teoria de dois fatores da motivação e satisfação com o trabalho, ou a teoria motivação-higiene (Figura 7.6).

Fatores de higiene ou causadores de insatisfação

Um conjunto de fatores, conhecidos como "de higiene" (fatores preventivos e ambientais) ou de "manutenção", têm

```
┌─────────────────────────────────────────────┐
│  ┌───────────────────────────────────────┐  │
│  │ FATORES DE HIGIENE OU DE MANUTENÇÃO   │  │
│  └───────────────────────────────────────┘  │
│                     ▼                       │
│                  Salário                    │
│            Segurança no emprego             │
│            Condições de trabalho            │
│         Nível e qualidade da supervisão     │
│       Política e administração da empresa   │
│            Relações interpessoais           │
│                     ▼                       │
│  ┌───────────────────────────────────────┐  │
│  │     OS CAUSADORES DE INSATISFAÇÃO     │  │
│  └───────────────────────────────────────┘  │
│                     ▼                       │
│  ┌───────────────────────────────────────┐  │
│  │  MOTIVAÇÃO E SATISFAÇÃO COM O TRABALHO│  │
│  └───────────────────────────────────────┘  │
│                     ▲                       │
│  ┌───────────────────────────────────────┐  │
│  │      OS CAUSADORES DE SATISFAÇÃO      │  │
│  └───────────────────────────────────────┘  │
│                     ▲                       │
│            Sentimento de realização         │
│                Reconhecimento               │
│                Responsabilidade             │
│              Natureza do trabalho           │
│         Crescimento e progresso pessoais    │
│                     ▲                       │
│  ┌───────────────────────────────────────┐  │
│  │  MOTIVADORES OU FATORES DE CRESCIMENTO│  │
│  └───────────────────────────────────────┘  │
└─────────────────────────────────────────────┘
```

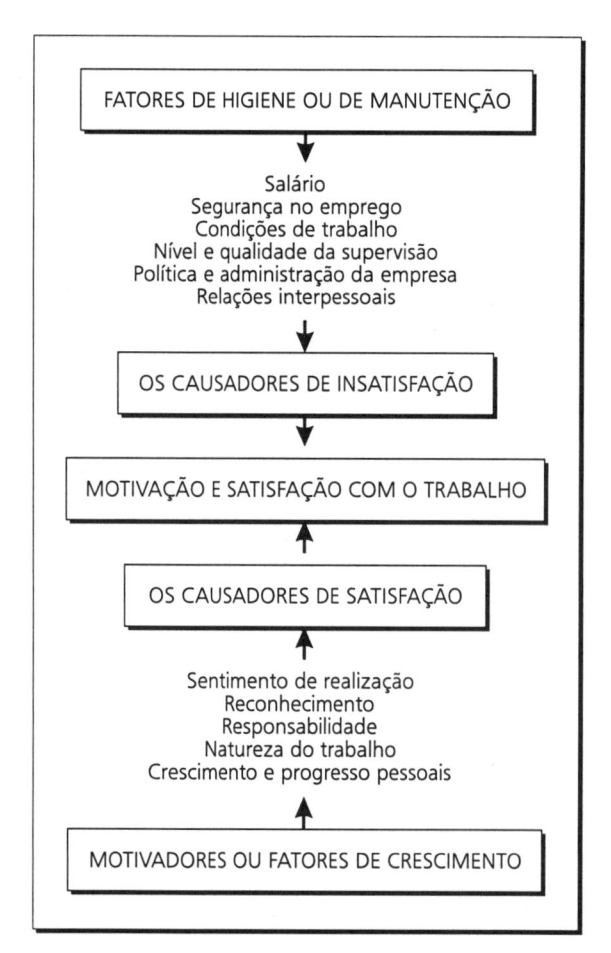

FIGURA 7.6 Representação da teoria de dois fatores de Herzberg.

como finalidade evitar a insatisfação. Eles estão relacionados ao contexto do emprego e incluem salário, segurança no emprego, condições de trabalho, nível e qualidade da supervisão, política e administração da empresa, e relações interpessoais. Os fatores higiênicos referem-se à forma como as pessoas são tratadas no trabalho.

Se os fatores higiênicos estiverem ausentes, ou se forem inadequados, provocarão insatisfação. Prestar a devida atenção aos fatores higiênicos certamente fará com que a insatisfação seja superada, trazendo a motivação de volta ao normal — o estado zero. Mas os fatores higiênicos não produzem por si mesmos uma atitude ou aumentam a motivação no trabalho. Assim, *o contrário de insatisfação não é satisfação, mas ausência de insatisfação.*

Fatores motivacionais ou que causam satisfação

Para estimular os trabalhadores a dar o melhor de si, garantindo altos níveis de desempenho, o gerente deve prestar atenção a um segundo conjunto de fatores — os fatores "motivacionais" ou "de crescimento". Eles estão relacionados ao conteúdo do trabalho e incluem um sentimento de realização, reconhecimento, responsabilidade, a própria natureza do trabalho realizado e o crescimento e progresso pessoais. Os fatores motivacionais referem-se ao que as pessoas são capazes de realizar no exercício de suas atividades. A força dos motivadores afetará os sentimentos de satisfação ou de ausência de satisfação, mas não os sentimentos de insatisfação.

Herzberg enfatiza que ambos os fatores são importantes, mas por razões diferentes. Os fatores higiênicos não são um "sistema de cidadãos de segunda classe". São tão importantes quanto os motivacionais, e necessários para que se evite o desagrado com o trabalho e para que se impeça que o tratamento dispensado pela gerência seja injusto. Os fatores motivacionais relacionam-se ao que é permitido que as pessoas façam no trabalho. São as variáveis que de fato motivam a equipe.

Aplicações à satisfação do hóspede

Além de se aplicar ao estímulo do empregado, a teoria de Herzberg, e a importância dos fatores de higiene e de motivação, pode também se aplicar à satisfação do hóspede.[18]

Críticas e limitações

A teoria dos dois fatores é uma fonte de debates e controvérsias freqüentes. Está também sujeita a diferentes interpretações. Uma crítica comum relaciona-se à metodologia. Descrever fatos que dão surgimento a bons ou maus sentimentos é algo subjetivo e que provavelmente influencia os resultados. As pessoas estão mais inclinadas a atribuir os fatos que geram satisfação no trabalho a uma reação favorável a seu próprio desempenho. Os fatos que causam insatisfação são quase sempre atribuídos a fatores externos e a outras pessoas.

Outro ponto crítico é a natureza simplista da teoria e a falta de espaço para as diferenças individuais. Nem todos os trabalhadores estão fortemente interessados no conteúdo de seu trabalho, ou sendo movidos por motivadores ou fatores de crescimento. (Acompanhe a discussão sobre a motivação de trabalhadores horistas mais adiante, neste capítulo.) Parte da equipe parece se contentar em adotar uma visão "instrumental" — isto é, o trabalho como meio para um fim (discutido no Capítulo 3). Estes trabalhadores são motivados quase que exclusivamente pela remuneração financeira e pela segurança, em vez de o serem pela natureza do trabalho ou pela satisfação de necessidades sociais.[19] Também há outros que parecem felizes em trabalhar em um modelo estrutural rígido, com tarefas bem definidas e com autonomia e responsabilidade limitadas.

Relevância continuada da teoria

Apesar das críticas, há provas de que a teoria de Herzberg encontra apoio, ainda. Por exemplo, Phillipchuck, embora com base em uma pequena amostra de engenheiros de uma só empresa no Canadá, conclui que os métodos de Herzberg ainda geram bons resultados. Os entrevistados não ofereceram nenhum novo fator que diferisse do estudo original, embora alguns fatores antigos não estivessem presentes na pesquisa. Os salários e as condições de trabalho não apareceram nunca, e o progresso como causador de satisfação também ficou de fora. O maior desmotivador foi a política da empresa, e o maior motivador foi a realização.[20]

Aplicações aos empregados no ramo da hospitalidade

Com freqüência se afirma que a aplicação da teoria está limitada apenas aos trabalhadores braçais, à mão-de-obra desqualificada. São justamente esses funcionários que apresentam maiores problemas de motivação em relação à gerência. MacQueen, por exemplo, ao considerar a aplicação do trabalho de Herzberg aos empregados do ramo da hospitalidade, comenta:

> *O problema com a teoria motivação-higiene de Herzberg é que ela é pouco aplicável às pessoas que a gerência mais quer motivar — aqueles que têm empregos monótonos, repetitivos e desinteressantes.*[21]

Os fatores de higiene são mais propensos a alcançar maior importância no setor da hospitalidade do que em outros setores. Os trabalhadores que residem no trabalho ou que almoçam no transcorrer de sua jornada de atividade provavelmente se interessam mais pelo ambiente de trabalho e pela qualidade das condições locais. Também é possível que alguns trabalhadores tenham poucas expectativas de satisfazer necessidades mais altas e, portanto, dêem maior ênfase aos fatores de higiene.

Esse ponto de vista parece estar sustentado por um estudo de Chitiris sobre a aplicação da teoria de Herzberg a trabalhadores do setor hoteleiro grego. A partir dos resultados das entrevistas sobre os níveis de satisfação e a importância de determinados fatores no emprego, Chitiris constatou que os trabalhadores, em geral, estavam mais interessados nos fatores de higiene do que nos de motivação.²²

A importância do modelo de emprego

Apesar das dúvidas relativas à teoria dos dois fatores, a obra de Herzberg chamou a atenção para questões mais amplas que podem influenciar a motivação e a satisfação no emprego. Ao pensar em estimular positivamente seus empregados e aumentar a satisfação deles com o emprego, os gerentes devem necessariamente levar em consideração tanto os fatores de higiene quanto os motivadores.

Uma característica especial da teoria de Herzberg é que ela ressaltou a importância do modelo de emprego e para a estruturação das funções desempenhadas no setor da hospitalidade. Esse aspecto é reconhecido por MacQueen.

> *O valor da abordagem de Herzberg reside na ênfase à necessidade de remodelar os empregos, a fim de fazer com que os motivadores entrem em ação.*²³

Retornaremos à importância do modelo de emprego mais adiante, neste capítulo.

A motivação pela realização de McClelland

A necessidade de realização encontra-se em um patamar inferior aos altos níveis da teoria de Maslow e é também um dos fatores motivadores de Herzberg. A importância da realização é enfatizada por McClelland, que desenvolveu uma teoria motivacional que está enraizada na cultura.²⁴ A obra de McClelland baseia-se no conceito de quatro grupos principais de necessidades e de motivos que se desenvolvem socialmente:

❑ a necessidade de **afiliação**;
❑ a necessidade de **realização**;
❑ a necessidade de **poder**;
❑ a necessidade de **abstenção**.

As pessoas possuem todas essas quatro necessidades, mas a intensidade relativa de cada aspecto varia entre os indivíduos, e de profissão para profissão. Embora as quatro necessidades sejam igualmente importantes, a pesquisa de McClelland concentrava-se em especial na maneira pela qual os gerentes podem desenvolver a necessidade de realização nos seus funcionários.

Variações entre os indivíduos

O grau de motivação pela realização varia de indivíduo para indivíduo. Depende das influências culturais, das experiências profissionais e do tipo de organização em que se trabalha. Algumas pessoas têm um grau muito alto de motivação pela realização. Elas se sentem desafiadas pelas oportunidades e trabalham arduamente para atingir uma meta. Outras já desenvolvem um grau muito baixo, e pouco se importam nem têm urgência em qualquer realização.

Características dos grandes empreendedores

O dinheiro parece ser importante para os funcionários empreendedores, embora seja valorizado mais como um símbolo do cumprimento de uma meta. O dinheiro pode servir como meio de dar *feedback* ao desempenho. As pessoas com alta motivação pela realização não ficam muito tempo em uma empresa que não paga bem pelo seu bom desempenho. Para as pessoas com baixa motivação pela realização, o dinheiro serve mais como um incentivo financeiro direto pelo seu desempenho.

Embora seja difícil aplicar medidas objetivas, McClelland identificou quatro características comuns às pessoas que possuem altas necessidades de realização: a preferência pela responsabilidade pessoal, o estabelecimento de metas moderadas, o desejo de *feedback* específico e a inovação.

❑ A satisfação pessoal dessas pessoas deriva da realização da própria tarefa, e o reconhecimento não precisa vir dos outros. As situações preferenciais são aquelas em que se pode assumir *responsabilidade pessoal* pela resolução de problemas. As pessoas gostam de alcançar o sucesso por meio de seu próprio esforço, deixando em segundo plano o trabalho de equipe e o acaso, isto é, fatores externos que estão fora de seu controle.

❑ As pessoas tendem a estabelecer metas moderadas de realização, de nível intermediário de dificuldade, e a correr riscos calculados. Se uma tarefa for muito difícil ou muito arriscada, reduzirá as chances de sucesso e de satisfazer necessidades. Se o curso de ação for fácil ou simples demais, haverá pouco desafio envolvido na realização da tarefa e pouca satisfação derivada do bom desempenho.

❑ As pessoas querem receber um *feedback claro e sem ambigüidades* sobre seu desempenho. É necessário, para a auto-avaliação, haver um conhecimento dos resultados em tempo razoável. O *feedback* capacita as pessoas a determinarem o sucesso ou o insucesso na realização de metas e na satisfação oriunda de suas atividades.

❑ Elas são *mais inovadoras* e tendem sempre a estar buscando algo um pouco mais desafiador. Há uma procura constante pela variedade e pela informação, a fim de encontrar novas maneiras de fazer as coisas.

Desenvolvimento do impulso pela realização

McClelland tentou compreender as características dos grandes empreendedores. Ele afirma que a necessidade de realização não é hereditária, mas resulta de influências ambientais. McClelland investigou a possibilidade de treinar as pessoas para desenvolver uma maior motivação para buscar a realização no trabalho, e aponta os quatro passos de uma tentativa de desenvolvimento deste impulso:

- Esforçar-se por obter o *feedback* sobre o desempenho. O sucesso serve para fortalecer o desejo de chegar a um melhor desempenho.
- Desenvolver modelos de realização por meio da comparação com outras pessoas que tiveram bom desempenho.
- Tentar modificar sua auto-imagem e ver a si próprio como alguém que precisa de desafios e de sucesso.
- Controlar "fantasias" e pensar em si em termos mais concretos.[25]

Aplicações à indústria da hospitalidade

Qualquer empresa, é claro, beneficia-se do esforço e do desempenho dos grandes realizadores. Mas a teoria de McClelland acerca da motivação da equipe implica uma abordagem individualista. O ramo da hospitalidade, contudo, caracteriza-se pela necessidade de uma cooperação próxima e de um trabalho de equipe eficaz, a fim de satisfazer o cliente. O comportamento e o desempenho dos grupos de trabalho é tão importante quanto a motivação individual. As tentativas de satisfazer as necessidades dos grandes empreendedores devem corresponder à exigência do setor, o que pode ser uma tarefa difícil.

Pagamento e motivação dos trabalhadores horistas

As teorias de conteúdo dão ênfase à importância das recompensas psicológicas, ao crescimento pessoal e à realização. De acordo com Weaver, porém, tais teorias têm pouco significado para os trabalhadores horistas no ramo de hotéis e restaurantes.[26] O trabalho dos cozinheiros, lavadores de louça, garçons e arrumadeiras não muda muito de empresa para empresa, o que indica que esses trabalhadores não se apegam muito a uma empresa em particular. Quando há pouco prazer no trabalho ou quando o emprego oferece escassas oportunidades para progresso na carreira, para desafios pessoais e para crescimento, os horistas trabalham apenas pelo cheque que receberão no final do mês.

Motivando com dinheiro

Weaver propõe uma "Teoria D" para a motivação, um programa baseado em remuneração direta, em dinheiro, por produtividade acima da média. Inicialmente, fixa-se uma base percentual a partir do desempenho médio dos trabalhadores. Depois, os trabalhadores recebem um percentual de *aumento*, gerado por seu esforço, nas vendas ou nas economias da empresa. Embora o programa seja especialmente adequado às operações de alimentos e bebidas, Weaver sugere que pode ser estendido a outros empregados do hotel, como, por exemplo, pagando-se um bônus à equipe da noite por haver negociado tantos quartos quanto possível, ou um incentivo salarial para o setor de limpeza por ter aprontado um maior número de quartos por turno.

Note-se, entretanto, que em um panorama mais amplo, uma pesquisa recente com gerentes de recursos humanos que respondiam ao *Personnel Journal* constatou que é difícil — utilizando apenas o pagamento como mote — atrair, reter e motivar os trabalhadores que recebem o salário mínimo. A pesquisa revelou que 62% dos entrevistados tiveram problemas para reter essa espécie de empregado apenas pelo fator dinheiro. É necessário que os empregadores promovam outros incentivos, tais como bônus ou prêmios, além do pagamento, para que os trabalhadores continuem no emprego.[27] (Acompanhe mais adiante, neste capítulo, o estudo de Simons e Enz sobre o que os empregados dos hotéis esperam de seus empregos.)

Teorias motivacionais de processo

As teorias de processo procuram identificar as relações entre as variáveis dinâmicas que constituem a motivação. Elas oferecem uma contribuição adicional à compreensão do comportamento e do desempenho funcionais, e da complexa natureza da motivação. As teorias de processo referem-se a como o comportamento é desencadeado, dirigido e sustentado. Há várias teorias de processo, mas as principais são:

- Teoria da expectativa
- Teoria da eqüidade
- Teoria da meta

O fundamento da teoria da expectativa

A teoria da expectativa oferece um quadro dominante pelo qual se observa a motivação no trabalho. O fundamento da teoria da expectativa é o fato de que as pessoas são influenciadas pelos resultados que esperam de suas ações. A motivação para gerar bom desempenho no trabalho é uma função da relação entre:

(1) esforço aplicado e os resultados prováveis esperados, e
(2) as expectativas de que a remuneração estará relacionada ao desempenho.

Deve também haver (3) a expectativa de que as gratificações (resultados desejados) estão disponíveis (Figura 7.7, p. 182).

O nível de desempenho depende das expectativas percebidas relacionadas ao esforço aplicado e ao resultado desejado. Por exemplo, um *sous chef* deseja maior *status* e busca ser promovido a *chef* principal. O desejo levará a um alto nível de desempenho apenas se o *sous chef* acreditar que a oportunidade para a promoção existe, que há uma forte expectativa de que um melhor desempenho levará à promoção e de que a promoção resultará em um aumento significativo no *status*.

Outro exemplo seria o de um assistente de pessoal não-qualificado que deseja um salário mais alto, mas acredita que não é possível obtê-lo em sua função atual. O assistente também crê que a promoção seria bastante improvável sem um exame de qualificação. Nesse caso, há provavelmente uma falta de motivação positiva para alcançar um alto nível de desempenho.

```
┌─────────────────────────────────────────────────────────────┐
│  MOTIVAÇÃO — a função da relação percebida entre            │
│                                                              │
│             (I)                      e        (2)           │
│   Esforço  ──────▶  O nível efetivo  ──────▶  Gratificações (resultados
│   aplicado          de desempenho              desejados) relacionados
│      ▲                                         ao desempenho
│      │                                              ▲
│      │                                              │ (3)
│      └──────────────────────────────────────  Disponibilidade das
│                                                gratificações (resultados
│                                                desejados)
└─────────────────────────────────────────────────────────────┘
```

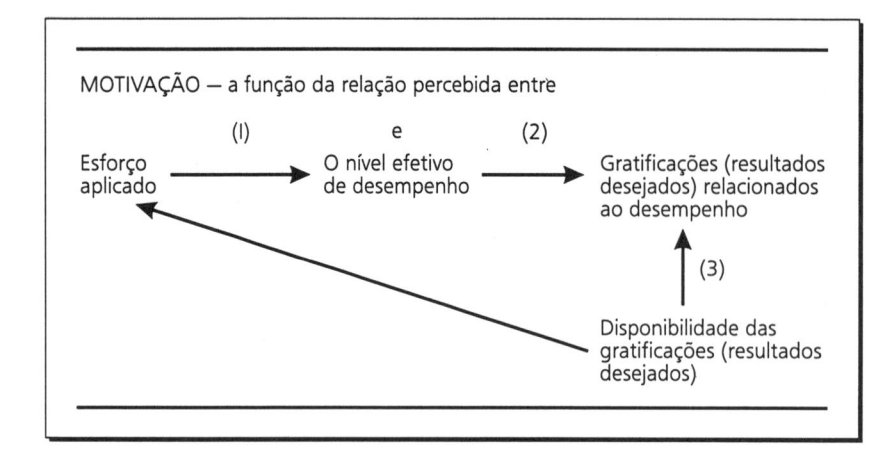

FIGURA 7.7 A teoria da expectativa: o elo motivacional.

Em termos gerais, todavia, os níveis normalmente altos de *turnover* entre os funcionários podem significar que o bom desempenho é percebido como algo que leva a maiores oportunidades de promoção rápida.

Esforço, desempenho e gratificações

A premissa básica da teoria da expectativa, assim, é a de que a motivação é determinada pela força que se percebe entre os elos do:

Esforço aplicado — Desempenho atingido — Gratificações obtidas

O comportamento de uma pessoa reflete uma escolha consciente, feita a partir da avaliação de outros comportamentos. A escolha está baseada na expectativa das conseqüências mais favoráveis. A expectativa está baseada na **percepção** que o indivíduo tem da situação, independentemente de ser ou não ser uma situação *de facto*.

Teoria da expectativa de Vroom

O modelo de expectativa de Vroom direciona-se especificamente à situação de trabalho. Está centrado em três variáveis fundamentais: valência, instrumentalidade e expectativa (Teoria VIE). Com base na obra de Vroom, é possível representar um modelo geral da teoria da expectativa[28] (Figura 7.8).

- *Valência*. São as opiniões que os indivíduos têm sobre resultados específicos. É uma medida da atração ou da preferência por um determinado resultado. Valência não significa valor. Valência é a *antevisão da satisfação oferecida por um resultado*. Isso é diferente de valor, que é a verdadeira satisfação derivada de um resultado.
- *Instrumentalidade*. É o ponto até o qual os resultados relacionados ao desempenho (ou de primeiro nível) levam à satisfação de resultados relacionados às necessidades (ou de segundo nível). Algumas pessoas podem buscar um alto nível de desempenho "naturalmente", isto é, sem refletir sobre expectativas futuras. Normalmente, contudo, o bom desempenho chega à valência porque ela terá um papel *instrumental* ao levar à satisfação de resultados de segundo nível, por exemplo, a necessidade de salários mais altos, promoções e *status*.
- *Expectativa*. É o grau percebido de probabilidade de que a escolha de uma ação particular de fato levará aos resultados desejados. Quando uma pessoa faz sua escolha a partir de formas de comportamento que possuem resultados incertos, essa escolha será influenciada não apenas pela preferência (valência), mas também pela probabilidade de que será alcançada. A expectativa é a relação entre um determinado curso de ação e um resultado previsto.

Força motivacional

Segundo a teoria da expectativa, o indivíduo avalia de maneira racional as vantagens comparativas de escolhas alternativas de ação e a probabilidade de atingir os resultados desejados a partir de tais escolhas. É a combinação de valência e expectativa que determina a motivação de uma pessoa a uma determinada forma de comportamento, sua força motivacional, expressa na seguinte equação:

$$M \text{ (motivação)} = V \text{ (valência)} \times E \text{ (expectativa)}$$

Se a valência ou a expectativa é zero, a motivação será nula. Existe uma tendência de que cada escolha tenha vários resultados diferentes. Assim, $V \times E$ é igual ao número total de possibilidades que resulta em um número, o qual indica a atração por uma determinada forma de comportamento.

O modelo de expectativa de Porter e Lawler

Porter e Lawler deram prosseguimento à teoria VIE. Os autores apresentaram um modelo que transcende o fator força motivacional e considera o desempenho como um todo.[29] Segundo eles, o esforço empregado (a força motivacional)

Teorias motivacionais

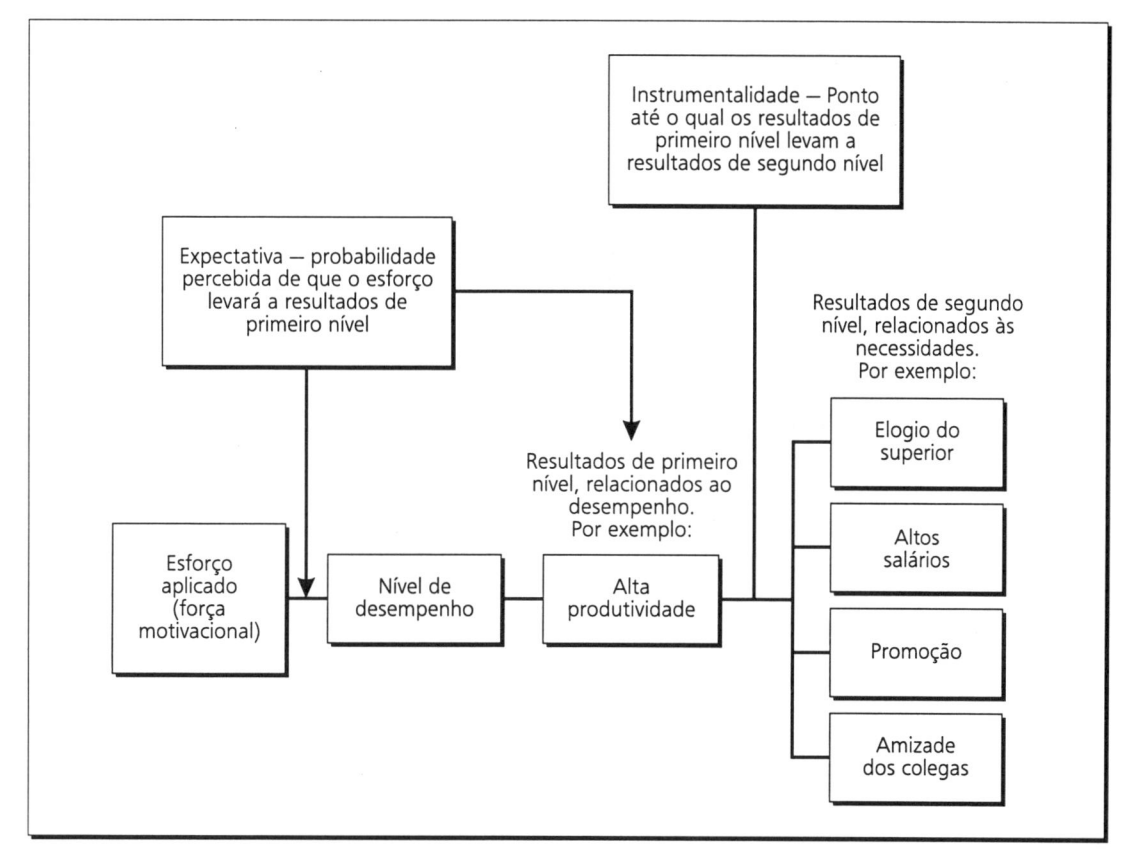

FIGURA 7.8 Um modelo básico da teoria da expectativa.

não conduz diretamente ao bom desempenho. Seu modelo apresenta três grupos de variáveis interpostas:

- *Capacidades e características individuais* — tais como inteligência, habilidades, conhecimento, treinamento e personalidade. Esses fatores influenciam a capacidade de executar uma determinada atividade.
- *As percepções do papel individual* — isto é, a maneira pela qual os indivíduos interpretam seu trabalho e o papel que deveriam adotar. Esse fator influencia o tipo de esforço empregado, a direção e o nível de ação.
- *A natureza das gratificações intrínsecas e extrínsecas*, e as gratificações equânimes percebidas.

A Figura 7.9 (ver p. 184) mostra o modelo de Porter e Lawler.

Gratificações intrínsecas e extrínsecas

As gratificações são resultados desejados, e tanto as intrínsecas quanto as extrínsecas são importantes. As gratificações intrínsecas derivam dos próprios indivíduos e incluem a satisfação pessoal, uma sensação de realização, um sentimento de responsabilidade e de reconhecimento. Já as gratificações extrínsecas derivam da organização e da ação de outros, e incluem salário, condições de trabalho e supervisão. A proporção de gratificações intrínsecas e extrínsecas variará de indivíduo para indivíduo e de situação para situação, mas deve haver um mínimo de ambas. Ainda assim, Porter e Lawler sustentam que as gratificações intrínsecas produzem maior satisfação com o emprego, quanto ao desempenho, do que as gratificações extrínsecas.

A maior parte das pessoas naturalmente percebe o nível de gratificações, intrínsecas e extrínsecas, que devem receber em proporção às exigências e demandas do emprego e à contribuição que delas espera. Gratificação justa percebida é o nível de gratificações que as pessoas acham justo receber em troca de um determinado padrão de desempenho. A experiência da satisfação deriva das verdadeiras gratificações que de fato correspondem às gratificações justas percebidas ou que as excedem.

Motivação, satisfação e desempenho

Porter e Lawler consideram que a motivação, a satisfação e o desempenho são variáveis que podem ser separadas, e tentam explicar as complexas relações entre elas. O esfor-

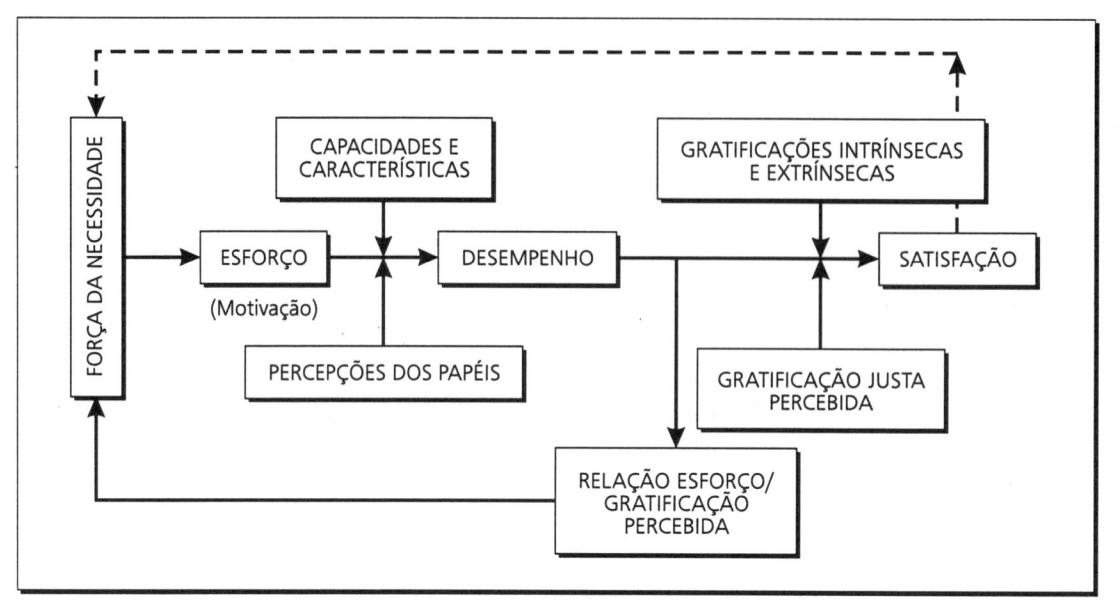

FIGURA 7.9 Representação do modelo motivacional de Porter e Lawler.

ço, ou quantidade de energia que uma pessoa exerce em uma determinada atividade, está mais associado à motivação do que ao desempenho. Não está relacionado ao sucesso de uma pessoa em sua atividade.

A abordagem de relações humanas aponta que a satisfação com o trabalho leva a um melhor desempenho. Porter e Lawler afirmam que a satisfação com o trabalho é mais um efeito do que uma causa do desempenho. A satisfação com o trabalho depende do desempenho mais do que o desempenho depende da satisfação com o trabalho.

Aplicações práticas da teoria da expectativa

Há um grande número de versões diferentes para a teoria da expectativa e nem sempre é fácil entendê-las ou aplicá-las. Há muitas variáveis que afetam o comportamento no trabalho. O problema pode surgir ao tentar-se identificar essas variáveis mais importantes em determinadas situações. A teoria da expectativa aplica-se apenas ao comportamento que está sob o controle voluntário do indivíduo. Os indivíduos podem ter apenas liberdade limitada para fazer escolhas, devido às restrições impostas por políticas e procedimentos, à natureza da tecnologia, à estrutura da organização ou às atribuições dos papéis.

As complexidades da motivação no trabalho

A teoria da expectativa, contudo, de fato chama a atenção para as complexidades da motivação do trabalho. Ela oferece informação adicional para ajudar a explicar a natureza do comportamento na situação funcional e na identificação de problemas de motivação e desempenho. Os estudos destacam as dificuldades com alguns conceitos envolvidos, mas que, na verdade, aparecem para oferecer sustentação à teoria.[30]

Porter e Lawler enfatizam que o modelo da teoria da expectativa é apenas um modelo. As pessoas raramente se reúnem para listar conscientemente quais são os resultados esperados, as expectativas e as valências. Entretanto, não consideram os resultados prováveis de suas ações e a atração exercida por várias alternativas ao decidir o que farão. O modelo de expectativa oferece um meio de espelhar o processo e de prever seu resultado.[31]

Atenção dada pelo gerente

A teoria da expectativa indica que, para melhorar a motivação e o desempenho da equipe, o gerente deve estar atento a vários fatores, incluindo os seguintes:

❑ Tentativas de estabelecer claras relações e fortes ligações entre esforço e desempenho, e entre desempenho e gratificações.
❑ Rever a adequação de gratificações, priorizando o desempenho individual. Os resultados de alta valência para o indivíduo devem ser utilizados como incentivo para melhoria no desempenho.
❑ Estabelecer claros procedimentos para a monitoração e avaliação de níveis individuais de desempenho.

- Garantir que os subordinados tenham a compreensão necessária, o conhecimento e a habilidade para atingir um alto nível de desempenho.
- Avaliar com atenção variáveis como políticas empresariais e procedimentos organizacionais, e prover vantagens que, embora não sejam fatores motivacionais diretos, podem ainda se refletir no desempenho.
- Minimizar resultados indesejáveis que podem ser percebidos a partir de um alto nível de desempenho, por exemplo, acidentes, sanções de colegas ou a imposição de metas mais rigorosos. Também minimizar os resultados indesejáveis que acontecem apesar do alto nível de desempenho, tais como uma redução no pagamento de bônus.

Teoria motivacional da eqüidade

Uma das variáveis identificadas no modelo de expectativas de Porter e Lawler é a percepção de gratificações justas. Isso leva à análise de outra teoria de processo motivacional — a teoria da eqüidade — que nos fornece mais elementos para a compreensão do comportamento das pessoas no trabalho. *A teoria da eqüidade concentra-se nos sentimentos das pessoas e no quanto elas têm sido tratadas de maneira justa, se levado em consideração, para efeitos comparativos, o tratamento recebido pelos outros*. Aplicada à situação de trabalho, a teoria da eqüidade é geralmente associada ao trabalho de Adams.[32]

As pessoas avaliam suas relações sociais da mesma forma que compram ou vendem um produto. As relações sociais implicam um processo de intercâmbio, onde as pessoas esperam determinados resultados na troca de certas contribuições ou insumos. A teoria da eqüidade se baseia exatamente nesse conceito da teoria do intercâmbio. Por exemplo, um empregado pode esperar que a promoção seja o resultado (e o intercâmbio) justo por uma grande contribuição que ele deu para que fosse alcançado um importante objetivo organizacional (insumo).

Comparação entre resultados e insumos

As pessoas também comparam sua posição com a dos outros. Elas determinam a eqüidade *percebida* de sua própria posição. Os sentimentos sobre a eqüidade do intercâmbio são afetados pelo tratamento que recebem quando comparados com o que acontece a outras pessoas. A maior parte dos intercâmbios envolve uma multiplicidade de insumos e resultados. De acordo com a teoria da eqüidade, as pessoas passam a avaliar esses vários insumos e resultados segundo a maneira pela qual percebem sua importância.

Se a média dos resultados e dos insumos de alguém for igual à média percebida nos resultados e insumos de outro membro da equipe, há eqüidade. Mas quando inexiste eqüidade na comparação, experimenta-se uma sensação de desigualdade. O sentimento de desigualdade surge quando a média dos resultados e dos insumos de um indivíduo for maior ou, mais freqüentemente, menor do que a média de seus colegas de equipe.

Conseqüências comportamentais da desigualdade de tratamento

O sentimento de injustiça causa tensão. Isso motiva as pessoas a agir para restabelecer a eqüidade. A magnitude da desigualdade percebida determina o nível de tensão, e o nível de tensão determina a força da motivação. Adams identifica seis amplos tipos de comportamento originados pelo tratamento injusto (Figura 7.10, p. 186).

- *Mudanças nos insumos* — por exemplo, na quantidade ou qualidade de trabalho, no cumprimento de horários ou absenteísmo.
- *Mudanças na produção* — por exemplo, tentar melhorar a remuneração, as condições de trabalho, os benefícios extras, o *status* e o reconhecimento, sem mudar os insumos.
- *Distorção cognitiva de insumos e resultados* — por exemplo, a convicção sobre o trabalho realmente árduo de um funcionário, o valor dos exames de qualificação, ou que objetivo pode ser atingido com determinado nível de remuneração.
- *Abandono da área* — por exemplo, pelo absenteísmo, pela falta de interesse ou de envolvimento com o trabalho, pedido de transferência ou de demissão.
- *Ação sobre os outros* — por exemplo, desafiar os outros a aumentar seus insumos ou a reduzir os resultados, ou tentar forçar os outros a abandonar a área.
- *Mudando o objeto de comparação* — por exemplo, considerar integrantes de um nível diferente na organização com quem antes foram estabelecidas comparações, buscando um novo grupo de referência para fazer comparações.

Os gerentes precisam reconhecer tais formas de comportamento como sendo conseqüências de uma injustiça percebida e tomar a ação necessária para reduzir a tensão e restabelecer a sensação de eqüidade.

Teoria da meta

Outra teoria, às vezes considerada sob a denominação da motivação no trabalho, é a teoria da meta, ou a teoria de estabelecimento de metas. Seu fundamento está no trabalho de Locke.[33] **A premissa fundamental da teoria da meta é a de que as metas das pessoas, ou suas intenções, têm um papel importante na determinação do comportamento.** Locke aceita a importância do valor percebido, como consta nas teorias motivacionais de expectativa, sugerindo que tais valores dão surgimento à experiência de emoções e desejos. As pessoas lutam por atingir objetivos a fim de satisfazer suas emoções ou desejos. As metas determinam as respostas e as ações das pessoas, definindo seu comportamento no trabalho e seu desempenho, e assim produzindo certos tipos de resultados ou de *feedback*.

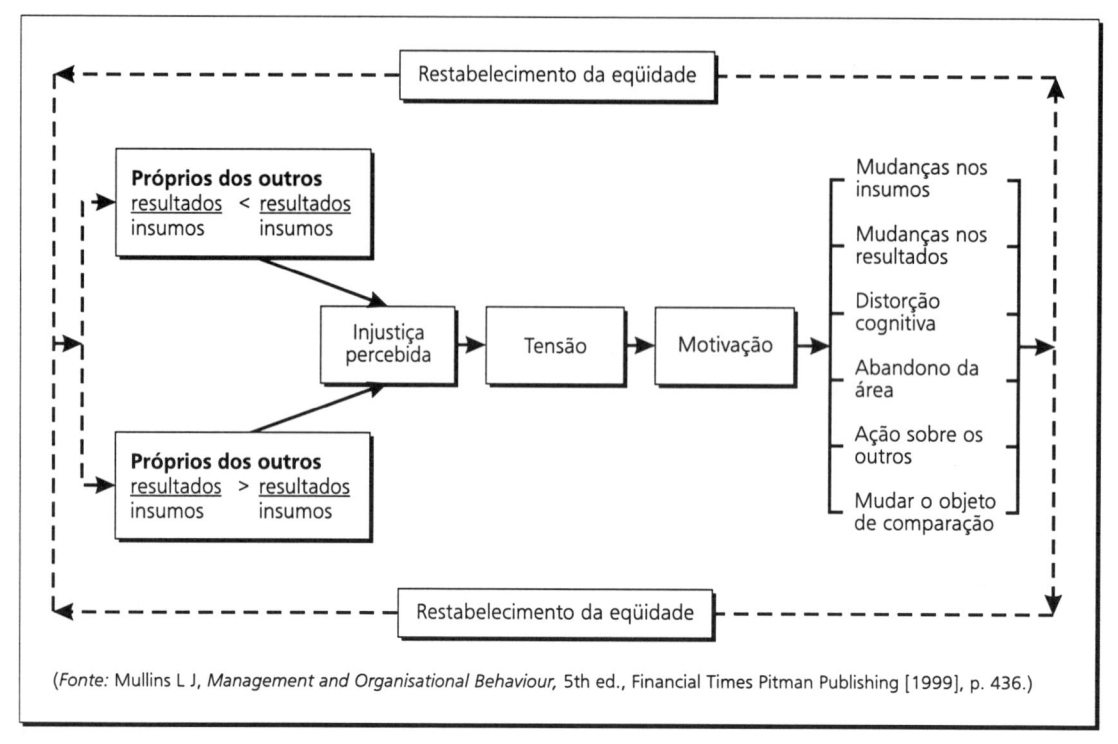

FIGURA 7.10 Representação da teoria da eqüidade na motivação, de Adams.

Diagrama:
- Próprios dos outros: resultados/insumos < resultados/insumos
- Próprios dos outros: resultados/insumos > resultados/insumos
- → Injustiça percebida → Tensão → Motivação →
  - Mudanças nos insumos
  - Mudanças nos resultados
  - Distorção cognitiva
  - Abandono da área
  - Ação sobre os outros
  - Mudar o objeto de comparação
- Restabelecimento da eqüidade (loops de retorno)

(*Fonte:* Mullins L J, *Management and Organisational Behaviour*, 5th ed., Financial Times Pitman Publishing [1999], p. 436.)

Estabelecimento de metas e desempenho

A combinação da dificuldade das metas com o grau de envolvimento da pessoa para alcançá-las regula o nível de esforço aplicado. Quem trabalha à base de metas especificamente quantitativas, tais como um nível mínimo de desempenho ou um determinado prazo para completar uma tarefa, será mais bem-sucedido do que aquele cuja atividade não prevê metas ou que só as tem de forma muito vaga, como "faça o melhor que puder". Pessoas com metas difíceis a cumprir terão sempre melhor desempenho.

Vários estudos tentaram examinar a relação entre estabelecimento de metas e desempenho. Embora, quase que inevitavelmente, haja algumas constatações contrárias, a maior parte desses estudos evidencia que existe grande sustentação à teoria, bem como a seus efeitos na motivação.[34] Locke, mais tarde, apontou que o "estabelecimento de metas é mais adequadamente uma técnica motivacional do que uma teoria motivacional formal".[35] Independentemente da maneira pela qual é avaliada, a teoria do estabelecimento de metas oferece uma abordagem útil para a motivação e para o desempenho no trabalho.

Implicações práticas para o gerente

A teoria da meta tem várias implicações práticas para o gerente:

- Metas específicas de desempenho devem ser identificadas sistematicamente e estabelecidas a fim de orientar o comportamento da equipe e manter a motivação.
- As metas devem ser estabelecidas em nível desafiador, mas realista. Metas difíceis levam a um maior desempenho. Contudo, se forem nitidamente inalcançáveis, o desempenho será menor, especificamente a longo prazo.
- O *feedback* completo, preciso e pontual, assim como o conhecimento dos resultados, está normalmente associado ao alto desempenho. O *feedback* propicia um meio para avaliar a realização das metas, formando a base de qualquer revisão das mesmas.
- As metas podem ser determinadas por um superior ou pelos próprios funcionários. Metas estabelecidas por membros da equipe são mais facilmente aceitas quando há participação. Essa participação do empregado no estabelecimento de metas pode levar ao alto desempenho.[36]

APLICAÇÕES DAS TEORIAS MOTIVACIONAIS

A aplicação das teorias motivacionais, e uma maior compreensão em relação à satisfação com a função exercida e ao desempenho no trabalho, tem levado a maior interesse na definição dos cargos. Reprojetar a natureza da organização e a estrutura dos empregos pode ter um efeito significativo nas atitudes e na satisfação da equipe, bem como em seu nível de desempenho.

Uma maior contribuição da teoria de dois fatores de Herzberg depende da ênfase dada à reprojeção dos empregos, que visa a fazer com que os fatores motivacionais entrem em ação. Herzberg acredita que as pessoas deveriam ter a oportunidade de usar seu talento e de exercitar seu autocontrole no trabalho. Deve haver uma experiência de aprendizagem e crescimento inerente a qualquer cargo.[37] A teoria da expectativa estabelece que melhorar a ligação esforço-desempenho-remuneração por meio do redesenho dos cargos provocará um poderosa influência motivadora, especialmente nas pessoas que supervalorizam as gratificações intrínsecas.

Alienação no trabalho

Uma abordagem comum à satisfação com o trabalho envolve a frustração e a alienação. Alienação é o sentimento que os indivíduos têm de que estão distantes de seus verdadeiros papéis. As quatro dimensões principais da alienação são a impotência, a falta de interesse, o isolamento e a autoexclusão.[38]

- A *impotência* denota a falta de controle dos trabalhadores sobre a política administrativa, sobre os processos imediatos de trabalho e sobre as condições do emprego.
- A *falta de interesse* deriva da padronização e da divisão do trabalho. Denota a incapacidade de atribuir sentido à realização do trabalho ou de identificar-se com o processo total ou com o produto ou serviço oferecido.
- *Isolamento* é a sensação de não pertencer a um grupo de trabalho integrado ou ao corpo social da organização, ou de não se sentir orientado pelas mesmas normas de comportamento do grupo.
- O *auto-isolamento* surge da incapacidade de ver o trabalho como um fim em si mesmo ou como um fator essencial da vida. Os trabalhadores experimentam um isolamento impessoal e o trabalho é considerado apenas um meio de sobrevivência.

A fim de ajudar na superação da alienação, o gerente deve tentar desenvolver nos funcionários um sentimento de vínculo com a organização e com o ambiente de trabalho. O vínculo com a empresa e a satisfação com o emprego são influenciados pela estrutura formal, pelo estilo de gestão e pelo nível tecnológico e organizacional da empresa.

O impacto da tecnologia da informação igualmente provoca influência significativa nos sentimentos de apego às atividades exercidas. A tecnologia da informação exigirá novos padrões de trabalho. Poderá afetar a natureza e o conteúdo dos empregos, a função e a estrutura dos grupos de trabalho, o tipo de supervisão, a estrutura hierárquica dos empregos e das responsabilidades e a natureza das atribuições gerenciais.

A NATUREZA DO TRABALHO DE HOSPITALIDADE

Diferentemente de muitas situações administrativas ou de produção, a indústria da hospitalidade oferece níveis potencialmente altos de vínculo com o trabalho.[39] Conforme foi comentado anteriormente, os trabalhadores que moram ou fazem as refeições no local de trabalho estão bastante propensos a se sentir intimamente envolvidos com o seu ambiente profissional. Pode-se também relembrar um dos comentários de gerente de hotel da Tarefa 3 do Capítulo 2: "Para muitos daqueles que trabalham e vivem no hotel, não é apenas um emprego que está em questão — mas suas vidas. É tudo uma coisa só. Não é um emprego do qual você se desliga sexta-feira à noite, esquecendo tudo até segunda de manhã."

Opiniões conflitantes

Há, porém, opiniões conflitantes quanto à natureza do trabalho no ramo da hospitalidade. Uma delas é a de que muitas funções são monótonas, simples e rotineiras em sua natureza, desenvolvidas sob difíceis condições de trabalho e sob pressão dos clientes. Tornar a função executada mais atrativa é quase impossível e, de qualquer forma, os funcionários em geral não parecem estar muito interessados nisso.

De acordo com um relato da antiga HCITB, o baixo *status* e natureza servil dos empregos é uma característica do trabalho no setor. Funções como as de caixa, de empregado de cozinha e (surpreendentemente) de recepcionista carecem de novidades e de satisfação com o que é realizado. A natureza do ambiente de trabalho impede que um grande número de pessoas que buscam emprego aceitem trabalhar na cozinha.[40]

Por outro lado, um relato mais recente da HCTC apresenta um panorama diferente e mais positivo, indicando que o setor oferece grande potencial para a satisfação no trabalho. Muitas funções possibilitam um contato agradável com o cliente e abrem espaço à criatividade e ao talento individuais. A equipe normalmente tem um contato próximo e freqüente com seu gerente ou supervisor, diferentemente da natureza "anônima" de algumas situações em fábricas ou escritórios.[41] Essas características positivas devem ser construídas e desenvolvidas por meio da reestruturação do trabalho e do redimensionamento de cargos.

Pontos positivos e negativos sobre o trabalho no ramo da hospitalidade

Um estudo realizado com 442 estudantes de gestão da hospitalidade, em 11 faculdades nos Estados Unidos, destacou a importância do desafio profissional e do progresso na carreira como fatores fundamentais para a satisfação com o trabalho.[42] As respostas a uma questão aberta sobre quais eram os pontos positivos e negativos do trabalho no ramo da hospitalidade foram classificadas em cinco grupos de pontos positivos e seis de pontos negativos (Figura 7.11).

A resposta mais freqüente sobre o que mais atraía no trabalho ou carreira fazia referências ao desafio e ao envolvimento direto com a atividade. O segundo mais freqüente conjunto de fatores positivos referia-se às interações com os colegas e às respostas relacionadas envolvendo as pessoas.

Outros pontos atrativos foram o tipo de ambiente de trabalho, incluindo oportunidades de aprender e aspectos semelhantes, o ritmo rápido do setor e, para um grupo relativamente pequeno, os benefícios, as viagens e o prestígio. As mulheres mencionaram maior número de vezes os pontos positivos relacionados à equipe e aos clientes, ao contrário dos homens, que preferiram identificar os desafios e o ambiente de trabalho como os aspectos mais favoráveis.

Pontos positivos:
1. Desafio, envolvimento direto, autonomia, independência, trabalho compensador
2. Pessoas, o público e contatos profissionais
3. Ambiente de trabalho, oportunidade para crescimento e progresso
4. Ritmo rápido, mudanças
5. Benefícios, viagens e prestígio

Pontos negativos:
1. Longas horas e noites de trabalho, expediente em finais de semana
2. Baixos salários
3. Estresse, supervisores e tarefas exigentes, ausência de tempo pessoal e de qualidade de vida
4. Rotina, nenhum crescimento ou progresso, nenhuma valorização ou reconhecimento
5. Políticas e formas de gestão da empresa
6. Falta de mão-de-obra, equipe despreparada, falta de motivação dos funcionários, atitudes negativas dos empregados e dos colegas

Nota: As listas estão apresentadas em ordem decrescente de freqüência.

FIGURA 7.11
Empregos na indústria de hospitalidade: pontos positivos e negativos.

(*Fonte:* reimpressa com a permissão de Elsevier Science Inc. a partir de "Job satisfaction: What's Happening to the Young Managers?", de Pavesic D V e Brymer R A, *Cornell Hotel and Restaurant Administration Quarterly*, vol. 30, nº 4, February 1990, p. 95. Copyright 1990 by Cornell University.)

Aspectos positivos do ramo da hospitalidade — um ponto de vista pessoal

Comecei a trabalhar em turno integral no ramo hoteleiro quando tinha 17 anos. Durante os 10 anos seguintes, tive a felicidade de atuar em vários hotéis, adquirindo uma experiência considerável. Pouquíssimos setores oferecem as mesmas oportunidades de progresso na carreira e de exercício de responsabilidade. Quando tinha cerca de 20 anos, já tendo trabalhado em hotéis em Blackpool e Oxford, candidatei-me para uma vaga como recepcionista-chefe em um hotel de três estrelas e 120 apartamentos. Esse foi meu primeiro cargo de chefia; a responsabilidade era muito grande e meu salário, incluindo os benefícios, era muito mais alto do que o da maior parte das pessoas com a minha idade em outros ramos de atividade.

A imagem ainda é conflitante, e muitos benefícios proporcionados pelo setor não são avaliados corretamente. Embora pesquisas demonstrem que o dinheiro não é o aspecto mais importante do trabalho, a maior parte das pessoas concordaria que um salário razoável é essencial. O que muitos não se dão conta é que os benefícios adicionais incorporam-se ao salário.

- Geralmente os funcionários de hotel recebem acomodação como parte do contrato, ou pagam um valor mínimo como aluguel.
- Essas acomodações podem ser no próprio hotel ou nos arredores, o que reduz ou elimina o custo com deslocamento.
- Calefação, energia elétrica, água e outras facilidades são oferecidas de graça.
- Todos que moram no hotel recebem refeições gratuitamente, estejam em horário de trabalho ou em dia de folga.

❑ Os uniformes geralmente são fornecidos pelo hotel, o que significa economia nos gastos com roupas.
❑ O uso da lavanderia do local de trabalho está disponível para os empregados residentes.
❑ Há muitas oportunidades de atividades sociais para a equipe residente.

Se levarmos em consideração todos esses aspectos, chegaremos à conclusão de que os funcionários de hotel geralmente ganham mais do que imaginam. Embora os salários pareçam baixos, se comparados aos de empregados em outros setores, os benefícios valem muito a pena. Tem sido, entretanto, difícil avaliar tais benefícios, e eles são quase sempre desprezados. O esclarecimento de futuros integrantes da equipe depende, então, dos empregadores.

Passei 10 anos trabalhando e vivendo em hotéis, geralmente em apartamentos bem mobiliados, e sem despesas. Assim, meu salário era gasto somente com pequenas despesas. Também foi possível trocar de emprego, no mesmo ramo, sem ter de me preocupar com um lugar para morar. Essa espécie de aprendizado é inestimável e me trouxe grandes benefícios sociais, pois muitas pessoas com quem trabalhei, nesses 15 anos de experiência, até hoje são meus grandes amigos.

(*Fonte*: O autor agradece a Sandra Cartwright por essa contribuição.)

Os fatores negativos mais citados relacionavam-se às longas horas de trabalho no hotel e às atividades no setor de preparo da comida, particularmente as horas noturnas ou de finais de semana. Muitos pesquisados também se referiram ao fato de não receberem o suficiente para trabalhar em horários alternativos. Outros pontos negativos destacados foram o estresse, o rigor dos supervisores, as atribuições esgotantes, a rotina, a falta de reconhecimento especialmente no caso dos cargos inferiores, a política da empresa e sua forma administrativa, a falta de empregados e as atitudes dos membros da equipe. As mulheres apontaram o pagamento e a política gerencial mais do que os homens. Mas todos identificaram as longas horas de trabalho e os baixos salários como os pontos mais negativos de suas atividades.

O que os empregados dos hotéis esperam obter de seu trabalho

Simons e Enz realizaram um estudo com 278 empregados de 12 hotéis dos Estados Unidos e do Canadá para apurar o que os empregados esperam obter de seu trabalho.[43] A fim de avaliar o quanto os funcionários de hotéis são diferentes de outros trabalhadores, os pesquisadores pediram a eles que classificassem os mesmos 10 aspectos de trabalho utilizados em outro estudo com trabalhadores da indústria, realizado por Kovach.[44] Os funcionários de hotel deveriam classificar cada aspecto na ordem de prioridade que julgassem adequada.

As respostas dos trabalhadores de hotel demonstraram uma marcante diferença em relação àquelas respostas obtidas em estudos anteriores, realizados com trabalhadores industriais (Figura 7.12, p. 190). No geral, os três aspectos mais desejados pelos empregados de hotel foram: (1) bons salários; (2) segurança no trabalho e (3) oportunidades de progresso e desenvolvimento.

Simons e Enz também constataram que os aspectos do trabalho foram classificados diferentemente pelos departamentos (Figura 7.13, p. 190), sugerindo que: "o gerente competente deve levar em consideração essas diferenças quando pensar nos tipos de incentivo e de remuneração que oferecerá em troca de alto desempenho".

MODELO DE FUNÇÃO

A fim de obter o melhor aprimoramento possível das pessoas como recursos de valor, é necessário prestar atenção à relação existente entre a equipe e a natureza e o conteúdo de suas funções. A organização do trabalho e o modelo de funções exercidas têm um efeito significativo no comportamento e no desempenho do quadro funcional.

O modelo de função trata da relação entre os trabalhadores do hotel e a natureza e o conteúdo dos seus cargos, buscando, por meio da reorganização e reestruturação do trabalho, ir ao encontro das necessidades pessoais e sociais dos membros da equipe. Há duas razões principais e inter-relacionadas justificando a necessidade de dedicar atenção ao modelo de função:

❑ aumentar a satisfação pessoal dos funcionários com o seu trabalho;
❑ obter um melhor aproveitamento da equipe, ajudando-a a superar obstáculos para alcançar um desempenho eficaz.

Há outras formas mais amplas de interpretar o modelo de função. Boella, por exemplo, vincula-o a cinco grupos de expectativas:

❑ expectativas do empregador;
❑ expectativas do empregado;
❑ expectativas do cliente;
❑ expectativas dos colegas;
❑ expectativas da sociedade.[45]

Há então muitos aspectos possíveis. Podemos analisar a atenção dispensada ao modelo de função a partir de duas abordagens amplas e relacionadas entre si (Figura 7.14, p. 191):

Aspecto do Trabalho	Funcionários da Hospitalidade	Funcionários da Indústria
Bons salários	1	5
Segurança	2	4
Oportunidades	3	6
Boas condições de trabalho	4	7
Trabalho interessante	5	1
Apreciação do trabalho	6	2
Lealdade aos empregados	7	8
Sensação de estar presente nos acontecimentos	8	3
Disciplina e tato	9	9
Auxílio pessoal solidário	10	10

FIGURA 7.12 Aspectos de trabalho classificados por funcionários do ramo da hospitalidade e do ramo industrial.

(*Fonte:* reimpressa com a permissão de Elsevier Science, Inc. em "Motivating Hotel Employees: Beyond the carrot and the stick". Simons, T and Enz, C A. *Cornell Hotel and Restaurant Administration Quarterly*, vol. 35, February 1995, p. 23. Copyright 1995 by Cornell University.)

Aspecto do Trabalho	Alimentos e Bebidas	Apartamentos, Recepção	Comida e Limpeza	Contabilidade, Controle	Vendas, *Marketing*	Bebida, Retaguarda	Recursos Humanos
Bons salários	1	1	2	1	2	1	3
Segurança	3	4	1	4,5	4	5	6
Oportunidades	2	2	5	2	1	4	1
Boas condições de trabalho	4	5,5	3	4,5	5	2	4
Trabalho interessante	6	5,5	4	3	3	3	2
Apreciação do trabalho	5	3	6	6	6	6	5
Lealdade aos empregados	7	7	7	8	8	7	7
Sensação de estar presente nos acontecimentos	9	8	8	7	7	8	8
Disciplina e tato	8	9	9	9	9	9	9
Auxílio pessoal solidário	10	10	10	10	10	10	10

(*Fonte:* Ver Figura 7.12.)

FIGURA 7.13 Aspectos do trabalho classificados pelos empregados em diferentes departamentos de hotel.

- a reestruturação das funções individuais; e
- abordagens mais amplas voltadas a um contexto organizacional mais aberto.

Reestruturação das funções individuais

As primeiras abordagens das funções individuais concentravam-se na reestruturação destas e na aplicação de três métodos principais: (i) rotação na função, (ii) ampliação da função e (iii) enriquecimento da função.

O grau de centralização/descentralização (discutido no Capítulo 6) pode também ser interpretado como uma característica do modelo de função.

Rotação na função exercida

Embora seja geralmente incluída sob este título, a rotação na função não se enquadra exatamente como modelo em função, porque nem a natureza da tarefa, nem o método de trabalho, são por ela reestruturados. A rotação implica deslocar uma pessoa de um cargo ou atividade para outro cargo ou atividade, como, por exemplo, deslocar o pessoal da cozinha para o atendimento do público, a fim de que ganhem alguma experiência e conhecimento acerca do trabalho de outros departamentos. Isso pode trazer benefício ao hotel pelo fato de aumentar a flexibilidade da equipe e reduzir as diferenças no *status* profissional.

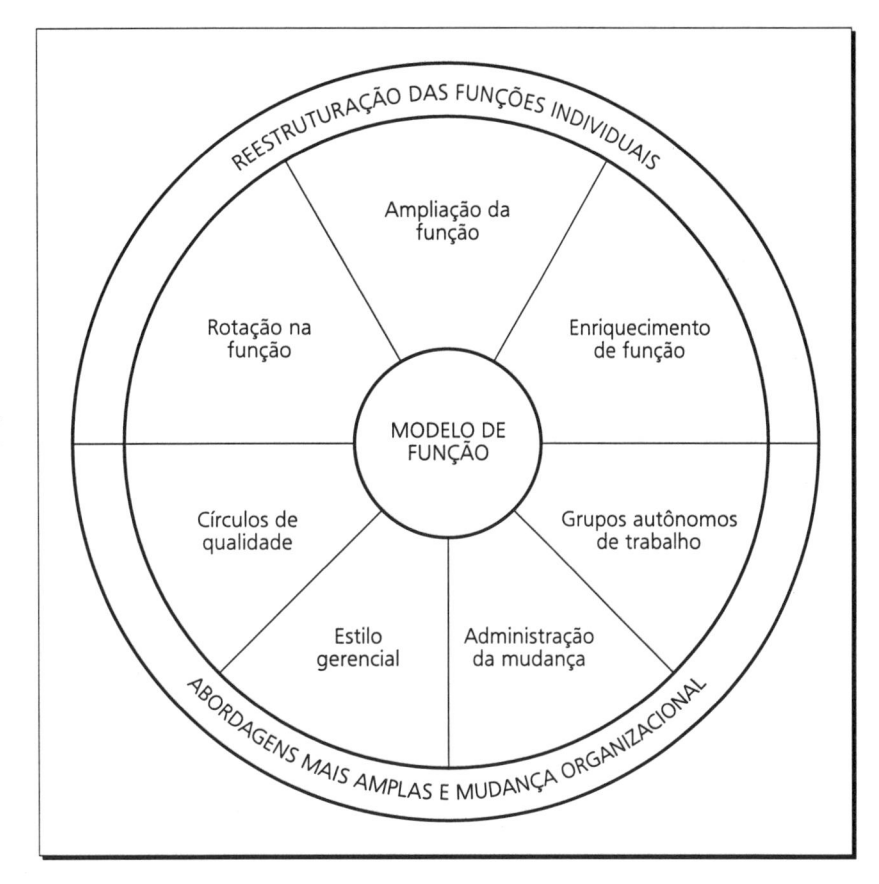

FIGURA 7.14
Principais aspectos do modelo de função.

A rotação possibilita o ganho de habilidades adicionais, podendo ser utilizada como forma de treinamento. Um programa planejado de rotação é freqüentemente aplicado, por exemplo, a estudantes de administração em fase de treinamento industrial. O treinamento cruzado é valorizado como meio de aumentar o conhecimento dos empregados sobre uma maior variedade de funções exercidas no hotel. Quando os negócios entraram dramaticamente em baixa durante a Guerra do Golfo, a equipe do Portsmouth Holiday Inn aceitou redução de jornada para uma semana de quatro dias e aprendeu a exercer diversas funções, como forma de evitar a demissão.

A rotação permite ao funcionário identificar-se melhor com o trabalho desenvolvido no estabelecimento e com a prestação de serviços. Também contribui para uma maior variedade nas atividades e, assim, evita a monotonia e o tédio. Sob circunstâncias normais, contudo, há forte resistência à rotação no trabalho. Se as novas tarefas envolvidas forem todas muito similares e rotineiras, a pessoa, depois de se familiarizar com elas, poderá entediar-se novamente.

Ampliação da função exercida

Envolve aumentar o escopo do trabalho e a variação das tarefas pelas quais a pessoa é responsável. É geralmente alcançada pela combinação de várias funções inter-relacionadas, todas no mesmo nível. A ampliação da função é o *modelo de função horizontal*. Torna a função exercida estruturalmente maior. Alonga o ciclo temporal das operações e permite novas possibilidades — por exemplo, que os *chefs commi* preparem uma quantidade maior de comida. Os garçons, que individualmente preparam apenas parte do ambiente para cada um dos hóspedes, poderiam assumir o controle de toda a preparação para um pequeno grupo de hóspedes.

A ampliação da função, porém, não é sempre bem assimilada e os funcionários podem resistir a ela. Embora possa proporcionar maior variedade de atividades e um leque mais amplo de tarefas, pouco faz para aumentar a satisfação intrínseca ou o desenvolvimento de habilidades. A equipe pode considerar a ampliação de função simplesmente um aumento na rotina, nas tarefas entediantes que tem de executar.

Enriquecimento de função exercida

É a tentativa de enriquecer a função desempenhada pela incorporação de fatores de crescimento ou motivacionais, tais como maior responsabilidade e envolvimento, oportunidades para desenvolvimento pessoal e sentimento de realização. O enriquecimento implica *ampliação vertical da função*. Busca dar ao indivíduo maior autonomia e autoridade sobre o planejamento, execução e controle de seu próprio trabalho. O enriquecimento da função procura oferecer ao indivíduo um trabalho mais significativo e desafiador, buscando a satisfação intrínseca.

Os métodos para alcançar o enriquecimento da função exercida podem incluir a permissão de que os trabalhadores executem um ciclo completo de tarefas ou uma prestação de serviços mais ampla, favorecendo o contato direto com os clientes, proporcionando maior liberdade sobre o horário e o ritmo da própria atividade, reduzindo o nível de supervisão direta, e concedendo maior responsabilidade para a monitoração e controle do próprio trabalho.[46]

Os(as) recepcionistas, por exemplo, poderiam ser estimulados a monitorar os comentários escritos dos clientes, a lidar com reclamações e a desenvolver soluções para os problemas, em vez de trazê-los todos ao gerente. Os atendentes de quarto poderiam receber maior autonomia para lidar com o *checklist* e a inspeção dos apartamentos em vez de depender de um supervisor para encontrar erros. O Holiday Inn, por exemplo, introduziu um sistema de autoverificação para os atendentes, que tornaram-se responsáveis pela supervisão de seu próprio trabalho. Os supervisores somente examinam uma amostragem para monitorar o desempenho-padrão. A equipe de cozinha assumiu a responsabilidade por seu próprio orçamento, incluindo o pedido de mercadorias e o controle de custos relativo a desperdício e perdas.

Estágios de um trabalho

Magurn considera que todo emprego consiste de três estágios independentes:

- planejamento e organização do trabalho, tais como o aproveitamento de pessoas e do equipamento, padrões de qualidade, quantidades necessárias e leiaute do ambiente;
- execução das atividades, tais como cozinhar, servir às mesas, servir bebidas e realizar limpeza;
- controle, como avaliar o trabalho, inspecionar, medir e ajustar, e corrigir.[47]

A maior parte das atividades no ramo da hospitalidade está voltada apenas ao estágio de execução. A partir do modelo de função, a equipe de trabalho poderá aumentar a autonomia e responsabilidade pelo planejamento, organização e controle de suas atividades.

Enriquecimento da função e suas características básicas

Um amplo e conhecido modelo de enriquecimento da função foi desenvolvido por Hackman e Oldham.[48] (Ver Figura 7.15.) Ele aborda o enriquecimento a partir do aumento de cinco dimensões de função: aptidões variadas, identificação de tarefas, importância das tarefas, autonomia e *feedback*. Essas características básicas criam três estados psicológicos:

- significação experimentada do trabalho;
- responsabilidade experimentada por efeitos do trabalho;
- conhecimento dos resultados efetivos das atividades desenvolvidas.

As cinco principais dimensões do trabalho podem ser assim resumidas:

- *Aptidões variadas* — até que ponto o trabalho inclui atividades diversificadas e envolve uma gama de diferentes habilidades e aptidões.
- *Identificação de tarefas* — até que ponto o trabalho envolve a execução de uma tarefa como um todo, apresentando resultados visíveis.
- *Importância das tarefas* — até que ponto o trabalho produz um impacto significativo em outras pessoas, dentro e fora da organização.
- *Autonomia* — até que ponto o trabalho oferece liberdade, independência e discrição no seu planejamento e na determinação de sua execução.
- *Feedback* — até que ponto as atividades de trabalho resultam em informação direta e clara sobre a efetividade do desempenho no trabalho.

Escore Potencial da Motivação (EPM)

A partir dessas cinco principais dimensões, Hackman e Oldham desenvolveram uma equação que fornece um índice único do perfil do trabalho de uma pessoa. Respondendo um questionário (Pesquisa de Diagnóstico do Trabalho) e atribuindo um escore (entre 1 e 7) para cada dimensão, a pessoa pode calcular um número geral de enriquecimento no trabalho, chamado escore potencial de motivação. A seguir, alguns exemplos de questões que fizeram parte da Pesquisa:

- Há variedade em seu trabalho?
- Até que ponto seu emprego envolve a execução de uma trabalho completo e identificável?
- Qual é, em termos gerais, a importância de seu trabalho?
- Há autonomia em seu trabalho?
- Até que ponto executar seu próprio trabalho lhe dá informações sobre seu desempenho?

(Ver equação abaixo.)

As três primeiras dimensões do trabalho (aptidões variadas, identificação de tarefas e importância das tarefas) são médias, já que é a combinação delas que contribui para a significação experimentada do trabalho. As outras duas dimensões, autonomia e *feedback*, são independentes. Como os

$$EPM = \left\{\frac{\text{Aptidões variadas} + \text{Identificação de tarefas} + \text{Importância das tarefas}}{3}\right\} \times \text{Autonomia} \times Feedback$$

Modelo de função

```
┌─────────────────────┐    ┌─────────────────────┐    ┌─────────────────────┐
│   CARACTERÍSTICAS   │    │       ESTADOS       │    │     RESULTADOS      │
│       BÁSICAS       │    │    PSICOLÓGICOS     │    │                     │
│     DO EMPREGO      │    │       CRÍTICOS      │    │                     │
└─────────────────────┘    └─────────────────────┘    └─────────────────────┘
```

Aptidões variadas
Identificação de tarefas } → Significação experimentada do trabalho → Alta motivação interna no trabalho

Autonomia → Responsabilidade experimentada por efeitos do trabalho → Alta satisfação com o crescimento

Feedback do trabalho → Conhecimento dos resultados efetivos das atividades de trabalho → Alta satisfação geral com o emprego

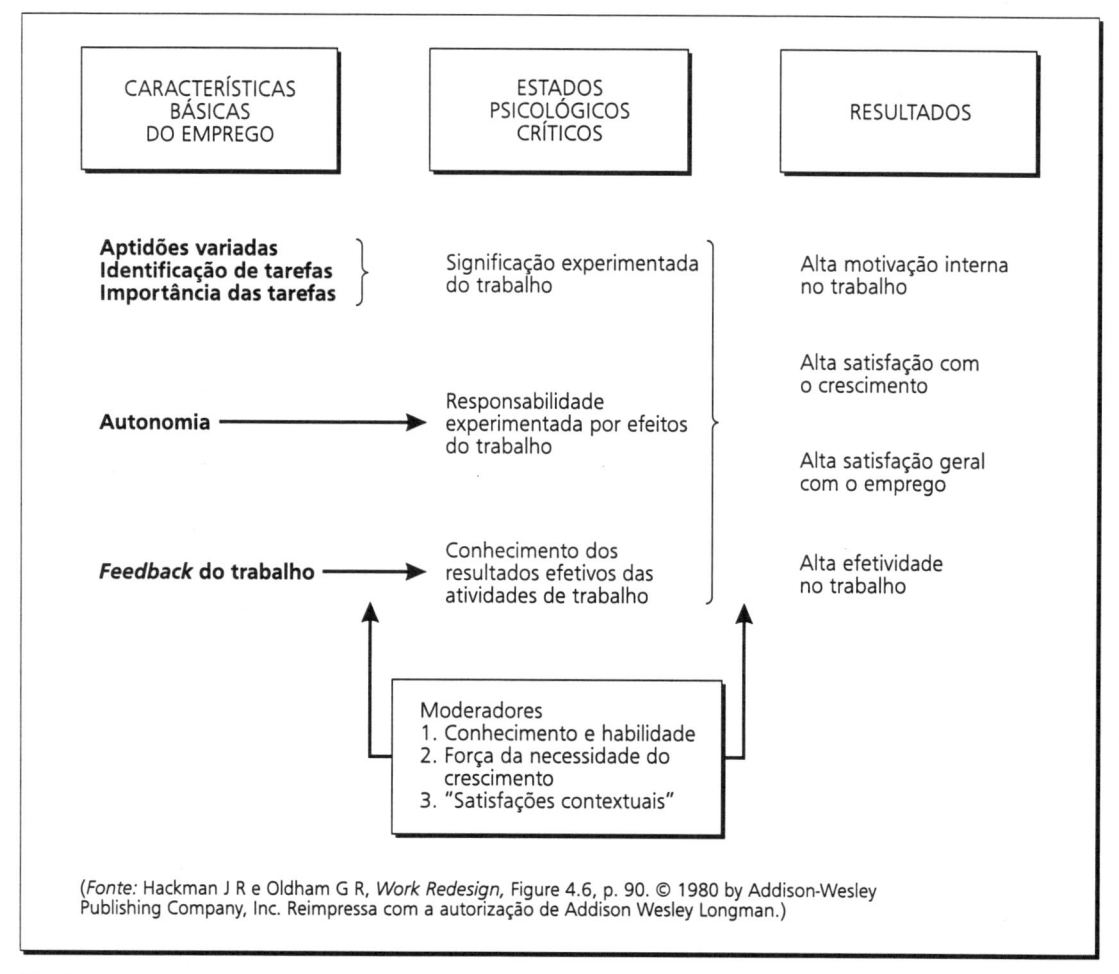

→ Alta efetividade no trabalho

Moderadores
1. Conhecimento e habilidade
2. Força da necessidade do crescimento
3. "Satisfações contextuais"

(*Fonte:* Hackman J R e Oldham G R, *Work Redesign,* Figure 4.6, p. 90. © 1980 by Addison-Wesley Publishing Company, Inc. Reimpressa com a autorização de Addison Wesley Longman.)

FIGURA 7.15 Características do emprego em um modelo de motivação no trabalho.

---

escores para aptidões variadas, identificação de tarefas e importância das tarefas são somados, isso significa que a ausência de uma delas pode ser parcialmente compensada pela presença das demais. Porém, se as dimensões autonomia ou *feedback* estiverem ausentes, devido à relação de multiplicação o EPM será zero. O trabalho não oferecerá potencial para motivar o indivíduo.

Aplicações para trabalhadores sazonais em hotéis

Em uma tentativa de dar conta do impacto das diferenças individuais dos trabalhadores em suas atitudes no trabalho, Lee-Ross realizou um estudo com 163 trabalhadores do ramo de hotelaria, fazendo uso da Pesquisa de Diagnóstico do Trabalho, de Hackman e Oldham.[49] O questionário consistia de 83 questões, ditas positivas e negativas, organizadas aleatoriamente, incluindo perguntas sobre residência no hotel e preferências sobre o trabalho. Lee-Ross concluiu que os empregados sazonais de hotéis podem ser divididos em quatro subgrupos, dependendo se residem ou não no hotel e se *preferem* trabalho sazonal ou fixo.

Todos os grupos de trabalhadores demonstraram um padrão similar para os escores referentes às principais dimensões do trabalho. Em termos de perfil, o trabalho sazonal é de baixa aptidão, mas os trabalhadores parecem identificar-se com suas tarefas e as consideraram importantes.

O grupo sazonal residente em hotel (SH) valorizou fatores não relacionados ao trabalho, ligados ao desejo de estabelecer relações e de necessidades sociais.

O grupo sazonal não-residente (SF) buscava um emprego que lhe proporcionasse dinheiro extra, mas que não interferisse em seus compromissos familiares; o grupo que prefere emprego fixo, não-residente em hotel (FF), ocupa funções cujas características mudam a cada seis meses. Durante o verão, em geral eles fazem o trabalho de supervisão e seus empregos são enriquecidos e ampliados. O grupo que prefere emprego fixo, residente em hotel (FH), expressou o desejo de ter um trabalho fixo, sem a necessidade de trabalhar sazonalmente. Todos, em geral, tinham pouca experiência nas atividades de hotéis.

Em ordem decrescente, os grupos SH, FF e FH obtiveram um escore mais alto do que o grupo SF. Este último obteve um escore significativamente mais baixo do que os outros para as dimensões aptidões variadas, importância das tarefas, autonomia e *feedback,* e também para o aspecto de relacionamento com as demais pessoas.

Atitude positiva no trabalho

Em um estudo posterior, utilizando uma amostragem de seis hotéis (com número de quartos que variava de 35 a 65) em Great Yarmouth, Lee-Ross realizou um outro exame da confiabilidade da Pesquisa do Diagnóstico do Trabalho entre os trabalhadores sazonais.[50] A partir de uma análise de 163 questionários, o autor concluiu que, em geral, os escores de confiabilidades eram compatíveis com os de Hackman e Oldham. A Pesquisa de Diagnóstico do Trabalho parece aplicar-se tão bem aos trabalhadores em hotel quanto aos trabalhadores em outros ramos. Em geral, os trabalhadores do setor de hotelaria têm uma atitude positiva em relação ao seu trabalho, mas uma baixa força de vontade para crescer, e a eficácia dessa força como moderadora das atitudes relativas ao trabalho no hotel foi menor do que a notada por Hackman e Oldham. Os trabalhadores estavam satisfeitos com seu emprego, apesar das condições de trabalho não serem as melhores em alguns casos. Isso pode ser explicado pelas oportunidades que os hotéis oferecem para interações sociais.

Grande parte da teoria do estabelecimento de objetivos pode ser relacionada ao sistema de administração por objetivos (discutido no Capítulo 5). A administração por objetivos é freqüentemente considerada uma aplicação da teoria do estabelecimento de objetivos, embora tenha surgido antes dela.

Abordagens mais amplas para o modelo de função

A reestruturação das funções individuais *pode* ajudar a aumentar a motivação e a satisfação com o emprego, e levar a um aumento no desempenho. Porém, as estratégias de rotação, ampliação e enriquecimento do emprego somente serão eficazes se forem introduzidas de maneira planejada e sistemática. Tais estratégias devem ser implementadas não apenas para economizar em relação à equipe e aumentar o controle gerencial, mas por acreditar-se que a equipe responderá de maneira positiva à aceitação de maior responsabilidade em seu trabalho.[51]

No contexto do desenvolvimento tecnológico, a atenção dada a um melhor modelo de funções passou da manipulação de tarefas dos trabalhos individuais a uma perspectiva mais ampla. Dá-se ênfase à mudança organizacional e à preocupação com a qualidade de vida profissional. O foco está em um contexto organizacional mais aberto, no uso eficaz dos recursos humanos, no desenvolvimento de habilidades e na forma como a organização funciona.

Isso envolve o conceito de abordagem sociotécnica (discutida no Capítulo 2) e a preocupação com sistemas técnicos e de recursos humanos. As abordagens mais amplas quanto ao modelo de função incluem a atenção a grupos autônomos de trabalho, à administração da mudança e ao estilo gerencial.

Grupos autônomos de trabalho

Uma importante evolução no modelo de função é uma forma de organização de trabalho baseada em grupos autônomos (auto-regidos) de trabalho e no trabalho de equipe. Isso implica que um grupo pequeno de empregados assuma a responsabilidade pela regulamentação e organização de suas atividades. As metas específicas são previamente acordadas, mas os participantes do grupo decidem os meios pelos quais essas metas serão atingidas. Os participantes têm maior liberdade de escolha, maior autonomia sobre o planejamento, execução e controle de seu próprio trabalho. O papel do supervisor é o de orientar e prestar apoio ao grupo, além de monitorar o padrão de qualidade do trabalho realizado.[52]

Como exemplo, um grupo de arrumadores pode ter seu próprio conjunto de quartos, pelo qual são coletivamente responsáveis. Os participantes do grupo decidem sobre a divisão do trabalho e a forma como as tarefas serão realizadas, decidindo também sobre os intervalos. O grupo controla a qualidade de seu próprio trabalho e é responsável pelos padrões de desempenho atingidos.

Administração da mudança

O ritmo crescente das mudanças tecnológicas e industriais tornou imperativo referir-se à administração da mudança de uma maneira que garanta os melhores resultados para a organização e para sua equipe de funcionários. É compreensível que as pessoas tendam a resistir à mudança. Mas novas idéias e inovações não devem ser interpretadas como ameaças aos integrantes da equipe. Quando a mudança está em processo de planejamento é necessário pensar sobre o trabalho que as pessoas fazem e no modelo de função.

Para aprimorar o modelo de função e necessário levar em consideração a opinião dos funcionários sobre suas atividades, envolvendo-os nas mudanças que afetam seu trabalho e a elas próprias. Tanto a maneira pela qual o trabalho é organizado quanto os processos tecnológicos envolvidos devem estar integrados com as necessidades sociais das pessoas no trabalho. A administração do hotel deve adotar uma estratégia claramente definida para o começo da mudança, relevando os fatores humanos e sociais. A meta deve ser garantir que a qualidade de vida no trabalho seja aumentada, e não diminuída. A administração da mudança será discutida mais adiante, no Capítulo 12.

Estilo gerencial

Os benefícios potenciais da melhoria no modelo de função provavelmente não serão alcançados se a atenção estiver centrada apenas no conteúdo do trabalho. São também igualmente importantes o processo pelo qual o redesenho de cargos é executado e o estilo gerencial. O redesenho de cargos visando ao benefício dos empregados e da organização de hospitalidade não é uma tarefa fácil; é um processo contínuo que requer habilidade, imaginação e comprometimento. Um estilo gerencial que envolva os participantes da equipe nas decisões que os afetam, que afetam seu trabalho e a natureza de seus empregos é fundamental para a melhoria da qualidade de vida no trabalho.

Em uma discussão sobre a liderança gerencial no setor da hospitalidade, Keegan defende a idéia de que o desafio não é tanto mudar as características do emprego, mas oferecer aos empregados uma relação de apoio e de participação. O gerente deve criar um ambiente em que as necessidades reais do empregado sejam satisfeitas.[53] (Este aspecto será discutido detalhadamente no Capítulo 9.)

Os gerentes devem desenvolver uma atmosfera de confiança mútua com suas equipes e estimular a participação ativa de todos, promovendo inclusive o envolvimento na solução de problemas. É preciso dar total apoio organizacional, incluindo a disponibilidade de informação para a tomada de decisões. As políticas de pessoal e os procedimentos, por exemplo, aqueles referentes ao pagamento e aos benefícios, esquemas de incentivo, condições de emprego e consultas, devem facilitar e ajudar na instituição de novos conceitos referentes ao modelo de função.

O impacto da nova tecnologia nas práticas de trabalho nos hotéis

Porter e Roberts comentam que a tecnologia é o principal determinante da estrutura organizacional porque aponta as hipóteses de teste:

A comunicação, qualquer que seja, deve ser a mesma em nível interpessoal em diferentes subunidades organizacionais que disponham de tecnologias similares, e a comunicação interna da organização deve ser diferente entre as unidades cujas tecnologias sejam diferentes.[54]

McEwan testou essa hipótese pela classificação em seis categorias distintas de todos os cargos de dois hotéis, de acordo com o acesso que os empregados tinham a canais de informação formal e o tipo de tecnologia que usavam ao executar seus trabalhos. Registrou-se um forte apoio à hipótese por parte dos empregados que encontravam-se nas posições extremas dessa tipologia de classificação de cargos. As camareiras, faxineiras e ajudantes de cozinha, por exemplo, que usavam tecnologia simples e estavam fisicamente isoladas dos outros empregados durante longos períodos, foram comparadas com os gerentes e com os funcionários da recepção, que dependiam muito da tecnologia e interagiam constantemente com os outros empregados.

Constatou-se que a nova tecnologia também alterou as condições de trabalho da maior parte das pessoas empregadas nos departamentos de alimentos e bebidas, particularmente os ajudantes de cozinha, os modernos *plongeurs*, cujo trabalho foi descrito de maneira memorável por Orwell como "um emprego que não oferece perspectivas, é exaustivo ao extremo e, ao mesmo tempo, não apresenta uma só habilidade ou desperta interesse".[55]

Essa transformação deveu-se inicialmente à introdução de equipamento de limpeza automática, que exigia que os ajudantes de cozinha fossem treinados novamente a fim de que operassem os controles, monitorassem o nível da água, a temperatura e a pressão do vapor, adicionando a quantidade correta de detergente em intervalos regulares.

Várias outras mudanças nas práticas tradicionais de trabalho, incluindo a necessidade de separar os talheres em diferentes recipientes plásticos, se fizeram necessárias a fim de que o tempo correto para a limpeza fosse obedecido. A separação dos talheres, quando tarefa de apenas um ajudante de cozinha, na verdade reduziu a eficiência da máquina de lavar, mas se a tarefa fosse dividida entre os garçons e *chefs* todos seriam beneficiados com a limpeza rápida e com o retorno do equipamento a seus respectivos setores. Os ajudantes de cozinha admitiram estar mais envolvidos com o trabalho diário e com as atividades sociais do hotel. Um ajudante, por exemplo, tornou-se noivo de uma recepcionista, e uma ajudante e seu noivo, um *chef*, foram transferidos para o mesmo hotel em outra cidade. Um resultado inesperado envolveu dois ajudantes portugueses que não falavam inglês, apesar de estarem empregados no mesmo hotel por mais de cinco anos; eles casaram-se com garçonetes filipinas que falavam inglês.

Finalmente, a necessidade de usar diferentes quantidades de detergente na máquina de lavar automática também resultou na criação de um novo cargo de supervisor, a quem se deu a responsabilidade de fazer os pedidos de todos os detergentes e materiais de limpeza utilizados no hotel, uma tarefa que foi mais tarde atribuída aos novos *trainees* da gerência, que tinham de executar essas tarefas por um período inicial de seis meses.

O contato com a equipe foi mantido quando foi delegada aos supervisores a responsabilidade de distribuir fichas, permitindo que os empregados obtivessem comida de graça em uma máquina automática.

Mais tarde, a introdução de fornos de microondas e de controladores de porção das refeições causou ressentimento entre os *chefs*, especialmente em um dos hotéis escoceses, onde as mudanças na preparação dos pratos foi considerada uma atividade de "desespecialização" que diminuía o *status* e resultava em insatisfação da equipe e em *turnover* laboral. Por outro lado, o pessoal do serviço de quarto, que trabalhava sozinho ou em duplas em áreas isoladas, recebeu bem essas mudanças, pois o uso dessa tecnologia aumentou seu *status*, ampliou o leque de suas atividades e os tornou menos dependentes dos *chefs*, etc., que já haviam sido considerados por eles como de pouca ajuda.

Fonte: McEwan T, *A Replicated Study of Communication Networks, Job Retention and Labour Turnover in Two British Hotels,* tese de doutorado não publicada, Cranfield Institute of Technology, Cranfield, 1988.

ENVOLVIMENTO E CAPACITAÇÃO

Aumentar a competitividade nos negócios exige que as organizações de hospitalidade ofereçam produtos e serviços da melhor qualidade, que atendam às necessidades dos clientes. Isso requer que as organizações desenvolvam e aproveitem os talentos e o comprometimento de todos os seus empregados. Para aumentar o desempenho da empresa, os gerentes deverão desistir de realizar o controle de perto e, em vez disso, delegar maior poder a seus empregados. A tendência geral ao *downsizing* e ao *delayering**, juntamente com a evolução da democracia social e o reconhecimento do uso eficiente dos recursos humanos para o sucesso organizacional, destacaram a importância crescente do envolvimento do empregado e do poder a ele delegado.

A capacitação permite que os integrantes da equipe cumpram seus deveres e aceitem responsabilidades, estas anteriormente uma prerrogativa da gerência. O conceito de capacitação está, portanto, associado ao processo de delegação (discutido no Capítulo 11) e com grupos autônomos de trabalho, já mencionados.

CAPACITAÇÃO NOS SERVIÇOS DE HOSPITALIDADE

De acordo com Jones e Daves, as provas demonstram que a capacitação tornar-se-á um fator significativo na forma como os serviços de hotel e alimentação serão administrados. A partir de um estudo sobre capacitação, envolvendo gerentes-gerais de hotéis de quatro estrelas na Grã-Bretanha, Jones e Daves sentiram-se estimulados a investigar. Apuraram que o nível de interesse na questão da capacitação foi muito alto no setor hoteleiro.[56]

A partir de uma discussão acerca dos benefícios e problemas da capacitação e de uma revisão de sua operação em várias empresas, Pickard concluiu que a capacitação de fato parece produzir um efeito na maneira como as pessoas trabalham. Como exemplo, ele destaca a melhoria na satisfação com o emprego e as mudanças de atitude da equipe, decorrentes da introdução da capacitação nos restaurantes Harvester. A partir de um quadro elaborado pela diretoria, a equipe trabalhava em grupos, responsáveis por tomar suas próprias decisões quanto à administração dos restaurantes.[57]

Intenções e iniciativas gerenciais

Lashley defende a idéia de que o interesse pela capacitação do empregado nas operações de hospitalidade tem sido associado principalmente à obtenção de vantagens na competitividade, por meio da qualidade de serviço e da valorização dada ao desempenho da equipe de linha de frente.[58]

Ao utilizar e adotar os termos utilizados na literatura sobre a capacitação, Lashley afirma que é possível identificar quatro iniciativas e intenções gerenciais capacitadoras:

❑ *Capacitação por meio da participação* — por exemplo, a delegação da tomada de decisões que, em uma organização tradicional, seria atribuição da gerência.
❑ *Capacitação por meio do envolvimento* — por exemplo, quando a preocupação da gerência é tirar proveito das experiências, idéias e sugestões dos empregados.
❑ *Capacitação por meio do comprometimento* — por exemplo, por meio de maior comprometimento com as metas da organização e da melhoria na satisfação com o emprego.
❑ *Capacitação por meio de delayering* — por exemplo, pela redução do número de cargos gerenciais na estrutura da organização.

A capacitação ocorre de várias formas. Os gerentes com freqüência têm intenções diferentes, e as organizações diferem no grau de autonomia pelo qual capacitam seus empregados. Lashley, assim, conclui que o sucesso de uma determinada iniciativa será avaliado, basicamente, pelo nível de eficiência do funcionário, capaz de determinar resultados e controlar aspectos significativos de sua vida profissional.

---

*N. de R. *Downsizing* é uma redução de custos visando alcançar estabilidade financeira (diminuindo a produção, o número de funcionários, etc.); *delayering* significa redução dos níveis hierárquicos.

Percepções administrativas acerca da capacitação

Com base em outro grupo de projetos de pesquisa sobre a participação dos empregados nos serviços, Lashley conclui que, embora em valor nominal, a capacitação tem muito a oferecer aos serviços de uma organização; os empregados reagirão mais rapidamente às necessidades dos clientes e à solução de reclamações, sentir-se-ão mais orgulhosos do serviço que prestam ao cliente, demonstrando maior interesse por ele. Contudo, é preciso considerar as diferentes definições e propósitos utilizados pelos gerentes, além das diferentes percepções de problemas da empresa e dos motivos que levam à introdução da capacitação.

O termo "capacitação" é utilizado para descrever uma ampla variedade de práticas da prestação de serviços. Há uma sobreposição considerável entre a capacitação do empregado, sua participação, envolvimento e mesmo comprometimento, embora esses termos sejam freqüentemente intercambiáveis. O sucesso de uma determinada iniciativa dependerá, basicamente, em primeira instância, de se delegar ao empregado a autoridade e a liberdade para tomar decisões que eles próprios consideram valiosas, significativas e importantes. Quaisquer que sejam os propósitos dos gerentes, os efeitos da capacitação serão mediados pelos sentimentos e experiências daqueles que recebem a habilitação. Por isso, qualquer consideração acerca das várias formas que a capacitação pode assumir deve ser sensível às tensões potenciais entre as intenções gerenciais e as experiências dos empregados.[59]

Capacitação e mudança organizacional

De acordo com Erstad, a capacitação, estando entre os muitos termos em voga na área administrativa, diz respeito a uma estratégia de mudança cujo objetivo é melhorar tanto a capacidade de agir do indivíduo quanto da empresa. No setor de serviços e, mais especificamente, no ramo de hotelaria, a capacitação é considerada uma estratégia para ganhar vantagem competitiva, mas seu potencial verdadeiro é maior. A partir do contexto dos artigos especializados nesta área, Erstad conclui que a capacitação é um processo complexo. Para alcançar sucesso, ela requer uma visão clara, um ambiente de aprendizagem tanto para o gerente quanto para os empregados, e a participação e implementação de ferramentas e técnicas. A fim de alcançar uma cultura verdadeiramente empreendedora, a indústria da hospitalidade pode aprender muitas lições com a pesquisa e a experiência de outros setores.[60]

CÍRCULOS DE QUALIDADE

Embora não estritamente relacionada ao modelo de função, uma característica particular associada a parte do contexto organizacional mais amplo, e que inclusive pode ser vista como uma forma de envolvimento e capacitação é o conceito de círculos de qualidade. Denominamos círculo de qualidade um grupo de pessoas que, em uma organização, encontra-se regularmente para identificar, analisar e resolver problemas relacionados à qualidade, produtividade ou outros aspectos do cotidiano de trabalho por meio do uso de técnicas de resolução de problemas. Os círculos de qualidade são compatíveis, portanto, com a qualidade da vida profissional e com o uso efetivo dos recursos humanos, oportunizando às pessoas, no ambiente de trabalho envolverem-se mais com os assuntos que afetam diretamente as suas atividades.

Princípios básicos

O conceito de círculo de qualidade possui vários princípios básicos:

- A participação é voluntária.
- O grupo normalmente é integrado por cinco a dez participantes, geralmente do mesmo setor ou exercendo atividades semelhantes.
- O grupo seleciona os problemas a serem resolvidos e os métodos de operação.
- O líder do círculo é geralmente o supervisor imediato, mas pode ser escolhido pelo grupo.
- O grupo recomenda soluções à gerência e tem a autoridade de implementar soluções acordadas, sempre que possível.
- Os participantes recebem treinamento para desenvolver a compreensão de processos de grupo, a comunicação, as habilidades na resolução de problemas e as técnicas de controle de qualidade.

A efetiva implementação dos círculos de qualidade depende da confiança e da boa-vontade de todos. Exige total comprometimento e o máximo apoio da cúpula administrativa e dos gerentes de linha. Também requer um estilo gerencial participativo, diálogo com a equipe e delegação de tomada de decisões. Os círculos de qualidade não devem ser considerados apenas mais um instrumento em nível administrativo. Deve ser concedida ao grupo uma perspectiva temporal realista para a operação efetiva do círculo, juntamente com a contínua monitoração e revisão de resultados.[61]

Benefícios potenciais

Os círculos de qualidade oferecem vários benefícios potenciais. Promovem a resolução de problemas e permitem a participação direta dos empregados em decisões relacionadas a dificuldades que os afetam. Os supervisores podem adquirir maior confiança e assumir o papel de comunicadores. Os círculos de qualidade levam a uma motivação crescente e à satisfação com o emprego. Ajudam a construir uma atitude mais positiva em relação ao trabalho. Quando utilizados adequadamente, os círculos de qualidade podem ser parte de uma estratégia mais ampla e de longo prazo para a mudança organizacional voltada à melhoria no desempenho econômico e na qualidade de vida profissional.

Os círculos de qualidade realmente funcionam e são utilizados com sucesso por várias organizações britânicas. Nas raras vezes em que fracassou, as razões foram a oposição de parte da cúpula administrativa, gerentes de linha ou sindicatos, ou também por falta do devido preparo.[62]

RESUMO

- Os gerentes atingem resultados por meio do trabalho de outras pessoas; toda atenção é necessária aos sistemas motivacionais, satisfação com o trabalho e remuneração. No exercício de suas atividades, os funcionários apresentam vários tipos de necessidades e expectativas que mudam e entram em conflito.
- A natureza complexa e variável da motivação no trabalho deu origem a muitas idéias e teorias opostas. Nenhuma delas é definitiva, mas ajudam a destacar os muitos motivos que influenciam o comportamento e o desempenho das pessoas. Essas propostas capacitam o gerente a dirigir sua atenção no sentido de aprimorar os métodos motivacionais da equipe, para que trabalhe com entusiasmo e eficiência.
- As teorias de conteúdo buscam explicar aqueles aspectos específicos que de fato motivam as pessoas a trabalhar, e incluem obras de Maslow, Alderfer, Herzberg e McClelland. Já as teorias de processo procuram identificar a relação entre as variáveis dinâmicas que compõem a motivação, incluindo as teorias de expectativa, eqüidade e de meta.
- A motivação para trabalhar bem é geralmente relacionada à satisfação pessoal, mas a natureza da relação não é clara. Há opiniões conflitantes sobre a natureza das funções e do trabalho no ramo da hospitalidade. Um fator fundamental na busca pela satisfação com o trabalho é a importância dos desafios, a autonomia e o envolvimento direto com a atividade exercida. Outros fatores importantes são os bons salários, a segurança no trabalho e as oportunidades de progresso e desenvolvimento.
- A reestruturação das funções individuais exercidas, as estratégias de rotação no emprego e a ampliação e o enriquecimento dos cargos precisam ser planejados e implementados de maneira positiva. Um modelo conhecido e abrangente do enriquecimento das funções foi desenvolvido por Hackman e Oldham. O aprimoramento do modelo de função assume atualmente uma importância e mobilização organizacional mais ampla, incluindo a atenção a grupos autônomos de trabalho, administração da mudança, estilo gerencial, envolvimento e capacitação, e círculos de qualidade.

QUESTÕES PARA REVISÃO E DEBATE

1. Como você tentaria explicar a natureza fundamental da motivação no trabalho? Discuta a relação entre motivação e satisfação no trabalho.
2. Faça a distinção entre teorias motivacionais de processo e de conteúdo. Por que o estudo de diferentes teorias motivacionais é importante para o gerente de hospitalidade?
3. Avalie o valor prático do modelo de hierarquia de necessidades de Maslow para melhorar a motivação da equipe no ramo no setor da hospitalidade.
4. Discuta criticamente a argumentação de que os principais fatores que afetam a motivação e a satisfação profissional são os altos salários e as boas condições de trabalho.
5. Explique o que você entende por teorias motivacionais de expectativa. Quais são as aplicações práticas da teoria da expectativa?
6. Sugira situações em que cada uma das seguintes teorias podem ter importância significativa para o gerente de hospitalidade: (i) motivação pela realização; (ii) teoria da eqüidade; (iii) teoria de metas.
7. Quais são as razões principais para o aumento do interesse em relação ao modelo de função? Dada a natureza do trabalho de hospitalidade, discuta a provável importância de reestruturar as funções individuais.
8. Explique o que se entende por abordagens mais amplas para o modelo de função. Esclareça, apresentando exemplos ilustrativos, como essas abordagens podem ser aplicadas no ramo da hospitalidade.

TAREFA 1

Reportando-se ao modelo de hierarquia de necessidades de Maslow e à Figura 7.5 (p. 177), forneça seus próprios exemplos de compensação e de fatores organizacionais que satisfaçam a diferentes necessidades.

Em pequenos grupos, discuta com seus colegas a importância e a significação dessas compensações e fatores na sua motivação para o trabalho.

TAREFA 2

(i) Entreviste pelo menos três pessoas, em diferentes funções na área de hotelaria, sobre alguns aspectos relacionados a esse ramo. Identifique da maneira mais clara possível, acrescentando argumentos e exemplos ilustrativos, o seguinte:
- Os aspectos do trabalho que o entrevistado entende que tenham importância ou significação especial;
- Os aspectos do trabalho que o entrevistado mais aprecia e menos aprecia;
- O que motiva cada pessoa a trabalhar bem e a ter o melhor desempenho possível, dentro de sua capacidade.

(ii) Escolha um determinado departamento da organização de hospitalidade e investigue as causas específicas da insatisfação com o trabalho. Aponte métodos pelos quais esses problemas poderiam ser resolvidos de maneira positiva e prática.

(iii) Explique a quais conclusões você chegou a partir das observações que fez e até que ponto você pode relacionar suas constatações a diferentes teorias/estudos sobre motivação e satisfação com o trabalho.

TAREFA 3

Você é o novo gerente do ABC Hotel. Durante a entrevista, foi-lhe informado que há uma grande preocupação com o nível de desempenho no trabalho, que, em geral, é fraco, que o estado de ânimo é baixo e que há um alto e perturbador nível de *turnover* entre os funcionários.

(i) Explique, em detalhes, que ações você tomaria para superar a situação atual.
(ii) Indique, de maneira clara, quais seriam suas prioridades.
(iii) Esclareça quaisquer hipóteses razoáveis que encontrar.
(iv) Explique de que forma você pode utilizar as teorias/estudos que julgar relevantes para a motivação e a satisfação com o trabalho.

ESTUDO DE CASO: HAPPY HOTELS — TRABALHO FLEXÍVEL OU UMA QUESTÃO DE EXCESSO?

A Happy Holdings opera 10 hotéis de quatro estrelas no Reino Unido sob o nome de Happy Hotels. Além disso, há também em seu portfólio um empreendimento chamado Happy Traveller, dirigido ao mercado de hotéis de duas e três estrelas.

Eles operam de maneira muito diferente. Os Happy Hotels são administrados de modo tradicional, com fortes linhas de demarcação entre comida e bebida, *front of house* e administração. A hierarquia é identificada pelo uniforme e pelo tipo de distintivo usados — o pessoal de nível operacional usa um uniforme básico, com seu primeiro nome bordado; já os supervisores usam paletó, onde aparece seu sobrenome bordado. Esses indicativos hierárquicos são bastante prestigiados e zelosamente conservados, assim como o conhecimento técnico de cada trabalhador — em muitos casos, adquirido depois de vários anos de especialização universitária e treinamento.

Por outro lado, o Happy Traveller é administrado de forma bem diferente. A operação de comida e bebida é franqueada a uma cervejaria nacional e, para promover a flexibilidade, os demais funcionários atuam como assistentes-gerais, trabalhando conforme a necessidade imediata, em todos os outros setores do hotel.

Ambas as operações funcionavam perfeitamente até que Jeff Broadfield, um jovem recém-formado, foi promovido de gerente de um Happy Traveller a gerente de um Happy Hotel. O hotel de onde ele era egresso tinha dois anos, estava localizado no entroncamento de uma rodovia movimentada e era bastante lucrativo, desfrutando de uma taxa média de ocupação de 90%. O hotel para o qual foi designado em função da promoção tinha 10 anos, precisava de uma renovação completa e passava por um momento financeiro difícil, devido à recessão econômica. Os níveis de ocupação haviam diminuído, e a equipe interna estava desmotivada; Broadfield estava sob pressão, tanto para provar que merecera a promoção quanto para recuperar a situação aflitiva em que se encontrava seu novo estabelecimento.

Sua primeira atitude foi imediatamente introduzir um método de avaliação do trabalho realizado no hotel, na tentativa de identificar funções similares e com isso organizar o trabalho de forma semelhante ao que acontecia no Happy Traveller que deixara. Para ele, essa flexibilidade melhoraria os níveis de eficiência, e a rotação de funções estimularia a equipe e aumentaria sua satisfação.

Limitada pela condição financeira, a avaliação do trabalho foi implementada de modo bastante simples. Com a ajuda de um assistente pessoal, o próprio Broadfield classificou as funções de acordo com o nível de habilidade e a carga de treinamento requeridos para alcançar a competência. O nível mais baixo foi inadequadamente classificado como "direto da rua", implicando que pouca ou nenhuma habilidade era necessária para a função; o ideal seria também, nesse nível, que o empregado tivesse pouco ou nenhum treinamento, para mais facilmente ser levado à condição de "competente".

Acompanhando essa abordagem flexível, haveria uma mudança no uniforme da equipe; já que os empregados trabalhariam em uma série de funções durante sua jornada de trabalho, teriam de usar uniformes iguais. Em uma tentativa de promover a democracia e demonstrar igualdade no tratamento, os distintivos trariam apenas o primeiro nome dos empregados.

Tendo planejado a estratégia para implementar essas mudanças, Broadfield comunicou seus planos por meio de um memorando à diretoria. Infelizmente, nesse estágio, os fatos o surpreenderam: por distração, seu memorando foi deixado na copiadora, sendo descoberto por um funcionário da manutenção — exatamente o mais combativo e vociferador dos empregados do hotel. Logo, tudo parecia conspirar contra Broadfield: a descoberta do memorando coincidiu com sua ausência em um curso de treinamento. A confusão aumentou quando o memorando "chegou" no quadro de avisos do restaurante, e alguns maridos de funcionárias começaram a telefonar para o hotel, furiosos, para saber por que suas esposas haviam sido classificadas como "direto da rua", recebendo como resposta apenas um silêncio tumular.

Quando Broadfield reapareceu, representantes da equipe de funcionários queriam saber o que estava acontecendo. Ele decidiu convocar uma reunião geral para explicar as razões que estavam por trás de suas propostas. Contudo, a reunião não foi nenhum sucesso; a intenção de comunicar suas idéias à equipe, especialmente o conceito de rotação de funções para aumentar a motivação, a habilidade individual e o moral, não foi frutífera.

Ainda assim, o novo sistema foi apresentado na semana seguinte. Os empregados do departamento de contabilidade deveriam ser treinados para arrumar as camas. A secretária de Broadfield foi deslocada para a cozinha e o segundo *chef* passou a garçom. Um engenheiro de manutenção, bastante descontente, comentou, enquanto limpava a máquina de lavar louça: "Esse treinamento é demais para mim. Passei quatro anos aprendendo a fazer o que faço, 30 anos trabalhando como carpinteiro profissional, e agora tenho de lavar panelas. O que posso fazer? Na minha idade, outro emprego seria muito difícil. Para mim, toda essa conversa sobre rotação de funções, novas habilidades e motivação é uma grande bobagem — a única coisa que ele conseguiu foi me colocar nessa situação ridícula, e o pior é que eu não tenho saída!".

Fonte: Os direitos desse estudo de caso são de Karen Meudell, University of Portsmouth. Reproduzido com a permissão da autora.

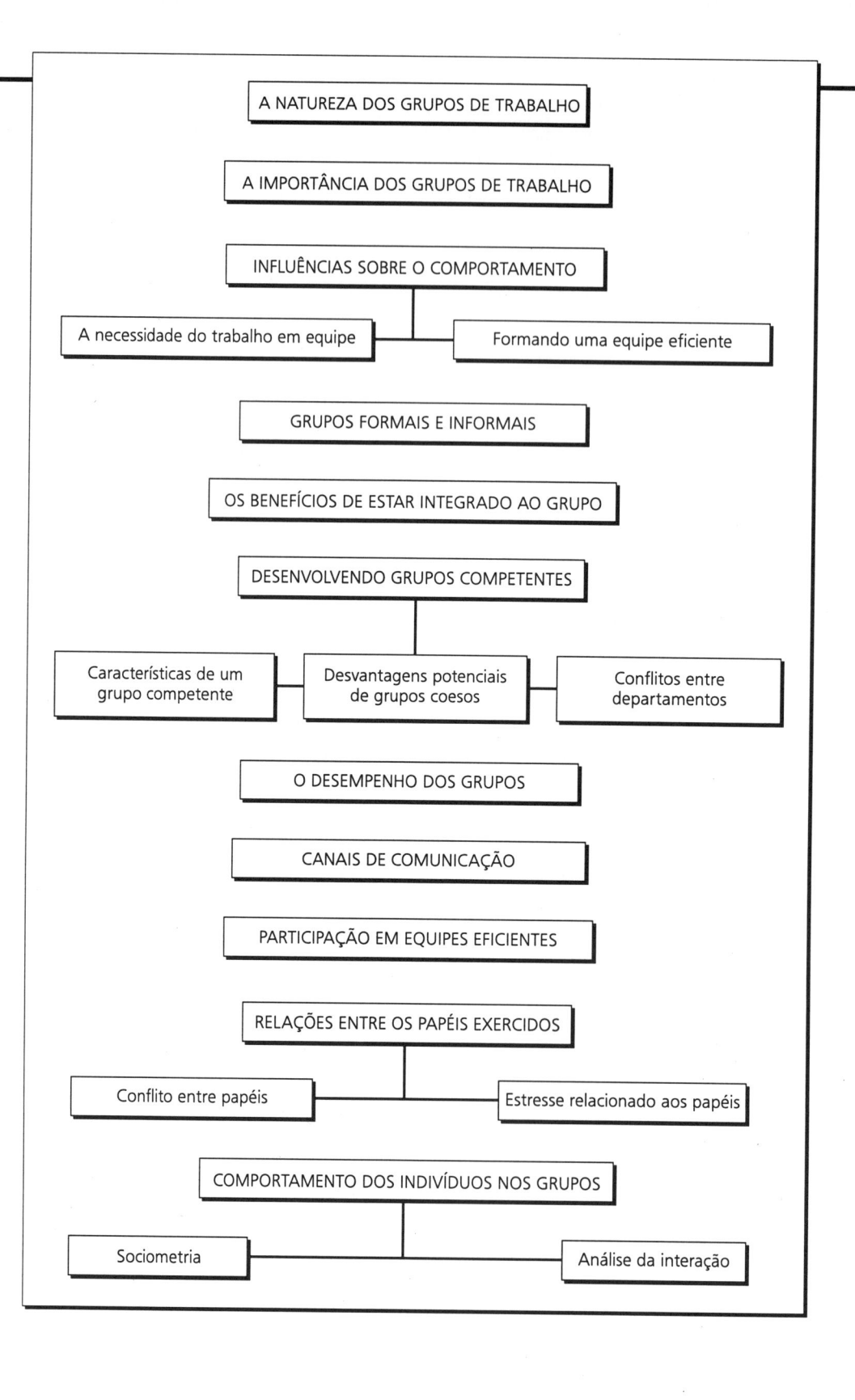

```
A NATUREZA DOS GRUPOS DE TRABALHO
│
A IMPORTÂNCIA DOS GRUPOS DE TRABALHO
│
INFLUÊNCIAS SOBRE O COMPORTAMENTO
├── A necessidade do trabalho em equipe
└── Formando uma equipe eficiente

GRUPOS FORMAIS E INFORMAIS

OS BENEFÍCIOS DE ESTAR INTEGRADO AO GRUPO

DESENVOLVENDO GRUPOS COMPETENTES
├── Características de um grupo competente
├── Desvantagens potenciais de grupos coesos
└── Conflitos entre departamentos

O DESEMPENHO DOS GRUPOS

CANAIS DE COMUNICAÇÃO

PARTICIPAÇÃO EM EQUIPES EFICIENTES

RELAÇÕES ENTRE OS PAPÉIS EXERCIDOS
├── Conflito entre papéis
└── Estresse relacionado aos papéis

COMPORTAMENTO DOS INDIVÍDUOS NOS GRUPOS
├── Sociometria
└── Análise da interação
```

Comportamento do grupo e desempenho

INTRODUÇÃO

Os grupos são uma característica essencial da estrutura de qualquer organização de hospitalidade. É muito raro os funcionários trabalharem de maneira isolada e praticamente toda equipe, no ramo da hospitalidade, será parte de um ou mais grupos. Para que o desempenho seja positivo, as atividades exercidas exigem coordenação, por meio da operação dos grupos e do trabalho coletivo de alta produtividade.

A NATUREZA DOS GRUPOS DE TRABALHO

A estrutura da organização de hospitalidade é composta por grupos de pessoas. Os integrantes de um grupo devem trabalhar conjuntamente para a realização de todas as atividades. Os grupos têm grande influência sobre as ações e o padrão de trabalho da organização. Cabe ao gerente tirar o melhor proveito de seus grupos e assim alcançar um padrão de trabalho superior e aprimorar a eficácia das operações de hospitalidade. Isso tudo requer compreensão do funcionamento e dos processos de grupo, e de sua influência no comportamento e no desempenho funcional.

O que é um grupo?

A maior parte das pessoas certamente entende como um grupo se forma, embora pareça não haver uma definição consensual. A característica principal de um grupo é que seus integrantes considerem-se parte dele. Assim, o grupo de trabalho existe quando as pessoas a ele pertencentes compartilhem a maior parte das seguintes características:

- uma atitude participativa bem-definida;
- consciência de grupo;
- uma sensação de compartilhamento de propósitos;
- interdependência;
- interação;
- capacidade de agir de maneira una.[1]

É importante considerar tanto a estrutura quanto os processos de grupo, e seus efeitos sobre o comportamento dos integrantes. Outra definição útil, no campo da psicologia, é a de que o grupo é assim considerado quando um determinado número de pessoas conjuntamente:

(i) interage;
(ii) está, sob o aspecto psicológico, consciente da presença dos demais;
(iii) percebe-se como um grupo.[2]

A IMPORTÂNCIA DOS GRUPOS DE TRABALHO

A grande maioria das atividades e processos operacionais exige esforço afetivo, por menor que seja, e também esforço individual.[3] Essa é uma questão muito importante. Lembre-se de que a abordagem clássica da organização e da gestão desprezava a importância dos grupos e dos fatores sociais no trabalho. A gestão científica, por exemplo, popularizou o conceito da "hipótese da turba", segundo a qual as pessoas executavam seu trabalho e poderiam ser motivadas como indivíduos isolados, não influenciadas pelos outros.

A abordagem de relações humanas, contudo, chamou atenção para a organização de trabalho como organização social. Reconhecia-se a força da participação coletiva, superando o comportamento individual e o desempenho. Ressaltava-se a importância da organização informal e a influência dos grupos na satisfação social e na produtividade.

A abordagem sociotécnica

A abordagem sistemática também reconheceu a importância dos grupos. O conceito de organização como um sistema sociotécnico refere-se às interações entre os fatores psicológicos e sociais, além das exigências estruturais e técnicas da organização. A importância do sistema sociotécnico foi ilustrada pela introdução de mudança tecnológica e de novos métodos de trabalho no setor de minas de carvão.[4]

Escolhidos pelos próprios mineiros, pequenos grupos trabalharam em conjunto, como equipes independentes, em uma área da mina de carvão. O uso crescente da mecanização e a introdução do trabalho em turnos permitiu que o carvão fosse extraído de acordo com o método *longwall*, tecnicamente mais eficiente e econômico. No entanto, o novo método de trabalho rompeu a integração dos grupos e trouxe mudanças nas relações sociais dos mineradores. Como resultado, houve uma falta de cooperação entre os turnos e no próprio turno, aumento no absenteísmo, indicação de bodes expiatórios e sinais de estresse social.

O método *longwall* foi socialmente nocivo aos grupos de trabalho e não provou ser eficiente em termos econômicos, como poderia ter sido com a nova tecnologia disponível. O resultado foi um método de trabalho composto, com mais responsabilidade sendo assumida pela equipe como um todo, com tarefas sendo executadas em diferentes turnos e com a reintrodução de funções que exigiam múltiplas habilidades. O método composto provou ser mais compensador socialmente para os mineradores, e também mais eficiente.

INFLUÊNCIAS SOBRE O COMPORTAMENTO

Os grupos como vimos, estão presentes em todas as situações sociais. Seu funcionamento e a influência que exercem sobre seus integrantes é a característica principal do comportamento humano e dos processos de grupo. As pessoas são influenciadas de várias formas, e os grupos desenvolvem suas próprias hierarquias e líderes. As pressões do grupo para que haja adaptação às "normas" e às convenções sociais têm uma influência significativa no comportamento e no desempenho de seus participantes.

Podemos lembrar que uma das experiências dos estudos Hawthorne (discutidos no Capítulo 6) foi a observação de um grupo de 14 homens trabalhando em um banco *(bank wiring room)*. Notou-se que os homens criavam sua própria organização informal, com subgrupos e "panelinhas", e que líderes naturais surgiam com a aprovação dos integrantes. Com freqüência, todos se ajudavam no trabalho e, contrariamente às instruções da gerência, trocavam de função.

Valores de grupo e normas de comportamento

O grupo desenvolveu seu próprio padrão de relações informais, códigos e práticas ("normas"), que estabeleciam ser um comportamento adequado:

❑ *não ser um "destruidor de índices"* — não ter, comparado aos colegas, um índice muito alto de produção, nem exceder a restrição, feita pelo grupo, à produção;
❑ *não ser um "cinzelador"* — não encolher a produção ou produzir em nível muito baixo, comparativamente aos colegas;
❑ *não ser um "dedo-duro"* — não comunicar nada aos supervisores ou à gerência que possa prejudicar outros integrantes do grupo;
❑ *não ser "oficioso"* — as pessoas que têm autoridade sobre os integrantes do grupo, por exemplo, os inspetores, não devem tirar vantagem de sua hierarquia ou manter-se à distância do grupo.

Apesar de um esquema de incentivos financeiros em que os trabalhadores poderiam receber mais dinheiro por uma maior quantidade de unidades produzidas, o grupo decidiu-se por 6.000 unidades por dia, considerando este um nível razoável de produção. Por certo que 6.000 unidades era um número bem abaixo do que eram capazes de produzir, mas a pressão do próprio grupo foi mais forte do que os incentivos financeiros oferecidos pela administração.

Também era política da empresa que o supervisor devesse relatar diariamente o desempenho da produção de cada empregado. Contudo, os trabalhadores preferiram fazer seu próprio relato. Durante alguns dias, os homens de fato produziram mais do que relataram, a fim de ter "uma sobra" para os dias em que produzissem menos. Para manter uma boa relação com o grupo, o supervisor nada fez para impedir essa prática.

Sistema de sanções

Para casos em que os integrantes do grupo não se adaptassem às normas de comportamento, havia um sistema de sanções criado por eles próprios. Esse sistema incluía isolamento do empregado relapso, insultos, danificação de trabalhos realizados, ferramentas escondidas e aplicação de truques no supervisor. Também havia ameaças de agressão física. O grupo desenvolveu um sistema de *binging* — isto é, soquear com bastante força a parte superior do braço dos colegas faltosos —, o que acabou se tornando um método para controlar conflitos internos.

Estrutura grupal justaposta

Os grupos se formam como uma consequência da estrutura da organização e dos arranjos feitos para a divisão do trabalho, os quais permitem programar as atividades e definir o padrão de serviços da organização, bem como as atitudes de seus integrantes em relação às tarefas a eles atribuídos. A formação, a operação dos grupos e o comportamento de seus integrantes têm grande importância para o gerente e para o desempenho eficaz das atividades e das operações.

Likert, por exemplo, desenvolveu uma teoria organizacional baseada em grupos de trabalho. Em seus estudos sobre os processos de grupo e o desempenho organizacional, ele concluiu que:

> A força do grupo não só influencia o comportamento dos grupos de trabalho individuais com relação à produtividade, desperdício, ausência e outros fatores semelhantes, mas também o comportamento da organização como um todo.[5]

Parte dos critérios para o Sistema 4 da gestão participativa de grupos (discutido no Capítulo 5) é o uso das estruturas grupais justapostas. Likert entende que a organização funciona melhor quando seus integrantes não agem como indivíduos, mas como integrantes de grupos de trabalho de alta eficiência. Ele propõe uma estrutura baseada na justaposição dos integrantes do grupo, formando um processo de "elo". O superior de um grupo está subordinado ao próximo grupo na escala hierárquica, servindo simultaneamente de elo.

Uma estrutura de grupos justapostos ajuda a desenvolver uma abordagem de comprometimento da equipe e a melhorar o fluxo de comunicação, coordenação e tomada de decisões. Os integrantes de um grupo podem também ser elos entre grupos diferentes que estejam no mesmo nível. Isso permite que haja maior comunicação horizontal e coordenação (Figura 8.1).

A necessidade do trabalho em equipe

O trabalho é uma atividade coletiva, especialmente nas operações de hospitalidade. A maneira como as pessoas se comportam e desempenham suas funções no grupo é tão importante como seu comportamento ou desempenho como

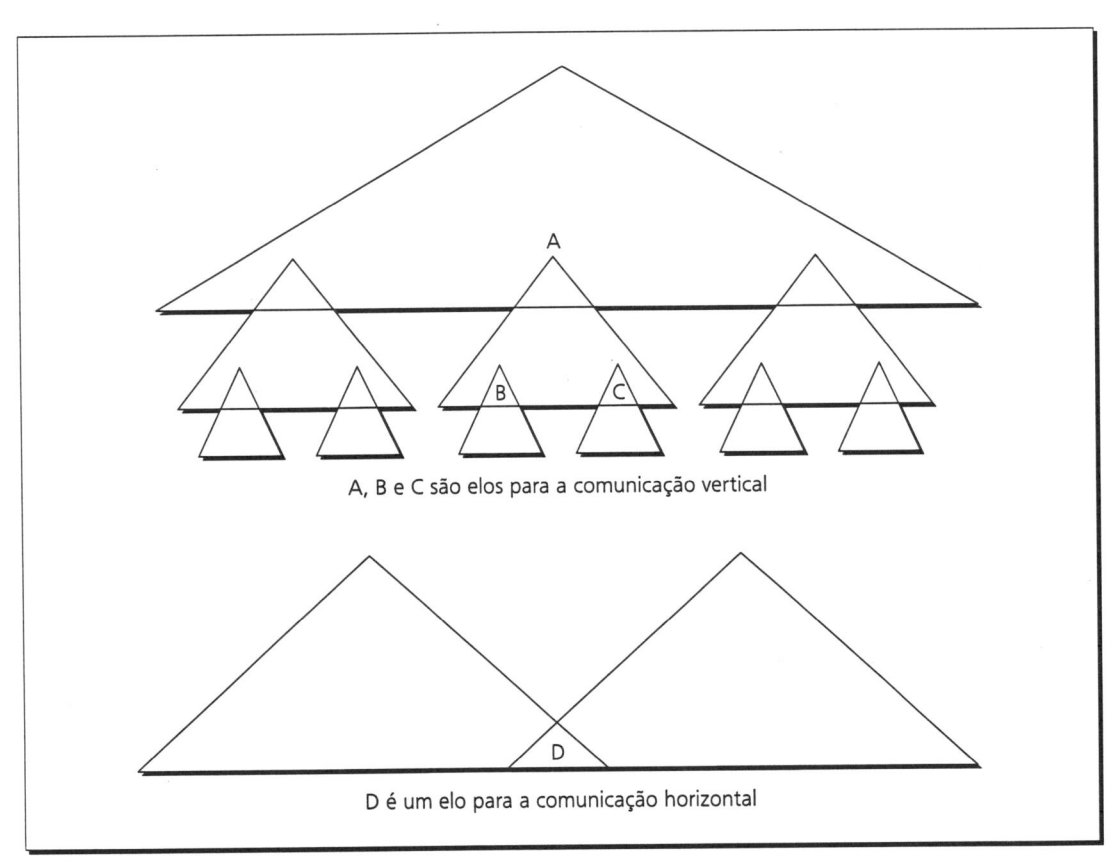

FIGURA 8.1 Representação das estruturas grupais justapostas, de Likert.

indivíduos. Para que o hotel opere eficazmente, é necessário que haja um bom trabalho de equipe.[6] Simmons e Teare chamam a atenção para a ênfase no trabalho de equipe em todos os níveis do Scott's Hotels e para a importância da atividade grupal, equipes de melhoria de qualidade e de ação, como parte de uma gestão de qualidade total.[7]

Os integrantes de um grupo devem trabalhar bem como equipe, e cada grupo também deve trabalhar bem com os outros grupos. É importante reduzir ao máximo o conflito entre esses diferentes grupos, especialmente entre o pessoal da linha de frente, como os recepcionistas, e os que atuam na retaguarda, como as camareiras.[8]

Grupos e equipes

Se é verdade que todas as equipes são por definição um grupo, não se pode dizer que todas os grupos sejam equipes. Ser uma equipe, portanto, envolve algo mais, como disposição e coesão, confiança mútua e boa-vontade de seus participantes, e comprometimento com as metas e objetivos do grupo.[9]

Ao ingressarem na empresa, os novos funcionários recebem o material de integração, deparando-se com o primeiro mandamento:

"O hotel é uma equipe integrada por pessoas, não um amontoado de indivíduos"

A frase resume a política adotada pelo Seaview's quanto ao recrutamento, gestão e desenvolvimento de seu quadro funcional como uma equipe integrada que trabalha arduamente para apresentar um serviço unificado e competente a seus clientes.

Cada líder de equipe e seus parceiros conhecem profundamente as metas, as prioridades, os sistemas de trabalho e os procedimentos de cada área do hotel. Tais informações lhes são comunicadas regularmente, estando cada departamento envolvido no recrutamento, treinamento e avaliação de seus componentes. Todos os líderes de equipe receberam treinamento gerencial.

THE SEAVIEW HOTEL AND RESTAURANT

Não é fácil, todavia, distinguir com clareza "grupo" e "equipe". Riley, por exemplo, faz a seguinte observação:

> Os gerentes adoram falar em equipes e trabalho de equipe, mas esses termos são de difícil definição, assim como é difícil alcançar uma atividade coletiva de alto nível. Dar a um conjunto de indivíduos uma tarefa de grupo não significa que um grupo se forme, automaticamente. Vestir uniformes da mesma cor e correr sobre um gramado acompanhado por outras pessoas também, da mesma forma, não constitui uma equipe. Mesmo assim se pode sentir e ver o trabalho de equipe, que é algo tangível. O verdadeiro problema é que organizamos as pessoas em grupos, chamamo-os de equipes, mas não conferimos se possuem um comportamento de grupo ou de equipe. As palavras "grupo" e "equipe" tendem a ser usadas indiscriminadamente, mas há algo fundamental a ambas: "identidade comum".[10]

As relações de trabalho harmoniosas e o eficiente trabalho de equipe ajudam a construir o bom estado de ânimo dos funcionários e a enorme satisfação dos clientes. Um exemplo da importância atribuída ao trabalho de equipe é o que se extrai das páginas iniciais do manual de integração do Foxhill.

Formando uma equipe eficiente

A importância da capacidade de as pessoas trabalharem juntas no ramo da hospitalidade e os muitos benefícios potenciais da formação de uma equipe eficiente são enfatizados por Berger e Vanger:

> Um esforço bem-sucedido na construção de uma equipe otimizará a produtividade de seus empregados. Eles serão mais capazes de lidar com operações complexas, responderão mais rapidamente a novas situações. Estarão mais motivados e tomarão melhores decisões.[11]

Berger e Vanger sugerem seis passos principais para o ciclo de formação da equipe:

❑ Identifique o problema que você deseja resolver e defina o objetivo para a formação da equipe. Um exemplo seria estimular uma equipe competente a trabalhar ainda melhor em conjunto ou montar uma nova equipe para um projeto especial. É importante garantir que haja boa-vontade e comprometimento de todos os integrantes para a realização desse processo.

A importância do trabalho em equipe

O que é o trabalho de equipe?
Quando um grupo de pessoas se comunica bem e claramente, trabalha unida e se ajuda na instrução e/ou na execução das próprias atividades, o trabalho de equipe é atingido. Isso significa AJUDAR seus colegas SEMPRE e ONDE QUER que eles precisem.

Por que o trabalho em equipe é importante?
O trabalho de equipe torna as atividades de todo mundo mais fáceis e as operações do seu departamento mais produtivas. Também estimula a amizade e o cuidado. Quando você auxilia um colega, está ajudando a si mesmo. Se o cliente é atendido por alguém que mostra uma atitude confiante, todos saem beneficiados. Isso significa que a cooperação diz respeito a todos e é uma condição essencial para o sucesso. É bastante óbvio que os garçons e os funcionários do bar contribuem para o serviço e a satisfação do cliente. Há outros empregados que farão com que o cliente sinta-se confortável e feliz. O pessoal da cozinha realizar bem o seu trabalho é da mais alta importância. Há bons garçons e garçonetes, mas não se pode ser bom sem um produto igualmente bom. Pense nisso!

A REGRA NÚMERO UM É COMUNICAR-SE DE MANEIRA CLARA
E EFICAZ COM SEUS COLEGAS

Quando você espera que alguém o ajude e isso acontece, retribua o favor. Antes que você se dê conta, todos não só estarão realizando bem o próprio trabalho, mas também auxiliando os colegas e de fato atuando como parte de uma equipe.

Lembre-se de dizer às pessoas que você realmente gostou do que fizeram por você. Agradeça a todos que o ajudarem a realizar seu trabalho. Todos desempenhamos um papel na satisfação do cliente.

Observe sua atitude — ninguém quer trabalhar com pessoas mal-humoradas. Se você não estiver "de bem com a vida", sua atitude vai espalhar-se sem que ninguém precise disso.

O trabalho de equipe no Foxhills é essencial para o bom ânimo de todos. Ajude seu colega e observe como haverá gratidão. Experimente. O trabalho de equipe significa que todos se ajudam a resolver problemas. É o respeito mútuo e a comunicação aberta em todos os níveis: de empregado para empregado, de empregado para gerente e de gerente para gerente.

O TRABALHO DE EQUIPE É TRABALHO,
MAS TRABALHO QUE VALE A PENA.

Fonte: extraído do manual de integração funcional,
Foxhills Golf and Country Club. Reproduzido sob permissão.

- *Recolha informação sobre o problema.* Pode-se recolher informação por meio de: (i) uma reunião para discutir reclamações ou queixas; (ii) uma pesquisa que preveja os conflitos e as dificuldades que o grupo pode encontrar; ou (iii) apelar para um consultor externo.
- *Comunique-se com os participantes do grupo.* Deve-se dar tempo suficiente para que a discussão possa enfocar cada aspecto de uma vez e seja aberta à variação de temas. O líder do grupo deve participar e estimular os demais colegas a ingressar na discussão e a elaborar seus pontos de vista acerca de cada tópico discutido.
- *Planeje a mudança.* Os integrantes do grupo devem ser capazes de trabalhar juntos e de estabelecer planos para eliminar bloqueios à eficácia das operações. Cada integrante deve mostrar desejo de comprometer-se. A equipe deve estabelecer os objetivos do grupo, o processo de tomada de decisões e as estratégias para superação de conflitos.
- *Implemente os planos.* A equipe deve continuar a funcionar de acordo com as diretrizes que estabeleceu para si mesma. Os integrantes que estiveram ausentes nas sessões de formação de equipe devem ser totalmente informados e passar a envolver-se com os planos.
- *Avalie a capacidade do grupo como equipe.* Uma maneira de medir o sucesso é solicitar que o grupo elabore um documento próprio que indique os procedimentos a serem tomados, realizando-se posteriormente uma pesquisa com os integrantes da equipe para verificar se está havendo adesão. O *feedback* negativo deve ser endereçado ao grupo como um todo, contrabalançado com observações elogiosas. A confiança e o apreço devem estar presentes quando o desempenho geral é aceitável.

Berger e Vanger argumentam que um dos grandes bloqueios ao trabalho de equipe é a falha nas comunicações. Se os integrantes do grupo sentirem-se isolados, não falarão com os colegas. Isso resultará em uma série de indivíduos trabalhando de acordo com seu próprio conceito de serviço ao consumidor. Tal atitude significa que funcionar como uma equipe é, para eles, algo extremamente difícil, produzindo um serviço insatisfatório aos consumidores.

A partir de um estudo dos três restaurantes TGI Friday's, Gardner e Wood descobriram que a formação da equipe foi o resultado de medidas práticas, especialmente a seleção cuidadosa de empregados, e identificaram seis características principais que contribuíram para que o trabalho de equipe pudesse ser realizado:

❑ seleção criteriosa de empregados;
❑ treinamento eficaz;
❑ encontros formais regulares do pessoal de serviços;
❑ um pequeno número de regras explicitamente articuladas de comportamento e procedimento;
❑ ênfase no relacionamento com os clientes;
❑ sistemas claros e abertos de remuneração por desempenho, além da remuneração formal.[12]

Equipes felizes na Heineken

Incluída em um estudo de empresas européias líderes e que "fazem com que o trabalho de equipe funcione", Heller se refere às felizes equipes da Heineken. Entre os elementos que constituem o poder cultural da Heineken está a idéia de que a melhor cultura para uma organização é uma cultura forte, e de que as pessoas que têm de trabalhar como uma equipe devem também pensar como equipe. A idéia de equipe na Heineken demonstra "a força da gestão descentralizada de equipe". A essência do trabalho de equipe é a de que todos os integrantes sejam responsáveis pelos resultados — mas esse princípio de forma alguma absolve a liderança em casos de revés.[13] (A liderança será discutida no Capítulo 9.)

GRUPOS FORMAIS E INFORMAIS

Os grupos são planejados a partir de deliberações e criados pela administração como parte do projeto organizacional. Um organograma, por exemplo, representa a organização formal da estrutura do hotel. Os grupos também surgem de processos sociais e da organização informal, discutidos no Capítulo 6. A organização informal origina-se das interações das pessoas que trabalham na organização de hospitalidade e do desenvolvimento de grupos que tenham suas próprias relações e normas de comportamento, independentemente daquelas definidas na organização formal. Isso leva a uma grande distinção entre grupos formais e grupos informais.

Grupos formais

Os grupos formais estão voltados à realização de objetivos organizacionais específicos e à *coordenação de atividades de trabalho*. Eles são criados pela gerência com regras estabelecidas, relacionamentos e normas de comportamento. A natureza das tarefas a serem executadas é uma característica predominante do grupo formal. As pessoas se reúnem com base em papéis definidos pela estrutura do estabelecimento. Os grupos formais tendem a ser relativamente permanentes, embora possam ocorrer mudanças. No entanto, a gerência pode decidir em favor da criação de grupos formais temporários, por exemplo, com a finalidade de realizar uma tarefa específica, tal como a preparação para um banquete especial.

Grupos informais

A estrutura formal sempre abrigará uma estrutura informal. A estrutura formal e o sistema de relações entre os papéis, regras e procedimentos, serão aumentados pela interpretação e pelo desenvolvimento em nível informal. Os grupos informais baseiam-se principalmente nas relações pessoais e no acordo existente entre os participantes do grupo, em detrimento das relações definidas entre os diversos papéis exercidos. Cabe a esses grupos satisfazer necessidades psicológicas e sociais que não estejam necessariamente relacionadas às tarefas a serem executadas.[14]

Os grupos informais podem surgir do mesmo nível horizontal, mas também surgem verticalmente. A participação em grupos informais, portanto, entrecorta toda a estrutura formal. Esses grupos podem incluir funcionários de diferentes setores do estabelecimento e/ou de diferentes níveis. O grupo informal pode também ser o mesmo grupo formal ou pode incluir uma parte deste (Figura 8.2).

Características dos grupos informais

Os grupos informais desenvolvem suas próprias características. Eles podem ter sua própria cultura, *status*, valores e símbolos, além de um sistema específico de comunicação informal. Os grupos informais são também agentes da satisfação social e do controle. Como resultado, há forte resistência a mudanças que ameacem o *status quo* ou o ambiente das práticas de trabalho do grupo.[15]

É possível que o líder de um grupo informal seja a mesma pessoa apontada pela administração para liderar o grupo formal. É mais comum, porém, que o grupo tenha seu próprio líder informal, que exerce a autoridade com aprovação dos próprios integrantes. O líder informal pode ser escolhido como sendo a pessoa que reflete as atitudes e os valores dos integrantes do grupo, ajuda a resolver conflitos, lidera o grupo na conquista de objetivos e estabelece contato com a gerência ou com outras pessoas externas ao grupo.

Talvez você lembre da discussão sobre a importância das influências culturais, vista no Capítulo 3. Um ambiente de trabalho multicultural pode levar ao surgimento de grupos informais e de "panelinhas", baseados em pontos em comum, como nacionalidade, religião e valores étnicos compartilhados, tendo seus próprios líderes e porta-vozes. Tais grupos

Grupos formais e informais

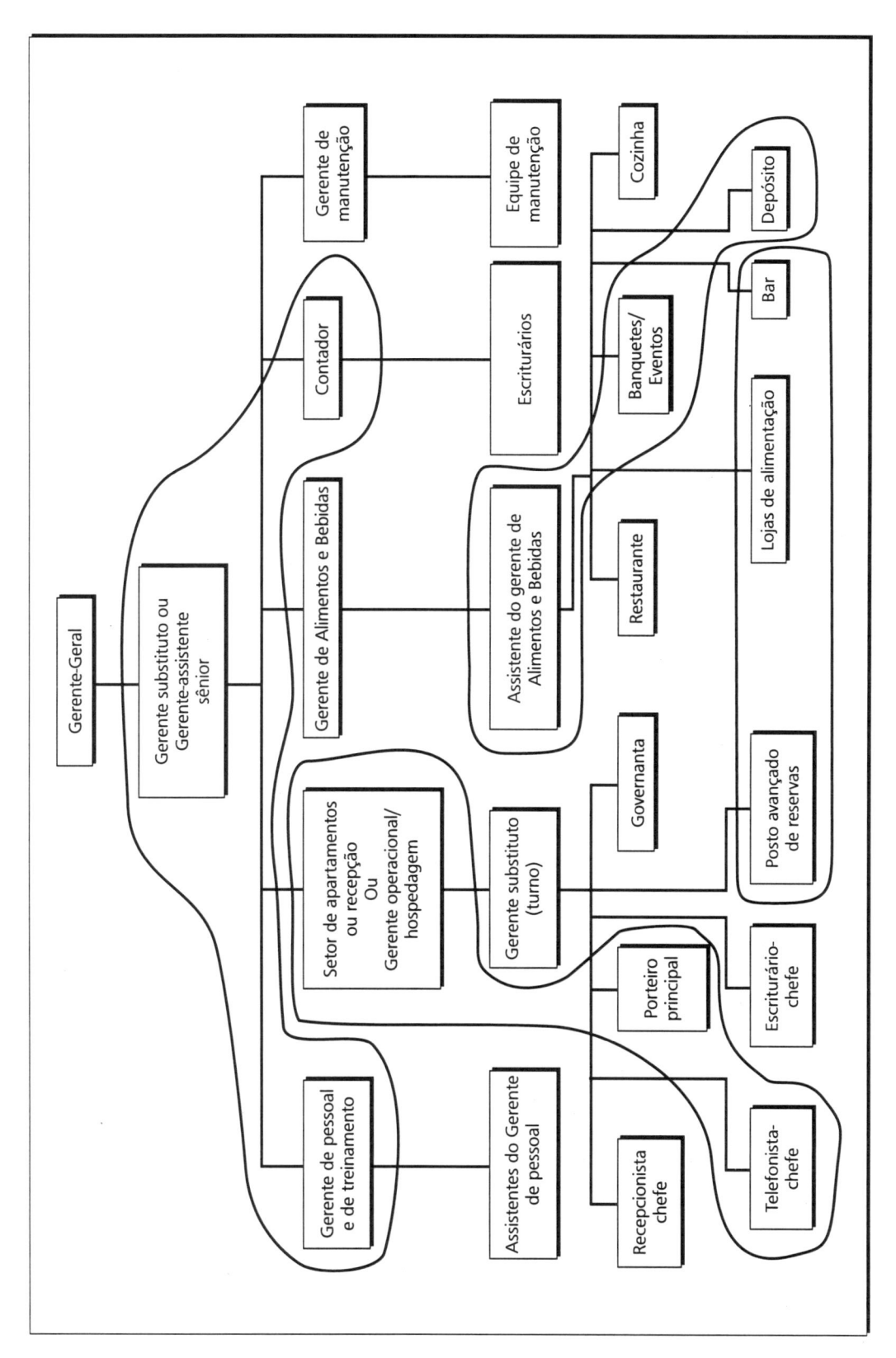

FIGURA 8.2 Exemplos prováveis de grupos informais no âmbito da organização formal.

informais não são necessariamente prejudiciais às operações do estabelecimento, mas é importante que o gerente reafirme a necessidade de que haja cooperação efetiva e trabalho de equipe.

Os papéis formais e informais da equipe de segurança nos hotéis

A equipe de segurança está sob a responsabilidade do gerente-geral do hotel para garantir que a propriedade da empresa e os bens pessoais dos hóspedes estejam protegidos. Também cabe a essa equipe intervir quando surgirem problemas com os hóspedes que relutam em pagar suas contas. Quando ocorre algum incidente, é atribuição dos seguranças conter o hóspede que causou problemas, conduzindo-o sem alarde para fora do hotel. Se necessário, com o auxílio da polícia. Tarefas extras desse grupo são a responsabilidade pela saúde e pela segurança de todas as pessoas presentes no hotel, os funcionários e especialmente os hóspedes. A maior parte da equipe de segurança é integrada por policiais aposentados, ou por pessoas que adquiriram experiência no serviço policial militar. O trabalho é dividido em turnos, com o objetivo de garantir segurança permanente.

Como é de se esperar, os funcionários da segurança evitam chamar a atenção para si próprios, e o cliente geralmente não sabe distingui-los de outros gerentes de departamento, pois normalmente usam a mesma roupa. Sua secção é equivalente a um departamento administrativo na estrutura organizacional do hotel. Possuem um escritório próprio, utilizado quando os hóspedes ou algum empregado tem de ser entrevistado em particular, evitando-se assim que tal conversa ocorra na recepção, onde geralmente se encontra o cofre do hotel e outros equipamentos de monitoração da segurança.

Outras tarefas mais discretas executadas pela equipe de segurança, raramente discutidas com outros gerentes em reuniões de departamentos, dependem da localização do hotel.

Por exemplo, uma das maiores preocupações das equipes de segurança nos hotéis de Londres é a prevenção contra atividades fraudulentas ou com o tráfico de drogas, roubos de carro, evitando que as prostitutas, conhecidas como 'Toms', não se demorem em áreas públicas em busca de clientes. Fechaduras eletrônicas estão colocadas nas portas da maior parte dos apartamentos de hotel em Londres, o que permite que se monitore a entrada e a saída a partir de um painel localizado na recepção. Toda vez que um cliente retorna ao hotel acompanhado, alguém da segurança o informa, por telefone interno, de que a tarifa será aumentada para duas pessoas, a não ser que seja permitida uma inspeção imediata. A "intrusa" é quase sempre interceptada ao deixar o hotel e alertada, sob ameaça policial, de que sua presença não é desejada.

Esses problemas raramente ocorrem em hotéis bem localizados, onde o chefe de segurança geralmente atua como gerente de operações e com freqüência entrevista todos os novos empregados no começo de seu período de integração. É também comum que os empregados do setor de segurança "investiguem a ficha" de qualquer novo empregado, confidencialmente, por meio de informações obtidas com antigos colegas da polícia. Costumam solicitar ao pessoal da lavanderia e da limpeza que relatem prontamente qualquer comportamento estranho de algum hóspede; os empregados que o fazem são em geral indicados para um prêmio em dinheiro, do tipo "empregado do mês". Apesar da falta de habilidades técnicas para administrar hotéis, a equipe de segurança goza de um poder informal considerável, que nem sempre é usado de maneira imparcial. Por exemplo, as dispensas e os pedidos de demissão de diversos gerentes foram provocados por "campanhas de difamação" instigadas por integrantes da segurança e por componentes de suas "panelinhas" em dois hotéis diferentes.

Fonte: McEwan T, A Replicated Study of Communication Networks, Job Retention and Labour Turnover in Two British Hotels. Tese de doutorado não publicada, Cranfield Institute of Technology, Cranfield, 1988.

OS BENEFÍCIOS DE ESTAR INTEGRADO AO GRUPO

Os indivíduos têm expectativas diferentes quanto aos benefícios decorrentes do ingresso em um grupo (formal ou informal), relacionados tanto aos processos sociais quanto ao desempenho no trabalho.

- Os grupos propiciam companhia e uma fonte de entendimento mútuo e de apoio dos colegas. Isso torna mais fácil resolver problemas ou aliviar condições de trabalho estressantes ou exigentes em excesso.
- Pertencer a um grupo pode dar ao indivíduo a sensação de ser parte de algo maior. O grupo propicia um sentimento de identidade, a chance de adquirir o reconhecimento pelo papel exercido e *status* no grupo.
- O grupo oferece diretrizes sobre o comportamento aceitável. Ajuda a esclarecer situações ambíguas, tais como o quanto se espera que as regras e os regulamentos ofi-

cias sejam respeitados. A submissão ao grupo pode ser uma maneira de determinar normas de comportamento, tais como no exemplo do *bank wiring room* mencionado anteriormente.
- Os esforços combinados dos participantes do grupo podem ter um efeito sinérgico. O conhecimento coletivo e a sabedoria dos participantes pode ajudar a resolver problemas no desempenho de tarefas difíceis ou complexas.
- Os grupos podem incentivar a modificação de arranjos formais de trabalho para que sejam melhor adaptados às necessidades dos participantes. É o que ocorre por exemplo quando se faz rodízio em tarefas complexas. A participação em um grupo propicia oportunidades de demonstrar iniciativa e criatividade.
- O grupo pode oferecer apoio mútuo e proteção a seus membros, por exemplo, quando há colaboração para salvaguardar seus próprios interesses de pressões e ameaças externas.

Moral e desempenho no trabalho

Os grupos são, portanto, uma fonte potencial de motivação e de satisfação com o trabalho, e também um grande determinante do desempenho organizacional eficaz. Fazer parte de um grupo coeso é uma experiência gratificante para o indivíduo e contribui para a elevação de seu moral. Os integrantes de um grupo entusiasmado com o trabalho são mais propensos a pensar em si mesmos como equipe e a atuar coletivamente de maneira efetiva.

Lysons aponta quatro razões principais por que as pessoas formam grupos **informais**:

- a perpetuação da cultura do grupo informal;
- a manutenção de um sistema de comunicação;
- a implementação de controle social;
- a provisão de interesse e prazer na vida profissional.[16]

DESENVOLVENDO GRUPOS COMPETENTES

A cooperação entre os participantes será provavelmente maior em um grupo unido e coeso. A preocupação principal de um gerente é a de que os participantes de um grupo cooperem, a fim de alcançar os resultados deles esperados. O trabalho de uma organização de hospitalidade implica uma ampla variedade de operações, muitas das quais são executadas simultaneamente, e depende de um alto grau de coordenação e de trabalho de equipe. Isso exige boas relações profissionais, além de atividades de grupo eficazes.[17]

Para desenvolver grupos de trabalho de alta capacidade produtiva, o gerente deve estar atento àqueles fatores que contribuem para a coesão do grupo, ou, ao contrário, que podem causar frustração ou rompimentos na operação e no desempenho. O gerente precisa considerar, portanto, tanto as necessidades dos integrantes do grupo quanto a promoção de um alto nível de identidade e coesão.

Muitos fatores contribuem para a coesão e o desempenho.[18] Eles podem ser resumidos em quatro amplas classificações: participar de um grupo, ambiente de trabalho, organizacionais e, finalmente, desenvolvimento e maturidade do grupo (Figura 8.3, p. 212).

Participar de um grupo

- *Tamanho do grupo* — É difícil determinar um número que expresse o tamanho ideal de um grupo de trabalho, pois dependerá de uma série de variáveis. Parece, porém, ser comumente aceito que a coesão se torna mais difícil de alcançar quando um grupo excede 10-12 integrantes. Berger e Vanger, por exemplo, indicam que a formação de uma equipe é mais bem-sucedida com a participação de 6 a 10 indivíduos.[19] À medida que um grupo cresce, surgirão problemas na comunicação e na coordenação. Grupos maiores são mais difíceis de controlar e requerem um maior nível de supervisão. O absenteísmo também tende a crescer em grupos maiores. Quando um grupo se torna muito grande, poderá acontecer de dividir-se em unidades menores, onde poderão ocorrer atritos.
- *Compatibilidade dos integrantes* — Quanto mais homogêneos forem os integrantes de um grupo quanto a seus históricos, interesses, atitudes e valores, mais fácil será a coesão. As diferenças entre os integrantes, tais como suas personalidades e aptidões podem servir para que complementem-se, ajudando a criar um grupo coeso. Por outro lado, tais diferenças podem também ser a causa de rompimentos e conflitos.
- *Permanência como integrante do grupo* — O espírito de grupo e as relações demoram a se desenvolver. A coesão será mais facilmente alcançada quando os integrantes estiverem juntos por um razoável período de tempo, e as mudanças ocorrerem lentamente. O *turnover* frequente dos integrantes do grupo provavelmente causará um efeito adverso no ânimo, na satisfação social e na coesão do grupo.

O ambiente de trabalho

- *A natureza da tarefa* — Quando os indivíduos estão envolvidos em trabalho semelhante, compartilham tarefas comuns e enfrentam os mesmos problemas, a coesão será privilegiada. A natureza da tarefa pode servir para unir as pessoas. Um exemplo seria o de recepcionistas que trabalham em um grande e movimentado hotel internacional.
- *Ambiente físico e comunicação* — Quando os integrantes de um grupo trabalham no mesmo local ou em proximidade física muito grande, a coesão será maior. Quanto mais facilmente os integrantes de um grupo podem comunicar-se de maneira livre entre si, maior será a probabilidade de que haja coesão. Os integrantes da equipe de manutenção, que trabalham solitários em diferentes partes do hotel, podem experimentar uma falta de identida-

```
┌─────────────────────────────────────────────────────────┐
│  ┌──────────────────────────┐  ┌──────────────────────┐ │
│  │ PARTICIPAR DE UM GRUPO   │  │ AMBIENTE DE TRABALHO │ │
│  │ ■ Tamanho do grupo       │  │ ■ Natureza da tarefa │ │
│  │ ■ Compatibilidade dos    │  │ ■ Ambiente físico e  │ │
│  │   integrantes            │  │   comunicações       │ │
│  │ ■ Permanência            │  │ ■ Tecnologia         │ │
│  └──────────────────────────┘  └──────────────────────┘ │
│                    ↘          ↙                         │
│           ┌──────────────────────────────┐              │
│           │ COESÃO DO GRUPO E DESEMPENHO │              │
│           └──────────────────────────────┘              │
│                    ↗          ↖                         │
│  ┌──────────────────────────┐  ┌──────────────────────┐ │
│  │ ORGANIZACIONAIS          │  │ GRUPO E MATURIDADE   │ │
│  │ ■ Estilo gerencial       │  │ ■ Formação           │ │
│  │ ■ Sucesso e motivações   │  │ ■ Turbulência        │ │
│  │   positivas              │  │ ■ Normatização       │ │
│  │ ■ Políticas e procedi-   │  │ ■ Desempenho         │ │
│  │   mentos de pessoal      │  │                      │ │
│  │ ■ Ameaça externa         │  │                      │ │
│  └──────────────────────────┘  └──────────────────────┘ │
└─────────────────────────────────────────────────────────┘
```

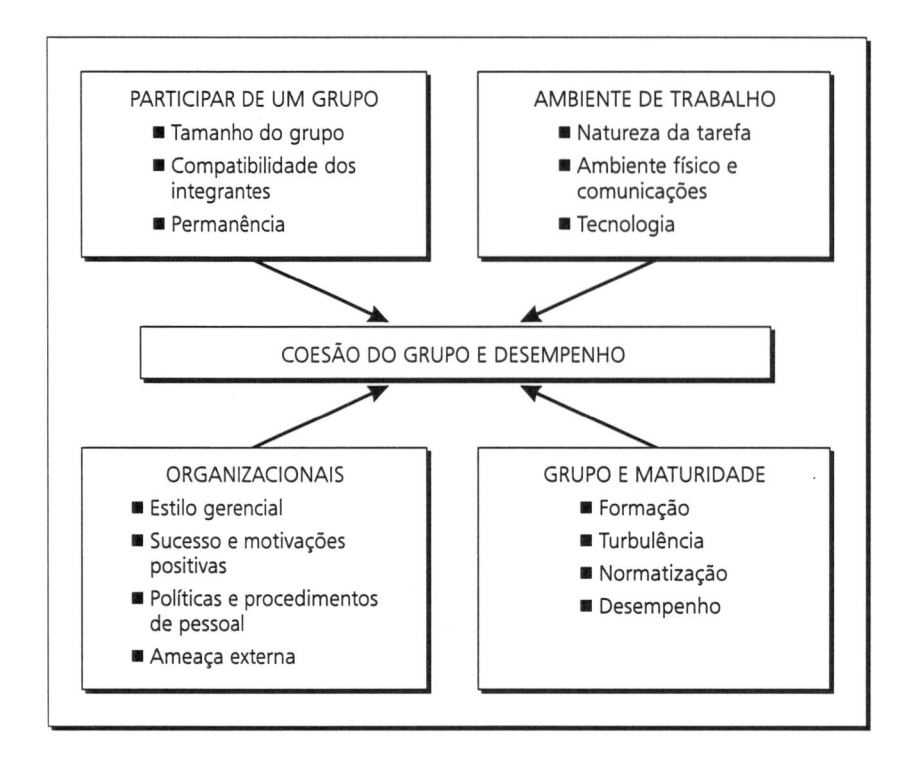

FIGURA 8.3 Fatores que contribuem para a coesão e para o desempenho do grupo.

de com o grupo. Porém, o isolamento de outros trabalhadores pode também construir a coesão. Isso aplica-se, por exemplo, aos trabalhadores do turno da noite, que sempre estão em menor número.

❑ *A tecnologia e a forma como o trabalho é executado* — Quando a natureza do processo de trabalho envolve uma "tecnologia" que depende de algum ofício ou de alguma especialização, há maior probabilidade de coesão. Por exemplo, em um pequeno hotel de alta classe, destacado pelo padrão dos pratos que serve, os integrantes da cozinha precisam interagir e trabalhar proximamente para que haja um desempenho eficaz. (É possível comparar esse fato com a tecnologia de produção em massa de uma cadeia de restaurantes de *fast-food*.)

Organizacionais

❑ *Estilo gerencial* — As atividades dos grupos não podem ser separadas da gerência e do processo de liderança. O estilo de liderança adotado influenciará a relação entre o grupo e a gerência, sendo um determinante maior da coesão da equipe. Em termos gerais, a coesão sofrerá os reflexos da maneira como o gerente conduz, incentiva e apóia o grupo, oferece oportunidades de participação, tenta resolver dificuldades e conflitos, e adota uma abordagem baseada na Teoria Y.

❑ *Sucesso e motivação positiva* — Quanto mais sucesso obtiver o grupo, mais coeso provavelmente será: grupos coesos tendem a obter mais sucesso. O sucesso é geralmente uma influência motivacional forte e positiva para o desempenho no trabalho. O sucesso ou a recompensa como um motivador positivo, pode ser percebido pelos integrantes do grupo de várias formas, por exemplo, ao completar de maneira satisfatória uma tarefa difícil por meio de uma ação cooperativa, quando a gerência reconhece e prestigia o trabalho realizado, quando há um sentimento de alto *status* e estima, ao receber alta remuneração, com base em um esquema de gratificações definido pela equipe.

❑ *Políticas e procedimentos de pessoal* — É preciso estar atento aos efeitos que os sistemas de avaliação, transferência, promoção e disciplina, oportunidades para treinamento e desenvolvimento pessoal exercem sobre os integrantes do grupo. A harmonia entre todos será mais facilmente atingida se as políticas e procedimentos de pessoal forem interpretados como eqüânimes, e se todos os integrantes receberem o que acreditam ser um tratamento justo por parte da gerência.

❑ *Ameaça externa* — A coesão pode ser ampliada se integrantes do grupo cooperarem entre si quando tiverem de enfrentar uma ameaça externa, por exemplo, a introdução de uma nova tecnologia ou mudanças no método de trabalho, ou a nomeação de um novo supervisor. Mesmo depois de a ameaça estar eliminada, o grupo poderá manter o seu alto grau de união. O conflito entre grupos costuma também aumentar a coesão de cada grupo, fazendo com que os limites que separam uma equipe da outra sejam mais facilmente transpostos.

Desenvolvimento do grupo e maturidade

A harmonia também é afetada pela maneira que os grupos progridem ao longo de vários estágios de desenvolvimento e maturidade. Tuckman, por exemplo, identifica quatro estágios principais sucessivos do desenvolvimento e das relações de um grupo: formação, turbulência, normatização, desempenho.[20]

- *Estágio 1: Formação* — A formação inicial do grupo envolve a reunião de vários indivíduos e a tentativa de identificação do objetivo comum, sua composição e termos de referência. Considera-se a estrutura hierárquica do grupo, o padrão de liderança, papéis individuais, responsabilidades e códigos de conduta. Nesse estágio haverá provavelmente uma ansiedade considerável quando os membros tentarem criar uma impressão, testarem-se e estabelecerem sua identidade pessoal no grupo.
- *Estágio 2: Turbulência* — À medida que os integrantes do grupo se conhecem melhor, seus pontos de vista serão mais abertos e substanciais. Os desentendimentos serão expressados, e desafios sobre a natureza da tarefa e dos arranjos feitos durante o período de formação serão oferecidos. O estágio de turbulência é importante porque, se for bem-sucedido, haverá discussões sobre reformulações no funcionamento e na operação dos grupos, buscando-se um acordo que permitirá estruturas e procedimentos mais efetivos.
- *Estágio 3: Normatização* — À medida que o conflito e a hostilidade são controlados, os integrantes do grupo estabelecerão diretrizes e padrões, desenvolvendo suas próprias normas de comportamento aceitável. O estágio de normatização é importante para o estabelecimento da necessidade de que os integrantes do grupo trabalhem juntos no planejamento, nos acordos quanto ao padrão de desempenho do grupo e na realização dos projetos.
- *Estágio 4: Desempenho* — Quando o grupo houver progredido satisfatoriamente nos três estágios anteriores, terá criado a estrutura e a coesão necessárias para trabalhar eficazmente como equipe. Neste estágio, o grupo pode concentrar-se em atingir suas metas, e o desempenho provavelmente será o melhor possível.

Os estágios de formação, turbulência, normatização e desempenho são a base para a construção de uma equipe.[21]

Características de um grupo competente

Bass e Ryterband também identificam quatro estágios distintos para o desenvolvimento efetivo de um grupo:

- aceitação mútua e participação;
- comunicação e tomada de decisões;
- motivação e produtividade;
- controle e organização.[22]

Outro autor sugere que novos grupos passem pelos seguintes estágios:

- o estágio de polidez;
- o estágio "Por que estamos aqui? O que estamos fazendo?"
- qual será o fator dominante? — estágio de poder;
- o estágio construtivo, quando o compartilhamento começa;
- o estágio da unidade — que geralmente requer semanas, almoçando juntos e conversando muito.[23]

As características de um grupo de trabalho competente não são sempre fáceis de identificar. Mas a característica fundamental é um grande espírito de cooperação, o qual possibilita que os integrantes trabalhem bem, em harmonia, como uma equipe unida cujas relações são amistosas e de completo apoio. Isso acontece quando os integrantes do grupo exibem:

- uma crença em objetivos compartilhados;
- uma noção de comprometimento com o grupo;
- a aceitação dos valores e normas de grupo;
- um sentimento de confiança mútua e de dependência;
- participação total e tomada de decisões consensual;
- um fluxo livre de informação e comunicação;
- a expressão livre dos sentimentos e dos pontos em que há desacordo;
- a resolução de conflitos pelos próprios integrantes do grupo.[24]

Desvantagens potenciais de grupos coesos

Para desenvolver grupos de trabalho competentes, o gerente deve estar atento aos fatores que influenciam a criação da identidade e da coesão do grupo. Mas grupos coesos e fortes também apresentam desvantagens potenciais para a gerência. O fato de serem coesos não garante, por si só, um nível mais alto de produção. O desempenho do grupo varia de acordo com sua aceitação ou rejeição das metas da organização. O nível de produção será provavelmente correspondente a um padrão aceito como norma pelo grupo.[25] Podemos lembrar, por exemplo, que no *bank wiring room* as normas e pressões dos integrantes do grupo levaram a métodos de trabalho informais e a restrições ao nível de produção. Mas grupos coesos em geral proporcionam uma grande interação, baixo *turnover* e absenteísmo e, em especial, alta produção.[26]

É importante, portanto, que o gerente tente influenciar o grupo durante o estágio de normatização, quando os integrantes estão estabelecendo diretrizes, padrões, e suas próprias normas de comportamento aceitável. Uma vez que a equipe tenha sido totalmente desenvolvida, a coesão tenha sido consolidada e sua própria cultura tenha sido estabelecida, é mais difícil para o gerente mudar, com sucesso, as atitudes e o comportamento desse grupo.[27]

Conflito entre os grupos

Grupos coesos e fortes podem desenvolver uma atitude crítica ou até mesmo hostil em relação a pessoas que não pertençam a eles ou em relação a integrantes de outros grupos. Esse pode ser o caso, por exemplo, quando a coesão do grupo é baseada em um *status* comum, em um mesmo histórico social, qualificações ou conhecimento técnico. Grupos fortes e coesos também podem causar dificuldades para a socialização e assimilação efetiva de novos integrantes da equipe, contribuindo para provocar crises relacionadas à integração e alto *turnover*. Bowey, por exemplo, relata um caso de alto *turnover* entre garçonetes que, a fim de proteger seus próprios interesses, adotaram uma atitude de desprezo para com as novas integrantes de sua equipe.[28]

A coesão do grupo pode resultar em uma falta de cooperação com outros grupos. O ressentimento e o conflito entre grupos poderá acontecer, para prejuízo da organização como um todo. Um exemplo clássico é o estudo feito por Whyte com o setor de restaurantes norte-americanos e as interações sociais entre dois grupos de trabalhadores — os *chefs* e os garçons.[29] Os *chefs*, desfrutando de alto *status* e por isso sendo reconhecidos pelos demais funcionários, não gostaram do fato de as garçonetes, consideradas de menor *status*, dizerem a eles o que deveriam fazer. O resultado foi que houve discussões e quebras no desempenho. O conflito quanto ao *status* foi resolvido pela introdução de um processo pelo qual os *chefs* recebiam os pedidos dos clientes sem que estivessem cumprindo as instruções das garçonetes.

Com o objetivo de ajudar a evitar ou suplantar conflitos entre os grupos, o gerente deve tentar estimular um alto nível de comunicação e interação entre eles, além de manter a harmonia. Quando o momento for adequado, a rotação dos integrantes de grupos diferentes deve ser estimulada.

Porém, a rivalidade entre os grupos pode às vezes ser estimulada como um meio de ajudar a construir uma coesão mais forte entre os mesmos grupos.[30] A idéia é a de que um elemento de competição pode ajudar a promover a unidade do grupo. Mas a rivalidade e a competição entre os grupos precisa ser administrada com cuidado pelo gerente. Os grupos não devem, normalmente, ser colocados em situação em que tenham de competir por recursos, *status* ou aprovação.[31] O gerente deve tentar evitar a evolução de situações "perde-ganha". É necessário dar ênfase a objetivos mais amplos da organização, que estejam acima das questões causadoras de conflito — objetivos que, para serem atingidos, requerem a cooperação efetiva dos grupos que competem entre si.

Conflitos entre departamentos

Dann e Hornsey chamam atenção para a prevalência do conflito entre departamentos como sendo uma característica das operações do setor hoteleiro. Eles apontam quatro razões principais que, tanto isolada quanto coletivamente, podem aumentar essa espécie de atrito:

- interdependência e relações entre os departamentos;
- o ambiente do hotel e a estrutura na qual as atividades ocorrem;
- gratificações e o tipo de pacote total de pagamento;
- *status* e estigma, e as opiniões dos trabalhadores do setor.[32]

Interdependência

A interdependência surge da natureza dos fluxos de trabalho do setor e da exigência de cooperação próxima e imediata entre dois ou mais departamentos, como, por exemplo, a cozinha e o restaurante. Um conflito fundamental poderá surgir do desejo de autonomia e de independência aliado à necessidade de interdependência e confiança de outras pessoas. Se um departamento sentir que o outro agiu injustamente ou que não retribuiu um favor, haverá potencial para o conflito. Uma razão importante para que haja conflito entre os departamentos são as diferenciações entre as metas, por exemplo, entre a preocupação do *chef* com a qualidade e a dos garçons com a rapidez.

Ambiente social

O ambiente social do ramo hoteleiro possui uma variedade de características especiais que se constituem em fontes potenciais de conflito. Os departamentos que têm contato direto com os clientes adaptam suas atitudes e comportamento no trabalho à situação, e isso enfatiza as diferenças em relação a outros departamentos. A velocidade das operações e a necessidade de rapidez nas decisões pressionam a equipe e causam estresse. O setor se caracteriza por estilos autoritários de liderança e por padrões formais de organização. Há clara demarcação de território no local de trabalho, como na cozinha e na recepção.

Sistema de remuneração

O sistema de remuneração pode provocar injustiças e resultar em conflito entre os departamentos. As gorjetas podem levar a uma visão distorcida das diferenças nos ganhos e em atitudes diferentes em relação aos clientes e à gerência. As oportunidades de fraude podem também ser uma fonte de conflito entre os departamentos. Outra fonte de conflito é a iniqüidade na alocação de recursos escassos entre os departamentos.

Status *ou estigma percebidos*

Hierarquias organizacionais rígidas resultam em um sistema de *status* altamente diferenciado no setor. Isso tem como base a percepção de que há cargos e títulos diferentes. As recepcionistas, por exemplo, consideram-se como um grupo de alto *status*, ao passo que outros grupos, tais como o dos faxineiros, carregam um estigma diferente. O sistema de *status* é estabelecido pela tradição e de maneira mítica, sendo reforçado pela pressão do grupo. As diferenças de *status* podem também surgir entre nacionalidades diferentes ou entre homens e mulheres. (Lembre-se da discussão sobre estereotipia de sexo no Capítulo 3.)

O DESEMPENHO DOS GRUPOS

Já tratamos sobre a importância dos grupos para as operações no ramo da hospitalidade e para que haja trabalho de equipe eficiente. Mas será que o desempenho em grupo é mais eficaz do que o desempenho individual? É difícil chegar a conclusões definitivas. Um exemplo é o processo de tomada de decisões. Certos grupos podem estar mais especificamente voltados à tomada de decisões, tais como a equipe administrativa, mas todos os grupos, de uma forma ou de outra, têm de fazê-lo. A tomada de decisões em grupo pode ser de alto custo, tomar tempo e, possivelmente, frustrar seus integrantes, mesmo assim oferece várias vantagens:

- Os grupos trazem consigo uma gama de conhecimento complementar, de habilidades e de experiência.
- A interação entre os integrantes do grupo pode ter um efeito "bola de neve", favorecendo a troca de idéias e de opiniões entre todos, uns estimulando os outros a participar.
- Os grupos de discussão promovem a avaliação e a revisão de possíveis decisões.
- Quando a participação integral for facilitada, as decisões terão a aceitação de todos, ou da maioria, dos integrantes do grupo. Eles estarão, assim, mais comprometidos com as decisões tomadas e com sua implementação.

Dadas essas vantagens, poder-se-ia esperar que um alto padrão de tomada de decisões fosse o resultado das discussões de grupo. Porém, há o perigo de transigência e de que as decisões sejam feitas de acordo com a "visão mais comum". Há também o fenômeno chamado "expediente arriscado" e o conceito de "pensamento grupal".

O fenômeno "expediente arriscado"

Esse fenômeno sugere que, em vez de o grupo correr menos riscos e tomar decisões mais seguras ou tradicionais, resolve fazer o contrário. Há a tendência de os grupos tomarem decisões mais arriscadas do que tomariam seus integrantes isoladamente.[33]

Talvez seja compreensível que os integrantes do grupo não sintam, em equipe, a mesma responsabilidade pelas decisões tomadas individualmente ou pelos resultados delas decorrentes. Isso parece estar resumido na frase "a decisão de todos não é responsabilidade de ninguém". Outras explicações possíveis para o fenômeno incluem:

- as pessoas inclinadas a ser mais aventureiras e a correr mais riscos podem ser mais influentes nas discussões de grupo;
- o grupo pode gerar uma grande variedade de soluções possíveis, incluindo aquelas que implicam maior risco;
- correr riscos pode ser algo desejável culturalmente e se manifesta com maior intensidade em determinadas situações sociais, como uma discussão de grupo.

Os grupos, contudo, parecem funcionar bem quando o assunto é a avaliação de idéias, sendo mais eficazes do que os indivíduos em tarefas de resolução de problemas que requerem uma variedade de conhecimento e experiência. As pesquisas realizadas parecem sustentar o ponto de vista de que os grupos, comparados aos indivíduos, produzem mais e melhores soluções para os problemas.[34]

Pensamento grupal

A eficácia do comportamento e do desempenho do grupo pode ser negativamente influenciada pela idéia de "pensamento grupal". A partir do exame de alguns grupos de criação de políticas governamentais, Janis concluiu que as decisões podem ser caracterizadas pelo pensamento grupal, que ele define como: "uma deterioração da eficiência mental, do contato com a realidade e do julgamento moral resultante de pressões internas do grupo". A idéia de pensamento grupal não está, contudo, limitada às políticas de governo, mas é uma característica generalizada, podendo estar presente em qualquer situação organizacional em que se dependa dos grupos para tomar decisões importantes".[35] Janis identifica vários sintomas específicos do pensamento grupal:

- Há uma *ilusão de invulnerabilidade*, com otimismo e riscos excessivos.
- *Pressões para que os indivíduos adaptem-se e cheguem a um consenso* significam que a minoria ou as idéias impopulares podem ser suprimidas. Os integrantes que se opõem ao grupo são estereotipados como pessoas nocivas, fracas ou tolas.
- A busca por um consenso pode resultar em uma *racionalização coletiva* de parte dos integrantes do grupo a fim de diminuir o impacto de advertências, ocorrendo uma ilusão de unanimidade. Há a autocensura para qualquer desvio das normas ou do consenso do grupo.
- Uma convicção inquestionável na *moralidade inerente ao grupo*, que leva seus integrantes a convencerem-se da correção lógica do que está sendo feito e a ignorar as conseqüências morais ou éticas das decisões.

Os efeitos do pensamento grupal geralmente ocorrem nos comitês e nos grupos de trabalho, estendendo-se também às decisões, que podem ser inadequadas ou não totalmente questionadas.[36]

Brainstorming

Um método para tentar evocar um debate intenso e gerar possíveis soluções para problemas é o *brainstorming*.[37] Esta técnica toma como base a hipótese de que o pensamento criativo brota mais facilmente quando se incentivam as inclinações naturais dos integrantes do grupo e a livre associação de idéias. A quantidade de idéias levará à qualidade das mesmas. Essa abordagem implica que o grupo adote uma atitude "sem freios" e que origine tantas idéias quanto possível. Quanto mais estranhas e aparentemente utópicas forem as idéias, melhor.

Há vários procedimentos para o *brainstorming*:

- Busca-se inicialmente a quantidade das idéias, e não a qualidade;
- Mesmo que pareçam absurdas ou extravagantes, no primeiro momento, as idéias não são criticadas ou rejeitadas;
- Os integrantes são incentivados a enriquecer as idéias de seus colegas e a fazer com que estes as produzam;
- Não há avaliação de qualquer idéia ou sugestão em particular até que as possibilidades tenham sido esgotadas.

CANAIS DE COMUNICAÇÃO

O nível de interação entre os integrantes de um grupo é influenciado pela estruturação dos canais de comunicação. A pesquisa de laboratório realizada por Bavelas[38] e os estudos subseqüentes desenvolvidos por outros pesquisadores, como Leavitt[39], resultaram no delineamento de uma série de redes de comunicação.

Há cinco espécies principais de redes de comunicação: roda, círculo, todos os canais, Y e cadeia (ver Figura 8.4).

- A **roda**, também conhecida por estrela, é a rede mais centralizada. É a mais apropriada para tarefas simples. Os problemas são resolvidos mais rapidamente com menos erros e com menor fluxo de informação. A pessoa que atua como elo posiciona-se no centro da rede e é o foco das atividades e dos fluxos de informação, além de ser o coordenador das tarefas do grupo. Aquele que ocupa essa posição central é considerado o líder do grupo, experimentando um alto nível de satisfação. Porém, para os integrantes posicionados na periferia, a roda é a rede menos satisfatória.
- O **círculo** é uma rede mais descentralizada. Em termos gerais, é menos eficiente. O grupo é desorganizado, com baixa previsibilidade de liderança. O desempenho tende a ser mais lento e errático. Porém, o círculo é mais rápido que a roda na resolução de problemas complexos; também lida com a mudança ou com novas tarefas de maneira mais eficiente. A rede em círculo é mais satisfa-

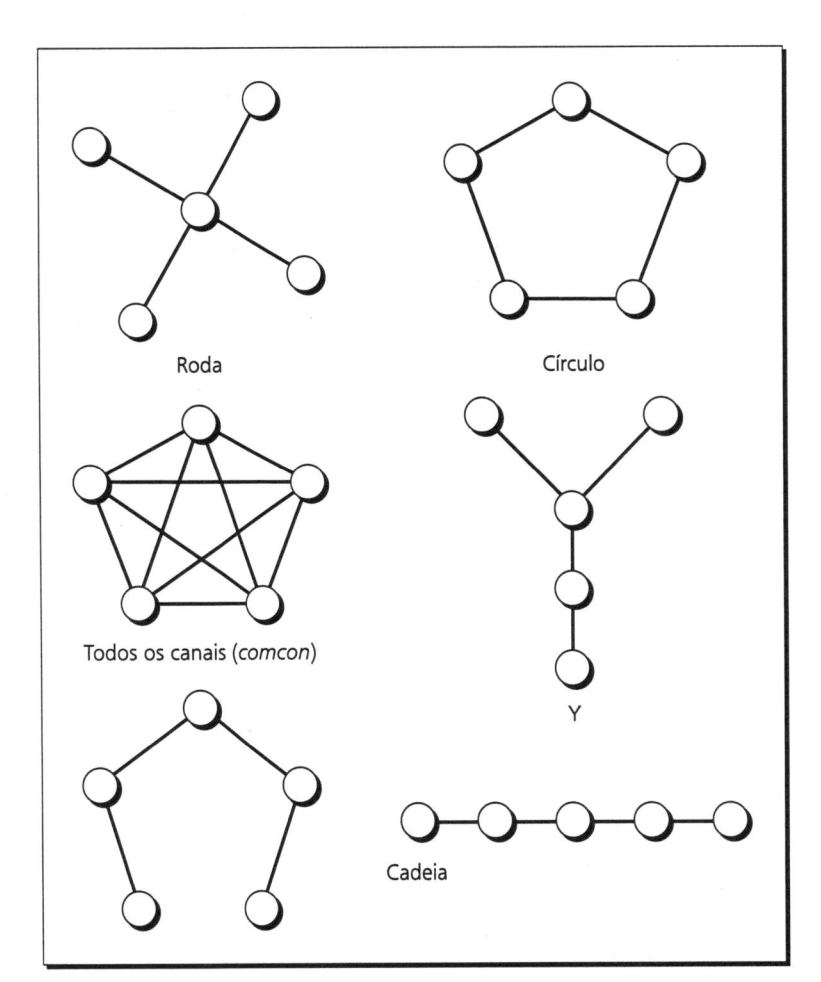

FIGURA 8.4 As redes de comunicação em pequenos grupos.

tória para todos. A tomada de decisões envolve algum grau de participação.

- A rede **de comunicação em todos os canais** envolve a ampla discussão e participação. Parece funcionar melhor quando um alto nível de interação é exigido de todos os integrantes do grupo, a fim de que problemas complexos sejam resolvidos. A previsibilidade da liderança é muito baixa. Há um nível razoável de satisfação dos integrantes. Esta rede pode não funcionar bem sob pressão, podendo desintegrar-se ou transformar-se em roda.
- As redes em **Y** ou **cadeia** são adequadas para a resolução de tarefas mais simples, que requeiram pouca interação dos integrantes do grupo. Estas redes são mais centralizadas, com o fluxo de informação posicionado ao longo de um canal pré-determinado. A previsibilidade de liderança está entre alta e moderada. Há um nível de satisfação entre baixo e moderado.

Implicações para os gerentes

Os estudos e pesquisas constataram que quanto maior a quantidade de interconexões da rede, mais alto será o nível de satisfação geral dos integrantes do grupo. Os grupos estabeleciam suas próprias redes de comunicação, e quanto menos *links* fossem necessários, menos tempo tomava a resolução de suas tarefas. Os grupos que não reduziram o número de *links* em sua rede levavam mais tempo para encontrar as soluções que buscavam.

A partir de uma revisão dos estudos sobre redes de comunicação, Shaw confirmou que tarefas simples eram realizadas de maneira positiva em redes mais centralizadas, tais como a do tipo roda. As tarefas mais complexas eram executadas de maneira mais eficiente em redes descentralizadas, tais como a rede em círculo ou todos os canais.[40]

Apesar da artificialidade desses estudos sobre a rede de comunicação, há determinadas implicações para os gerentes que sabem observar os padrões de comunicação adotados por grupos diversos em diferentes situações, e que também percebem como as redes de comunicação mudam à medida que o tempo passa. O conhecimento dessas constatações pode ser aplicado para influenciar os padrões de comunicação nos grupos de trabalho e a maneira com que tais padrões se relacionam ao desempenho. Os problemas que requerem um alto nível de interação entre os integrantes do grupo não serão controlados com eficiência se houver canais inadequados para a comunicação ou para o compartilhamento de informação. A escolha de uma rede determinada de comunicação pode envolver *trade-offs* entre o desempenho do grupo de trabalho e a satisfação de seus integrantes.

PARTICIPAÇÃO EM EQUIPES EFICIENTES

Que fatores devem ser considerados quando se decide quem deve participar de uma equipe de gestão? Com base em anos de pesquisa e de estudos empíricos, Belbin conclui que as equipes mais consistentes incluem uma variedade de papéis executados por integrantes diferentes.[41] A constituição da própria equipe é uma variável importante para o sucesso. As equipes compostas somente por integrantes inteligentes, ou por pessoas com personalidades semelhantes, apresentam vários resultados negativos e carecem de criatividade.

Papéis fundamentais de equipe

Belbin explica o "papel de equipe" como um padrão de comportamento característico da maneira pela qual o integrante da equipe interage com outro e quando o desempenho serve para facilitar o progresso da equipe como um todo. Há oito tipos de colaboradores:

- Empregado da empresa
- Modelador
- Investigador de recursos
- Trabalhador de equipe
- Presidente do grupo
- Planta
- Monitor-avaliador
- Finalizador

Uma discriminação desses papéis de equipe está na Figura 8.5 (p. 218). Os oito tipos de profissionais identificados são integrantes úteis, que formam uma lista abrangente. Esses são os papéis fundamentais de equipe e os personagens mais importantes dos grupos de sucesso. As equipes criativas reúnem de forma equilibrada todos esses papéis e incluem os integrantes com características complementares. Belbin afirma que bons exemplos dos oito tipos seriam adequados para qualquer desafio, embora nem todos os oito sejam necessários. Outros elementos podem ser bem-vindos por suas qualidades pessoais, entre elas, o senso de humor, mas a experiência indica que não há nenhum outro papel útil que se deva acrescentar aos já existentes.

Papéis de apoio na equipe e papéis funcionais

As equipes mais bem-sucedidas eram "mistas", havendo um equilíbrio entre os papéis. O papel que uma pessoa executa em um grupo não é fixo e pode mudar de acordo com as circunstâncias. Os indivíduos podem ter um papel de apoio na equipe, com o qual tenham alguma afinidade, diferente de seu papel principal. Se determinadas funções não existirem, os integrantes atuarão desenvolvendo papéis de apoio. Os papéis de equipe diferem do que Belbin chama de "papéis funcionais". Estes são papéis que os integrantes de uma equipe desempenham como demandas técnicas específicas que deles se exigem. Os integrantes de equipe são tipicamente escolhidos por seus papéis funcionais, com base na experiência, e não em características ou aptidões pessoais.

Lista revisada, com nove papéis de equipe

Em uma publicação subseqüente, Belbin discute a evolução dos papéis de equipe, que agora diferem em alguns as-

Tipo	Símbolo	Características típicas	Qualidades positivas	Possíveis deficiências
Empregado da empresa	EE	Conservador, cumpridor de seus deveres, previsível.	Capacidade de organização, bom senso, dedicação, disciplina.	Falta de flexibilidade, indiferença a idéias não comprovadas.
Presidente do Grupo	PG	Calmo, autoconfiante, controlado.	Capacidade de tratar bem e de reconhecer todos os colaboradores por seus méritos; sem preconceitos; forte noção de objetividade.	Não mais do que médias em termos de aptidão intelectual ou criativa.
Modelador	MO	Hipersensível, extrovertido, dinâmico.	Motivação e prontidão para combater a inércia, a ineficiência e a decepção.	Predisposição à provocação, irritação e impaciência.
Planta	PL	Individualista, sério, heterodoxo.	Gênio, imaginação, intelecto, conhecimento.	"Desligamento", inclinação a desconsiderar detalhes práticos ou protocolares.
Investigador de recursos	IR	Extrovertido, entusiasta, curioso, comunicativo.	Capacidade para contatar pessoas e explorar novidades; capacidade para responder a desafios.	Sujeito a perder o interesse quando a fascinação inicial passar
Monitor-avaliador	MA	Sensato, racional, prudente.	Julgamento, discrição, convicção obstinada.	Falta de inspiração ou de habilidade para motivar outras pessoas.
Trabalhador de equipe	TE	Orientado socialmente, bastante moderado, sensível.	Capacidade de responder às pessoas e às situações, promovendo um espírito de equipe.	Indecisão em momentos de crise.
Finalizador	FI	Diligente, organizado, consciencioso, ansioso.	Capacidade para dar prosseguimento às tarefas.	Tendência a preocupar-se com pequenas coisas; relutância em dar ritmo aos fatos.

(Fonte: reimpressa com permissão de Belbin R M, *Management Teams: Why They Succeed or Fail*, Butterworth-Heinemann [1981], p. 78.)

FIGURA 8.5 Pessoas úteis para fazer parte da equipe.

pectos daqueles identificados nas pesquisas anteriores.[42] Dois papéis receberam novos nomes, em grande parte por questões de aceitabilidade: "coordenador" substitui presidente de grupo, e "implementador" substitui trabalhador de equipe. A mais significativa das mudanças é o acréscimo de outro papel, o nono, que é o de "especialista". Tal papel foi adicionado em função da importância de um tipo de experiência profissional em projetos de trabalho, além de sua significação para a questão da evolução na carreira. A Figura 8.6 apresenta uma descrição desses nove papéis.

Um perfil resumido de grupos de trabalho eficazes está na Figura 8.7 (p. 220).

Participação em equipes eficientes

Papéis e descrições — contribuição do papel exercido na equipe	Possíveis deficiências
Planta: Criativo, imaginativo, heterodoxo. Resolve problemas difíceis.	Ignora detalhes. Preocupado demais com a comunicação eficaz.
Investigador de recursos: Extrovertido, entusiasta, comunicativo. Explora oportunidades. Desenvolve contatos.	Otimismo excessivo. Perde o interesse assim que o entusiasmo inicial passa.
Coordenador: Maduro, confiável, um bom presidente. Esclarece metas, promove a tomada de decisões, sabe delegar.	Pode ser considerado manipulador. Delega trabalho de sua responsabilidade.
Modelador: Desafiador, dinâmico, prospera sob pressão. Tem a determinação e a coragem para superar obstáculos.	Pode provocar os outros. Fere o sentimento das pessoas.
Monitor-avaliador: Sério, estratégico, com bom discernimento. Considera todas as opções. Julga com precisão.	Falta de dinamismo e de capacidade de inspirar os outros. Excessivamente crítico.
Trabalhador de equipe: Cooperativo, moderado, atento e diplomático. Escuta, constrói, evita atritos, aquieta os ânimos.	Indecisão em situações complicadas. Pode ser influenciado com facilidade.
Implementador: Disciplinado, confiável, conservador e eficiente. Transforma idéias em ações.	De certa forma, inflexível. Lento ao responder a novas possibilidades.
Finalizador: Diligente, consciencioso, ansioso. Procura erros e omissões. Respeita cronograma.	Inclinação a preocupar-se sem motivo. Relutante em delegar. Pode ser muito detalhista.
Especialista: Sincero, capaz de tomar iniciativas, dedicado. Oferece conhecimento e habilidades cuja oferta é escassa.	Contribui apenas dentro de estreitos limites. Demora-se em aspectos técnicos. Não tem uma visão geral da situação.

A força da contribuição em qualquer um desses papéis está comumente associada a determinados pontos fracos, chamados de possíveis deficiências. Os executivos raramente são hábeis e fortes em todos os papéis que exercem.

(*Fonte:* reimpresso com a permissão de Belbin R M, *Team Roles at Work*, Butterworth-Heinemann (1993), p. 23.)

FIGURA 8.6 Lista revisada, com nove papéis de equipe.

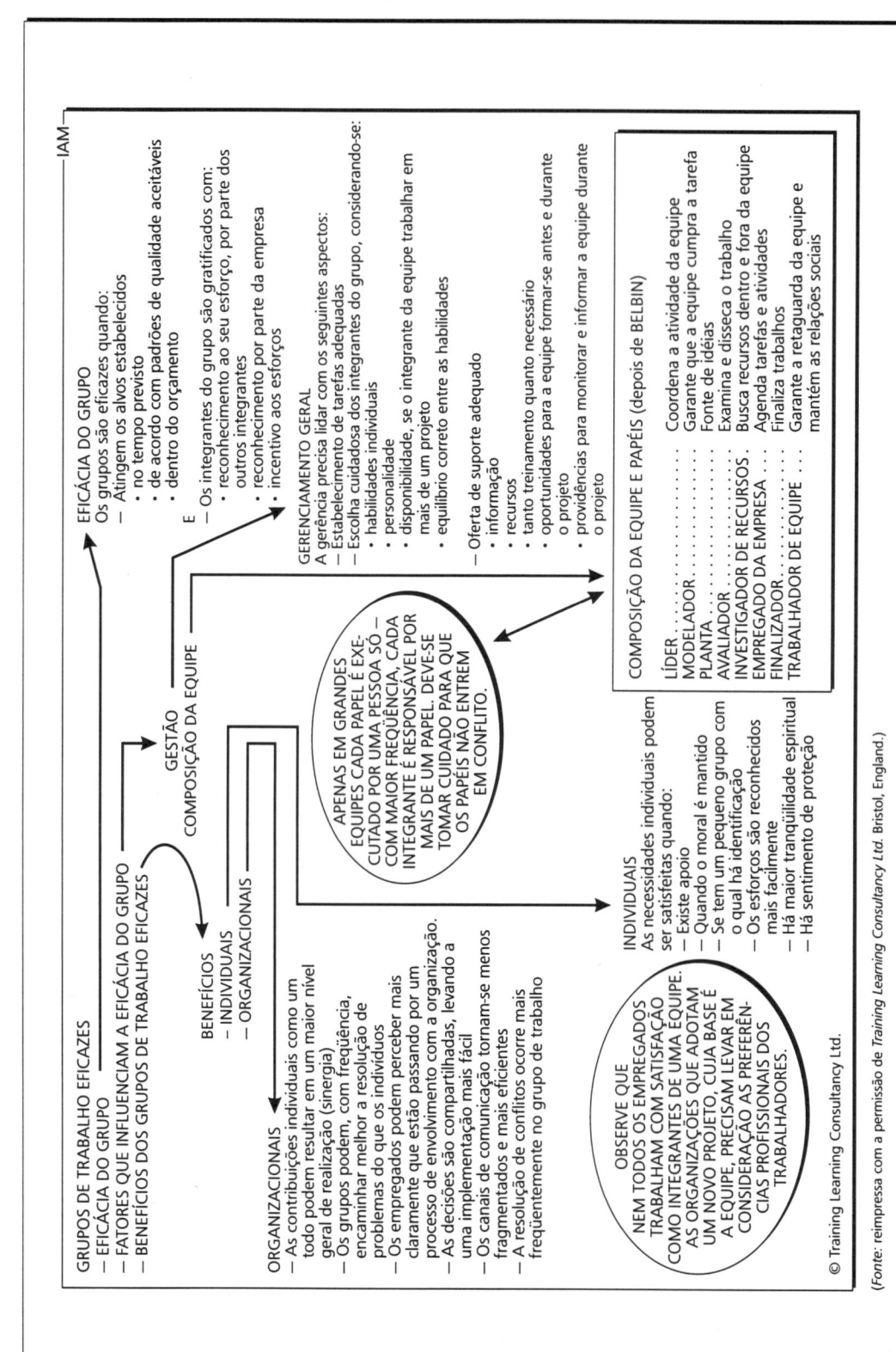

GRUPOS DE TRABALHO EFICAZES
— EFICÁCIA DO GRUPO
— FATORES QUE INFLUENCIAM A EFICÁCIA DO GRUPO
— BENEFÍCIOS DOS GRUPOS DE TRABALHO EFICAZES

BENEFÍCIOS
— INDIVIDUAIS
— ORGANIZACIONAIS

ORGANIZACIONAIS
— As contribuições individuais como um todo podem resultar em um maior nível geral de realização (sinergia)
— Os grupos podem, com freqüência, encaminhar melhor a resolução de problemas do que os indivíduos
— Os empregados podem perceber mais claramente que estão passando por um processo de envolvimento com a organização.
— As decisões são compartilhadas, levando a uma implementação mais fácil
— Os canais de comunicação tornam-se menos fragmentados e mais eficientes
— A resolução de conflitos ocorre mais freqüentemente no grupo de trabalho

OBSERVE QUE NEM TODOS OS EMPREGADOS TRABALHAM COM SATISFAÇÃO COMO INTEGRANTES DE UMA EQUIPE. AS ORGANIZAÇÕES QUE ADOTAM UM NOVO PROJETO, CUJA BASE É A EQUIPE, PRECISAM LEVAR EM CONSIDERAÇÃO AS PREFERÊNCIAS PROFISSIONAIS DOS TRABALHADORES.

© Training Learning Consultancy Ltd.

EFICÁCIA DO GRUPO
Os grupos são eficazes quando:
— Atingem os alvos estabelecidos
  • no tempo previsto
  • de acordo com padrões de qualidade aceitáveis
  • dentro do orçamento
— Os integrantes do grupo são gratificados com:
  • reconhecimento ao seu esforço, por parte dos outros integrantes
  • reconhecimento por parte da empresa
  • incentivo aos esforços

GERENCIAMENTO GERAL
A gerência precisa lidar com os seguintes aspectos:
— Estabelecimento de tarefas adequadas
— Escolha cuidadosa dos integrantes do grupo, considerando-se:
  • habilidades individuais
  • personalidade
  • disponibilidade, se o integrante da equipe trabalhar em mais de um projeto
  • equilíbrio correto entre as habilidades
— Oferta de suporte adequado
  • informação
  • recursos
  • tanto treinamento quanto necessário
  • oportunidades para a equipe formar-se antes e durante o projeto
  • providências para monitorar e informar a equipe durante o projeto

APENAS EM GRANDES EQUIPES CADA PAPEL É EXECUTADO POR UMA PESSOA SÓ — COM MAIOR FREQÜÊNCIA, CADA INTEGRANTE É RESPONSÁVEL POR MAIS DE UM PAPEL. DEVE-SE TOMAR CUIDADO PARA QUE OS PAPÉIS NÃO ENTREM EM CONFLITO.

GESTÃO
COMPOSIÇÃO DA EQUIPE

COMPOSIÇÃO DA EQUIPE E PAPÉIS (depois de BELBIN)

LÍDER	Coordena a atividade da equipe
MODELADOR	Garante que a equipe cumpra a tarefa
PLANTA	Fonte de idéias
AVALIADOR	Examina e dissecа o trabalho
INVESTIGADOR DE RECURSOS	Busca recursos dentro e fora da equipe
EMPREGADO DA EMPRESA	Agenda tarefas e atividades
FINALIZADOR	Finaliza trabalhos
TRABALHADOR DE EQUIPE	Garante a retaguarda da equipe e mantém as relações sociais

INDIVIDUAIS
As necessidades individuais podem ser satisfeitas quando:
— Existe apoio
— Quando o moral é mantido
— Se tem um pequeno grupo com o qual há identificação
— Os esforços são reconhecidos mais facilmente
— Há maior tranqüilidade espiritual
— Há sentimento de proteção

IAM

(Fonte: reimpressa com a permissão de Training Learning Consultancy Ltd. Bristol, England.)

FIGURA 8.7 Perfil resumido de grupos de trabalho eficazes.

Construindo a equipe perfeita

Referindo-se à pesquisa de Belbin, White fala de uma equipe no sentido próprio da palavra, como um grupo que contribui para um todo maior do que as partes — um espírito coletivo, uma alquimia gerencial que faz delas uma força. Se os executivos estiverem receptivos para aceitar que o esforço do grupo é sempre melhor do que indivíduos trabalhando isolados, a pesquisa de Belbin poderá ajudar a construir a equipe perfeita. White sugere que, no final, tudo depende da confiança. O *dream team* está esperando por você ou está bem próximo; tudo o que você tem que fazer é encaixá-lo nos nove papéis definidos por Belbin.[43]

RELAÇÕES ENTRE OS PAPÉIS EXERCIDOS

A fim de que a organização possa alcançar suas metas, o trabalho dos indivíduos deve estar ligado por padrões coerentes de atividades e relações. Isso se alcança por meio da estrutura dos papéis exercidos. Um *"papel" é o padrão esperado de comportamento associado aos integrantes que ocupam uma determinada posição na estrutura da organização.* (As relações organizacionais formais discutidas no Capítulo 6 podem também ser vistas como tipos de relações entre papéis.)

O conceito de "papel" é importante para o funcionamento do grupo, para o entendimento dos processos de grupo e para as atitudes. É por meio da diferenciação dos papéis que a estrutura dos grupos de trabalho e das relações entre seus integrantes são estabelecidas. A identificação de papéis distintos ajuda a esclarecer a estrutura e o padrão das complexas relações de um grupo. Uma forma adequada é necessária para o trabalho de equipe e para a cooperação.

O papel, ou os papéis, que um indivíduo desempenha no grupo é influenciado por uma combinação de:

- *fatores circunstanciais,* tais como o tipo de unidade, a natureza da tarefa, o estilo de liderança, outros integrantes do grupo, padrão da rede de comunicação; e
- *fatores pessoais,* tais como valores, crenças, atitudes, motivação, experiência, habilidade e capacidade.

Um conjunto de papéis

Além das relações entre os papéis do seu próprio grupo — superiores, colegas, subordinados — os indivíduos terão várias relações com outras pessoas, que caracterizam o conjunto de papéis com que esses indivíduos se relacionam. Esse conjunto de papéis compreende uma variedade de associações ou contatos com quem os indivíduos interagem de maneira significativa. O conjunto de papéis relacionado ao indivíduo fornece uma base para a análise da natureza de seu trabalho, seus deveres e responsabilidades paralelos, na estrutura e na operação da organização de hospitalidade.[44]

A Figura 8.8 (p. 222) apresenta um exemplo de um possível conjunto de papéis de uma recepcionista. A variedade de diferentes expectativas dessas associações e contatos terá uma influência significativa no comportamento e no desempenho da recepcionista.

Expectativas que recaem sobre um papel

O papel desempenhado por uma pessoa em um determinado grupo de trabalho pode ser bastante diferente do papel que ela desempenha em outros grupos de trabalho. Porém, há a expectativa de que todos os integrantes de um grupo comportem-se de uma maneira adequada e que preencham certas condições inerentes ao papel. Estas podem ser estabelecidas formalmente, ou ser informais, ou ainda serem estabelecidas pelos integrantes.

- *As expectativas formais de um papel* indicam o que se espera que a pessoa faça, seus deveres e obrigações. As prescrições formais dos papéis oferecem diretrizes para o comportamento esperado. Como exemplos, um típico contrato de emprego, regras e regulamentos, decisões relativas a políticas-padrão adotadas, respeito a preceitos legais, funções do emprego ou diretivas de superiores.
- *As expectativas informais de um papel* não são prescritas formalmente, mas, ainda assim, constituem-se em padrões esperados de comportamento. Essas expectativas informais podem ser impostas pelo próprio grupo. Exemplos disso incluem a conduta geral, o apoio mútuo entre os colegas, atitudes relativas aos superiores, meios de comunicação, vestuário e aparência. Os integrantes do grupo nem sempre estão cientes dessas expectativas informais, ainda que elas sejam determinantes importantes de seu comportamento. Sob esta classificação, poder-se-ia incluir o contrato psicológico, discutido no Capítulo 3.
- *As expectativas estabelecidas pelos integrantes* surgem quando os integrantes têm expectativas formais frouxamente especificadas ou apenas em termos muito gerais. Isso permite que os integrantes determinem as próprias expectativas de seu papel e seus padrões de comportamento. Essa espécie de expectativa costuma ocorrer principalmente nos cargos sênior, por exemplo, no cargo de gerente-geral ou de gerentes de departamento. Também pode surgir entre certos grupos profissionais ou técnicos, ou onde houver uma demanda por criatividade ou por habilidades artísticas, como é o caso do *chef* principal.

Conflito entre papéis

Os padrões de comportamento resultam tanto do papel exercido quanto da personalidade de cada um. O conceito de papel refere-se a aspectos comportamentais que existem independentemente da personalidade de um indivíduo. O choque entre personalidades ocorre quando há incompatibilidade entre duas ou mais pessoas, embora seus papéis estejam claramente definidos e sejam totalmente compreendidos. O conflito entre papéis, contudo, surge da definição inadequada

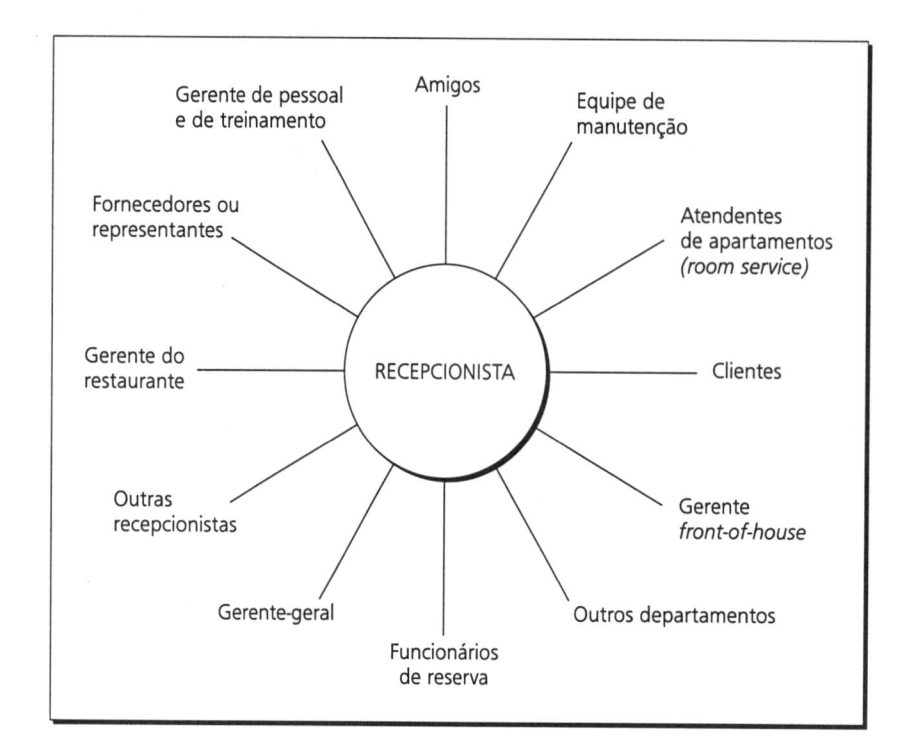

FIGURA 8.8 Conjunto de possíveis papéis de uma recepcionista.

(Papéis em torno da RECEPCIONISTA: Gerente de pessoal e de treinamento; Amigos; Equipe de manutenção; Fornecedores ou representantes; Atendentes de apartamentos (room service); Gerente do restaurante; Clientes; Outras recepcionistas; Gerente front-of-house; Gerente-geral; Funcionários de reserva; Outros departamentos.)

ou inapropriada do que seja um papel a ser exercido. Um exemplo clássico é o conflito de *status* entre o *chef* e os garçons. (Ver o estudo de Whyte.)

Na prática, a maneira como uma pessoa de fato se comporta pode não corresponder ao padrão de comportamento que dela se espera. Essa incongruência pode ser uma conseqüência do conflito entre os papéis. Como termo genérico, esse conflito pode incluir a incompatibilidade, a ambigüidade, a sobrecarga e a "subcarga" de papéis. Todas essas áreas estão associadas à criação de expectativas em relação aos papéis (Figura 8.9).

Incompatibilidade de papéis

A incompatibilidade ocorre quando uma pessoa enfrenta uma situação na qual suas expectativas simultâneas, diferentes ou contraditórias, se tornam inconsistentes. Corresponder a um determinado rol de expectativas faz com que seja difícil ou impossível atender a outras expectativas. Os dois conjuntos incompatíveis de expectativas entram em conflito. Um exemplo típico diz respeito às pessoas que estão na "faixa intermediária", como o supervisor ou o chefe de seção que enfrenta expectativas opostas, vindas dos subordinados e da administração sênior. Por exemplo, os subordinados podem esperar uma abordagem descontraída, do tipo Teoria Y, e boas relações de trabalho, mas a gerência pode esperar que o supervisor adote uma abordagem diretiva, do tipo Teoria X, com ênfase no alcance de produção máxima.

A incompatibilidade de papéis se manifesta também em circunstâncias em que se espera que alguém exerça um papel para o qual não foi preparado.[45] Isso pode ocorrer quando os valores, as atitudes, a personalidade, as habilidades e os interesses da pessoa não correspondem às exigências do papel. Um exemplo claro seria o de uma pessoa introvertida exercendo uma função que exige negociar com muita gente. A incompatibilidade de papéis pode também acontecer quando uma pessoa aceita uma promoção sem levar em conta as diferentes expectativas do novo cargo. Novas práticas de trabalho podem resultar em mudanças na natureza e nas expectativas que se tem do papel de uma pessoa, como, por exemplo, acontece desde a introdução de computadores até a indicação de um novo gerente.

Ambigüidade entre os papéis

A ambigüidade entre os papéis exercidos ocorre quando há falta de clareza quanto ao preparo necessário para o papel e quando a pessoa não tem certeza do que deve fazer. A própria percepção que alguém tem de seu papel pode ser diferente da expectativa dos demais. A pessoa fica insegura quanto ao padrão esperado de comportamento. Isso indica que há informação insuficiente para que haja um desempenho adequado do papel. A natureza característica do setor de serviços, discutida no Capítulo 2, dá origem a um alto potencial de ambigüidade. A ambigüidade entre os papéis pode ser o resultado da falta de expectativas prescritas e geralmente

```
                    ┌─────────────────────────────┐
                    │  RELAÇÕES ENTRE OS PAPÉIS   │
                    └─────────────────────────────┘
                      │                         │
          ┌───────────────────────┐   ┌───────────────────┐
          │ Fatores circunstanciais│   │ Fatores pessoais  │
          └───────────────────────┘   └───────────────────┘
                      │
          ┌─────────────────────────────────────┐
          │ EXPECTATIVAS EM RELAÇÃO AOS PAPÉIS  │
          └─────────────────────────────────────┘
              │             │              │
        ┌──────────┐  ┌──────────┐  ┌──────────────────┐
        │ Informais│  │ Formais  │  │ Auto-estabelecidos│
        └──────────┘  └──────────┘  └──────────────────┘
                      │
          ┌─────────────────────────────────────┐
          │     PADRÃO REAL DE COMPORTAMENTO    │
          └─────────────────────────────────────┘
                      │
          ┌─────────────────────────┐
          │   CONFLITO ENTRE PAPÉIS │
          └─────────────────────────┘
        │           │           │          │
  ┌──────────────┐┌────────────┐┌──────────┐┌──────────┐
  │Incompatibilidade││Ambigüidade││Sobrecarga││ Subcarga │
  └──────────────┘└────────────┘└──────────┘└──────────┘
```

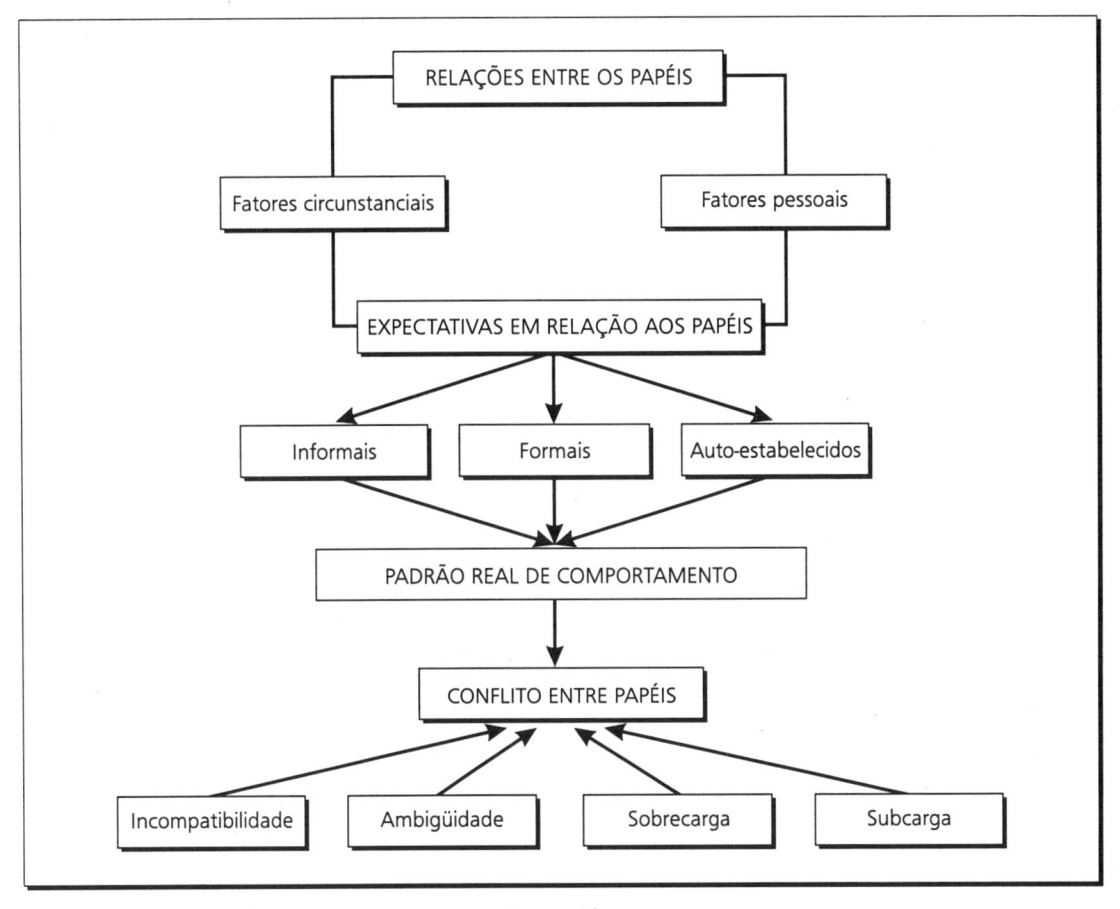

FIGURA 8.9 Relações e conflitos entre os papéis exercidos.

surge quando há mudanças constantes. A incerteza pode estar relacionada a assuntos como deveres e responsabilidades, o modo de executar tarefas, os padrões de trabalho e a avaliação ou apreciação do desempenho.

Exemplos comuns de ambigüidade entre os papéis exercidos, por exemplo, são os *trainees* de gerência, quando não estão seguros do grau de autoridade que deverão exercer sobre os subordinados. Os estudantes de administração, em seu treinamento para posterior colocação no setor, estão sujeitos a essa ambigüidade de papéis. Pode não estar claro até que ponto a empresa espera que eles se envolvam com experiências profissionais práticas em nível de operação ou com a exposição a responsabilidades de supervisão. Outro exemplo seria o de uma pessoa indicada para ocupar um cargo recém-criado, em razão da expansão ou da reorganização do estabelecimento. Ela pode sentir-se insegura quanto à natureza exata da nova função ou da autoridade e da responsabilidade que tal função exige.

Sobrecarga de papéis

Acontece quando a pessoa tem de enfrentar muitos papéis independentes ou uma variedade muito grande de expectativas. Ela então não consegue atender todas as expectativas de maneira satisfatória e algumas acabam sendo negligenciadas, a fim de que outras sejam satisfeitas. Isso leva a um conflito de prioridades. A sobrecarga de papéis difere da sobrecarga de trabalho, pois é considerada como o conjunto total de papéis e implica que a pessoa tem muitos papéis diferentes a desempenhar ao mesmo tempo. Quando há muitas expectativas relacionadas a um papel apenas, ou seja, quando há problemas em quantidade e não em variedade, temos a sobrecarga de trabalho.[46]

Um exemplo de sobrecarga de papéis para um gerente-assistente de um hotel é fornecido por Lockwood e Jones. O gerente, que já é responsável pelo pessoal e pelo treinamento, recebe a incumbência agora de atuar como gerente substituto, como responsável pela área de segurança e saúde, e ainda encarregar-se do comitê social da equipe.[47]

Subcarga de papéis

A subcarga de papéis acontece quando as expectativas prescritas são menores do que a percepção que alguém tem de seu próprio papel. A pessoa pode perceber que o papel que exerce não lhe exige muito ou que há falta de variedade, responsabilidade ou desafios. Há casos, entretanto, de pessoas que mesmo assim ainda sofrem de sobrecarga de trabalho. A subcarga igualmente poderá surgir, por exemplo, com os efeitos iniciais da delegação ou com a indicação de um integrante excessivamente qualificado. Poderá também ocorrer com os anteriormente mencionados *trainees* de gerência, estudantes em treinamento setorial e integrantes de equipes indicados para um novo cargo.

Estresse relacionado aos papéis

O conflito de papéis pode resultar em estresse. Embora o trabalho seja uma fonte de satisfação, é também, cada vez mais, uma fonte de estresse. Dada a natureza do setor de serviços, discutida no Capítulo 2, o estresse é uma característica predominante nas organizações de hospitalidade. De acordo com Wood:

> *No setor de hospitalidade, a imprevisibilidade (da demanda, dos empregados) é uma grande fonte de estresse, mas os altos níveis de responsabilidade que muitos gerentes possuem podem também ser significativos, especialmente quando se experimenta uma sensação de isolamento devido à independência de uma unidade em relação a outras unidades ou à organização como um todo.*[48]

Embora uma determinada quantidade de estresse seja considerada positiva para o indivíduo, capacitando-o a alcançar um bom desempenho, poderá, por outro lado, ser também muito prejudicial. O alto nível de estresse é uma fonte de tensão, frustração e insatisfação, que pode levar a dificuldades na comunicação e nas relações interpessoais. Pesquisas indicam que a conseqüência dos conflitos entre papéis provoca uma menor satisfação com o trabalho e um efeito adverso no desempenho individual.[49, 50]

Um exemplo de estresse relacionado ao papel exercido é o estudo, discutido antes, que Whyte fez com *chefs* e equipes de garçons. A pesquisa apontou que a razão para o estresse foi o conflito constante entre as demandas dos clientes, que exigiam serviço rápido, e a pressão dos *chefs*, que não conseguiam preparar a comida a tempo. As garçonetes, neste caso, estavam entre duas expectativas incompatíveis que as pressionavam. Como resultado, várias delas opinaram que seu trabalho era muito estressante e que por isso choravam com freqüência.

Reduzindo o estresse

Cada vez há mais provas de doenças e problemas sociais causados pelo estresse; crises no casamento são um exemplo.

A diminuição da eficiência no trabalho, resultante do estresse, tem um custo extremamente alto para as organizações.[51] É, portanto, importante que os gerentes façam todo esforço possível para minimizar as causas estressantes. Há várias maneiras pelas quais a gerência pode tentar evitar ou reduzir o conflito entre os papéis e a possibilidade de estresse:

❏ maior clareza e especificidade das expectativas que se tem dos papéis exercidos, como, por exemplo, a descrição das funções;
❏ melhor recrutamento, seleção e integração de funcionários; uma combinação cuidadosa das aptidões, motivações, personalidades e interesses necessários às exigências de um determinado papel;
❏ uma política sistemática voltada ao treinamento, à reciclagem, ao desenvolvimento da equipe e aos projetos de progressão na carreira;
❏ revisão da estrutura da organização, criando-se, por exemplo, novos papéis e assimilando os papéis existentes ou realocando tarefas e responsabilidades;
❏ atenção às estruturas e à coesão do grupo, superação do conflito entre os grupos, uso possível de grupos autônomos de trabalho;
❏ mudanças nos sistemas de gestão e no estilo de liderança, com, por exemplo, a adoção do Sistema 4 de gestão, a aplicação de administração por objetivos, maior delegação e melhoria nas comunicações;
❏ avisar e explicar previamente aos subordinados o que vai acontecer, por exemplo, planos para uma grande reforma no estabelecimento, um enorme número de clientes que chegará ao mesmo tempo, a preparação para um sofisticado banquete ou conferência;
❏ um programa de exames médicos e de saúde, que servirá para prevenir ou diagnosticar problemas relacionados ao estresse.

COMPORTAMENTO DOS INDIVÍDUOS NOS GRUPOS

Para entender e influenciar o funcionamento e a operação dos grupos, é necessário estudar padrões de interação e a função de cada indivíduo. Green, por exemplo, questiona as características que deveriam ser demonstradas por uma equipe bem-administrada. É óbvio que tal equipe deve ser unida, organizada e auto-sustentável. Embora os participantes devam ser reconhecidos como indivíduos, cada um com sua personalidade, preferências, desejos e necessidades em constante mudança, devem também ter a sensação de que são parte do grupo e que trabalham voltados a um objetivo comum.[52] Dois métodos de análise do comportamento dos indivíduos em situações de grupo são a sociometria e a análise do processo de interação.

Sociometria

A sociometria é um método utilizado para a obtenção e análise de dados relativos a interações sociais e a padrões de comunicação entre os indivíduos. Na situação de grupo, uma base comum da sociometria, proposta por Moreno, é a "avaliação do amigo" ou avaliação feita pelo colega como meio de apontar sentimentos de aceitação ou rejeição entre os integrantes.[53] Pede-se a cada integrante do grupo que nomeie ou classifique, secretamente, outros colegas com base em um determinado contexto ou característica, como, por exemplo, o quanto é influente ou admirado. As questões podem fazer referência a uma situação de trabalho ou a uma situação social. As escolhas devem limitar-se a determinados números e, às vezes, pode-se pedir que os indivíduos as classifiquem.

Sociogramas

Os dados obtidos com a sociometria podem ser demonstrados em gráficos, na forma de sociogramas. O sociograma é um diagrama que representa as escolhas, preferências e interações dos indivíduos de um grupo. Geralmente, apenas as escolhas positivas são registradas. O sociograma pode também ser usado para demonstrar a estrutura do grupo e para registrar a freqüência observada e/ou a duração dos contatos entre os integrantes.

A Figura 8.10 mostra um sociograma de um grupo de 15 participantes, contendo apenas escolhas positivas.

- G e M são muito estimados (as estrelas), sendo os mais freqüentemente indicados.
- M é o elo entre duas "panelinhas" sobrepostas, KML e MNO.
- H e P são malquistos (isolados), sendo os menos indicados.
- JKMO é uma corrente.
- ABCD é um subgrupo, separado do resto dos integrantes.

É útil ressaltar, todavia, que há vários métodos para elaborar sociogramas, e várias críticas e limitações potenciais à contribuição de Moreno. Os problemas também surgem quando a questão é a maneira pela qual se desenha o diagrama e se interpretam os papéis dos indivíduos: o desenho de um sociograma é uma tarefa altamente arbitrária e que exige tempo.[54]

As escolhas dos integrantes podem também ser demonstradas na forma de tabela. A Figura 8.11 (p. 226) demonstra a primeira e a segunda escolhas (positivas, apenas) de um grupo de seminário formado por alunos do último ano. Solicitou-se que os integrantes indicassem, secretamente, aqueles com quem em seu grupo gostariam de falar sobre: (i) um grande problema relacionado ao trabalho e (ii) um problema pessoal difícil.

Análise da interação

Além de ocupar uma posição na estrutura do grupo, cada integrante pode preencher um papel que o distingue dos demais, como parte das operações e processos de grupo. A hipótese fundamental que está por detrás da análise da interação é a de que o comportamento em grupos pequenos pode ser analisado a partir do ponto de vista de sua função.[55] Se quisermos que o grupo seja eficaz, independentemente de sua estrutura ou padrão de inter-relações, haverá dois conjuntos de processos ou funções que devem ser realizados — funções de tarefas e funções de manutenção.

- *As funções de tarefas* referem-se à consecução das tarefas, dos objetivos do grupo e das atividades de resolução de problemas. A maior parte do comportamento orientado à realização de tarefas diz respeito às atividades de "produção" e também ao intercâmbio e avaliação de informações e idéias.
- *As funções de manutenção* referem-se à manutenção do grupo como uma unidade eficaz e ao aspecto emocional do grupo. A maior parte do comportamento direcionado à manutenção diz respeito às relações entre os integrantes do grupo, oferecendo incentivo e apoio, mantendo a coesão, resolvendo conflitos.

A apropriada combinação e equilíbrio de um comportamento voltado às tarefas e de um comportamento voltado à

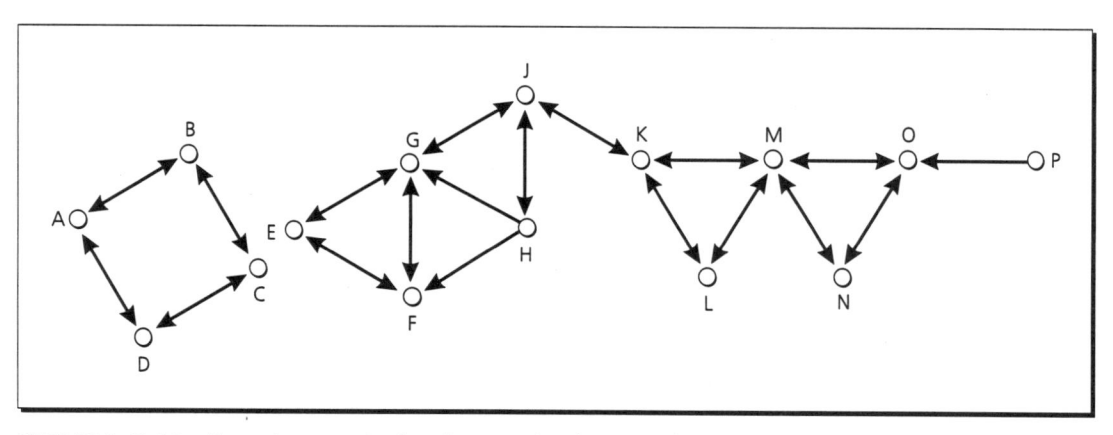

FIGURA 8.10 Um sociograma simples, descrevendo a interação de 15 integrantes de um grupo.

PROBLEMA RELACIONADO AO TRABALHO			PROBLEMA PESSOAL	
Segunda escolha	Primeira escolha		Primeira escolha	Segunda escolha
		A		I I I
		B	I	I I
I I I	I	C	I I	I
I		D	I I	
		E	I	
		F	I	I I
	I	G	I I	
I I I I I	I I	H	I I	
		J	I	I
	I I	K		
I I I I	I I I I I I I	L		I I
	I	M	I	I
		N		I I
I		O	I	
14	14		14	14

FIGURA 8.11 Exemplo de um sociograma tabulado.

manutenção é essencial para o sucesso e para a continuidade do grupo.

Classificação dos papéis dos integrantes

Além do preenchimento de funções de tarefas ou de manutenção, os integrantes de um grupo podem dizer ou fazer alguma coisa para satisfazer uma necessidade ou meta pessoal. Esse tipo de comportamento é chamado de *auto-orientado* (ou *individual*), o que completa três tipos principais de comportamento funcional que podem ser apresentados pelos integrantes de um grupo: voltado às tarefas, voltado à manutenção e auto-orientado.

Um sistema conhecido para a classificação dos papéis exercidos, sob esses três amplos itens, foi elaborado por Benne e Sheats, sendo assim resumido:[56]

- *Papéis de tarefas de grupo* — implicam que a tarefa do grupo é selecionar, definir e resolver problemas comuns. Qualquer um dos papéis podem ser desempenhados pelos vários integrantes ou pelo líder do grupo. Exemplos incluem o iniciador, o buscador de informações, aquele que dá opiniões, o coordenador, o elaborador, o avaliador-crítico e aquele que registra.
- *Papéis de manutenção e de construção do grupo* — a análise das funções dos integrantes está voltada às atividades que constroem atitudes centradas no grupo ou que mantenham um comportamento centrado no grupo. As contribuições podem implicar vários papéis, e os integrantes do grupo ou o líder podem desempenhar cada um deles. Exemplos incluem o incentivador, o harmonizador, o transigente, os guardiões, o padronizador, o observador e o comentador.
- *Papéis individuais* — estão diretamente voltados à satisfação das necessidades pessoais. Seu propósito não está relacionado à tarefa nem ao funcionamento do grupo. Exemplos incluem o agressor, o bloqueador, o buscador de reconhecimento, o ator e o dominador.

Análise de comportamento

Várias e diferentes estruturas foram projetadas pelos observadores para analisar padrões de comportamento dos integrantes do grupo. Os observadores mapeiam o comportamento dos integrantes do grupo em formulários especiais, que podem ser usados para focar indivíduos em separado ou as interações de um pequeno grupo. O processo de interação pode tornar-se complexo, especialmente se o comportamento não-verbal estiver incluído, e se os itens da folha de observação não forem necessariamente exclusivos. É importante, portanto, que os formulários sejam os mais simples possíveis, fáceis de entender e preencher.[57] A Figura

Comportamento dos indivíduos nos grupos

Espécie de grupo						
Espécie de atividade						
Data Nome(s) do(s) observador(es)						
Formação inicial do grupo: C D / B E / A F						
Nomes dos integrantes (ou suas iniciais)	A	B	C	D	E	F
Tomar a iniciativa — p. ex. buscar a liderança, oferecer sugestões, indicar caminhos						
Brainstorming — p. ex. dar sugestões úteis, tentar resolver os problemas						
Oferecer idéias positivas — p. ex. dar sugestões úteis, tentar resolver os problemas						
Estimular os outros — p. ex. incentivar contribuições, estimular idéias e opiniões alheias						
Oferecer resposta aos outros — p. ex. dar incentivo e apoio, construir a partir de idéias						
Harmonizar — p. ex. atuar como contemporizador, acalmar ânimos, transigir						
Desafiar — p. ex. propor justificativas, mostrar desacordo de maneira construtiva						
Obstruir — p. ex. criticar, tratar mal as pessoas, bloquear contribuições						
Esclarecer/resumir — p. ex. conectar idéias, verificar o progresso, esclarecer objetivos/propostas						
Desempenhar papéis de grupo — p. ex. ser o porta-voz, tomar nota, controlar o tempo, atuar com humor						
Outros comentários						

(*Fonte:* Mullins L J, *Management and Organizational Behavior*, 5th ed., Finacial Times Pitman Publishing [1999] p. 498.)

FIGURA 8.12 Formulário de observação do comportamento nos grupos.

8.12 mostra o formulário de observação de 10 pontos utilizado pelo autor.

O sistema de classificação pode distinguir várias formas de comportamento, de acordo com a função exercida. Os formulários preenchidos podem ser utilizados como base para discussão das contribuições individuais ou para a análise do desempenho do grupo quanto aos pontos fracos e fortes dos variados comportamentos funcionais. Diferentes modelos utilizam categorias variáveis para o estudo do comportamento nos grupos. Os formulários de observação podem ser adaptados para se adequar às exigências particulares de uma situação de grupo e à natureza da atividade.

RESUMO

- Grupos são característicos em todas as organizações de trabalho e situações sociais. Eles têm grande influência no comportamento e no desempenho individuais. O trabalho é uma atividade de grupo, especialmente no setor de hospitalidade. As relações de trabalho harmoniosas e o eficiente trabalho coletivo contribuem para um alto nível de satisfação do cliente e para o ânimo dos administradores e subalternos.
- Há dois tipos principais de grupos de trabalho: o formal, que é planejado e criado de maneira deliberada pela administração; e o informal, que tem como base as relações pessoais e tem como objetivo satisfazer as necessidades psicológicas e sociais. Os indivíduos têm expectativas variadas em relação aos benefícios da participação em um grupo, tanto na área do desempenho quanto na dos processos sociais.
- A cooperação entre os integrantes de um grupo será provavelmente maior se esse grupo for forte e coeso. Muitos fatores contribuem para a coesão do grupo e para o desempenho, e podem ser resumidos em participação, ambiente de trabalho, organizacionais, desenvolvimento do grupo e maturidade. Há, contudo, também desvantagens potenciais nos grupos coesos e fortes.
- O desempenho do grupo e o padrão de tomada de decisões podem ser influenciados pelo fenômeno "expediente arriscado" e pelo conceito de "pensamento grupal". Equipes de sucesso comprovado abrangem uma variedade de papéis exercidos por vários integrantes. O conceito de papel é importante para uma melhor compreensão do funcionamento do grupo. O gerente deve fazer todo o esforço possível para minimizar o conflito entre papéis e o estresse às vezes gerado.
- Dois métodos para analisar o comportamento dos indivíduos em situações de grupo são a sociometria e a análise de interação. O pressuposto básico da análise de interação é o exame do comportamento a partir do ponto de vista de sua função. O sucesso e a continuidade de um grupo depende da combinação adequada das tarefas de função e de manutenção.

QUESTÕES PARA REVISÃO E DEBATE

1. Por que o bom entendimento do funcionamento e da operação dos grupos de trabalho é importante para o gerente de hospitalidade?
2. Faça a distinção entre grupos formais e informais. A partir de sua própria experiência, dê exemplos práticos da influência dos valores e normas de grupo.
3. Que ações você, como gerente de hospitalidade, tomaria para criar uma equipe eficiente e capaz? Explique quais seriam as características de um grupo de trabalho com essa qualidade.
4. Como gerente, explique que medidas você tomaria para desenvolver relações eficazes de grupo e um bom desempenho entre os integrantes de sua equipe.
5. Explique por que os grupos fortes e coesos podem apresentar desvantagens potenciais para a administração. Se possível, sustente sua resposta apresentando exemplos práticos.
6. Avalie criticamente os fatores que poderão influenciar o desempenho dos grupos, fazendo uma comparação com o desempenho individual. Dê exemplos práticos, referindo-se a um grupo de trabalho do qual você faz parte.
7. Explique a importância do conceito de "papel" para a compreensão de processos de grupo e comportamento. Faça a distinção entre conflito de papéis e choque de personalidades. Como

gerente, que medidas você tomaria para reduzir as possibilidades de estresse relativo aos papéis exercidos?
8. Comente como você faria para analisar os papéis interpretados pelos indivíduos e seu comportamento em situações de grupo.

TAREFA 1

(i) Construa um diagrama que demonstre de maneira clara o seu próprio conjunto de papéis em uma situação de trabalho.
(ii) Pense no grupo de trabalho a que você pertence, ou tenha pertencido recentemente. Identifique de maneira clara e dê exemplos de:
- expectativas relativas a papéis formais;
- expectativas relativas a papéis informais;
- expectativas relativas a papéis auto-estabelecidos.
(iii) Faça um relato detalhado de uma situação de trabalho na qual você tenha experimentado um conflito entre papéis. Explique que forma(s) esse conflito tomou e de que maneira você tentou solucioná-lo ou amenizá-lo.

TAREFA 2

Observe um pequeno grupo em situação de trabalho.
(i) Explique até que ponto o grupo progrediu passando pelos estágios de formação, turbulência, normatização e desempenho.
(ii) Dê exemplos de valores ou normas que constituem o comportamento adequado dos integrantes do grupo.
(iii) Tente construir um sociograma simples que demonstre a estrutura do grupo e a freqüência e duração dos contatos entre os integrantes.
(iv) Avalie até que ponto o comportamento de cada indivíduo pode ser classificado como:
- Papéis de tarefas de grupo.
- Papéis de construção de grupo e de manutenção.
- Papéis individuais.
(v) Exponha as conclusões que você tirou de sua observação.

TAREFA 3

Um inventário de auto-avaliação

Este inventário foi desenvolvido a partir de várias versões anteriores, preparadas para dar aos integrantes da Henley meios simples de avaliar os seus melhores papéis de equipe.

INSTRUÇÕES: Para cada seção, distribua um total de 10 pontos entre as frases que você acha que melhor descrevem seu comportamento. Esses pontos podem ser distribuídos entre várias frases: em casos extremos, podem ser divididos entre todas as frases, ou os 10 pontos podem ser dados a uma frase apenas. Registre os pontos na Tabela 1 (p. 230).

TABELA 1 Tabela de pontos para o inventário de auto-avaliação

SEÇÃO	ITEM							
	a	b	c	d	e	f	g	h
I								
II								
III								
IV								
V								
VI								
VII								

I. De que forma eu acredito poder contribuir para o grupo:
   (a) Acho que posso, facilmente, encontrar e tirar vantagens de novas oportunidades.
   (b) Posso trabalhar bem com grupos de trabalho diferentes.
   (c) Ter boas idéias é uma de minhas habilidades naturais.
   (d) Minha habilidade se resume em eu ser capaz de dar destaque às pessoas toda vez que percebo que elas têm algo de valor com que contribuir para os objetivos do grupo.
   (e) Minha capacidade de dar seguimento a um projeto tem muito a ver com minha eficácia pessoal.
   (f) Estou pronto para enfrentar uma antipatia temporária caso minha atitude tenha bons resultados.
   (g) Geralmente, consigo discernir aquilo que é possível e funciona.
   (h) Posso oferecer um caminho alternativo sem nenhuma espécie de preconceito ou favorecimento.

II. Se eu não obtiver um bom rendimento no trabalho de equipe, a razão pode ser:
   (a) Não me sinto confortável quando as reuniões não são bem planejadas e bem conduzidas.
   (b) Não costumo ser muito receptivo com os outros quando seus pontos de vista não são expressos de maneira adequada.
   (c) Tenho a tendência a falar demais quando o grupo encontra novas idéias.
   (d) Meu perfil objetivo não me permite interagir entusiasmada e prontamente com os colegas.
   (e) Às vezes me consideram autoritário e impositivo quando há a necessidade de que alguma coisa seja feita.
   (f) Acho difícil assumir a liderança, talvez porque eu reaja muito à atmosfera do grupo.
   (g) Com freqüência sou criticado por idéias que me ocorrem e perco o controle do que está acontecendo.
   (h) Meus colegas costumam afirmar que me preocupo demais com detalhes e com a possibilidade de que as coisas dêem errado.

III. Quando me envolvo em um projeto com outras pessoas:
   (a) Tenho a aptidão para influenciar os outros sem pressioná-los.
   (b) Minha vigilância impede que erros e omissões ocorram.
   (c) Estou pronto para pressionar para que haja ação, a fim de garantir que não ocorra desperdício de tempo nas reuniões ou que se perca o objetivo principal.
   (d) Podem contar comigo quando há a necessidade de contribuições originais.

(e) Estou sempre pronto para apoiar uma boa sugestão pelo interesse comum.
(f) Inclino-me a buscar as mais modernas soluções.
(g) Acredito que minha capacidade de julgamento pode ajudar nas tomadas de decisões corretas.
(h) Podem confiar em mim para que todo o trabalho essencial seja organizado.

IV. Minha forma de atuar característica no grupo é:
(a) Tenho um interesse reservado em conhecer melhor os colegas.
(b) Não reluto em desafiar os pontos de vista dos outros ou em sustentar um ponto de vista minoritário.
(c) Posso, em geral, encontrar argumento para refutar proposições negativas.
(d) Acho que tenho talento para fazer as coisas funcionarem quando um plano tem de ser colocado em operação.
(e) Tenho tendência a evitar o óbvio e a surgir com idéias inesperadas.
(f) Dou um toque de perfeição a qualquer função pela qual me responsabilizo.
(g) Estou pronto para fazer uso de contatos externos ao grupo.
(h) Mesmo estando interessado em todos os pontos de vista, não hesito em seguir a decisão que foi tomada.

V. Sinto satisfação em um emprego porque:
(a) Gosto de analisar situações e de pesar todas as alternativas possíveis.
(b) Estou interessado em encontrar soluções práticas para os problemas.
(c) Gosto de sentir que estimulo boas relações de trabalho.
(d) Posso ter uma forte influência nas decisões.
(e) Posso reunir-me com pessoas que têm algo novo a oferecer.
(f) Posso fazer com que as pessoas concordem com uma linha de ação necessária.
(g) Sinto-me à vontade quando posso dar atenção total a uma tarefa.
(h) Gosto de encontrar um campo onde possa expandir minha imaginação.

VI. Se inesperadamente confiam-me uma tarefa difícil, com tempo escasso para cumpri-la e onde há pessoas desconhecidas envolvidas:
(a) Eu sentiria vontade de me afastar para um canto a fim de elaborar uma saída para o impasse antes de desenvolver uma linha de ação.
(b) Estaria pronto para trabalhar com a pessoa que demonstrasse a abordagem mais positiva.
(c) Encontraria uma maneira de reduzir o tamanho da tarefa, estabelecendo os aspectos com os quais os indivíduos poderiam melhor contribuir.
(d) Minha noção natural de urgência me ajudaria a garantir que não nos atrasaríamos.
(e) Acredito que manteria a calma e a capacidade de pensar corretamente.
(f) Eu manteria uma firmeza de propósitos, apesar das pressões.
(g) Estaria preparado para ser um líder positivo se percebesse que o grupo não estava progredindo.
(h) Eu abriria discussões, com a intenção de estimular novas idéias e de levar adiante as ações.

VII. Com referência aos problemas a que estou sujeito ao trabalhar em grupo:
(a) Demonstro minha impaciência com aqueles que estão obstruindo avanços.
(b) Os outros podem criticar-me por ser analítico demais e pouco intuitivo.
(c) Meu desejo de garantir que o trabalho seja cumprido com a máxima precisão pode retardar os procedimentos.
(d) Costumo entediar-me com bastante facilidade e depender de um ou dois integrantes para começar a agir.
(e) Acho difícil começar, a não ser que as metas estejam estabelecidas.
(f) Às vezes, não consigo explicar e esclarecer satisfatoriamente as idéias complexas que me ocorrem.
(g) Estou consciente da necessidade de pedir aos outros que realizem tarefas que não consigo concluir sozinho.
(h) Hesito em expor meus pontos de vista quando me deparo com forte oposição.

Para interpretar este inventário, observe a folha de análise ao final do livro.

Fonte: Reimpresso com a permissão de Belbin R M, *Management Teams: Why They Succeed or Fail*, Butterworth-Heinemann (1981), pp. 153-156.

ESTUDO DE CASO: QUANDO O ÚLTIMO HÓSPEDE FOR DORMIR

Os hotéis de ponta, especialmente em Londres, têm orgulho em oferecer serviços 24 horas para hóspedes que chegam do exterior ou em vôos internacionais. Uma equipe base de até 12 pessoas trabalha no turno da noite, das 23 às 7 horas. Atuam na recepção, telefonia, serviço de apartamentos *(room service)* e segurança, havendo também vários funcionários nas atividades de limpeza e na cozinha. A equipe inteira está sob a responsabilidade de um gerente noturno. Depois de o último hóspede ter ido dormir, a tarefa principal do gerente é supervisionar a "auditoria noturna". Isso implica verificar as notas do bar, do restaurante e do serviço de apartamentos, de acordo com os pagamentos feitos, além de realizar o balanço das contas dos clientes, que são preparadas antecipadamente, isto é, antes do *check-out*, que começa às 7h30min do dia seguinte.

Dependendo do nível de ocupação e do dia de trabalho, essa auditoria realizada manualmente consome de 5 a 6 horas. No entanto, hoje em dia, já é possível concluí-la em menos da metade do tempo, com a utilização de um computador e de uma impressora a *laser*.

A partir das 2h, estabelece-se um silêncio profundo no hotel e a música é desligada, os elevadores não baixam mais até o estacionamento no subsolo, as portas frontais automáticas são travadas, as luzes estão mais fracas no saguão e mesmo a água não mais ondula na piscina. Logo a seguir, a equipe noturna chega em duplas, ou individualmente, e se acomoda nos sofás e nas poltronas do saguão principal. Uma surpresa ocorre: um rádio surge do nada, com música em volume baixo. Cafés, sanduíches, carnes frias, doces, cerveja, louças e copos são trazidos em bandejas por dois sorridentes porteiros noturnos. Logo, todos chegam para uma refeição noturna. Ninguém sequer questiona se o trabalho foi finalizado. Os porteiros tiram seus casacos e, os recepcionistas, seus *blazers*. O pessoal que desenvolve suas atividades no turno da noite relaxa e conversa sobre esportes e programas de televisão.

Com apenas uma exceção, todos são homens. A única mulher, e também a única inglesa, é a telefonista noturna, de meia-idade, fluente em quatro línguas, funcionária aposentada do Serviço de Relações Exteriores e alguém que lê Proust entre as chamadas internacionais. Ela assumiu a função de telefonista "por causa de minha idade, por ser solteira e ter um defeito físico e, às vezes, me cansar de minha própria companhia". Os outros 11 empregados vieram de oito países diferentes; entre eles, um oficial de segurança judeu-indiano, que sempre trabalhou à noite "porque adoro dirigir em sentido contrário ao tráfego pesado nos horários de pico", e um gerente noturno do Ceilão que fala do quanto preza a autoridade de seu cargo, "porque ninguém me deixaria administrar um hotel na Grã-Bretanha durante o dia, deixariam?". Os 12 empregados já trabalham no hotel há pelo menos dois anos e, no máximo, há oito, mas ninguém quer trabalhar novamente durante o dia.

Não apenas ficou claro que o *status* e a autoridade são reconhecidos, embora jamais manifestados, mas também que essas "festas" na madrugada acontecem todas as noites. As reuniões informais duram aproximadamente até às 5h, quando o porteiro diurno e os jornais chegam e o hotel gradualmente retorna a seus procedimentos normais, à agitação e à rotina.

Fonte: McEwan, T, *A Replicated Study of Communication Networks, Job Retention and Labour Turnover in Two British Hotels*, Tese de doutorado não publicada, Cranfield Institute of Technology, Cranfield (1988), pp. 175-176.

Tarefas

(i) Você acredita que o gerente noturno estava exagerando quando disse que "ninguém me deixaria administrar um hotel na Grã-Bretanha durante o dia, deixariam"?

(ii) Se você fosse um gerente sênior, proibiria as "festas" noturnas? Por quê?

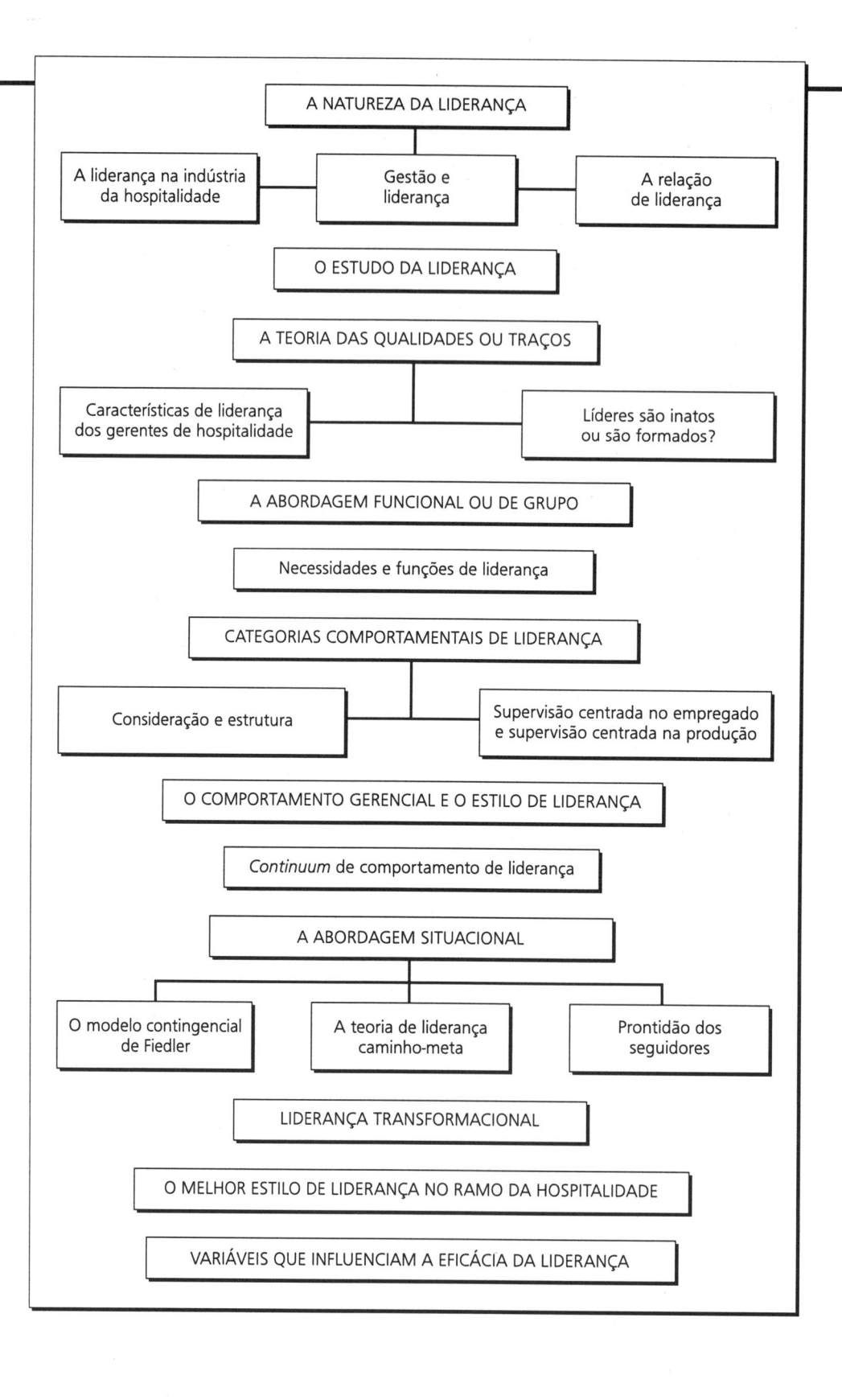

```
                        A NATUREZA DA LIDERANÇA
                                 |
   ┌─────────────────────────────┼─────────────────────────────┐
A liderança na indústria      Gestão e                      A relação
da hospitalidade              liderança                     de liderança

                        O ESTUDO DA LIDERANÇA

                   A TEORIA DAS QUALIDADES OU TRAÇOS
                                 |
   ┌─────────────────────────────┴─────────────────────────────┐
Características de liderança                              Líderes são inatos
dos gerentes de hospitalidade                             ou são formados?

                   A ABORDAGEM FUNCIONAL OU DE GRUPO

                     Necessidades e funções de liderança

                 CATEGORIAS COMPORTAMENTAIS DE LIDERANÇA
                                 |
   ┌─────────────────────────────┴─────────────────────────────┐
Consideração e estrutura                          Supervisão centrada no empregado
                                                  e supervisão centrada na produção

              O COMPORTAMENTO GERENCIAL E O ESTILO DE LIDERANÇA

                    Continuum de comportamento de liderança

                        A ABORDAGEM SITUACIONAL
                                 |
   ┌─────────────────────────────┼─────────────────────────────┐
O modelo contingencial      A teoria de liderança         Prontidão dos
de Fiedler                  caminho-meta                  seguidores

                        LIDERANÇA TRANSFORMACIONAL

             O MELHOR ESTILO DE LIDERANÇA NO RAMO DA HOSPITALIDADE

             VARIÁVEIS QUE INFLUENCIAM A EFICÁCIA DA LIDERANÇA
```

9

Liderança gerencial

INTRODUÇÃO

Parte essencial da gestão é coordenar e dirigir os esforços dos integrantes da equipe de trabalho. Uma grande influência para o desempenho eficaz da indústria da hospitalidade é a natureza da relação gerente-subordinado, que determina o processo de liderança e a escolha de um estilo apropriado de comportamento gerencial.

A NATUREZA DA LIDERANÇA

É difícil fazer generalizações sobre a liderança, uma área complexa e que permite muitas divagações, havendo várias maneiras de interpretar seu significado. A liderança pode ser exercida como um atributo do cargo, em decorrência do conhecimento ou da experiência pessoal de alguém. Pode também basear-se em uma característica da personalidade ou pode ser interpretada como uma categoria comportamental. Além disso, pode-se igualmente defini-la como um papel exercido pelos líderes e sua habilidade de fazer com que os outros alcancem um desempenho eficaz. Em essência, contudo, podemos considerar a liderança como uma *relação por meio da qual uma pessoa influencia o comportamento e as ações de outras*. A liderança é um processo dinâmico e não está limitada às influências sobre pessoas que ocupam posição funcional inferior. A relação líder-seguidor é recíproca, e a liderança efetiva é um processo de duas mãos.

A gestão efetiva de pessoal

A organização é composta de grupos de pessoas. A liderança está intimamente associada às atividades de grupos e à construção de equipes produtivas. Lord Sieff, por exemplo, sustenta que:

A liderança é a capacidade moral e intelectual de visualizar o que é melhor para a empresa e seus empregados, e de trabalhar por esse objetivo... A coisa mais importante que um líder faz é criar um espírito de equipe ao seu redor e próximo de si. Não em um sentido escolar, mas de maneira realista e adulta... Para ser efetiva a liderança tem de ser vista, sendo melhor percebida em ação.[1]

A liderança é, portanto, uma característica fundamental da gestão efetiva de pessoal. Está relacionada à motivação, ao comportamento interpessoal e aos padrões de comunicação.[2] É a liderança que direciona e guia os esforços advindos da motivação. O estilo de liderança do gerente também se reflete na satisfação do empregado com o trabalho e seu desempenho.[3] A liderança é importante quando se faz necessário reduzir a insatisfação do empregado.[4] A liderança efetiva é decisiva em tempos de mudança e incerteza.[5]

A liderança na indústria da hospitalidade

Em uma pesquisa realizada com gerentes de hospitalidade, foi perguntado como a liderança deveria ser, e obteve-se a seguinte resposta: "deve ser capaz de fazer com que as pessoas entendam por si mesmas como exercer suas funções, estando motivadas a fazê-lo".[6] Contudo, apesar da importância óbvia da liderança e do trabalho de equipe eficaz, o tema recebeu pouca atenção como tópico para pesquisa no ramo da hospitalidade.[7]

Após realizarem um estudo sobre liderança na indústria de hospitalidade, Pittaway *et al.* destacam a importância da liderança efetiva para todas as organizações de hospitalidade quando há demandas crescentes por melhor desempenho, mudanças planejadas e desenvolvimento de novas estruturas. A espécie de mão-de-obra intensiva do setor também enfatiza como é decisivo ser capaz de liderar. Embora a natureza da liderança seja uma área bastante estudada, a palavra "liderança" ainda permanece ambígua e com difícil definição. Pittaway *et al.* relatam ter encontrado poucos elementos de pesquisa sobre liderança relativos à hospitalidade, indicando que uma compreensão conceitual da liderança é necessária para aprimorar a aplicação da pesquisa relacionada a essa área.[8]

Gestão e liderança

Às vezes, liderança e gestão são considerados sinônimos, mas há uma diferença. Enquanto a gestão efetiva implica haver liderança, não se pode dizer que todo líder seja necessariamente um gerente. Podemos lembrar que, em nossa discussão no Capítulo 4, foi mencionado que a primeira preocupação dos gerentes é atingir os objetivos organizacionais por meio do uso de sistemas e procedimentos. A gestão está relacionada às pessoas que trabalham submetidas a uma hierarquia, e com cargos e papéis definidos claramente na estrutura formal da organização. Hollingsworth, por exemplo, faz a seguinte pergunta: "Quantos gerentes se consideram em primeiro lugar líderes, relegando por isso a palavra 'gerente' a simplesmente um título? Não muitos, creio eu".[9]

A natureza mutante das empresas, incluindo o *downsizing*, estruturas mais planas e maior atenção ao uso eficaz dos recursos humanos foram aspectos que, combinados, asseguraram maior importância à liderança e ao ambiente de treinamento, trabalho de equipe e capacitação.[10] Mesmo assim, apesar desse progresso e de vários estudos sobre liderança, Taffinder conclui que embora conheçamos muito sobre gestão, pouco sabemos ainda sobre liderança.[11]

O processo de liderança

A ênfase no processo de liderança, contudo, está no comportamento interpessoal em um contexto mais amplo. Está freqüentemente associada a um comportamento entusiasta e à boa-vontade dos seguidores. O líder geralmente tem influência suficiente para realizar mudanças de longo prazo nas atitudes das pessoas e para tornar tais mudanças aceitáveis. A liderança, portanto, pode ser considerada, em primeiro lugar, como um processo inspirativo.[12] Não ocorre necessariamente apenas na estrutura hierárquica. Muitas pessoas atuam como líderes sem que seu papel esteja formalmente estabelecido ou definido como tal.

Os gerentes estão mais voltados à estratégia, à estrutura e aos sistemas. Os líderes têm uma grande inclinação por utilizar o estilo, a equipe, as aptidões e as metas comuns.[13] Os gerentes também tendem a adotar atitudes impessoais ou passivas em relação às metas, e seu nível de envolvimento emocional nas relações com as outras pessoas é baixo. Os líderes adotam uma atitude mais pessoal e ativa em relação às metas e apresentam empatia em relação a outras pessoas, estando atentos ao que os fatos e ações significam.[14]

Habilidades de liderança e gestão de pessoal

Apesar das diferenças, há uma relação próxima entre gestão e liderança, e não é fácil separá-las. Um estilo de atuação gerencial favorável à Teoria X ou à Teoria Y, por exemplo, terá uma influência significativa na natureza da liderança. Muitos métodos de treinamento de gerentes podem também ser usados como um meio de avaliar o estilo de liderança. A Grade de Liderança (discutida no Capítulo 5), por exemplo, até pouco tempo atrás era conhecida como Grade Gerencial.

Ser um gerente eficaz implica administrar bem as pessoas. Chris Bonnington, por exemplo, afirma que as mesmas habilidades de liderança que permitiram que sua expedição conseguisse escalar o Everest podem ser aprendidas e aplicadas nos negócios. Há uma semelhança entre as habilidades de liderança necessárias no Everest e aquelas necessárias aos líderes de equipe.[15]

Para ser um gerente eficaz é necessário exercer o papel de líder. Podemos lembrar, por exemplo, que um dos papéis interpessoais de um gerente, identificado por Mintzberg (discutido no Capítulo 4), é o de líder. Esse papel permeia todas as atividades de um gerente e inclui uma responsabilidade pela motivação e orientação da equipe.[16] A liderança é, portanto, parte essencial do comportamento gerencial, embora seja um atributo especial distinto de outros elementos gerenciais.

A relação de liderança

O líder pode ser imposto ou formalmente apontado ou eleito. O líder exerce a autoridade como um atributo de sua posição, ou em função de uma designação da estrutura hierárquica da organização. A liderança, todavia, é mais do que apenas a adesão a um papel formal estabelecido ou a uma relação superior-subordinado.

> *Lembre-se que você pode ser indicado para ocupar a gerência, mas não será um líder até que sua indicação seja completamente ratificada por aqueles que trabalham subordinados a você.*[17]

Um líder pode também ser escolhido informalmente, ou surgir pelo desejo de um grupo ou pela demanda de uma situação.[18] A liderança pode se firmar com base no conhecimento, na experiência e no domínio da função ou, ainda, na reputação (autoridade sapiencial). Pode também estar fundamentada nas qualidades pessoais, ou carisma, do líder e a maneira pela qual a autoridade é exercida. Esse ponto de vista acerca da liderança dá origem ao debate sobre os líderes "trabalhados" ou "naturais".

A liderança é, portanto, uma forma dinâmica de comportamento. McGregor, por exemplo, conclui que a liderança não é propriedade do indivíduo, mas uma relação complexa entre muitas variáveis. A relação de liderança é afetada por:

❑ as características do líder;
❑ a atitude, as necessidades e outras características pessoais de seus seguidores;
❑ a natureza da organização, como seu objetivo, estrutura e tarefas a serem executadas;
❑ o ambiente social, econômico e político.[19]

Poder de liderança e influência

A espécie de relação de liderança pode surgir de várias formas. A influência da liderança dependerá do tipo de "poder" que o líder exerce sobre os outros. Esse exercício de poder é um processo social que ajuda a explicar como pessoas diferentes são capazes de influenciar o comportamento e as ações dos outros.

French e Raven identificaram cinco fontes de poder sobre as quais a influência do líder está baseada.[20] É importante notar que essas fontes de poder têm como referência a **percepção** da influência do líder, isto é, se ela existe ou não. O líder pode exercer vários tipos de poder em circunstâncias particulares e em épocas diferentes. Podemos considerá-las de acordo com a situação de trabalho da organização de hospitalidade.

- *O poder de remuneração* baseia-se na percepção de que o líder tem a capacidade e os recursos para obter a remuneração adequada para quem age de acordo com as normas funcionais, por exemplo, pagamentos, promoções, alocação de tarefas, responsabilidades e horas de trabalho, concessão de privilégios, estima e reconhecimento.
- *O poder de coerção* baseia-se no temor e na percepção de que o líder tem o poder de aplicar sanções a seus subordinados, ou seja, fazer com que sofram punições por não se adequarem às normas de trabalho. Na verdade, é o oposto do poder de remuneração. Exemplos de coerção incluem retardar aumentos de salários, promoções ou privilégios, alocar atividades ou responsabilidades não-desejadas, demonstrar atitudes pouco amistosas ou de apoio, reprimir formalmente e, até, demitir.
- *O poder legítimo* baseia-se na percepção de que o líder tem o direito de exercer sua influência em razão de seu papel ou cargo. O poder legítimo baseia-se na autoridade formal, por exemplo, aquela dos gerentes e supervisores na estrutura hierárquica. A influência do líder provém do poder de seu "cargo" e não da natureza das relações pessoais.
- *O poder de referência* baseia-se no sentimento de identificação com o líder. A influência sobre os outros surge por causa da reputação percebida, das características pessoais ou do "carisma" do líder. Um determinado integrante da equipe, por exemplo, pode não estar ocupando um cargo que decida sobre remunerações ou punições, mas mesmo assim pode exercer o poder por meio do respeito e da estima de que goza junto aos demais.
- *O poder de conhecimento* baseia-se na percepção de que o líder é competente e possui um conhecimento especial, ou é um *expert* em determinada área. Esse poder apóia-se na credibilidade e está geralmente limitado a áreas de atividade ou de especialização limitadas e bem-definidas, por exemplo, o conhecimento técnico do *chef* ou do gerente de *catering*, ou o conhecimento profissional de um contador ou de um gerente de pessoal.

As cinco fontes de poder estão inter-relacionadas. O uso de um tipo de poder, por exemplo, o de coerção, pode afetar a capacidade de usar outro, como o poder de referência.

O ESTUDO DA LIDERANÇA

Em razão de sua natureza complexa e variável, há muitas maneiras de analisar-se a liderança. É útil, portanto, fazer uso de um modelo para quando futuramente estudar essa área (Figura 9.1, p. 238). Podemos analisar a liderança como:

- a teoria das qualidades ou traços;
- a abordagem funcional ou de grupo;
- a liderança como categoria comportamental;
- estilos de liderança;
- a abordagem situacional e os modelos de contingência;
- liderança transacional ou transformacional.

A TEORIA DAS QUALIDADES OU TRAÇOS

A abordagem das qualidades (ou traços) fundamenta-se na convicção de que a liderança consiste de determinadas características herdadas, ou de traços de personalidade, que distinguem os líderes de seus seguidores. Essa é a chamada "teoria da pessoa notável" na liderança, que aponta que os líderes são inatos. Drucker, por exemplo, em documento escrito em 1955, defende a seguinte posição:

> A liderança tem importância máxima. De fato, não há substituto para ela. Mas a liderança não pode ser criada ou promovida. Nem pode ser ensinada ou aprendida.[21]

A abordagem das qualidades concentra-se no homem ou na mulher que ocupa o cargo, e não no próprio cargo. Sugere que as pessoas com determinados traços, ou características, de personalidade seriam líderes de sucesso em qualquer situação. A atenção está mais concentrada nos líderes do que no treinamento para a liderança.

Limitações

Apesar de muitas pesquisas, as tentativas de encontrar características comuns de personalidade, físicas ou mentais inerentes aos líderes "positivos" ou de "sucesso", têm tido pouco êxito.[22] As investigações identificaram listas de características que tendem a se sobrepor, são contraditórias ou com pouca correlação entre si. As listas de traços possíveis tendem a ser muito longas e nem sempre há concordância sobre os mais importantes. É possível notar, porém, que características como a individualidade ou a originalidade geralmente estão presentes nessas listas de traços. Isso indica que entre os traços de personalidade específicos de diferentes líderes há pouco em comum.

Há, de qualquer forma, algum julgamento de natureza subjetiva quando se diz quem é um líder positivo ou um líder de sucesso. Mesmo que fosse possível identificar uma lista de mais qualidades específicas sobre a qual houvesse acordo, pouco esclarecimento teríamos sobre a natureza da liderança. Pouco ajudaria no treinamento e desenvolvimento de futuros gerentes.

A ABORDAGEM DE QUALIDADES OU TRAÇOS

Segundo esta abordagem, os líderes são inatos. A liderança consiste de determinadas características ou traços da personalidade. A atenção está centrada na pessoa que ocupa o cargo e não no próprio cargo.

A ABORDAGEM FUNCIONAL OU DE GRUPO

A atenção está nas funções e responsabilidades da liderança, no que o líder de fato faz e na natureza do grupo. As habilidades de liderança podem ser aprendidas e desenvolvidas.

A LIDERANÇA COMO CATEGORIA COMPORTAMENTAL

Os tipos de comportamento das pessoas nas posições de liderança e a sua influência no desempenho do grupo. Chama a atenção para a variedade dos possíveis comportamentos organizacionais e para a importância do estilo de liderança.

ESTILOS DE LIDERANÇA

A maneira pela qual as funções de liderança são executadas e o comportamento adotado pelos gerentes em relação aos subordinados. Refere-se aos efeitos da liderança sobre os liderados.

A ABORDAGEM SITUACIONAL E OS MODELOS DE CONTINGÊNCIA

A importância da situação. As interações entre as variáveis envolvidas na situação de liderança e os padrões de comportamento. Convicção de que não há um estilo de liderança capaz de adequar-se a todas as situações.

A LIDERANÇA TRANSFORMACIONAL

A liderança como processo que promove a motivação e o comprometimento, criando uma visão própria para a organização e buscando os mais altos ideais e valores de seus seguidores.

FIGURA 9.1 Um modelo para o estudo da liderança.

Os primeiros progressos da indústria da hospitalidade

Nos primeiros tempos da indústria hoteleira, muitas organizações baseavam-se na família, e a liderança estava intimamente associada à propriedade. As tentativas que visavam à manutenção da dinastia familiar tinham como base a aceitação de um líder natural, com "direito" de exercer a liderança, que era transmitida aos departamentos.[23] Contudo, à medida que as organizações de hospitalidade cresceram em tamanho e complexidade, houve maior conscientização a respeito da necessidade de uma abordagem mais ampla na indicação e no desenvolvimento dos líderes.

Características de liderança dos gerentes de hospitalidade

A tentativa de encontrar uma lista comum dessas características que constituem um verdadeiro líder provavelmente terá os mesmos limites pela frente, assim como a abordagem de qualidades. Baseado na percepção de um grupo de estudantes de *catering* que foram perguntados sobre líderes efetivos que já haviam encontrado, Jacob apresenta um perfil "simplista" de um bom líder como alguém que: tem uma conduta positiva, é respeitado e benquisto, conhece seu trabalho, sabe comprovadamente resolver problemas, é comunicador, é persuasivo, é dedicado ao trabalho, tem entusiasmo e iniciativa, confia em sua capacidade, reconhece o trabalho feito com qualidade, convence os outros a agir, não guarda rancor, ouve, sabe relaxar em situações estressantes, tem caráter forte o suficiente para admitir seus pontos fracos e, finalmente, é capaz de sentir empatia.[24]

Escrevendo no *Cornell HRA*, Walker sugere, porém, que liderar com excelência não é apenas uma questão de talento. A verdadeira chave para a liderança implica desenvolver características de personalidade apropriadas e os talentos de outros integrantes da organização.[25]

Gerentes experientes geralmente desenvolvem uma capacidade intuitiva para avaliar o potencial de liderança dos outros. O objetivo de buscar o potencial gerencial é localizar indivíduos cujas experiências passadas e temperamento demonstram um padrão típico de líderes de sucesso. Walker enumera os seguintes indicadores do temperamento apropriado para a liderança:

- *Autocontrole* — os líderes potenciais devem estar acima da média em sua capacidade de exercer o autocontrole, pois tal capacidade será exigida com freqüência.
- *Noção de valores* — os maiores líderes são os que minimizam os valores materialistas e símbolos de *status*, respeitando, em vez disso, o aspecto intangível e espiritual da vida.
- *Disposição* — ter forte disposição é uma vantagem em qualquer tarefa, e a pessoa "que faz" tem preferência sobre a que sempre transfere responsabilidades.
- *Humor* — o gerente não deve ser propenso a devaneios em sua personalidade, mas ser otimista, incentivador e capaz de manter o moral e o espírito de equipe.
- *Sensibilidade* — as pessoas sensíveis consigo mesmas são, em geral, sensíveis com os outros, possuindo grande potencial para o sucesso como gerentes.
- *Defesa de idéias* — os gerentes de sucesso devem estar prontos para sustentar suas próprias idéias e para defendê-las, sem deixar de ser receptivos às idéias dos outros.
- *Autoconsciência* — todos nós precisamos de uma certa dose de apreço por parte dos outros, mas a pessoa que necessitar menos reconhecimento por sua contribuição *individual* é a que geralmente obtém mais sucesso como gerente.
- *Equilíbrio* — os melhores gerentes normalmente são os que possuem capacidade de defender suas idéias e têm baixo grau de autoconsciência, aliados a um alto grau de sensibilidade em relação a outras pessoas.

Líderes são inatos ou são formados?

A despeito das limitações da teoria de qualidades ou traços, ainda ocorrem freqüentes debates sobre a questão de os líderes serem inatos ou formados, ou se a liderança é uma arte ou uma ciência. O ponto principal a ser destacado é, contudo, o de que as alternativas propostas por esse questionamento não são mutuamente excludentes. Mesmo havendo algumas qualidades inatas que caracterizam um bom líder, os talentos naturais precisam ser incentivados e desenvolvidos. Ainda que a liderança seja uma arte, é necessário conhecimento e aplicação de habilidades e técnicas especiais.

> A grande questão é saber se você nasceu com carisma ou se você sabe desenvolvê-lo. Acredito que alguns aspectos podem ser desenvolvidos. Por exemplo, participar de cursos para melhorar sua capacidade de se dirigir oralmente a um público. Pode-se aprender a atuar em eventos cujas características são mensagens fortes. É possível aprender a pensar de maneira mais crítica sobre o status quo e suas falhas. Há sempre um recurso a mais que podemos utilizar no cotidiano para motivar a equipe. O que não se pode aprender é como envolver-se com dedicação naquilo que realizamos. Você terá de descobrir isso por conta própria, e esse envolvimento é grande parte do que representa um líder carismático. É também o que motiva e inspira aqueles que trabalham para esse líder.[26]

Existe, assim, algum interesse ainda na abordagem das qualidades ou traços, mas cada vez mais cresce a atenção a outros enfoques sobre a liderança. O foco agora está mais no que o líder faz e no modo pelo qual as funções de liderança são executadas.

A importância da situação

Várias pessoas com personalidades e históricos diferentes tornaram-se líderes de grande eficiência em situações distintas. A pessoa que se torna líder é considerada a mais qualificada, a que sabe decidir o que é melhor a ser feito e a que mais se adapta à condição de liderança em um dado conjunto de circunstâncias. Isso dá surgimento à influência dos fatores situacionais para a análise da natureza da liderança.

A importância dos fatores situacionais será discutida mais adiante, neste capítulo.

A ABORDAGEM FUNCIONAL OU DE GRUPO

Esta abordagem baseia-se no processo e no conteúdo da liderança. A atenção está centrada nas funções e nas responsabilidades de liderança, no que o líder de fato faz e na natureza do grupo. A liderança está sempre presente em qualquer grupo empenhado em realizar uma tarefa. Pode-se dar maior atenção ao treinamento bem-sucedido dos líderes se nos concentrarmos naquelas funções que levam a um desempenho eficaz do grupo de trabalho.

A abordagem funcional sustenta que as características de um líder podem ser aprendidas, desenvolvidas e aperfeiçoadas. Ao contrário da visão de Drucker, Kotter defende a idéia de que as empresas de sucesso não esperam que os líderes simplesmente apareçam.

> Elas não medem esforços para buscar pessoas com potencial de liderança e as inserem no contexto de carreira para desenvolver tal potencial. De fato, com seleção cuidadosa, fomento e estímulo, muitas pessoas podem passar a ter um papel importante na liderança de uma empresa.[27]

As funções e responsabilidades da liderança

Para auxiliar no entendimento do processo de liderança, é necessário analisar o papel do líder. As funções e responsabilidades da liderança requerem uma ênfase variada em diferentes situações, de acordo com a natureza do grupo. É possível, porém, identificar uma gama de funções gerais inerentes à condição de líder. Krech, por exemplo, elaborou um útil resumo com 14 funções.[28]

- *O líder como executivo* — coordena atividades de grupo e supervisiona a execução de políticas.
- *O líder como planejador* — decide os caminhos e meios pelos quais o grupo alcança seus objetivos.
- *O líder como criador de políticas* — estabelece as metas do grupo, seus objetivos e políticas.
- *O líder como expert* — atua como uma fonte de informação e de habilidades prontamente disponíveis, embora haja alguma dependência de conhecimento técnico e de conselhos de outras pessoas do grupo.
- *O líder como representante externo* — atua como porta-voz oficial do grupo, como representante e como canal de comunicação.
- *O líder como controlador de relações internas* — determina aspectos específicos da estrutura e do funcionamento do grupo.
- *O líder como fonte de remuneração e de punição* — controla os integrantes do grupo pelo uso do poder de remuneração ou do poder de coerção.
- *O líder como árbitro ou mediador* — controla o conflito interpessoal entre os integrantes do grupo.
- *O líder como exemplo* — atua como um modelo de comportamento para os integrantes do grupo, representando um exemplo do que se espera deles.
- *O líder como símbolo do grupo* — aumenta a unidade do grupo pelo fato de oferecer um foco cognitivo e de firmar o grupo como uma entidade distinta das demais.
- *O líder como substituto da responsabilidade individual* — libera os integrantes do grupo da necessidade e da responsabilidade por decisões pessoais.
- *O líder como ideólogo* — serve como fonte de convicções, valores e padrões de comportamento para os integrantes do grupo.
- *O líder como figura paterna* — é o foco de sentimentos e emoções positivas dos integrantes do grupo, tornando-se o objeto de identificação e transferência.
- *O líder como bode expiatório* — serve como alvo de agressão e hostilidade para o grupo e aceita a culpa no caso de fracasso.

Essas 14 funções ajudam a ilustrar a variedade de papéis e responsabilidades que espera-se que o líder exerça. A liderança reside nas funções, e não em uma pessoa em especial, podendo ser compartilhada entre os integrantes do grupo. Quando um integrante executa uma determinada atividade aceita pelos integrantes como algo relevante às necessidades do grupo, temos aí uma função de liderança.

Necessidades e funções de liderança

Uma grande contribuição para a abordagem funcional de liderança é o trabalho de John Adair, suas idéias sobre liderança centrada na ação e o "modelo dos três círculos".[29] A eficácia do líder depende de que três funções, ou áreas de necessidade, sejam cumpridas pelo grupo:

- a necessidade de *realizar a tarefa comum ao grupo;*
- a necessidade de *construir e manter a equipe;* e
- a necessidade de *desenvolver o indivíduo.*

Essas áreas de necessidade são simbolizadas pelos três círculos superpostos da Figura 9.2.

As **funções de tarefa** implicam:

- tomar providências para que os objetivos do grupo sejam alcançados;
- definir as tarefas e planejar o trabalho;
- alocar recursos;
- organizar deveres e responsabilidades;
- controlar a qualidade, verificar o desempenho e revisar o avanço.

As **funções de equipe** implicam:

- manter o moral e o espírito de equipe;
- manter a coesão do grupo como unidade de trabalho;
- estabelecer padrões e manter a disciplina;
- estabelecer sistemas de comunicação no grupo;
- treinar o grupo e apontar sublíderes.

As **funções individuais** implicam:

FIGURA 9.2
A responsabilidade essencial do líder.

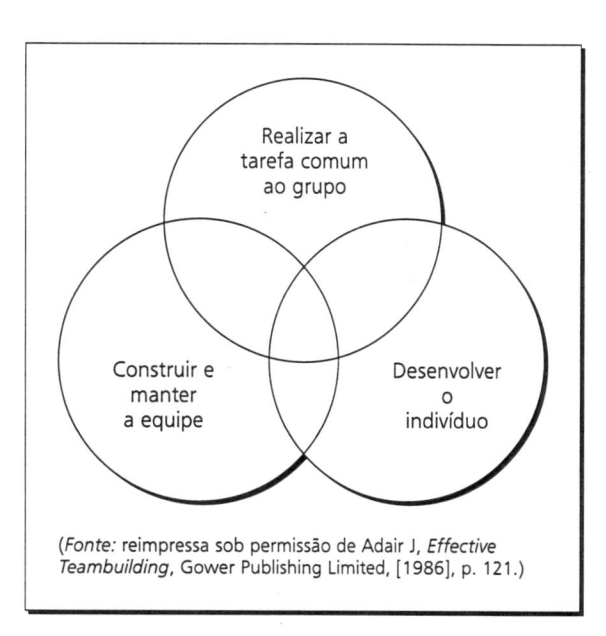

[Diagrama de Venn com três círculos: "Realizar a tarefa comum ao grupo", "Construir e manter a equipe", "Desenvolver o indivíduo"]

(*Fonte:* reimpressa sob permissão de Adair J, *Effective Teambuilding*, Gower Publishing Limited, [1986], p. 121.)

- corresponder às necessidades dos integrantes do grupo;
- atender problemas pessoais;
- elogiar e prestar reconhecimento;
- reconciliar conflitos entre as necessidades do grupo e as necessidades individuais;
- treinar os indivíduos.

As responsabilidades do líder

Os elementos de tarefa, equipe e individuais constituem a responsabilidade central do líder. A fim de alcançar a eficácia e a satisfação, todas as três necessidades, presentes em qualquer grupo, devem ser correspondidas em algum nível. Quando as funções necessárias não estão presentes, o progresso do grupo é lento e desigual. A função é o que você faz, ao contrário da qualidade ou dos traços. Para preencher os três círculos de responsabilidade, determinadas funções têm de ser realizadas. Embora sejam responsabilidade do líder, elas podem ser compartilhadas ou delegadas, e o líder não assumirá todas pessoalmente.

A ação do líder em qualquer uma das áreas de necessidade afetará as demais, ou uma delas. O ideal é quando a integração completa das três áreas de necessidade é alcançada. Em qualquer grupo, o líder mais eficiente é a pessoa que vê que as necessidades de tarefa do grupo, e aquelas do indivíduo, são atendidas de maneira adequada. O líder efetivo estimula a contribuição dos integrantes do grupo e faz surgir lideranças para satisfazer as três áreas de necessidade inter-relacionadas.

Parte das funções de grupo e das atividades

As características do ramo da hospitalidade e a natureza da prestação de serviços estão voltadas a um estilo de liderança cujo objetivo é tornar gerentes e supervisores parte integrante das funções e atividades dos grupos de trabalho.

Adair, contudo, defende a idéia de que um líder não existe para dominar um grupo de pessoas ou simplesmente para coordenar funções. O líder fortalece a unidade de uma proposta comum, por meio de esforços complementares e ampliados de seus indivíduos.

> *No setor, como em toda outra esfera onde pessoas livres e capazes precisam cooperar, a liderança efetiva fundamenta-se no respeito e na confiança, não no medo e na submissão. O respeito e a confiança ajudam a inspirar o comprometimento sincero de uma equipe; o medo e a submissão somente produzem complacência. A liderança envolve focalizar esforços de um grupo em um objetivo comum, capacitando-os a trabalhar juntos, em equipe. O líder deve ter uma postura diretiva, mas democrática.*[30]

CATEGORIAS COMPORTAMENTAIS DE LIDERANÇA

Essa abordagem chama a atenção para os tipos de comportamento das pessoas que ocupam posição de liderança e para a influência do estilo de liderança no desempenho de grupo. Há muitos tipos de comportamento de liderança, e sua eficácia depende de variáveis situacionais. Porém, parece haver acordo quanto a duas dimensões fundamentais da liderança, que também podem ser relacionadas aos estudos discutidos em capítulos anteriores (Figura 9.3).

Dois grandes estudos sobre categorias comportamentais de liderança são aqueles relacionados a:

- consideração e estrutura; e

McGregor, atitudes em relação às pessoas	Teoria X	Teoria Y
Blake e McCanse, Grade de Liderança	Preocupação com a produção	Preocupação com as pessoas
Análise da interação do grupo	Funções de tarefas	Funções de manutenção
Estudo de liderança da Ohio State University	Iniciando a estrutura	Consideração
Estudo da Universidade de Michigan	Supervisão centrada na produção	Supervisão centrada no empregado

FIGURA 9.3 Duas dimensões principais da liderança.

❏ supervisão centrada no empregado e supervisão centrada na produção.

Consideração e estrutura

Os resultados de um estudo realizado na Ohio State University indicaram duas dimensões principais do comportamento de liderança — "a consideração" e "a estrutura inicial".[31]

❏ A *consideração* reflete o ponto até o qual o líder estabelece confiança, respeito mútuo e *rapport* no grupo, além da preocupação, calor humano, apoio e consideração com os subordinados. Essa dimensão está associada a uma comunicação de duas vias, com a participação e uma abordagem de relações humanas quando o assunto é liderança.
❏ A *estrutura* reflete até que ponto o líder define e estrutura interações que visem à consecução de metas formais e organiza atividades de grupo. Essa dimensão está associada aos esforços voltados às metas e objetivos organizacionais.

Categorias comportamentais separadas

Constatou-se que as duas dimensões não se relacionam, são categorias comportamentais independentes. Isso proporciona o desenvolvimento de quatro quadrantes que ilustram as diferentes combinações entre consideração e estrutura (Figura 9.4). A fim de que as necessidades individuais e as metas formais sejam satisfeitas, algum equilíbrio é essencial entre a consideração e a estrutura. Embora muito dependam dos fatores situacionais, as categorias de alta consideração e alta estrutura comportamentais parecem ser, em geral, mais eficazes no que se refere a satisfação e desempenho do grupo.

A consideração e a estrutura estão relacionadas aos dois maiores conjuntos de processos de grupo, as funções de tarefa e de manutenção, discutidas no Capítulo 8. A consideração pode ser interpretada como semelhante à função de manutenção, que visa a construir e manter o grupo como uma unidade de trabalho coesa. A estrutura pode ser interpretada como semelhante à função de tarefa, que visa a realizar tarefas específicas do grupo e a atingir metas.

Estilo de liderança dos gerentes-gerais de hotéis

Usando as dimensões de consideração e de estrutura inicial, Worsfold estudou o estilo de liderança de 31 gerentes-gerais de um grande grupo hoteleiro britânico.[32] Os gerentes obtiveram um escore médio relativamente alto em ambas as dimensões. Isso indica que houve boas relações interpessoais com os subordinados e um papel ativo na direção das atividades de grupo, por meio do planejamento e da experiência com novas idéias.

Worsfold faz referência ao setor hoteleiro e de *catering* como um ramo onde manter boas relações interpessoais é imprescindível. Isso sugere a necessidade de altos índices de consideração. Mas também é necessário manter um alto padrão e estabelecer regras e procedimentos às quais a equipe possa aderir. Isso indica a necessidade de os gerentes de hotel apresentarem altos níveis de estrutura inicial.

Supervisão centrada no empregado e supervisão centrada na produção

Outro grande estudo relacionado ao comportamento na liderança foi realizado na University of Michigan. A supervisão efetiva (medida juntamente com o moral do grupo, a produtividade e a redução de custos) apresenta quatro características comuns:

❏ delega autoridade e evita a supervisão muito próxima;
❏ interessa-se e preocupa-se com os subordinados como indivíduos;

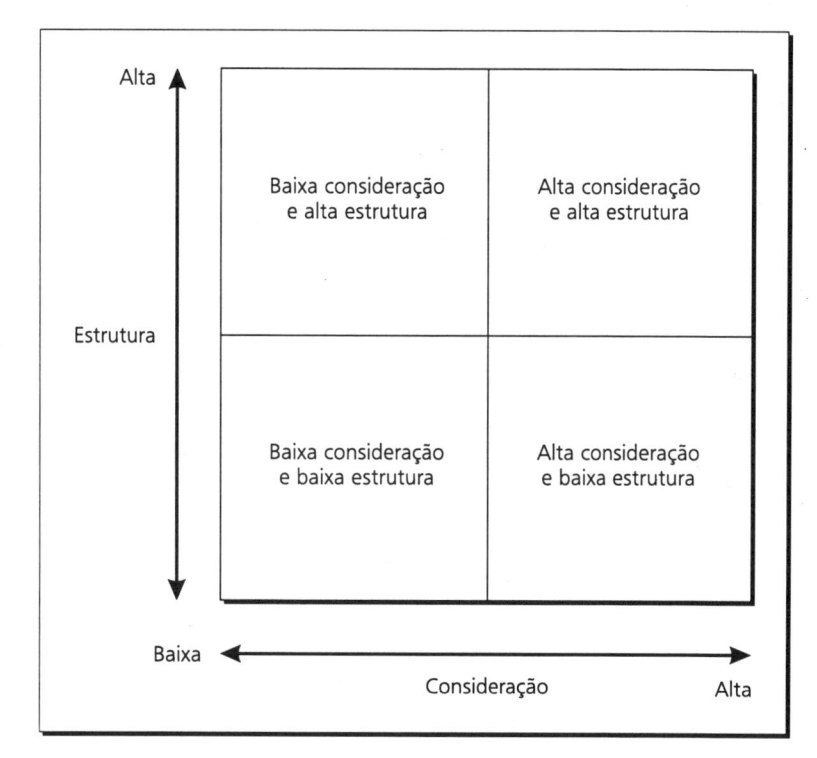

FIGURA 9.4 Os quadrantes do comportamento de liderança (Ohio State University).

Eixo vertical (Estrutura): Baixa → Alta
Eixo horizontal (Consideração): Baixa → Alta

- Baixa consideração e alta estrutura
- Alta consideração e alta estrutura
- Baixa consideração e baixa estrutura
- Alta consideração e baixa estrutura

- resolve problemas de maneira participativa;
- busca alto padrão de desempenho.

A necessidade de equilíbrio

As constatações foram resumidas por Likert, que usou as expressões *supervisão centrada no empregado* e *supervisão centrada na produção*.³³ (Ver a discussão sobre supervisão e relações de apoio no Capítulo 11.) Esses termos são similares às dimensões de consideração e estrutura. As três primeiras características de supervisão listadas relacionam-se à consideração; a quarta característica está ligada à estrutura. Assim como a consideração e a estrutura, a supervisão centrada no empregado e a supervisão centrada na produção precisam estar equilibradas. Os supervisores centrados nos empregados, e que também reconhecem a produção como uma de suas principais responsabilidades, são os que alcançam os melhores resultados.

A importância do estilo de liderança

Tanto o estudo da Ohio State University quanto os da University of Michigan sustentam a idéia de que não há nenhuma categoria comportamental considerada superior. Esses estudos chamaram a atenção para a gama de comportamentos gerenciais possíveis e para a importância do estilo de liderança. Isso cria outro item sob o qual analisamos a natureza da liderança.

O COMPORTAMENTO GERENCIAL E O ESTILO DE LIDERANÇA

Fica cada vez mais claro que os gerentes não podem depender exclusivamente do uso de sua posição na estrutura hierárquica como meio de exercer suas funções de liderança. Para que os melhores resultados sejam atingidos por seus subordinados, o gerente deve também considerar a necessidade de incentivar um moral alto, espírito de envolvimento e cooperação, e a voluntariedade no trabalho.³⁴

Isso ressalta a importância de técnicas adequadas de procedimento gerencial e de estilo de liderança para uma gestão eficaz dos recursos humanos. Boella, por exemplo, defende a seguinte posição:

> O "estilo" de gestão é, portanto, de importância vital em uma organização, porque isso determina, de forma preponderante, se os empregados estarão satisfeitos em suas funções e se os gerentes atingirão seus objetivos.³⁵

O estilo de liderança é o modo pelo qual as funções de liderança são executadas; o modo como o geren-

te normalmente se comporta em relação aos subordinados e aos integrantes do grupo.

Há muitas maneiras possíveis de descrever o comportamento adotado pelo gerente em relação à sua equipe. Seu comportamento pode ser ditatorial, agregador, burocrático, benevolente, apoiador, carismático, consultivo, participativo e evasivo. Há, portanto, várias classificações possíveis de estilos de liderança.

O foco do poder

O foco de poder, subdivido em três itens, resulta em: autoritário (ou autocrático), democrático e *laissez-faire*.

❑ O estilo *autoritário* tem como base o gerente como centro do poder e de emissão de ordens e instruções. Todas as interações do grupo direcionam-se ao gerente, que, sozinho, exerce a tomada de decisões e a autoridade para determinar a política, os procedimentos, as tarefas e relacionamentos, além do controle de gratificações e punições.
❑ O estilo *democrático* tem como base o gerente que faz parte de uma equipe. O centro do poder está mais no grupo como um todo. Há uma interação maior, e a função de liderança é compartilhada com os integrantes do grupo. Os integrantes participam da tomada de decisões, da determinação de políticas e da implementação de sistemas e procedimentos.
❑ O estilo *laissez-faire* tem como base uma situação em que o centro do poder é passado ao grupo, concedendo liberdade de ação aos integrantes. Geralmente, há confusão quanto a este estilo de administrar. Por exemplo, de acordo com Boella, o estilo *laissez-faire* "abdica de responsabilidade — deixando a equipe enfrentar os problemas que não seriam propriamente de sua alçada. O grupo tem de enfrentar reclamações dos clientes sem a autoridade para corrigir ou superar suas causas".[36] Este estilo é bem conhecido, na verdade trata-se de um anti-estilo de liderança, uma "abdicação". É razoável argumentar que a definição de *laissez-faire*, "livre de interferência" ou "deixar as pessoas fazerem o que pensam ser adequado", dá surgimento a um estilo de liderança "genuíno", pelo qual o gerente observa que os integrantes do grupo estão trabalhando bem por conta própria. O gerente toma a decisão consciente de não interferir, mas de monitorar o progresso e de estar prontamente disponível se sua ajuda for necessária. Deve-se contrapor essa perspectiva àquela do gerente que não se preocupa com nada, não deseja envolver-se com o grupo e deixa-o enfrentar os problemas que seriam de sua responsabilidade.

A liderança relacionada à tomada de decisões

Uma classificação alternativa foi sugerida por Magurn. Ele classifica a conduta adotada pelos gerentes, em relação à liderança que exercem sobre o grupo, em quatro enfoques relacionados à tomada de decisões: autocrático, persuasivo, consultivo e participativo.[37]

❑ Os gerentes tomam decisões e dão instruções, esperando que suas ordens sejam executadas sem nenhum questionamento — enfoque **autocrático**.
❑ Os gerentes tomam uma decisão e esperam que haja receptividade — enfoque **persuasivo**.
❑ Os gerentes tomam decisões, mas promovem discussões e ouvem atentamente as posições da equipe — enfoque **consultivo**.
❑ Os gerentes apresentam um problema ao grupo e aceitam o ponto de vista da maioria como base para a tomada de decisão — enfoque **participativo**.

Líder solo e líder de equipe

Belbin distingue dois amplos estilos de liderança, contrastantes ou divergentes, na indústria da hospitalidade: o líder *solo* e o líder de equipe.[38] O líder *solo* goza de ampla liberdade e age de maneira absoluta. Ele não corre riscos com outras pessoas, adota um enfoque diretivo, prefere tarefas e metas específicas, espera receptividade e atua como se fosse um modelo para os subordinados. Em tempos de crise ou quando a situação é urgente, os líderes *solo* de talento têm sido eficazes em suplantar as barreiras departamentais e obstáculos, implementando decisões de maneira rápida. Contudo, quando fracassam, são logo dispensados.

Por outro lado, o líder de equipe evita administrar de maneira absoluta, limitando deliberadamente seu papel. Ele cria um sentimento de missão, expressa grande respeito pelos seus subordinados, confia neles, reconhece suas habilidades e pontos fortes e está mais inclinado a delegar. Segundo Belbin, a liderança *solo* é bastante familiar à maioria das pessoas, porque faz parte da psicologia das massas submeter-se e confiar no líder. Contudo, o aumento da incerteza e a mudança contínua, juntamente com a pressão social pelo compartilhamento do poder, fizeram com que a liderança de equipe alcançasse maior projeção.

Atenção aos estilos de liderança

O desenvolvimento da ciência comportamental chamou a atenção para o processo de comportamento interpessoal na situação de trabalho e para os efeitos da liderança sobre os liderados. O destaque recebido pelo estilo de liderança tem como base a hipótese de que os subordinados estão mais inclinados a trabalhar de maneira voluntariosa e produtiva quando seus gerentes adotam um estilo de liderança definido, em vez de estilos diferentes.

Foi dada ênfase ao estilo de liderança gerencial porque favorece um maior entendimento da motivação individual e das necessidades e expectativas das pessoas no trabalho. Modelos mais amplos de educação e de treinamento, mudanças no sistema de valores da sociedade, pressões por uma maior responsabilidade social para como os empregados e o conceito de qualidade na vida profissional também influenciaram essa ênfase. Todos esses fatores foram combinados para criar resistência a estilos de liderança puramente ditatoriais. As demandas por mudanças organizacionais e a criação de uma cultura de capacitação exigem empregados que saibam determinar-se. A liderança não deve ser exercida somente na cúpula administrativa da organização de hospitalidade.[39]

Continuum de comportamento de liderança

Um modelo popular de estilo de liderança é apresentado por Tannenbaum e Schmidt (Figura 9.5).[40] Esses autores entendem que há um *continuum* de possíveis comportamentos gerenciais e, a partir daí, vários estilos de liderança se apresentam, formando uma série de ações relacionadas ao grau de autoridade usado pelo gerente e à área de liberdade disponível aos subordinados. Em um extremo está a liderança centrada no chefe (liderança autoritária) e, no outro, a liderança centrada no subordinado (liderança democrática). Essas posições extremas de comportamento de liderança estão relacionadas à Teoria X e à Teoria Y, de McGregor.

Quatro estilos fundamentais de liderança

Nenhum extremo do *continuum* é absoluto, já que há sempre alguma limitação quanto ao uso da autoridade ou da área de liberdade. Movendo-se ao longo do *continuum*, o gerente pode ser classificado de acordo com o grau de controle que mantém sobre os subordinados. Essa abordagem leva à identificação de quatro estilos principais de liderança — a que fala, a que "vende", a que consulta e a que se integra.

- *Liderança que fala* — o gerente identifica um problema, toma uma decisão e a anuncia aos subordinados para que a implementem, sem conceder ao grupo a oportunidade de participar.
- *Liderança que vende* — o gerente igualmente toma uma decisão, mas reconhece a possibilidade de haver resistência por parte daqueles que têm de enfrentar tal decisão. Ainda assim, o gerente tenta persuadir os subordinados a aceitá-la.
- *Liderança que consulta* — o gerente identifica o problema mas não toma uma decisão antes de apresentá-lo ao grupo, ouvir suas sugestões e discutir as soluções.
- *Liderança que se integra* — o gerente define o problema e os limites nos quais a decisão deve ser tomada e, en-

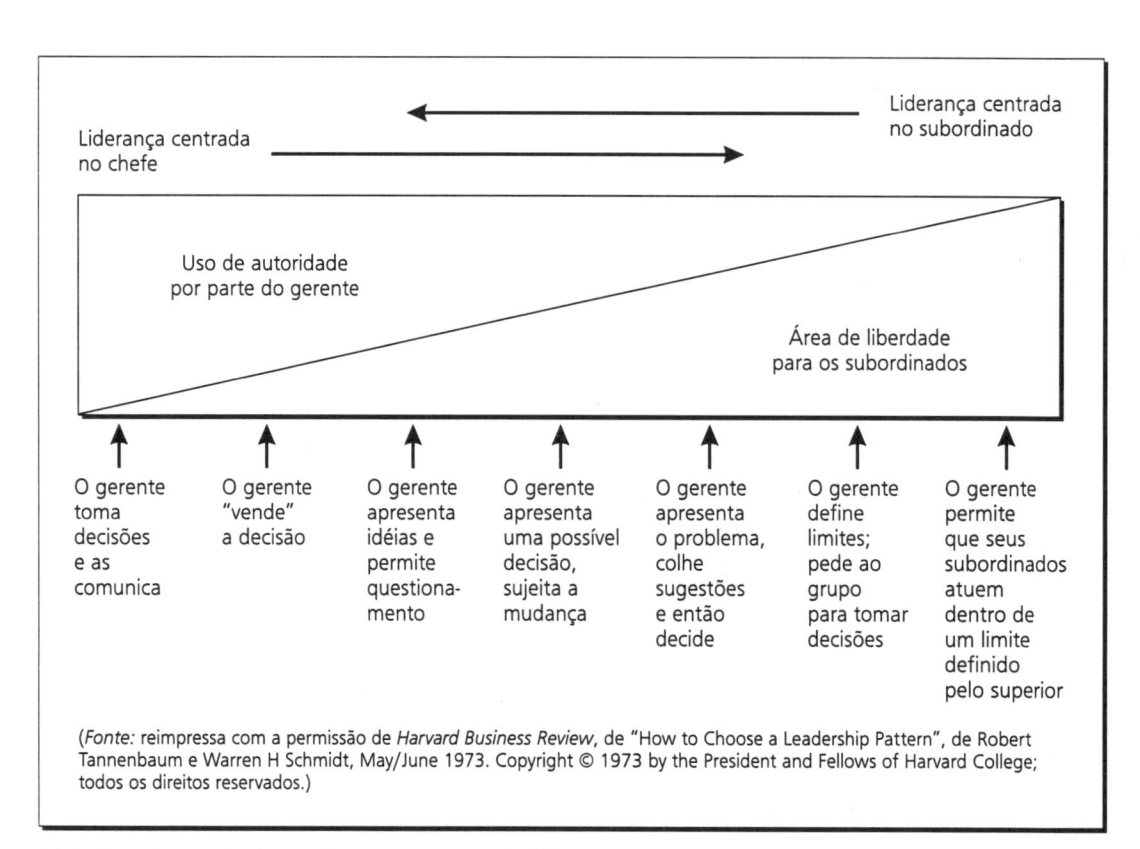

(*Fonte*: reimpressa com a permissão de *Harvard Business Review*, de "How to Choose a Leadership Pattern", de Robert Tannenbaum e Warren H Schmidt, May/June 1973. Copyright © 1973 by the President and Fellows of Harvard College; todos os direitos reservados.)

FIGURA 9.5 *Continuum* de comportamento de liderança.

tão, concede ao grupo o direito de indicar soluções, colocando-se ele próprio — gerente — como integrante do grupo.

Forças que influenciam o tipo de liderança

Tannenbaum e Schmidt indicam que há três fatores, ou forças, de particular importância na decisão sobre que tipos de liderança são práticos e desejáveis. São eles: forças do gerente, forças dos subordinados e forças da situação.

- *Forças do gerente* — o comportamento dos gerentes será influenciado por sua própria personalidade, histórico, conhecimento e experiência. Essas forças internas incluem: sistemas de valores, confiança nos subordinados, liderança potencial e sensação de segurança em situações incertas.
- *Forças do subordinado* — o subordinado é influenciado por muitas variáveis inerentes à sua personalidade e por expectativas quanto às relações com o gerente. As características dos subordinados incluem a necessidade de independência e prontidão para aceitar responsabilidades, identificação com as metas da organização, interesse pelos problemas e percepção de que eles existem, conhecimento e experiência e, finalmente, o quanto aprendem a compartilhar a tomada de decisões.
- *Forças da situação* — o comportamento dos gerentes será influenciado pela situação e pelas pressões do ambiente. As características da situação incluem o tipo e a natureza da organização, a eficiência do grupo, a natureza do problema e a pressão do tempo.

Os líderes de sucesso estão bem cientes dessas forças, de grande relevância para o seu comportamento em um determinado momento. Eles são capazes de se comportarem de maneira adequada a partir da compreensão que têm de si próprios, dos indivíduos e do grupo, da organização e das influências do ambiente. Os gerentes de sucesso tanto sabem discernir quanto são flexíveis.

A ABORDAGEM SITUACIONAL

O *continuum* de comportamento de liderança chama a atenção para as forças da situação como sendo uma das variáveis que influenciam a natureza do comportamento gerencial. A abordagem situacional, contudo, concentra-se na importância da situação como fator dominante na consideração das características de liderança. Apesar do interesse mais recente por essa abordagem, é interessante notar que a idéia de o gerente aplicar a lei da situação foi introduzida há mais de 50 anos.

A lei da situação

Essa idéia foi proposta por Mary Parker Follett, que considerou a maneira pela qual as ordens deveriam ser dadas na relação gerente-subordinado. O problema é evitar os dois extremos de (i) excesso de autoridade quando as ordens são dadas e (ii) ausência completa de ordens. A solução de Follett foi o que ela chamou de "impessoalização das ordens e obediência à lei da situação".

> Minha solução é despersonalizar a maneira de dar ordens, unir todos os interessados em um estudo da situação, descobrir a lei da situação e obedecer a ela. Enquanto não fizermos isso, eu não acredito que teremos uma administração de sucesso..., isto é, o que idealmente deveria ocorrer entre qualquer chefe e seus subordinados. Uma pessoa não deve dar ordens a outra, mas ambas devem concordar em aceitar as ordens impostas pela situação. Se as ordens forem simplesmente parte da situação, a questão de alguém comunicá-las e de alguém recebê-las não ocorrerá. Ambos aceitarão as ordens dadas pela situação.[41]

Teorias contingentes de liderança

Estudos mais recentes realizados sob o enfoque situacional têm como centro as interações das variáveis envolvidas na situação de liderança e com os padrões de comportamento da liderança. Isso deu origem ao estudo das teorias contingentes de liderança. As teorias contingentes baseiam-se no pressuposto de que não há apenas um estilo de liderança adequado a todas as situações. Também, dependendo do tipo de situação, diferentes indivíduos de um grupo podem exercer as funções de liderança.

Os três principais modelos de particular relevância para o gerente de hospitalidade são os que se relacionam a(o):

- favorecimento da situação de liderança;
- teoria caminho-meta;
- "prontidão" (ou maturidade) dos seguidores.

O modelo contingencial de Fiedler

Um modelo fundamental do tipo líder-situação é aquele desenvolvido por Fiedler em sua teoria da contingência da eficácia na liderança.[42] Para medir as atitudes e a eficácia do líder, Fiedler elaborou uma "escala do colega menos desejado". Essa pontuação é determinada pelas classificações dadas pelos líderes às pessoas com quem não trabalhariam bem. O questionário contém 20 itens bipolares. Cada item da escala recebe uma pontuação que vai de um a oito pontos (Figura 9.6).

Interpretação do escore da escala de Fiedler

Quanto mais um líder é, em geral, "brando" ao classificar o colega que preferiria não ter, mais alto é o escore; e quanto mais crítica a classificação, menor o escore na escala de Fiedler. A interpretação desse escore indica que:

- um líder cujo escore na escala é alto tem mais satisfação com relações interpessoais e é motivado a agir sustentada e conscientemente quando as relações com os subordinados precisam ser melhoradas;

A abordagem situacional

Agradável	:_:_:_:_: :_:_:_:_: 8 7 6 5 4 3 2 1	Desagradável
Amigável	:_:_:_:_: :_:_:_:_: 8 7 6 5 4 3 2 1	Não-amigável
Não-receptivo	:_:_:_:_: :_:_:_:_: 1 2 3 4 5 6 7 8	Receptivo
Solícito	:_:_:_:_: :_:_:_:_: 8 7 6 5 4 3 2 1	Frustrante
Desanimado	:_:_:_:_: :_:_:_:_: 1 2 3 4 5 6 7 8	Entusiasmado
Tenso	:_:_:_:_: :_:_:_:_: 1 2 3 4 5 6 7 8	Calmo
Distante	:_:_:_:_: :_:_:_:_: 1 2 3 4 5 6 7 8	Próximo
Frio	:_:_:_:_: :_:_:_:_: 1 2 3 4 5 6 7 8	Caloroso
Cooperativo	:_:_:_:_: :_:_:_:_: 8 7 6 5 4 3 2 1	Não-cooperativo
Apoiador	:_:_:_:_: :_:_:_:_: 8 7 6 5 4 3 2 1	Hostil
Entediante	:_:_:_:_: :_:_:_:_: 1 2 3 4 5 6 7 8	Interessante
Briguento	:_:_:_:_: :_:_:_:_: 1 2 3 4 5 6 7 8	Harmonioso
Confiante	:_:_:_:_: :_:_:_:_: 8 7 6 5 4 3 2 1	Hesitante
Eficiente	:_:_:_:_: :_:_:_:_: 8 7 6 5 4 3 2 1	Ineficiente
Triste	:_:_:_:_: :_:_:_:_: 1 2 3 4 5 6 7 8	Alegre
Aberto	:_:_:_:_: :_:_:_:_: 8 7 6 5 4 3 2 1	Reservado

FIGURA 9.6
Escala do colega menos desejado.

(*Fonte:* reimpressa com a permissão do Professor F. E. Fiedler.)

- um líder cujo escore é baixo na escala tem mais satisfação com o desempenho da tarefa e com a consecução dos objetivos — estabelecer boas relações com os subordinados está em segundo plano.

Condição favorável da situação

A relação entre o escore de Fiedler e o comportamento de liderança depende da condição favorável da situação, que indica até que ponto a situação permite a um líder controle sobre os subordinados. Há três variáveis principais que determinam essa condição favorável da situação e afetam o papel do líder e sua influência.

- *Relações líder-integrante do grupo* — até que ponto os integrantes confiam no líder e gostam dele; a voluntariedade dos integrantes em seguir o direcionamento dado pelo líder.
- *A estrutura de tarefas* — até que ponto a tarefa está claramente definida pelo grupo; até que ponto a tarefa pode ser executada por meio de instruções detalhadas ou por procedimentos-padrão.
- *O poder do cargo* — o poder do líder, a partir do cargo que ocupa na organização; até que ponto o líder pode exercer a autoridade para interferir, por exemplo, nas gratificações e nas punições, nas promoções e nos rebaixamentos.

Situações grupo-tarefa e estilo de liderança

A partir dessas três variáveis, Fiedler construiu oito combinações de situações grupo-tarefas pelas quais relaciona condições favoráveis e estilo de liderança. As variáveis são classificadas, e assumem as relações líder-integrante como as mais importantes, seguidas pela estrutura de tarefas e pelo poder do cargo. Assim como a condição favorável da liderança varia, também o estilo de liderança varia (Figura 9.7).

Quando a situação é:

(i) muito favorável, com boas relações líder-integrante, tarefas estruturadas e poder do cargo muito forte; ou
(ii) muito desfavorável, com relações líder-integrante fracas, tarefas desestruturadas e um fraco poder do cargo;

então, um **líder voltado à execução de tarefas** (com baixo escore na escala de Fiedler), adepto de um estilo diretivo e controlador, será mais eficiente.

Quando a situação é:

(iii) moderadamente favorável e as variáveis estão misturadas;

então, será mais eficiente um **líder voltado às relações interpessoais** (com alto escore na escala de Fiedler).

Aplicações na indústria da hospitalidade

Embora haja alguma incerteza quanto à interpretação da escala de Fiedler, e a obra do autor possa, à primeira vista, parecer um tanto quanto complexa, o estudo da liderança ganhou novas dimensões a partir daí. As variáveis organizacionais, as quais afetam a eficácia da liderança, obtiveram grande relevância desde então.

Como foi discutido anteriormente, a natureza do ramo da hospitalidade realmente impõe demandas a seus gerentes. A atitude gerencial e o estilo de liderança são fatores decisivos, tanto em relação à equipe de trabalho quanto em relação à satisfação do cliente.

O setor hoteleiro apresenta ao gerente, na maioria das situações, uma multiplicidade de tarefas e de inter-relações muito complexas entre a equipe funcional e os clientes. Além disso, a demanda nos hotéis é altamente flutuante. Todos esses fatores indicam que o gerente do hotel deve estar completamente adaptado às circunstâncias predominantes.[43]

O modelo contingencial de Fiedler chama a atenção para a importância das variáveis situacionais e do estilo de liderança, e também para as mudanças nas relações líder-integrante, estrutura de tarefas e poder do cargo correspondentes às características do líder. O modelo teria, portanto, significação especial para o gerente de hospitalidade.

A teoria de liderança caminho-meta

A importância da teoria caminho-meta para o gerente de hospitalidade é que ela tenta explicar a influência do comportamento de liderança no desempenho e na satisfação dos subordinados. O modelo baseia-se na teoria motivacional da expectativa (discutida no Capítulo 7). A principal obra nessa área foi preparada por House[44] e por House e Dessler.[45]

Segundo a teoria, o desempenho dos subordinados sente os reflexos de o gerente conseguir ou não satisfazer as expectativas deles. Os subordinados considerarão o comportamento de liderança como uma influência motivacional quando:

(i) a satisfação de suas necessidades for dependente do desempenho eficaz;
(ii) houver direcionamento, orientação, treinamento e apoio.

Quatro estilos principais de liderança

A teoria caminho-meta identifica quatro tipos principais de comportamento de liderança.[46]

❑ *A liderança diretiva* envolve manter os subordinados informados sobre as expectativas da empresa em relação a eles e estabelecer direções específicas. A organização espera que os subordinados sigam as regras e os regulamentos. Essa política é similar à "estrutura inicial".

❑ *A liderança de apoio* é amigável e acessível, ocupando-se das necessidades e do bem-estar dos subordinados. Essa política é similar à "consideração".

❑ *A liderança participativa* envolve consultar os subordinados; suas opiniões e sugestões são avaliadas antes de o gerente tomar decisões.

❑ *A liderança voltada à realização* envolve estipular metas desafiadoras aos subordinados, buscando a melhoria de seu desempenho e a confiança em sua capacidade de trabalhar produtivamente.

Fatores situacionais

De acordo com a teoria caminho-meta, o efeito do comportamento de liderança é determinado por dois fatores situacionais: as características da personalidade dos subordinados e o tipo de tarefa (Figura 9.8, p. 250).

❑ *As características da personalidade dos subordinados* determinam como eles reagirão às atitudes do gerente e até que ponto eles percebem tal comportamento como uma fonte potencial imediata de satisfação de necessidades.

❑ *O tipo de tarefa* identifica até que ponto as tarefas são rotineiras e estruturadas, ou não-rotineiras e desestruturadas.

Esses fatores situacionais determinam as impressões e as motivações dos subordinados, levando a maior clareza em relações, melhor desempenho e satisfação com o trabalho. Os fatores situacionais também influenciam as preferências dos subordinados por um estilo particular de comportamento gerencial. Por exemplo, quando uma tarefa é altamente estruturada, as metas estão à vista de todos e os subordinados ficam confiantes; então, um estilo diretivo de liderança pode não ser bem aceito. Contudo, quando uma tarefa é com-

A abordagem situacional 249

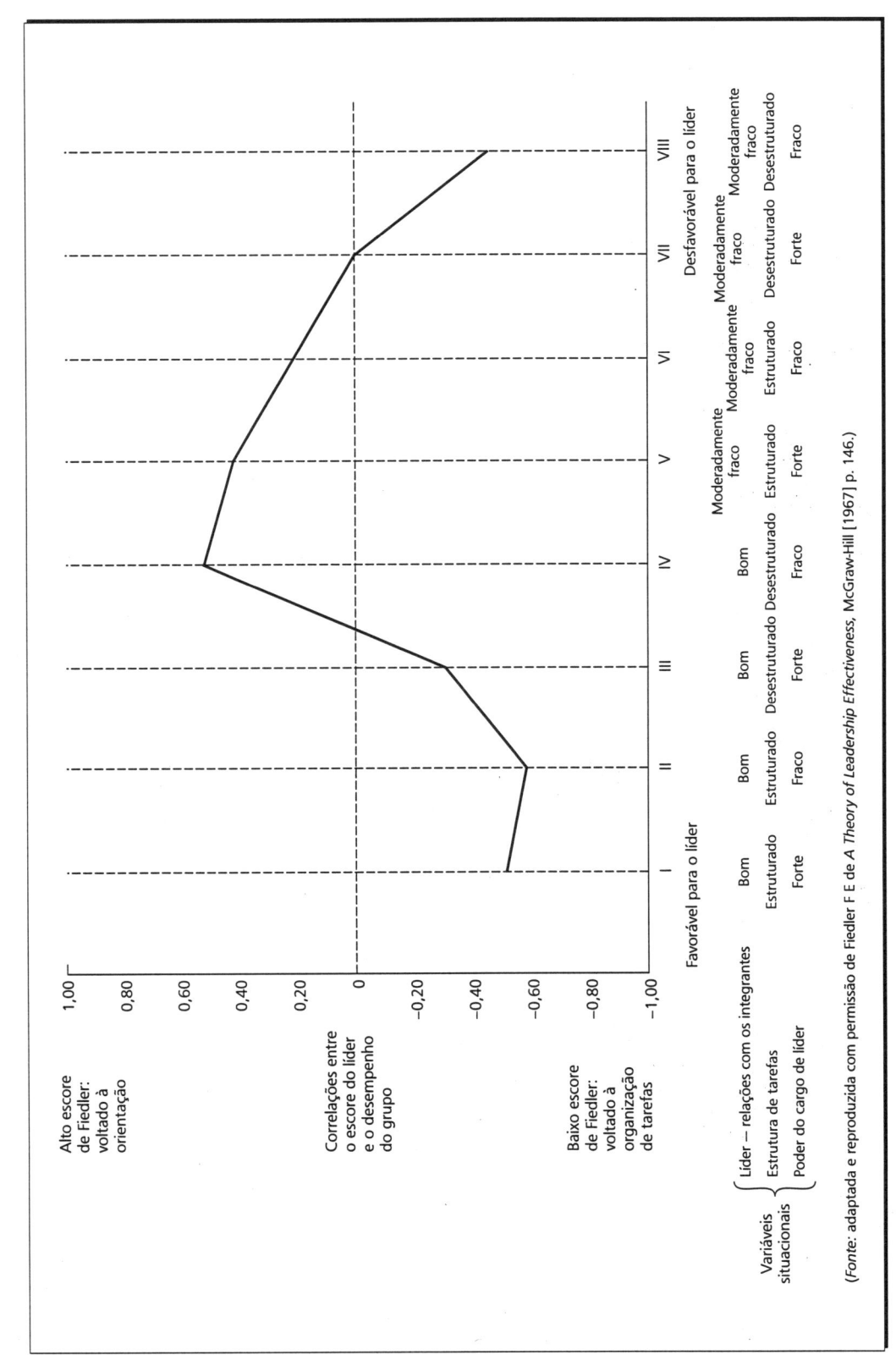

FIGURA 9.7 Correlações entre os escores de Fiedler do líder e o estilo de eficácia-liderança do grupo. A adequação de um estilo de liderança para a otimização do desempenho do grupo depende das três variáveis na situação de liderança.

(*Fonte:* adaptada e reproduzida com permissão de Fiedler F E de *A Theory of Leadership Effectiveness*, McGraw-Hill [1967] p. 146.)

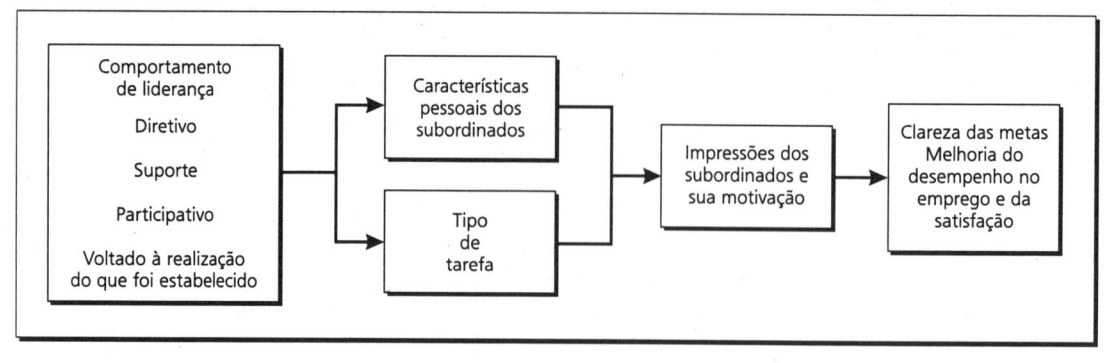

FIGURA 9.8 Representação da teoria caminho-meta de liderança.

pletamente desestruturada, a natureza das metas não fica clara e os subordinados carecem de experiência, o que favorece um estilo de liderança diretivo.

Liderança motivacional

Diferentes tipos de comportamento podem ser praticados pela mesma pessoa em épocas diferentes e em situações variadas. Utilizando um dos quatro estilos de liderança, o gerente tenta influenciar a percepção dos subordinados e sua motivação, suavizando o caminho rumo à conquista das metas. A liderança efetiva baseia-se na boa vontade do gerente em ajudar os subordinados e na necessidade que os subordinados têm de receber ajuda. O comportamento da liderança será motivador quando proporcionar o direcionamento, a orientação e o apoio necessários, além de ajudar a esclarecer relações caminho-meta e remover quaisquer obstáculos que impeçam o alcance dos objetivos.

Prontidão dos seguidores

Uma variável importante no estilo de liderança adotado pelo gerente de hospitalidade é a natureza da equipe a ele subordinada. Isso leva à consideração de outro modelo contingencial importante — o modelo de liderança situacional apresentado por Hersey e Blanchard.[47] Este modelo tem como base o nível de "prontidão" das pessoas que o líder está tentando influenciar. A prontidão (antes conhecida como "maturidade") representa o nível de capacidade e de espontaneidade dos seguidores na realização de uma tarefa específica. Não é uma característica inerente ao indivíduo, mas sim o quanto ele está pronto para executar uma tarefa específica.

Um continuum de quatro níveis

A prontidão (P) divide-se em um *continuum* de quatro níveis: P1 (baixa), P2 e P3 (moderada), e P4 (alta).

- ❑ *P1 — prontidão baixa*. Refere-se aos seguidores que são tanto inaptos quanto não-voluntariosos, que carecem de comprometimento e motivação, ou que são inaptos e inseguros.
- ❑ *P2 — prontidão moderada a baixa*. Refere-se aos seguidores que são inaptos mas voluntariosos, que carecem de determinadas capacidades, mas estão motivados a fazer seu trabalho, ou que são inaptos mas confiantes.
- ❑ *P3 — prontidão moderada a alta* — Refere-se aos seguidores que são capacitados, mas não-voluntariosos; que sabem realizar seu trabalho, mas não querem aplicar seu conhecimento, ou que são capacitados, mas inseguros.
- ❑ *P4 — prontidão alta* — Refere-se aos seguidores capacitados e voluntariosos, que sabem como desempenhar seu papel e estão comprometidos com o desempenho, ou que são capacitados e confiantes.

Para cada um dos quatro níveis de prontidão, o estilo apropriado de liderança é uma combinação do comportamento nas tarefas e do comportamento nas relações (Figura 9.9).

- ❑ *O comportamento nas tarefas* significa o quanto o líder coordena as ações de seus seguidores, estabelece metas, define seus papéis e explica como executá-los.
- ❑ *O comportamento nas relações* significa o quanto o líder se comunica, em dupla via, com seus seguidores, ouve-os e lhes dá apoio e incentivo.

Quatro estilos de liderança

A combinação do comportamento nas tarefas e do comportamento nas relações produz quatro estilos (E) de liderança: a liderança que fala, a liderança que vende, a liderança que participa e a liderança que delega.

- ❑ *E1 — liderança que fala*. Enfatiza ao máximo a orientação (comportamento nas tarefas), mas há pouca atitude de apoio (comportamento relacional). Esse estilo é mais adequado à prontidão baixa (P1).
- ❑ *E2 — liderança que vende*. Enfatiza ao máximo o comportamento diretivo (tarefas) e relacional. Esse estilo é mais adequado à prontidão baixa a moderada (P2).
- ❑ *E3 — liderança que participa*. Enfatiza ao máximo a comunicação e as atitudes de apoio (relacional), com me-

A abordagem situacional 251

COMPORTAMENTO DO LÍDER

(ALTO)

(COMPORTAMENTO DE APOIO)
COMPORTAMENTO RELACIONAL

3
Compartilha idéias e facilita a tomada de decisões...

PARTICIPAÇÃO

Rel. Alto
Tar. Baixo

2
Explica suas decisões e concede oportunidades para esclarecimentos...

VENDA

Tar. Alto
Rel. Alto

Rel. Baixo
Tar. Baixo

DELEGAÇÃO

4
Responsabilidade por decisões e implementação no *turn over*...

1
Dá instruções específicas e supervisiona de perto o desempenho...

FALA

Tar. Alto
Rel. Baixo

(BAIXO) ⟵ **COMPORTAMENTO NAS TAREFAS** ⟶ (ALTO)
(COMPORTAMENTO DIRETIVO)

PRONTIDÃO DO SEGUIDOR

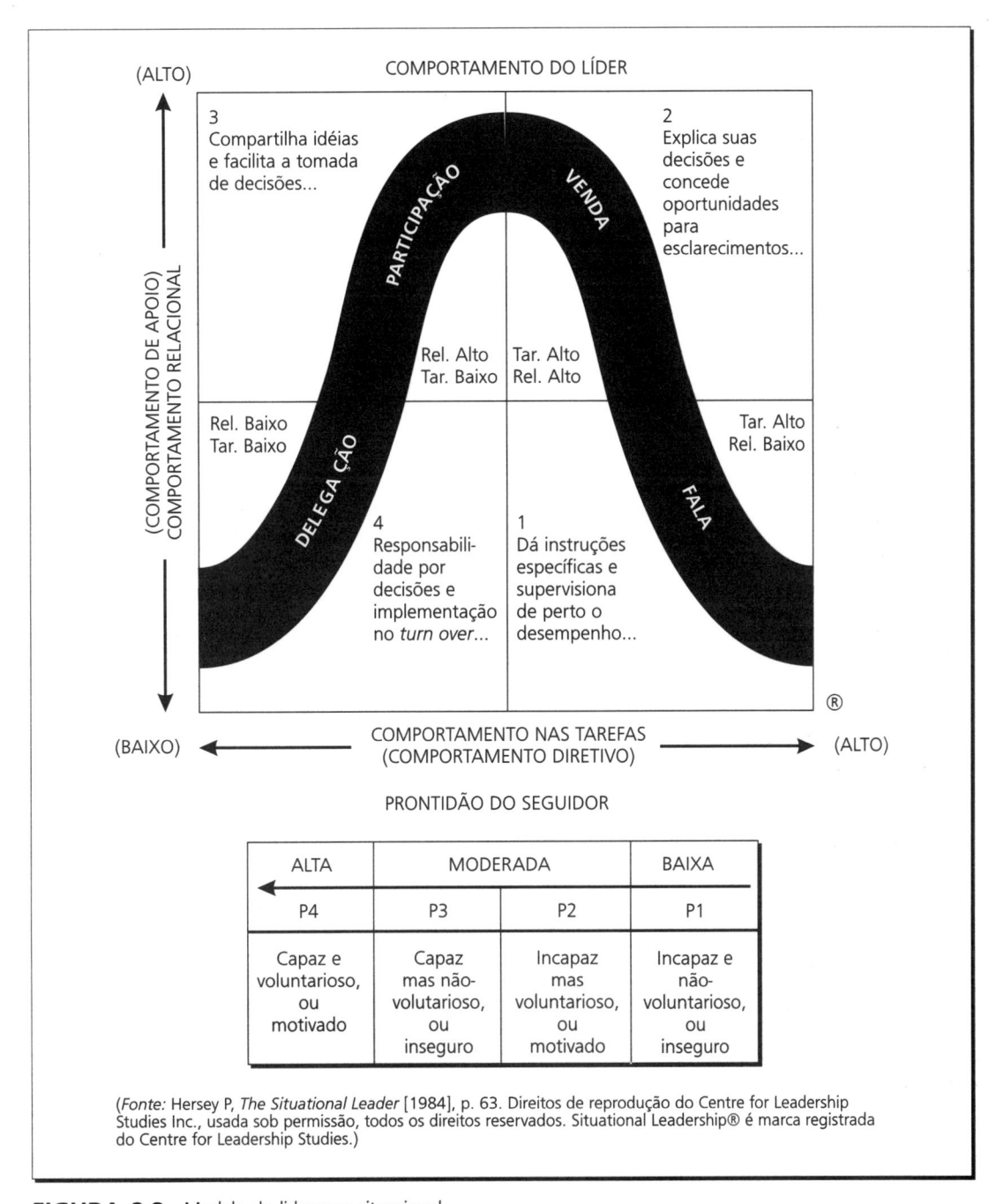

ALTA	MODERADA		BAIXA
P4	P3	P2	P1
Capaz e voluntarioso, ou motivado	Capaz mas não-volutarioso, ou inseguro	Incapaz mas voluntarioso, ou motivado	Incapaz e não-voluntarioso, ou inseguro

(*Fonte*: Hersey P, *The Situational Leader* [1984], p. 63. Direitos de reprodução do Centre for Leadership Studies Inc., usada sob permissão, todos os direitos reservados. Situational Leadership® é marca registrada do Centre for Leadership Studies.)

FIGURA 9.9 Modelo de liderança situacional.

nos atenção à orientação (comportamento nas tarefas). Esse estilo é mais adequado à prontidão moderada a alta (P3).

❑ *E4 — liderança que delega*. Pouco direcionamento ou apoio, com baixos níveis de comportamento de tarefas e relacional. É um estilo mais adequado à prontidão alta (P4).

Liderança flexível

De acordo com Hersey e Blanchard, o segredo para o uso da liderança situacional é que qualquer líder pode ser mais eficiente ou menos, dependendo da prontidão dos seguidores que esse líder está tentando influenciar. Portanto, é essencial que o gerente de hospitalidade adote um estilo flexível de gestão. É importante tratar os subordinados diferentemente, de acordo com a "prontidão" (ou maturidade) demonstrada por eles, assim como é importante tratar o mesmo subordinado também diferentemente, de acordo com as mudanças na situação.

O modelo também chama a atenção para a importância de se desenvolver a capacidade, a confiança e o comprometimento dos subordinados. O gerente deve ajudar os subordinados até que se tornem capacitados e voluntariosos. Esse desenvolvimento deve ocorrer pelo ajuste do comportamento de liderança aos quatro estilos: fala, venda, participação e delegação.

LIDERANÇA TRANSFORMACIONAL

Nos últimos anos, o aumento da competitividade e a necessidade de um uso mais eficiente dos recursos humanos fez com que os teóricos da área de gestão dedicassem maior atenção a como os líderes revitalizam ou transformam as organizações. Com base no trabalho de Burns, essa atenção deu surgimento a uma distinção entre duas formas fundamentais de liderança: a liderança transacional e a liderança transformacional.[48]

❏ *A liderança transacional* baseia-se na autoridade legítima, na estrutura burocrática da organização. A ênfase está no esclarecimento das metas e dos objetivos, nas tarefas a serem desenvolvidas e nos resultados, nas gratificações e nas punições. A liderança transacional agrada aos seguidores, levando a um processo do tipo: "te dou isso, se você fizer aquilo".
❏ *A liderança transformacional* é um processo que envolve alto nível de motivação e de comprometimento entre os seguidores. A ênfase está na geração de uma visão para a empresa e na capacidade de o líder atender aos mais altos ideais e valores dos seguidores, além de criar um sentimento de justiça, lealdade e confiança.

Alguns autores consideram a liderança transformacional semelhante à liderança carismática ou inspiracional. Por exemplo, de acordo com Kreitner e Kinicki: "A liderança carismática pode produzir mudanças e resultados organizacionais significativos, porque 'transforma' os empregados, levando-os a perseguir metas organizacionais em vez de seus próprios interesses".[49] Contudo, Hunt chama a atenção para o fato de que, apesar de os líderes que possuem carisma poderem causar um enorme efeito nos participantes de uma organização, não há garantias de que isso ocorrerá. O que realmente importa são os resultados e o fato de a liderança mobilizar o poder de mudar os sistemas sociais e de reformar as organizações.[50]

Componentes da liderança transformacional

De acordo com Bass, o líder transformacional motiva seus seguidores a produzir mais do que o previsto, sendo o grau de transformação medido conforme o poder de persuasão demonstrado sobre os seguidores. Bass propôs uma teoria de liderança transformacional em que o líder transforma e motiva os seguidores por meio de: (1) geração de grande conscientização acerca da importância dos propósitos da organização e dos resultados das tarefas; (2) indução, levando os seguidores a transcender seus próprios interesses em favor da organização ou da equipe; (3) ativação das necessidades de primeira ordem dos seguidores.[51]

A liderança transformacional inclui quatro componentes básicos:

❏ *influência idealizada* — o carisma do líder e o respeito e a admiração dos seguidores;
❏ *inspiração motivacional* — o comportamento do líder, que dá sentido e estimula o trabalho dos seguidores;
❏ *estímulo intelectual* — o líder solicita aos seguidores novas formas de abordagens para um melhor desempenho no trabalho, bem como soluções criativas para os problemas;
❏ *consideração individualizada* — o líder escuta e dá atenção particular às necessidades que visam ao desenvolvimento de seus seguidores.[52]

A liderança transformacional no ramo da hospitalidade

Vários artigos recentes chamaram a atenção para a complexidade crescente do setor hoteleiro e para as mudanças que nele ocorreram, assim como para a importância e os benefícios da liderança transformacional.[53] A partir de um estudo realizado com 291 gerentes em 47 estabelecimentos norte-americanos, Tracey e Hinkin concluíram que:

> É improvável que o ramo da hospitalidade se torne um pouco mais estável no futuro. Assim, a liderança transformacional, interpretada como a capacidade de criar e comunicar uma determinada visão e adaptar a organização a um ambiente que muda rápida e constantemente, pode ser o tipo de liderança mais fundamental nos próximos anos.[54]

O MELHOR ESTILO DE LIDERANÇA NO RAMO DA HOSPITALIDADE

Já vimos que diferentes indivíduos podem exercer as funções de liderança, utilizando os mais diversos estilos. Os modelos contingenciais demonstram a importância das variáveis situacionais. Os variados tipos de liderança podem também enquadrar-se aos diferentes estágios de desenvolvimento de uma empresa.[55] Sem dúvida, não há apenas uma resposta quando se pergunta qual é o melhor estilo de liderança.

Estudos sobre a liderança no ramo da hospitalidade parecem produzir resultados conflitantes. Usando o modelo contingencial de Fiedler, Nebel e Stearns conduziram uma pesquisa com supervisores norte-americanos de primeira linha do setor de hotéis e restaurantes. Suas constatações indicam que um estilo de gestão priorizando a execução das tarefas seria o mais eficaz.[56]

Em contraposição, temos a pesquisa de Keegan, realizada com gerentes de restaurantes e hotéis. Estes gerentes entendiam que a liderança eficaz não era obtida de forma autocrática ou ditatorial, nem conquistava seguidores por meio da superproteção. Ao contrário, eles estavam cientes da necessidade e da tendência de ser implementado um estilo de liderança priorizando as relações humanas. A mudança dos valores sociais aumentou a exigência dos empregados por um "bom trabalho", sendo o estilo de liderança gerencial o que mais contribui para sua satisfação e motivação.

Keegan apresenta um caso bastante polêmico, cujo tópico é a adoção de uma abordagem comportamental e de apoio à liderança gerencial, chegando a seguinte conclusão.

> *Nosso desafio não é tanto mudar o emprego, mas oferecer uma liderança gerencial que crie um ambiente no qual as verdadeiras necessidades do empregado sejam satisfeitas. Tal liderança é caracterizada como pessoal, de apoio e participativa, estando firmemente baseada em uma relação sólida entre o gerente e os empregados. Essa liderança gerencial deve ser parte integrante do ambiente de hospitalidade, um modelo comportamental, por assim dizer, de como melhor nos comportarmos com as pessoas em geral, sejam elas hóspedes ou funcionárias. Tal estilo de liderança se opõe, de muitas formas, à liderança tradicionalmente associada ao ramo hoteleiro. Devemos mudar, e mudar de verdade, a fim de que nossa meta seja a de desenvolver essa nova liderança em nosso setor.*[57]

Pesquisa sobre a liderança no ramo da hospitalidade

Em sua discussão sobre a compreensão da teoria da liderança e a aplicação da pesquisa sobre a liderança no ramo da hospitalidade, Pittaway et al. fazem referência à hipótese de que se a liderança dependesse da situação, diferentes tipos de tecnologia, organização e segmentos do setor influenciariam o tipo de comportamento necessário. Podem ocorrer diferenças entre o setor hoteleiro e outros setores, e entre segmentos do próprio setor. Como ponto de partida para pesquisa, Pittaway et al. apresentam um modelo de liderança situacional que identifica as variáveis fundamentais que influenciariam o processo de liderança no ramo da hospitalidade.[58] (Ver Figura 9.10, p. 254)

VARIÁVEIS QUE INFLUENCIAM A EFICÁCIA DA LIDERANÇA

Muitas pesquisas tendem a indicar que os estilos democráticos de liderança produzem mais facilmente um desempenho eficaz no grupo de trabalho. Uma abordagem voltada às pessoas, que privilegie as relações humanas, terá mais chances de chegar à satisfação com o trabalho e à coesão do grupo. Contudo, nem sempre os estilos democráticos de liderança são os melhores. Há ocasiões em que um estilo autocrático pode ser mais eficaz.

Vimos no Capítulo 6 que, apesar da importância especial das pessoas no ramo da hospitalidade, esse ramo não costuma adotar uma política favorável e positiva em relação à equipe funcional. Perdem terreno, todavia, os gerentes que dependem exclusivamente do poder de seu cargo em uma estrutura hierárquica de autoridade. Têm prevalecido, nas empresas em geral, os estilos mais participativos de liderança. Contudo, conforme relata Wood, investigações feitas por Croney[59] sobre a análise da gestão e da liderança em quatro grupos hoteleiros constataram que:

> *havia o compromisso em nível corporativo com um estilo de liderança/gestão que utilizava a comunicação, a consulta e o envolvimento dos empregados, mas a participação era geralmente considerada como algo conduzido pela gerência, isto é, "de cima para baixo", com os gerentes tomando todas as iniciativas e estabelecendo limites de tolerância.*[60]

Não existe um estilo de liderança que seja "o melhor" e que certamente resultará na manutenção do moral do grupo e em alto desempenho no trabalho. Há muitas variáveis condicionando a eficácia da liderança gerencial no ramo da hospitalidade, incluindo:

- o tipo e a natureza do estabelecimento, suas metas e objetivos, e a cultura e o ambiente organizacionais;
- as características do gerente, sua personalidade, atitudes, capacidade, valores e credibilidade pessoal;
- as características dos subordinados, suas necessidades e expectativas, motivação e compromisso, conhecimento, confiança e experiência;
- a base da relação de liderança e o tipo de poder e de influência;
- os relacionamentos entre o gerente e o grupo, e entre os integrantes do grupo;
- o tipo de problema e a natureza das decisões do gerente;
- a natureza das tarefas a serem realizadas, o quanto são estruturadas ou rotineiras, a tecnologia e a organização de trabalho;
- a estrutura da organização e os sistemas de gestão;
- a natureza e a influência do ambiente externo.

A forma mais eficaz de liderança é, portanto, um produto de todas as situações que a envolvem. A educação e o treinamento em gestão precisam enfatizar não apenas as habilidades interpessoais, mas também a importância de ser adotada uma abordagem flexível e ajustável.

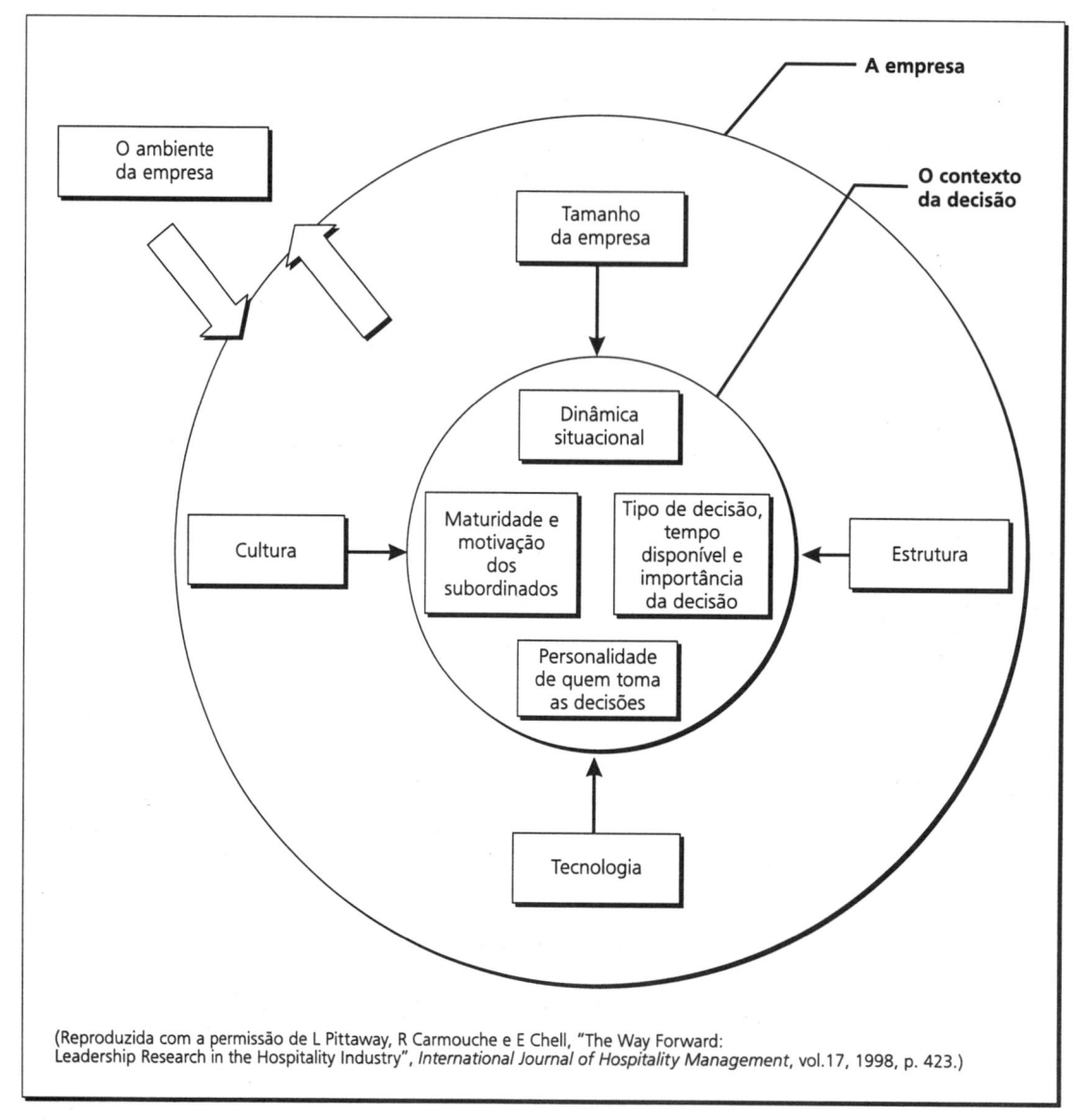

FIGURA 9.10 Modelo de liderança situacional.

(Reproduzida com a permissão de L Pittaway, R Carmouche e E Chell, "The Way Forward: Leadership Research in the Hospitality Industry", *International Journal of Hospitality Management*, vol.17, 1998, p. 423.)

Liderança gerencial — uma perspectiva pessoal

Muitas pessoas que trabalham no ramo da hospitalidade, e portanto conhecem o setor, comentam sobre a qualidade dos serviços (e as atitudes daqueles que vêem trabalhar) quando estão na posição de clientes. Esses comentários geralmente se referem às atitudes das pessoas que trabalham em grupo e no tratamento que os gerentes dispensam às suas equipes de subordinados.

Qual seria a razão de os gerentes terem tantos problemas com suas equipes? A qualidade do serviço e a liderança gerencial estão intimamente ligadas na indústria da hospitalidade, setor onde as pessoas — hóspedes, clientes ou empregados — e o tratamento que recebem são da maior importância para o desempenho e o sucesso organizacionais.

A hospitalidade é uma área que lida com pessoas. Foi isso que me atraiu. Eu gosto de trabalhar com pessoas à volta e agrada-me fazê-las sentir-se à vontade e valorizadas. A hotelaria trabalha duro para divulgar sua mensagem de boas-vindas aos clientes e todas as organizações com os olhos no futuro, à sua maneira, mostram aos clientes como aliviar as cargas que eles carregam, oferecendo vivências agradáveis e relaxantes, por meio do alto nível dos serviços e da máxima atenção aos detalhes, que fazem a vida algo tão especial. Cada um tenta superar seu concorrente mais próximo, oferecendo facilidades e conforto sempre maiores aos hóspedes — academias esportivas, salões de beleza, tecnologia da informação, salas para conferência, serviços de *baby-sitting*, áreas para jogos, etc. —, com o único intuito de atender às necessidades dos clientes a qualquer hora.

O problema está com a imagem do setor; são por demais conhecidas as histórias de terror que tanto clientes quanto empregados contam sobre situações em que a equipe de trabalho foi maltratada, ou exemplos de ações ou decisões da gerência que destruíram a atmosfera agradável que existia.

Mantive uma discussão, recentemente, com alunos que haviam passado ou estavam empregados em hotéis. Um dos comentários mais comuns era o de que os gerentes, em muitas situações diferentes, não pareciam ter sido treinados e nem possuir os requisitos necessários para administrar pessoas de maneira efetiva. Muitos gerentes tratavam seus subordinados muito mal. Não havia praticamente nenhuma consideração pelas questões pessoais ou mesmo por sistemas e políticas que anteriormente haviam funcionado bem, mas que agora haviam sido abandonadas pela gerência ou, mais seriamente, por uma decisão política da organização. Tanto em nível de gerência quanto em nível organizacional, o trabalho de equipe e a liderança com freqüência eram fracos ou quase não existiam.

Há vários fatores subjacentes relacionados à gestão de pessoal. Primeiro, o setor de hospitalidade sempre atraiu pessoas de todos os níveis sociais, sendo considerado uma opção fácil para muita gente. Além disso, a natureza prática do trabalho também atrai uma parte da população que prefere "fazer", em vez de dedicar-se a propósitos mais acadêmicos.

A hospitalidade é um setor no qual há facilidade de encontrar emprego — há sempre carência de mão-de-obra e a própria natureza transitória das pessoas que trabalham na área é algo aceito como característica do negócio. As pessoas passam de um emprego a outro na mesma cidade ou na mesma região, no próprio país ou entre países; tudo isso atrai muitos estudantes para os cursos de hospitalidade.

Nos últimos anos, e parcialmente de acordo com as tendências impostas pelo governo, pequenas e grandes empresas tentam manter suas equipes oferecendo benefícios e treinamento adicional como um incentivo para que permaneçam e se desenvolvam. Isso de fato funciona, mas por que a natureza transitória do ramo se mantém? Há alguma ligação entre a transitoriedade e a gestão do pessoal?

A indústria da hospitalidade é conhecida por não pagar altos salários aos funcionários, nem mesmo aos supervisores. Certamente há gerentes muito bem remunerados, mas a imensa maioria é muito mal paga. Os benefícios financeiros são, em geral, poucos. Apesar de haver cômodos disponíveis para a equipe de trabalho, estes são desconfortáveis. As condições inerentes ao emprego no setor implicam horários incomuns, com poucas oportunidades para socialização fora do grupo de trabalho. A comida é de baixo padrão, muitas vezes a refeição dos funcionários é aquilo que sobra no restaurante. Hotéis de grande porte podem oferecer maiores benefícios, mas representam apenas uma pequena parcela dos empregadores. A maior parte dos empregados em hotéis trabalham para empresas médias ou pequenas, com despesas gerais baixas.

Sendo este o caso, parece óbvio que os integrantes da administração da empresa devem apoiar seus colaboradores subordinados e usar todo o seu autoconhecimento a respeito de gestão de pessoal e da gestão de si próprio para criar um ambiente de trabalho em que haja felicidade, sucesso e lucratividade para a organização. Isso, na verdade, já acontece em alguns hotéis, mas não sempre e nem suficientemente.

Os cenários apresentados a seguir, colhidos em muitos contatos com pessoas ligadas ao setor, são variados. Servem como exemplos de padrões e espécies de comportamento gerencial.

1. A vassoura nova. Com freqüência, um jovem gerente chega a um estabelecimento e, de maneira imediata, começa a fazer mudanças não previamente anunciadas ou não comunicadas adequadamente. Com isso, a equipe de trabalho se perturba e a ansiedade pode levar a pedidos de demissão. A mudança talvez comece de forma precipitada, ou então vagarosamente e, em um salto, ganhar velocidade excessiva. Às vezes isso é bom, em especial quando a administração anterior tiver sido ruim, mas o problema é que o efeito causado ao grupo é sempre incerto. Uma possível variação desse quadro ocorre quando o gerente é transferido de um estabelecimento a outro. Tenha ou não esse gerente uma boa reputação, os prejuízos que poderão decorrer serão os mesmos.
2. O gerente fraco que pode ser intimidado por determinados integrantes de sua equipe e, assim, não provocará problemas nem práticas inadequadas. Isso geralmente ocorre em nome da preservação de um ambiente feliz, mas o grupo acabará por tornar-se melindrado. Quando alguém ocupa o cargo de gerente, ele necessariamente tem que agir como tal.
3. O gerente cuja *raison d'être* é garantir a lucratividade. O lucro e as perdas são a Bíblia deste gerente, que introduzirá novas práticas ou abandonará sistemas antigos se as margens de lucro forem afetadas. Este tipo de gerente não está muito interessado em saber das condições pessoais dos

empregados; para ele, todos são "recursos" a serem explorados à vontade. Certamente a equipe também reage mal a este tipo de gestão. A impressão que os empregados têm é de que não sabem seu lugar e que sua influência ou toques pessoais não são apreciados, ou são ignorados.

4. O gerente que, na primeira oportunidade já quer mostrar sua autoridade ao grupo (em geral aos empregados mais novos) por meio da disciplina, a fim de deixar bem claro "quem é que manda". Essa manobra infeliz é muito utilizada como ferramenta gerencial. Inicialmente, parece funcionar e os problemas talvez sejam poucos, mas é muito provável que tal gerente perca credibilidade junto à equipe, que teria continuado a trabalhar com satisfação sem essa demonstração de poder desnecessária.

Todos esses exemplos podem ser transferidos ao nível organizacional e ser considerados em todas as áreas de atividades. O motivo pelo qual o problema é exacerbado no ramo da hospitalidade é que nossos empregados atuam em um setor totalmente centrado nas pessoas — em especial, no "cliente". Cabe aos empregados tratar os clientes com respeito e dignidade, mesmo sabendo que seus patrões não fazem o mesmo em relação a eles.

O mais desagradável é que a perda de integrantes das equipes, por essas razões, é reduzida a várias desculpas baseadas no "pessoal" — o grupo antigo não é capaz de mudar ou "bem, logo teremos mais pessoas interessadas em trabalhar conosco".

Assim, temos um conjunto de problemas derivados de uma equipe malformada e de uma liderança deficiente, mas suas causas não são detectadas porque os resultados — insatisfação do grupo e *turnover* — são considerados decorrências naturais, em vez de práticas gerenciais impróprias.

Se levantarmos as questões "Esses gerentes tiveram algum treinamento para administrar pessoas? E, se tiveram, o que aconteceu?", várias dúvidas surgem:

- ❏ A busca do lucro justifica a forma como tratamos a equipe?
- ❏ Os limites do grupo e o ambiente movimentado, comum ao ramo da hospitalidade, significam que a boa liderança e as técnicas de formação da equipe devem ser ignoradas ou abandonadas?
- ❏ Ao treinar pessoas para a liderança e para a formação de equipes, é mais positivo priorizar a autoconfiança e a confiança em detrimento da aprendizagem teórica?
- ❏ Os gerentes e as organizações devem informar-se melhor sobre a psicologia da liderança e a formação de equipes, em termos de motivação?

Se continuarmos a culpar os fracos termos e condições de emprego — que parecem aceitos como parte integrante do setor de hospitalidade — pela natureza transitória de um grupo que não se interessa pelo trabalho, estaremos ignorando um mal maior. A menos que os gerentes demonstrem capacidade e se disponham a formar equipes produtivas e uma liderança de sucesso na prática, o setor hoteleiro provavelmente jamais resolverá a escassez de mão-de-obra ou irá aumentar a motivação de suas equipes de trabalho.

Fonte: O autor agradece a Nigel Maggs-Oosterhagen, Department of Catering and Hospitality Studies, Highbury College, Portsmouth, por esta contribuição.

RESUMO

- ■ Há muitas maneiras de conceituar-se a liderança. Essencialmente, é uma relação pela qual uma pessoa influencia outras, estando associada às atividades de grupo. A natureza de mão-de-obra intensiva do ramo da hospitalidade enfatiza a importância das habilidades de liderança. O gerente somente se tornam efetivo se exercer o papel que lhe cabe, o de líder. A relação de liderança depende do poder que o gerente deixa transparecer aos outros, seus subordinados, que pode exercer sobre eles.
- ■ Devido a sua natureza complexa e variável, há muitas maneiras de analisar-se a liderança. A abordagem de qualidades ou de traços baseia-se no pressuposto de que a liderança se firme a partir de determinadas características ou traços de personalidade herdados. A abordagem funcional concentra atenção no grupo de trabalho e nas funções e responsabilidades do líder.
- ■ Maior atenção tem sido dispensada à liderança como uma categoria comportamental e à importância do estilo de comando. As duas principais dimensões do comportamento de liderança são a consideração e a estrutura. Há muitas classificações possíveis em relação a estilos de liderança. Uma delas tem como base o foco no poder ou o grau de autoridade utilizado pelo gerente.

- A abordagem situacional destaca as variáveis que influenciam a natureza da liderança gerencial, o que deu origem ao estudo de modelos de liderança-contingência. Os principais modelos, de particular relevância para o gerente de hospitalidade, são os que se referem às condições favoráveis da situação de liderança, à teoria caminho-meta e à prontidão dos seguidores. O modelo de contingência demonstra a importância das variáveis situacionais.
- A liderança transformacional é um processo que cria uma visão para a organização, atraindo ideais e valores maiores dos seguidores. Muitas pesquisas apontam para as vantagens da abordagem participativa, mas isso nem sempre é claro. Não existe um estilo de liderança considerado o "melhor"; há muitas variáveis das quais depende a eficácia do comportamento gerencial na indústria da hospitalidade.

QUESTÕES PARA REVISÃO E DEBATE

1. Explique o significado e a natureza da liderança. Qual a diferença entre liderança e gestão?
2. O que se quer dizer com relação de liderança? Dê exemplos práticos das diferentes fontes de poder e de influência de liderança no setor de hospitalidade.
3. Avalie de maneira crítica a relevância da teoria de qualidades ou de traços. Indique o que você acredita ser a característica mais importante de um líder efetivo em uma situação de trabalho.
4. Explique o que você entende por abordagem funcional para a liderança. Discuta as principais áreas de necessidade que constituem a responsabilidade central do líder.
5. Explique o significado e a importância do estilo de liderança. Sugira maneiras pelas quais os estilos de liderança podem ser classificados. Por que razão tem sido dada maior atenção aos estilos participativos de liderança gerencial?
6. Discuta criticamente o valor prático dos modelos contingenciais de liderança. Quais são os principais fatores que poderiam influir na forma mais adequada de liderança gerencial no ramo da hospitalidade?
7. Destaque as diferenças entre formas de liderança transacionais e transformacionais. Discuta a relevância e a aplicação da liderança transformacional para o ramo da hospitalidade.
8. Por que os estudos sobre liderança no ramo da hospitalidade parecem levar a resultados conflitantes? Justifique o estilo de liderança que você considera ser o melhor.

TAREFA 1

Imagine que você é um gerente de departamento em uma organização de hospitalidade de sua escolha.

(i) Usando o *continuum* de Tannenbaum e Schmidt, identifique o estilo de liderança de sua preferência. Justifique sua argumentação.
(ii) Comente em detalhes, preferencialmente a partir da experiência real, exemplos de uma situação particular em que uma forma diferente de liderança gerencial seria mais eficaz.

TAREFA 2

Há três meses você foi indicado para ser o chefe de manutenção do ABC Hotel. Um integrante de sua equipe de subordinados — alguns anos mais velho do que você, com cinco anos de serviços prestados ao hotel, um funcionário considerado bastante popular entre os colegas — registrou uma pontualidade ruim e teve ausência por doença, além de apresentar um padrão de trabalho abaixo da média. Apesar de você falar a ele sobre o assunto informalmente e de tentar descobrir a causa do problema, o empregado em questão reluta em dizer alguma coisa. Outros integrantes do grupo têm dado cobertura a ele, mas a situação agora se tornou crítica e o ânimo da equipe está em declínio. O gerente-geral já expressou sua preocupação. Você recebeu instruções claras para, "como líder do grupo", resolver o problema o mais rápido possível. Caso isso não ocorra, a questão será levada a nível superior.

Aponte e justifique as providências que você tomaria neste caso.

TAREFA 3

Os itens a seguir (ver Figura 9.11) descrevem aspectos do comportamento de liderança. Responda a cada item de acordo com a maneira que você mais provavelmente agiria se fosse o líder de um grupo de trabalho. Assinale a letra que indicaria o seu procedimento na situação: sempre (S); freqüentemente (F); ocasionalmente (O); raramente (R); nunca (N).

Escore
1. Trace um círculo em torno dos itens 8, 12, 17, 18, 19, 30, 34 e 35.
2. Escreva o número 1 diante de *todos os itens onde* você respondeu R (raramente) ou N (nunca).
3. Também escreva o número 1 diante dos demais itens (os itens não assinalados com um círculo) onde você respondeu S (sempre) ou F (freqüentemente).
4. Trace um círculo em torno do número 1 que você escreveu diante dos itens: 3, 5, 8, 10, 15, 18, 19, 22, 24, 26, 28, 30, 32, 34 e 35.
5. Conte todos os números 1 que você traçar um círculo em volta. Esse é o escore que identifica seu grau de preocupação com as pessoas da equipe. Registre o escore ao lado da letra P, ao final do questionário.
6. Conte os números 1 que você não traçar um círculo em volta. Esse é o escore que identifica seu grau de preocupação com as tarefas. Registre o escore obtido ao lado da letra T, ao final do questionário.

Fonte: Reeditado com a permissão de Pfeiffer J W e Jones J E (eds), *A Handbook of Structured Experiences for Human Relations Training*, vol. 1, San Diego, Pfeiffer (1974). O questionário T-P de liderança foi adaptado da revisão efetuada por Sergiovanni, Metzcus e Burden de "Leadership Behavior Description Questionnaire", *American Educational Research Journal*, vol. 6, no. 1. Copyright da American Educational Research Association e reimpresso com a permissão do editor.

Para identificar seu estilo de liderança, consulte a Tabela de Interpretação localizada nas páginas finais deste livro.

ESTUDO DE CASO: THE PROMENADE HOTEL

The Promenade Hotel era, antigamente, uma mansão georgiana, que se transformou em um hotel de 117 apartamentos na década de 30. Ele situa-se na avenida marginal, junto a um *resort* da costa sul, onde se impõe. Desde a época de sua fundação, o hotel já passou por muitos altos e baixos. Recentemente, foi adquirido por um pequeno grupo hoteleiro que se especializou em hotéis do tipo *resort* de três estrelas.

O gerente, Peter Crane, está no hotel há dois anos — em seu primeiro cargo de gerente-geral. Ele e sua esposa moram em um apartamento bastante confortável no prédio do Promenade. Jill Crane começou sua carreira como recepcionista em um hotel de Bournemouth. Ela e seu marido Peter começaram a sair juntos quando ele era gerente substituto no mesmo hotel. Quando casaram-se, há oito anos, Jill, então recepcionista-chefe, decidiu não mais trabalhar, pois acreditava que estar empregada na mesma empresa onde estava o marido poderia causar conflitos de interesses. Agora, com trinta e poucos anos, ambos adoram administrar um hotel de grande porte e prestígio.

O segundo gerente na hierarquia é Duncan Williams, que ingressou no hotel há um ano e meio. Ele conhece Jill Crane da Universidade. Duncan também conhece os Cranes porque trabalhou em Bournemouth quando eles ainda estavam na cidade, embora trabalhando em hotéis diferentes.

Estudo de caso: The Promenade Hotel

S	F	O	R	N	1. Eu agiria como porta-voz do grupo.
S	F	O	R	N	2. Incentivaria trabalhar horas-extras.
S	F	O	R	N	3. Permitiria que os integrantes tivessem liberdade completa em seu trabalho.
S	F	O	R	N	4. Incentivaria a adoção de procedimentos uniformes.
S	F	O	R	N	5. Permitiria que os integrantes fizessem seus próprios julgamentos quando tivessem de resolver problemas.
S	F	O	R	N	6. Enfatizaria a necessidade de estar à frente dos grupos concorrentes.
S	F	O	R	N	7. Falaria como um representante do grupo.
S	F	O	R	N	8. Instigaria os integrantes a mostrar maior esforço.
S	F	O	R	N	9. Experimentaria minhas próprias idéias no grupo.
S	F	O	R	N	10. Deixaria os integrantes fazer seu trabalho da forma que achassem melhor.
S	F	O	R	N	11. Trabalharia arduamente por uma promoção.
S	F	O	R	N	12. Toleraria adiamentos e incerteza.
S	F	O	R	N	13. Falaria pelo grupo, se houvesse visitantes presentes.
S	F	O	R	N	14. Manteria o trabalho em ritmo rápido.
S	F	O	R	N	15. Deixaria os integrantes livres para executar um trabalho.
S	F	O	R	N	16. Acomodaria conflitos, quando ocorressem no grupo.
S	F	O	R	N	17. Deixar-me-ia afogar em detalhes.
S	F	O	R	N	18. Representaria o grupo em reuniões externas.
S	F	O	R	N	19. Relutaria em permitir que os integrantes tivessem qualquer liberdade de ação.
S	F	O	R	N	20. Decidiria o que deveria ser feito e qual a melhor maneira de fazê-lo.
S	F	O	R	N	21. Forçaria maior produção.
S	F	O	R	N	22. Permitiria que alguns integrantes exercessem a autoridade que eu poderia exercer.
S	F	O	R	N	23. Tudo aconteceria de acordo com a minha previsão.
S	F	O	R	N	24. Permitiria que o grupo tivesse um grau de iniciativa mais alto.
S	F	O	R	N	25. Designaria os integrantes para determinadas tarefas.
S	F	O	R	N	26. Desejaria fazer mudanças.
S	F	O	R	N	27. Exigiria que os integrantes trabalhassem mais.
S	F	O	R	N	28. Confiaria na capacidade de os integrantes tomarem decisões corretas.
S	F	O	R	N	29. Agendaria o trabalho a ser feito.
S	F	O	R	N	30. Recusaria explicar minhas ações.
S	F	O	R	N	31. Persuadiria os membros da equipe de que minhas idéias seriam vantajosas para eles.
S	F	O	R	N	32. Permitiria que o grupo estabelecesse seu próprio ritmo.
S	F	O	R	N	33. Exigiria que o grupo batesse seu recorde anterior em produtividade.
S	F	O	R	N	34. Agiria sem consultar o grupo.
S	F	O	R	N	35. Exigiria que os integrantes do grupo seguissem as regras e regulamentos padronizados.

T..P..

FIGURA 9.11 Questionário sobre a liderança.

O Gerente do restaurante/substituto é Jamie Lloyd, que ingressou no Promenade há três meses apenas. Jamie pertence a uma família de hoteleiros da Ilha de Wight e o cargo de administrador do restaurante, em um hotel cinco estrelas em Bournemouth, representa uma promoção para ele.

O total de empregados chega a 25 pessoas, alguns trabalham em turno integral, outros não. Poucos integrantes do grupo estão no hotel há muito tempo. Quando o Promenade foi adquirido por seus executivos atuais, muitos dos antigos funcionários aproveitaram a ocasião para aposentarem-se, pois não tinham certeza do que lhes aconteceria com a nova situação.

A atmosfera do hotel é, em geral, boa. A chegada dos Crane foi saudada com grande interesse. A reputação de Peter era a de um sujeito atento, que conhecia seu grupo de trabalho. Essa reputação tem intrigado seus subordinados, já que ele parece ser bastante ineficaz. Trata-se de uma pessoa agradável na maior parte do tempo, mas dotado de um temperamento forte, facilmente percebido nos momentos mais críticos. O grupo passou a ignorá-lo um pouco. Peter delega responsabilidades a Duncan, que tem de tomar as decisões, enquanto ele — gerente — faz o trabalho burocrático.

Duncan é um homem singular. De boa aparência e com quase 30 anos, está sempre bem vestido e sabe tratar convenientemente os hóspedes. Para a equipe, contudo, ele é "The Fish" (o peixe), apelido que recebeu por ser um homem de comportamento frio. Não demonstra suas emoções e fica bastante feliz em ser desagradável com os subordinados para conseguir o que quer. Isso fez com que a maior parte do pessoal se tornasse muito cautelosa com ele; não gostam de sua língua afiada e não se sentem valorizados por ele. O consenso é que Duncan adora ser desagradável. Isso parece realmente ser verdade. Quando se conversa com Duncan, ele afirma que sua intenção é ser o gerente substituto e não ser admirado pelos subordinados. Na verdade, ele não se importa com o que sua equipe pensa a seu respeito — parece que ser criticado lhe agrada. Poucos integrantes do grupo acham necessário considerar seu lado menos ácido, mas mesmo eles estão ficando cansados de sua conduta, constantemente fria.

Os primeiros meses de Jamie, o gerente do restaurante, foram uma verdadeira revelação; seu sonho sempre foi trabalhar em um grande hotel com muito espaço. Jamie tem cerca de 25 anos e este é seu segundo emprego desde que recebeu um HND (Higher National Diploma) em administração de hotéis, *catering* e institucional. Seus pais operam um hotel de 50 quartos na Ilha de Wight — hotel que herdaram dos avós de Jamie. Desde garoto, ele já arrumava os quartos e atendia clientes no restaurante.

Trabalhar no Promenade foi algo que aconteceu em boa hora para Jamie Lloyd. Desde a universidade ele trabalhava no mesmo hotel, em todos os departamentos, cansando-se do lugar. Estava pronto para uma mudança, mas queria manter-se próximo à área de alimentos e bebidas ao mesmo tempo em que dava prosseguimento a sua carreira. O emprego no Promenade era ideal.

Faz parte dos planos de Jamie assumir, mais tarde, o hotel da família na Ilha de Wight, mas ele não tem pressa e quer adquirir tanta experiência quanto possível para abrir um pequeno estabelecimento próprio. Jamie não sabe ainda como será no empreendimento, mas gosta de falar sobre suas idéias.

Apesar do pouco tempo em que está no hotel, Jamie tornou-se bastante popular entre os funcionários, pois além do bom humor, sabe reconhecer o trabalho de todos. É óbvio que gosta do que faz e sempre fica satisfeito em ajudar um integrante da equipe a realizar suas tarefas. O restaurante tem 80 lugares, e a equipe é formada por três turmas que trabalham em turno integral, cobrindo o dia inteiro, do café da manhã ao jantar. Há também 10 empregados que trabalham em regime de meio turno, distribuídos ao longo do dia. Muitos desses empregados são universitários locais, que precisam ganhar dinheiro e desejam adquirir experiência. Eles gostam de Jamie porque ele os estimula nos seus trabalhos para a universidade e os ajuda a resolver problemas.

Desde que Jamie começou a trabalhar no hotel, caiu a popularidade da recepcionista Jill Crane entre os empregados do setor. Eles sempre consideraram Jill uma profissional desinteressada, embora nunca tivesse se negado a dar instruções sobre como agir e sobre o que dizer a seu marido Peter, o gerente, quando ela ia embora. Na verdade, Jill passou a ser motivo de riso para os empregados, que sempre se alternam em servi-la e conversam, durante o intervalo, sobre o que dela ouviram.

A equipe parece estar deixando o Promenade. O chefe de manutenção foi o primeiro, e o gerente de reservas anunciou recentemente seu pedido de demissão. Em uma reunião extraordinária da equipe sênior, formada por Peter, Duncan e Jamie, o problema foi discutido. Peter está preocupado, pois a tendência pode espalhar-se. Os negócios têm andado bem durante os oito últimos meses, mas não tão bem quanto Peter esperava, o que fez com que o gerente regional questionasse os números apresentados por ele na reunião anterior.

Na opinião de Duncan, não há nada com que se preocupar. Para ele, o grupo de funcionários é maleável e não há o que temer. Jamie está bastante nervoso nesta reunião. É sua primeira experiência desse tipo no Promenade, e ele acha que Duncan intimida a todos, concordando também com a posição da equipe de que Peter é agradável, mas ineficiente. Jamie, na verdade, pensa existir grandes problemas no horizonte. O que todos os integrantes do grupo dizem é que estão cansados de trabalhar no hotel. Levando em consideração o que realmente importa em tanta conversa, Jamie descobriu que o chefe de manutenção transferiu-se para outro grande hotel no *resort* mais próximo e está convencendo os melhores empregados de seu setor a acompanharem-no.

A equipe do restaurante está prestes a realizar algumas mudanças, já que muitos universitários estão buscando colocação, sendo necessário treiná-los para o começo da temporada.

Houve também um incidente, há um mês, quando uma estudante de outra universidade pediu para deixar o hotel, porque não estava sendo treinada como haviam prometido. Peter pagou-a. A estudante pegou o dinheiro, mas antes de sair disse a Peter, para que toda a equipe da cozinha pudesse ouvir, que o achava um idiota e que quanto mais rápido ele se desse conta da bagunça em que o hotel estava, mais rapidamente as coisa melhorariam. Esse tem sido o assunto predominante, e o casal Peter e Jill Crane são agora pouco respeitados.

As recepcionistas estão começando a ficar cansadas das bobagens de Jill e começam a espalhar o que pensam aos clientes mais regulares do Promenade.

Tarefas

(i) **Explique os estilos de liderança gerencial presentes neste caso.**
(ii) **Você crê que esses estilos de liderança ajudarão a resolver ou esconderão os problemas pelos quais o hotel passa?**
(iii) **Sugira algumas medidas que poderiam melhorar a situação.**

Fonte: O *copyright* deste estudo de caso pertence a um colega do autor, Nigel Maggs-Oosterhagen, do Highbury College, Portsmouth. Reeditado sob permissão.

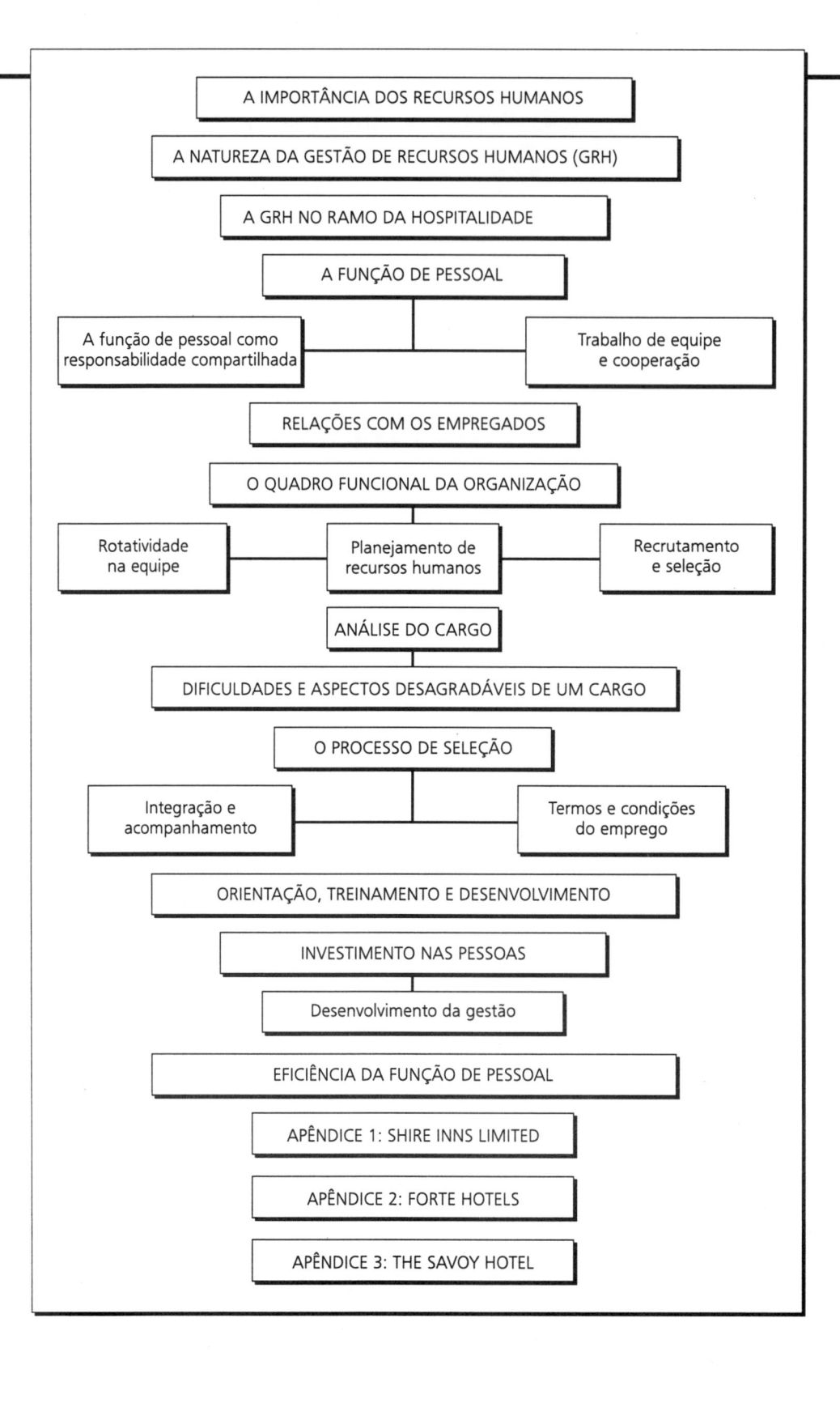

```
┌─────────────────────────────────────────────────┐
│       A IMPORTÂNCIA DOS RECURSOS HUMANOS        │
└─────────────────────────────────────────────────┘
┌─────────────────────────────────────────────────┐
│   A NATUREZA DA GESTÃO DE RECURSOS HUMANOS (GRH)│
└─────────────────────────────────────────────────┘
┌─────────────────────────────────────────────────┐
│         A GRH NO RAMO DA HOSPITALIDADE          │
└─────────────────────────────────────────────────┘
┌─────────────────────────────────────────────────┐
│              A FUNÇÃO DE PESSOAL                │
└─────────────────────────────────────────────────┘
┌──────────────────────────┐   ┌──────────────────┐
│ A função de pessoal como │   │ Trabalho de equipe│
│ responsabilidade         │   │ e cooperação     │
│ compartilhada            │   │                  │
└──────────────────────────┘   └──────────────────┘
┌─────────────────────────────────────────────────┐
│          RELAÇÕES COM OS EMPREGADOS             │
└─────────────────────────────────────────────────┘
┌─────────────────────────────────────────────────┐
│        O QUADRO FUNCIONAL DA ORGANIZAÇÃO        │
└─────────────────────────────────────────────────┘
┌──────────────┐   ┌──────────────┐   ┌──────────┐
│ Rotatividade │   │ Planejamento │   │Recrutamento│
│ na equipe    │   │ de recursos  │   │ e seleção │
│              │   │ humanos      │   │           │
└──────────────┘   └──────────────┘   └──────────┘
┌─────────────────────────────────────────────────┐
│              ANÁLISE DO CARGO                   │
└─────────────────────────────────────────────────┘
┌─────────────────────────────────────────────────┐
│   DIFICULDADES E ASPECTOS DESAGRADÁVEIS DE UM CARGO│
└─────────────────────────────────────────────────┘
┌─────────────────────────────────────────────────┐
│              O PROCESSO DE SELEÇÃO              │
└─────────────────────────────────────────────────┘
┌──────────────────────┐      ┌────────────────────┐
│ Integração e         │      │ Termos e condições │
│ acompanhamento       │      │ do emprego         │
└──────────────────────┘      └────────────────────┘
┌─────────────────────────────────────────────────┐
│     ORIENTAÇÃO, TREINAMENTO E DESENVOLVIMENTO   │
└─────────────────────────────────────────────────┘
┌─────────────────────────────────────────────────┐
│           INVESTIMENTO NAS PESSOAS              │
└─────────────────────────────────────────────────┘
┌─────────────────────────────────────────────────┐
│           Desenvolvimento da gestão             │
└─────────────────────────────────────────────────┘
┌─────────────────────────────────────────────────┐
│         EFICIÊNCIA DA FUNÇÃO DE PESSOAL         │
└─────────────────────────────────────────────────┘
┌─────────────────────────────────────────────────┐
│         APÊNDICE 1: SHIRE INNS LIMITED          │
└─────────────────────────────────────────────────┘
┌─────────────────────────────────────────────────┐
│            APÊNDICE 2: FORTE HOTELS             │
└─────────────────────────────────────────────────┘
┌─────────────────────────────────────────────────┐
│           APÊNDICE 3: THE SAVOY HOTEL           │
└─────────────────────────────────────────────────┘
```

10

A função de pessoal/ Gestão de Recursos Humanos (GRH)

INTRODUÇÃO

Seja qual for a estrutura de uma organização de hospitalidade ou a natureza de suas atividades, a utilização efetiva dos recursos humanos é parte essencial do processo de gestão. A devida atenção à função de pessoal/GRH fará com que a eficácia da força de trabalho e o nível de desempenho organizacional sejam alcançados com maior facilidade.

A IMPORTÂNCIA DOS RECURSOS HUMANOS

A hospitalidade é um dos principais ramos de atividade, não apenas na Grã-Bretanha, mas em todo o mundo. Um relatório da Hotel and Catering Training Company (HCTC) indica que o setor emprega cerca 10% (mais de 2,4 milhões de pessoas) da população do Reino Unido.[1] Projeta-se que a hotelaria continuará crescendo muito até o ano 2004 ou além.[2] Por volta de 2006, o número de empregos no ramo da hospitalidade e do turismo deverá ser de aproximadamente 365 milhões, no mundo todo.[3]

O setor hoteleiro está voltado inteiramente a serviços, ocupando mão-de-obra intensiva. O padrão dos funcionários que nele atuam se caracteriza por fatores como mobilidade, trabalho sazonal, expediente parcial, alta proporção de empregados sem maior qualificação, alta rotatividade no emprego, com muitos sindicatos e pouca afiliação a eles.

É exatamente por isso que se torna importante atrair e reter aqueles funcionários que demonstram boa habilidade e atitudes corretas no atendimento satisfatório às demandas dos clientes. A gestão efetiva dos recursos humanos, portanto, é absolutamente imprescindível — a função de pessoal deve ser eficaz.

O elemento humano

O elemento humano desempenha um papel importantíssimo na conquista do sucesso em qualquer organização, especialmente no setor de serviços, como é o caso da hospitalidade. Muitos integrantes dessa força de trabalho entram em contato direto com os clientes, envolvidos em atingir os objetivos traçados pela empresa. A qualidade do serviço oferecido depende não só da capacidade da equipe, mas de suas atitudes. Ambos os fatores são essenciais para que as necessidades dos clientes sejam atendidas de maneira satisfatória. Isso confere importância particular à função de pessoal, frase que parece óbvia. Mas vale a pena destacar a relevância de se tomar consciência, por exemplo, de quanto tempo, quanto cuidado e quanta atenção de fato se dá a tal função e à gestão efetiva das pessoas na área em que atuamos, o ramo da hospitalidade.[4]

O pessoal como função de tarefas?

Você deve lembrar que no Capítulo 6 fizemos uma distinção entre as funções de tarefas — as atividades básicas voltadas a resultados específicos e definíveis — e as funções de elemento — as atividades que prestam apoio às funções de tarefas. Na maior parte das organizações, a função de pessoal normalmente não tem uma responsabilidade direta pelo desempenho de uma tarefa-fim. Assim, ela em geral é identificada como de apoio ou de elementos.

Pode-se, contudo, discutir até que ponto isso se aplica rigorosamente ao setor de hospitalidade. As pessoas empregadas são mais do que um meio que busca um fim, mais do que apenas insumos para um produto acabado. Pelo menos em parte, as pessoas são um fim em si mesmas. São parte do produto final pelo qual o cliente paga. Por exemplo, o cliente do restaurante compra não apenas comida, bebida e a criatividade do chef, mas também o serviço e a atenção da equipe que o atende. Se qualquer um desses aspectos for insuficiente, o cliente não ficará satisfeito.[5]

A importância do contato com a equipe para a satisfação do cliente indica que o pessoal pode estar intimamente associado à função de tarefas. A satisfação do cliente será provavelmente afetada pela cortesia, solicitude e qualidades pessoais dos funcionários tanto quanto o será pelo padrão de comida e bebida, acomodações e outras facilidades oferecidas pelo hotel.

A NATUREZA DA GESTÃO DE RECURSOS HUMANOS

A ênfase crescente dada às relações positivas com os empregados, assim como à importância de garantir o envolvimento e o comprometimento do quadro funcional com as metas da organização, levou ao uso cada vez mais freqüente da expressão "recursos humanos", em vez de "pessoal". Não há, contudo, uma distinção clara entre gestão de pessoal e gestão de recursos humanos (GRH). Guest aponta três formas por meio das quais a expressão gestão de recursos humanos tem sido usada para torná-la distinta da tradicional gestão de pessoal:

(i) a expressão é usada simplesmente para dar um novo nome à gestão de pessoal, com o objetivo de adaptar-se à modernidade;
(ii) é usada para reconceituar e reorganizar os papéis do pessoal e o trabalho do departamento de pessoal;
(iii) é usada como algo diferente, oferecendo uma nova abordagem à gestão.[6]

Guest também descreve alguns estereótipos que poderiam ser usados para destacar as diferenças. Comparada com a gestão de pessoal, a gestão de recursos humanos está mais voltada a uma perspectiva de longo do que de curto prazo; o contrato psicológico baseia-se mais em comprometimento e não em complacência; em autocontrole e não em controles externos; em uma perspectiva unitária e não pluralista; em máxima utilização em vez de minimização de custos.

Gestão de pessoal e GRH

Torrington e Hall fazem a distinção entre gestão de pessoal — centrada na força de trabalho e dirigida principalmente aos empregados da empresa — e gestão de recursos humanos — centrada nos recursos e dirigida principalmente às necessidades que a gestão tem de que os recursos humanos estejam disponíveis e prontos para ser utilizados. Contudo, esses autores consideram a natureza e o grau de diferença entre a gestão de pessoal e a gestão de recursos humanos como algo ainda "dependente, em grande parte, de opiniões e não de fatos, sendo as semelhanças muito superiores às diferenças".[7]

Uma análise detalhada de Storey identifica 27 pontos de diferença entre o pessoal e IR e a GRH, classificadas em quatro principais aspectos: convicções e hipóteses; aspectos estratégicos; gestão em linha; e niveladores fundamentais.[8] A partir de uma análise crítica da gestão de recursos humanos, Legge indica que "as diferenças entre os modelos normativos de pessoal e a gestão de recursos humanos são mais de significado e de ênfase do que de substância — mas não deixam de existir por causa disso".[9]

Pode-se argumentar que a GRH seja a elevação da gestão de pessoal a um nível mais estratégico. Não é fácil, porém, fazer uma clara distinção entre gestão de pessoal e gestão de recursos humanos.

De acordo com Cuming, por exemplo, a gestão de recursos humanos trata-se apenas um termo novo para o que a maior parte dos bons gerentes de pessoal praticam. Determinar o quanto a gestão de pessoal tenha passado a outra fase do que se chama gestão de recursos humanos é algo bastante discutível.[10]

A GRH NO RAMO DA HOSPITALIDADE

Para Willman, a gestão de recursos humanos no setor de serviços está assim definida:

> são mecanismos por meio dos quais a empresa atrai candidatos para o emprego, seleciona-os e os apresenta à estrutura e cultura organizacionais, motiva-os a executar um determinado conjunto de tarefas, paga-lhes pelo serviço e busca identificar seus potenciais para desenvolvimento futuro. Está, portanto, voltada aos sistemas de promoção, planejamento humano, sucessão e à capacidade de lidar com a rotatividade de uma forma ou de outra.[11]

Como parte de uma pesquisa sobre o quanto as empresas hoteleiras estão voltadas à gestão de recursos humanos, Maher questionou gerentes sênior de recursos humanos sobre as diferenças entre o especialista em RH e o especialista de pessoal. As reações a essa questão misturavam-se e variavam do antagonismo ao entusiasmo pelas idéias da GRH.[12] Maher também constatou que, embora a GRH tenha adquirido maior importância nos últimos anos, isso se deu em razão da necessidade de reduzir custos em tal área, e não por haver um reconhecimento mais amplo da sua importância ou da sua significação na estratégia dos negócios de uma organização.

Políticas e práticas da GRH

Em uma pesquisa envolvendo 241 hotéis e restaurantes do Reino Unido, Price constatou que tanto o quadro mais amplo da prática de pessoal no setor comercial da hospitalidade quanto o quadro mais centrado nos hotéis e restaurantes são fracos e muito distantes de um tipo ideal de política de pessoal ou de modelo de GRH. O desenvolvimento de uma prática sadia de pessoal era, de certa forma, dependente do quanto os proprietários e os gerentes estavam conscientes de suas obrigações legais e de práticas de pessoal recomendadas. Muitos dos estabelecimentos de maior porte faziam parte de uma cadeia, recebendo apoio extensivo de um departamento central de pessoal. Havia uma forte correlação entre o tamanho de um estabelecimento e o quanto ele se adequava à legislação do trabalho e às políticas e procedimentos de pessoal apropriados.[13]

Um estudo realizado por Kelliher e Johnson também indicou que a gestão de pessoal no ramo da hospitalidade possui uma fraca imagem, especialmente em hotéis pequenos, onde é freqüentemente colocada à margem, permanecendo em um nível bem baixo na ordem de prioridades.[14] Nos 10 anos que se passaram após o início do estudo em questão, a função de pessoal ganhou importância e desenvolveu-se nos grandes hotéis, havendo contudo pouca evidência de uma atitude significativa em direção a um modelo de GRH.[15]

Goldsmith *et al.* acreditam que a gestão efetiva de pessoal ou de recursos humanos é tanto uma questão de políticas adotadas quanto são as questões cotidianas da gestão de pessoas, buscando um caminho entre as demandas de uma boa prática de pessoal e muitas das aspirações da abordagem de GRH.

> *Muitos dos benefícios relativos à abordagem de recursos humanos são convincentes — benefícios que, pelo menos teoricamente, ligam o bem-estar da administração tradicional de pessoal à consideração estratégica do valor do trabalho na organização.*[16]

Baum *et al.* referem-se à crescente competitividade global e à globalização de produtos, bem como às expectativas do consumidor do setor de turismo e hospitalidade, que dependem cada vez mais do fator humano e da capacidade de prestar serviços de qualidade. Integrar o desenvolvimento de políticas com a GRH é uma das principais preocupações estratégicas e operacionais, local, regional e nacionalmente.[17]

A GRH e o serviço de qualidade

Lashley argumenta que a gestão de recursos humanos nas empresas de serviços tende a ser influenciada pelo tipo de serviço prestado. Os estilos de gestão de recursos humanos estão implicitamente relacionados ao quanto o empregado se envolve e participa, além da maneira e da forma pelas quais os funcionários são capacitados. As técnicas usadas para recrutar, selecionar, treinar, avaliar, remunerar, supervisionar e projetar os empregos do setor de serviços têm de ser compatíveis com o serviço oferecido aos clientes. Lashley sugere que provavelmente exista uma conjugação ideal entre os estilos da oferta de serviços e os estilos de gestão dos empregados.[18]

A partir de uma revisão da literatura específica, Worsfold constatou — isso chama a atenção — que predomina uma compreensão insuficiente do que seja a GRH em grande parte dos hotéis, embora tal fato não pareça ser significativamente diferente de outros pequenos serviços e de empresas de manufatura. A literatura explica que a gestão de recursos humanos pode promover a melhoria do desempenho organizacional, sendo possível estabelecer um elo bastante tênue entre a GRH e o desempenho por meio do comprometimento e da qualidade de serviços.

Worsfold conclui que há, sem dúvida, necessidade de mais pesquisas no ramo da hospitalidade, as quais devem procurar examinar os elos entre a GRH e a qualidade dos serviços, a operacionalidade e a lucratividade. Ele sugere que, no caso de pequenos hotéis, talvez seja preciso abandonar a busca de abordagens formais de GRH e tentar estabelecer uma "gestão cuidadosa", capaz de preocupar-se com o bem-estar dos empregados, fato que tende a estar ligado à qualidade dos serviços.[19]

O contrato psicológico e a gestão de pessoas

Como vimos, não é fácil estabelecer uma clara distinção entre a gestão de recursos humanos e a gestão de pessoal. Como quer que seja descrita ou percebida a GRH, não se pode deduzir que necessariamente ela levará a um mais alto nível de desempenho organizacional do que atingiria uma abordagem tradicional de gestão de pessoal. Os recursos humanos são sem dúvida a característica mais importante de qualquer organização e precisam por certo ser administrados. Todavia, é necessário conceder a devida atenção à importância do contrato psicológico (discutido no Capítulo 3).

O fato de as organizações estarem em constante mudança faz com que seja proporcionada maior ênfase à relevância de uma GRH efetiva, incluindo o contrato psicológico presente na relação de emprego. McBain, por exemplo, sustenta que a GRH desempenha um papel fundamental na garantia da promoção do sucesso de uma empresa e na administração da mudança. Isso envolve prestar atenção ao contrato psicológico e ao estabelecimento de expectativas e obrigações com todos os grupos de empregados da organização.[20]

Entretanto, quando se fala sobre gestão de pessoal ou em gestão de recursos humanos, é importante lembrar que — diferentemente dos recursos físicos — os empregados não são propriedade da empresa onde atuam. As pessoas têm suas próprias impressões, sentimentos e atitudes a respeito da organização, dos sistemas e dos estilos de gestão, de seus deveres e responsabilidades, e das condições sob as quais trabalham. **O que realmente importa é a gestão efetiva das pessoas.**

A FUNÇÃO DE PESSOAL

A indústria da hospitalidade é constituída por unidades que variam muito em tamanho e espécie. Estabelecimentos menores podem não justificar a presença de um especialista em gestão de pessoal ou de um departamento de pessoal.

Ainda assim, é necessário ter uma **função** *de pessoal*, seja ela responsabilidade do proprietário ou de um gerente-geral, ou compartilhada entre os chefes de departamento.

Mesmo os estabelecimentos de menor porte terão a necessidade de recrutar, treinar, motivar e remunerar seu quadro funcional, cumprindo as leis trabalhistas. A função de pessoal deve ser realizada mesmo quando uma unidade é aparentemente pequena para justificá-la, ou ainda quando escolhe não instalar um departamento de pessoal.

A importância da função de pessoal é realçada por Rocco Forte, entre outros.

> *No setor de serviços, o ingrediente mais importante do produto são as pessoas. A qualidade destas determina a qualidade do serviço que oferecemos aos clientes, definindo assim nosso sucesso no mercado. Não é surpresa que praticamente toda discussão que temos na empresa começa ou termina com questões relativas a pessoal. Reconhecemos que só podemos continuar a existir se atrairmos, treinarmos e motivarmos boas pessoas. Se realizarmos isso corretamente, teremos uma função de pessoal eficaz e apropriada para assistir os gerentes de linha a executar o que é de sua responsabilidade.*[21]

Um sentimento semelhante foi expressado por Venison. "A função de pessoal em um hotel é, sem dúvida, necessária. Se tal função emprega o tempo integral de uma ou mais pessoas, provocando assim a existência de um departamento de serviços, ou se emprega a responsabilidade de meio turno de um determinado integrante da equipe, é algo que depende do porte do hotel. Independentemente do tamanho do estabelecimento e do estilo gerencial que aplica, a função de pessoal é sempre necessária."[22]

O especialista em gestão de pessoal

Nos hotéis de maior porte, onde mais tempo é tomado pelos problemas da organização e do quadro funcional, há maior necessidade de um especialista, a quem são delegadas responsabilidades relativas a todos os assuntos de pessoal. Um especialista nessa área seria o responsável por aconselhar a cúpula administrativa sobre a implementação de políticas claramente definidas que permitam práticas consistentes de pessoal.

Não há regras imediatas e determinadas sobre que tamanho de estabelecimento justificaria a existência de um departamento de pessoal independente. O número de empregados é sem dúvida significativo, mas não o único fator a considerar-se. Além do tipo e da natureza da organização, há vários outros fatores que destacam a importância da função de pessoal, incluindo:

- maior competitividade e maiores exigências por altos padrões de qualidade e de prestação de serviços;
- o aumento do nível do envolvimento do governo na legislação trabalhista;
- pressões por uma maior responsabilidade social dos empregados por meio de programas de participação do trabalhador, inclusive propostas da União Européia sobre a participação do empregado;
- altos custos com a equipe de trabalho;
- avanços nas aplicações da ciência comportamental;
- o papel dos tribunais industriais e *ACAS*;
- o possível crescimento dos sindicatos no setor.

Todos esses fatores combinados sugerem a necessidade crescente de contar-se com um especialista em gestão de pessoal.

O papel da cúpula administrativa

O objetivo geral da função de pessoal é criar um ambiente no qual a equipe trabalhe de maneira voluntariosa e produtiva. Cabe à administração do hotel tentar manter em alta o nível de entusiasmo e de compromisso de todos os integrantes do grupo, a fim de garantir um ótimo desempenho operacional. A gestão efetiva das pessoas é influenciada pelo papel desempenhado pela cúpula administrativa e pelas atitudes que ela tem em relação aos funcionários. As políticas de pessoal são um reflexo do estilo geral de gestão adotado.[23] As políticas devem emanar da cúpula da organização de hospitalidade e devem ser claramente definidas e comunicadas — por intermédio dos gerentes e supervisores — a todos os níveis de profissionais.

Filosofia básica

As formulações das políticas de pessoal e a implementação das práticas e procedimentos de GRH devem estar alicerçadas na filosofia básica de comportamento gerencial e de relacionamento com os empregados.

Tal filosofia deve incluir:

- respeito pelo indivíduo;
- reconhecimento das necessidades e expectativas das pessoas no trabalho;
- justiça no tratamento e sistema de remuneração equilibrado;
- estabilidade no emprego;
- bom ambiente de trabalho e condições de serviço favoráveis;
- oportunidades para desenvolvimento e progresso na carreira;
- funcionamento democrático da empresa;
- observação integral de todas as leis e códigos de conduta relacionados ao emprego.

A amplitude da função de pessoal

A amplitude e o escopo da função de pessoal são amplos, conforme ilustra a definição de gestão de pessoal do Institute of Personnel and Development.

> *A gestão de pessoal é aquela parte do gerenciamento voltada às pessoas no trabalho e às suas relações em um empreendimento. Sua meta é agrupar e desenvolver, em uma organização ativa, os homens e mulheres que constituem uma empresa e, considerando o bem-estar do indivíduo e dos grupos de trabalho, capacitá-los a dar a melhor contribuição pos-*

sível ao sucesso da empresa que compõem. A gestão de pessoal também está voltada às implicações humanas e sociais da mudança na organização interna e nos métodos de trabalho, e às mudanças econômicas e sociais da comunidade.[24]

As atividades de pessoal podem ser consideradas em um modelo que contempla os seguintes itens:

❑ planejamento de recursos humanos;
❑ projeto organizacional e padrões de trabalho;
❑ recrutamento e seleção;
❑ condições de pagamento e emprego;
❑ educação, treinamento e desenvolvimento;
❑ relações dos empregados e serviços de assistência social.

A função de pessoal como responsabilidade compartilhada

A definição do Institute of Personnel and Development chama a atenção para a gestão de pessoal como parte da responsabilidade de todos os gerentes e supervisores. Realizar o trabalho por meio do esforço de outras pessoas é parte integrante de qualquer atividade gerencial. A função de pessoal faz parte do cotidiano da gestão.[25]

Quando, por exemplo, o chef garante que a equipe da cozinha está apta quanto ao asseio pessoal e que os padrões de higiene são observados com rigor, temos a realização de uma função de pessoal. Se o gerente de acomodações chama a atenção de um empregado que chega atrasado, temos novamente a realização de uma função de pessoal. Quando o gerente da linha de frente treina um recepcionista para receber reservas antecipadas, da mesma forma temos aí a caracterização de uma função de pessoal.

Vimos anteriormente que Rocco Forte enfatizou a importância de uma função de pessoal eficaz e dedicada a assistir os gerentes de linha a executar o que é de sua responsabilidade. A natureza dos negócios com muitas unidades separadas, de tamanhos, localização e capacidades diferentes, indica a necessidade de uma função de pessoal descentralizada, onde a responsabilidade primeira é a gestão de linha.

> Contudo, mesmo que pudéssemos escolher, acredito que confiaríamos essa responsabilidade primeira pelo pessoal à gestão de linha e não a especialistas. A natureza de nosso trabalho exige a participação ativa da gerência em operações cotidianas e os gerentes precisam ter uma relação muito próxima com suas equipes de trabalho, além de saber compreendê-las. Da mesma forma, as equipes precisam saber que a gestão de linha tem a autoridade e a responsabilidade sobre as ações que de fato os afetam no trabalho e no ambiente em que atuam. Portanto, a ligação deve ser direta.[26]

A relação funcional

O papel do gerente de pessoal é implementar políticas de pessoal em todos os departamentos da empresa, fornecer conhecimento especializado e serviços para os gerentes de linha, e apoiá-los no desempenho de suas atividades. O gerente de pessoal deve atuar de maneira "funcional" com seus gerentes de linha. Não é atribuição do gerente de pessoal administrar empregados que não estejam a ele subordinados.

Qualquer que seja a organização da função de pessoal, um gerente de pessoal opera por meio de uma forma de autoridade delegada. O grau de autoridade concedido a ele depende da filosofia e das atitudes da cúpula administrativa, das expectativas em relação ao papel que desempenhará e das relações formais com outros gerentes. O gerente de pessoal não tem controle direto sobre as equipes de funcionários pertencentes a outros departamentos, exceto quando uma responsabilidade específica é delegada diretamente pela cúpula administrativa, o que acontece, por exemplo, com questões relativas à saúde e à segurança. Em todos os outros aspectos, a responsabilidade do gerente de pessoal para com os outros gerentes e seus empregados deve ser indireta, isto é, ele deve atuar como um conselheiro especializado.

Conhecimento e aconselhamento especializados

Embora os gerentes de linha sejam especialistas em suas próprias áreas de atuação, eles não são necessariamente especialistas em questões de pessoal. Da mesma forma que os gerentes de linha podem precisar de ajuda e de orientação em assuntos legais e contábeis, podem também precisar de ajuda e de aconselhamento especializado sobre questões de pessoal. É o gerente de pessoal quem traz na bagagem o conhecimento especializado e o domínio das atividades de pessoal. Convém aos gerentes de linha, assim, prestar atenção ao aconselhamento que recebem e atuar de acordo com ele. O gerente de pessoal é responsável pela interpretação e implementação de políticas e de procedimentos de pessoal, conferindo e analisando os efeitos que tais práticas causam no hotel como um todo. É importante manter o equilíbrio entre os departamentos e garantir um tratamento justo a todo o quadro de funcionários, sempre "jogando limpo".

Trabalho de equipe e cooperação

Para a função de pessoal ser eficaz, será necessário haver um bom trabalho de equipe, cooperação e consulta entre os gerentes de linha e o gerente de pessoal. Isso se torna mais fácil quando a cúpula administrativa, que detém a responsabilidade máxima pela função de pessoal, desempenha um papel ativo no estímulo da boa-vontade e da cooperação entre os departamentos.

A alta administração deve estabelecer claramente os termos de referência pelos quais o gerente de pessoal deve guiar-se em um modelo de políticas claras e sólidas. Nesse modelo, a função de pessoal opera em dois níveis: o organizacional e o departamental (Figura 10.1, p. 268).

O nível organizacional

Em nível organizacional, o envolvimento minucioso entre as atividades de diversos departamentos, o tempo dispo-

```
                    ┌─────────────────────────┐
                    │  CÚPULA ADMINISTRATIVA  │
                    └─────────────────────────┘

                      Filosofia básica e atitudes
                   Formulação de políticas de pessoal
                      Termos de referência acordados


   ┌──────────────────────┐                    ┌──────────────────────┐
   │  GERENTES DE LINHA   │                    │  GERENTE DE PESSOAL  │
   └──────────────────────┘                    └──────────────────────┘

       Nível departamental                         Nível organizacional

   Gestão da própria equipe e                 Conhecimento e aconselhamento
   operações cotidianas.                      especializados. Implementação
   Conhecimento técnico                       da política de pessoal. Aspectos
   das atividades e das                       mais amplos que afetam todos
   condições de trabalho                      os funcionários e a organização
   da equipe.                                 de hospitalidade.


                    Trabalho de equipe e consulta
                    ┌─────────────────────────┐
                    │   A FUNÇÃO DE PESSOAL   │
                    └─────────────────────────┘

                    ┌─────────────────────────────────┐
                    │   Cooperação e comprometimento de │
                    │ todos os integrantes da equipe de trabalho │
                    └─────────────────────────────────┘
```

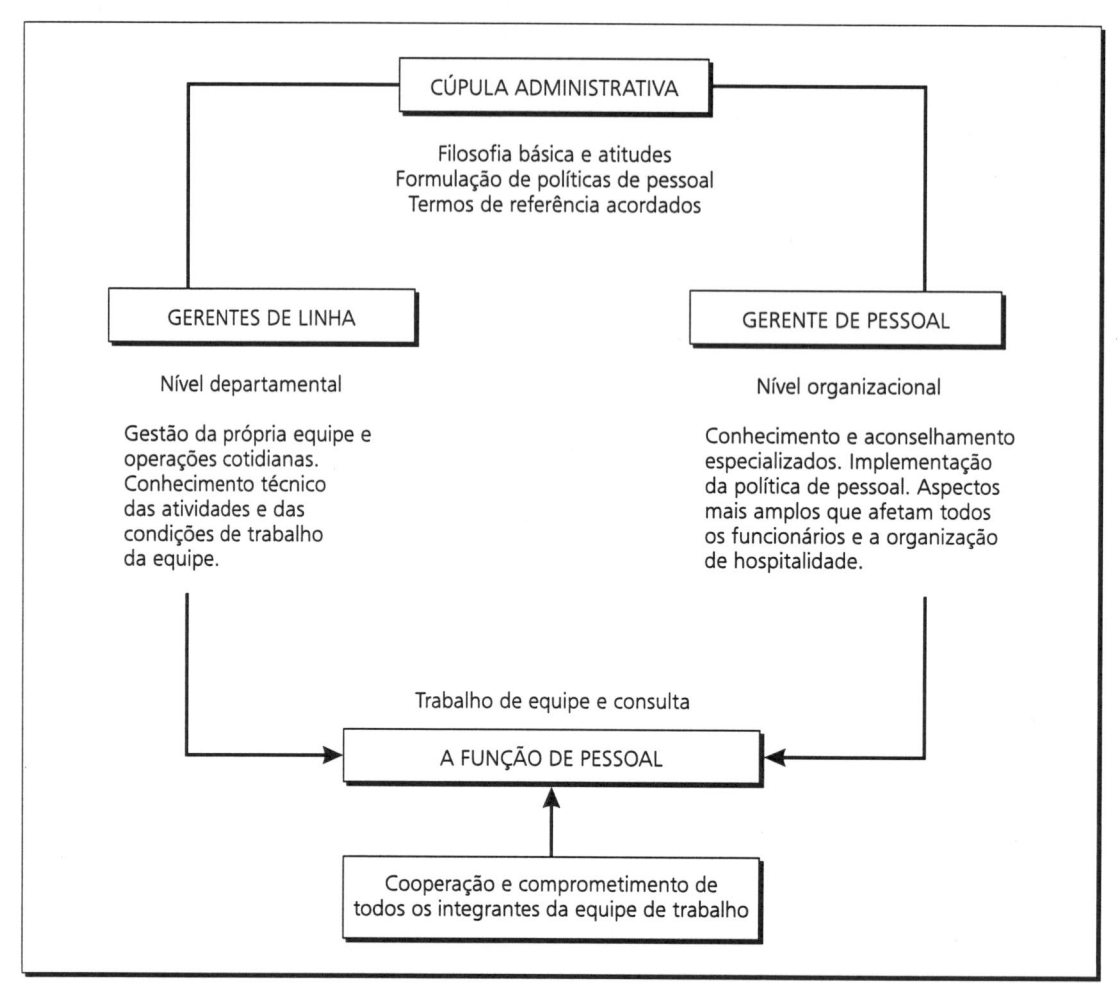

FIGURA 10.1 A função de pessoal — uma responsabilidade compartilhada.

nível e a necessidade de especialização exigem que o gerente de pessoal desenvolva um papel proeminente no hotel. O gerente de pessoal é o principal executor das políticas relativas ao quadro funcional, com enfoque principal sobre os aspectos mais amplos que afetarão todos os integrantes da equipe de trabalho e a organização como um todo.

Isso pode incluir atividades como o planejamento de recursos humanos, procedimentos para recrutamento e seleção, integração e treinamento, saúde e segurança, bem-estar, relações entre os empregados, respeito à legislação trabalhista, negociações com os sindicatos ou representantes de equipes, manutenção de estatísticas e registros, conexões com instituições externas, tais como o HCTC, HCIMA e associações de empregadores ou ACAS. É sempre producente o gerente de pessoal consultar e aconselhar-se com os gerentes de linha.

O nível departamental

Em nível departamental, os gerentes de linha podem assumir um papel proeminente em assuntos cotidianos. Ocupariam-se, pelo menos em um primeiro momento, com os aspectos operacionais das atividades de pessoal em seu próprio departamento. Por exemplo: pequenas questões disciplinares, atrasos, desempenho insatisfatório, convocação de substitutos, segurança, treinamento *in loco*, alocação de deveres e rodízio de horários, comunicações, bem-estar e queixas dos funcionários. A administração do hotel sempre espera que o gerente de pessoal atue como um conselheiro e, se necessário, como árbitro.

São os gerentes de linha que possuem o conhecimento técnico, além de detalhado domínio das atividades de seu departamento e das condições de trabalho de seus subordinados. A eles cabe a responsabilidade pela gestão de seu grupo.

Os gerentes de linha têm tanto o direito quanto a obrigação de ocuparem-se em promover a maior eficiência possível de seu departamento e de proporcionar o bem-estar da equipe que lidera. Devem se manter atentos a tudo, observando as atitudes e o nível de desempenho dos seus funcionários; por exemplo, se o gerente de restaurante ou o garçom-chefe estão nos seus postos ou se o *chef* está na cozinha. Também devem reparar se ocorrem atrasos de empregados, se o trabalho de alguém não é satisfatório, se o treinamento foi insuficiente, se a equipe não está à vontade ou se as responsabilidades e obrigações no trabalho foram mal planejadas. Portanto, é dos gerentes de linha a responsabilidade imediata pela administração de pessoal. **Com base nisso, pode-se afirmar que todo gerente é um gerente de pessoal.**

O comprometimento de todos os integrantes da equipe

Está bastante claro que a função de pessoal é uma responsabilidade compartilhada pela cúpula administrativa, gerentes de linha, supervisores e gerente de pessoal. Para a função de pessoal ser implementada com sucesso, será necessária a cooperação e o comprometimento de todos os integrantes da equipe, independentemente de suas obrigações ou cargos que ocupam na organização de hospitalidade em que trabalham. A função de pessoal não pode estar presa a um departamento apenas ou ser responsabilidade única de determinados profissionais do hotel. Deve, isto sim, permear todos os níveis da organização e todas as fases operacionais.

RELAÇÕES COM OS EMPREGADOS

Mesmo com as responsabilidades pela função de pessoal compartilhadas e os papéis respectivos do gerente de pessoal e dos gerentes de linha exercidos a contento, a função de pessoal só será eficaz se estiver fundamentada em políticas sólidas de pessoal. As boas relações com os empregados são estimuladas por políticas de pessoal positivas. Ou seja, as relações positivas entre empresa e empregados pressupõem políticas e práticas de trabalho favoráveis, por parte da organização, e comportamento exemplar e desempenho produtivo dos grupos subordinados.

A visão tradicional ou o consenso a respeito desse tipo de relacionamento está geralmente associado às atividades dos sindicatos da categoria e de seus representantes, além dos acordos coletivos. É possível afirmar que os sindicatos existem, primeiramente, para resguardar e promover os interesses de seus filiados, assim como para promover melhor qualidade de vida profissional. De acordo com Lucas, " 'relações industriais' é a expressão mais tradicional e mais amplamente usada para discutir as questões que tratam das relações com os empregados, embora 'relações com os empregados' esteja se tornando a expressão mais popular".[27]

As boas relações entre gerência e subordinados não estão limitadas, no entanto, aos sindicatos e à legislação trabalhista. Também exigem relações informais e sociais, destacando a importância do papel da gestão.[28]

De acordo com um boletim informativo da HCTC, o relacionamento com os empregados refere-se a:

> *todos os fatores das relações entre empresas, funcionários e outros indivíduos ou instituições envolvidos no processo de emprego.*[29]

Para entender e discernir com clareza qualquer situação das relações com os empregados, é necessário levar em consideração as instituições e as partes envolvidas, suas ideologias e motivações.

Política da relação com os empregados

Cada vez torna-se mais importante possuir políticas bem-definidas e ajustadas para que se estabeleçam relações positivas com os empregados. Cuming, por exemplo, defende o seguinte ponto de vista:

> *Se aceitarmos que o material humano é o recurso mais importante de uma instituição e que a sua gestão efetiva é essencial, o princípio subjacente à GRH é o de que o sucesso terá possibilidade de ser mais facilmente alcançado se as políticas e práticas de pessoal contribuírem de maneira clara para que os objetivos corporativos e os planos estratégicos sejam atingidos.*[30]

O boletim da HCTC fornece uma lista composta de 25 itens, buscando demonstrar o quanto é útil para o empregador introduzir em sua empresa uma filosofia adequada em relação a pessoal (Figura 10.2, p. 270). É indispensável que as políticas e procedimentos da organização sejam atualizadas, comunicadas com eficácia e devidamente bem interpretadas pelos componentes do quadro funcional.[31]

Dimensões legais e comportamentais

As relações eficazes com os empregados envolvem não apenas dimensões legais, mas também comportamentais.[32] As dimensões legais regulam o relacionamento entre empregadores e empregados, garantindo direitos individuais para os empregados e fortalecendo a posição dos sindicatos. As dimensões legais implicam a observância da legislação trabalhista, o contrato formal de emprego e os códigos de práticas de trabalho.

A observância das normas e regras legais, pois, é parte imprescindível das relações eficazes da organização com os empregados. Entretanto, não assegura por si só um ambiente harmônico no trabalho. As dimensões comportamentais requerem o reconhecimento do indivíduo, das responsabilidades sociais da gestão, do contrato psicológico (discutido no Capítulo 3) e do modelo de comportamento gerencial. As responsabilidades sociais transcendem os termos e as condições do emprego, reconhecendo a importância do atendimento das necessidades sociais e humanas das pessoas no trabalho.

DESENVOLVENDO UMA POLÍTICA DE RELAÇÃO COM OS EMPREGADOS

Recrutamento

1. Que medidas você tomou para implementar uma política de "oportunidades iguais" para os empregados da empresa?
2. Sua seleção prioriza o mérito do candidato — independentemente do sexo e da raça?
3. Você já ouvir falar da existência de instituições promotoras da igualdade de direitos e de oportunidades, as quais podem auxiliá-lo em seu trabalho de seleção, oferecendo orientação e sugerindo procedimentos?

Pagamentos e outros benefícios

4. Você planeja a política salarial que aplica na empresa?
5. Seu planejamento prevê pagar "pouco" ou "muito"?
6. Você conhece os benefícios oferecidos pela concorrência?
7. A estrutura remuneratória em vigência na empresa é planejada e assimilada ou baseia-se "no assistencialismo e no favor"?
8. Você compreende e concorda com os salários atuais determinados pelo conselho da empresa e com as provisões do Equal Pay Act?

Representação dos funcionários

9. O que pensa a respeito das entidades representativas dos funcionários?
10. Quando solicitado, você reconhece e negocia com o sindicato da categoria?
11. Você providencia as facilidades necessárias para os representantes de seus subordinados?
12. Quando você não reconhece um sindicato, os funcionários sob sua chefia têm oportunidades reais de apresentar seus pontos de vista?

Comunicação e consulta

As pessoas estão quase sempre tão envolvidas nas suas atividades que, com facilidade, desconhecem o que outros colegas estão fazendo, ou não se dão conta de problemas existentes no local de trabalho

13. O que você faz para descobrir os problemas existentes e para ajudar a resolvê-los?
14. De que forma você consulta seus empregados sobre as mudanças que os afetarão e como obtém o compromisso deles para com as novas políticas?

Desenvolvimento e treinamento da equipe

15. Que iniciativas você tomou para desenvolver e treinar seu grupo de trabalho, especialmente os mais jovens?
16. Você possui e aplica alguma política para a promoção interna, procurando desenvolver os integrantes da equipe por meio de uma estratégia eficaz de avaliação?
17. Você seleciona os funcionários para treinamento e desenvolvimento com base no mérito que apresentam e nas necessidades deles, independentemente de sexo e raça?

Aspectos disciplinares e reclamações

18. Na área disciplinar, você aplica procedimentos adequados e de fácil compreensão, acessíveis a todos?
19. De que forma tais procedimentos são comunicados ao quadro funcional?

Aposentadoria

20. Com que idade normalmente um funcionário é aposentado em sua empresa?
21. Como você decide quem deve continuar e quem deve se aposentar?
22. Sua equipe está ciente das políticas adotadas nessa área? Está clara para eles a definição da idade para aposentadoria?

Demissão ou dispensa

23. Em que circunstâncias os empregados são demitidos ou dispensados?
24. Que sistema de notificação, consulta e seleção será utilizado? (Lembre-se que a empresa é obrigada a entrar em contato com o sindicato da categoria em questão e que a legislação acerca da discriminação por sexo ou raça também se aplica às decisões sobre demissão.)
25. Há alternativas presentes em seus procedimentos, como compartilhamento de trabalho ou *short time*?

Finalmente

As políticas de emprego aplicadas na empresa foram discutidas, em termos gerais, com os funcionários? Mesmo quando os empregados não estão vinculados a um órgão representativo da categoria, é preferível discutir com eles — ou com o sindicato envolvido — acerca de todos esses assuntos levantados, antes de criar regras.

(*Fonte*: reimpressa, sob permissão, de *Employee Relations for the Hotel and Catering Industry*, 7th ed., Hotel and Catering Training Company [1990], p. 24-26).

FIGURA 10.2 Checklist para a verificação da política referente à relação com os empregados.

A importância de saber ouvir

Quaisquer que sejam os procedimentos adotados pela administração, é essencial para as boas relações de trabalho que os gerentes ouçam com atenção e respeito os problemas e as carências que envolvem seu grupo de subordinados.[33]

Você deve lembrar que, no Capítulo 6, discorremos sobre a contribuição do programa de entrevistas dos estudos Hawthorne para o desenvolvimento de uma abordagem de relações humanas para as organizações e para a gestão. Foi muito importante para os trabalhadores ter recebido a oportunidade de serem ouvidos por alguém com quem pudessem, em um ambiente agradável, desabafar sobre seus problemas.

Tal programa destacou o valor das entrevistas de aconselhamento e a importância de os gerentes ouvirem com atenção suas equipes. Em razão da natureza da indústria da hospitalidade e da importância das boas relações com os empregados, as lições aprendidas com o programa de entrevistas de Hawthorne ofereceram uma contribuição significativa para os ocupantes de cargos de gerência no ramo hoteleiro.

O QUADRO FUNCIONAL DA ORGANIZAÇÃO

Qualquer que seja o tipo, o tamanho ou a estrutura do estabelecimento de hospitalidade, ele tem de contar, entre seus integrantes, com pessoas cuja capacidade é indubitável. A eficiência de uma organização por certo depende, em grande parte, dos funcionários que emprega e das boas relações gerência-subordinados. Em estabelecimentos de maior porte é mais provável que encontremos um gerente de pessoal específico para a área. Isso, entretanto, não impede que todo gerente, de qualquer setor, preocupe-se com a manutenção das boas relações com os funcionários e com o bom exercício de sua função de chefia. É, portanto, bastante razoável e sensato que gerentes e supervisores emitam opinião em relação a aspectos de sua própria equipe ou de outras equipes que eventualmente devam comandar.

Em um contexto organizacional, os pré-requisitos para um sistema eficaz dirigido ao grupo de empregados incluem:

❏ o esclarecimento de metas e objetivos;
❏ o modelo de uma estrutura organizacional eficiente, por meio da qual o trabalho é realizado e os esforços de toda a equipe encontram respaldo;
❏ um sistema de planejamento de recursos humanos, onde as políticas de pessoal e de uma abordagem sistemática para o recrutamento e seleção são planejadas e adequadamente implementadas.

A meta deve ser, em primeiro lugar, selecionar o melhor quadro de funcionários possível, treiná-lo e desenvolvê-lo, procurando mantê-lo na empresa por um período pelo menos razoável de tempo.

Equipe nuclear e equipe periférica

Definir a equipe funcional pode ser reduzido à questão de escolher empregados "nucleares" e empregados "periféricos", além de considerar a natureza flexível do trabalho.[34] **Nuclear** refere-se a empregados permanentes, que laboram em turno integral. Eles exercem atividades fundamentais na organização e deles é exigida flexibilidade funcional. As perspectivas de carreira e de segurança no emprego, neste caso, são bastante favoráveis. **Periférica** refere-se a empregados cujo número é instável na empresa. Suas atividades são razoavelmente simples, com oportunidades limitadas de carreira e pouca segurança no emprego. Os grupos periféricos operam à volta dos nucleares, isolando-os dos efeitos das mudanças na demanda.

A partir de um estudo desenvolvido junto a 10 grandes grupos hoteleiros no Reino Unido, Guerrier e Lockwood identificaram três categorias de empregados nucleares e duas categorias de empregados periféricos.[35]

❏ *A equipe nuclear da empresa* tem acesso potencial às perspectivas de carreira em todas as unidades da empresa; consiste, em grande parte, de gerentes ou empregados treinados para ocupar posições de gerência, mas não de chefes de departamento.
❏ *A equipe nuclear da unidade* tem acesso a oportunidades de carreira em apenas uma filial do hotel e não na empresa toda; consiste de chefes de departamento, supervisores, determinados empregados especializados e alguns *trainees*.
❏ *A equipe nuclear operativa* consiste de recepcionistas, empregados especializados da cozinha, garçons e camareiras.
❏ *O grupo periférico 1*, cuja inconstância numérica revela alta taxa de rotatividade, inclui empregados de cozinha e garçons de alta mobilidade, assim como estudantes ou trabalhadores estrangeiros presentes na Grã-Bretanha por um determinado período.
❏ *O grupo periférico 2* é integrado por empregados que trabalham em regime de meio turno (ou sazonais) e por indivíduos que aguardam oportunidade de aproveitamento, como camareiras.

Rotatividade na equipe

No ramo da hospitalidade, a rotatividade de funcionários é reconhecidamente alta, especialmente se compararmos com outras áreas de atividade. A taxa média do *turnover* costuma alcançar 43%, sendo que os níveis de especialização são muito baixos.[36] Grande parte dessa rotatividade é um movimento desencadeado dentro do próprio setor hoteleiro. No entanto, apesar da alta taxa de rotatividade revelada, o que ocorre nos hotéis e estabelecimentos de hospitalidade em geral é que menos da metade das pessoas neles empregados abandonam o setor. Isso tudo não altera a freqüência com que os membros da equipe têm de ser substituídos ou seja necessário novos treinamentos em determinados métodos e práticas de trabalho. A rotatividade é mais alta nos primeiros meses de emprego. Tal "crise de integração" implica ruptura e altos custos.

Os custos da alta rotatividade

O alto nível de rotatividade na equipe normalmente provoca um efeito adverso no moral, na motivação e na satisfação dos funcionários com o trabalho, refletindo-se também no nível de desempenho organizacional e inclusive na satisfação do cliente. Tal problema causa uma ruptura no uso do tempo gerencial. Os custos da alta rotatividade de funcionários na empresa são enfatizados pelo HCTC.

> Os custos de recrutamento e de integração de um novo membro da equipe funcional são consideráveis — não apenas os custos diretos, como anúncios, comissões cobradas por agências, trabalho burocrático, tempo de entrevista, mas também aqueles vários custos não-aparentes e indiretos. Por exemplo, as despesas assumidas pelo treinamento e pela supervisão de novos empregados, além da supervisão dos funcionários que estão sendo substituídos; horas extras pagas quando há carência de funcionários; o aumento nas perdas e no desperdício, enquanto os novos empregados ambientam-se; a irritação dos clientes; o baixo moral da equipe quando a rotatividade é alta.[37]

Reduzindo a rotatividade

O que podemos fazer para ajudar a superar o alto nível de rotatividade de funcionários, reduzir custos e fazer uso mais eficaz do tempo gerencial? Em uma discussão no Capítulo 4, argumentou-se que a alta rotatividade não deve ser interpretada como uma característica inerente ao setor. O ponto de partida, portanto, é reconhecer a alta rotatividade como um aspecto problemático que exige ação gerencial efetiva.[38]

Há um debate contínuo sobre as causas, os verdadeiros custos e outros efeitos da alta rotatividade funcional no ramo da hospitalidade, e também sobre como suplantar o problema. Riley, por exemplo, opina que seria bastante útil que as pesquisas tivessem como foco a relação entre o compromisso organizacional e a satisfação com o trabalho, e a intenção de abandonar o emprego.[39]

Se bem planejadas e conduzidas, as entrevistas realizadas por ocasião da saída do empregado podem se transformar em uma poderosa ferramenta para a gerência analisar e reduzir a rotatividade de funcionários em sua empresa.[40]

Atenção ao recrutamento e à prática de seleção

Bonn e Forbringer referem-se ao desafio de uma grande carência de pessoal que o setor de hospitalidade norte-americano apresenta e à necessidade de desenvolver métodos de atração e retenção de funcionários. Não há soluções fáceis, a complexidade da rotatividade exige uma abordagem sistemática, para que haja a avaliação e o diagnóstico da natureza do problema, bem como das causas e conseqüências para cada organização.

Uma orientação estratégica ajudará as organizações a determinar que soluções podem ser adequadas em uma situação particular. A organização pode teoricamente influenciar a rotatividade por meio de variados processos de intervenção, incluindo a colocação e a orientação, o desenho de cargo, a liderança e a supervisão, o desempenho no trabalho, o treinamento e o desenvolvimento. Central a todos esses processos está a atividade fundamental de práticas de recrutamento e seleção.[41] (O recrutamento e a seleção de pessoal são discutidos a seguir.)

Planejamento de recursos humanos (PRH)

Os recursos humanos são a principal característica da organização de trabalho, em especial no ramo da hospitalidade. O alto nível de rotatividade no emprego, a exigência de que a equipe seja experiente e esteja bem treinada, bem como a necessidade de que haja desenvolvimento da gerência, chamam a atenção para a importância de um eficaz planejamento de recursos humanos. É, portanto, compreensível que modernamente tenha sido dado maior reconhecimento à importância do planejamento de recursos humanos tanto quanto de recursos econômicos. O planejamento de recursos humanos (PRH), antes descrito como planejamento da força de trabalho, foi definido como "uma estratégia para a contratação, utilização, melhoria e retenção dos recursos humanos de uma empresa".[42]

Uma pesquisa sobre os procedimentos postos em prática para solucionar os problemas de seleção e recrutamento de empregados, realizada em 92 empresas, concluiu ser necessário dar prioridade ao planejamento e gestão de recursos humanos, pois a disponibilidade de pessoas e de capacidades se tornou ainda mais crítica. Os empregadores terão de continuar procurando identificar as capacidades necessárias à consecução dos objetivos de suas empresas, reestruturando-se para poder fazer melhor uso das capacidades disponíveis. Além disso, precisarão elaborar políticas de recursos humanos voltadas à manutenção da competitividade no mercado de trabalho e ao atendimento das aspirações de seus empregados.[43]

A importância do planejamento de recursos humanos foi realçada por Hotels and Catering EDC. O ramo "produz" um serviço prestado por pessoas, em uma relação face a face com o cliente. O PRH deve ser adotado, a fim de garantir que as políticas de emprego sejam parte integrante da política geral da empresa. O tipo de planejamento defendido enfatiza a maneira pela qual as ações e a política devem estar relacionadas.[44]

Uma ampla abordagem para o planejamento de recursos humanos

O planejamento de recursos humanos não deve ser considerado isoladamente, mas como parte de um processo mais amplo de planejamento estratégico (discutido no Capítulo 2), ligado ao desenvolvimento da organização como um todo. Deve dar conta dos fatores ambientais externos, como, por exemplo, alterações demográficas, padrões de emprego (tais como funcionários de meio turno), mulheres ou empregados mais velhos, avanços no sistema educacional, nível de competição, medidas governamentais relacionadas ao emprego/treinamento ou à legislação trabalhista, além de desenvolvimentos na tecnologia da informação e da automação.

Será necessário esclarecer a extensão e o escopo do planejamento de recursos humanos, o prazo-limite e a duração do período de previsão, os departamentos, os tipos de ocupações e as habilidades pelas quais se fazem as previsões, a quantidade de informação e os detalhes requeridos. A gerência deverá determinar a carência de profissionais para as diferentes atividades operacionais; por exemplo, o número de empregados para o setor de limpeza de acordo com o número de apartamentos do hotel, ou o número de garçons de acordo com o número de mesas do restaurante.

Os principais estágios do planejamento de recursos humanos

Seja qual for a natureza e o escopo do planejamento de recursos humanos, é possível identificar quatro estágios principais (Figura 10.3):

(i) uma análise dos recursos atuais, em termos de equipe de empregados;
(ii) uma estimativa das prováveis mudanças quando do prazo-limite — que determinará a previsão relativa à oferta;
(iii) uma previsão do que será exigido da equipe até o prazo-limite — que determinará a previsão relativa à demanda;
(iv) medidas que garantam que o preparo técnico exigido da equipe esteja disponível no momento oportuno;

A conciliação entre oferta e demanda é a base para o planejamento estratégico e para um programa de ação visando à gestão de pessoal.

Previsão de oferta de recursos humanos

Para determinar a previsão exata da oferta, é necessário receber da equipe um relatório preciso e um sistema de registros de pessoal, incluindo detalhes da estrutura ocupacional e da rotatividade no emprego. É importante que o sistema de registros esteja sempre atualizado, incluindo novos treinamentos, experiências, habilidades ou qualificações adquiridas pelo grupo. O sistema de registros deve ser

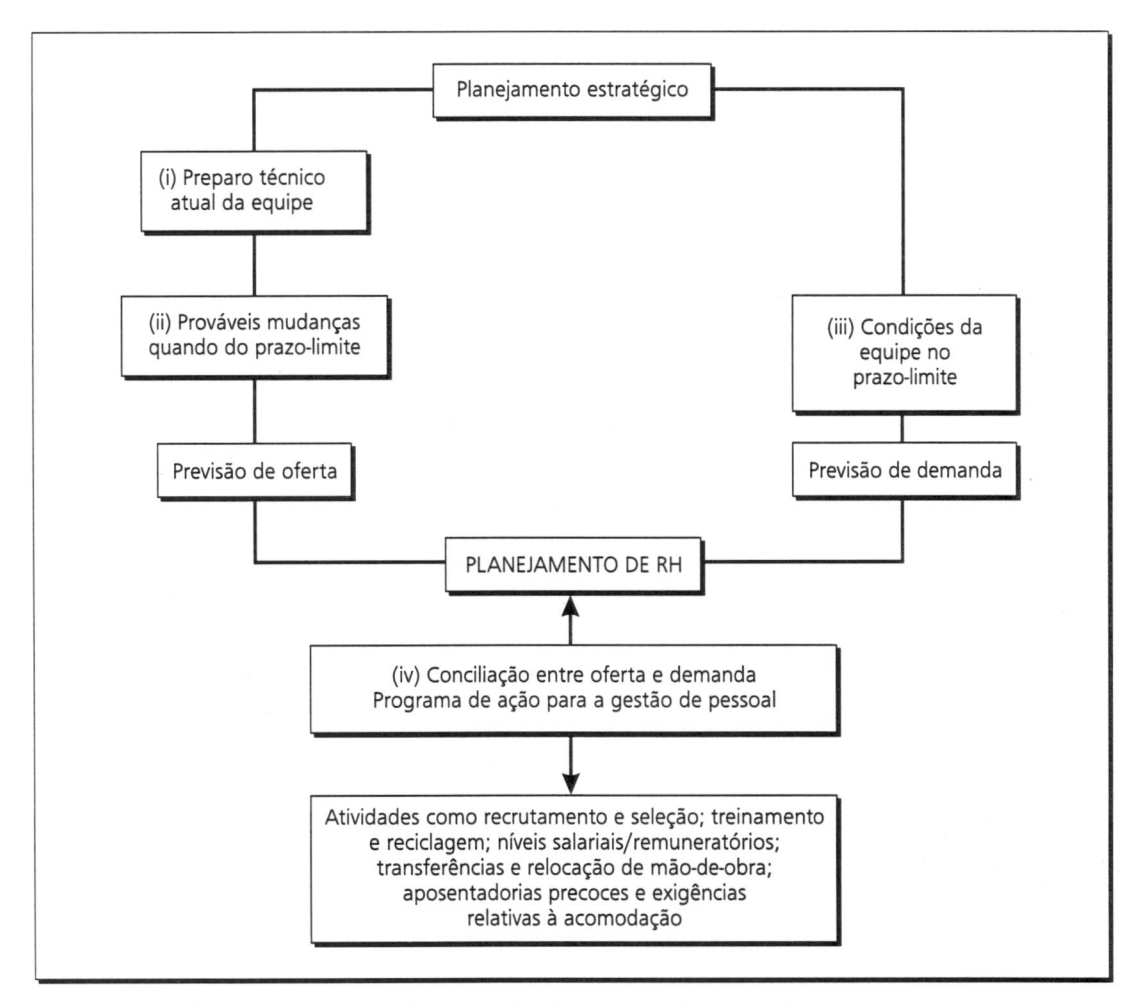

FIGURA 10.3 Esboço dos principais estágios do planejamento de recursos humanos.

capaz de indicar prontamente tanto detalhes básicos, como a distribuição por faixa etária da equipe subordinada à gerência, quanto dados mais específicos, como informações sobre empregados que sabem se comunicar em língua estrangeira.[45]

A previsão feita sobre os membros da equipe deve também levar em consideração as mudanças, os ganhos e perdas, os incrementos na experiência dos empregados e em seu treinamento, além de programas atuais de desenvolvimento gerencial.

Benefícios potenciais

O planejamento de recursos humanos oferece muitos benefícios potenciais. Um planejamento eficaz de RH propiciará:

- conexão entre os objetivos e a estrutura da organização, e esclarecimento de políticas de pessoal;
- informação, para planejamento futuro, quanto à necessidade de funcionários, tanto em nível estratégico (ampliação de um hotel, por exemplo) quanto em nível operacional cotidiano;
- indicação de tendências e de prováveis mudanças nas habilidades oferecidas pela equipe, a fim de antecipar dificuldades futuras, enquanto ainda há chance de agir;
- um gatilho para o desenvolvimento de estratégias e procedimentos eficazes de pessoal, e um programa de ação para a gestão de pessoal relacionado a atividades como recrutamento e seleção, treinamento e reciclagem, níveis salariais/remuneratórios, desenvolvimento gerencial, transferências e redistribuição de mão-de-obra, aposentadorias precoces e necessidades relativas a acomodações.

O planejamento de RH envolve considerável incerteza e erros poderão ocorrer. O planejamento de longo prazo é particularmente difícil no ramo da hospitalidade — bastante suscetível a mudanças no ambiente externo e na preferência dos clientes, e sujeito a padrões sazonais de demanda. Mas o planejamento nessa área, justamente por tudo isso, se mostra tão importante para a empresa. Aliado a boa comunicação e participação efetiva, o planejamento de RH eficaz ajudará a aliviar efeitos potencialmente nocivos que possam atingir os integrantes do quadro funcional ou prejudicar o desempenho organizacional.

Os conceitos subjacentes ao planejamento de RH são bastante claros. Embora haja várias técnicas quantitativas sofisticadas e programas de computador disponíveis, ambos devem ser aplicados apenas quando realmente necessário e, muito provavelmente, apenas nos estabelecimentos de grande porte.[46] O planejamento de RH pode assumir várias formas nas diferentes organizações. Em pequenos hotéis, pode ser realizado em nível mais básico. O ponto importante é reconhecer a necessidade de um sistema eficaz de planejamento de recursos humanos, apropriado às demandas e às necessidades da organização de hospitalidade em questão.

Recrutamento e seleção

A natureza do setor de hospitalidade e seu padrão funcional obrigam a maior parte dos gerentes a freqüentemente se deparar com a necessidade de recrutar e selecionar novos empregados. Neste caso, são indispensáveis métodos e procedimentos eficazes para que o processo seja bem-sucedido.

> *As pessoas são o fator principal da sustentação de vantagens competitivas. Para garantir que os negócios da indústria da hospitalidade atraiam os melhores profissionais do mercado, as estratégias adequadas de recrutamento precisam ser revisadas e atualizadas regularmente.*[47]

Sugestões da maior importância para o gerente de RH:

- reconheça a importância de uma abordagem sistemática e planejada no recrutamento e seleção;
- avalie a eficácia das políticas atuais e elabore novos procedimentos quando for necessário;
- revise os métodos e técnicas de seleção de funcionários utilizados.

Uma abordagem planejada e sistemática

É possível identificar cinco estágios básicos de uma abordagem planejada e sistemática de recrutamento e seleção:

- *Estágio 1: necessidade de conhecer detalhes do(s) cargo(s) a ser preenchido(s)* — Tal cargo é realmente necessário? Poderia talvez ser feita uma reorganização e realocação de outras funções? Sendo realmente necessária a ocupação do cargo, que implicações trará para a empresa? Quais são os deveres e responsabilidades inerentes à função?
- *Estágio 2: necessidade de saber que tipo de pessoa terá condições de realizar o trabalho* — Que qualidades e atributos a pessoa deverá ter para exercer a função produtivamente?
- *Estágio 3: necessidade de saber por quais meios serão atraídos os candidatos adequados* — É necessário recrutar fora? Se for, onde se encontram os candidatos mais adequados? Quais são as melhores fontes de mão-de-obra e os melhores métodos de recrutamento?
- *Estágio 4: necessidade de saber como melhor avaliar a adequação dos candidatos ao emprego* — Qual a melhor forma de colher informações sobre os candidatos? Como o processo de seleção deve ser planejado? Quais são os métodos de seleção mais adequados?
- *Estágio 5: necessidade de integração e acompanhamento* — Como o processo de socialização pode ser mais bem executado? Como os novos funcionários devem ser apresentados às políticas, procedimentos e práticas aplicados pela empresa?

Grau e aplicação

Nem sempre — em especial nos pequenos estabelecimentos de hospitalidade — um procedimento mais sofisticado de seleção pode ser realizado. Ainda assim, não é possível abrir mão de aplicar uma abordagem sistemática e planejada (Figura 10.4). Tal procedimento propicia um modelo e um conjunto de princípios que deveriam estar presentes em todo processo de recrutamento e seleção. Entre o hotel de grande porte e o de pequenas dimensões, a diferença que existe neste caso é unicamente de grau e de aplicação.

Considerações fundamentais

Quaisquer que sejam os procedimentos aplicados na seleção do material humano, há três considerações fundamentais que devem alicerçar a política de recrutamento.

❑ Recrutamento e seleção não devem ser considerados isoladamente, ou seja, não basta simplesmente encontrar alguém para executar um determinado trabalho; tudo deve estar no contexto de um plano de RH e de um programa de ação para a gestão de pessoal. É necessário considerar, por exemplo, o potencial para treinamento e promoções futuras e a adaptabilidade a possíveis mudanças nas práticas de trabalho.
❑ Em relação ao candidato, é preciso levar em consideração não apenas sua competência técnica e habilidade para executar determinadas tarefas, mas também seu grau de sociabilidade. No ramo da hospitalidade, é extremamente importante o modo pelo qual os novos integrantes do quadro funcional se encaixam na estrutura social e nos grupos de trabalho.
❑ O recrutamento deve estar de acordo com todas as exigências legais relacionadas ao emprego e observar os códigos de prática recomendados. É importante garantir justiça e tratamento igual a todos os candidatos, assim como o exercício das responsabilidades "sociais", como,

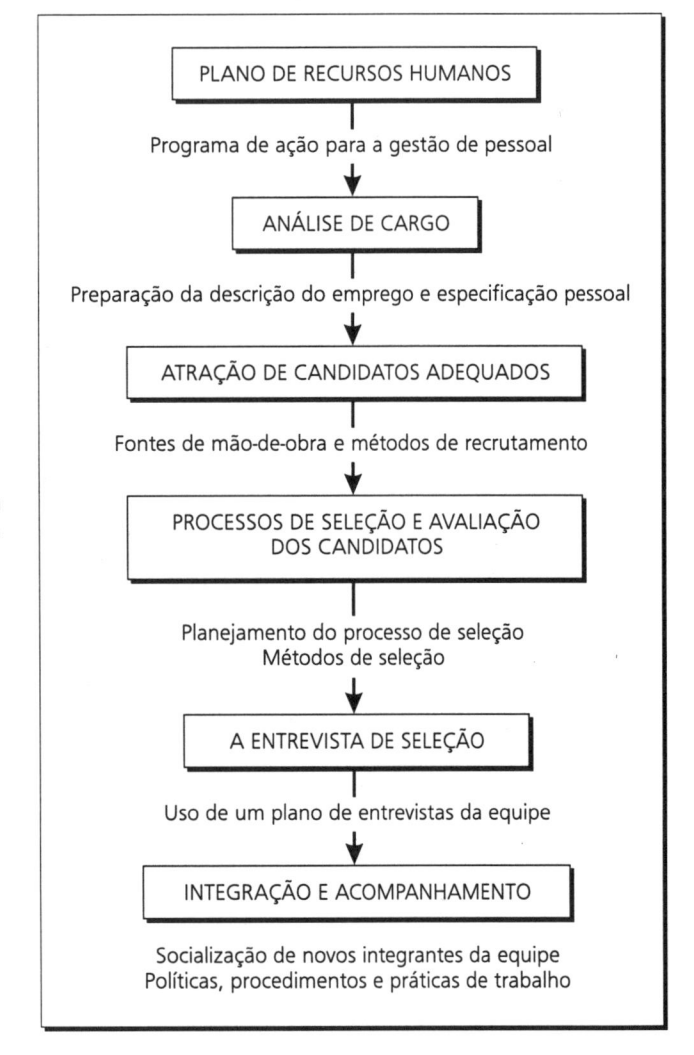

FIGURA 10.4 Uma abordagem sistemática para o recrutamento e seleção.

por exemplo, a contração de deficientes físicos e de minorias étnicas. Observemos a matéria seguinte.

Aprimorando o recrutamento e a seleção

Ao comentar a respeito das intervenções para administrar a rotatividade de funcionários (discutida antes), Bonn e Forbringer chamam a atenção para algumas abordagens adotadas por organizações norte-americanas de hospitalidade e de outros serviços com o objetivo de favorecer o recrutamento e a seleção:

❑ buscar referências fornecidas por familiares ou amigos do candidato, os quais recebem alguma compensação financeira se ele for contratado. Uma compensação extra poderá ser dada se o candidato continuar com a organização por um período mínimo de tempo;
❑ desenvolver técnicas que permitam a contratação de idosos, deficientes e minorias étnicas;
❑ estar atento a procedimentos eficazes de seleção, incluindo a identificação de atividades críticas e deveres do emprego, habilidades, conhecimento e capacidades necessárias, previsões realistas quanto ao emprego, aspectos relacionados à vida biológica, questionários para analisar a personalidade e testes para apurar habilidades;
❑ desenvolver programas de retenção de funcionários, como incentivos financeiros, incluindo participação nos lucros da empresa, incentivos educacionais e programas de amparo a filhos de funcionários.[48]

Williams e Hunter sugerem que as empresas hoteleiras preparem seu quadro gerencial a partir dos profissionais que já estão atuando na organização em cargos de supervisão. Contudo, a pesquisa que os autores fizeram com grandes hotéis em Toronto indica que, embora muitos supervisores possam estar predispostos a uma carreira gerencial na organização em que trabalham, em geral eles hesitam. Isso exige uma maior ação corporativa entre a administração do hotel e seus supervisores.[49]

ANÁLISE DO CARGO

Antes de dar início ao processo de seleção, os gerentes deveriam se perguntar: "Conheço de fato o cargo a ser preenchido? Sei exatamente que tipo de profissional estou procurando? Tenho condições de identificar com facilidade o candidato adequado?" Essas questões determinam a importância da análise do cargo no contexto da abordagem sistemática de recrutamento e seleção.[50] A terminologia varia, mas em geral entende-se como "análise do cargo" o processo pelo qual se investiga e obtém (i) uma descrição da função, o que conduz a (ii) uma especificação pessoal.

Descrição do cargo

A descrição do cargo discrimina todas as exigências da atividade: descreve como ela é, o que exige, o que acarreta, seu propósito, deveres, atividades e responsabilidades, e posição na estrutura formal da empresa. Um exemplo de descrição do cargo é apresentado na Figura 10.5.

Contudo, o escopo da descrição do cargo e a quantidade de detalhes que fornece pode variar de uma empresa para outra e entre tipos de cargos diferentes. **Exemplos detalhados de descrição de cargos no Share Inns Limited e no Forte Hotels são apresentados nos Apêndices 1 e 2 deste capítulo, respectivamente.**

Especificação pessoal

A especificação pessoal é uma extensão da descrição do cargo e fornece *uma impressão da pessoa "ideal" para exercer a atividade*. Também traz informações sobre o cargo e detalha os atributos pessoais e as qualidades associadas ao bom desempenho no trabalho, como, por exemplo, as características físicas, a experiência, as habilidades técnicas, as qualificações formais, a personalidade e o temperamento, assim como salienta exigências, como a necessidade de mobilidade. A especificação indica quais características são consideradas essenciais e desejáveis.

Da especificação pessoal pode-se retirar informações para anúncios de oferta de emprego, descrevendo as particularidades inerentes a este. Convém estar consciente de que provavelmente não encontraremos o candidato perfeito ou absolutamente ideal. A especificação pessoal deve, portanto, ser preparada de maneira prática, sem restringir a necessidade de flexibilidade. Ao projetar-se a especificação pessoal, é preciso levar em conta a obediência a todas as exigências legais e estatutárias relacionadas ao emprego e aos códigos de trabalho recomendados.

DIFICULDADES E ASPECTOS DESAGRADÁVEIS DE UM CARGO

O processo de análise do cargo será ainda mais significativo se incluir considerações sobre as dificuldades e os aspectos desagradáveis do cargo em questão. Ambos os fatores podem ou não estar juntos.

Como dificuldades podemos entender aqueles aspectos do cargo considerados muito exigentes e de difícil execução. Exemplos: o gerente do bar, que tem de lidar eventualmente com clientes bêbados ou desordeiros; o garçom, que tem de servir um grande e inesperado número de clientes que chegam ao mesmo tempo; o lavador de louças, que diariamente tem de esfregar pesadas panelas de cobre; o(a) recepcionista, que recebe diretamente reclamações ou é forçado a atender clientes desagradáveis; o chefe de seção, que se obriga a operar com orçamento limitado.

Já os aspectos desagradáveis do trabalho são aqueles considerados tediosos ou aborrecidos. Exemplos: polir os talheres antes de cada refeição (garçom), preparar o mesmo legume todos os dias para atender a um menu padronizado (*commis chef*), esvaziar as latas de lixo várias vezes por dia (faxineiro), trocar os lençóis diariamente (camareiras) ou

FIGURA 10.5
Exemplo de elementos de descrição de um cargo.

> *Cargo* (nova função ou preenchimento de vaga de cargo já existente)
>
> *Departamento/ Seção e Local*
>
> *Variação salarial*
>
> *Deveres e responsabilidades* — incluindo exigências ocasionais ou *ad hoc*.
> É adequado, aqui, prestar informações precisas e detalhadas ou, em determinados casos, apenas fornecer o escopo geral e o nível da função. Os detalhes devem ser quantificados sempre que possível. Por exemplo, uma média de, ou talvez um *máximo* e um *mínimo* de: refeições preparadas por dia, quartos/apartamentos a serem limpos, talheres por refeição, número de notas preparadas por cliente.
> Os deveres e responsabilidades podem também ser subdivididos em uma porcentagem aproximada de tempo que se imagina dedicar a cada atividade principal durante, digamos, uma semana ou um mês. Exemplo: x% na organização de serviços diários e na limpeza de quartos, x% em treinamento da equipe da cozinha, x% na abertura e distribuição de cartas.
>
> *Limitações específicas sobre a autoridade*
> Por exemplo, não autorizar compra à vista acima de um determinado valor por item sem a aprovação do gerente-geral; não aceitar cheques para contas acima de um determinado valor sem a autorização da recepcionista-chefe.
>
> *Estar sob a responsabilidade de* — isto é, o título do cargo do superior imediato.
> (Esse superior normalmente esperaria envolver-se na seleção, integração e programa de treinamento para novos funcionários.)
>
> *Ser responsável por* — isto é, o número de funções dos subordinados diretos.
>
> *Funções de contato específicas* — comunicações laterais principais e relações de trabalho com grupos de outros departamentos/seções.
>
> *Assinatura do chefe de departamento/ seção*
>
> *Data da preparação da descrição do cargo*

(*Fonte:* Mullins L J, "Job Analysis — Know the Job and the Person to do It", *International Journal of Hospitality Management*, vol. 4, nº 4, 1985, p. 181.)

desentupir o vaso sanitário do banheiro (pessoal de manutenção).

Mas é necessário reconhecer também que, para algumas pessoas, determinadas "dificuldades" podem ser um atrativo. Existem pessoas que gostam — ou não se importam — de enfrentar desafios ou responsabilidades inerentes à função. Algumas delas detestam atividades mais simples devido à falta de variação ou de desafios, ou porque gostam realmente de se manter em constante atividade.

Conhecimento integral do que o cargo exige

Embora tenhamos a tentação de fazê-lo, pouco ganharemos se escondermos as dificuldades ou aspectos desagradáveis de uma atividade. Esconder tais aspectos revela falta de visão organizacional. Se selecionarmos candidatos que desconhecem integralmente o cargo que ocuparão, eles provavelmente farão parte daquele grupo que abandona o emprego nos primeiros três meses. Isso apenas contribui para a "crise de integração" e significa que teremos de recomeçar o processo de recrutamento e seleção. Nestes casos, mesmo quando os funcionários permanecem, provavelmente haverá perda de voluntarismo, uma possível desconfiança em relação aos gerentes e efeitos adversos em suas atitude, em sua satisfação com o emprego e em seu desempenho no trabalho.

O PROCESSO DE SELEÇÃO

A maneira pela qual o processo de seleção é planejado e conduzido é duplamente importante. Deve, naturalmente, por si só ser eficaz, garantindo que todo esforço seja feito para atingir a "melhor" decisão. Também é igualmente importante o fato de que, para a maior parte dos candidatos, o processo de seleção é o primeiro ponto de contato com o estabelecimento. Os candidatos têm a tendência de julgar a organização como um todo pelo modo como o processo de seleção é conduzido, vendo nele um indicativo de como a organização funciona e como se comporta em relação aos empregados. *O outro lado do processo de seleção é a aceitação, por parte do candidato, de você (o gerente) e de sua empresa.*

Métodos de seleção

Há uma variedade de métodos que podem ser utilizados na seleção de funcionários. Tais métodos incluem a avaliação em pares, exercícios *in-tray*, testes de seleção e questionários sobre a personalidade, dinâmica de grupo, grafologia e entrevistas individuais (face a face), painéis ou entrevistas com a administração.[51]

O projeto do processo de seleção é uma questão de escolha em cada unidade. O mais importante é que atenda às exigências específicas e esteja de acordo com as facilidades disponíveis, tanto físicas quanto pessoais. A escolha, combinação e aplicação de métodos deve estar de acordo com a natureza e o tipo de estabelecimento, o cargo, as tarefas e as responsabilidades do cargo vago, e o número de candidatos.

A entrevista de seleção

Embora muito criticada, a entrevista é geralmente o elemento central e indispensável do processo de seleção. A entrevista implica uma interação de personalidades e a percepção que temos de outras pessoas. É essencial considerar a possibilidade de distorções e erros perceptivos, tais como o "efeito halo" e a estereotipia, que discutimos no Capítulo 3.

Os candidatos tendem a copiar os gestos e a postura do entrevistador. Organizar as cadeiras de maneira confortável e informal ajuda os candidatos a ficarem mais à vontade e reduz o elemento de confrontação. Os candidatos devem ser estimulados a falar mais do que os entrevistadores, os quais devem fazer perguntas que estimulem a descrição de experiências e o desenvolvimento de idéias.

O entrevistador deve "explorar" o candidato, fazendo perguntas significativas, objetivas e práticas. Entrevistadores experientes sabem como alterar sua forma de perguntar de acordo com o comportamento dos candidatos e com o seu grau de habilidade social. Entrevistadores ouvem com atenção, analisam a linguagem corporal dos candidatos e observam como eles respondem as questões e são responsivos a aspectos verbais e não-verbais.

O tipo de pergunta feita influencia a resposta do candidato. Se usarmos a forma correta de perguntar, estaremos mais aptos a controlar a entrevista e o comportamento do candidato. Na maior parte dos casos, uma entrevista bem-sucedida apresentará um equilíbrio entre perguntas abertas, fechadas e observações ou questões para reflexão. Os entrevistadores devem evitar induzir as respostas dos candidatos. Devem sempre demonstrar respeito e consideração pelos mesmos, serem honestos e comportarem-se de maneira ética. As perguntas feitas nas entrevistas devem observar princípios de igualdade de oportunidades e evitar qualquer favorecimento ou discriminação.

Entrevista em movimento

A tradicional entrevista face a face pode ser ampliada, convidando-se por exemplo os candidatos a conhecer a organização e assim conduzindo a entrevista "em movimento". Isso permite que os candidatos conheçam com maior profundidade a atividade que eventualmente irão exercer, os equipamentos, os métodos e as condições de trabalho. A entrevista em movimento também oferece aos candidatos a oportunidade de ver alguns empregados em ação, podendo inclusive fazer perguntas. Outra vantagem deste tipo de entrevista é que o entrevistador pode captar respostas mais naturais dos candidatos em relação a situações reais.

O plano da entrevista

Para avaliar de forma justa e objetiva os candidatos, devemos saber quais informações são necessárias e como melhor obtê-las por meio da entrevista. É necessário dispor de um plano de entrevista bem-definido. Muitas organizações desenvolvem seu próprio plano de entrevista ou *checklist*. Porém, qualquer que seja o plano utilizado, ao final da entrevista todos os pontos devem ter sido cobertos adequadamente. O importante mesmo é que seja utilizado um plano adequado às características que desejamos que os candidatos possuam. Pode-se elaborar *checklists* específicos para determinadas situações. Cabe reforçar que cada um dos itens do plano da entrevista deve estar relacionado às necessidades do cargo e às características que procuramos em cada candidato.

Quanto mais informação os entrevistadores possuírem sobre o cargo, mais saberão sobre as perguntas que devem fazer. Quanto mais estruturada for a entrevista, mais eficaz ela será.[52] Candidatos devem sempre falar mais do que os entrevistadores, descrevendo suas experiências e apresentando seus pontos de vista. *Checklist* é um ótimo recurso, mas o entrevistador deve evitar apenas percorrer uma lista de perguntas. A informação deve ser obtida não necessariamente seguindo uma ordem determinada, mas de acordo com o andamento da entrevista. Ao final do encontro, todos os pontos do plano devem ter sido cobertos.

A Figura 10.6 apresenta um exemplo de notas sobre entrevistas, retiradas de um manual de pessoal de uma empresa. Para garantir privacidade, determinados detalhes foram omitidos.

Integração e acompanhamento

Já estamos informados que a rotatividade de funcionários é especialmente alta durante os três primeiros meses de emprego — a intitulada crise de integração. Também foi feita referência aos altos custos de recrutamento e de inserção de novos empregados. Isso chama a atenção para a importância de um programa eficaz de integração. Esta envolve a sociali-

---

ENTREVISTA

A entrevista é a técnica de avaliação mais amplamente usada. Parece fácil e todos acreditam que sabem como colocá-la em prática.

Na página seguinte há uma folha para que você faça seus registros a partir do formulário preenchido pelo candidato e durante a entrevista. São pequenas anotações úteis. Observe, entretanto, antes de iniciar a entrevista, quaisquer questões oriundas do formulário preenchido pelo candidato, as quais você gostaria de abordar.

OBSERVAÇÕES FUNDAMENTAIS

- "É melhor prevenir do que remediar", isto é, uma entrevista minuciosa com bom planejamento economiza tempo e dinheiro, o que significa praticamente eliminar decisões erradas de recrutamento.
- Planeje o tempo de sua entrevista, para garantir que você se concentre em aspectos relevantes. Combine os conteúdos relativos às questões de "tarefa" e "processos". Quanto mais antigo o papel, mais importante o "elemento processual".
- Nunca rejeite outros candidatos até que o candidato selecionado tenha manifestado por escrito sua aceitação do emprego.
- Transmita informações sobre bons candidatos à alta administração, para que outros departamentos da empresa tomem conhecimento.

PLANO DE ENTREVISTA
Informação sobre a empresa: Número de hotéis da rede
                              Hotel específico
                              Direção

CV do candidato
Cargo disponível
Salário e benefícios
Questões
Próximo passo

(*Fonte:* reproduzida sob permissão)

FIGURA 10.6 Entrevista.

zação e a apresentação de um novo integrante da equipe de funcionários à cultura da organização, a suas políticas, procedimentos e práticas de trabalho, e aos demais membros do quadro funcional.

As primeiras impressões captadas da organização e de seus gerentes raramente são esquecidas. Os novos empregados são introduzidos em um ambiente com o qual não estão familiarizados, tendo de adaptar-se em nível pessoal. Uma recepção calorosa, apresentações e um programa de integração conduzido e planejado corretamente serão de grande valia para os novos colaboradores da empresa, facilitando sua adaptação e favorecendo seu posterior desempenho no trabalho.

A integração criteriosa é um fator fundamental para a retenção de funcionários por um longo período.

O programa de treinamento de integração funcional

A integração funcional é reconhecida como uma extensão natural do processo de recrutamento e seleção, que começa na entrevista e cobre os primeiros meses de trabalho. O programa de integração é projetado para ajudar os novos funcionários da empresa a familiarizarem-se com o ambiente de trabalho, a adaptarem-se com facilidade a suas novas funções e a estabelecer boas relações profissionais com os membros mais antigos.

Dada a natureza cosmopolita da indústria da hospitalidade, uma característica especial do processo de seleção é reconhecer diferentes valores culturais e étnicos, discutidos no Capítulo 3. O treinamento de integração deve tornar evidente a natureza multicultural do ambiente de trabalho, destacando a importância de todos atuarem de forma integrada e harmônica.

Não se pode esperar que um novo integrante recém-admitido consiga absorver completamente uma grande quantidade de informação de uma só vez, até mesmo porque, de início, o ambiente pode lhe parecer estranho e um pouco desconfortável. O programa de integração deve, portanto, ser conduzido com extremo cuidado durante um período de tempo razoável. Apresentações em vídeo podem ser muito úteis nessa fase.[53] Para a integração de funcionários ser eficaz, ela necessitará de revisões periódicas e de seções de acompanhamento, além de reforços. A cooperação ativa dos gerentes, supervisores e colegas será imprescindível.

Projeto do programa de integração funcional

O projeto e o conteúdo do programa de integração funcional fica a critério de cada unidade e suas circunstâncias particulares. Diferentes empregados exigirão diferentes formas de integração que dependem, por exemplo, do conhecimento técnico e da experiência da pessoa, do tipo e do nível do cargo que passou a ocupar. Formas adequadas de integração devem ser introduzidas considerando-se todo e qualquer funcionário, inclusive aqueles que ocuparão cargos gerenciais.

Um amplo programa de treinamento de integração funcional deverá incluir informações como as seguintes:

- o tipo de hotel, suas facilidades e serviços, espécie de hóspedes/clientes que recebe;
- exigências do cargo, a que chefia responderá e quem são seus subordinados;
- os termos principais e as condições de emprego, incluindo as circunstâncias que poderiam levar à demissão, procedimentos disciplinares e de reclamações;
- apresentação das funções e dos colegas de trabalho, conhecimento das atividades dos outros departamentos;
- a estrutura administrativa da organização, os responsáveis pela função de pessoal;
- o leiaute físico do estabelecimento e o uso de equipamento;
- todas as políticas ou procedimentos especiais, regras da casa, tais como áreas onde não é permitido comer, beber ou fumar.
- normas relativas à saúde, segurança e incêndio;
- participação em sindicatos, representações de empregados, consulta e comunicação, sistema de sugestões;
- atividades sociais, benefícios;
- oportunidades para treinamento e desenvolvimento pessoal.

Manuais de integração funcional

É útil fornecer ao empregado recém-admitido um Manual de Integração Funcional ou um Guia do Funcionário cujo conteúdo traga as informações que acabamos de examinar. O manual poderia reunir *checklists* e um espaço para registros pessoais e qualquer informação adicional. (Detalhes do Guia do Funcionário do The Savoy são fornecidos no Apêndice 3 deste capítulo.)

Recrutamento e integração

Quando recruta empregados, o hotel faz uso de uma lista de atributos pessoais exigidos para o cargo em questão. A prioridade é a atitude e um desejo genuíno de agradar. A experiência não é algo imperativo e pode ser rapidamente compensada pelo treinamento eficiente e a liderança de apoio, fornecidos livremente. Com isso, o hotel consegue uma rotatividade funcional incrivelmente baixa. Muitos empregados começaram seu serviço como trabalhadores sazonais de meio turno, demonstraram seu valor, gostaram do que viram e assinaram contratos de turno integral quando saíram da escola ou da universidade. Os candidatos são entrevistados inicialmente pelo departamento que ofereceu a vaga e, depois, por seus parceiros.

Ao ingressar, os novos empregados passam pela integração profissional orientada por um líder de equipe treinado. Também recebem farto material informativo/ilustrativo sobre a empresa, que inclui:

- Uma lista das principais políticas adotadas pelo hotel, suas regras relativas ao contato com os clientes
- Políticas de saúde e segurança, instruções, cuidados com substâncias perigosas
- O procedimento disciplinar do hotel
- Orientação sobre facilidades para deficientes físicos
- O contrato de trabalho
- Um formulário para *feedback* relacionado a eventos de treinamento e *benchmark*
- Um formulário de avaliação

- ❑ Um registro de aprendizado/ Programa NVQ*
- ❑ Registro de treinamento no hotel
- ❑ Uso dos vestiários para empregados
- ❑ Regras para a acomodação da equipe e para as refeições no hotel
- ❑ Um conjunto de descrições abrangentes da função, com *checklists* e deveres detalhados

THE SEAVIEW HOTEL AND RESTAURANT

Termos e condições do emprego

Na maior parte do século XX, os termos e condições das pessoas que trabalhavam no setor de hospitalidade estiveram sendo regulados pelo Wages Council Orders, que estabelecia os níveis salariais mínimos, o direito a férias e as condições relacionadas ao trabalho por turno. Depois de o Conselho haver sido extinto, em 1992, os empregadores em geral tiveram maior liberdade para determinar o pagamento e outros termos relativos ao emprego de seus trabalhadores.

Contudo, duas mudanças recentes na lei trabalhista reinstituíram os termos básicos do emprego: pagamento, horas e férias, sujeitos a controle estatutário.

A Lei do Salário Mínimo, de 1998

Uma das primeiras mudanças foi a Lei do Salário Mínimo, de 1998. Sob tal legislação, o Reino Unido instituiu o piso salarial obrigatório para todos os trabalhadores a partir dos 18 anos de idade. As cláusulas da lei aplicam-se aos trabalhadores em geral, inclusive os temporários, muito comuns no ramo da hospitalidade. Caso ofereçam acomodações aos seus empregados, os patrões têm direito a fazer as respectivas deduções nos salários dos mesmos.

Normas relativas ao horário de trabalho

Outra importante medida da lei trabalhista foram as normas que orientam o horário de trabalho dos empregados, introduzidas recentemente para que o Reino Unido atendesse às obrigações inerentes aos países integrantes da União Européia. Assim como o salário mínimo, as normas referentes à carga horária aplicam-se a todos os trabalhadores e não apenas àqueles sob a proteção de um contrato de trabalho formal. Os detalhes dessa medida são complexos, mas podem ser assim resumidos:

- ❑ a carga horária de trabalho é de 48 horas semanais (média sobre um período de referência de 17 semanas);
- ❑ a carga horária de trabalho noturno está limitada a 8 horas diárias (média sobre um período de referência de 17 semanas);
- ❑ período de descanso diário de no mínimo 11 horas, além de um dia de folga por semana;
- ❑ intervalo mínimo de 20 minutos a cada seis horas contínuas de trabalho;
- ❑ direito a quatro semanas de férias anuais remuneradas (que pode incluir o pagamento por feriados comuns ou bancários).

Tais normas, todavia, prevêem que os empregados — individualmente — possam consentir em trabalhar mais do que a média estabelecida de 48 horas, desde que isso não venha a lhes causar prejuízo, caso se recusem a aumentar a carga horária. Os itens referentes aos períodos de descanso diário e semanal não se aplicam aos casos em que o empregado trabalha em "turnos quebrados", como, por exemplo, os garçons, que trabalham parte pela manhã e parte à noite, nem aos casos em que as mudanças de turno impedem a ocorrência de períodos de descanso. Nesta circunstância, cabe aos empregadores permitir que os empregados envolvidos descansem por um período equivalente ao tempo trabalhado.

Impacto nas operações e na lucratividade

Quando essas mudanças legislativas foram propostas, pensava-se que teriam um sério impacto nas operações e na lucratividade de muitas empresas. Porém, um estudo realizado por Adam-Smith et al.[54] constatou que isso geralmente não ocorria. Muitos empregadores perceberam que a flexibilidade nas regras para o horário de trabalho — por exemplo, a cláusula segundo a qual os trabalhadores consentem em trabalhar mais do que 48 horas por semana — ofereceu-lhes a oportunidade de manter a situação anterior. Da mesma forma, o nível estabelecido do salário mínimo teve pouco impacto, exceto nas empresas muito pequenas. Notou-se no entanto que, dentre todas as medidas instituídas, a que diz respeito às quatro semanas de férias foi a que causou algum efeito negativo a várias empresas.

ORIENTAÇÃO, TREINAMENTO E DESENVOLVIMENTO

Mesmo sendo absolutamente indispensáveis, os empregados representam um recurso caro para as empresas. Assim,

---

*N. de R.T. National Vocational Program (Programa Nacional de Vocações) — Programa de treinamento que garante um certificado aos participantes. Este certificado é bastante considerado no Reino Unido.

para alcançar um desempenho organizacional compatível, é importante que as contribuições funcionais sejam otimizadas. Um fator significativo para a imagem da indústria da hospitalidade, no desempenho e na retenção de empregados e nos níveis de produtividade, é o grau e a qualidade da orientação, treinamento e desenvolvimento que as organizações transmitem ao seu quadro de funcionários.

O objetivo final do treinamento é aumentar a eficácia organizacional e seu desempenho produtivo e econômico, permitindo que a empresa enfrente em boas condições de competitividade os desafios futuros. Conexões muito próximas entre a Grã-Bretanha e outros membros da Comunidade Européia enfatizam a importância da orientação vocacional e do treinamento. Sem dúvida, o treinamento é um aspecto fundamental da gestão da hospitalidade internacional.

Necessidade de treinamento no ramo da hospitalidade

No mais completo exame já realizado sobre o treinamento, o Relatório da HCTC de 1995 demonstra que nem tudo anda bem no ramo da hospitalidade.[55] O relatório sustenta que o setor não tem levado a sério a questão do treinamento, ainda que reconheça que os benefícios decorrentes sejam óbvios. Também afirma que há um investimento muito baixo na capacitação da força de trabalho nesse ramo de atividade. Assim, o relatório explicita uma série de recomendações para ações futuras, as quais estimulariam o desenvolvimento de habilidades na área em questão. A principal recomendação se refere à necessidade de aumentar a consciência das empresas sobre a importância do treinamento (ainda pequena entre os empregadores de menor porte) e de que todo o grupo de funcionários seja treinado ao longo de sua trajetória profissional — independentemente de trabalharem em turno integral ou não, de serem gerentes ou supervisores, empregados ou operacionais, homens ou mulheres, deficientes físicos ou pertencentes a minorias étnicas.

A importância do treinamento

O treinamento é necessário para garantir um número suficiente de empregados que sejam técnica e socialmente competentes, capazes de progredir em suas carreiras. O objetivo do treinamento é aumentar o conhecimento e as habilidades, desenvolvendo atitudes. Um aspecto fundamental e indispensável do treinamento está relacionado ao desempenho nas tarefas e à prestação de serviços.

O treinamento também é a base para o desenvolvimento individual e para a sucessão gerencial, incluindo, por exemplo, a aceitação e a prática da delegação e da capacitação, resolução de problemas e tomada de decisões, trabalho de equipe e responsabilidade pelos padrões de qualidade.[56] O treinamento para a mudança é também vital para a sobrevivência de longo prazo de uma organização. Tem sido dada maior ênfase tanto à necessidade do treinamento contínuo para o apoio à mudança quanto ao treinamento como um investimento vital para o futuro.[57]

Há o reconhecimento geral de que o treinamento pode levar a enormes benefícios potenciais, tanto para o indivíduo quanto para a organização. O treinamento é potencial-

---

McDonald's — as cinco estrelas

Todo novo funcionário do McDonald's, seja em tempo integral ou em meio turno, participa de treinamento profundo durante cinco a dez meses — tudo para obter cinco estrelas. Cada uma dessas cinco estrelas corresponde a um estágio diferente do treinamento, por exemplo, o treinamento na área de grelhas, no balcão, higiene, etc. Cada estrela se compõe de três ou quatro módulos e, para ser aprovado em um módulo, dois itens precisam ter um resultado igual ou superior a 90%. Esses itens, ou observações, atendem a dois propósitos: o primeiro é receber o treinamento inicial; o segundo, receber o treinamento contínuo. A cada seis meses, todo empregado remunerado por hora passa por uma revisão em seu desempenho. É dado um peso de 60% aos itens, ou observações, em que houve aprovação em tal período. O pagamento no McDonald's está relacionado ao desempenho, por isso quanto mais altos os percentuais obtidos, mais altos os aumentos nos salários. Um bônus de 15 centavos de libra por hora é concedido a todo empregado que obtém as cinco estrelas. De uma maneira geral, os funcionários do McDonald's parecem estar bastante interessados em receber as cinco estrelas, justamente pela perspectiva de aumento salarial.

Um grande problema na aplicação desse método é que os itens tem de ser preenchidos pelos gerentes e integrantes da equipe sênior, cujo papel principal no McDonald's é administrar pessoas, responsabilizar-se pela comida e manter as lojas limpas. Se uma das lojas estiver muito movimentada, a primeira atividade a ser deixada de lado é a de preencher os itens mencionados, referentes aos treinamentos inicial e contínuo. A gestão de cada restaurante é avaliada pelo número de módulos completados pelo empregado. Isso ocorre durante uma auditoria de treinamento realizada por um administrador de área, representando a direção do McDonald's.

mente um dos mais importantes motivadores. É um elemento fundamental para a capacitação, para o entusiasmo, para a satisfação com o trabalho e principalmente para o comprometimento da equipe, além de propiciar uma prestação de serviços eficiente, uma relação positiva com os clientes e um melhor desempenho econômico. Contudo, apesar de o treinamento ser reconhecido como uma prática importante, ainda restam algumas dúvidas quanto aos resultados práticos e quanto à forma pela qual o setor ou os empregadores avaliam o alcance, a relevância e a eficácia de seus programas de treinamento e de educação.[58]

Compromisso: parte integrante da estratégia de negócios

Para aplicar uma política positiva de investimento nos funcionários, é necessário — como parte integrante da estratégia de negócios — demonstrar um compromisso contínuo com a educação, o treinamento e o desenvolvimento.[59] É preciso haver um respaldo verdadeiro, por parte da cúpula administrativa, dirigido a todos os níveis da organização. Também é necessário avaliar os custos e os benefícios do programa de treinamento.[60] Deve-se estar bem atento à manutenção dos padrões de treinamento. O treinamento deve ser prático, operacional e compensador.

O esforço dos empregados deve ser reconhecido quando há conquistas significativas em seu treinamento. Como incentivos, a eles podem ser oferecidos, por exemplo, ajustes nos salários e maiores oportunidades de avanços na carreira, garantindo-lhes maior satisfação com o emprego. O treinamento bem-sucedido requer a cooperação dos gerentes de linha, recursos financeiros, tempo, equipe preparada e um sistema de avaliação à base de incentivos. Para que todos os benefícios do treinamento eficaz sejam garantidos, é necessário haver, portanto, uma abordagem sistemática voltada à gestão de treinamento efetiva.[61]

INVESTIMENTO NAS PESSOAS

Os *Investors in People (IiP)*, ou Investimento nas Pessoas, é um padrão de treinamento e desenvolvimento de funcionários de empresas. Foi o mundo dos negócios que a ele deu origem, pois havia uma necessidade de reconhecer a importância das pessoas como uma resposta estratégica. Por isso, esse investimento foi lançado em 1991 como um padrão nacional para o treinamento e desenvolvimento adequados de pessoas. Em 1993, a *Investors in People* UK, uma empresa privada britânica, foi criada para responsabilizar-se pelo padrão, proteger sua integridade e garantir sua promoção e desenvolvimento. A companhia é administrada por um grupo de executivos oriundos de todas as regiões do Reino Unido, representando empresas de pequeno e grande portes, dos mais variados ramos de atividade.

A iniciativa representada pelo *IiP* fornece um modelo nacional que mantém e aumenta a posição competitiva do Reino Unido nos mercados mundiais, por meio de um maior compromisso com o desenvolvimento de uma força de trabalho altamente especializada e flexível.[62] Essa iniciativa busca gratificar as organizações que alcançam os padrões de treinamento prescritos, o que permite que exibam o logotipo *IiP*. O padrão *IiP* oferece um modelo para incrementar o desempenho e a competitividade nos negócios, por meio de uma abordagem planejada, referente ao estabelecimento e à comunicação dos objetivos da empresa, bem como ao desenvolvimento das pessoas que nela trabalham para alcançar tais objetivos. O padrão é sustentado por três anos; depois, as organizações devem candidatar-se à reavaliação para mantê-lo.

Quatro princípios fundamentais

O padrão *IiP* é um processo cíclico baseado em quatro princípios fundamentais:

- compromisso público da cúpula dirigente em investir e desenvolver pessoas, para que os objetivos da empresa sejam alcançados;
- planejamento de como os indivíduos e as equipes devem ser desenvolvidas para que tais objetivos sejam conquistados;
- tomada de ações relevantes que atendam às necessidades de treinamento e desenvolvimento por meio do emprego de pessoas;
- avaliação dos resultados do treinamento e do desenvolvimento de indivíduos e da organização como base para a melhoria contínua.

O foco principal não está no treinamento e no desenvolvimento *per se*, mas no alinhamento com a estratégia de negócios, de maneira que o treinamento seja dirigido às necessidades da empresa. O *IiP* investe nos integrantes da força de trabalho, desenvolvendo-os e ajudando-os a atingir não apenas seus objetivos pessoais, mas os objetivos da organização. O *Investors in People* é considerado um dos prêmios de qualidade mais reconhecidos. É reconhecido como parte de um processo mais amplo de gestão da qualidade, com progressão natural à gestão da qualidade total.

O IiP e a qualidade de serviços

A partir do estudo de casos de empresas de hospitalidade, Lockwood *et al.* comentam: todos os estudos de caso demonstram a importância dada ao treinamento por organizações comprometidas com o serviço de qualidade:

> *A maior parte das empresas pesquisadas no estudo constatou que o* IiP *complementa suas estratégias. Não há surpresa nisso. O* IiP *começou a desenvolver nos empregados a capacitação que precisam para atingir os objetivos dos negócios da empresa. Nas organizações de serviço, o desempenho dos empregados pode, em especial, dar uma contribuição fundamental às expectativas dos clientes do produto. Conseqüentemente, o treinamento pode mudar de maneira significativa a percepção que os clientes têm do valor de seu dinheiro.*[63]

> ## Queens Moat Houses Hotels
>
> No início dos anos 90, a rede de hotéis Queens Moat Houses Hotels ainda precisava desenvolver sua marca e estava ficando para trás em relação a outras empresas hoteleiras no item "cuidados com o cliente". Uma iniciativa de treinamento sustentado, que envolveu 8.000 empregados, transformou o desempenho do grupo e foi a chave para o reconhecimento do sucesso do *liP* em 38 de seus 44 hotéis. Quase 800 empregados agora trabalham em direção ao *NVQ*.
>
> A estratégia visava a utilizar o treinamento para aprimorar o serviço ao cliente e, assim, melhorar o desempenho da empresa. O objetivo fundamental do programa era aumentar a fidelidade do cliente por meio da prioridade aos serviços que atendam suas necessidades. A idéia era transformar toda estada no Moat House Hotel em uma experiência maravilhosa e singular. Em termos práticos, houve concentração de interesse sobre toda a área de contato com o cliente — da saudação pessoal à entrega imediata de mensagens — e sobre a qualidade dos serviços nos restaurantes.
>
> O ponto inicial para o projeto de treinamento foi a pesquisa que envolveu 5.000 clientes e todo e qualquer empregado. Os resultados foram analisados e utilizados como base para o "Rainbow" (Arco-íris), uma iniciativa que propiciou treinamento em sete áreas fundamentais, cada uma delas recebendo sua própria cor. Ao mesmo tempo, criou-se o novo cargo de Recepcionista ao Cliente; cada representante usava um colete de cor diferente. Um programa regular de auditorias independentes, incluindo avaliações em segredo dos clientes, acontecia em paralelo ao Rainbow e possibilitava aos gerentes obter uma fotografia do progresso e das áreas carentes de maior treinamento.
>
> Começar a partir do que a administração admitia ser um "ponto zero" significou que ganhar o apoio e o compromisso dos gerentes-gerais e de departamento foi vital para o processo de treinamento. Os gerentes, de fato, devem ser responsáveis pela implementação da iniciativa e pela execução do treinamento contínuo. Para apoiá-los, novos *campeões de serviço* foram criados, com responsabilidade tanto pelo treinamento do grupo de funcionários como pela avaliação do progresso voltado aos padrões de serviço Rainbow.
>
> Uma vez criado o novo pacote de treinamento de recursos e ministrado o treinamento específico aos campeões de serviço, o treinamento foi introduzido em cada um dos hotéis da rede. Cada gerente recebeu autonomia para modelar e criar objetivos para o treinamento, a fim de alcançar seus alvos individuais. O diretor de recursos humanos, Pat Perridge, acrescenta:
>
> > Um ano depois do treinamento ter sido lançado, 55% dos hotéis do grupo obteve escore superior a 80% nas auditorias regulares — uma melhoria sensível, se comparada aos 4% anteriores ao treinamento. A melhoria no desempenho da empresa foi alcançada e a produtividade aumentou em torno de 10%.
>
> (Reproduzido com a permissão de Patrick Perridge, Diretor de Recursos Humanos, Queens Moat Houses UK Ltd.)

Desenvolvimento da gestão

A qualidade da gestão é um dos fatores mais importantes para o sucesso de qualquer organização, incluindo as do ramo da hospitalidade. O planejamento da sucessão gerencial é necessário para garantir que o suprimento suficiente de homens e mulheres adequadamente qualificados e capazes esteja disponível para atender às necessidades presentes e futuras da organização. Os gerentes precisam ter em mãos um inventário preciso do conhecimento e das aptidões técnicas, sociais e conceituais do grupo de trabalho (discutidos no Capítulo 5). Um componente essencial de um programa de treinamento eficaz é, portanto, o desenvolvimento da gestão.

O desenvolvimento da gestão é um conceito organizacional e deve ocorrer a partir de um modelo de política clara, relacionada à natureza, aos objetivos e às exigências da organização como um todo, incluindo a gestão efetiva de pessoal.

O corpo gerencial precisa estar preparado para lidar com questões críticas e exigências relativas à organização e às demandas de cargos gerenciais específicos. Vinculado ao planejamento de sucessão e ao desenvolvimento gerencial, deve ser introduzido um programa de progressão planejada de carreira, sustentado por um sistema de revisão de desempenho.

Mullins e Aldrich construíram um modelo integrado de comportamento e desenvolvimento gerenciais[64] que se aplica não só à indústria da hospitalidade como a qualquer empresa.[65] Contudo, apesar da importância óbvia da gestão efetiva para o setor hoteleiro, ainda não está claro quanta atenção de fato é dada à orientação e ao desenvolvimento gerenciais. Wood, por exemplo, lança uma dúvida sobre a qualidade e os padrões instrucionais da gestão de hotéis e de *catering*, e também sobre o nível de profissionalização e de qualificação dos gerentes.[66] Para alcançar um desempenho organizacional diferenciado, o setor deve garantir o desenvolvimento da gestão presente e futura. Há uma necessidade permanente de um desenvolvimento gerencial efetivo.

Treinamento e desenvolvimento do gerente de múltiplas unidades

A partir de uma análise do papel e das responsabilidades do gerente de múltiplas unidades em redes de hotéis, Goss-Turner ressalta a importância do treinamento e desenvolvimento desse profissional, o que inclui um aprofundamento em assuntos como recrutamento, seleção e avaliação de desempenho. Mudanças no campo do desenvolvimento organizacional nos últimos anos — que incluiu uma redução em escritórios de apoio centrais e a devolução das atividades de Gestão de Recursos Humanos à gerência de linha — geraram maior interesse pela capacitação gerencial. No futuro, essa tendência deve apresentar reflexos sobre o desenvolvimento da carreira e os objetivos de longo prazo. As empresas precisarão revisar suas políticas de recursos humanos em relação ao desenvolvimento organizacional, estratégias de expansão e planos de sucessão.[67]

EFICIÊNCIA DA FUNÇÃO DE PESSOAL

Ainda que a função de pessoal esteja organizada e funcionando a contento, é sempre interessante manter e desenvolver boas políticas voltadas ao quadro funcional, incluindo relações positivas com os empregados e treinamento. Esses procedimentos possibilitarão aumentar a eficiência da força de trabalho e aprimorar os padrões de serviço aos clientes. Tomam parte nesse processo os gerentes de pessoal especializados e os gerentes de linha, que deverão implementar modernos métodos de gestão de pessoal.

Atenção à gestão dos recursos humanos

Maior investimento na gestão de recursos humanos e na função de pessoal por certo custará algum dinheiro. Infelizmente, a indústria da hospitalidade tem a reputação de adequar seus custos ao curto prazo e de sustentar a posição de que toda atividade deve ser considerada uma forma de contribuição direta do trabalho à lucratividade.

A medida principal da efetividade da função de pessoal é a contribuição que ela dá aos objetivos da organização e à melhoria do desempenho organizacional. Mas medir objetivos conquistados, na área da gestão de pessoal, é uma tarefa muito complexa. Não é fácil estabelecer métodos de avaliação satisfatórios. Há também o problema, de caráter mais geral, de avaliar o trabalho gerencial quando o produto final é o resultado do trabalho de outras pessoas.[68]

O custo é, obviamente, um aspecto importante, mas não deve ser considerado de maneira isolada. Nem toda atividade pode ser identificada com clareza como algo que contribui para a lucratividade. É necessário manter um equilíbrio entre os custos financeiros de mais fácil identificação na função de pessoal e os menos aparentes — mas muito importantes — benefícios de longo prazo, que também contribuem positivamente para a eficácia das operações de hospitalidade.

Contribuição da função de pessoal

As contribuições de uma função de pessoal bem-sucedida nem sempre estão prontamente disponíveis, nem são de fácil identificação. Durante um determinado período, contudo, algumas das medidas adotadas devem fornecer à gerência um indicativo de sua eficácia. Exemplos possíveis incluem custos com a mão-de-obra, rotatividade funcional e índice de estabilidade, reclamações dos clientes, ausências/atrasos, quebras, desperdício, acidentes de trabalho, promoções e desenvolvimento da equipe, disciplina, procedimentos referentes às reivindicações dos trabalhadores e demissões.

A natureza da gestão de recursos humanos determinará tanto a eficiência quanto o desempenho dos indivíduos. Deve-se igualmente estar consciente dos benefícios intangíveis, tais como moral mais alto, satisfação com o trabalho e desenvolvimento do grupo. As atitudes, o comportamento e o desempenho de toda a equipe, o que remete ao desempenho da organização de hospitalidade em si, serão influenciados por políticas sólidas de pessoal e por uma função de pessoal efetiva.

RESUMO

- O elemento humano ocupa um importante papel na satisfação do cliente e no sucesso geral da organização. Isso é especialmente importante no ramo da hospitalidade. A gestão de recursos humanos, nesse caso, ganha ênfase particular. Existindo ou não um departamento de pessoal independente, é imprescindível dar toda a atenção à função de pessoal. As políticas de pessoal são um reflexo do estilo geral de gestão.
- A implementação das práticas de política de pessoal devem estar fundamentadas nas filosofias subjacentes do comportamento gerencial e da relação com os empregados. A função de pessoal é uma responsabilidade compartilhada pela cúpula administrativa, gerência de linha, supervisores e gerentes de pessoal. Políticas e práticas saudáveis de pessoal ajudam a promover boas relações com os funcionários. O que realmente importa é a gestão efetiva das pessoas.
- O alto nível de rotatividade de funcionários no setor hoteleiro deve ser reconhecido como um problema que realmente exige toda a atenção dos administradores. É importante atrair e reter os empregados que possuem as habilidades e capacidades certas para a satisfação dos clientes. Um método eficaz de planejamento de recursos humanos funciona como gatilho para um programa de ação de gestão efetiva.
- A maior parte dos gerentes provavelmente se depare com a necessidade freqüente de recrutar e selecionar empregados. Isso requer planejamento e sistematização, que inclui o reconhecimento de considerações fundamentais. O processo de análise de cargo, o planejamento e a condução do processo de seleção, e a elaboração de um programa de integração apropriado exigem o máximo de atenção.
- Um fator fundamental para a boa imagem da indústria da hospitalidade, para a retenção dos empregados e para o alto nível de produtividade é a inclusão, no treinamento, do desenvolvimento gerencial. A orientação, o treinamento e o desenvolvimento devem ser parte integrante da estratégia organizacional. Maior investimento na função de pessoal pode representar algum desembolso de dinheiro, mas deve ser equilibrado com os benefícios de longo prazo visando à maior eficiência organizacional.

APÊNDICE 1(A): SHIRE INNS LIMITED

POLÍTICA E PROCEDIMENTO NA DESCRIÇÃO DE UM CARGO

O Shire Inns acredita que todo indivíduo sabe exatamente o que é esperado dele em seu trabalho. A descrição de um cargo é um esboço das principais atividades executadas, cujo objetivo é ajudar a entender a contribuição que pode ser feita para o sucesso da empresa.

A descrição de um cargo é utilizada para os seguintes propósitos:

- Auxiliar no recrutamento. O empregado potencial receberá uma cópia da descrição de cargo; o recrutador utilizará a descrição para avaliar as condições de cada candidato.
- Verificar o desempenho. A descrição do cargo é parte importante do processo de avaliação. É ela que explicita o que a empresa deseja do candidato. Este será avaliado a partir dessas exigências para ocupar a função.

As descrições de um cargo são elaboradas levando em consideração as necessidades particulares da empresa e o papel que a pessoa irá desenvolver na consecução das metas gerais da organização, do hotel e do departamento.

Nos hotéis, os responsáveis pela compilação da descrição de cargo são as lideranças de departamento e de gerência, juntamente com o departamento de pessoal da empresa.

As descrições de cargo constam no Manual de Descrição de Cargos do hotel. Elas são revistas anualmente, no mês de fevereiro, tarefa que é facilitada pelo departamento de pessoal da organização. Quaisquer ajustes podem, portanto, ser incorporados ao processo de planejamento da empresa para o ano financeiro subseqüente.

Esta introdução às descrições de cargo devem ser anexadas ao frontispício de qualquer descrição de cargo publicada e incorporada aos manuais dos empregados.

APÊNDICE 1(B): SHIRE INNS LIMITED

DESCRIÇÃO DE CARGO

Cargo: Recepcionista
Chefia responsável: Recepcionista-chefe

Escopo e propósito do cargo

Garantir os valores básicos do Shire Inns...

Para disponibilizar um serviço eficiente e cortês aos clientes, mantendo os padrões de controle e procedimentos presentes nesta descrição de cargo e no manual de recepção da empresa.

Principais responsabilidades

(a) Reservas, *check-in* e *check-out* dos hóspedes.
(b) Provisão do hotel e informações gerais.
(c) Harmonia entre as contas dos hóspedes e do hotel.
(d) Manuseio de dinheiro e de crédito.
(e) Oferecer um serviço centrado no cliente.

Exigências pessoais

1. Seguir todas as normas e regras discriminadas no Manual do Empregado e no Contrato do Empregado, além daquelas definidas pelo gerente-geral do Hotel.
2. Representar a empresa e o Hotel de maneira leal, profissional e bem-informada em todas as oportunidades.
3. Demonstrar conhecimento dos procedimentos relativos a saúde, segurança e incêndio.
4. Não desempenhar outra atividade — remunerada ou não — fora da empresa sem a anuência por escrito do gerente de pessoal e de treinamento.

Deveres

(a) Reservas, *check in* e *check out* dos hóspedes
1. Aceitar reservas de maneira solícita, sujeitas a disponibilidade, via telefone, fax, telex, correspondência ou pessoalmente.
2. Familiarizar-se com todo o equipamento ora citado, utilizando-o de maneira segura e eficaz.
3. Vender reservas e apartamentos/suítes para executivos.
4. Registrar reservas, providenciar retificações e cancelamentos de maneira cuidadosa no sistema informatizado.
5. Realizar o *check-in* dos hóspedes de maneira rápida, habilidosa e hospitaleira.
6. Tratar o hóspede pelo nome ("Sr. Fulano") sempre que possível.
7. Garantir a exatidão total das contas do cliente.

(b) Disponibilização de informações gerais e sobre o hotel
1. Representar o Hotel sempre de maneira profissional e bem-informada.
2. Estar totalmente familiarizado com:
   ❏ A tarifa atual para os apartamentos/suítes — durante a semana
   ❏ A tarifa atual para os apartamentos/suítes — nos finais de semana

❑ As tarifas atuais para conferências
❑ As facilidades do Hotel e os horários de abertura
❑ Os Hotéis integrantes da rede, suas localizações e outras informações

3. Estar preparado para esclarecer dúvidas de clientes potenciais, suscitadas pela leitura do folheto informativo/promocional do hotel.
4. Estar apto a providenciar rapidamente informações não-disponíveis no momento do questionamento; saber com quem/onde obter essas informações.

(c) Harmonia entre as contas do hóspede e do hotel
1. Receber, verificar e registrar nas contas todos os custos relevantes.
2. Produzir e ter conhecimento das escalas de preços.
3. Lidar educadamente com questionamentos sobre as contas.

(d) Manuseio de dinheiro e de crédito
1. Ser responsável pela segurança e manutenção do fluxo de dinheiro da recepção.
2. Administrar com cuidado valores em dinheiro, cheques e transações com cartões de crédito.
3. Manter um estoque adequado de troco, minimizando valores em dinheiro no caixa da recepção.
4. Receber e ser responsável pelo equilíbrio entre o fluxo de caixa da recepção e o sistema informatizado, enquanto estiver de serviço e no balanço realizado ao final de cada turno.
5. Ser responsável pelo preenchimento detalhado de documentos e formulários.

(Referência e data)

APÊNDICE 1(C): SHIRE INNS LIMITED

DESCRIÇÃO DE CARGO

Cargo: Supervisor do restaurante
Chefia responsável: Gerente-geral/Gerente encarregado

Escopo e propósito do cargo

Garantir os valores básicos do Shire Inns...

❑ Supervisionar a equipe do restaurante/bar no exercício de suas atividades.
❑ Oferecer aos hóspedes uma recepção calorosa e servir comidas e bebidas de maneira eficiente e solícita. Orientar os clientes, sempre que solicitado, sobre o menu, a carta de vinhos, etc.
❑ Treinar e revisar padrões atingidos, garantindo uma prestação de serviços a contento em todas as áreas de serviço.
❑ Garantir que as áreas do restaurante e do bar mantenham um alto padrão de limpeza, de acordo com as normas de higiene.

Principais responsabilidades

(a) Demonstrar sua responsabilidade aos outros integrantes da equipe por meio de um bom exemplo, proveniente da execução de uma tarefa relevante ou de habilidades.
(b) Garantir que as tarefas no departamento sejam executadas de acordo com o plano de produção.
(c) Ser capaz de lidar com as operações que envolvem o caixa, crédito, equipamentos, entregas, etc.
(d) Demonstrar as qualidades próprias de alguém que ocupa um cargo de supervisão, isto é, motivação, organização, delegação.
(e) Conhecer a importância de seu cargo diante dos hóspedes e de integrantes da equipe, comportando-se de maneira adequada.
(f) Desenvolver contatos com outros departamentos, salientando a importância do trabalho de equipe.

(g) Estar ciente de como funciona cada departamento e estar bem-informado sobre determinadas exigências, como leis sobre licença, requisição de vinhos, etc.

Exigências pessoais

1. Seguir todas as normas e regras discriminadas no Manual do Empregado e no Contrato do Empregado, além daquelas definidas pelo gerente-geral do Hotel.
2. Representar a empresa e o hotel de maneira leal, profissional e bem-informada em todas as oportunidades.
3. Demonstrar conhecimento dos procedimentos relativos a saúde, segurança e incêndio.
4. Não desempenhar outra atividade — remunerada ou não — fora da empresa sem a anuência por escrito do gerente de pessoal e de treinamento.

Deveres

(a) Supervisão do departamento
Preparação: arrumar as mesas, aspirar os tapetes, varrer o piso, polir os talheres, preparar os condimentos e guarnições, preparar as tábuas para queijos, preparar o café.
Serviço: familiarização com o menu. Servir comida e bebidas. Preparar contas, receber o pagamento e dar o troco.
Deixar a área pronta para o turno seguinte.
(b) Informar o gerente encarregado sobre qualquer falta de material e sobre qualquer problema no departamento.
(c) Garantir que os padrões sejam mantidos, tanto em termos da aparência da equipe quanto de sua conduta.
(d) Responsabilidade por garantir que todos os preços cobrados por refeições e bebidas estejam corretos e que a cozinha e a recepção recebam as comandas e notas relevantes.
(e) Responsabilidade pelo depósito de importâncias financeiras recebidas.
(f) Lidar de maneira eficiente e eficaz com qualquer reclamação dos clientes.
(g) Organizar a remessa e os recibos referentes à rouparia do setor.
(h) Garantir que todas as áreas estejam em boas condições ao final de cada turno.
(i) Organizar as escalas de serviço de acordo com os horários de trabalho da equipe e o trabalho de limpeza de acordo com a quantidade de serviço.
(j) Demonstrar habilidade ao lidar com problemas dos funcionários e saber o procedimento correto em relação a reclamações.
(k) Participar de cursos conforme orientação do gerente-geral, por exemplo:
Treinamento para higiene
Treinamento para hospitalidade
Treinamento para incêndio
Curso para administração da despensa/estoques
Prêmio para treinador de ofícios

(Referência e data)

APÊNDICE 1(D): SHIRE INNS LIMITED

DESCRIÇÃO DE CARGO

Cargo: Controlador do hotel
Chefia responsável: Gerente-geral do hotel

Escopo geral do cargo

Garantir os valores básicos do Shire Inns...

Apoio, monitoração e controle dos procedimentos administrativos do hotel, conforme estabelecido pelo:

- Plano, Política e Procedimentos (PPP) de administração da empresa.
- Gerente-geral do hotel.

Principais responsabilidades

(a) Controle do sumário de documentos.
(b) Controle das faturas.
(c) Monitoração dos procedimentos de vendas internas do Shire Inns.
(d) Retorno de informações e reclamações registradas no livro específico.
(e) Administração do hotel/verificação das auditorias.
(f) Deveres da administração-geral.

Exigências pessoais

(a) Estar de acordo com todas as exigências discriminadas no Manual para a Equipe Sênior e no Contrato da Equipe Sênior.
(b) Representar a empresa e o hotel de maneira leal, profissional e bem-informada em todas as oportunidades.
(c) Demonstrar conhecimento dos procedimentos de saúde, segurança e incêndio.
(d) Não desempenhar outra atividade — remunerada ou não — fora da empresa sem a anuência por escrito do Diretor de Recursos Humanos.

Principais deveres

(a) Controle do sumário de documentos
  1. Implementar e manter o sistema numérico de controle do sumário de documentos.
  2. Conciliar com a documentação de *back-up* adequada.
  3. Auditar os lançamentos, garantindo que todos os sumários de documentos do Restaurante/Bar estejam corretamente faturados.

(b) Controle das faturas
  1. Preparação de todas as faturas e subseqüente apresentação ao gerente-geral do hotel para obter autorização.
  2. Garantir o despacho imediato de faturas importantes.

(c) Controle de caixa
  1. Monitorar os caixas em transações com os bancos e enviar informação relevante via *Transax* — endereço, etc.
  2. Detalhes menores do caixa — enviar segunda-feira pela manhã ao escritório central.
  3. Arrecadação semanal e pagamento de telefones (incluindo o telefone da equipe), valores provenientes de máquinas de diversão (com fichas) — garantindo que o trabalho burocrático esteja pronto.
  4. Confirmação de moeda estrangeira e reembolso em moeda local.

(d) **Monitoração dos procedimentos de vendas internas do Shire Inns**
   1. Conciliação das vendas do hotel: correção dos desequilíbrios, destacando qualquer contato perdido e erros de envio. Correção dos balanços conforme necessário.

(e) **Retorno de informação/reclamações das vendas registradas no livro específico.**
   1. Garantir que as concessões internas do Shire Inns sejam preenchidas corretamente pela recepção, assinadas pelo Gerente-geral e enviadas para o Escritório Central semanalmente.
   2. Garantir que o retorno das vendas registradas no livro específico seja verificado diariamente, de acordo com a função, e que toda a documentação de *back-up* esteja incluída para postagem. Tomar providências a respeito das dúvidas das vendas registradas no livro específico.

(f) **Administração do hotel/verificação das auditorias**
   1. Equilíbrio das contas suspensas do hotel — manter as transações/balanços em um nível mínimo.
   2. Balanço da folha de comércio: revisão da folha de comércio, destacando erros cometidos na monitoração das discrepâncias de caixa.
   3. Inspeção rápida para conferência de caixa, incluindo pontos de venda de Alimentos & Bebidas e Lazer, juntamente com as ações do Leisure Club, seguindo a orientação do gerente-geral do hotel.
   4. Elaboração e remessa dos relatórios de final de mês, completos e pontuais, ao Escritório Central.

(g) **Deveres da administração geral**
   1. Em encontros com o Gerente-geral e o contador da empresa, rever regularmente a descrição de cargo.
   2. Atribuições adicionais, sobre as quais há acordo, serão incorporadas a essa descrição de cargo.
   3. Concordar acerca de deveres administrativos — atualmente executados pela administração do hotel e pelo pessoal da recepção —, que permitirão que o tempo utilizado com o departamento seja destinado aos clientes.
   4. Quaisquer outras atribuições gerais podem ser incorporadas, ao longo do tempo, de acordo com a orientação do Departamento Contábil.

(*Referência e data*)

O autor agradece a Ctris Kelsall, Gerente de Pessoal e Treinamento, Solent Hotel, Hampshire, e a Janet Richardson, Diretora de Recursos Humanos, Shire Inns, por fornecer os exemplos aqui utilizados.

APÊNDICE 2(A): FORTE HOTELS

DESCRIÇÃO DO CARGO

As descrições de cargo são um padrão do Forte Hotels. Se a descrição de um cargo for elaborada para um determinado hotel, adiciona-se uma LISTA DE TAREFAS em que "tarefas" e "padrões de desempenho esperados" são detalhados.

APÊNDICE 2(B): FORTE HOTELS

DESCRIÇÃO DO CARGO

1. **Cargo:** Chefe Assistente
2. **Chefia responsável:** Chefe de Partida
3. **Principal função:** Por meio da prestação dos mais altos padrões de produtos e serviços — uma abordagem comprometida com a superação das expectativas de nossos clientes, que devem beneficiar-se ao máximo de nossas políticas e valores –, promover uma imagem profissional e positiva a todos os nossos hóspedes, contribuindo para os objetivos do hotel.
4. **Áreas básicas de desempenho:**
   - Preservação do ambiente de trabalho
   - Serviço ao cliente
   - Preparação, manutenção e limpeza das áreas de preparação de comida
   - Preparar e cozinhar os alimentos
   - Receber e armazenar os alimentos recém-chegados
   - Manter bom relacionamento no trabalho
   - Desenvolvimento pessoal

4.1 **Preservação do ambiente de trabalho**
Sabe-se que a função do chefe assistente, nesta área, é desempenhada de maneira competente quando:
   - Existe um ambiente seguro para os clientes, funcionários e visitantes
   - Os procedimentos legais são observados, em caso de ativação do alarme de incêndio
   - Os mais altos padrões de saúde e higiene pessoal são observados
   - Todo equipamento é operado de acordo com as instruções de treinamento
   - O equipamento é mantido em boas condições
   - A organização pessoal e da área de trabalho facilita o fluxo das atividades
   - A higiene é mantida e estimulada na preparação de comida, de acordo com a política da empresa e com as exigências legais.

4.2 **Serviço ao cliente**
Sabe-se que a função do chefe assistente, nesta área, é desempenhada de maneira competente quando:
   - São esclarecidas aos clientes, sempre que necessário, todas as dúvidas sobre produtos e serviços
   - São recolhidas informações sobre problemas de clientes, a fim de propor e apresentar soluções
   - Há resposta imediata às necessidades de serviço dos clientes
   - A confiabilidade nos serviços aumenta, por meio do *feedback* do cliente e do trabalho com os colegas
   - É apresentada uma imagem pessoal positiva aos clientes, em todas as ocasiões
   - As necessidades dos clientes e da organização estão equilibradas
   - As impressões dos clientes são respondidas de maneira adequada
   - Os meios de comunicação são adaptados para atender às necessidades dos clientes
   - Todos os visitantes são recebidos de maneira educada e solícita e recebem toda a assistência que precisam
   - Os serviços são mantidos mesmo quando os sistemas têm problemas.

4.3 **Preparação, manutenção e limpeza das áreas de preparação de comida**
Sabe-se que a função do chefe assistente, nesta área, é desempenhada de maneira competente quando:
   - As áreas de preparação de comida estão limpas antes do uso, são mantidas em perfeitas condições de higiene durante o serviço e novamente recebem limpeza após o uso
   - O equipamento e os talheres utilizados para a preparação da comida são limpos e guardados de acordo com os padrões do hotel
   - Há assistência à manutenção das áreas em que a comida é exposta
   - O equipamento e os materiais de limpeza são manuseados e guardados de acordo com as instruções de treinamento COSSH (normas de higiene e segurança)
   - O lixo é prontamente retirado da área de preparação de comida e adequadamente fechado.

4.4 Preparar e cozinhar os alimentos
Sabe-se que a função do chefe assistente, nesta área, é desempenhada de maneira competente quando:
- As facas são manuseadas e guardadas de maneira segura, de acordo com as instruções de treinamento
- A preparação da comida é executada de maneira higiênica, prestando-se atenção aos pontos de controle fundamentais de segurança com os alimentos
- Os alimentos crus e de alto risco são preparados separadamente
- Os alimentos são mantidos em temperatura adequada por meio do processo de cozimento, de acordo com a legislação atual
- A qualidade de todos os ingredientes é devidamente verificada
- Todos os pratos são preparados, cozidos e apresentados de acordo com a especificação do menu, em termos de qualidade e quantidade
- Problemas referentes à qualidade da comida são identificados e relatados imediatamente à pessoa responsável
- Toda comida cujo consumo não é imediato é armazenada de maneira correta, sob temperatura adequada, de acordo com a legislação atual
- Regularmente é verificada a temperatura dos alimentos frios e quentes.

4.5 Receber e armazenar os alimentos recém-chegados
Sabe-se que a função de chefe assistente, nesta área, é desempenhada de maneira competente quando:
- As áreas de recebimento e armazenamento são preparadas para pronta-entrega
- São examinadas a qualidade, a data de validade e a temperatura dos alimentos
- É realizada uma verificação aleatória dos alimentos resfriados e congelados recebidos
- Todos os alimentos são manuseados cuidadosamente, para evitar danos
- O plástico das embalagens é removido e eliminado adequadamente
- A restrição à entrada de pessoal não-autorizado nas áreas de armazenamento é respeitada
- O armazenamento é feito de acordo com o tipo de produto
- A rotação de estoque e os procedimentos relativos ao código de data são observados
- As áreas de armazenagem estão limpas, com a temperatura e a ventilação adequadas.
- Verificações de temperatura são realizadas duas vezes ao dia nos refrigeradores e *freezers*, com registro dos números obtidos
- Os problemas identificados na área de armazenamento são relatados imediatamente ao responsável.

4.6 Manter bom relacionamento no trabalho
Sabe-se que a função do commis chef, nesta área, é desempenhada de maneira competente quando:
- As relações de trabalho são positivas entre os colegas e os gerentes
- Novos colegas recebem ajuda na familiarização com o ambiente de trabalho
- Os colegas recebem auxílio no desempenho de suas tarefas.

4.7 Desenvolvimento pessoal
Sabe-se que a função do commis chef, nesta área, é desempenhada de maneira competente quando:
- As necessidades referentes ao autodesenvolvimento são identificadas e acordadas a partir de um plano de desenvolvimento pessoal, cuja base é um sistema de avaliação com duração de 6 meses
- Os planos de desenvolvimento pessoal são revisados por meio de encontros regulares com os empregados e por avaliações futuras
- O compromisso com o treinamento é demonstrado pela presença dos empregados, de acordo com a necessidade
- Mantém-se em um livro de registros a atualização de todo o treinamento recebido.

Confirmo ter lido e concordado com a descrição do cargo

Assinatura: .... (*Detentor do cargo*)
Nome: ....
Data: ....

Assinatura: .... (*Gerente do departamento*)
Nome: ....
Data: ....

APÊNDICE 2(C): FORTE HOTELS

DESCRIÇÃO DO CARGO

1. **Cargo:** Gerente de equipe (*catering*/apartamentos)
2. **Chefia responsável:** Gerente de operações (*catering*/apartamentos)
3. **Função Principal:** Maximizar o lucro por meio da prestação de serviços do mais alto nível, otimização das vendas e desempenho eficaz da equipe.
4. **Principais áreas de desempenho:**
   - Serviço ao cliente
   - Administração conforme a lei
   - Foco no lucro
   - Planejamento
   - Gestão de operações
   - Gestão de desempenho
   - Eficácia pessoal

4.1 Serviço ao cliente
Sabe-se que a função do Gerente de Equipe, nesta área, é desempenhada de maneira competente quando:
- Uma imagem pessoal positiva é apresentada ao cliente e a interação é desenvolvida
- É proporcionado um clima e um ambiente que encantam os clientes
- As necessidades e sentimentos do cliente são antecipados e atendidos de maneira adequada, em equilíbrio com as necessidades da organização
- Solicita-se, com freqüência, o *feedback* dos clientes
- Os problemas que afetam os clientes são identificados e interpretados, e as soluções são acordadas e implementadas
- Os sistemas, procedimentos e a prática de manutenção da qualidade e dos padrões de serviço ao consumidor são monitorados, mantidos, avaliados e ampliados
- Os alvos de melhoria, relacionados aos critérios formais de mensuração, são atendidos.

4.2 Administração conforme a lei
Sabe-se que a função do Gerente de Equipe, nesta área, é desempenhada de maneira competente quando:
- Os procedimentos e requerimentos legais referentes à segurança e higiene são respeitados na área de responsabilidade
- A segurança e a saúde dos empregados e dos integrantes do público são monitoradas e mantidas
- Os procedimentos legais são observados, em caso de ativação do alarme de incêndio
- Os mais altos padrões de saúde e higiene pessoal são mantidos em todos os momentos
- A organização pessoal e a da área de trabalho são mantidas, facilitando o fluxo de trabalho
- As necessidades de equipamento e armazenamento são identificadas, e os defeitos no equipamento são relatados de acordo com os procedimentos do hotel
- Todo o trabalho é executado de maneira organizada e eficiente, de acordo com as exigências legais e organizacionais
- A racionalização no uso de energia é incentivada e as melhorias são identificadas, em observação à política "verde" do hotel
- Os integrantes da equipe são treinados seguindo práticas de trabalho seguras e mantendo as responsabilidades legais
- Todos os registros relevantes são mantidos, de acordo com as exigências legais e da empresa.

4.3 Foco no lucro
Sabe-se que a função do Gerente de Equipe, nesta área, é desempenhada de maneira competente quando:
- A informação é obtida para ajudar na previsão de vendas

- São oferecidas contribuições para que haja o planejamento eficiente e a implementação de atividades de vendas
- A política de preços, as promoções e os descontos são recomendados e implementados
- As oportunidades de venda são identificadas e produzidas
- Há orientação para o desenvolvimento e o *marketing* de produtos e serviços
- Os gastos são monitorados e mantidos dentro do orçamento
- Os integrantes da equipe são treinados em práticas de venda eficazes e no controle racional dos custos
- As metas da empresa são atingidas.

4.4 Planejamento

Sabe-se que a função do Gerente de Equipe, nesta área, é desempenhada de maneira competente quando:

- A exigência da força de trabalho e os recursos materiais são identificados e planejados dentro do orçamento
- Contribuições são feitas para que haja o estabelecimento de objetivos departamentais em relação à estratégia de negócios
- Os objetivos das equipes e dos indivíduos são acordados e atualizados
- Os planos de ação são acordados, implementados dentro dos prazos, revisados e atualizados
- As equipes são consultadas para ajudar na resolução de problemas e na identificação de melhorias
- Há contribuições à gerência, voltadas à resolução de problemas, identificação de melhorias e tomada de decisões.

4.5 Gestão de operações

Sabe-se que a função do Gerente de Equipe, nesta área, é desempenhada de maneira competente quando:

- Os serviços e operações são mantidos, para satisfazer padrões qualitativos e quantitativos de desempenho
- As condições necessárias para o trabalho produtivo são mantidas e criadas
- O trabalho é organizado para suprir as necessidades diárias
- Os integrantes da equipe estão habilitados para trabalhar com supervisão mínima
- A força de trabalho e os recursos materiais são usados de maneira eficaz, monitorados e controlados, equilibrando tanto as exigências orçamentárias quanto as necessidades do cliente
- A manutenção efetiva do caixa e os procedimentos contábeis são implementados e observados, e ações corretivas são prontamente adotadas para solucionar problemas
- O suporte imediato é oferecido aos colegas no desempenho de seu trabalho, sempre que necessário
- A comunicação oral e escrita acontece de maneira a favorecer a compreensão, o desempenho eficiente e as relações harmoniosas de trabalho
- As relações produtivas de trabalho são estabelecidas, mantidas e ampliadas em todos os níveis, e o conflito interpessoal é logo identificado e minimizado
- O recrutamento e a seleção dos novos empregados são executados eficazmente, de acordo com os procedimentos da empresa, utilizando os métodos mais adequados e observando o orçamento salarial e os planos para a força de trabalho
- A informação é registrada, armazenada e disponibilizada, sempre que necessário, em atendimento aos padrões legais
- As mudanças para melhorar a eficiência operacional são implementadas e avaliadas
- Há uma resposta rápida e decidida para resolver problemas imediatos e de curto prazo
- A responsabilidade da Gerência Sênior/Encarregada é assumida e executada de maneira eficaz.

4.6 Gestão de desempenho

Sabe-se que a função do Gerente de Equipe, nesta área, é desempenhada de maneira competente quando:

- O treinamento está focado em padrões de desempenho e de serviços ao consumidor
- A necessidade de treinamento individual ou coletivo é identificada e relacionada aos objetivos do departamento e aos planos da empresa
- O treinamento é planejado para atender às necessidades identificadas

- O treinamento individual ou coletivo é executado de acordo com os padrões do departamento e do hotel
- O desenvolvimento da equipe acontece por meio de atividades planejadas, ampliando o moral e firmando o compromisso
- A motivação é desenvolvida por meio de reconhecimento, recompensa e incentivos
- Os programas de treinamento e desenvolvimento são avaliados conforme os objetivos do departamento
- Há contribuições para a melhoria e desenvolvimento dos processos
- Os funcionários recebem *feedback* por meio de processos de avaliação e planos de desenvolvimento pessoal, estabelecidos e ativados
- Os indivíduos e as equipes têm suas atividades supervisionadas, recebendo *feedback* diário sobre seu desempenho
- Os integrantes da equipe são incentivados a pensar e a compartilhar idéias
- Os procedimentos relativos a disciplina e a reclamações são implementados em parceria com o Departamento de Pessoal
- Os alvos de melhoria são atendidos e constatados por meio de ferramentas de mensuração formais e relevantes, tais como rotatividade da mão-de-obra e pesquisa sobre as atitudes dos empregados.

4.7 Eficácia pessoal

Sabe-se que a função do Gerente de Equipe, nesta área, é desempenhada de maneira competente quando:

- As necessidades de autodesenvolvimento são identificadas e conduzidas conforme um plano de desenvolvimento pessoal e o compromisso mantido para sua implementação
- O planejamento de trabalho pessoal é monitorado e avaliado para ampliar o desempenho
- Iniciativas são tomadas para buscar oportunidades de autodesenvolvimento e melhoria nos negócios, por meio da experimentação e da exposição a novos desafios e experiências
- Problemas são enfrentados com determinação
- O compromisso dos outros é assegurado por meio de persuasão
- A experiência prévia, o conhecimento e as melhores práticas são aplicadas eficazmente
- O foco, a energia e a tenacidade são demonstrados na perseguição dos resultados
- Há uma resposta decisiva à mudança e receptividade para desafiar a tradição
- Os padrões são alcançados com intervenção mínima do gerente de linha

Confirmo ter lido e concordado com a descrição do cargo

Assinatura: .... (*Detentor do cargo*)
Nome: ....
Data: ....

Assinatura: .... (*Gerente de departamento*)
Nome: ....
Data: ....

O autor agradece a Andrea McIntyre, responsável pela área de recursos humanos, The Compleat Angler, e a Marie Pollock, Gerente-geral de Recursos Humanos, por fornecer os exemplos aqui utilizados.

APÊNDICE 3: THE SAVOY HOTEL

MANUAL DA EQUIPE

O Manual da Equipe abre com a seguinte introdução:

Bem-vindo ao The Savoy. Fico feliz por você ter ingressado em nossa equipe, não apenas como empregado, mas como um companheiro, para garantirmos a preservação dos padrões que fazem do The Savoy o hotel mais famoso do mundo.

O Savoy foi fundado levando em conta a tradição de uma família. Desde então, procurou sempre desenvolver o treinamento e o desenvolvimento de seu quadro funcional. Justo por essa razão é que o The Savoy tornou-se ponto de referência de nossa profissão, sendo carinhosamente conhecido como a "Universidade do setor". Sua reputação de nobreza, excelência e serviço eficiente inspira muitas pessoas a começar e a dar continuidade a suas carreiras aqui. Contamos com você para manter viva esta história.

Tenho certeza que você apreciará trabalhar conosco e também o grande panorama social dos eventos e das pessoas com quem conviverá. O The Savoy participou da história dos últimos cem anos — desde a primeira transmissão de rádio até a primeira televisão a cabo –, sempre contando com a colaboração de uma equipe dedicada a perpetuar a tradição dos mais altos padrões.

O Gerente-geral

Essa introdução vem acompanhada de uma lista de assuntos, trazendo informações sobre os seguintes aspectos:

- escritório de pessoal, aparência pessoal, identidade funcional, armários e propriedade pessoal, tabagismo, entrada dos empregados;
- pagamento, impostos, seguro nacional, registro de participação, mudança de endereço, segurança;
- refeições, acomodações, restaurante para os empregados, horas extras, absenteísmo, pagamento ao funcionário devido a ausência por doença, pagamento legal ao funcionário devido a ausência por doença, férias anuais;
- encerramento do contrato de trabalho, pensão, informação confidencial, regras e procedimentos disciplinares;
- treinamento e desenvolvimento, saúde e segurança, higiene, perigo de incêndio ou bombas;
- equipe residente, facilidades do hotel, jogos e negócios particulares, conservação de energia;
- procedimento em acidentes, primeiros socorros, relato de acidentes, verificação de segurança, procedimento para o uso do alarme contra incêndio;
- empregado do mês, atividades de lazer, bônus de apresentação;
- The Savoy — histórico da empresa.

(Reproduzido com a permissão de Tim Gates, Diretor de Recursos Humanos, The Savoy Hotel.)

QUESTÕES PARA REVISÃO E DEBATE

1. Explique a importância da gestão eficaz de recursos humanos na indústria da hospitalidade. Como você estabeleceria a diferença entre gestão de pessoal e gestão de recursos humanos?
2. Discuta a natureza da função de pessoal como responsabilidade compartilhada. Como justificaria o papel dos especialistas em gestão de pessoal? Até que ponto você aceita a idéia de que todo gerente é um gerente de pessoal?
3. Explique a importância da política de boas relações com os empregados. Cite os principais aspectos, referentes a esse assunto, que indiquem o quanto seria interessante para um empregador adotar uma política de relacionamento positiva com seus funcionários.
4. Exponha seus próprios argumentos para explicar os níveis geralmente altos de rotatividade de funcionários no ramo da hospitalidade. Quais são os custos envolvidos? Que ações você recomendaria que fossem tomadas para reduzir o nível de rotatividade?
5. Explique a importância do planejamento de recursos humanos e de seus principais estágios. Discuta com profundidade os benefícios potenciais do planejamento de recursos humanos.
6. Expresse sua opinião sobre os requisitos básicos que devem ser considerados no recrutamento e seleção de empregados. Delineie os estágios básicos de uma abordagem sistemática e planejada para o recrutamento e seleção de empregados. A partir de sua experiência, indique até que ponto esses passos básicos são seguidos no ramo da hospitalidade.
7. Cite os principais itens para uma possível lista de conteúdos para: (i) uma descrição de cargo; (ii) uma especificação pessoal. Cite seus próprios exemplos de possíveis dificuldades e decepções com o trabalho no ramo da hospitalidade.
8. Sugira quais medidas poderiam ser aplicadas para ajudar a avaliar a eficácia e a contribuição da função de pessoal no ramo da hospitalidade.

TAREFA

Suponha que tenha surgido uma vaga para um novo cargo sênior ou de supervisão, a seu critério, em uma grande empresa de hospitalidade.

(i) Explique claramente qual é a natureza desse novo cargo; elabore uma descrição de cargo e uma especificação pessoal detalhadas. Inclua o que você acredita serem dificuldades e decepções com o cargo.
(ii) Explique como você planejaria e conduziria o processo de seleção e quais os métodos mais apropriados para essa circunstância.
(iii) Projete um programa de integração adequado, especificando a duração, o tempo, o conteúdo do programa, incluindo as pessoas e os departamentos envolvidos.

ESTUDO DE CASO 1: TODA A MUDANÇA NO CROWN AND SCEPTRE

Susan Kennedy foi recentemente indicada para ocupar a nova chefia de recursos humanos do Crown and Sceptre Hotels Limited Group. Até há bem pouco tempo possuindo apenas um hotel, o Crown and Sceptre conta agora com mais cinco propriedades, empregando um total de 650 funcionários, distribuídos em turno integral, meio turno e temporários. Todos os hotéis do grupo possuem padrão 3 estrelas, contando entre 100 e 170 apartamentos, situados a uma distância não maior do que 30 milhas um do outro. O primeiro Crown and Sceptre funciona como matriz.

Antes de terem sido adquiridas, as cinco propriedades possuíam uma cultura e um estilo operacional muito próprios e havia alguma resistência em fazer parte de um grupo maior. Os gerentes-gerais pareciam relutantes em integrarem-se à corporação, especialmente porque sentiam que isso reduziria sua capacidade de tomar decisões sobre questões como, por exemplo, número de empregados e revisões salariais.

A organização da função de pessoal parece ser, de alguma forma, feita ao acaso. Mesmo Susan Kennedy depende do contabilista-chefe, que por sua vez depende do diretor administrativo. O departamento de pessoal é integrado por um funcionário de recrutamento e treinamento, um atendente para a administração de pessoal e uma secretária, que também trabalha para o contabilista-chefe. Nenhum dos outros hotéis do grupo conta com pessoal em turno integral. Assuntos relativos a essa área são em geral administrados pela secretária do gerente-assistente, com os salários sendo administrados por um escritório em cada unidade.

O contabilista-chefe tem, em várias oportunidades, expressado preocupação com a organização da função de pessoal no grupo. Ele manifesta a impressão de que há uma necessidade urgente de enfocar assuntos como a padronização, a elaboração de políticas e o planejamento estratégico. O diretor administrativo, todavia, está cauteloso quanto à maneira como os gerentes-gerais reagirão às mudanças sugeridas e não está certo do escopo ou do grau de centralização/descentralização desejável.

Uma das preocupações do contabilista-chefe é determinar quais funções de recursos humanos deveriam ser prioritárias no ano seguinte e durante os próximos cinco anos. Contudo, o diretor administrativo parece estar mais interessado em garantir que todo o grupo de empregados se identifique com as metas e objetivos corporativos, e como eles poderiam assimilar melhor a cultura da nova organização.

A própria Susan acredita também que a gestão de recursos humanos foi negligenciada e considera que há uma clara necessidade de melhoria, incluindo atenção urgente às praticas e aos procedimentos modernos de pessoal.

Fonte: Este estudo de caso foi preparado em conjunto com Karen Meudell, da University of Portsmouth, e a partir de material original fornecido por ela.

Tarefa

Como "especialista em pessoal", Susan Kennedy — a pedido do diretor administrativo — terá de elaborar um conjunto detalhado de recomendações específicas.

ESTUDO DE CASO 2: DELEGAÇÃO DA FUNÇÃO DE GESTÃO DE RECURSOS HUMANOS (GRH)

Um grande projeto de pesquisa foi elaborado para pôr em prática uma análise da função de gestão de recursos humanos em empresas hoteleiras do Reino Unido, com referência especial à delegação da função. Foram pesquisadas 15 empresas, cujas redes possuíam mais de 10 hotéis no Reino Unido (algumas delas com operações internacionais). A pesquisa foi seguida de uma entrevista com os Diretores de GRH dessas empresas.

Houve muita discussão e surgiram evidências das mudanças ocorridas na função de GRH no setor hoteleiro nos últimos anos, devido principalmente às pressões de ordem recessiva. A questão de a GRH contribuir ou não para o sucesso geral dos negócios foi colocada para muitas empresas hoteleiras. Em um determinado momento foi necessário cortar custos e maximizar lucros; em muitos casos, a primeira baixa desse processo foi o orçamento para treinamento, assim como os aspectos "não-lucrativo" e "bem-estar", relacionados ao negócio.

Muitas empresas alegaram responder a essa situação por meio da delegação das tarefas anteriormente realizadas pelos gerentes de treinamento e de pessoal aos gerentes de linha. Anteriormente, era comum termos um gerente de pessoal e de treinamento em um hotel com mais de 50 empregados. As demandas dos negócios do setor hoteleiro precisaram repensar o papel da função de GRH.

O objetivo principal, quando começamos essa pesquisa, foi testar os efeitos da delegação das funções de pessoal e de treinamento em empresas selecionadas no Reino Unido; identificar o quanto ela estava distribuída no setor, por meio da investigação da tendência de delegação; avaliar o efeito no desempenho do hotel.

Entretanto, o fato de pesquisar a literatura e começar as discussões na fase inicial da pesquisa revelou que havia confusão em torno do termo "delegação", ou seja, muita variação sobre o tema. Essa falta de sinergia e de literatura relevante fez com que fosse repensada a hipótese inicial, sendo essencial produzir uma análise eficaz da prática corrente da função de GRH no setor de hotelaria.

Constatações

Uma das principais conclusões derivadas da revisão da literatura e da pesquisa subseqüente é a de que é muito difícil chegar a um modelo de práticas de GRH no setor hoteleiro. Há muitos fatores que influenciam o processo de GRH; a cultura da empresa, juntamente com as considerações acerca dos recursos, parecem desempenhar um papel importante na determinação de como a função de GRH opera em cada hotel. Existem anomalias entre o que os diretores de recursos humanos dizem ser um padrão na empresa e o que é praticado pelos profissionais de pessoal cotidianamente.

A partir da análise, surge a percepção do que o termo "delegação" ganha muitas conotações e as empresas afirmam ter delegado sem na verdade entender o que realmente significa delegar. Esse aspecto foi realçado quando a definição que os profissionais de GRH deram para delegação foi comparada com a definição do livro-texto. Toda a área referente à autoridade delegada para a tomada de decisões, na maioria dos casos, parece não acompanhar a responsabilidade delegada, como mencionava a definição presente no livro-texto.

Cada empresa elaborou um sistema para atender suas próprias necessidades. Com isso, não se está afirmando que tal procedimento está errado, pois atender às necessidades da empresa e contribuir para o sucesso geral é responsabilidade primeira da GRH, mas é inegável que contribui para a confusão e a falta de compreensão existentes sobre delegação no setor como um todo.

Na maior parte das empresas hoteleiras, os elementos fundamentais da GRH, como recrutamento, reclamações, remanejamento, procedimentos disciplinares, avaliações e treinamento, foram administrados de maneiras diferentes e com vários níveis de autoridade. Uma das maiores considerações sobre isso é a de que não há um sistema de operações de GRH que poderia se tornar um padrão do setor.

Outra conseqüência do que está acontecendo é a falta de treinamento na prática de GRH. Isso fica bem claro quando uma companhia espera que os gerentes-assistentes desempenhem a função de pessoal e de treinamento, mas não oferece curso sobre leis de emprego ou qualquer outro aspecto inerente à função.

A falta de incentivo financeiro e de reconhecimento por assumir responsabilidades de GRH não motivou a gerência de linha a aceitar as "questões pessoais" de seus departamentos como parte de seu trabalho legítimo. A sobrecarga de papéis, a ambigüidade e o conflito foram considerados problemas significativos pelos gerentes de linha. Essa é uma conseqüência que o setor hoteleiro deve levar a sério à medida que a recessão diminui e os negócios melhoram. A ambigüidade de exercer o papel de gerente de negócios, voltado às tarefas, ou uma função de cunho mais social, como é o caso da gestão de pessoas, deve ser relevada. Caso contrário, a precedência será do gerente de negócios.

As constatações e resultados do projeto de pesquisa apontaram o caminho em direção à necessidade de esclarecer o propósito e o papel da função de GRH nos hotéis. Muita terminologia, jargões e conceitos existem, sem que haja o correto entendimento do que significam e de como contribuem para o desempenho geral da empresa. As questões que precisam ser resolvidas são a necessidade de esclarecer o conceito de GRH e o estabelecimento de um *benchmark* de prática comum.

A delegação parece ser uma tendência que veio para ficar. Portanto, compreendê-la deve ser um objetivo futuro. Os resultados dão destaque à necessidade de que o setor de hotelaria mude sua atitude e cultura em um curto espaço de tempo.

Depoimento

A pesquisadora participava de uma conferência do Council for Hospitality Management Education — Conselho para Educação e Gestão da Hospitalidade (CHME) quando ouviu o gerente-geral de um hotel de 200 apartamentos e padrão 5 estrelas dizer: "Pedi à minha gerente de pessoal para se convencer a abandonar o cargo em dois anos".

Fonte: este estudo de caso foi preparado por uma colega do autor, Kate Giannopoulou, da South Bank University.

Tarefa

Levando em consideração as constatações da pesquisa ora comentada, discuta as implicações de delegar-se a função de GRH à gerência de linha.

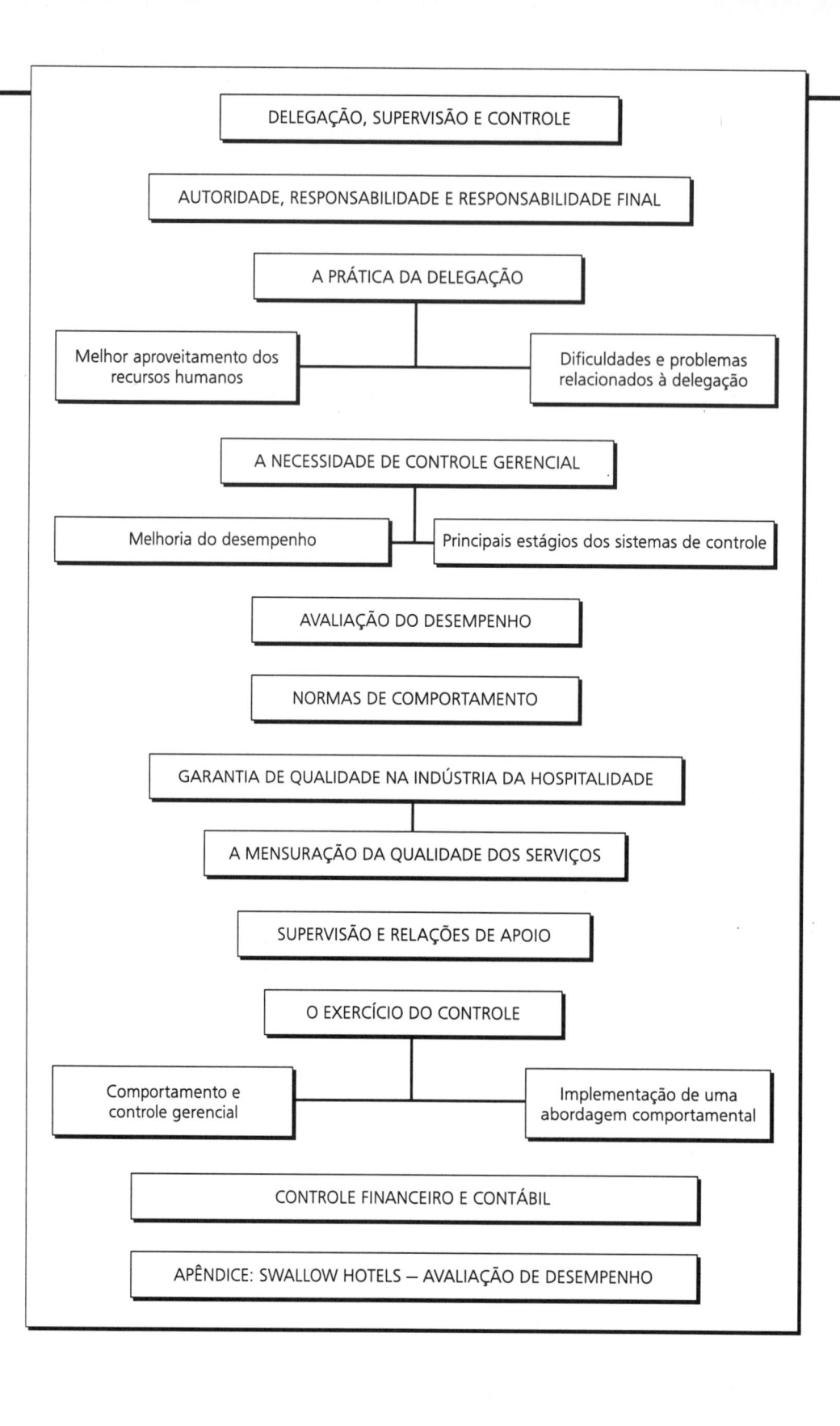

```
                    DELEGAÇÃO, SUPERVISÃO E CONTROLE
                                   │
                AUTORIDADE, RESPONSABILIDADE E RESPONSABILIDADE FINAL
                                   │
                          A PRÁTICA DA DELEGAÇÃO
                          ┌────────┴────────┐
          Melhor aproveitamento dos     Dificuldades e problemas
              recursos humanos          relacionados à delegação
                                   │
                       A NECESSIDADE DE CONTROLE GERENCIAL
                          ┌────────┴────────┐
              Melhoria do desempenho    Principais estágios dos sistemas de controle
                                   │
                           AVALIAÇÃO DO DESEMPENHO
                                   │
                          NORMAS DE COMPORTAMENTO
                                   │
                GARANTIA DE QUALIDADE NA INDÚSTRIA DA HOSPITALIDADE
                                   │
                      A MENSURAÇÃO DA QUALIDADE DOS SERVIÇOS
                                   │
                        SUPERVISÃO E RELAÇÕES DE APOIO
                                   │
                            O EXERCÍCIO DO CONTROLE
                          ┌────────┴────────┐
                 Comportamento e          Implementação de uma
                 controle gerencial       abordagem comportamental
                                   │
                       CONTROLE FINANCEIRO E CONTÁBIL
                                   │
                APÊNDICE: SWALLOW HOTELS — AVALIAÇÃO DE DESEMPENHO
```

11

A realização do trabalho

INTRODUÇÃO

A fim de que a organização de hospitalidade funcione eficazmente, as atividades dos integrantes da equipe precisam ser canalizadas e conduzidas rumo à consecução das metas e dos objetivos corporativos. O processo de gestão está voltado à utilização dos recursos humanos, aos ajustes para a execução dos processos organizacionais e à realização do trabalho.

DELEGAÇÃO, SUPERVISÃO E CONTROLE

Vimos, no Capítulo 4, que a gestão bem-sucedida implica realizar trabalhos por meio do esforço de outras pessoas. Isso acarreta a distribuição de deveres, autoridades e responsabilidades ao longo de toda a estrutura da organização, assim como a tentativa de influenciar o comportamento e o desempenho dos subordinados. A realização do trabalho envolve os processos de delegação, supervisão e controle. A delegação é uma função necessária à gestão administrativa. Se é você quem faz, você não é o gerente.[1]

A delegação é uma característica essencial da eficácia organizacional, estando relacionada ao estilo gerencial e à liderança. Pode-se considerar que a delegação ocorre tanto em nível organizacional quanto estrutural, e também individual e pessoalmente.

O nível organizacional

A estrutura da organização (como aparece em um organograma, por exemplo) é o resultado da delegação. Se não houver delegação, não haverá estrutura. À medida que as empresas crescem em tamanho, o volume de delegação aumenta. Em nível organizacional, a delegação envolve a divisão do trabalho, a centralização/descentralização e setorização. A descentralização pode ser federal ou funcional.[2] A descentralização federal é o estabelecimento de unidades autônomas que operam em seu próprio mercado, com autocontrole e com a responsabilidade principal de contribuir com o lucro para a matriz. A descentralização funcional baseia-se em processos e produtos individuais.

Os departamentos e as seções podem ser estabelecidos com base nas funções de tarefa ou de elementos. O grau de descentralização e divisão fornece o padrão estrutural básico da organização. A natureza da estrutura da organização já foi discutida no Capítulo 6. Aqui, estamos voltados à delegação em nível individual ou pessoal.

Delegação em nível individual

Na estrutura da organização, as diferentes atividades realizadas devem ser distribuídas entre os integrantes da força de trabalho. É possível que haja delegação de baixo para cima quando, por exemplo, um gerente executa a tarefa de um subordinado que enfrenta dificuldades em realizar uma determinada tarefa ou quando tem uma carga de trabalho excepcionalmente alta. Isso também acontece quando um gerente executa o trabalho de um subordinado que está ausente por motivo de doença ou férias. Da mesma forma, é possível haver delegação de um gerente a outro gerente do mesmo nível. Em geral, contudo, a delegação é interpretada como um movimento de cima para baixo.

A delegação não é apenas a emissão e o cumprimento de ordens ou a execução de tarefas específicas, de acordo com instruções detalhadas. Não é apenas a execução arbitrária de trabalho. A delegação é uma característica essencial da eficácia organizacional e está relacionada a outros conceitos, tais como estilo gerencial e liderança. **Na estrutura formal hierárquica da empresa, a delegação** cria uma relação especial entre o gerente e o subordinado.

AUTORIDADE, RESPONSABILIDADE E RESPONSABILIDADE FINAL

Toda a base da delegação está fundamentada nos conceitos de autoridade, responsabilidade e responsabilidade final (ver Figura 11.1).

Autoridade

A autoridade é o direito de executar ações ou tomar decisões que o gerente teria executado ou tomado. A autoridade legitima o exercício do poder na estrutura e nas políticas da organização permitindo que os subordinados ofereçam contribuições para os demais aproveitarem. As obrigações delegadas às vezes se estendem a toda a estrutura.

Riley, por exemplo, discute a relação entre poder e autoridade.

> Sem dúvida, quando se percebe que o poder é constantemente mal exercido, ou escandalosamente injusto, os subordinados começarão a questionar a autoridade de quem a possui. Quanto menos legítima for a autoridade, mais se precisará usar o poder, algo que apenas comprometerá ainda mais sua autoridade. Trata-se de um círculo em que é muito fácil penetrar.[3]

(O poder e a influência da liderança foram discutidos no Capítulo 9.)

Responsabilidade

A responsabilidade envolve a obrigação de o subordinado executar determinadas obrigações ou tomar determinadas decisões, e de aceitar possíveis reprimendas, de parte do gerente, se houver desempenho insatisfatório. Contudo, a aceitação da responsabilidade deve dar surgimento não apenas a sanções negativas, mas também a ponderações positivas.

A delegação eficaz não implica, porém, abdicar de responsabilidade. O gerente é ainda responsável por garantir que o trabalho seja executado e desempenhado em um padrão satisfatório. O gerente está, por sua vez, sob a observação de um superior pelas ações e decisões dos subordinados.

Responsabilidade final

Os gerentes são os responsáveis finais pelo controle de sua equipe, pelo desempenho das operações em seu departamento/seção na estrutura organizacional e pelos padrões dos resultados atingidos. O gerente é o maior responsável pela administração em sua área. *Essa responsabilidade final não pode ser delegada.*

O conceito de responsabilidade final indica que a delegação eficaz implica uma "responsabilidade dual".

> *Delegar significa conferir uma autoridade específica a partir de uma autoridade mais alta. Portanto, implica uma responsabilidade dual. A pessoa a quem se delega autoridade fica sob a responsabilidade de um superior para executar o trabalho, mas tal superior continua a ser o responsável maior pela execução efetiva do mesmo trabalho. Esse princípio de delegação é o centro de todos os processos na organização formal.*[4]

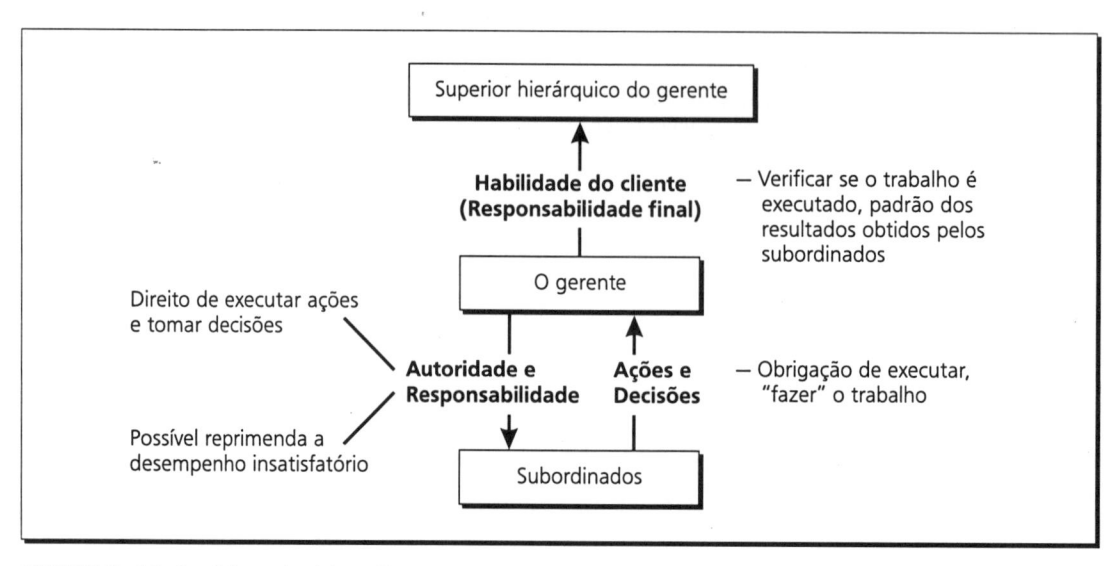

FIGURA 11.1 A base de delegação.

A fim de ajudar a esclarecer a natureza da "responsabilidade dual" da delegação talvez seja melhor expressá-la como: O subordinado está sob a responsabilidade do gerente pela execução do trabalho, enquanto o gerente é responsável por verificar que o trabalho seja efetivamente realizado. O gerente *está sob a responsabilidade final* de um superior pelas ações dos subordinados (Figura 11.1). Se o gerente delegou alguma tarefa a um subordinado que realizou um mau trabalho, a esse gerente só cabe aceitar a responsabilidade final pelas ações do subordinado.

> *Você pode transferir a maior parte de seu trabalho a outra pessoa, mas não pode passar a responsabilidade de verificar a execução do trabalho. Não se pode delegar a responsabilidade final.*[5]

O gerente deve aceitar a "culpa", como profissional também subordinado a um superior, pelo desempenho de seu departamento/seção, tendo a responsabilidade final de verificar se a tarefa foi completada de maneira satisfatória. Fica, então, a critério do gerente definir as operações em seu próprio departamento, orientar os integrantes de sua equipe e rever o sistema de delegação.

Delegação de autoridade e responsabilidade

Embora a responsabilidade final não possa ser delegada, a delegação eficaz deve envolver tanto autoridade quanto responsabilidade. Não é prático delegar uma sem delegar a outra. A autoridade e a responsabilidade são a base para a relação gerente-subordinado, sendo reconhecidas como "regras" ou princípios da gestão efetiva. A responsabilidade é uma conseqüência da autoridade. Sempre que a autoridade é exercida, a responsabilidade surge. As sanções são necessárias para estimular ações positivas e para desestimular as negativas.[6]

Por exemplo, se o gerente-geral concede autoridade ao gerente de alimentos e bebidas para comprar certos produtos até um determinado valor sem referência prévia, então o gerente de alimentos e bebidas deve ser responsabilizado pela despesa. Exercer a autoridade sem aceitar a responsabilidade dá surgimento ao possível mau uso da delegação. Pode levar à complacência e a um sentimento de segurança indevido.

Da mesma forma, a responsabilidade deve ter o apoio da autoridade para executar ações e tomar decisões dentro dos limites dessa responsabilidade. Considerar os subordinados responsáveis pelas áreas de desempenho sobre as quais eles não têm autoridade para influir é outro mau uso da delegação.

> *Se as pessoas não têm o poder ou a autoridade suficientes que os capacite a dar as instruções necessárias, fazer pedidos dos itens necessários ou contratar pessoas, então a delegação não foi executada adequadamente e a ineficiência será o resultado.*[7]

A responsabilidade deve ser suficiente para dar ao subordinado liberdade de ação, dentro das normas da empresa, e para evitar supervisão excessiva. Parte do trabalho do gerente é o desenvolvimento dos subordinados. A noção de responsabilidade ajudará no desempenho de suas tarefas e na maneira de lidar com os clientes.

Paridade com responsabilidade final

A delegação de autoridade e responsabilidade deve ocorrer de maneira paritária com a responsabilidade final. O gerente detém a responsabilidade final pelo comportamento final do seu grupo de trabalho e pelas ações e decisões tomadas pelos subordinados. Ele permanece sob a responsabilidade de um superior por todas as operações do departamento/seção.

Todo gerente deve estar atento a subordinados mais preocupados consigo próprios do que com os objetivos da empresa. Cabe a ele evitar que uma personalidade forte exceda os limites da delegação formal. Em poucas palavras, o gerente deve estar no controle. Isso exige uma abordagem planejada e sistemática na prática da delegação. É mais fácil falar sobre tal abordagem do que executá-la, e poucas pessoas conseguem praticá-lo.

A PRÁTICA DA DELEGAÇÃO

Para atingir um sistema eficaz de delegação é necessário que:

❑ os subordinados saibam exatamente o que se espera deles, o serviço a ser feito, os limites de sua liberdade de ação, e como podem exercer uma tomada de decisão independente;

❑ o gerente continue sendo o responsável final pelas ações e decisões dos subordinados.

A delegação, portanto, cria uma forma especial de relação entre o gerente e o subordinado. Implica que o gerente examine quatro aspectos básicos: que oportunidades sua equipe tem de aprender e de se desenvolver; que tarefas poderiam ser executadas melhor pelos subordinados; como elas poderiam ser implementadas; e que forma de monitoramento seria o mais adequado.

Uma abordagem planejada e sistemática

Estabelecer um sistema de delegação eficaz exige uma abordagem sistemática que envolve cinco estágios principais (Figura 11.2, p. 306).

❑ *Esclarecimento de políticas e procedimentos.* Para oferecer um modelo para o exercício de autoridade e para aceitação de responsabilidade, deve haver políticas e procedimentos muito claros. Os gerentes devem usar de clareza quando o assunto são as oportunidades e limitações de seus próprios cargos. Deve haver uma cadeia de comando clara, com comunicação eficiente e coordenação entre os vários níveis de autoridade na estrutura da organização.

❑ *Aceitação dos termos da empresa.* As áreas de atividade a ser delegadas aos subordinados devem ser claramente

```
┌─────────────────────────────────────────────────────┐
│  Esclarecimento dos objetivos, políticas e          │
│  procedimentos; garantia de padrões                 │
│  organizacionais adequados                          │
└─────────────────────────────────────────────────────┘
                        ↓
┌─────────────────────────────────────────────────────┐
│  Aceitação dos termos da empresa;                   │
│  aceitação de autoridade e responsabilidade         │
└─────────────────────────────────────────────────────┘
                        ↓
┌─────────────────────────────────────────────────────┐
│  Orientação, apoio e treinamento;                   │
│  padrões de comunicação com outras pessoas          │
└─────────────────────────────────────────────────────┘
                        ↓
┌─────────────────────────────────────────────────────┐
│  Concordância sobre o monitoramento e procedimentos │
│  de revisão, e padrões e mensuração de desempenho   │
└─────────────────────────────────────────────────────┘
                        ↓
┌─────────────────────────────────────────────────────┐
│  Liberdade de ação ao subordinado, no limite        │
│  das normas da empresa                              │
└─────────────────────────────────────────────────────┘
                        ↓
┌─────────────────────────────────────────────────────┐
│  Sistemas vinculados de remuneração                 │
└─────────────────────────────────────────────────────┘
```

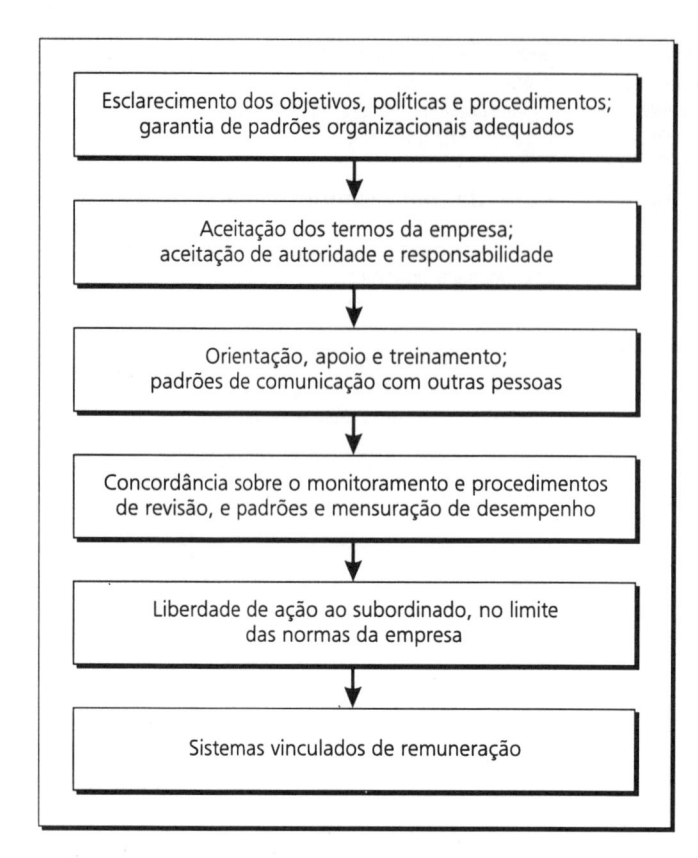

FIGURA 11.2 Os principais estágios de uma abordagem planejada e sistemática para a delegação.

identificadas. Sempre que possível, deve-se dar ênfase à consecução dos resultados finais e não a um conjunto de instruções detalhadas. É importante garantir que os subordinados aceitem tanto o grau quanto as restrições inerentes ao exercício de autoridade, bem como as responsabilidades que lhe são delegadas.

❑ *Instruções específicas, orientação e treinamento.* Tendo os subordinados aceitado a delegação, eles devem receber as devidas instruções específicas, orientação e qualquer treinamento necessário. Devem ser orientados sobre quem procurar quando precisarem de aconselhamento ou ajuda. O gerente deve deixar claro aos outros empregados a natureza e o grau de delegação, obtendo sua cooperação. A delegação pode muito bem envolver subordinados que estejam lidando com funcionários de outros departamentos ou seções, caso em que o gerente deve também comunicar-se com outros gerentes.

❑ *Revisão eficaz e sistema de monitoramento.* O gerente deve esclarecer quais são os padrões esperados e como o desempenho em cada área será avaliado. Deve haver acordo quanto aos limites de tempo para a delegação (tais como uma data-limite para a execução de uma tarefa, ou um tempo determinado), e momentos para avaliação do progresso. A delegação não é algo irrevogável.

❑ *Deixe que os subordinados se envolvam com o trabalho.* Se os estágios anteriores forem obedecidos, de acordo com os termos da empresa, é bem provável que os funcionários se envolvam, por si próprios, com o trabalho. É essa a verdadeira natureza da delegação bem-sucedida.

❑ *Sistemas vinculados de remuneração.* Sempre que possível, a delegação deve estar vinculada a benefícios remuneratórios, envolvendo maior satisfação com o trabalho, como pagamento de gratificações ou maiores oportunidades de promoção ou desenvolvimento pessoal.

Liberdade de ação

Um dos mais frustrantes aspectos da delegação é quando determinado gerente, de maneira ostensiva, delega autoridade, mas fica permanentemente acompanhando bem de perto seus subordinados, observando e dirigindo suas ações. Isso é de natureza contrária à delegação. Os gerentes precisam estar cientes da "teoria de aceitação" da autoridade e da natureza do comportamento humano. São os subordinados que controlam a resposta à autoridade. Eles podem escolher uma determinada ação ou não e a maneira de desempenhá-la e de interpretar suas conseqüências.[8]

Se quiser que a delegação seja eficaz, portanto, o gerente deverá dar a seus subordinados liberdade de ação, só interferindo quando for absolutamente necessário. Um nível de supervisão muito próximo provavelmente terá um efeito adverso nos subordinados e também indica uma falha no aproveitamento do tempo do gerente. Lord Forte, por exemplo, argumenta o seguinte.

> Delego sempre que possível e tento dar completa autoridade à pessoa que recebe a delegação, com toda a responsabilidade que esta traz consigo. Tento não interferir. Somente um homem presunçoso acha que é o único que pode realizar um trabalho de maneira correta. Assim, esse homem presunçoso acaba muito preso a seu campo de atividade. Se ele sempre interferir no trabalho dos outros, seu tempo para outras atividades será limitado.[9]

Melhor aproveitamento dos recursos humanos

Se corretamente empregada, a delegação é um instrumento poderoso e eficaz de gestão. Oferece muitas vantagens potenciais à organização, ao gerente e aos subordinados. A principal característica subjacente à delegação é o melhor aproveitamento dos recursos humanos e o desempenho organizacional otimizado. Estudos sobre organizações destacam as vantagens da delegação eficaz.[10] Gerentes que sabem delegar são considerados talentos a ser recompensados, o que ajuda a construir uma eficiente equipe de subordinados.[11]

Melhor uso do tempo do gerente

A delegação deixa o gerente livre para fazer bom uso do tempo e para concentrar-se nas tarefas mais importantes, além de dedicar-se mais às atividades administrativas e menos às atividades de execução. Isso leva a um fluxo mais equilibrado de trabalho, a uma redução nos "estrangulamentos" e a uma melhoria no processo de comunicação. O gerente precisa estar mais acessível tanto para os clientes quanto para sua equipe. O tempo é um dos recursos mais preciosos, mas é limitado; é importante, pois, que o gerente o aproveite ao máximo.

Qualificação da equipe

À medida que as organizações se tornam mais complexas e têm de enfrentar maiores mudanças em seu ambiente, há uma maior necessidade de que a equipe seja altamente especializada. A delegação pode ajudar a estimular o desenvolvimento e a utilização do conhecimento, o interesse e as habilidades. Ela permite que certos aspectos da gestão aproximem-se do mundo dos integrantes especializados do grupo de trabalho, aprimorando a qualidade da tomada de decisões.

A delegação centraliza sua atenção em necessidades de alto nível. Pode ser vista como uma forma de participação e como uma ação estimuladora do ânimo, aumentando a motivação e a satisfação com o trabalho. A delegação propicia aos subordinados um maior escopo de ação e de oportunidades para desenvolver suas aptidões e habilidades, aumentando o compromisso com as metas da organização.[12] Por meio dela, a equipe de trabalho se qualifica.

Um meio de treinar e desenvolver

A delegação oferece um meio valioso de treinar e testar a adaptabilidade do subordinado à promoção. Pode ser usada como técnica para avaliar o desempenho provável do subordinado em um nível mais alto da estrutura da organização, com maior autoridade e responsabilidade. Se os gerentes treinaram e formaram subordinados competentes, capazes de assumir seu lugar, haverá progresso na organização e melhorias em suas próprias perspectivas. A delegação pode ajudar a evitar o "Princípio de Peter", isto é, "na hierarquia, os empregados tendem a elevar-se ao seu nível de incompetência".[13]

Economia sólida

A delegação de sucesso beneficia tanto o gerente quanto o subordinado e os capacita a desempenhar seus respectivos papéis na operação eficaz da organização de hospitalidade. As atividades devem ser realizadas ao nível mais baixo possível, compatível com a eficiência e com a satisfação do cliente. É uma questão de custo de oportunidade. Se as atividades forem realizadas em um nível mais alto do que o necessário é porque estão sendo executadas com um custo mais alto do que o necessário. A delegação de sucesso é, portanto, uma questão de economia sólida e também de boa organização.

Dificuldades e problemas relacionados à delegação

Apesar dos benefícios potenciais da delegação, os gerentes com freqüência falham em delegar com sucesso. Há várias dificuldades e áreas problemáticas que afetam a prática da delegação e sua eficácia. A delegação é influenciada pela percepção que o gerente tem de seus subordinados. Também é influenciada pela percepção que os subordinados têm das razões pelas quais o gerente faz uso da delegação.

O grau de delegação, ou a delegação propriamente dita, sofre igualmente a influência da natureza da organização, de sua estrutura e dos sistemas e procedimentos de gestão. Wood, por exemplo, entende que a grande responsabilidade que as organizações de hospitalidade colocam no "papel gerencial na integração de vários subsistemas em uma unidade" é o motivo pelo qual "tantos gerentes de hotel e *catering* possuem uma má reputação no que diz respeito à delegação".[14]

Delegação: uma habilidade social

Delegar não é fácil. Considerações de caráter comportamental e organizacionais se fazem necessárias. A delegação bem-sucedida é uma habilidade social. Quando os gerentes não a possuem, duas formas extremas de comportamento podem ser o resultado. Em um extremo, temos a ausência quase total da delegação verdadeira. Os subordinados apenas podem operar dentro de áreas rigidamente definidas e, com freqüência, rotineiras, havendo supervisão minuciosa. Os empregados são tratados como se fossem incapazes de pensar por si próprios e se dá a eles pouca ou nenhuma oportunidade de tomarem iniciativas ou de exercer responsabilidades, ou, ainda, de passar por uma situação de aprendizagem.

No outro extremo, pode haver um zelo excessivo pela chamada "delegação", mas uma delegação que é algo como uma simples transferência de responsabilidades. O gerente talvez abandone seus subordinados, sem que estes tenham a mínima orientação ou treinamento, esperando que o grupo assuma as conseqüências por suas próprias ações ou decisões. De certa forma, essa espécie de gerente parece sempre estar ausente quando situações difíceis aparecem. A natureza da indústria da hospitalidade realmente impõe certas demandas à equipe, que, em parte devido à necessidade, tem de freqüentemente enfrentar situações novas e inesperadas. Mas isso não deve ser uma desculpa para o gerente abdicar de suas responsabilidades.

Qualquer uma dessas duas formas de comportamento pode também ser frustrante e causa potencial de estresse para o grupo de funcionários, impedindo um bom desempenho. A delegação de má qualidade é uma fonte potencial de problemas de saúde, estresse no trabalho e conflito entre papéis. O estresse funcional é freqüentemente causado pela incapacidade de delegar adequadamente e por uma estrutura hierárquica que não permite que haja autonomia suficiente.[15] O *downsizing* nas empresas, a redução do número de empregados e a maior competitividade nos negócios pressionaram ainda mais os gerentes. Isso pode levar a sistemas impostos ou inadequados de delegação, que resultam em esgotamento físico e mental.

Na dependência de outras pessoas

Delegar implica confiar em outras pessoas. O gerente deve saber o que, quando e a quem delegar. Isso envolve segurança e confiança no desempenho do gerente e no desempenho dos subordinados, e também no próprio sistema de delegação.

A falta de confiança é provavelmente um dos elementos que mais provoca o desperdício de tempo e de recursos no local de trabalho. Os gerentes que não confiam em seus empregados provavelmente desperdiçam horas, todos os dias, conferindo de perto o trabalho de cada um e, conseqüentemente, falham ao utilizar os recursos à sua disposição.[16]

Aprender a confiar nos outros é uma das lições mais difíceis a aprender para muitos gerentes, e alguns realmente nunca a aprendem. **Os gerentes que alegam que as oportunidades de delegação são limitadas pela natureza do ramo da hospitalidade deveriam prestar atenção às palavras de Stewart.**

Os gerentes devem aprender a aceitar que dependem de outras pessoas. É fundamental para um bom gerente saber administrar essa dependência. Gerentes que dizem não poder delegar porque seus subordinados são fracos talvez realmente não tenham um quadro de funcionários de muito bom preparo. Com freqüência, essa espécie de comentário é uma crítica que fazem a si mesmos: uma crítica à sua falta de vontade de delegar quando poderiam e deveriam fazê-lo, ou uma crítica à própria seleção, treinamento e desenvolvimento dos subordinados que fizeram.[17]

Ao permitir a liberdade de ação aos subordinados, dentro dos limites dos termos organizacionais, os gerentes devem aceitar que os subordinados podem realizar atividades delegadas de uma maneira diferente. Isso implica a teoria de aceitação de autoridade já mencionada.

Coragem — e apoio para os subordinados

A delegação é também uma questão de coragem. Os gerentes podem relutar em delegar tarefas aos subordinados, por medo de que estes não desempenhem o trabalho tão bem quanto eles próprios — a síndrome do "eu sei fazer melhor este trabalho". Sempre haverá erros e o subordinado precisará ser apoiado pelo gerente contra críticas infundadas. Conceder aos subordinados autoridade e responsabilidade implica também dar a eles o "direito de errar".[18] Os gerentes devem proteger e apoiar os subordinados, aceitando pessoalmente qualquer reprimenda por desempenho insatisfatório.

A aceitação da responsabilidade final é inerente à verdadeira natureza da delegação. Esta filosofia é evidenciada pelos seguintes comentários: o primeiro, de Lord Forte, e o segundo do hoteleiro alemão Klaus Kobjoll.

"Desculpe-me por ter cometido este erro." "Não, você não cometeu erro nenhum", respondi. "Nós o cometemos".[19]

Meu papel é o de alguém que delega. Cada pessoa é totalmente responsável por sua própria seção e pode cometer erros, aprendendo com eles. Aqui, ninguém os criticará por isso.[20]

O segundo comentário destaca o aspecto educacional do cargo de gerente. Este deve considerar os erros uma parte do treinamento do subordinado e uma oportunidade para desenvolvimento futuro. Quando os erros de fato ocorrem, são os gerentes que devem orientar os integrantes de sua equipe e revisar a eficácia de seu sistema de delegação. "Mesmo quando ocorrem erros, os bons gerentes são julgados tanto por sua habilidade em administrá-los quanto por seu sucesso."[21]

Segurança em relação às próprias habilidades

Alguns gerentes demonstram relutância em delegar, por medo de que os subordinados façam um trabalho excepcionalmente bom e coloquem a chefia em uma posição difícil. É importante que os gerentes tenham total segurança de suas habilidades, mas devem, é claro, lembrar que administrar não é uma tarefa individual. A atribuição do bom administrador é fazer com que o trabalho seja executado produtivamente por meio do esforço de seus subordinados. Quando um subordinado demonstra bom desempenho, isso se reflete positivamente na capacidade do gerente.

O gerente precisa saber fazer uso do conhecimento técnico e especializado dos subordinados. Não saber delegar uma atividade a um empregado competente ou de maior conhecimento pode significar que este subordinado se transforme em um líder negativo, o que poderá trazer conseqüências adversas para o gerente e para a organização.

A NECESSIDADE DE CONTROLE GERENCIAL

As operações de hospitalidade envolvem uma gama complexa de operações, muitas das quais acontecem simultaneamente, e os serviços são fornecidos diretamente aos clientes no próprio local. Alguns setores dos hotéis operam 24 horas por dia, sete dias por semana. Não se pode esperar que os gerentes estejam presentes sempre, ou que sejam capazes de executar todas as obrigações que requeiram atenção pessoal, nem que lidem com todas as atividades cotidianas.

A execução eficaz do trabalho e a satisfação do cliente, portanto, exigem a delegação de atividades e tarefas a outras pessoas, além da transmissão de instruções e de orientação. Isso implica que a equipe tenha comando, que seu desempenho seja verificado e revisado. Em outras palavras, requer controle gerencial.

Uma questão de equilíbrio

O conceito de responsabilidade final dá surgimento à necessidade de um controle gerencial eficaz. Os gerentes devem exercer o controle sobre as ações e decisões dos subordinados, mantendo-se informados da relevância e da qualidade do trabalho. Precisam monitorar o comportamento e as ações de sua equipe, a fim de garantir que eles mantenham um padrão de desempenho satisfatório. O gerente precisará manter abertas as linhas de delegação e providenciar um fluxo de comunicação de baixo para cima.

A essência do problema da delegação está no dilema confiança-controle. O dilema é que em qualquer situação administrativa, a soma de confiança + controle é sempre constante. A confiança é aquela que o subordinado sente que o gerente deposita nele. O controle é aquele que o gerente tem sobre o trabalho do subordinado.[22]

O controle é, portanto, parte integrante do sistema de delegação. É necessário garantir a coordenação eficaz das atividades e manter a cadeia de comando. Mas o controle não deve ser muito próximo, para não inibir a operação efetiva ou os benefícios da delegação. É uma questão de garantir o equilíbrio correto (Figura 11.3).

O significado e a interpretação de controle

O termo "controle" com freqüência tem uma conotação de caráter emocional, sendo percebido de maneira negativa, porque sugere a direção ou o comando de outras pessoas por meio de ordens. O grupo talvez suspeite dos sistemas de controle, interpretando-os como uma maneira de aplicar punições, um indicativo de gestão autoritária, ou um meio de exercer pressão e de manter a disciplina.

Mas essa interpretação é muito estreita. Controlar é muito mais do que simplesmente ater-se a um meio de restringir o comportamento ou de exercer autoridade sobre os outros. **O controle não é apenas uma função da organização formal ou uma estrutura hierárquica de autoridade. É também uma função da influência interpessoal.** O controle é um conceito geral que se aplica tanto ao comportamento individual quanto ao desempenho organizacional eficaz.

Diferentes abordagens relativas ao controle gerencial

As diferentes abordagens para organização e gestão, como foi discutido no Capítulo 4, ilustraram posições contrastantes quanto à natureza do controle gerencial. A **abordagem clássica** coloca ênfase nas exigências técnicas da

FIGURA 11.3
O equilíbrio entre delegação e controle.

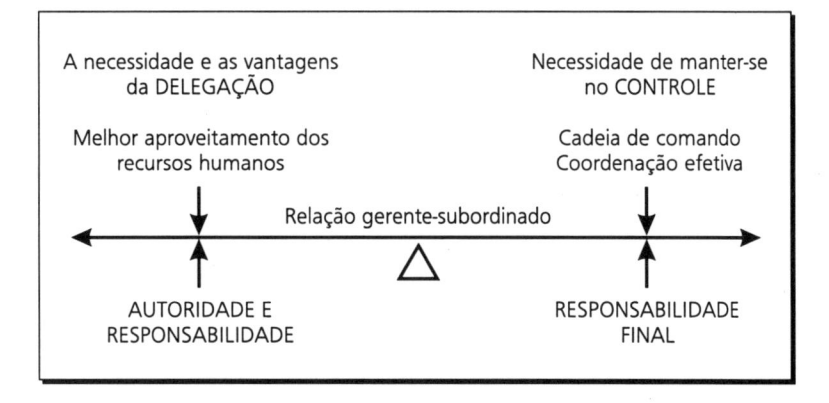

A necessidade e as vantagens da DELEGAÇÃO — Melhor aproveitamento dos recursos humanos — AUTORIDADE E RESPONSABILIDADE

Relação gerente-subordinado

Necessidade de manter-se no CONTROLE — Cadeia de comando Coordenação efetiva — RESPONSABILIDADE FINAL organização e tende a apoiar um alto nível de controle, conforme o necessário para assegurar a eficiência. Podemos lembrar, por exemplo, que a crítica feita à gestão científica diz respeito ao alto nível de controle administrativo existente sobre os trabalhadores e o verdadeiro processo de trabalho.

Aqueles autores que recomendam uma **abordagem de relações humanas,** que considera as necessidades sociais dos indivíduos, entendem que um alto nível de controle é algo frustrante, que produz uma resposta negativa, aumenta o conflito interno e resulta apenas em melhorias de curta duração no desempenho.[23] O controle não deve ser, portanto, considerado apenas uma forma de supervisão próxima e permanente ou uma restrição à liberdade de ação do indivíduo.

Quanto à **abordagem sistemática,** o controle está relacionado tanto à mensuração da eficácia organizacional quanto aos insumos e às séries de atividades pelas quais estes são transformados em produção. O controle enfatiza as inter-relações entre os diferentes subsistemas da empresa. A **abordagem contingencial** considera o controle gerencial uma variável organizacional. Os métodos mais apropriados de controle dependerão das contingências das situações particulares.

Melhoria do desempenho

O controle pode ser interpretado de diferentes formas, pois tem amplo alcance e pode manifestar-se de várias maneiras. O sistema de controle pode estar voltado a resultados gerais, a ações específicas ou a atividades operacionais cotidianas, com a avaliação do desempenho do hotel como um todo, ou de setores dele.

Quaisquer que sejam as formas de controle gerencial, é fundamental verificar e revisar os progressos voltados à consecução dos objetivos traçados pela empresa. O objetivo maior do controle gerencial é a melhoria do desempenho. Lord Forte, por exemplo, afirma o seguinte:

possuímos um sistema intensivo de controle. A palavra é com freqüência mal interpretada. Eu não estou falando de controle no sentido de diminuir a qualidade, mas de estabelecer padrões e de verificar se as operações estão de acordo com o que foi estabelecido.[24]

O controle pode ser aplicado para produzir efeito tanto em nível individual quanto organizacional (Figura 11.4).

Em nível individual

Em nível individual, os integrantes da equipe querem saber o que é esperado deles, se estão trabalhando corretamente e nas áreas certas. O controle é a base para as necessidades de treinamento, a motivação para alcançar os padrões e para desenvolver os indivíduos. Toda vez que uma pessoa pergunta se está fazendo um bom trabalho, há a necessidade de uma espécie de controle. Um sistema de controle eficaz prevê o intercâmbio de informação e *feedback* sobre os verdadeiros resultados obtidos, em comparação com os alvos planejados.[25]

O conceito de responsabilidade final dá origem à necessidade de controle gerencial eficaz. Os gerentes devem exercer controle sobre as ações e decisões dos subordinados e serem informados da relevância e da qualidade de seu trabalho. Devem monitorar o comportamento e as ações do grupo a fim de garantir que haja um padrão satisfatório de desempenho.

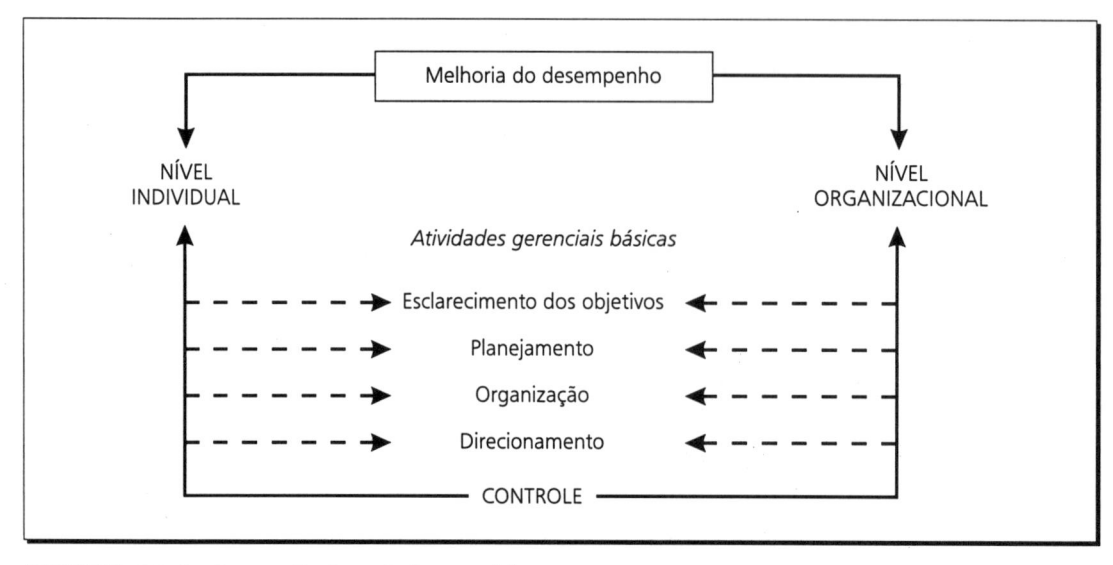

FIGURA 11.4 A operação do controle gerencial.

Em nível organizacional

Atingindo o nível organizacional, o controle completa o ciclo de atividades gerenciais. Isso envolve revisar e planejar a organização do trabalho da empresa, além de guiar e regular as atividades da equipe de trabalho. O controle gerencial ocupa-se da eficácia organizacional e apura se os objetivos da empresa estão sendo alcançados.

O propósito do controle organizacional é evitar impropriedades, monitorar o uso dos recursos, verificar o progresso do trabalho e garantir *feedback* sobre o sucesso ou fracasso das operações. O controle é uma característica da situação de trabalho e um importante fator da relação pessoa-organização.

Em um ramo de serviços como a hospitalidade, a demanda por qualidade enfatiza a importância de procedimentos eficazes de controle.

> *O controle é também uma importante função da gestão, não menos importante na transmissão de qualidade do que em outros aspectos da atividade gerencial. De fato, em razão de a essência da qualidade ser a consistência, a maior parte da transmissão da qualidade é uma questão de haver bom controle.*[26]

Principais estágios dos sistemas de controle

Qualquer que seja a natureza do controle, há cinco estágios essenciais no projeto de um sistema de controle gerencial (Figura 11.5):

1. Planejar o que se deseja.
2. Estabelecer padrões de desempenho.
3. Monitorar o real desempenho.
4. Comparar resultados reais e alvos planejados.
5. Retificar e tomar ações corretivas.

Objetivos e alvos claros

Planejar requer um sistema que guie o processo de controle. É importante que toda a equipe tenha noção completa de suas obrigações e responsabilidades, e saiba exatamente o que a empresa espera deles. Os objetivos e alvos devem ser claros, para estabelecer padrões de desempenho pelos quais é determinado o nível de realizações. Isso requer meios realistas de mensuração, que sempre que possível devem ser colocados em termos quantitativos.

A importância do *feedback*

Deve haver algum sistema de *feedback* e de relato de informações para que seja possível monitorar o progresso e revisar os resultados. A informação deve ser precisa, relevante, pontual e facilmente compreendida por todos. Deve ser apresentada em uma forma que permita à gerência comparar desempenho real e metas traçadas, além de chamar a atenção para quaisquer desvios. Essa informação deve retornar à equipe, a fim de que os empregados saibam em que nível está o seu desempenho.

Para ser eficaz, o *feedback* deve identificar prováveis causas de desvios e fornecer a base para decisões relativas à execução de ações corretivas. Isso talvez implique a consideração do que poderia ou deveria ser feito para melhorar o nível do

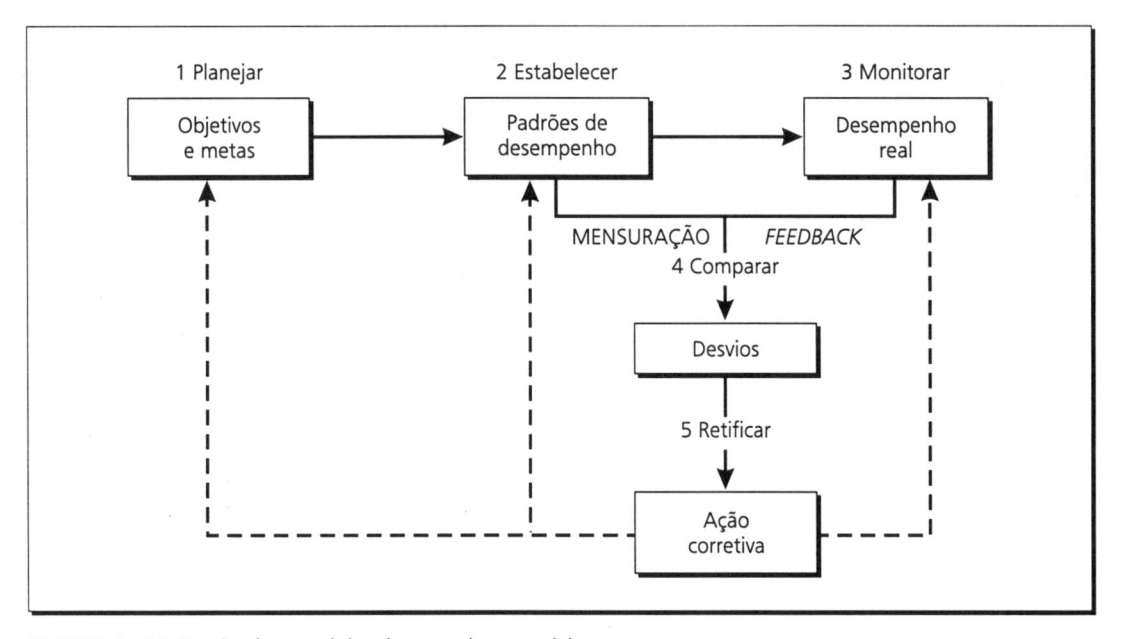

FIGURA 11.5 Os cinco estágios do controle gerencial.

desempenho real, das revisões dos objetivos e alvos originais, e do ajustamento aos padrões de desempenho ou da operação do próprio sistema de controle. O *feedback* e a revisão são aspectos decisivos no sistema de controle gerencial.

AVALIAÇÃO DO DESEMPENHO

Uma das formas de monitorar, controlar e aprimorar as atividades do grupo de funcionários e as operações das organizações de hospitalidade é por meio de um sistema de avaliação do desempenho. Um esquema de avaliação formal e sistemático torna possível uma avaliação regular do desempenho de um empregado, além de dar destaque ao seu potencial e identificar necessidades de treinamento e desenvolvimento. Um esquema de avaliação apropriado ajuda a desenvolver o desempenho futuro da equipe, formando a base das remunerações financeiras e da progressão planejada da carreira.

Avaliação do desempenho no ramo da hospitalidade

De acordo com Boella, "Cada vez que um supervisor elogia, aconselha ou corrige um subordinado, está praticamente aplicando uma forma de avaliação do desempenho".[27] Contudo, a partir de uma revisão da literatura específica, realizada por Lucas, parece haver dúvidas quanto ao grau ou à importância conferida à avaliação formal do desempenho no ramo da hospitalidade, até mesmo porque avaliação é sempre um conceito variável. Ainda assim, "a avaliação do desempenho é uma prática mais comum em hotéis e em *catering* do que em qualquer outro ramo, especialmente no que diz respeito à determinação do pagamento".[28]

O feedback de 360° e a avaliação de baixo para cima

Cada vez mais as formas mais amplas e flexíveis de avaliação ganham importância, com enorme ênfase ao *feedback*. A idéia de um *feedback* de 360° implica a avaliação e o *feedback* captado de diferentes grupos da organização — colegas, subordinados e chefes, além de, possivelmente, clientes internos e externos. A idéia é realizar uma avaliação mais ampla, abrangendo boas relações de trabalho, trabalho em equipe, liderança, tomada de decisões e qualidade do serviço oferecido.[29] Um sistema de revisão de baixo para cima prevê os subordinados avaliando seus gerentes. Isso pode ajudar a julgar, entre outras coisas, a capacidade de o gerente aceitar críticas construtivas.

Avaliações em 360° são realizadas com todos os empregados pelos colegas e líderes de equipe. Uma forma-padrão de avaliação é utilizada, cobrindo realizações em áreas de trabalho fundamentais, desempenho em atribuições fundamentais, adequação e precisão das descrições de cargo, exigências de treinamento e áreas de melhoria. Todas as questões são observadas e as ações são executadas sempre que possível. As áreas problemáticas são discutidas com os líderes de equipe de maneira que, mesmo que a ação imediata não seja possível, todos estejam a par da dificuldade e possam compensá-la. Os empregados recebem seus próprios arquivos pessoais, que contêm todos os formulários de avaliação e certificados de treinamento de curto e longo prazos (NVQs, etc.), para que possam ver seu progresso e acompanhar como estão superando dificuldades.

Todos são avaliados no Seaview. Cada colega é avaliado em uma reunião da equipe gerencial, com o auxílio de um avaliador treinado. Nas semanas imediatamente anteriores à avaliação, os líderes de equipe buscam, em reuniões de departamento, opiniões de seu grupo sobre os colegas — opiniões que são revisadas nas reuniões de avaliação com os próprios colegas participando.

THE SEAVIEW HOTEL AND RESTAURANT

Aplicações da avaliação de desempenho e suas dificuldades

Um sistema eficaz de avaliação de desempenho requer:

❏ preparação cuidadosa, tanto do avaliador quanto do avaliado;
❏ um procedimento bem planejado e claramente posto, incluindo o *design* do formulário de avaliação;
❏ condução da entrevista de avaliação e da discussão, incluindo planos para desempenho futuro;

❏ conclusão da discussão e resumo dos principais pontos;
❏ revisão e acompanhamento.[30]

(Para ilustrar, detalhes do procedimento de avaliação do desempenho da equipe realizado pelo Swallow Hotels são fornecidos no Apêndice deste capítulo.)

Os avaliadores devem fazer todo o esforço possível para manter a objetividade. Quando se avalia o desempenho, é importante evitar distorções perceptivas e erros (por exemplo, o "efeito halo", discutido no Capítulo 3).[31]

Umbreit, Eder e McConnell consideram que as avaliações de desempenho possuem várias utilidades, inclusive a de ser uma ferramenta gerencial, para estimular a produtividade dos gerentes, supervisores e subordinados. Os empregados e a gerência trocam rapidamente de trabalho e com grande freqüência, e os operadores de hospitalidade em especial precisam de um método efetivo para a avaliação do desempenho do grupo.[32]

Contudo, Umbreit *et al.* apontam que a maior dificuldade em grande parte dos sistemas de avaliação é que os diagnósticos são geralmente subjetivos, relacionando-se primeiramente com as características da personalidade ou com observações não-comprováveis. Os autores sugerem que todo sistema de avaliação deve satisfazer 10 padrões relacionados tanto às exigências de conteúdo quanto às do processo.

Exigências de conteúdo

(i) Os padrões de desempenho devem estar baseados na análise das exigências do cargo.
(ii) A avaliação deve estar baseada nas dimensões específicas do desempenho no cargo, e não simplesmente em "medidas globais".
(iii) Os padrões de desempenho devem ser objetivos e comprováveis.
(iv) As classificações devem ser documentadas.
(v) A validade das classificações individuais devem ser avaliadas.

Exigências do processo

(i) Os padrões de desempenho devem ser comunicados ao empregado e entendidos por ele.
(ii) As instruções específicas para os avaliadores devem ser apresentados por escrito.
(iii) Mais do que um avaliador deve ser utilizado, quando possível.
(iv) O avaliador deve revisar os resultados da avaliação com o empregado.
(v) O empregado deve apresentar apelação formal.

NORMAS DE COMPORTAMENTO

Por sua própria natureza, os sistemas de controle estão voltados ao procedimento das pessoas e envolvem normas comportamentais e alguma perda de liberdade individual. As pessoas podem desconfiar dos sistemas de controle e interpretá-los como ações que visam à punição, um indicativo gerencial autoritário. Alguns autores sustentam esse ponto de vista e até parecem sugerir que os controles organizacionais estão voltados à exploração dos empregados.[33]

Sob determinadas condições, no entanto, as pessoas podem na verdade desejar ser controladas. Lawler, por exemplo, cita três razões pelas quais os empregados podem desejar estar sujeitos a um sistema de controle:

❑ para dar *feedback* sobre o desempenho;
❑ para fornecer algum grau de estrutura às tarefas, e definições de como as tarefas têm de ser executadas e de como o desempenho será medido;
❑ quando o sistema de remuneração, como, por exemplo, o pagamento, está vinculado ao desempenho.[34]

Ambivalência em relação ao controle

A maior parte das pessoas, todavia, demonstra uma ambivalência em relação ao controle organizacional. Apesar de reconhecerem a necessidade e a utilidade dos sistemas de controle, elas podem não desejar que tais sistemas sejam aplicados a seu próprio desempenho. É, portanto, importante não ignorar as implicações comportamentais. Embora a necessidade de algum tipo de controle esteja sempre presente, o grau e a maneira de controlar é variável. Os sistemas de controle podem ter efeitos positivos ou negativos. Devem, por isso, ser projetados e implementados de maneira construtiva e recompensadora.

Embora de fato não o admitam, a maior parte das pessoas prefere que suas vidas sejam controladas de alguma forma, porque isso lhes dá alguma estabilidade e contribui para o seu bem-estar geral e segurança. Ainda assim, a conotação negativa do controle ainda existe e é amplificada pelos modos sob os quais os controles têm sido definidos, implementados e utilizados em organizações formais.[35]

GARANTIA DE QUALIDADE NA INDÚSTRIA DA HOSPITALIDADE

Um aspecto significativo dos sistemas de controle gerenciais, de importância particular para o ramo da hospitalidade, é aquele relativo a processos que garantam a qualidade. No Capítulo 2, vimos que o lucro pode ser considerado um incentivo para a organização executar suas atividades eficazmente. Para prosseguir no mundo dos negócios, a empresa precisa manter seu crescimento e desenvolvimento, além de um nível contínuo e estável de lucratividade. A organização de hospitalidade deve, portanto, como uma questão política, estar constantemente buscando oportunidades para melhorar a qualidade de seus produtos, serviços e processos.

O interesse pela garantia de qualidade é percebido quando há uma combinação dos seguintes fatores:

❑ o resultado natural dos negócios e a necessidade de oferecer bens e serviços de alta qualidade, a fim de garantir a sobrevivência, a competitividade e o sucesso econômico;
❑ a natureza de mão-de-obra intensiva e as características da equipe que atua no ramo;
❑ o desejo de alcançar e demonstrar alguma medida "tangível" de qualidade por meio dos certificados ou das indicações da British Standard Institution (BSI) ou da International Organisation for Standardisation (ISO);
❑ a necessidade de satisfazer uma exigência absoluta, por exemplo, uma obrigação legal, como a estabelecida pela Food Safety Act 1990;

❏ parte do exercício de responsabilidades mais amplas de gestão.

Sistemas eficazes de garantia de qualidade

As expectativas crescentes dos clientes, juntamente com o impacto das diretivas da União Européia, têm ressaltado a importância do ramo da hospitalidade, garantindo a devida atenção ao planejamento, à implementação de sistemas de garantia de qualidade e à revisão das práticas e procedimentos existentes.[36] O controle de qualidade, incluindo a inspeção retrospectiva, é uma fator necessário aos sistemas preventivos e um importante elemento dos processos de gestão da qualidade.[37] Contudo, um sistema eficaz de garantia de qualidade envolve mais do que apenas atividades realizadas "depois do fato". Abrange também demandas por maior produtividade, custos reduzidos e melhor padrão dos produtos finais e dos serviços prestados ao consumidor.[38]

A necessidade de uma abordagem sistemática

Lockwood et al. comentam sobre a dificuldade de administrar a qualidade nas operações de hospitalidade, o que é agravado pela complexa mistura de elementos de serviço e de produção que precisam ser gerenciados em um curto ciclo de operações. Embora haja a necessidade óbvia de uma abordagem sistemática e totalmente abrangente, apenas poucas operações do setor enfrentam o desafio. A necessidade de uma abordagem sistemática voltada à qualidade da gestão é evidente. Para ser eficaz, a garantia de qualidade deve envolver o desenvolvimento de uma filosofia de operação pró-ativa, incluindo a motivação e o envolvimento das pessoas de diferentes departamentos. A partir de estudos de caso envolvendo uma variedade de organizações de hospitalidade, Lockwood et al. concluíram que "administrar qualidade em uma organização, e mantê-la, em nada difere de administrar essa organização como um todo".[39]

A garantia de qualidade, portanto, está relacionada ao processo completo de gestão e é parte integrante do esclarecimento dos objetivos e da política, planejamento (incluindo o *design*), organização, direcionamento, orientação e, finalmente, controle do desempenho. Como um conceito que tudo abrange, a garantia de qualidade está cada vez mais incluída no desenvolvimento de uma cultura de Gestão da Qualidade Total,[40] a ser discutida no próximo Capítulo.

A MENSURAÇÃO DA QUALIDADE DOS SERVIÇOS

Sistemas de controle eficazes são necessários para garantir que os níveis e os padrões de desempenho requeridos sejam respeitados. No setor de serviços, os sistemas de controle devem estar relacionados à qualidade das atividades e dos processos que promovem a satisfação do cliente. Um procedimento corriqueiro são os questionários entregues aos hóspedes ou os comentários registrados em uma ficha, cujo exemplo aparece na Figura 11.6.

Contudo, Johnston indica que uma mensuração simples da qualidade dos serviços precisaria estabelecer o grau de conformidade com expectativas gerais; também atividades de acompanhamento seriam necessárias para detectar problemas e reclamações. "Uma simples forma de mensuração faria as seguintes perguntas: Os serviços atenderam às suas expectativas? Eles foram piores ou melhores do que o esperado?"[41] Conjuntos mais amplos de medidas enfocariam a análise de pontos e atividades críticas das operações do estabelecimento.

A natureza intangível dos serviços

As características dos serviços apontam que é difícil estabelecer indicadores específicos para o desempenho eficaz. A natureza intangível dos serviços, juntamente com as demandas individuais dos clientes, indicam que a prestação de serviços pode ser muito variada. Os benefícios oriundos dos serviços estão associados aos sentimentos e às emoções. A qualidade dos serviços em uma organização de hospitalidade é em geral identificada com a cultura geral e com o ambiente, bem como com a disposição e atitudes do grupo de funcionários.

É possível, porém, estabelecer mensurações mais específicas da eficácia organizacional. Lembre-se do Capítulo 2, em que consideramos o hotel como um sistema aberto e identificamos várias mensurações possíveis de serem feitas. Elas poderiam incluir, por exemplo, clientes que retornam ao hotel, taxas de ocupação, recomendações (como número de estrelas), fluxo de caixa e índices contábeis.

Procedimento e sociabilidade

De acordo com Martin, a qualidade do serviço é um conceito complexo e, no caso dos restaurantes, por exemplo, cada definição exata de serviço "de qualidade" é única, pois todo restaurante busca atender diferentes necessidades, de acordo com seus clientes. Contudo, independentemente do tipo de serviço oferecido, a qualidade dos serviços é sempre uma combinação de dois fatores principais — *procedimentos* e *sociabilidade*.

As dimensões referentes aos **procedimentos** medem os sistemas técnicos envolvidos em fazer com que os produtos e serviços cheguem ao cliente, compreendendo sete aspectos: fluxo de serviço, oportunidade, acomodação, antecipação, comunicação, *feedback* do cliente e supervisão. A **sociabilidade** reflete a capacidade de o empregado relacionar-se com os clientes, estabelecer *rapport* e identificar suas necessidades. Martin destaca nove aspectos da sociabilidade: atitude, linguagem corporal, tom de voz, tato, saber o nome das pessoas, atenção, orientação, sugestão de vendas e resolução de problemas.[42]

A gestão de projeto total

Com base em experiências no ramo industrial, Hollins e Hollins enfatizam a importância de gerenciar o projeto e a

A mensuração da qualidade dos serviços 315

FICHA PARA COMENTÁRIO

Prezado hóspede
Bem-vindo ao Hotel

Esperamos que sua estada seja agradável, e isso implica garantir que tudo em nosso hotel esteja de acordo com suas expectativas. Solicitamos que preencha esta ficha com seus comentários.

Caso a equipe do hotel não consiga resolver qualquer problema, por favor contate o Gerente Geral, que, com prazer, o ajudará.

Obrigado por escolher o Hotel

Data da chegada:

Número de diárias:

Excelente / Bom / Insatisfatório

CHEGADA
Recepção ☐☐☐
Porteiros ☐☐☐

APARTAMENTOS
Aparência ☐☐☐
Conforto ☐☐☐
Qualidade do serviço ☐☐☐

RESTAURANTE

Café da manhã
Qualidade do serviço ☐☐☐
Qualidade da comida ☐☐☐

Lanches
Qualidade do serviço ☐☐☐
Qualidade da comida ☐☐☐

Chá da tarde
Qualidade do serviço ☐☐☐
Qualidade da comida ☐☐☐

Jantar
Qualidade do serviço ☐☐☐
Qualidade da comida ☐☐☐

Excelente / Bom / Insatisfatório

BAR
Qualidade do serviço ☐☐☐
Aparência ☐☐☐

LAZER
Piscina ☐☐☐
Aparência ☐☐☐
Limpeza ☐☐☐
Conforto ☐☐☐

GOLFE
Condições do campo ☐☐☐

LOJA PARA GOLPE
Aparência ☐☐☐
Qualidade do serviço ☐☐☐

GERAL
Qual sua opinião sobre as instalações em geral? ☐☐☐

Você já havia se hospedado neste Hotel antes? Sim ☐ Não ☐

Caso não tenha se hospedado no Hotel antes, como você nos escolheu (recomendação, guia, propaganda, etc.)?

Você pretende nos visitar novamente? Sim ☐ Não ☐

SEUS COMENTÁRIOS
Comente sobre o que desejar ou dê sugestões sobre nossas facilidades ou nossos padrões de serviço.

Nome:
Endereço:

Após preencher esta ficha, por favor feche-a usando a extremidade adesiva à direita e entregue-a no local indicado no verso.

FIGURA 11.6 Exemplo de um questionário para os hóspedes.

implementação de novos produtos na área de serviços. O conceito de projeto total envolve pesquisa de mercado, produção, contabilidade e vendas, e também o aspecto pessoal, incluindo a estrutura e a operação de equipes e seu treinamento. Aspectos específicos do projeto de serviços incluem a atenção à fila e a incorporação de modernas tecnologias.[43]

Logística da função de qualidade

De acordo com Jeong e Oh, o ramo da hospitalidade presencia uma competição crescente pela possibilidade de oferecer serviço de alta qualidade e satisfação ao cliente, e a pesquisa se tornou significativa no setor. Os autores apontam para o fato de que seria desejável que um modelo sistemático e estruturado, a Logística da Função de Qualidade, estivesse disponível para ajudar os gerentes a desenvolver estratégias bem-sucedidas para as funções de serviço e também para inovações nessa área. A Logística da função de qualidade pode ser considerada parte integrante de um processo de Gestão da Qualidade Total, fornecendo diretrizes estruturadas para reprojetar os serviços e para desenvolver novos produtos. É utilizada para integrar as necessidades do cliente, o projeto de serviços/exigências gerenciais, os alvos das metas projetadas e avaliações competitivas dos produtos e dos serviços.[44]

SUPERVISÃO E RELAÇÕES DE APOIO

Garantir o equilíbrio entre a delegação, a liberdade individual de ação e o controle requer um correto nível de supervisão. Um conceito fundamental de gestão participativa é o princípio das relações de apoio, que discutimos no Capítulo 5. Os gerentes devem possuir grandes aspirações de desempenho, para si e para os integrantes da equipe. Uma relação de apoio exige que haja a tomada de decisões em grupo e um estilo de supervisão centrado no empregado.

A fim de atingir um alto nível de desempenho, é necessário criar uma relação de apoio entre o gerente e o subordinado, visando a melhorar a auto-estima e o ego. Os subordinados devem sentir que são importantes e que têm valor, mantendo sua noção de dignidade.

Supervisão centrada no empregado ou no cargo

Likert fala de uma diferença entre estilos de supervisão centrados no cargo e uma orientação voltada à equipe. Uma abordagem centrada no cargo é ilustrada pelo seguinte ponto de vista:

> Não há nada de errado com esta abordagem cujo interesse são as pessoas, mas ela representa um exagero. Tenho de pressionar todos pela produção. Quando obtiver a produção, aí sim poderei dedicar meu tempo a demonstrar interesse por meus empregados e por seus problemas.

Uma supervisão centrada no empregado é ilustrada por este parecer:

> Uma forma de viabilizar um alto nível de produção é deixar que as pessoas façam o seu trabalho da maneira que quiserem, desde que atinjam os objetivos. Acredito que é importante que seu trabalho não seja monótono. Fazer com se sintam especiais, não apenas mais uma pessoa entre tantas... Se os empregados não se sentirem perseguidos, eles serão capazes de fazer o esforço necessário para realizar seu trabalho no tempo previsto.
>
> Quando as pessoas conhecem seu trabalho, acho importante deixar que tomem decisões. Acredito em delegar a tomada de decisões. É claro que se houver alguma coisa que afete todo o grupo, os dois gerentes assistentes, os três chefes de seção e, às vezes, os assistentes dos chefes de seção entram em ação. Na minha opinião, não é possível dizer que as coisas vão ser como eu quero e ponto final. Afinal de contas, havendo acordo entre a supervisão e a gerência, não haverá problemas em vender a idéia ao grupo. Meu trabalho é lidar principalmente com os seres humanos e não com o trabalho em si.[45]

Likert também apresenta uma lista de 12 questões para testar o grau das relações de apoio e se o comportamento de um superior é favorável (Figura 11.7).

Relações de apoio e controle

A relevância da lista de perguntas de Likert sobre as relações de apoio, aliada à importância do controle, recebe o destaque de Venison.

> Em minha experiência, quase todas aquelas questões poderiam ser perguntadas a qualquer empregado de hotel em quase todo ambiente e a quase todo empregado de uma empresa, e se as respostas forem negativas é porque o hotel não está funcionando tão bem quanto poderia. A criação de um ambiente de apoio não deve ser confundida com a abdicação de controlar ou com a eliminação da disciplina. De nenhuma forma se está sugerindo que a gerência deva se eximir. Na verdade, a disciplina é extremamente importante para alcançarmos altos padrões, mas ela quase sempre implica confrontação. Podemos lidar com a confrontação quando o ambiente é de apoio, pois, assim, as pessoas poderão dizer o que pensam sem temer serem mal compreendidas.[46]

O EXERCÍCIO DO CONTROLE

O exercício do controle é uma expressão dos sistemas de gestão e estilo. Sob condições normais de organização e administração, o controle é considerado uma característica essencial da empresa formal e uma estrutura hierárquica de autoridade.

Os controles terão como base o uso da rotina e o exercício das regras e normas, em uma tentativa de criar consistência e previsibilidade no comportamento. Essa espécie de controle mantém uma forma estrutural burocrática. Outro aspecto relacionado ao controle tem como base hipóteses comportamentais. O controle é considerado uma característica da influência interpessoal e ocorre em uma estrutura de

1. Qual o grau de confiança e segurança você acredita que seu superior tem a seu respeito? O quanto você confia e sente segurança nele?

2. Até que ponto seu chefe demonstra a você um sentimento de segurança quanto ao fato de você poder fazer seu trabalho com sucesso? Ele espera o "impossível" e acredita plenamente que você pode fazer e fará?

3. Até que ponto ele está interessado em ajudar você a alcançar e manter uma boa remuneração?

4. Até que ponto seu superior tenta entender seus problemas e fazer alguma coisa para ajudá-lo?

5. O quanto seu superior está realmente interessado em ajudar você com seus problemas pessoais e familiares?

6. Quanta ajuda você obtém de seu superior ao fazer seu trabalho?
   a. O quanto ele está interessado em treiná-lo e ajudá-lo a aprender melhores métodos para realizar seu trabalho?
   b. O quanto ele ajuda a resolver problemas de maneira construtiva — não dizendo a resposta, mas ajudando-o a pensar em soluções?
   c. Até que ponto ele percebe que você tem os suprimentos, o orçamento, o equipamento, etc., que precisa para bem executar seu trabalho?

7. Até que ponto ele está interessado em ajudar você a receber o treinamento que o ajudará a ser promovido?

8. Até que ponto seu superior tenta mantê-lo informado sobre assuntos relacionados a seu trabalho?

9. O quanto seu superior compartilha informação com você a respeito da empresa, da situação financeira dela, ganhos, etc.? Ou mantém essa informação só para si?

10. Seu superior pede sua opinião quando acontece um problema que envolve seu Trabalho? Ele valoriza suas idéias, procura conhecê-las e esforça-se em pô-las em prática?

11. Ele é amistoso e de fácil convívio?

12. Até que ponto seu superior é generoso no crédito e no reconhecimento que dá aos outros pelas realizações e contribuições, em vez de atribuir todo o crédito a si mesmo?

(*Fonte:* Likert R, *The Human Organisation: Its Management and Value*, McGraw-Hill (1967), pp. 48-49. Com a permissão de McGraw-Hill, Inc.)

FIGURA 11.7 Questionário sobre os princípios das relações de apoio.

interação e de comunicações em rede. O controle é uma função do compromisso comum com os objetivos da organização. Essa concepção está mais de acordo com a abordagem de relações humanas, sustentando a posição de que o exercício de um alto nível de controle é algo negativo.

Considerações sobre o comportamento

Os sistemas de controle são invariavelmente vistos com alguma suspeição e ressentimento pelos integrantes do grupo de trabalho. Com freqüência, o controle sobre o comportamento é percebido como uma ameaça à necessidade de satisfação do indivíduo. Mesmo quando os sistemas de controle são bem projetados e operados, há forte resistência e tentativas de não-alinhamento de parte dos funcionários afetados por eles. Portanto, para que os sistemas de controle sejam eficazes em propiciar melhor qualidade e desempenho, será necessário prestar atenção ao estilo de gestão e aos fatores que influenciam o comportamento humano.

O estilo de liderança gerencial é uma função do posicionamento dos gerentes em relação às pessoas e às considerações sobre a natureza humana e o comportamento — por exemplo, as Teorias X e Y de McGregor.[47] O gerente da Teoria X acredita que as pessoas não gostam de trabalhar, de assumir responsabilidades e, para atingir resultados, devem ser coagidas e dirigidas, além de ameaçadas com punições. Tal tipo de gerente está propenso, portanto, a interessar-se apenas por esquemas limitados de delegação, cujos limites são claramente definidos, e pelo exercício de controle e autoridade próxima.

O gerente da Teoria Y tem como base o princípio da integração entre as metas do indivíduo e as da organização. As pessoas podem aprender a aceitar e a buscar responsabilidade por suas próprias ações, e colocarão o autodirecionamento e o autocontrole a serviço dos objetivos com os quais estão comprometidas. O gerente da Teoria Y está mais interessado em esquemas amplos de delegação, baseados na consulta e na participação dos subordinados, sendo a responsabilidade algo aceito pelo comprometimento pessoal dos empregados com as metas e tarefas da empresa.

Comportamento e controle gerencial

No ramo da hospitalidade, as pessoas são parte do produto final pelo qual o cliente paga. A satisfação do cliente será afetada tanto pela cortesia, disposição e eficiência da equipe quanto pelo padrão de comida e bebida e de acomodação.[48] Como vimos no Capítulo 10, a gestão efetiva dos recursos humanos é um aspecto de real importância na indústria da hospitalidade. As características da organização e do quadro funcional podem indicar que há a necessidade de um alto nível de controle gerencial sobre o comportamento e o desempenho do grupo. Essa, porém, não é necessariamente a melhor abordagem.

Se os sistemas de controle devem ser aceitos pelos funcionários, é preciso dedicar muita atenção aos fatores comportamentais. A essência de uma abordagem comportamental tem como base não apenas a provisão de sistemas de controle, mas também a significação e a importância do trabalho, além da manutenção da motivação e do compromisso dos empregados.

As pessoas gostam de sentir orgulho do seu trabalho. O ramo da hospitalidade foi favorecido nesse aspecto, já que a ênfase é geralmente colocada no padrão de qualidade, e não na quantidade, de seus produtos e serviços. Deve haver um incentivo para que a equipe produza trabalho de alta qualidade, por exemplo, na preparação de comida ou na limpeza dos apartamentos. Quando os funcionários sentem satisfação pessoal com a execução de um trabalho competente, pouca necessidade existe de um alto nível de supervisão.[49]

Os sistemas de controle fornecem uma interface entre o comportamento humano e o processo de gestão. Já vimos que a tentativa de influenciar o comportamento das pessoas está por trás de todos os sistemas de controle.

> O amplo objetivo da função de controle é empregar de maneira eficaz todos os recursos comprometidos com as operações de uma empresa. Entretanto, o fato de que os recursos não-humanos dependem do esforço humano para que sejam utilizados faz do controle, em última análise, o regulamento do desempenho humano.[50]

O controle das atividades de serviço

A natureza do setor de serviços (discutida no Capítulo 2), como, por exemplo, a interação direta entre empregados e clientes, a natureza pessoal das atividades, a intangibilidade e a natureza heterogênea dos clientes, indicam que é difícil estabelecer padrões objetivos de desempenho eficaz. Como resultado, os gerentes podem ficar tentados a voltar-se ao exercício do controle como uma característica da organização formal e da autoridade, como foi discutido há pouco.

Riley, por exemplo, comenta:

> Em condições onde os padrões são subjetivos, os gerentes sempre tentam superar tal subjetividade pela padronização, checklists e outros recursos que tornam mais específicas as tarefas a ser executadas. Em outras palavras, eles tentam melhorar métodos formais de controle. O problema é que tais métodos jamais serão totalmente bem-sucedidos. O que o gerente de hotel e catering precisa saber é que as armas eficazes são de natureza pessoal. Dar exemplo e ser zeloso, quando a finalidade é alcançar um determinado objetivo compartilhado com os empregados, no que diz respeito ao que é melhor nas variadas circunstâncias da operação, são controles eficazes. É uma relação de confiança. Essa relação entre a natureza de um cargo e como o gerente pode controlá-lo, conduz a uma questão importante para o setor — controle versus serviço pessoal.[51]

A eficácia dos sistemas de controle gerencial dependerão, portanto, do projeto e da operação, bem como das atitudes do grupo de trabalho e da maneira como este responde a eles. O controle freqüentemente provoca uma resposta emocional naqueles que são afetados por ele. As atividades de um sistema de controle gerencial levantam considerações importantes sobre os fatores humanos e a gestão de pessoas.

Implementação de uma abordagem comportamental

Há várias maneiras pelas quais o gerente pode implementar uma abordagem comportamental no que diz respeito ao controle:

❑ *Participação.* Quanto mais a equipe coopera e participa na definição dos procedimentos de controle, mais provavelmente os aceitará. Se o funcionário estiver envolvido no processo de tomada de decisões haverá maior incentivo ao exercício do autocontrole sobre seu nível de desempenho.

❑ *Compreensão.* O grupo precisa compreender o propósito e a natureza dos sistemas de controle. Se assim o fizer e aceitar as razões do controle, isso ajudará a construir melhores relações entre o gerente e o subordinado.

❑ *Motivação.* A falta de motivação pode levar a um comportamento frustrado e a um desempenho fraco, exigindo um nível mais alto de controle. O reconhecimento proveniente de um nível satisfatório de realização, juntamente com um sistema adequado de remuneração, como partes integrantes do controle, podem motivar o grupo e estimular bons resultados. Nenhum nível de controle gerencial será eficaz se os empregados não estiverem motivados para alcançar um alto nível de desempenho.

- *Estrutura da organização.* As características do projeto organizacional influenciarão a natureza e a operação dos sistemas de controle. Uma estrutura "mecânica" é caracterizada pelas direções e ordens, regras formais e regulamentos. Já uma estrutura "orgânica" permite uma rede de sistemas de controle, comunicações e autoridade.
- *Os grupos e a organização informal.* As operações dos grupos e a organização informal influenciam o funcionamento dos sistemas de controle. As "normas" informais do grupo e a pressão entre os colegas pode ser uma das mais poderosas formas de controle. Participar de um grupo harmonioso e eficaz leva a uma maior motivação e satisfação com o trabalho. A socialização pode criar um sentimento de compromisso no grupo e reduzir a necessidade de um controle gerencial formal.
- *Sistemas de gestão.* O tipo de processo de controle é uma das variáveis organizacionais identificadas no modelo quádruplo de sistemas de gestão de Likert: Sistema 1 (autoritário benevolente), Sistema 2 (autoritário explorador), Sistema 3 (consultor), Sistema 4 (grupo participativo).[52] No Sistema 1, a revisão e as funções de controle estão concentradas na cúpula administrativa e são exercidas por meio da estrutura hierárquica. No Sistema 4, a preocupação com a função de controle é compartilhada amplamente ao longo da organização, e as organizações formais e informais compartilham as mesmas metas, havendo uma ênfase na auto-orientação e na resolução de problemas.

Melhoria de longo prazo no desempenho

As constatações de Likert parecem ter particular relevância para a indústria da hospitalidade. Nas organizações que adotam os Sistemas 1 e 2, altas metas de desempenho de parte dos superiores, juntamente com uma supervisão de alta pressão, fazendo uso de orçamentos apertados e de controles, produzem muito *inicialmente*, por causa da conivência, cuja base é o medo. Porém, devido a atitudes desfavoráveis, comunicações fracas, falta de motivação cooperativa e restrição à produção, *o resultado de longo prazo é um alto índice de absenteísmo e de rotatividade, além de baixa produtividade e de ganhos.* Quanto mais próximas as características comportamentais de uma organização estiverem do Sistema 4, mais provavelmente haverá uma melhora de longo prazo no desempenho.

Mantendo a liberdade de ação

Produzir nos funcionários uma sensação genuína de capacitação, como, por exemplo, pela participação em projetos autônomos de equipe e em círculos de qualidade, e também como parte de uma filosofia de gestão da qualidade total, é um aspecto importante de uma abordagem comportamental para o controle administrativo.[53] Quanto mais o grupo sentir que tem a responsabilidade comum pelo aprimoramento da prestação de serviços, estando capacitado a tomar ações corretivas quando necessário, mais ele estará comprometido com a qualidade e o desempenho das operações de hospitalidade.

Métodos modernos de gestão podem auxiliar na manutenção do controle gerencial, sem reduzir a liberdade de ação do indivíduo. Procedimentos como a administração por exceção, avaliação da equipe e a administração por objetivos podem ajudar a manter o controle sem inibir o crescimento da delegação de tarefas. Um sistema de Administração por Objetivos (APO), discutido no Capítulo 5, possibilita que o empregado aceite assumir maior responsabilidade e contribuir ainda mais em nível pessoal.

A administração por objetivos como um sistema de controle

A participação é uma característica inerente a um sistema eficaz de Administração por Objetivos (APO). Há uma teoria segundo a qual a maior parte das pessoas se conduz e trabalha com boa-vontade quando participa da fixação dos objetivos. A APO pode, portanto, ser aplicada como um método de controle moderno e eficaz (Figura 11.8, p. 320).[54] Pode ser utilizada de uma maneira positiva e construtiva, para oferecer um sistema de controle relacionado à avaliação de desempenho e à progressão na carreira.

CONTROLE FINANCEIRO E CONTÁBIL

Em geral, costuma-se imaginar que os sistemas financeiro e contábil ocupam a maior parte dos sistemas de controle gerencial, especialmente no ramo da hospitalidade.[55] As razões para isso são de fácil compreensão.

- A administração dos recursos financeiros e a necessidade de demonstrar o valor do dinheiro é algo vital para a empresa. Os sistemas de controle são normalmente preparados para identificar com destaque o desempenho das vendas, custos e lucros.
- As metas organizacionais, objetivos e alvos são freqüentemente expressos em termos financeiros e medidos em termos de lucratividade. Os resultados são medidos e relatados em termos financeiros.
- O dinheiro é quantificável, tratando-se de uma unidade precisa de mensuração. É facilmente compreensível, sendo muito usado como um denominador comum e como base de comparação.
- Os limites financeiros são fáceis de aplicar como medida de controle ou limite para a autoridade, além de serem de fácil compreensão. Já vimos, por exemplo, que o controle é um item fundamental na delegação. Um gerente pode delegar a um subordinado a autoridade de fazer determinados gastos até um certo limite financeiro.

É compreensível, portanto, que se dê tanta importância aos sistemas de controle financeiro e contábil. Os gerentes dependem de um sistema de informação preciso para formarem a base do controle e essa informação é quase sempre expressa em termos financeiros. As ferramentas contábeis do

Atividades na Administração por Objetivos	Sistema de controle gerencial
Exponha o que você espera de mim	Planejamento do que é desejado Especificação dos objetivos e alvos
Dê-me uma oportunidade de desempenhar meu papel	Estabelecimento de padrões definidos de desempenho
Deixe-me saber sobre meu desempenho	Monitoramento e revisão do desempenho real Informação de controle e *feedback*
Oriente-me quando eu precisar	Comparação do desempenho real com as metas planejadas O que pode ser feito para melhorar o desempenho?
Remunere-me de acordo com minha contribuição	Reconhecimento de conquistas Motivação para melhoria futura do desempenho
Controle, revisão e ajustes	Executar ações corretivas

(*Fonte:* adaptada de Humble J, *Management by Objectives*, Management Publications Ltd [1972], p. 46.)

FIGURA 11.8 APO e controle gerencial.

gerente, como orçamentos, análise de quocientes e custeio-padrão, fornecem informação valiosa para o controle das operações dos vários departamentos e atividades do hotel. Como Venison, por exemplo, enfatiza:

> *A obtenção de contas corretas e atualizadas é absolutamente vital para o sucesso de qualquer empreendimento... Como gerente de hotel..., você tem o dever de garantir que alguém esteja lidando de maneira eficaz com a função de contas.*[56]

Atenção aos fatores comportamentais

Não há, é claro, nada de errado em usar os sistemas financeiros ou contábeis de controle. O ponto crítico, na verdade, é a forma como tais controles são aplicados e seus efeitos no comportamento dos empregados. Devemos considerar os fatores comportamentais e a motivação, para que toda a equipe melhore seu desempenho.[57]

Os sistemas de controle contábil, tais como auditoria interna, gestão por exceção e controle orçamentário, tendem a operar de maneira negativa e a referirem-se apenas ao desempenho desfavorável, ou a variações que podem ter consequências adversas. Como resultado, não há reconhecimento específico de parte da gerência e apenas uma sensação de realização limitada atrelada ao desempenho favorável. Há pouca, ou nenhuma, motivação. O controle orçamentário pode ser percebido como um meio de exercer pressão sobre a equipe e também ser considerado uma restrição à liberdade de ação individual.[58]

Assim como ocorre com outras formas de controle, os sistemas financeiros e contábeis têm efeitos positivos e negativos. Para que os sistemas de controle tenham sucesso em levar a um melhor desempenho, eles devem ser projetados e implementados de maneira construtiva e compensadora. Para isso, devem considerar os fatores sociais, individuais e organizacionais que determinam os padrões de comportamento das pessoas.

Interesse pelo processo de gestão

Já comentamos anteriormente que o foco do esforço do ramo da hospitalidade tem sido tradicionalmente dirigido, de maneira estreita, à lucratividade e à consciência de custo de curto prazo. Porém, o controle administrativo diz respeito a muito mais do que apenas considerações financeiras ou contábeis. Deve envolver integralmente o processo de gestão: em que ritmo as metas e objetivos da organização de hospitalidade estão sendo alcançados e qual o nível de melhoria no desempenho.

O controle inclui a consideração de fatores como a qualidade, o julgamento, a satisfação do cliente, responsabilidades sociais e o fator humano, além da gestão efetiva das pessoas. Infelizmente, contudo, parece que o setor deu pouca atenção à avaliação da contribuição da equipe ou ao valor de seus recursos humanos, de seus empregados.[59]

RESUMO

- Para que a organização de hospitalidade funcione eficazmente, devem existir processos de delegação, supervisão e controle. A delegação de tarefas envolve tanto a autoridade quanto a responsabilidade, mas os gerentes detêm a responsabilidade final pelas decisões e ações dos subordinados. A delegação cria uma relação especial gerente-subordinado. Se adequadamente utilizada, a delegação é um instrumento poderoso para a administração, levando ao melhor aproveitamento dos recursos humanos.
- Há, porém, várias dificuldades potenciais e áreas problemáticas. Delegar implica confiar em outras pessoas. O conceito de responsabilidade final sugere a necessidade de que haja sistemas de controle gerencial, que devem ser mantidos em equilíbrio com a delegação. O propósito final do controle é melhorar o desempenho individual e organizacional.
- O controle tem um longo alcance e pode tomar várias formas diferentes. Um dos métodos de controle e de melhoria das atividades da equipe de trabalho é utilizar um sistema de avaliação do desempenho. Um aspecto significativo do controle gerencial no ramo da hospitalidade é o da garantia de qualidade e dos produtos, serviços e processos que propiciam a satisfação do cliente.
- Por sua própria natureza, os sistemas de controle estão voltados ao comportamento das pessoas. O exercício do controle é uma expressão dos sistemas e estilos de gestão. Manter o equilíbrio adequado entre delegação, liberdade de ação e controle gerencial requer um correto nível de supervisão e de relações de apoio. Os fatores comportamentais não devem ser esquecidos.
- Os sistemas financeiro e contábil são um aspecto importante do controle gerencial, por isso devem ser projetados de maneira construtiva e recompensadora. Contudo, o controle gerencial implica muito mais do que apenas considerações financeiras ou contábeis. Deve envolver integralmente o processo de gestão, incluindo a valorização dos empregados.

APÊNDICE: SWALLOW HOTELS — AVALIAÇÃO DE DESEMPENHO

Introdução

Estas observações têm como objetivo fornecer informação sobre os processos de avaliação de desempenho quando se utiliza a documentação referente a avaliação de desempenho do *staff*.

Propósito da avaliação de desempenho

A reunião para a avaliação de desempenho oferece ao gerente e ao empregado a oportunidade de resumir o desempenho durante determinado período. O processo de revisão do desempenho e o planejamento das ações deve ser contínuo e não estar restrito à reunião de avaliação anual.

Os objetivos principais do esquema de avaliação do desempenho foram definidos para ajudar o avaliado (o empregado) a:

- revisar seu desempenho em relação ao cumprimento dos objetivos estabelecidos na última avaliação;
- identificar e revisar características que afetam diretamente o desempenho;
- estabelecer objetivos de desempenho pessoal que estão ligados aos objetivos dos negócios da empresa;
- estabelecer a assistência necessária para atingir os objetivos e/ou melhorar o desempenho;
- aumentar seu nível de motivação.

Considerações importantes

- Comentários sobre o desempenho e o progresso devem ser feitos normalmente no cotidiano da relação de trabalho, e não somente na avaliação anual.

- O cumprimento dos resultados deve ser avaliado, e não as características pessoais do avaliado.
- O propósito de avaliar o desempenho passado não é apontar culpados, mas buscar uma melhora no desempenho futuro.
- As ações requeridas e qualquer treinamento identificado com o alcance dos objetivos de desempenho e com os planos de desenvolvimento pessoal devem ser estabelecidos em conjunto.

A reunião de avaliação

O processo de avaliação
- Detalhes referentes aos estágios; responsabilidade e horários.

O evento
- A reunião deve ocorrer em um lugar silencioso, sem perturbação de terceiros.

Boas-vindas
- Receba bem o avaliado e deixe-o à vontade.
- Explique o propósito e o escopo da avaliação de desempenho.
- Verifique os detalhes que estão no anverso do formulário de avaliação, isto é, nome, cargo, data de ingresso, etc.

Revisão do formulário de preparação para a avaliação
- Reveja e discuta a parte 1 do formulário de avaliação, preenchido antes da reunião

Revisão dos objetivos
- Reveja o cumprimento dos objetivos estabelecidos na última avaliação (faça referência ao formulário preenchido na ocasião; os comentários do avaliador e do avaliado devem ter sido feitos antes da reunião).

Características do desempenho
- Discuta as características de desempenho que são apropriadas para o avaliado. Faça comentários e dê exemplos.

Desenvolvimento da carreira
- Discuta o desenvolvimento da carreira (de acordo com a questão 5 do formulário de preparação para a avaliação).
- *Observação*: Nem todas as pessoas se interessam em desenvolver sua carreira. Isso deve ser observado no formulário, e o avaliado deve ser informado que tal atitude é perfeitamente aceitável; contudo, deve-se estimular o desenvolvimento.

Objetivos futuros
- Os objetivos devem ser compatíveis com os padrões de desempenho e as escalas de tempo referentes ao próximo período de avaliação.

  (O objetivo de desempenho é a fixação de um resultado desejado ou de uma condição a ser alcançada em um determinado tempo, de acordo com padrões quantitativos e/ou qualitativos. O propósito final é melhorar a eficácia organizacional e o desempenho individual.)

  Os objetivos de desempenho devem ser:

  - **E** Específicos e claramente ligados aos objetivos e planos do departamento
  - **M** Mensuráveis, com padrões claramente definidos
  - **A** Alcançáveis e realistas
  - **V** Voltados a resultados — uma descrição do que deve ser conquistado
  - **O** Organizados temporalmente: por exemplo, começar em... terminar em... revisar em...

- Limite os objetivos de desempenho às áreas de maior prioridade. O número máximo de objetivos de desempenho deve estar entre 6-8.
- Exponha por escrito os objetivos de desempenho de maneira clara e concisa — evite o jargão ou a linguagem técnica.

Os objetivos podem ser:

Quantificáveis, por exemplo:
— número alcançado
— número processado
— volume de vendas
— fatia do mercado
— utilização percentual

Não-quantificáveis, por exemplo
— qualidade das propostas;
— tipo de recomendação;
— qualidade das idéias geradas;
— tipo de mudança implementada;
— grau de satisfação do cliente;
— desempenho comparado a critérios específicos;
— qualidade do serviço.

Observe os exemplos de como escrever os objetivos e padrões de desempenho.

Treinamento e desenvolvimento
- O treinamento e as necessidades de desenvolvimento devem estar harmonizados. Isso pode incluir projetos, tarefas de leitura, visitas, acompanhamento, aprendizagem à distância, cursos externos, etc.

Desempenho geral
- Planeje uma avaliação geral do desempenho do avaliado. Quando realizar esta tarefa, observe:
    — se os objetivos/alvos foram atingidos;
    — qual o nível de desempenho do avaliado, comparado ao dos colegas;
    — o desempenho geral do departamento ou função.
- Cada definição permite variações na descrição do nível real de desempenho. Portanto, um indivíduo cuja avaliação indica que seu nível está entre superior e **bom**, mas ele não se destaca em todos os aspectos, pode ser incluído na segunda alternativa do item "Excelente".

Avaliando os comentários do gerente
- Depois da avaliação, resuma o período de revisão do avaliado e observe quaisquer comentários ou informações relevantes ao cargo que ocupa, seu desempenho e/ou desenvolvimento.
- Coloque a data da avaliação e assine o formulário.

Comentários do avaliado
- Devolva o formulário para o avaliado preencher:
    — a seção de comentários do avaliado, abordando aspectos como sua avaliação, cargo, desempenho e/ou desenvolvimento;
    — assinatura e data do formulário de avaliação;
    — avaliado devolve o formulário ao avaliador.

Formulário de avaliação preenchido
- Faça uma cópia do formulário preenchido e entregue ao avaliado.
- O avaliador deve ficar com uma cópia dos futuros objetivos e necessidades de treinamento.
- Encaminhe a documentação preenchida ao Departamento de Pessoal.

Revisões provisórias

Para que os objetivos anuais sejam atingidos com sucesso, é necessário revisar a progressão pelo menos duas vezes por ano. Isso ajudará a garantir:

- maior motivação do empregado, pois ele terá a oportunidade de discutir o progresso e quaisquer problemas de maneira regular;
- a revisão da conquista dos objetivos por parte do empregado;
- a oportunidade da discussão, caso os objetivos do empregado se alterem durante o ano.

Época para as avaliações de desempenho

Empregados novos
- O tempo dedicado à avaliação do novo empregado deve estar relacionado à data em que o mesmo foi admitido na empresa.
- Os objetivos devem ser combinados ao final do período probatório do novo empregado. A primeira avaliação anual deve, por isso, ocorrer aproximadamente um ano depois de os objetivos terem sido acordados. Revisões provisórias devem ser realizadas.

Empregados antigos
Devem ser avaliados anualmente.

Avaliação das habilidades de treinamento

Todos os avaliadores devem participar do curso de treinamento de habilidades da empresa, a fim de que as reuniões de avaliação e o preenchimento da documentação seja mais fácil.

Formulário de preparação para a avaliação: Parte 1

1. **Quais os aspectos de seu trabalho que apresentaram um bom desempenho? Por quê?**

   Comentário do avaliador:

   ___

2. **Quais os aspectos de seu trabalho não apresentaram um desempenho muito bom?**

   Comentário do avaliador:

   ___

3. **Que providências poderiam ser tomadas para ajudar e quem deve tomá-las?**

   Comentário do avaliador:

   ___

4. **Quais as habilidades que você possui que não são totalmente utilizadas em seu trabalho?**

   Comentário do avaliador:

   ___

5. **Quais são suas metas e como você gostaria que sua carreira se desenvolvesse na empresa?**

   Comentário do avaliador:

   ___

6. **Sobre que outras áreas você gostaria de comentar na entrevista?**

   Comentário do avaliador:

   ___

7. **Quais são os objetivos pessoais que você gostaria de alcançar nos próximos 6/12 meses?**

   Comentário do avaliador:

   ___

Formulário de preparação para a avaliação: Parte 2

1. Características de desempenho

Os seguintes aspectos relacionados ao desempenho são muito importantes para a posição ocupada pelo empregado. O avaliador anotará seus comentários a respeito de cada característica do desempenho do funcionário.

Observação importante: Há características que não se adaptam a todas as situações.

Aspectos	Comentários, com exemplos
Relações cliente/hóspede	
Conhecimento do produto/cargo	
Qualidade do trabalho	
Habilidades comunicativas	
Trabalho de equipe e atitude em relação aos colegas	
Atitude em relação ao trabalho	
Vontade de aprender	
Pontualidade/ausência	
Outros (especificar)	

2. Plano de desenvolvimento da carreira do empregado

(a)	Quais habilidades do empregado não estão sendo totalmente utilizadas atualmente?	
(b)	Como poderíamos desenvolver a carreira do empregado nos próximos 1-2 anos, com base em sua avaliação atual e na visão geral de seu desempenho?	
(c)	O que o empregado disse sobre suas expectativas em relação à carreira?	

3. Ação necessária

(a) Objetivos futuros

Objetivo	Padrão de desempenho	Data-limite

(b) Treinamento e desenvolvimento (curto/médio/longo prazo)

Treinamento/ação	Executado por	Propósito	Tempo aproximado

4. Desempenho geral

Avalie o desempenho geral do empregado de acordo com as definições abaixo, tendo como base seu desempenho no período completo de revisão.

Excelente
- ❏ Desempenho excelente e estável em todos os aspectos fundamentais, superando todas as exigências
- ❏ Desempenho constantemente acima dos padrões exigidos, mas com alguma restrição em área não-fundamental

Bom
- ❏ Desempenho altamente aceitável e excelente em um ou dois aspectos
- ❏ Desempenho bom e altamente aceitável em todas as áreas
- ❏ Bom desempenho, mas com um ou dois aspectos/tarefas abaixo das expectativas

Satisfatório
- ❏ Desempenho aceitável, de acordo com as expectativas na maioria das áreas

Insatisfatório
- ❏ Desempenho fraco, exigindo melhora imediata
- ❏ As exigências do cargo não foram atendidas e a melhora não ocorreu. Considerações sérias devem ser feitas quanto à capacidade de o empregado executar suas responsabilidades, informando-o dessa situação.

5. Comentários do gerente

Assinatura: .... Data: ....

6. Comentários do avaliado

Assinatura: .... Data: ....

(*Observação*: Há um conjunto independente de notas de orientação para o Desempenho Gerencial.) *O autor agradece a Marilyn Harding-Brown, Diretora de Recursos Humanos do Swallow Hotels, por estes dados.*

QUESTÕES PARA REVISÃO E DEBATE

1. Explique o significado de delegação em nível organizacional e em nível individual. Estabeleça a diferença entre os conceitos de autoridade, responsabilidade e responsabilidade final. O que significa a natureza de responsabilidade dual na delegação eficaz?
2. Sugira maneiras pelas quais a delegação, se corretamente praticada, levaria ao aproveitamento otimizado dos recursos humanos da organização de hospitalidade.
3. O que se entende por teoria da aceitação de autoridade e natureza do comportamento humano? Por que muitos gerentes, com freqüência, não sabem delegar?
4. Explique a necessidade de controle gerencial no ramo da hospitalidade. Como gerente de departamento, de que forma você tentaria alcançar todos os benefícios da delegação sem perder o controle eficaz dos subordinados?
5. Explique a importância dos processos de garantia de qualidade no ramo da hospitalidade. Discuta as dificuldades particulares da mensuração do serviço de qualidade.
6. Faça a distinção entre estilos de supervisão centrados no empregado e no cargo. Discuta a importância das relações de apoio e controle.
7. Os sistemas de controle oferecem uma interface entre o comportamento humano e o processo de gestão. Explique em detalhes como você, se fosse gerente, tentaria implementar uma abordagem comportamental para o controle.
8. Até que ponto você acredita que os sistemas de controle financeiro e contábil merecem atenção em uma organização de hospitalidade de sua escolha? Comente a respeito.

TAREFA 1

Avalie a eficácia do processo de delegação. Entreviste um gerente e um subordinado em uma organização de hospitalidade de sua escolha. Mencione detalhes do tipo de delegação envolvida e em que circunstâncias ela foi necessária.

(i) Observe até que ponto os cinco estágios de uma abordagem planejada e sistemática foram obedecidos.
(ii) Explique o tipo de instrução específica, orientação e treinamento dados, os limites de tempo, os momentos de verificação e os padrões de desempenho estabelecidos.
(iii) Pergunte ao gerente e ao(s) integrante(s) da equipe de trabalho quais foram os benefícios que cada um deles receberam com a delegação e que dificuldades e problemas encontraram.
(iv) Explique as formas por meio das quais você acredita que o processo de delegação parece ser bem-sucedido ou não. Quando julgar apropriado, indique maneiras de tornar o processo de delegação mais eficaz.
(v) Quando possível, compare suas constatações com suas próprias experiências de delegação.

TAREFA 2

A partir de sua experiência em uma organização de hospitalidade, responda com atenção as 12 questões do Questionário sobre os Princípios das Relações de Apoio, de Likert. (Ver Figura 11.7, p. 317.)

(i) Avalie até que ponto o princípio das relações de apoio é bem aplicado e o comportamento do superior hierárquico é favorável. Relacione exemplos reais.
(ii) Destaque respostas negativas que sugerem que a organização não está funcionando tão bem quanto poderia. Explique as conseqüências reais ou prováveis dessas respostas negativas.
(iii) Resuma os resultados do questionário, compartilhe e discuta suas respostas com os colegas. A que conclusões gerais você chegou sobre a natureza das relações de apoio no ramo da hospitalidade?

ESTUDO DE CASO: QUENTE DEMAIS

Quando Pat Morgan recebeu a notícia de sua promoção a gerente no Abbotts Oak Hotel, sua reação foi uma mistura de prazer e surpresa, temperada com a preocupação sobre as responsabilidades adicionais do cargo. Dois meses depois da promoção de Morgan, Peter Carlton foi indicado, por uma das proprietárias do Abbott Oak, Mary Parker, para o cargo de *chef*. Logo depois disso, a senhora Parker informou Carlton que esperava que ele melhorasse o desempenho da cozinha da forma que ele achasse mais conveniente.

No começo, não havia sinais de problemas, e, conforme Morgan pôde observar, Carlton confirmava sua reputação de muito competente e trabalhador. Em poucas semanas, contudo, o gerente começou a ouvir rumores de descontentamento entre os funcionários. Uma recepcionista disse a Morgan que Carlton era grosseiro e tinha uma conduta agressiva. Mas ninguém reclamou formalmente a Morgan e os clientes pareciam estar muito satisfeitos com o padrão das refeições.

Duas semanas se passaram e o gerente ouviu dois empregados da cozinha falarem sobre Carlton. Eles comentavam que Carlton trabalhava muito, conhecia seu trabalho e era, sem dúvida, um *chef* muito bom, mas queixavam-se de suas atitudes temperamentais, pois ele estava sempre dizendo palavrões e era rude com todos. Dez dias mais tarde, outra recepcionista reclamou ao gerente que Carlton não trabalhava de maneira cooperativa; além disso, gritava e se irritava com extrema facilidade.

Morgan prestou atenção a tudo e disse que o movimento no restaurante estava aumentando e que os clientes pareciam estar muito satisfeitos. O gerente continuou: "Sempre ouvimos dizer que os bons *chefs* são temperamentais. Por isso, acho que temos de fazer algumas concessões. Mas não se preocupe, eu vou acompanhar os acontecimentos".

As coisas esquentaram duas semanas mais tarde, quando Morgan sentiu-se inclinado a repreender Carlton pelo fato de ter ofendido uma garçonete que estava em apuros. "Escute aqui, não temos que tolerar esse seu comportamento detestável", disse Morgan. Carlton, então, ficou muito agitado e agressivo, jogando uma lata de biscoitos em direção a Morgan. Sem se desculpar, o *chef* recomendou a Morgan que prestasse mais atenção aos seus próprios problemas. Morgan respondeu, indignado: "Não vou lhe dar ouvidos. Ou você pede desculpas hoje ou sai amanhã".

"Sendo assim, estou fora. Você sabe o que fazer com a minha vaga", disse Carlton, que deu as costas ao gerente e saiu rapidamente da cozinha.

Depois de uma pequena pausa, Morgan correu atrás de Carlton e alcançou-o no estacionamento. "Você sabe que se for embora sem aviso, não receberá seu pagamento". Carlton não parou e nem disse nada, somente resmungou e sorriu, com sarcasmo.

No dia seguinte, Mary Parker, muito desgostosa, chamou Morgan a seu escritório. Ela lembrou-lhe de que Carlton possuía excelentes referências e que fora necessário oferecer a ele um alto salário, mais benefícios, para que aceitasse o trabalho.

Ela continuou: "Você sabe que é política do hotel perguntar aos clientes se estão satisfeitos com a comida. Desde que Carlton chegou, não houve praticamente nenhuma reclamação..."

"Então, para a senhora, os fins justificam os meios, e a satisfação dos clientes é mais importante do que boas relações entre os empregados", interrompeu Morgan.

"Estou dizendo que aceitar responsabilidades implica uma obrigação de alcançar um nível satisfatório de desempenho", respondeu Mary.

"Isso pode ser verdade", disse Morgan, "mas quem determina os padrões e a maneira pela qual os resultados são atingidos? E o que dizer do efeito disso sobre os outros empregados? E quem é o responsável pela cozinha, eu ou Carlton?"

Mary Parker respondeu de maneira elegante: "Eu sou responsável por tudo aqui, embora você saiba que eu deixei a administração da rotina e assuntos relativos aos empregados sob o seu comando. Como nunca ouvi nada em contrário, achei que tudo estivesse ocorrendo de maneira satisfatória. Mas agora acho que devo intervir. E, por que diabos, você ameaçou Carlton de reter o seu salário?"

"Não foi assim", respondeu Morgan, "e não esqueça de que o segundo *chef* está prestes a sair de férias."

"Olhe, até que eu decida o que precisa ser feito, espero que você, como gerente, resolva essa bobagem, esse choque entre personalidades e..."

"O que a senhora está querendo dizer?" interrompeu Morgan.

"Que eu reintegrei Carlton", respondeu Mary.

"E a minha situação? O que os empregados vão pensar?" perguntou Morgan.

Estudo de caso: Quente demais

"Você ainda é o gerente aqui, mas sempre achei que quanto mais confiante e seguro for o gerente, mais fácil será o exercício da autoridade e menos temerá a competição dos subordinados competentes. O equilíbrio entre a delegação e o controle eficaz é uma boa atitude e..."

"Entendi", disse Morgan bruscamente, e saiu sem dizer nada, enquanto Mary ainda falava.

Dez minutos depois, Morgan voltou e, sem bater, entrou na sala da proprietária Mary Parker. Colocou sua carta de demissão sobre a mesa, diante dos olhos estarrecidos de Mary. Pat Morgan apenas disse: "Ou eu ou ele", e saiu apressadamente.

Tarefas

(i) **Analise as várias questões e problemas que este caso apresenta.**
(ii) **Explique as ações que você entende que deveriam ser tomadas a fim de resolver essas questões e problemas.**

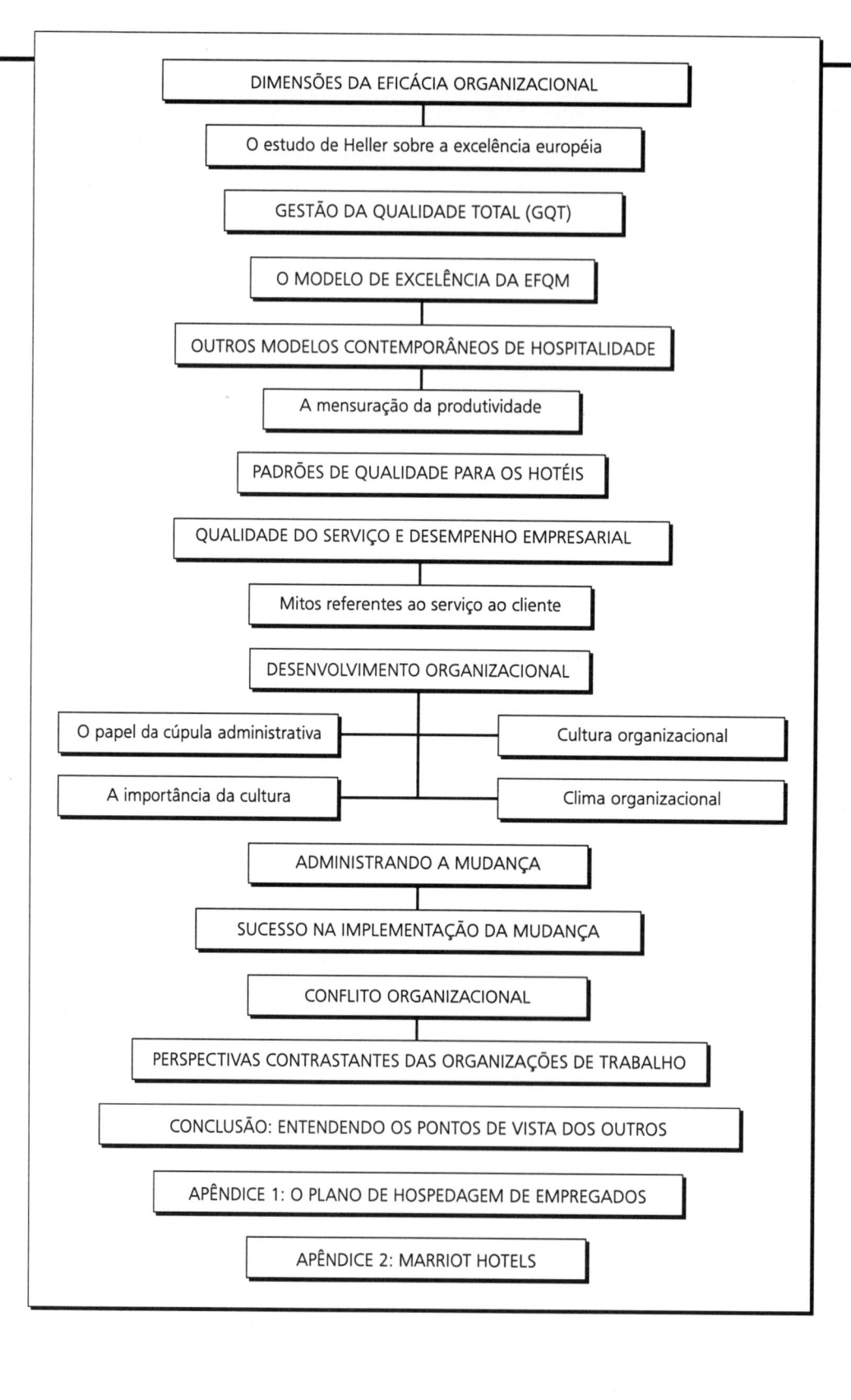

```
DIMENSÕES DA EFICÁCIA ORGANIZACIONAL
    O estudo de Heller sobre a excelência européia
    GESTÃO DA QUALIDADE TOTAL (GQT)
    O MODELO DE EXCELÊNCIA DA EFQM
    OUTROS MODELOS CONTEMPORÂNEOS DE HOSPITALIDADE
        A mensuração da produtividade
    PADRÕES DE QUALIDADE PARA OS HOTÉIS
    QUALIDADE DO SERVIÇO E DESEMPENHO EMPRESARIAL
        Mitos referentes ao serviço ao cliente
    DESENVOLVIMENTO ORGANIZACIONAL
        O papel da cúpula administrativa     Cultura organizacional
        A importância da cultura             Clima organizacional
    ADMINISTRANDO A MUDANÇA
    SUCESSO NA IMPLEMENTAÇÃO DA MUDANÇA
    CONFLITO ORGANIZACIONAL
    PERSPECTIVAS CONTRASTANTES DAS ORGANIZAÇÕES DE TRABALHO
    CONCLUSÃO: ENTENDENDO OS PONTOS DE VISTA DOS OUTROS
    APÊNDICE 1: O PLANO DE HOSPEDAGEM DE EMPREGADOS
    APÊNDICE 2: MARRIOT HOTELS
```

12

Aprimorando o desempenho organizacional

INTRODUÇÃO

A organização de hospitalidade não é apenas uma organização de trabalho, é também um sistema social complexo e o resultado de muitas variáveis inter-relacionadas. A fim de alcançar melhor desempenho, é necessário entender a natureza da eficácia organizacional e aqueles fatores que influenciam a efetiva gestão de pessoas.

DIMENSÕES DA EFICÁCIA ORGANIZACIONAL

Este livro tem se ocupado das interações entre a estrutura e a operação das organizações de hospitalidade, o papel da gerência e o comportamento das pessoas no trabalho. O tema central é o aprimoramento do desempenho organizacional por meio da gestão efetiva das pessoas (recursos humanos).

As organizações precisam ser **eficientes** em fazer certo, com ótimos índices na relação produto/insumo e no aproveitamento de seus recursos. Mas também precisam ser **eficazes** em fazer **as** coisas certas e em valorizar os resultados relacionados e um propósito específico, objetivo ou tarefa. O **desempenho** deve estar relacionado a fatores tais como aumento na lucratividade, melhor prestação de serviços ou na obtenção dos melhores resultados em áreas organizacionais importantes. As organizações devem também garantir atendimento satisfatório ou superar as demandas e exigências dos clientes, sendo **adaptáveis** a exigências específicas, mudanças no ambiente externo e demandas da situação.[1]

O desempenho organizacional é afetado, então, por uma multiplicidade de variáveis individuais, de grupo, de tarefas, tecnológicas, estruturais, administrativas e ambientais. Handy, por exemplo, identifica mais de 60 fatores presentes em qualquer situação organizacional, os quais ilustram a natureza complexa do estudo da eficácia organizacional.[2]

Atributos do desempenho de sucesso

Em um estudo envolvendo 62 empresas norte-americanas (incluindo empresas de serviço) cujo desempenho é excelente, Peters e Waterman identificaram oito atributos básicos da excelência que parecem colaborar para o sucesso.[3]

- *Tendência à ação* — orientação voltada à ação e tendência para realizar as coisas.
- *Proximidade em relação ao cliente* — ouvir e aprender com as pessoas atendidas; fornecimento de qualidade, de serviços e de confiança.
- *Autonomia e empreendedorismo* — inovar e correr riscos, como uma atitude natural de fazer as coisas.
- *Produtividade por meio das pessoas* — tratar os integrantes da equipe de trabalho como uma fonte de qualidade e produtividade.
- *Praticidade, orientação quanto aos valores* — ter filosofias bem-definidas e fundamentadas, integração entre a gerência e as "linhas de frente".
- *Acompanhamento* — na maior parte dos casos, ficando próximo do que você sabe e pode fazer bem.
- *Estrutura simples, equipe enxuta* — formas e sistemas estruturais simples, poucos elementos na cúpula.
- *Propriedades simultâneas loose-tight* — descentralização operacional, mas controle centralizado sobre os poucos, mas importantes, valores.

O modelo das sete variáveis

Em sua pesquisa, Peters e Waterman indicam que qualquer abordagem inteligente, no que diz respeito às organizações, precisa incluir pelo menos sete variáveis (o modelo 7-S de McKinsey):

- estratégia;
- estrutura;
- equipe;
- estilo de gestão;
- sistemas (e procedimentos);
- pontos fortes ou habilidades da corporação;
- valores compartilhados (isto é, cultura).

Modelo para a análise organizacional

Embora muitas das organizações consideradas "excelentes" já não mais o sejam, devemos lembrar que as fórmulas para o sucesso de fato pareciam apropriadas nos anos 1980, e o estudo destacou a importância da cultura e da renovação organizacional. Lições importantes estão presentes lá e o modelo das sete variáveis continua a ser útil como base para a análise organizacional.

O estudo de Heller sobre a excelência européia

Em seu estudo sobre empresas e administradores que contribuem para o futuro da Europa, Heller identifica 10 estratégias com as quais os revolucionários europeus foram em busca de sua própria excelência.

1. Desenvolver a liderança — sem perder o controle ou a direção.
2. Conduzir a mudança radical — em todo o sistema corporativo, não só em alguns setores.
3. Reformatar a cultura — para alcançar um sucesso de longo prazo.
4. Dividir para governar — desfrutar dos benefícios de ser pequeno enquanto se cresce.
5. Valer-se da "organização" — por meio de novas abordagens da direção central.
6. Manter a competitividade — em um mundo onde os antigos métodos para vencer não mais funcionam.
7. Buscar a renovação constante — impedir que o sucesso semeie a decadência.
8. Administrar os motivadores — a fim de que as pessoas se sintam motivadas.
9. Fazer com que o trabalho de equipe funcione — a nova e indispensável habilidade.
10. Alcançar a gestão da qualidade total — administrando melhor tudo.[4]

Heller indica que em cada uma das 10 estratégias vitais de renascimento, exemplos de cúpulas administrativas eficazes e progressistas são abundantes no que diz respeito ao esclarecimento e ao incentivo.

GESTÃO DA QUALIDADE TOTAL (GQT)

Uma característica particular do desempenho organizacional e da eficácia é a atenção à qualidade, e isso é especialmente importante no setor de serviços e nas organizações de hospitalidade. A organização de hospitalidade de sucesso deve ter como política buscar constantemente oportunidades de melhorar a qualidade de seus produtos, serviços e processos. Deve aliar a qualidade ao nível de produtividade exigido. Tal filosofia está cada vez mais presente, como parte de uma cultura de Gestão da Qualidade Total.

Os elementos fundamentais do GQT incluem um *processo total* em que todas as operações, unidades administrativas da organização conduzidas a partir do topo e o *cliente, considerado um verdadeiro rei*, estão envolvidos com toda a estratégia, processo e ação, diretamente relacionados à satisfação do cliente.[5] Contudo, de acordo com James, as iniciativas do GQT só terão sucesso se estiverem enraizadas em uma cultura de Qualidade de Vida Profissional, que, por sua vez, crie uma organização em que não exista o medo e em que fortemente se busca o envolvimento do empregado. É preciso gerar um alto grau de compromisso recíproco entre as necessidades e o desenvolvimento do indivíduo e as metas e o desenvolvimento da organização.[6]

Garantia de qualidade e gestão de recursos humanos

Há várias definições para GQT, em geral expressas em termos de um estilo de vida de uma organização como um todo, com o compromisso com a satisfação total do cliente por meio de um processo contínuo de melhora, e a contribuição e o envolvimento das pessoas. O GQT enfatiza a importância das pessoas como parte fundamental para a qualidade e a satisfação das necessidades dos clientes.[7] O grupo deve ser treinado adequadamente e estar em posição de agir quando detectar problemas na qualidade, o que implica uma convergência entre a garantia de qualidade e a gestão dos recursos humanos.

O GQT, portanto, requer a criação de uma identidade corporativa, uma abordagem organizacional total e a participação e o compromisso dos funcionários em todos os níveis, começando com o apoio ativo e o envolvimento da cúpula administrativa. Também implica um foco estratégico no treinamento para a qualidade total. Como exemplo, apresentamos o programa de treinamento para a qualidade do Scott's Hotels, cuja base foi o modelo conceitual do GQT do diretor administrativo[8] (ver Figura 12.1).

O GQT implica um nível maior de capacitação do quadro funcional, que também recebe maior autoridade e responsabilidade por si próprio, pela tomada de decisões e pela solução de problemas. (Lembre-se, por exemplo, das discussões sobre os círculos de qualidade, no Capítulo 7.) A introdução do GQT pode, portanto, contribuir para as pressões de reestruturação da organização e para que se avance em direção a hierarquias mais planas, retirando-se uma camada de gerentes/supervisores.

Gestão da qualidade total (GQT)

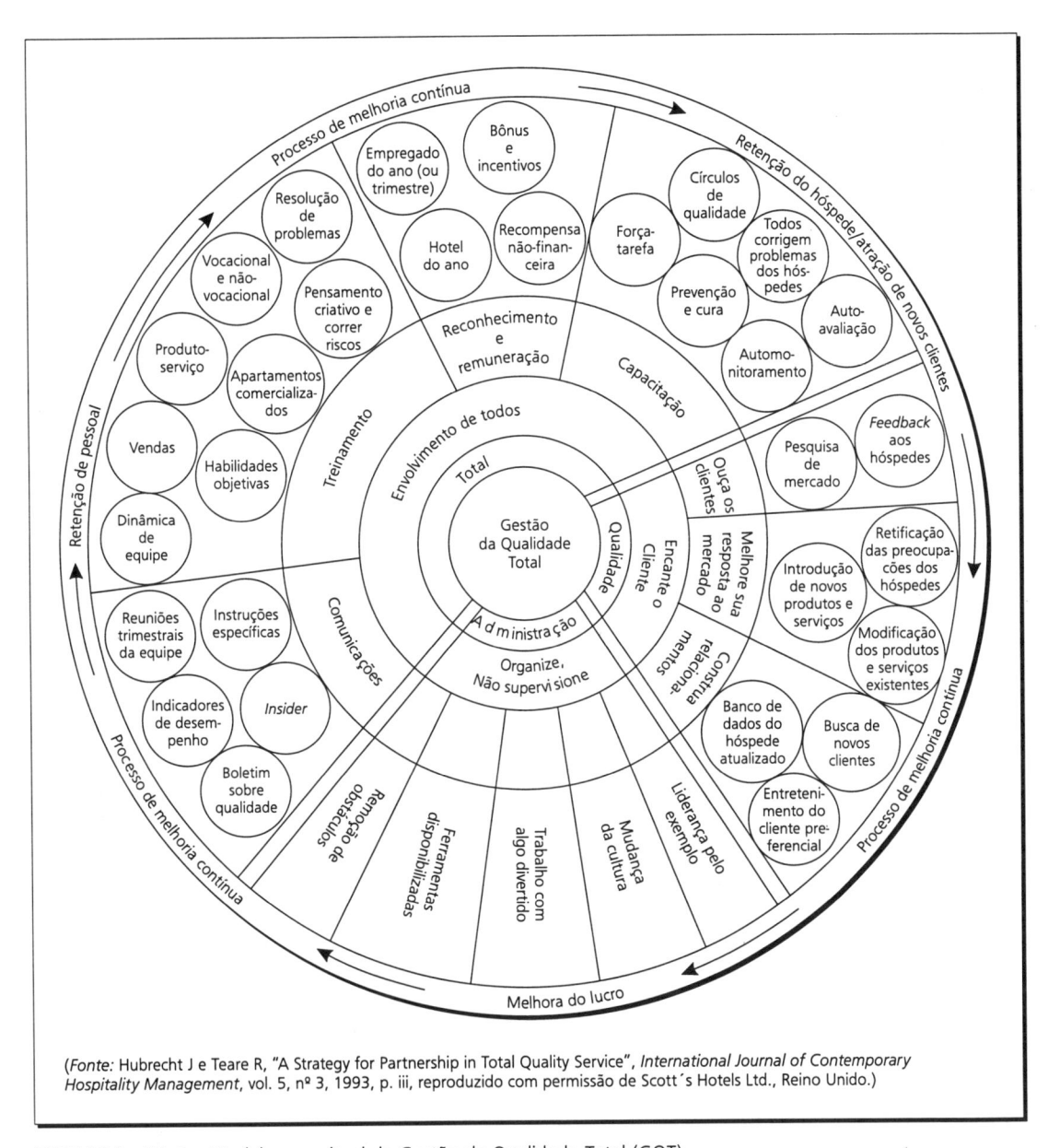

(*Fonte:* Hubrecht J e Teare R, "A Strategy for Partnership in Total Quality Service", *International Journal of Contemporary Hospitality Management*, vol. 5, nº 3, 1993, p. iii, reproduzido com permissão de Scott´s Hotels Ltd., Reino Unido.)

FIGURA 12.1 Modelo conceitual de Gestão da Qualidade Total (GQT).

Benchmarking

Como parte dos padrões de Gestão da Qualidade Total, pode ser adotado um processo de *benchmarking*, cuja intenção é medir a eficácia de uma organização comparando-a a organizações similares, e fornecer uma base segundo a qual o serviço e o desempenho possam ser avaliados. O *benchmarking* pode ser tanto "competitivo", envolvendo uma comparação de produtos, provisão e prestação de serviços com os concorrentes, quanto "interno", implicando uma auditoria das atividades e serviços do próprio grupo/organização, bem como uma revisão em que se avalia se essas atividades e serviços podem ser executados mais produtivamente. Em hotéis menores (de três ou menos estrelas), o *Department of National Heritage* (Departamento do Patrimônio Nacional) elaborou um programa de *benchmarking* do tipo "faça você mesmo", que indicava uma maneira simples e rápida de avaliar a empresa e de identificar possíveis pontos fracos.[9]

> ### Benchmarking
>
> Todos os aspectos dos processos e procedimentos do hotel são freqüentemente revisados de acordo com as tendências nacionais, ofertas da concorrência próxima e distante. Todos os empregados estão convidados a "colocar-se na pele do cliente", experimentando, fora da alta temporada, os apartamentos e o restaurante do hotel, para avaliar a qualidade e o serviço que eles próprios oferecem. Também recebem *vouchers* que permitem visitas a outros estabelecimentos de boa qualidade, tanto local quanto nacionalmente, de maneira especial aquelas empresas que demonstram os mais significativos exemplos de melhor prática (por exemplo, *chefs* que conduzem os jovens *trainees* para hotéis do West End londrino). Essas experiências, outros comentários e sugestões são registrados em formulários, para *feedback*, e apresentados à gerência e em reuniões de equipe, para o benefício de todos.
>
> **THE SEAVIEW HOTEL AND RESTAURANT**

O programa do hotel para empregados

O Shire Inns Limited executa um programa em que os empregados são incentivados a experimentar os produtos e serviços do grupo. Há interesse em que os empregados encontrem e conversem com seus colegas durante a visita. O propósito do programa é de que os empregados, colocando-se na situação dos clientes, passem a entender mais profundamente suas exigências, mantendo e melhorando o trabalho de equipe e as comunicações com o grupo.

Todos os detalhes sobre o esquema são apresentados no Apêndice 1 deste capítulo.

Dificuldades na implementação

De acordo com Partlow, "O foco principal da Gestão da Qualidade Total não é tanto a qualidade, mas o cliente que define tal qualidade. O GQT ocupa-se da qualidade porque a qualidade é o interesse maior do cliente". A partir de um exame das práticas de GQT em hotéis norte-americanos, Partlow aponta para o fato de que essa prática, sem dúvida, é extremamente útil em termos de medidas específicas de melhorias, por exemplo, economia de custos, maior venda de comida e bebida, menor rotatividade entre os funcionários e também benefícios intangíveis. Contudo, passar de uma filosofia administrativa tradicional para GQT é algo que exige muito de uma organização. Implementar uma nova cultura como essa é um processo que impõe exigências e envolvimento, especialmente na área da administração dos recursos humanos.[10]

A partir de um estudo de caso em um hotel de cinco estrelas, Baldacchino defende a idéia de que, apesar do entusiasmo da cúpula administrativa, a aplicação de uma filosofia de GQT pode ser muito difícil, resultando em uma típica situação de "vinho velho em garrafa nova", isto é, com as relações administrativas teimosamente presas a uma orientação tradicional antagônica de pessoal.[11]

A aplicação da Gestão da Qualidade Total

Ao observar a aplicação da GQT nas organizações industriais e de serviços, Macdonald alega que os clientes de ambas estão agora muito mais conscientes da qualidade e têm expectativas mais altas do que tinham no passado. Contudo, as organizações de serviço são diferentes, sendo necessário considerar os contrastes internos entre produtos e serviços (discutidos no Capítulo 2). Há uma necessidade real de melhoria da qualidade no setor de serviços, mas a implementação bem-sucedida do processo de GQT exige a compreensão integral dos fatores genéricos que caracterizam as empresas do setor. As ferramentas da GQT têm de ser implementadas de sua própria e singular forma.[12]

Em sua discussão sobre a essência da GQT e de sua aplicação na indústria da hospitalidade, Bo indica que, apesar das divergências de pontos de vista quanto a tal prática, há vários princípios básicos em todas as definições:

(1) Satisfação do cliente; (2) Comprometimento e aplicação da cúpula administrativa; (3) Planejamento e organização; (4) Educação e treinamento; (5) Envolvimento; (6) Trabalho de equipe; (7) Uso de ferramentas e técnicas; (8) Mensuração e *Feedback*; (9) Mudança de cultura; (10) Melhoria contínua.[13]

Um relato completo dessa discussão é apresentado no *website* que acompanha este livro (ver p. 16).

O MODELO DE EXCELÊNCIA DA EFQM (EUROPEAN FOUNDATION FOR QUALITY MANAGEMENT)

Qualidade Total é a meta de muitas organizações, mas foi difícil até há bem pouco tempo encontrar uma definição aceitável para essa expressão. O Modelo de Excelência da

European Foundation for Quality Management (EFQM)[14] nasceu a partir da experiência de modelos anteriores e foi adotado pela British Quality Foundation em 1992, como base para a auto-avaliação e para o Prêmio de Qualidade por Excelência Empresarial do Reino Unido, lançado em 1994. Oakland fornece a seguinte descrição:

> O Modelo de Excelência da European Foundation for Quality Management reconhece que os processos são os meios pelos quais uma empresa ou organização aproveita e lança os talentos de seu pessoal para produzir um nível de resultados. Além disso, a melhoria do desempenho só pode ser atingida se os processos, nos quais as pessoas estão envolvidas, forem melhorados.[15]

O "Modelo" tem como base o conceito de que uma organização alcançará melhores resultados por meio do envolvimento das pessoas da organização, com a melhoria contínua de seus processos. O modelo tem como foco a integração de todas as contribuições ao desempenho da organização. É uma ferramenta prática que facilita a mensuração do lugar que a organização ocupa no caminho da excelência, ajudando-a a entender as falhas e estimulando soluções. Foi projetado para ser não-prescritivo, mas oferece orientações. As organizações são capazes de se compararem com as outras, tanto em seus mercados de atuação como fora deles. (Ver Figura 12.2.)

O princípio fundamental do "Modelo" é o de que resultados excelentes para o Desempenho, Clientes, Pessoal e a Sociedade (Os Resultados) são atingidos por meio da Liderança que conduz Políticas e Estratégias, Pessoal, Parcerias e Recursos e Processos (os Capacitadores). A inovação e a aprendizagem são fundamentais para melhoras os capacitadores, que, por sua vez, melhoram os resultados.

Os nove critérios do modelo

Cada um dos nove critérios apresentados no "Modelo" são assim descritos pela British Quality Foundation:

1. *Liderança*. Como os líderes desenvolvem e facilitam a realização da missão e da visão, desenvolvem valores para o sucesso de longo prazo e os implementam por meio de ações e atitudes adequadas, estando pessoalmente envolvidos em garantir que o sistema de gestão da organização seja desenvolvido e implementado.
2. *Pessoal*. Como a organização administra, desenvolve e aplica o conhecimento e todo o potencial das pessoas, em nível individual, de equipe e organizacional, e também como planeja essas atividades a fim de que sustentem sua política e estratégia, além da operação eficaz de seus processos.

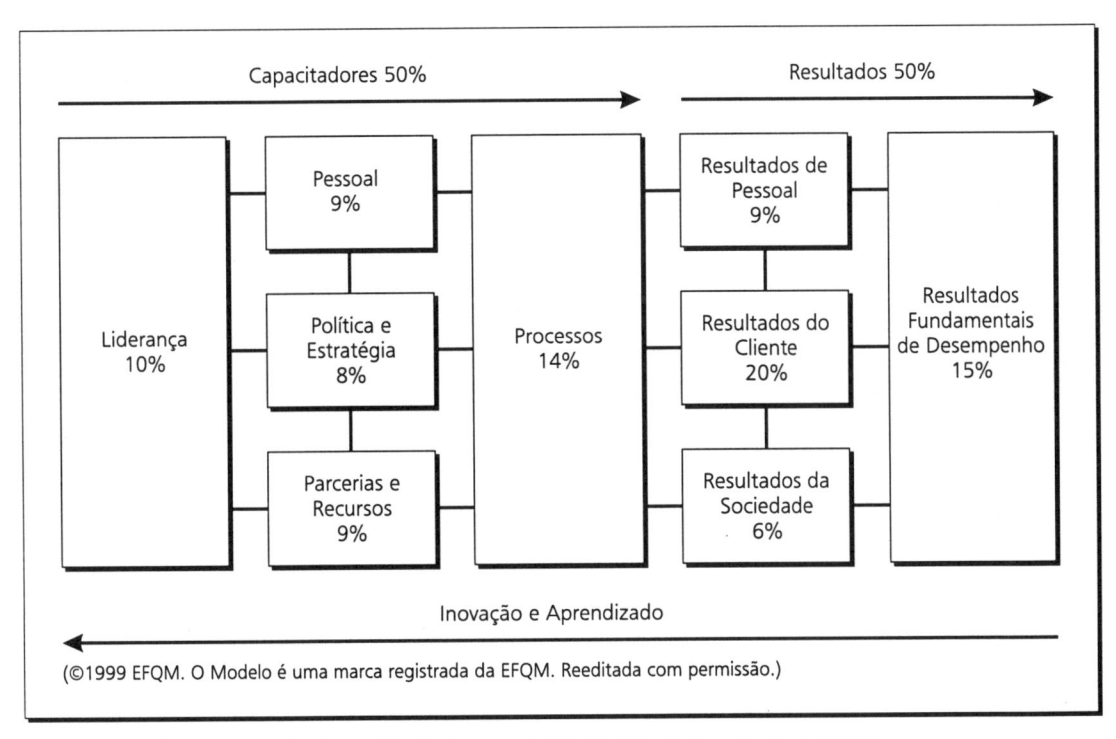

FIGURA 12.2 O Modelo de Excelência Empresarial/ O Modelo de Excelência da EFQM.

3. *Política e estratégia.* Como a organização implementa sua missão e visão por meio de uma estratégia clara, centrada no cliente e sustentada por políticas, planos, objetivos, alvos e processos relevantes.
4. *Parcerias e recursos.* Como a organização planeja e administra suas parcerias externas e os recursos internos para sustentar sua política e sua estratégia, além da operação eficaz de seus processos.
5. *Processos.* Como a organização projeta, administra e aprimora seus processos para sustentar sua política e sua estratégia, satisfazendo e valorizando integralmente os clientes.
6. *Resultados de pessoal.* O que a organização está desenvolvendo para o pessoal.
7. *Resultados do cliente.* O que a organização está desenvolvendo para os clientes.
8. *Resultados da sociedade.* O que a organização está desenvolvendo para a sociedade local, nacional e internacional, dentro do possível.
9. *Resultados fundamentais de desempenho.* O que a organização está desenvolvendo em relação a seu desempenho planejado.

Cada um dos critérios acima são sustentados por vários subcritérios que colocam questões que deveriam ser consideradas ao longo da auto-avaliação, durante a qual uma organização é incentivada a considerar os resultados que almeja, as abordagens adotadas, a utilização dessas abordagens, sua revisão e avaliação. Esse sistema, que está no centro do Modelo de Excelência, é conhecido como a abordagem RADAR.

A British Quality Foundation recomenda a seguinte metodologia para o uso do Modelo de Excelência da EFQM:

❑ Desenvolva o compromisso com a auto-avaliação
❑ Planeje a auto-avaliação
❑ Forme equipes para desenvolver a auto-avaliação e educar
❑ Comunique os planos para a auto-avaliação
❑ Conduza a auto-avaliação
❑ Estabeleça um plano de ação
❑ Implemente o plano de ação.

No contexto deste parágrafo, é interessante observar a presença do "Fator X" no Modelo, em 1999.

> *O que fica claro é que a administração de pessoas, incluindo a estratégia de RH, competências, treinamento, condições e benefícios, reconhecimento e remuneração, é o fulcro para que se atinja a excelência nos negócios e nos resultados.*[16]

OUTROS MODELOS CONTEMPORÂNEOS DE HOSPITALIDADE

Outros modelos contemporâneos de hospitalidade incluem:

❑ Moldando sua equipe para o sucesso
❑ Excelência por meio das pessoas
❑ Garantia de hospitalidade.

"Moldando sua equipe para o sucesso"

Desenvolvido pela Hotel and Catering International Management Association e pela Investors in People do Reino Unido, em parceria com Training and Enterprise Councils, Scottish Enterprise e Northern Ireland Training and Employment Agency, esta abordagem visa a ajudar empresas pequenas e médias do setor a atingir o padrão da Investors in People. (Veja o debate sobre a Investors in People no Capítulo 10.)

Um pacote foi desenvolvido para que o executivo de posição mais alta na organização se definisse pelo padrão Investors in People; tal pacote tem como foco a implementação e parte do princípio que já existe um compromisso com o padrão, tendo sido projetado para reduzir a quantidade de apoio externo necessário para implementar o plano de ação do IiP. O pacote inclui guias de gestão, um portfólio de recursos e estudos de caso. Os guias de gestão incluem o seguinte:

❑ Planejamento empresarial — onde estamos agora?
❑ Planejamento empresarial — onde queremos chegar?
❑ Comunicação eficaz
❑ Estabelecimento de padrões
❑ Esclarecimento de cargos e de responsabilidades
❑ Identificação das necessidades de treinamento e desenvolvimento
❑ Planejamento do treinamento e do desenvolvimento
❑ Treinamento e desenvolvimento de sua equipe
❑ Revisão de desempenho e avaliação
❑ Zelando por sua equipe
❑ Recrutamento de sua equipe
❑ Seleção de talentos
❑ Avaliação de investimentos
❑ Coleta de provas e avaliação
❑ Melhoria contínua.

"Excelência por Meio das Pessoas"

Essa iniciativa nasceu como resultado de uma resposta da British Hospitality Association (BHA) a um relatório condenatório do Department of National Heritage de 1996, que trazia uma lista de reclamações sobre as práticas de emprego no setor — os níveis baixos dos salários, imagem fraca, longas horas de trabalho, tudo que leva a altos níveis de rotatividade — "O mercado de trabalho do turismo e da hospitalidade enfrenta a ameaça de um círculo vicioso, prejudicial à lucratividade e à competitividade".

A British Hospitality Association decidiu que a abordagem mais eficaz para enfrentar os problemas seria estimular boas práticas de emprego, por meio de palavras e ações de bons empregadores e, assim, surgiu o programa "Excelência por Meio das Pessoas", mantido pelo Departamento de Indústria e Comércio.

Para obter um certificado de boas práticas no emprego, os empregadores devem comprometer-se com o seguinte código, sendo também avaliados por ele:

❑ recrutar e selecionar com muito critério;
❑ oferecer um pacote competitivo para o emprego;

- desenvolver habilidades e o desempenho;
- comunicar-se eficazmente;
- reconhecer o bom trabalho e recompensá-lo.

Para obter um certificado adicional, de ótimas práticas no emprego, uma empresa tem de atingir cinco outros itens:

- estabelecer vínculo com uma escola ou faculdade local;
- ampliar as oportunidades de emprego;
- oferecer oportunidades para qualificações;
- contratar um Modern Apprentice; e
- comprometer-se formalmente em alcançar o reconhecimento do Investor in People.

Os empregadores recebem o suporte de um pacote inicial, que inclui seminário, vídeo e ações a serem tomadas no ramo da hospitalidade. Um questionário de auto-avaliação leva a um relatório confidencial de *benchmarking* a ser utilizado como ferramenta para conduzir a mudança. Os nomes e endereços de todos os empregadores estão listados em uma publicação da British Hospitality Association (BHA), que circulou amplamente em escolas, faculdades, universidades e centros de trabalho.

"Garantia de Hospitalidade"

Baseado nesta prática internacional, este padrão foi desenvolvido pelo HCIMA em resposta aos interesses do governo e do setor quanto aos baixos padrões de desempenho em muitas operações de hospitalidade. O padrão de "Garantia de Hospitalidade" fornece um padrão definitivo para o Serviço de Excelência e identifica 12 passos que qualquer tamanho ou tipo de empresa de hospitalidade deve dar ao administrar suas operações eficazmente, para manter uma consistente qualidade de serviços no atendimento das necessidades dos clientes. (Ver Figura 12.3, p. 338.)

A "Garantia de Hospitalidade" oferece as seguintes vantagens à empresa:

- uma oportunidade de demonstrar ao cliente o compromisso com a excelência de serviços;
- Um modelo para a melhoria da empresa baseado na melhor prática;
- uma ferramenta de diagnóstico, específica do setor, e de auto-avaliação, para identificar e priorizar as ações;
- um primeiro passo para a obtenção do prêmio Investors in People;
- a oportunidade para o crédito e o reconhecimento nacional;
- a oportunidade de trabalhar em conjunto com empresas semelhantes.

(O autor agradece a Martin Brunner pelo fornecimento dos dados sobre o Modelo de Excelência da EFQM.)

Uma discussão mais aprofundada sobre aplicações no ramo da hospitalidade e estudos de caso está no *website* que acompanha este livro.

A mensuração da produtividade

Relatórios recentes da HCTC[17] e da NEDC[18] chamaram a atenção para a necessidade e a importância de aumentar a produtividade na indústria da hospitalidade. As características do setor de serviços (discutidas no Capítulo 2) incluem a natureza intangível da prestação de serviços e a dificuldade associada ao monitoramento e a mensuração do desempenho. Contudo, apesar de tais dificuldades, é importante tentar algumas medidas que visem à produtividade.

McLaughlin e Coffey, por exemplo, apresentam uma classificação das medidas de produtividade disponíveis, incluindo as taxas de produção/insumos, mensuração do trabalho, qualidade e desempenho de resultados, comparações estatísticas e técnicas matemáticas de programação.[19] Para administrar a questão da produtividade nas operações de serviço, McLaughlin e Coffey sugerem que a gerência deve:

- especificar a razão para investigar a produtividade;
- analisar a prestação de serviços atual ou futura, incluindo áreas operacionais específicas fundamentais;
- ser absolutamente clara quanto ao pacote de serviços a serem prestados, e especificar as características de importância estratégica para cada estágio do processo e para as áreas fundamentais de decisão;
- selecionar e investigar os métodos de mensuração de produtividade;
- estar preparada para todos os tipos de objeções às medidas de produtividade com base na qualidade;
- debater com o grupo de funcionários, procurando garantir que aceitem as medidas de produtividade propostas.

Produtividade no setor hoteleiro

Como parte de um projeto de pesquisa, o HCTC e o Birmingham College of Food estão investigando a natureza da produtividade nos hotéis e os fatores que a influenciam, incluindo a importância do treinamento. Uma das principais metas do projeto é criar um modelo abrangente que leve em consideração os fatores que causam impacto sobre a produtividade no setor hoteleiro[20] (ver Figura 12.4, p. 339).

As diferenças na maneira de atender o cliente e a variedade de operações de serviço existentes fazem com que seja difícil estabelecer comparações significativas entre os níveis de produtividade de unidades diferentes, por exemplo, um hotel de duas estrelas e um hotel de cinco estrelas. Ao criar um modelo de produtividade, é também importante considerar os seguintes problemas:

- a inter-relação entre as variáveis, por exemplo, a relação causa-efeito entre a satisfação com o trabalho e a produtividade;
- lidar com uma ampla lista de fatores e investigar o impacto de fatores individuais, tais como o treinamento, na produtividade de um ambiente que muda de forma constante e dinamicamente.

Apesar dos problemas, o modelo fornece-nos um fundamento útil, a partir do qual podemos considerar os fa-

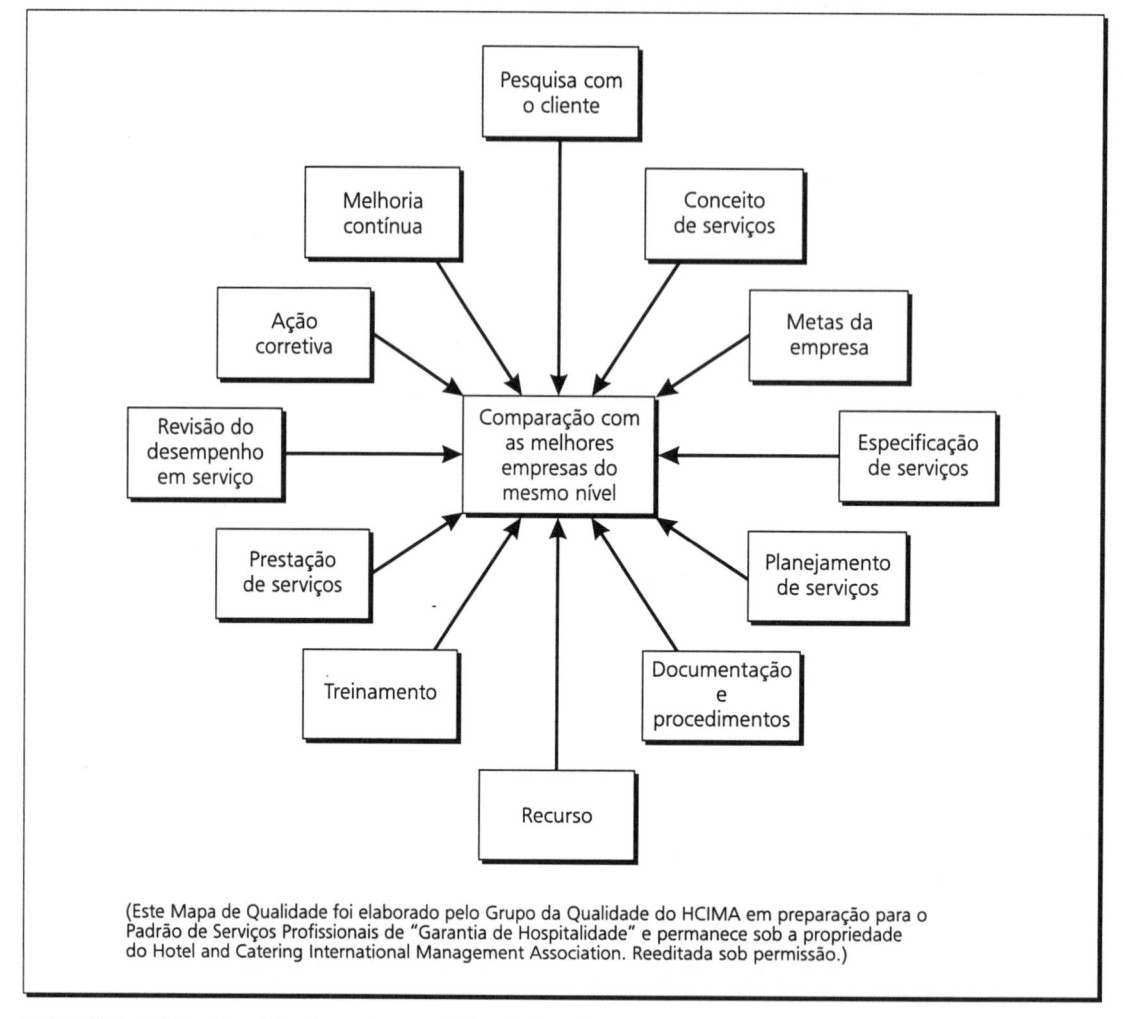

```
                    Pesquisa com
                     o cliente
                          │
                          ▼
    Melhoria                    Conceito
    contínua                    de serviços

      Ação                          Metas da
    corretiva                       empresa

  Revisão do      Comparação com       Especificação
  desempenho  →   as melhores      ←   de serviços
  em serviço      empresas do
                  mesmo nível
   Prestação                         Planejamento
   de serviços                       de serviços

                                  Documentação
       Treinamento                      e
                                  procedimentos

                     Recurso
```

(Este Mapa de Qualidade foi elaborado pelo Grupo da Qualidade do HCIMA em preparação para o Padrão de Serviços Profissionais de "Garantia de Hospitalidade" e permanece sob a propriedade do Hotel and Catering International Management Association. Reeditada sob permissão.)

FIGURA 12.3 O padrão de serviços profissionais da HCIMA.

tores que causam impacto na produtividade do setor hoteleiro.

PADRÕES DE QUALIDADE PARA OS HOTÉIS

As três principais agências de credenciamento — RAC, AA e o English Tourist Council — estão trabalhando em conjunto para chegar a Padrões de Qualidade Harmonizados (Harmonised Quality Standards), e acordaram a respeito das exigências relativas à classificação e dos critérios de inspeção. Os novos critérios de inspeção tomam as exigências do cliente como base. O prêmio do RAC confere "estrelas", o símbolo mais conhecido do mundo, segundo o qual os hotéis recebem de 1 a 5 estrelas. Para participarem do processo dos novos padrões de qualidade, os prêmios levam em consideração o nível de limpeza geral; o conforto e o grau de estilo e qualidade da mobília, acessórios e decoração; os níveis de serviço e de hospitalidade demonstrados pelo proprietário e pelos funcionários; a cordialidade e a qualidade das refeições. (Há um esquema independente, ainda que não totalmente, para a acomodação do hóspede, que classifica os estabelecimentos — pensões, hotéis-fazenda, pequenos hotéis privados, pousadas, restaurantes que oferecem acomodação, e *bed and breakfast* — de um a cinco diamantes.)

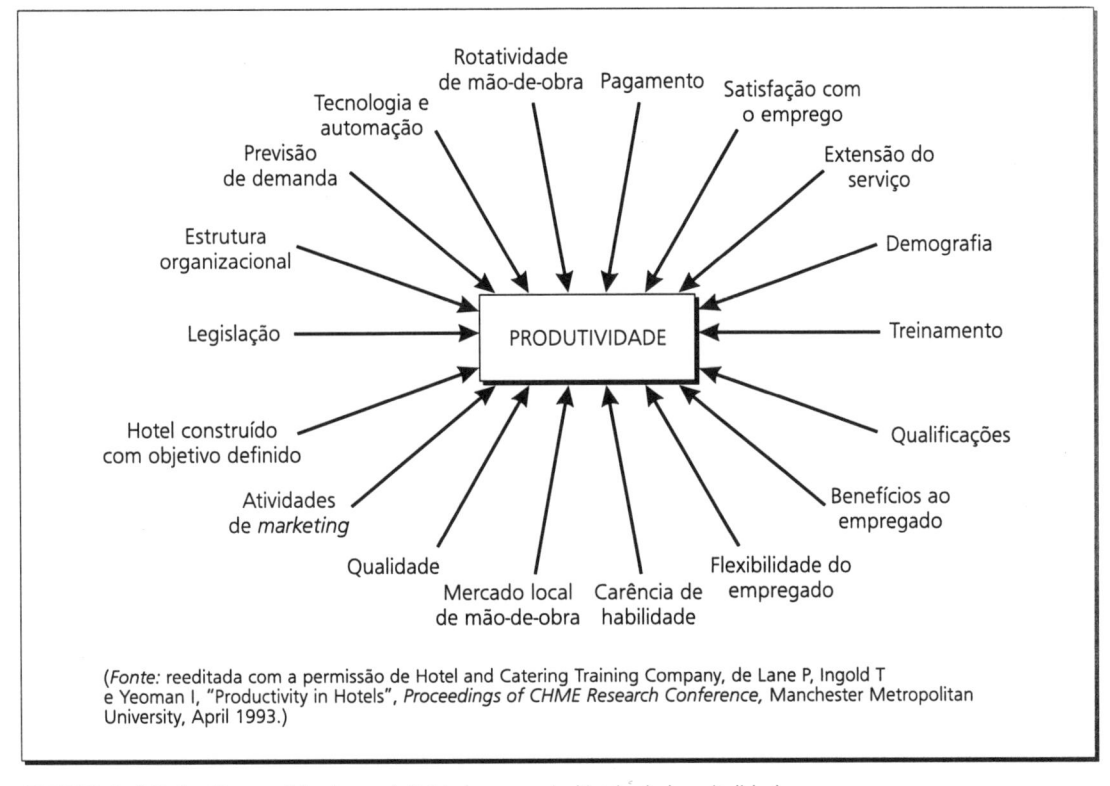

```
                    Rotatividade
                    de mão-de-obra   Pagamento   Satisfação com
         Tecnologia e                             o emprego
         automação
  Previsão                                              Extensão do
  de demanda                                             serviço

  Estrutura
  organizacional                                        Demografia

  Legislação  ————————→  PRODUTIVIDADE  ←———————  Treinamento

  Hotel construído                                      Qualificações
  com objetivo definido
                                                        Benefícios ao
  Atividades                                            empregado
  de marketing
              Qualidade                Flexibilidade do
                    Mercado local  Carência de  empregado
                    de mão-de-obra habilidade
```

(*Fonte:* reeditada com a permissão de Hotel and Catering Training Company, de Lane P, Ingold T e Yeoman I, "Productivity in Hotels", *Proceedings of CHME Research Conference*, Manchester Metropolitan University, April 1993.)

FIGURA 12.4 Um modelo de produtividade para a indústria da hospitalidade.

> Por certo, cada inspeção é especial e diferentes tipos de propriedade atendem clientelas diferentes. Por isso, a função do inspetor é levar em consideração a individualidade de cada estabelecimento. Mas isso é apenas o começo: no setor de serviços, é a qualidade da equipe de trabalho que faz a diferença, o que está expresso nos Padrões de Qualidade Harmonizados.
>
> *Linda Astbury, Gerente do RAC Hotel Services*[21]

Os novos prêmios de hospitalidade do RAC (Royal Automobile Club)

Para refletir os padrões cada vez mais altos do setor hoteleiro e para complementar os Padrões de Qualidade Harmonizados, o RAC revisou suas premiações. Para os hotéis, há o "Blue Ribbon", concedido aos estabelecimentos que atingem altos níveis de desempenho em todos os aspectos da administração hoteleira. Como os padrões continuam a subir, há uma nova classificação, a "Gold Ribbon", concedida aos hotéis que alcançam níveis ainda mais altos, demonstrando de maneira contínua seu comprometimento com padrões superlativos referentes ao tratamento dispensado ao cliente, ao serviço oferecido e às acomodações. Ambos os prêmios são conferidos a hotéis em todas as classificações, isto é, de 1 a 5 estrelas.

QUALIDADE DO SERVIÇO E DESEMPENHO EMPRESARIAL

No Capítulo 2, chamamos a atenção para a importância da gestão de serviços e da alta qualidade como uma característica crescente nas organizações de hospitalidade. No Capítulo 11, destacamos a importância da garantia e da mensuração da qualidade de serviços para a efetiva execução do trabalho no ramo da hospitalidade. **Como exemplo, a estratégia do serviço de qualidade do Whitbread Hotel Company é apresentada no Apêndice 2 deste capítulo.**

Mas qual é a relação entre a qualidade do serviço e o desempenho?

Harrington e Akehurst indicam que, até esta data, boa parte dos estudos empíricos ainda não incluíram análises de qualidade de serviços no setor hoteleiro e relativamente poucos pesquisadores interessaram-se pela proposição de que tal qualidade de fato promove melhor desempenho e competitividade. A partir de um estudo realizado na Grã-Bretanha com 250 hotéis, com capacidade superior a 100 leitos, Harrington e Akehurst apontam quatro implicações envolvendo a gestão: (1) os resultados enfatizam a necessidade de os hotéis desenvolverem comunicações internas mais eficazes no que diz respeito à qualidade de serviços ao cliente; (2) a exigência de os gerentes adotarem procedimentos mais efetivos para avaliar o serviço de qualidade em nível de unidade; (3) a relevância, para os gerentes, do desenvolvimento e da operação de estratégias de serviço em nível de empresa e de unidade; e (4) preocupação com o baixo *ranking* da imagem, em termos de qualidade.

Para concluir, Harrington e Akehurst observam que:

> *Enquanto uma grande proporção dos pesquisados reconheceram a importância de desenvolver, promover e medir a qualidade de serviços, parece que poucos gerentes, em nível de unidade, dispõem de sistemas para tal implementação. De fato, a responsabilidade pela implementação de iniciativas que visam à qualidade de serviços permanece, em sua maioria, sob o controle da gerência sênior.*[22]

Percepções e atitudes gerenciais

Harrington e Akehurst também ressaltam a necessidade de um maior número de pesquisas que investiguem a natureza da implementação da qualidade de serviços nos hotéis da Grã-Bretanha. O conceito de qualidade encontrou grande receptividade no setor de serviços, e cada vez há mais literatura sobre a matéria. Os resultados do estudo apontam para uma maior conscientização, de parte dos hotéis, quanto à necessidade de administrar a qualidade em um mercado complexo e competitivo. Todavia, as constatações também enfatizam a importância de se fazer a distinção entre *conscientização* e *ação* e sugerem que há motivo de preocupação nas atitudes demonstradas pelos gerentes intermediários quanto aos esforços de qualidade de seus hotéis. Há a necessidade de chamar a atenção para o exame crítico da eficácia das iniciativas de qualidade implementadas.[23]

Com o objetivo de medir a implementação das práticas de serviços de qualidade, Harrington e Akehurst realizaram uma pesquisa com 133 gerentes-gerais em hotéis de 3 estrelas da Grã-Bretanha. Os resultados enfatizam a necessidade de desenvolver políticas de recursos humanos com preocupações gerais de caráter estratégico na obtenção de objetivos de qualidade, e de considerar questões relativas à administração de pessoas na implementação da qualidade. Embora os gerentes pesquisados apóiem a posição de que as dimensões referentes às relações humanas sustentam a implementação dos processos de qualidade, não necessariamente a praticam. Há a necessidade de que novas pesquisas examinem as atitudes e opiniões gerenciais referentes à *verdadeira* prática da administração de qualidade nas organizações hoteleiras.[24]

Mitos referentes ao serviço ao cliente

Jamison, em um interessante e provocativo relatório de estudo sobre os serviços prestados ao cliente, defende a necessidade de se avaliar de maneira justa a posição de que "o cliente sempre tem razão", apontando para 10 mitos referentes ao serviço ao cliente.[25]

❑ *Mito 1: "Dê aos clientes o que eles quiserem"* — os clientes não podem imaginar soluções criativas para o que querem. Soluções criativas que produzam lucros devem ser elaboradas internamente e apresentadas de maneira adequada aos clientes, a fim de estimular uma resposta.

❑ *Mito 2: "O cliente sempre tem razão"* — isso, definitivamente, não é uma verdade absoluta, pois há clientes que roubam ou procuram fraudar e pessoas que tentam lucrar com a boa imagem de uma determinada empresa.

❑ *Mitos 3 e 4: "Sempre agrade seus clientes e supere suas expectativas". "Sempre ofereça o melhor serviço de qualidade"* — Nem toda empresa deve buscar oferecer o máximo em serviço de qualidade, a não ser que pretenda sair do mercado. O que é apropriado para a prestigiada rede Ritz-Carlton seria, sem dúvida, inadequado para uma rede de alimentação, como o McDonalds.

❑ *Mito 5: "Capacite todo o seu grupo de trabalho"* — As causas da baixa qualidade nem sempre significam falta de consciência ou atitude errada do grupo, mas mais freqüentemente de definição do papel que eles têm de executar ou dos procedimentos que deveriam seguir.

❑ *Mito 6: "Reduza o número de reclamações"* — É preferível avaliar negativamente os clientes que reclamam, mas considerá-los como indivíduos que tentam ajudar a empresa a ter um melhor desempenho. Estimular os clientes a reclamar diretamente à empresa é algo que nos dá a oportunidade de transformá-los em defensores.

❑ *Mito 7: "Deve-se introduzir um* loyalty card*"* — fidelidade não se garante com um cartão. Os gerentes devem elaborar um programa eficaz de atenção ao cliente e adequado à empresa.

❑ *Mito 8: "O bom serviço consiste em apenas sorrir aos clientes e desejar-lhes um bom dia"* — O serviço ao cliente difere de cultura para cultura. O que funciona nos Estados Unidos nem sempre funciona em outros lugares. O McDonald's teve de desculpar-se porque os funcionários desejavam um bom dia a todos os clientes britânicos, algo que não agradou ao público.

❑ *Mito 9: "Você deve sempre tentar agradar a todas as pessoas"* — Mas lembre-se que os clientes têm necessidades

de serviço diferentes e não é possível oferecer um serviço que seja agradável a todos.
- Mito 10: *"Muitas melhorias nos serviços são operacionais e táticas"* — Há uma dimensão estratégica relativa ao cuidado com o cliente, e o serviço deve ser tão diferente como seus produtos. Não faz sentido um fornecedor de "menor custo" (como a Travel Lodge) tentar oferecer o melhor serviço do setor (como o Ritz-Carlton).

DESENVOLVIMENTO ORGANIZACIONAL

Nos últimos anos, a expressão desenvolvimento organizacional tornou-se comum na literatura de administração, constituindo-se em um termo de caráter geral que abarca uma ampla gama de estratégias de intervenção nos processos sociais de uma organização. O desenvolvimento organizacional está voltado ao diagnóstico do desempenho e da situação organizacionais e também à capacidade de a organização adaptar-se à mudança.[26] Implica aplicar os conceitos do comportamento organizacional. O desenvolvimento organizacional adota uma abordagem sociotécnica e, em termos gerais, diz respeito às tentativas de melhorar a eficácia de uma organização. Essencialmente, é uma abordagem aplicada da ciência comportamental à mudança planejada e ao desenvolvimento de uma empresa.[27]

Muitos aspectos inter-relacionados

A natureza ampla do desenvolvimento organizacional significa que muitos aspectos inter-relacionados são incluídos sob esse título ou rótulo. Dada a importância das pessoas para o desempenho organizacional eficaz (especialmente no setor de hospitalidade), os aspectos normalmente incluídos no item de comportamento organizacional são de fato relevantes para o estudo do desenvolvimento da empresa. Muitos desses aspectos, caracterizados em capítulos anteriores como decisivos para o setor de hospitalidade, como a formação de equipe, a capacitação e a garantia de qualidade, realmente ocupam lugar de destaque no desenvolvimento organizacional. Contudo, a ênfase é maior no desenvolvimento da organização como um todo e menor nos verdadeiros processos de organização e gestão. Este capítulo oferece uma introdução a aspectos fundamentais do desenvolvimento organizacional: o papel da cúpula administrativa; a cultura e a atmosfera organizacionais; a administração da mudança; o conflito organizacional.

O papel da cúpula administrativa

A gestão eficaz é condição básica para o desenvolvimento organizacional e para um melhor desempenho. Patching, por exemplo, se refere à importância da relação entre os três seguintes níveis: estratégia de negócios; estratégias de gestão; e estratégia de desenvolvimento gerencial e organizacional.[28] Isso se aplica tanto às organizações de serviço e ao setor de hospitalidade quanto a qualquer outro setor. O papel do administrativo é um dos fatores mais importantes para o sucesso de qualquer organização de hospitalidade. Em nível corporativo, a cúpula administrativa tem a responsabilidade de determinar os rumos da organização como um todo, para que sobreviva, desenvolva-se e lucre. No Capítulo 2, por exemplo, encontramos as palavras de Kanter: "Administrar significa administrar um contexto inteiro. Se você retirar um elemento apenas e se aplicar apenas uma metodologia, não funcionará".[29]

No Capítulo 4, discutimos a natureza do trabalho gerencial e a importância do papel da gestão como uma atividade integradora e como fundamento da eficácia organizacional. A alta administração tem a responsabilidade particular de determinar os objetivos e a formulação de políticas relativas às operações de hospitalidade. No Capítulo 10, por exemplo, observamos o papel da cúpula administrativa na formulação de políticas de pessoal, no estabelecimento de filosofias e atitudes subjacentes e na tentativa de manter um nível de moral e comprometimento de todos os integrantes da equipe funcional, para garantir um desempenho operacional a contento.

Atenção às características principais

Os altos executivos da organização sem dúvida tem um papel importante na melhoria do desempenho organizacional e na gestão efetiva dos recursos humanos. Precisam levar em consideração características como:

- Esclarecimento e comunicação das metas e objetivos corporativos. A identificação de áreas fundamentais para o desempenho e para os resultados, incluindo responsabilidades sociais.
- Interações com influências ambientais externas, respostas a tais influências, e administração eficaz da mudança.
- Cumprimento das metas corporativas de acordo com fundamentos éticos e operacionais, e reconhecimento do contrato psicológico.
- Projeto de estrutura organizacional baseado no sistema sociotécnico, mais adequado a processos organizacionais e à execução do trabalho.
- Estratégias e práticas organizacionais relacionadas ao planejamento de recursos humanos e à administração da rotatividade de funcionários.
- Consolidação de um padrão de atividades de trabalho coerente e coordenado, abrangendo os esforços da equipe.
- Políticas e procedimentos claros, consistentes e equânimes, relacionados, por exemplo, à função de pessoal, incluindo treinamento e desenvolvimento.
- Estilo de comportamento gerencial voltado a uma política positiva de investimento nas pessoas.
- Reconhecimento das necessidades e das expectativas dos funcionários no trabalho e sistemas de motivação, satisfação com o trabalho e remuneração.
- Controle efetivo das atividades fundamentais, decisivas para o sucesso global da empresa.

- Criação de um ambiente organizacional que estimula os integrantes do grupo a trabalhar com bom ânimo e produtivamente.

O processo de gestão

A cúpula administrativa tem uma responsabilidade particular com o aspecto comunitário ou institucional e com o trabalho da organização como um todo. Mas o papel da administração *ao longo de todos os níveis da organização* é o de agir como um atividade integradora e coordenar e dirigir os esforços dos integrantes da equipe para que sejam alcançadas as metas e os objetivos. O processo de gestão, no entanto, não ocorre no vazio, mas no contexto do ambiente organizacional (discutido no Capítulo 2). As aplicações do comportamento organizacional e a gestão efetiva dos recursos humanos são, contudo, dependentes não só da natureza do setor de hospitalidade, mas também das características da organização individual, de seu ambiente e cultura.

Cultura organizacional

Embora todos nós compreendamos à nossa maneira o que significa cultura organizacional, tal conceito é de difícil definição. O conceito de cultura é oriundo da antropologia. Não há consenso sobre o seu significado para a análise das organizações de trabalho.[30] Às vezes, ocorre também confusão quanto à diferença entre a interpretação da cultura organizacional e o ambiente organizacional, discutidos a seguir.

Uma forma simples de se definir cultura é: "como as coisas são feitas aqui". Uma definição mais sofisticada é:

> o conjunto de tradições, valores, práticas, crenças e atitudes que constituem um contexto universal para todas as coisas que fazemos e pensamos no âmbito de uma empresa.[31]

A cultura é reforçada por meio de um sistema de ritos e rituais, padrões de comunicação, organização informal, padrões esperados de comportamento e percepções do contrato psicológico.

Schein aponta para uma visão de cultura organizacional baseada na distinção entre os três níveis de cultura: artefatos e criações; valores; e hipóteses básicas subjacentes.[32] A partir de um estudo envolvendo cinco restaurantes norte-americanos, Woods considera que grande parte da cultura é algo invisível, ou pelo menos não-dito, e identifica três níveis:

- início com o nível *visível ou aparente* — tais como *slogans*, cerimônias, mitos, sagas e lendas, uniformes, *design* do prédio;
- um segundo nível, não imediatamente visível aos clientes, é o *nível estratégico*, tais como posições sobre a visão estratégica, mercado de capitais, expectativas de mercado do produto e abordagens administrativas internas;
- o terceiro nível é o *nível de significação profunda*, que abrange os valores e convicções com as quais o sistema opera. Idealmente, esses aspectos aos quais a cúpula administrativa adere serão os mesmos defendidos pelos trabalhadores remunerados por hora de trabalho.[33]

... afora do suporte empresarial, o McDonald's chama a atenção por sua cultura distinta e — para quem está de fora — extremamente obscura. Fale com qualquer pessoa ligada à empresa, do executivo-chefe ao franqueado, por qualquer período de tempo, e você notará que eles mal se referem ao McDonald's pelo nome. Em vez disso, usam duas palavras sem nenhuma necessidade aparente de explicação: "o sistema". Sua origem é bastante ingênua — uma espécie de remanescente da época em que a empresa estava ainda em fase de levantamento de capital, sendo conhecida como McDonald's Systems Inc —, mas o efeito que causa é de arrogância ou mesmo de um tipo de evangelismo. Não se trata somente "do modo como fazemos as coisas aqui", mas de toda uma filosofia, desenvolvida e aprimorada ao longo de 40 anos, e sustentada por um manual de 600 páginas.

Management Today[34]

Os principais tipos de cultura organizacional

Desenvolvendo as idéias de Harrison,[35] Handy descreve quatro espécies principais de cultura organizacional: cultura do poder; cultura do papel desempenhado; cultura da tarefa; e cultura pessoal.[36]

- *A cultura do poder* depende de uma fonte de poder central cuja influência se dissemina de uma figura central para a organização. Esta espécie de cultura é encontrada em pequenas organizações. Sua base é a confiança e a comunicação pessoal, com pouca burocracia e escassas regras ou regulamentos.
- *A cultura do papel desempenhado* é com freqüência estereotipada como burocracia, e fundamenta-se na lógica e na racionalidade. Esta espécie de cultura apóia-se nos fortes pilares organizacionais e nas funções de especialistas que, por exemplo, atuam nas áreas de compras, produção e finanças. O trabalho é controlado por procedimentos e regras, com supervisão de um pequeno grupo de gerentes sêniores.

- *A cultura da tarefa* está centrada no cargo ou em projetos. É representada por uma rede. As pessoas em geral trabalham em equipe, e esta espécie de cultura busca utilizar o poder do grupo. Há poucos níveis de autoridade e a influência está amplamente distribuída. O poder de um especialista predomina sobre o poder pessoal ou de um determinado cargo.
- *A cultura pessoal* é aquela em que o indivíduo é o foco central e a que prega que toda estrutura existe para servir aos indivíduos. As pessoas em geral trabalham sozinhas, ou algumas podem decidir agrupar-se para atender seus interesses. As hierarquias administrativas e os mecanismos de controle são possíveis apenas se houver consentimento mútuo. Esta cultura é comum entre os profissionais.

Influência sobre o desenvolvimento da cultura

A cultura e a estrutura de uma organização se desenvolvem ao longo do tempo e em resposta a um complexo conjunto de fatores. Podemos, contudo, identificar várias influências fundamentais que provavelmente terão um papel importante no desenvolvimento de qualquer cultura organizacional. Essas influências incluem: história, função primária e tecnologia, metas e objetivos, tamanho, localização, administração e preenchimento de vagas, e o ambiente.[37]

História

A razão e a maneira pela qual a organização formou-se, sua idade, a filosofia e valores de seus proprietários e gerentes sêniores afetarão a cultura. Uma situação relevante na história da organização, tal como uma fusão ou uma grande reorganização, ou uma nova cúpula administrativa, pode causar uma mudança na cultura.

A função primária e a tecnologia

A natureza dos negócios de uma empresa e sua função primária têm uma influência importante em sua cultura, por exemplo, a variedade e a qualidade dos produtos e serviços oferecidos, a importância da reputação e o tipo de clientes. A função primária da organização determinará a natureza dos processos tecnológicos e dos métodos de execução do trabalho, que, por sua vez, também afetarão a estrutura e a cultura. Compare-se, por exemplo, um hotel tradicional e de alta classe, reconhecido por sua cozinha, com uma rede de *fast food*.

Metas e objetivos

Embora as empresas busquem a lucratividade, tal fator, por si mesmo, não é um critério suficiente ou muito claro em sua administração eficaz. Por exemplo, até que ponto se dá ênfase à sobrevivência de longo prazo ou ao crescimento e ao desenvolvimento? Quanta atenção se dá a intenção de evitar riscos e incertezas? Quanta preocupação se tem com responsabilidades sociais mais amplas? A organização deve levar em consideração os objetivos de todas as áreas fundamentais em que opera. A combinação de objetivos e de estratégias resultantes influenciarão a cultura e, por sua vez, eles poderão ser influenciados pelas mudanças culturais.

Tamanho

Em geral, as maiores organizações possuem estruturas e culturas mais elaboradas. O maior tamanho resultará em departamentos divididos e operações distribuídas em diferentes setores. Isso pode causar dificuldades na comunicação e rivalidades interdepartamentais, havendo a necessidade de coordenação eficaz. Uma rápida expansão, ou declínio, no tamanho e na taxa de crescimento, e mudanças na equipe de trabalho influenciarão a estrutura e a cultura.

Localização

A localização geográfica e as características físicas terão uma grande influência na cultura, como, por exemplo, se a organização estiver localizada em uma área rural silenciosa ou no centro da cidade. Isso influenciará os tipos de clientes e de empregados. Pode também afetar a natureza dos serviços oferecidos, a sensação de "delimitação" e de identidade diferenciada, e oportunidades para o desenvolvimento.

Administração e preenchimento de vagas

Os altos executivos podem ter influência considerável na natureza da cultura; considere-se, por exemplo, o papel fundamental de Lord Forte quando foi o executivo-chefe do Trusthouse Forte. Todos os integrantes do grupo ajudam a moldar a cultura dominante de uma organização, independentemente da impressão da administração sênior.

A cultura é também determinada pelo tipo de equipe interna e pela capacidade dos empregados de aceitar e assimilar a filosofia e as políticas administrativas. Outra influência importante é a combinação entre a cultura corporativa e a percepção que os empregados têm do contrato psicológico.

O ambiente

Para ser eficaz, a organização deve responder às influências do ambiente externo. Por exemplo, se as operações ocorrem em um ambiente dinâmico, serão necessárias uma estrutura e uma cultura sensíveis e prontamente adaptáveis à mudança. Uma estrutura orgânica responderá de maneira eficaz a novas oportunidades e desafios, riscos e limitações apresentados pelo ambiente externo.

A responsabilidade administrativa pela cultura e pelos valores de uma empresa

Todas as organizações apresentam atributos relacionados a sua cultura e valores. Isso é especialmente importante no setor de hospitalidade, em que o "ambiente" é o pano de fundo pelo qual o produto é julgado. Embora as facilidades e o ambiente físico sejam componentes importantes do ambiente, nenhuma quantidade de investimento em tais itens pode complementar ou compensar experiências negativas ou problemas ambientais. Para tornar o assunto ainda mais difícil para quem pretende chegar à excelência no ramo da hospitalidade, tais atributos são altamente subjetivos e muito difíceis de lidar e controlar. Todavia, como a impressão que temos de um ambiente é o resultado da interação das pessoas, o ambiente é responsabilidade daqueles que o administram. As organizações de sucesso harmonizam as habilidades, atitudes e comportamentos dos empregados com as necessidades e expectativas dos clientes.

Muito freqüentemente uma cultura muito forte em uma empresa é o reflexo das atitudes e do comportamento das pessoas que há mais tempo nela trabalham. A cultura da empresa não tem de ser definida para que as pessoas a "conheçam". Ou os novos empregados se adaptam e se tornam parte da cultura ou não se adaptam e, geralmente, não permanecem. Isso é especialmente verdade em empresas de hospitalidade administradas pelo proprietário, e foi certamente o caso do Highgate House Conference Centre. O Highgate House desenvolveu-se durante 25 anos sob o controle de uma mãe de nove filhos excepcionalmente ativa e talentosa, para quem não havia dúvida de que os padrões de comportamento e o bem-estar individual estavam acima de tudo. Tal cultura disseminou-se perfeitamente pela empresa, que possuía uma excelente reputação como hotel/centro de conferências de 95 leitos.

Quando a administração da empresa passou para a geração seguinte, havia o perigo real de que as atitudes pudessem mudar. Esse risco foi aumentado quando foi tomada a decisão de expandir a empresa, com a criação de mais um centro, o The Sundial Group, em 1998. Pelo fato de a impressão que causava ter sido identificada pelos clientes como uma razão fundamental para a continuação dos negócios, a administração sênior do Highgate House decidiu que era importante tentar manter sua cultura e encontrar maneiras de descrevê-la. A administração queria garantir que a cultura continuasse por tanto tempo quanto possível à medida que a companhia crescesse. Quatro valores fundamentais foram identificados e tornados públicos, fazendo parte da imagem de mercado para os clientes e constituindo-se em padrões de comportamento para a equipe de trabalho. Aberta a todo tipo de comportamento, tornou-se muito mais fácil para a administração salvaguardar tais valores.

A seguir, um trecho do documento que circulou entre os clientes e os funcionários, quando da inauguração do The Sundial Group, fazendo parte da integração de todos os empregados e do Manual do Funcionário.

- Estamos comprometidos com a criação de um ambiente que estimule, de maneira genuína, a aprendizagem e o pensamento criativo, para nossos clientes e empregados.
- Acreditamos que nosso pessoal faz com que sejamos o melhor grupo de serviços de conferência e treinamento no país. Nossos valores estão presentes no profissionalismo, experiência, qualidade e respeito pelos clientes e pelos colegas.
- *Profissionalismo.* A hospitalidade discreta e "sem costuras", que é a marca registrada do Sundial, foi projetada para atender às necessidades muito especiais de nossos clientes. Reuniões, cursos de treinamento e conferências de sucesso beneficiam-se muito de nossa atenção ao detalhe, privacidade de segurança e foco.
- *Experiência.* Entender as necessidades do cliente e oferecer serviços que atendam tais necessidades são os benefícios de longo prazo que o Sundial ganha ao atrair e manter um grupo de trabalho dotado de grandes aptidões e atitudes positivas. Essa continuidade permite que tenhamos uma riqueza de experiências e nos ajuda a ganhar a confiança das organizações com que trabalhamos.
- *Qualidade.* Nossos padrões são inflexíveis no que diz respeito a um direcionamento implacável ao valor dado ao dinheiro e à melhoria contínua, adequada às necessidades. Nossas políticas são projetadas para ajudar nosso quadro funcional a aprender e a desenvolver-se, estimulando-o a usar sua iniciativa e a oferecer os serviços necessários. Crescemos com o *feedback* e com a inovação.
- *Respeito.* O Sundial é um negócio familiar. Nosso primeiro centro de conferências foi inaugurado há 35 anos. Muitas coisas já mudaram desde então, mas não nossa convicção no respeito por aqueles que nos cercam. "Trate as pessoas como você gostaria de ser tratado" é uma regra de ouro que todos entendem e apreciam, e que aplicamos em nossos serviços de hospitalidade.

Essas argumentações formam um manifesto e contêm os compromissos que ajudam a estabelecer as expectativas dos clientes e dos empregados. Da mesma forma, explicitam claramente ao grupo interno, especialmente aos gerentes, a maneira de comportarem-se. Todavia, para que se transformem em cultura, tais argumentos devem receber a adesão de todos os níveis de liderança, que devem demonstrá-los de maneira consistente.

Passar de uma empresa bastante fechada, onde proprietário/empreendedor sabia tudo o que acontecia e tomava toda e qualquer decisão relevante, para um grupo maior, distribuído em muitos locais, exigiu mudanças na administração e na responsabilidade. Comprometer-se com valores que podem ser facilmente descritos e compreendidos é algo que oferece um quadro a partir do qual as decisões podem ser tomadas. A resposta certa é sempre a que melhor se encaixa nesses valores.

Para que o Sundial Group vingasse, ficou claro que políticas e estratégias precisavam ser desenvolvidas. Nosso compromisso com o profissionalismo levou-nos a receber o reconhecimento da Investors in People, garantindo que nossos treinamentos e nosso desenvolvimento estejam ligados aos objetivos da empresa. A experiência só pode ser alcançada por meio de uma abordagem positiva no controle da rotatividade dos funcionários. A qualidade deve estar adequada à necessidade. Estamos agora muito mais cientes das expectativas de nossos clientes e do desempenho da concorrência. O respeito depende da empatia; temos uma melhor compreensão das atitudes que precisam ser demonstradas pelos empregados a serem contratados para que atinjam o sucesso conosco.

Embora o desenvolvimento do Sundial Group ainda esteja no início, podemos já começar a constatar a eficácia de nosso compromisso. Nossa nível de rotatividade permanece muito bom e a lucratividade demonstra uma melhoria acentuada. O Highgate House foi eleito o "Empreendimento do Ano" no item conferências, e, juntos, os três empreendimentos Sundial receberam mais de 50% dos votos entre um grupo de 30 empresas indicadas.

Ter obtido o Investors in People nos proporcionou um importante *benchmark* externo, e nosso trabalho com o processo de auto-avaliação da The European Quality Model também é fonte de valioso retorno. Contudo, operamos em um mercado altamente competitivo e não podemos viver dos nossos prêmios. Por isso, uma paranóia saudável é um guia útil para o nosso desenvolvimento!

Fonte: O autor agradece a Tim Chudley, Diretor Administrativo do The Sundial Group, por ter fornecido esse texto.

(O Sundial Group atualmente é formado pela Highgate House, em Northamptonshire; Barnett Hill, em Surrey; Woodside, em Warwickshire; e pelo Sundial Options and Solutions, nosso serviço de eventos. www.sundialgroup.com.)

A importância da cultura

A cultura pode ajudar a reduzir a complexidade e a incerteza. Oferece perfil e valores consistentes, além de tornar possíveis os processos de tomada de decisão, coordenação e controle.[38] A cultura é, sem dúvida, um ingrediente importante para o desempenho organizacional eficaz. Em seu estudo, Peters e Waterman ressaltam a importância da cultura corporativa.

> *Sem exceção, o predomínio e a coerência da cultura provou ser uma qualidade essencial das empresas excelentes. Além disso, quanto mais forte a cultura, e quanto mais voltada ao mercado de trabalho, menor necessidade há de manuais de políticas, organogramas ou de detalhados procedimentos e regras. Nessas empresas, todas as pessoas, até as que ocupam os cargos mais baixos, sabem o que fazer em todas as situações, porque a maior parte dos valores que as guiam estão muito claros.*[39]

A importância da cultura para o desempenho organizacional permanece e é reforçada por um estudo recente realizado por Heller envolvendo as 10 maiores empresas da Europa. Ao comentar, por exemplo, a superioridade da Heineken no mercado mundial, Heller defende a idéia de que ela se deve em parte à notável cultura corporativa da empresa.

> *Nada é por acaso quando se fala a respeito dos pontos fortes de uma cultura empresarial... Há uma relação entre a cultura de uma organização e o seu desempenho.*[40]

A cultura de uma organização origina o orgulho que as pessoas sentem por seu cargo e ajusta os métodos motivacionais do gerente. A cultura é também um determinante do desempenho e da eficácia organizacionais. No setor de hospitalidade, a cultura é um componente vital para os padrões de serviço prestados ao cliente. É importante, portanto, reconhecer as características essenciais das organizações de serviço e desenvolver uma cultura que estimule a motivação do grupo, relações harmoniosas durante as atividades e um bom trabalho de equipe.

Influência da cultura nacional

A cultura ajuda a dar conta das variações existentes entre as organizações e os gerentes, tanto nacional quanto internacionalmente. Ajuda a explicar por que diferentes grupos de pessoas percebem as coisas a seu modo e as executam de forma diferente de outros grupos.[41] Com a maior competitividade internacional, uma compreensão da cultura nacional adquiriu maior relevância para os administradores. De acordo com Siddall, por exemplo: "os negócios internacionais, a questão da cultura e a necessidade de melhor compreensão tornaram-se componentes principais do comportamento organizacional".[42] As práticas culturais variam muito de país para país, podendo ser de difícil compreensão por causa de nossos próprios valores.

Em um estudo realizado junto a empresas hoteleiras internacionais que operam na China, Mwaura *et al.* concluem que uma cultura nacional forte pode influenciar grandemente o que acontece no mercado de trabalho e tende a propiciar conflitos numerosos.[43]

Cultura e ineficácia

De acordo com Glover, por exemplo, uma cultura corporativa adequadamente desenvolvida pode ser uma ferramenta da administração para fomentar a qualidade do produto e a produtividade da equipe. Se os administradores não compreenderem os efeitos da cultura corporativa, a qualidade dos produtos e dos serviços das operações de hospitalidade pode sofrer um "culto da ineficácia".[44]

Glover identifica várias características organizacionais que, em geral, dão surgimento ao culto da ineficácia.

- *Ausência de padrões* — Devido à falta de acordo sobre as expectativas, prestação inconsistente de serviços e produtos, falta de qualidade na mensuração e na administração, avaliação baseada na atividade e não nos resultados.
- *Responsabilidade final desequilibrada* — embora a contabilidade financeira esteja altamente desenvolvida, os controles sobre a área de pessoal e os procedimentos para a medição da eficácia dos gerentes e supervisores são pouco precisos.
- *Comunicações ineficazes* — as idéias e as respostas dos empregados são raramente procuradas, e os comentários dos hóspedes não são apreciados. Nenhum dos dois grupos é considerado na tomada de decisões da gerência. A comunicação de cima para baixo e a comunicação incompleta ou mal-compreendida provocam o culto da ineficácia.
- *Sintomas, não causas* — são oferecidos remédios para os sintomas, em vez de se buscar a causa dos problemas. A rudeza de um garçom, por exemplo, pode ter menos a ver com o garçom e mais com a seleção e o treinamento inadequados ou com práticas administrativas incorretas.
- *Falta de reconhecimento* — a maior parte dos gerentes admite que raramente faz elogios a seus empregados quando realizam um bom trabalho. Muitos gerentes só falam com seus empregados quando há um problema.
- *Ausência de trabalho de equipe* — muitas culturas corporativas recompensam a competição entre os empregados e incentivam o conflito. Se os empregados são remunerados com base na cultura individual, pode haver frustração no desenvolvimento das equipes. A natureza das operações de hospitalidade, porém, exige um trabalho de equipe eficaz.
- *Treinamento inadequado* — uma maneira comum de treinar novos empregados é seguir os passos de um empregado mais experiente. Isso transfere a responsabilidade gerencial mais importante para um empregado de linha que pode não ter uma visão clara dos objetivos da empresa. Também é esperado que os gerentes e supervisores tenham sucesso ou fracassem, quando apresentados a novas responsabilidades.
- *Recriminação* — reclamações ou outros problemas são freqüentemente oportunidades para apontar culpados e tomar uma atitude defensiva, em vez de ser uma oportunidade para melhorar as operações. A responsabilidade da gerência é, em primeiro lugar, limitar problemas.
- *A necessidade de eficácia* — muitos gerentes do setor de hospitalidade não conseguem reconhecer a diferença entre eficácia e eficiência. "Realizar o trabalho" deve incluir a prestação eficaz de serviços ou do produto e resultar em padrões estabelecidos.
- *Ações da cúpula administrativa* — uma organização é mais do que a soma de todas as suas operações e departamentos. Também inclui uma cultura, cuja forma é dada pelas ações da cúpula administrativa. A organização social informal afeta todos os níveis da empresa e influencia sua capacidade de oferecer produtos e serviços ao cliente.

Clima organizacional

Além de executar os processos organizacionais, a gerência tem a responsabilidade de criar um clima nos quais as pessoas sejam motivadas a trabalhar com boa-vontade e eficazmente.

> Pode-se dizer que o clima está relacionado à atmosfera predominante na organização de hospitalidade, no que diz respeito ao moral e ao fortalecimento do sentimento de fazer parte da empresa, do cuidado e da boa-vontade de seus integrantes.

O clima organizacional, porém, é outro conceito geral de difícil definição. É algo que se sente. É o resultado de uma combinação de forças, algumas mais bem compreendidas do que as outras. O clima influenciará as atitudes dos integrantes de uma organização em seu desempenho profissional e em suas relações pessoais. O grau de aceitação da cultura de uma organização por parte dos empregados terá um efeito significativo no clima.

A percepção dos empregados

Enquanto a cultura organizacional descreve aquilo de que a organização trata, o clima é uma indicação das impressões e das convicções dos empregados. O clima tem como base as **percepções** dos empregados sobre a qualidade do ambiente de trabalho interno.[45] Como já se disse, o grau de aceitação da cultura de uma organização por parte dos empregados terá um efeito significativo no clima.

O clima também está relacionado ao reconhecimento da organização como um sistema social e ao quanto fazer parte de uma empresa é algo que se percebe como uma experiência psicologicamente compensadora. Pode ser considerado um estado de confiança mútua e de compreensão entre os integrantes de uma empresa.

Meudell e Gadd argumentam que a distinção entre cultura organizacional e clima tem particular importância no setor de serviços, não apenas a partir do ponto de vista do hóspede, mas também da equipe de trabalho:

A cultura pode, por exemplo, estimular um círculo de qualidade abrangendo todo o hotel, mas somente um clima adequado evitará a violência verbal — e, possivelmente, física — quando um trabalhador da lavanderia sugerir mudanças nos procedimentos que poderiam melhorar a eficiência da remessa dos tecidos e roupas brancas da cozinha! [46]

Características do clima organizacional

O clima organizacional caracteriza-se, portanto, pela natureza da relação pessoal-organização e pela relação superior-subordinado. Essas relações são determinadas pelas interações entre as metas e objetivos, estrutura formal, processo de gestão, estilos de liderança e comportamento. Portanto, um clima organizacional saudável deve possuir as seguintes características:

- a integração das metas organizacionais e metas pessoais;
- estrutura organizacional mais adequada, com base nas demandas do sistema sociotécnico;
- funcionamento democrático da organização, com oportunidades totais de participação;
- justiça no tratamento, com políticas e práticas de relações equânimes para o pessoal/empregados;
- confiança mútua, consideração e apoio entre os diferentes níveis da organização;
- discussão aberta sobre os conflitos, em uma tentativa de evitar o confronto;
- comportamento gerencial e estilos de liderança apropriados às situações de trabalho;
- aceitação do contrato psicológico entre o indivíduo e a organização;
- reconhecimento das necessidades e das expectativas das pessoas no trabalho, diferenças individuais e atributos;
- sistemas equânimes de remuneração, baseados em reconhecimento de caráter positivo;
- preocupação com a qualidade de vida profissional e com as contingências do cargo;
- oportunidades para desenvolvimento pessoal e para progressão na carreira;
- um sentido de identificação e lealdade para com a organização, e a sensação de ser um integrante valorizado e importante.

A administração do clima organizacional

Se quisermos melhorar o clima organizacional, devemos considerar os fatores recém-citados. O clima criado pelos gerentes terá uma influência significativa na motivação e no comportamento dos empregados.

Criar o clima adequado implica saber que toda a atividade gerencial, da elaboração de sistemas e procedimentos até o modo como o gerente lida com as interações dos clientes e do grupo de trabalho, contribuirá para a atmosfera do ambiente laboral. O gerente é um modelo que a equipe imitará. [47]

A administração do clima organizacional é, portanto, um meio importante para a melhoria da produtividade e dos padrões de desempenho.

Nas operações de hospitalidade, a satisfação do cliente depende muito de atividades de grupo e da necessidade de que departamentos diferentes trabalhem em conjunto. É de especial importância desenvolver um clima organizacional que incentive um bom trabalho de equipe. Embora algumas organizações similares compartilhem de determinadas características comuns, cada uma terá sua própria identidade. Toda organização tem seu próprio clima, ambiente interno ou "personalidade".

Os principais aspectos do clima

O clima influenciará o nível do moral e das atitudes que os integrantes da organização apresentam em seu desempenho e nas relações pessoais. Embora seja difícil medir o moral de forma objetiva, um questionário bem elaborado e conduzido (ou pesquisa de atitudes) ajudará a estabelecer os verdadeiros sentimentos dos funcionários sobre os fatores que contribuem para o clima organizacional.

Há muitos instrumentos de pesquisa com os quais podemos aferir o clima. Os questionários variam muito no número de itens e de categorias. Mill, por exemplo, entende que o clima pode ser descrito em seis aspectos principais: clareza, compromisso, padrões, responsabilidade, reconhecimento e trabalho de equipe (Figura 12.5, p. 348).[48]

Se a clareza, o compromisso e os padrões forem baixos, haverá a necessidade de um sistema de administração por objetivos. Isso implica a criação de objetivos e alvos claramente estabelecidos e o desenvolvimento do compromisso entre os empregados em atuar seguindo os padrões de desempenho acordados.

Quando a responsabilidade for baixa, haverá a necessidade de considerar o (re)dimensionamento de cargos e de dar aos empregados maior autonomia para o planejamento, organização e controle de seus postos de trabalho.

Quando faltar reconhecimento, a administração deve oferecer um reforço positivo, oferecendo aos empregados recompensas e incentivos pela execução correta de seu trabalho.

Se o trabalho de equipe estiver ausente, a administração deve tentar desenvolver um sentimento de confiança e ter relações de apoio com os empregados.

Mill indica que a administração por objetivos, o *design* de cargo, o reforço positivo e o estabelecimento da confiança formam uma base para as ações administrativas otimizarem o clima organizacional.

ADMINISTRANDO A MUDANÇA

Qualquer que seja a natureza da cultura, a organização só terá um desempenho eficaz por meio de interações mais amplas com o ambiente externo do qual faz parte. Fatores

```
                        CLIMA ORGANIZACIONAL
    ┌──────┬──────────┬──────┬──────────────┬──────────────┬──────────────┐
    ▼      ▼          ▼      ▼              ▼              ▼
 CLAREZA COMPROMISSO PADRÕES RESPONSABILIDADE RECONHECIMENTO TRABALHO DE EQUIPE
           │                 │              │              │
           ▼                 ▼              ▼              ▼
  ADMINISTRAÇÃO POR OBJETIVOS  (RE)DIMENSIONAMENTO  REFORÇO    CONFIANÇA
                                 DE CARGO          POSITIVO   ESTABELECIDA
```

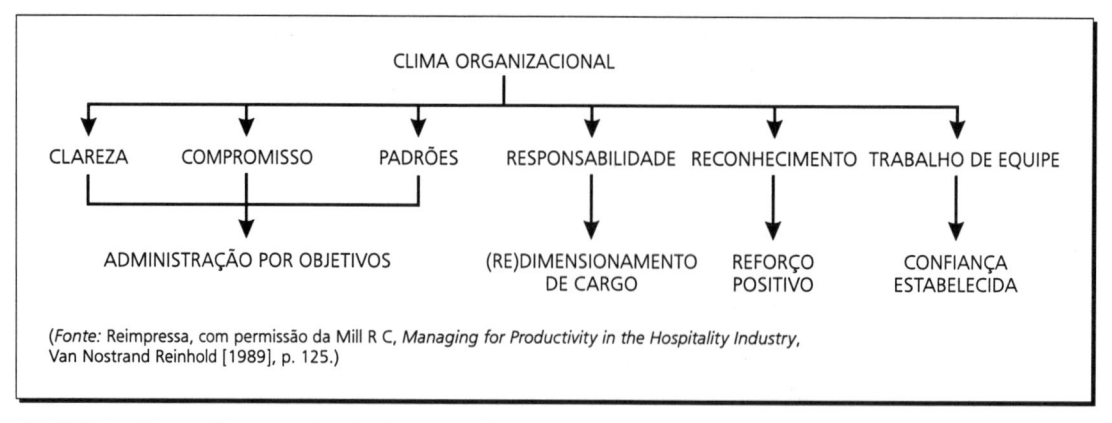

(*Fonte:* Reimpressa, com permissão da Mill R C, *Managing for Productivity in the Hospitality Industry*, Van Nostrand Reinhold [1989], p. 125.)

FIGURA 12.5 Clima organizacional e ação administrativa.

como condições econômicas, feroz competição mundial, nível de intervenção governamental, escassez de recursos naturais, mudança nas atitudes sociais e rápidos avanços tecnológicos combinam-se para criar um ambiente cada vez mais volátil.

Como o ramo da hospitalidade está voltado tanto à produção quanto ao serviço, está especialmente sujeito às influências ambientais.[49] Para garantir sua sobrevivência e o sucesso futuro, a organização deve prontamente adaptar-se às demandas. Um fator fundamental para o desempenho e a eficácia é a correta administração da mudança.

As forças da mudança

A mudança é uma influência muito presente. Estamos todos sujeitos à mudança contínua, que é inevitável na vida social e organizacional. A mudança também se origina na própria organização, como, por exemplo, parte de um processo natural de envelhecimento dos prédios e dos equipamentos, ou quando as habilidades e capacidades se tornam ultrapassadas. Há uma ampla variedade de forças que atuam sobre as organizações e que fazem a necessidade de mudança algo inevitável. Essas forças podem ser resumidas em cinco amplos itens: mudança tecnológica, explosão de conhecimento, rápida obsolescência do produto, mudança da natureza da força de trabalho e qualidade da vida profissional.[50]

❑ *Mudança tecnológica* — por exemplo, avanços nos sistemas de computação e na tecnologia da informação, aumento do uso de fornos de microondas e de sistemas de preparo/esfriamento de alimentos. Essas mudanças podem resultar em "desespecialização" na cozinha.

❑ *Explosão de conhecimento* — por exemplo, o número de pessoas em alguma forma de educação, novas idéias e métodos de trabalho, o número de periódicos científicos e de novos livros, aumento no número de alunos em cursos de gestão da hospitalidade.

❑ *Rápida obsolescência dos produtos* — as mudanças nas preferências do consumidor, juntamente com o desenvolvimento tecnológico, influenciaram a prestação de muitos serviços e produtos, como, por exemplo, a popularidade dos alimentos de conveniência, uma tendência crescente de abandonar o serviço tradicional e de adotar o *self-service*, contatos pessoais reduzidos entre recepcionistas e clientes.

❑ *Mudança da natureza da força de trabalho* — por exemplo, influências demográficas e mudanças na composição da força de trabalho, maiores oportunidades educacionais, trabalho em meio turno, mudanças nos ciclos de vida da família, oportunidades iguais.

❑ *Qualidade da vida profissional* — por exemplo, maior atenção à satisfação das necessidades e das expectativas das pessoas no trabalho, gestão dos recursos humanos, dimensionamento de cargo e organização do trabalho, estilos de comportamento gerencial.

As empresas devem responder às mudanças do ambiente externo, e empresas que mudam afetarão a natureza da atividade administrativa. Stewart, por exemplo, descreve como as mudanças em uma organização afetam os tipos de trabalho que os gerentes têm de realizar, bem como a natureza de suas vidas e carreiras. Os gerentes mais antigos agora trabalham para organizações muito diferentes daquelas em que se tornaram gerentes pela primeira vez. Embora as hierarquias de autoridade continuem a existir em organizações maiores, elas não são tantas, havendo maior quantidade de trabalho em conjunto. Haverá um número menor de gerentes intermediários, mas com maiores responsabilidades. As funções dos gerentes são mais complexas e exigentes, sendo suas carreiras muito menos previsíveis.[51]

Resistência administrativa à mudança

Embora a organização tenha de adaptar-se às circunstâncias, os gerentes em geral resistem à mudança.

- Uma grande mudança com freqüência requer muitos recursos que podem já estar comprometidos com investimentos em outras áreas ou estratégias. Bens como prédios ou mobília, tecnologia, equipamentos e pessoal não podem ser alterados com facilidade.
- A atenção está freqüentemente voltada à estabilidade e à previsibilidade, especialmente em grandes empresas. A necessidade de estruturas formais, divisão do trabalho e regras estabelecidas, procedimentos e métodos de trabalho, podem resultar em resistência à mudança.
- A gerência pode estar acomodada, operando dentro da estrutura, políticas e procedimentos formulados para lidar com uma variedade de situações passadas ou futuras. Os gerentes podem desenvolver defesas contra a mudança e preferir concentrar-se nos assuntos rotineiros, em que seu desempenho é bom.
- A mudança pode também ser considerada uma ameaça ao poder ou à influência da gerência, tais como o controle sobre decisões, recursos ou informação. Como exemplo, a gerência intermediária pode resistir à introdução de círculos de qualidade porque a maior capacitação de seus integrantes é vista como uma transgressão a suas áreas tradicionais de autoridade e responsabilidade.[52]

Resistência individual à mudança

As pessoas são naturalmente cautelosas quando há mudança. Mesmo que os resultados sejam positivos, a resistência à mudança — ou o simples pensar nas implicações dela decorrentes — parece ser algo comum. A resistência pode assumir muitas formas e surgir de uma combinação de fatores. É, portanto, difícil apontar a causa exata, mas algumas razões comuns para a resistência individual incluem as seguintes:

Medo do desconhecido

Muitas mudanças apresentam um certo grau de incerteza, como, por exemplo, os possíveis efeitos de uma nova tecnologia ou de métodos de trabalho. Uma pessoa pode não querer ser promovida por causa da incerteza que sente quanto às mudanças de responsabilidade ou quanto às maiores demandas inerentes a um cargo superior. As mudanças que confrontam as pessoas com o desconhecido tendem a causar angústia ou medo. Pode haver resistência a uma mudança proposta que venha a quebrar um grupo de trabalho coeso ou que transfira um indivíduo de um grupo para outro.

Hábito

As pessoas tendem a responder a situações de uma maneira já estabelecida e costumeira. O hábito pode ser um meio para que se sintam confortáveis e seguras, e um guia para a tomada de decisões. Propor mudanças a esses hábitos, especialmente se eles estiverem estabelecidos há muito tempo e se não exigirem muito esforço, pode causar resistência. Um gerente, por exemplo, pode resistir a ser transferido para outro local, especialmente se isso implicar maior deslocamento ou mudança de residência. Os empregados tendem a resistir a novas práticas que requeiram o aprendizado de novas habilidades ou que resultem em controle gerencial mais próximo.

Inconveniência ou perda de liberdade

Se a mudança é vista como inconveniente, se torna a vida mais difícil, diminui a liberdade de ação ou resulta em aumento de controle, possivelmente haverá resistência a ela. Por exemplo, um gerente pode resistir a uma mudança para um outro estabelecimento ou uma nova localização, especialmente se isso significa que terá de viajar ou mudar o seu domicílio. As equipes tendem a resistir a novas práticas de trabalho que exijam o aprendizado de novas habilidades ou redundem em controle estrito da gerência.

Implicações econômicas

As pessoas costumam resistir a mudanças que, direta ou indiretamente, reduzam sua remuneração ou qualquer outra espécie de gratificação, ou que requeiram mais trabalho pelo mesmo salário. Os empregados podem oferecer resistência a trocar de cargo, inclusive no mesmo nível ou com o mesmo salário, se recearem receber menor pagamento por horas extras, gratificações ou outros benefícios.

Segurança no passado

Algumas pessoas tendem a encontrar segurança no passado. Quando há frustração ou dificuldades, ou quando enfrentam novas idéias ou métodos, tendem a refletir sobre o passado, desejando manter procedimentos antigos com os quais se sintam já à vontade. Pode haver uma tendência de agarrar-se a procedimentos já conhecidos e praticados, como forma de buscar a segurança.

Ameaça ao *status* ou aos símbolos

Qualquer ameaça ao *status* ou aos símbolos relacionados a um cargo enfrentará resistência, como, por exemplo, propostas de eliminar uma sala privativa, uma vaga no estacionamento, uniformes especiais ou um armário individual.

Percepção seletiva

As pessoas tendem a ter seu próprio e parcial ponto de vista sobre uma determinada situação, o qual se adapta melhor à maneira como percebem a realidade. Isso pode causar uma resistência quase que automática à mudança. Por exemplo, trabalhadores com forte consciência sindical podem possuir uma visão estereotipada da gerência como algo de que se deve desconfiar, fazendo por isso oposição a qualquer mudança administrativa, independentemente de ser bem fundamentada. Os gerentes podem ter uma posição parcial em relação a uma determinada teoria ou prática de comportamento organizacional, descartando novas idéias que julguem não ter importância ou valor.

Resistência à mudança em hotéis

Okumus e Hemmington, a partir de uma profunda investigação conduzida em nove hotéis da Grã-Bretanha, concluíram que há semelhanças significativas entre hotéis e unidades industriais no que diz respeito a enfrentar e superar barreiras e à resistência a mudanças. Eles identificaram as seguintes barreiras à mudança nos hotéis: dificuldades financeiras; custo da mudança; falta de recursos; medo de perder o cliente atual; limitação de tempo; prioridade dada a outros negócios; falta de cooperação e de habilidades; medo da insegurança; perda de algo valioso; e política interna.

Okumus e Hemmington indicam que os gerentes exigem entender a natureza e o poder da mudança, as razões para a resistência e a implementação eficaz das alterações. Os gerentes de hotel devem adotar estratégias múltiplas para ajudar a suplantar barreiras potenciais à mudança, e os hotéis têm de oferecer aos seus gerentes o desenvolvimento necessário para enfrentar situações complexas de mudança.[53]

SUCESSO NA IMPLEMENTAÇÃO DA MUDANÇA

A mudança contínua é inevitável, e sua implementação eficaz é uma responsabilidade dos gerentes. Inovações não devem ser percebidas como ameaças pelos integrantes da equipe de trabalho. Um dos fatores mais importantes para o sucesso na implementação da mudança é o estilo de comportamento gerencial.

> *Nunca se busca tanto a liderança do que em tempos de mudança e incerteza. A liderança eficaz na mudança é a chave para que as pessoas deixem de considerá-la uma ameaça para considerá-la um desafio.*[54]

Em determinadas situações pode ser necessário que os gerentes atuem de maneira compulsória e façam uso da hierarquia para impor a mudança. Isso talvez seja adequado, por exemplo, se a mudança for prejudicial à equipe. Também devemos reconhecer que algumas pessoas podem preferir e responder melhor a um estilo de gestão autocrático, dirigido e controlado. Na maioria dos casos, contudo, a introdução da mudança será mais eficaz com um estilo de gestão participativo. Se o grupo de funcionários for totalmente informado sobre as propostas e for incentivado a adotar uma atitude positiva, envolvendo-se com a implementação da mudança, provavelmente esta será aceita com maior facilidade.

Fatores sociais e humanos da mudança

Os gerentes devem responder à mudança. Mas as atividades administradas com base apenas em eficiência econômica ou técnica não levarão a uma melhora sensível no desempenho. Os esforços administrativos para manter o equilíbrio do sistema sociotécnico influenciarão as atitudes das pessoas, o comportamento dos indivíduos e dos grupos e, portanto, o desempenho organizacional e a eficácia. A gerência deve portanto saber da importância dos fatores sociais e humanos da mudança. Isso requer o seguinte:

- criar um ambiente de confiança e de compromisso mútuo, envolvendo os empregados totalmente nas decisões e nas ações que os afetam;
- manter comunicações abertas e totais, a participação real da equipe inteira, preferencialmente bem antes da introdução da mudança;
- enfatizar os benefícios e as oportunidades potenciais apresentadas pela mudança;
- estimular o comando da equipe e um espírito cooperativo entre os empregados;
- considerar o dimensionamento de cargo, os métodos de organização do trabalho e o desenvolvimento de um grupo coeso;
- oferecer esquemas adequados de incentivo financeiro para salvaguardar a perda potencial de ganhos ou de segurança no emprego, e garantir a alocação equânime de qualquer economia proveniente da mudança.
- projetar um programa de ação de administração de pessoal dirigido à revisão do recrutamento e da seleção, ao desgaste natural da equipe, ao treinamento e "retreinamento", às provisões para aposentadoria precoce, e a outras estratégias que reduzam o nível de demissões ou de outros efeitos nocivos ao quadro funcional.[55]

CONFLITO ORGANIZACIONAL

O conflito é uma característica inescapável à vida organizacional, uma realidade para a gestão e para o comportamento das pessoas no trabalho. Na indústria da hospitalidade as situações de conflito são um fato comum, manifestando-se mais em nível individual, de grupo ou unidade do que de maneira coletiva. O conflito organizacional é um tema comum nas discussões sobre a natureza geral do trabalho no setor, tais como competição interdepartamental,[56] ou estrutura da organização e operação de regras[57]; ou então está relacionado a características especiais, como, por exemplo, alta rotatividade funcional.[58]

Definições comuns de conflito são normalmente associadas a características negativas e a situações que dão surgimento à ineficiência. O conflito é o aspecto prejudicial das diferenças existentes na organização.[59] A visão tradicional que se tem sobre o conflito é a de que se trata de uma disfunção potencial e que representa formas de comportamento organizacional que indicam um desvio que deve ser controlado e alterado.

Também se pode argumentar que o conflito pode quando corretamente administrado, pelo menos em parte, trazer resultados potencialmente positivos.[60] Pode ter um efeito de energização e de vitalização em uma empresa, sendo uma força construtiva e, em determinadas ocasiões, ser aceito ou até estimulado.

Sem dúvida, porém, as situações de conflito podem dar surgimento a estresse emocional e físico e, em casos extremos, ser causa de muito incômodo. O conflito pode também ter efeitos adversos no desempenho e na eficácia organizacionais. É importante, portanto, que os responsáveis administrativos esforcem-se ao máximo para evitar as conseqüências negativas do mesmo. Importantes e fundamentais características das tentativas de resolução de conflito incluem estratégias de gestão relacionadas ao estabelecimento e à manutenção de relações eficazes com os empregados.[61] Melhor treinamento dos empregados, desenvolvimento de sua capacitação e participação podem ser aplicados como uma estratégia de mudança para ajudá-los, no ramo da hospitalidade, a lidar eficazmente com a administração e a resolução dos conflitos.[62]

A abordagem radical (ou marxista)

A abordagem radical, associada às idéias de autores como Karl Marx, desafia o ponto de vista tradicional sobre o conflito. Tal abordagem considera as organizações em termos da disparidade existente no poder e no controle sociais. O conflito organizacional é uma característica da natureza desigual da vida organizacional e é um meio de mudar.[63] A negociação coletiva não foi considerada de muita ajuda em um sistema projetado contra os trabalhadores. O conflito organizacional é parte natural da luta de classes entre os proprietários e controladores dos recursos humanos e os meios de produção e trabalhadores assalariados.

De acordo com esta abordagem, o projeto da estrutura organizacional, os sistemas de gestão e o uso da tecnologia fazem todos parte da luta pelo poder e pelo controle da organização. Dever-se-ia dar mais atenção às relações entre os aspectos formais e informais da organização e ao estudo do conflito existente entre as necessidades do indivíduo e os da organização, e entre os trabalhadores e os administradores.

PERSPECTIVAS CONTRASTANTES DAS ORGANIZAÇÕES DE TRABALHO

Uma apreciação da natureza do conflito pode ajudar a entender o comportamento social e organizacional, a natureza das relações com os empregados e a aplicação da gestão dos recursos humanos. Visões diferentes sobre a explicação e os resultados do conflito podem estar relacionadas a perspectivas contrastantes unitárias ou pluralistas sobre as organizações de trabalho.

Poder-se-ia esperar, por exemplo, que um clima saudável refletir-se-ia em uma harmonia completa nas relações de trabalho, na lealdade e no compromisso com as metas e objetivos da organização. Essa visão das organizações de trabalho como "famílias felizes" é algo de valor e merece crédito, e, como tal, é defendida por muitos autores de destaque.[64] Essa visão aponta para uma perspectiva unitária da organização.

A perspectiva unitária

A perspectiva unitária permite que a organização seja percebida como uma equipe que possui uma fonte comum de lealdade, um foco para os esforços de todos e um líder comum a todos. Há uma imagem de que a organização é um todo integrado, possuindo estruturas de apoio e de cooperação. Tanto os gerentes quanto os trabalhadores compartilham de um interesse comum. Os sindicatos são considerados um mal desnecessário e práticas restritivas são vistas como ultrapassadas ou, então, provocadas por pessoas que causam problemas.

A perspectiva unitária considera a autoridade um direito da gerência. Quando o conflito existe, é porque algo não funciona bem na organização, sendo atribuído à comunicação deficiente, a choques de personalidade ou ao trabalho de agitadores. Políticas de pessoal e o desenvolvimento gerencial podem ser considerados reflexos da ideologia unitária. O desenvolvimento da gestão de recursos humanos pode também ser considerado algo que impõe novas formas de controle ou uma forma de abordagem gerencial que facilita as metas organizacionais e o envolvimento dos empregados em uma perspectiva unitarista.[65]

A perspectiva pluralista

A perspectiva pluralista apresenta uma alternativa, na qual a organização é considerada em termos de subgrupos que competem, tendo sua própria lealdade, metas e líderes.[66] Esses subgrupos certamente entrarão em conflito. Segundo a perspectiva pluralista, o conflito é uma característica inerente e aceita nas organizações de trabalho, sendo induzido, em parte, pela própria estrutura da organização. O conflito pode ser um agente para a evolução, para mudanças internas e externas.

As práticas restritivas podem ser consideradas uma resposta racional de um grupo que se sinta ameaçado. O conflito é gerado por meio dos indivíduos e dos grupos que possuem suas próprias metas. O trabalho do gerente é o de promover uma conciliação, administrar e acomodar os interesses de diferentes grupos. Dar crédito aos princípios pluralistas pode, portanto, restringir a implementação de uma abordagem unitária quanto às relações com os empregados.

CONCLUSÃO: ENTENDENDO OS PONTOS DE VISTA DOS OUTROS

A idéia central deste livro tem sido a de que a realização do trabalho por meio dos esforços de outras pessoas é parte integrante de qualquer atividade gerencial. Apesar de não podermos considerar as perspectivas unitária ou pluralista algo "certo" ou "errado, tais perspectivas contrastantes influenciarão a natureza das relações de trabalho e da gestão dos recursos humanos. A observação que segue, retirada de uma publicação de uma empresa de treinamento na área de hotelaria e *catering*, traz um comentário salutar para concluirmos este livro.

Qualquer que seja nossa opinião sobre diferentes perspectivas, os empregados e os representantes dos sindicatos precisam, para operarem eficazmente, estar cientes de que:

- as ações das pessoas são em parte determinadas por seus ideais e aspirações;
- tais ideais variam muito;
- precisamos compreender os pontos de vista das outras pessoas tão bem quanto o nosso ao formarmos nossas opiniões e ao tomarmos decisões.[67]

RESUMO

- A eficácia organizacional é influenciada por uma multiplicidade de variáveis. Uma característica particular, de especial importância na indústria da hospitalidade, é a preocupação com a qualidade, que deve estar harmonizada com o nível de produtividade. A adoção de uma cultura de Gestão da Qualidade Total (GQT) implica a convergência da garantia de qualidade e da gestão dos recursos humanos. Como parte da GQT, pode ser adotado um processo de *benchmarking*.
- O Modelo de Excelência da EFQM reconhece que os processos são os meios pelos quais uma empresa aproveita e libera os talentos de seu pessoal a fim de produzir um desempenho de resultados. Outros grandes modelos de hospitalidade incluem: "Moldando sua equipe para o sucesso", "Excelência por meio das Pessoas" e "Garantia de Hospitalidade". É importante para o ramo da hospitalidade estar atento à mensuração da produtividade, aos padrões de qualidade e ao desempenho da empresa.
- A gestão efetiva é o ponto central do desenvolvimento de uma organização e de seu melhor desempenho. A cultura é um determinante do desempenho eficaz e ajuda a dar conta de variações entre as organizações e entre os administradores, nacional e internacionalmente. Os administradores têm a responsabilidade de criar um clima no qual as pessoas trabalhem com boa-vontade e de maneira produtiva.
- Uma característica fundamental do comportamento organizacional é a correta administração da mudança e das interações com o ambiente externo. A mudança exerce uma forte influência, da qual não se pode escapar na vida organizacional e social. Os gerentes precisam dar a devida atenção à implementação eficaz da mudança, incluindo a observação dos fatores sociais e humanos, bem como à superação de barreiras e à resistência a mudanças.
- O conflito é uma realidade do comportamento organizacional e gerencial. É um tema comum em nível individual, de grupo ou de unidade no ramo da hospitalidade. Uma explicação da natureza e dos resultados dos conflitos pode estar relacionada às perspectivas contrastantes, unitárias e pluralistas. Contudo, quaisquer que sejam as opiniões sobre tais perspectivas, precisamos entender os pontos de vista das outras pessoas ao formarmos nosso juízo ou ao tomarmos decisões.

APÊNDICE 1: O PLANO DE HOSPEDAGEM DE EMPREGADOS DA SHIRE INNS LIMITED

Política

O Shire Inns Limited possui um plano que incentiva os empregados a experimentar os produtos e serviços do grupo. Também esperamos que os empregados encontrem-se e falem com seus colegas durante sua visita.

O propósito desse plano é fazer com que os empregados compreendam melhor as exigências dos clientes colocando-se em sua posição, sem deixar de manter e melhorar o trabalho de equipe e a comunicação com o grupo.

Qualificação

1. Empregados fixos passarão pela qualificação somente depois de completarem seis meses de serviço, antes das seguintes datas:

    1º de abril   1º de outubro
    1º de julho   1º de janeiro

É importante observar que:
Somente poderão qualificar-se os empregados que tiverem trabalhado pelo menos durante seis meses antes das datas mencionadas. Admissões só estarão disponíveis quatro vezes por ano.

2. O gerente assistente, responsável pelo pessoal e pelo treinamento, enviará uma correspondência e um formulário ao empregado, avisando-o de que pode qualificar-se para o benefício.

Habilitação

1. As reservas estão sujeitas à disponibilidade e são de absoluta responsabilidade da administração do hotel.
2. As reservas devem ser feitas até duas semanas antes das datas da visita.
3. Sob os termos deste plano, os empregados não podem hospedar-se nos hotéis em que estão empregados, mas em outros.
4. Os empregados fixos serão habilitados a uma estada de duas noites por ano, o que poderá ocorrer a qualquer momento, desde que haja um intervalo mínimo de seis meses entre uma visita e outra.
5. A visita destina-se a duas pessoas (empregado e acompanhante), para uma estada de duas noites, pela qual a empresa pagará o atual valor estipulado, segundo a taxa do Dinner, Bed and Breakfast (DBB).
6. Os empregados podem estar acompanhados de seus filhos, que serão acomodados da seguinte maneira:
    (a) Crianças com menos de 16 anos de idade serão hospedadas sem custos, de acordo com a disponibilidade, em apartamentos compartilhados ou individuais. As refeições serão cobradas.
    (b) As crianças com menos de 5 anos receberão café da manhã.
7. Como o propósito da visita é o de os empregados hospedarem-se em um hotel da empresa, o planejamento deverá incluir a verificação do departamento em que o empregado trabalha, a fim de que ele possa receber um *insight* sobre o mesmo departamento no hotel em que se hospedará.

Fatura

1. Os empregados são responsáveis pelo pagamento de todas as contas extras, como por exemplo:
    — Taxas de alimentação superiores ao valor incluído no pacote
    — Refeições das crianças
    — Bebidas
    — Serviços de lazer
    — Telefone
    — *Upgrades* para nível executivo requisitados em seus apartamentos
Favor observar que:
O plano é o do valor do DBB. Quaisquer contas extras não estarão sujeitas ao desconto de 50% concedido ao empregado.
As contas extras devem ser pagas integralmente quando o empregado encerrar sua visita.
2. Uma fatura deve ser entregue ao empregado e assinada por ele.
3. Gastos com o apartamento devem ser alocados sob a conta hospedagem.
4. Os custos com alimentação, isto é, os limites de gastos com refeições e café da manhã devem estar claramente assinalados nos registros.

Administração

1. O gerente-geral de cada hotel será responsável pelo controle do plano.
2. O gerente-geral garantirá que o sistema informará seus empregados de que outros colegas estão hospedados no hotel.
3. O gerente assistente responsável pelo pessoal e pelo treinamento administrará o plano:
    (a) avisando seus empregados, por correspondência, de que estão qualificados para o benefício;
    (b) fazendo reservas;
    (c) elaborando questionários para o grupo;
    (d) registrando os acontecimentos em arquivos de pessoal.

4. O chefe de departamento fará a conexão entre o empregado que, por meio de um formulário, faz sua reserva e o gerente de pessoal e treinamento.

(...)

8. O chefe de departamento e o empregado reunir-se-ão antes da visita, para que o empregado responda ao questionário pré-visita.
9. O chefe de departamento e o empregado reunir-se-ão novamente depois da visita, para que o empregado responda ao questionário pós-visita.
10. A administração do hotel que recebe o empregado é responsável por garantir que um representante dos gerentes tenha um encontro com o visitante.
11. O empregado preenche o *Questionário para os empregados* durante sua visita ou depois dela, enviando o documento ao departamento de recursos humanos do escritório central.
12. O departamento de recursos humanos examina a informação e prepara um relatório para os gerentes-gerais.
13. A partir desse relatório, os gerentes gerais são responsáveis por transmitir toda informação de valor ao seu Hotel Champion.

Cancelamentos/Desistências

1. Se um empregado não utilizar a reserva feita, um dos integrantes da equipe gerencial comunicará ao gerente-geral do empregado, que fará as investigações necessárias.
2. Os empregados que não representarem a empresa de maneira adequada e profissional serão excluídos do plano pelo gerente-geral do hotel.
3. O plano não é transferível.
4. A empresa reserva-se o direito de encerrar o plano, sem aviso e a qualquer momento.
Como tal, o plano não é parte dos Termos e das Condições de Trabalho.

CAD
Setembro de 1999

Referência: ....

Data: ....

Nome: ....

Endereço: ....

Prezado(a): ....

PLANO DE HOSPEDAGEM DE EMPREGADOS

Parabéns! Tenho a satisfação de informar que, como resultado de seu tempo de serviço conosco, você tem direito a uma visita a um de nosso hotéis, sob os termos estabelecidos no plano acima.

Cada um dos hotéis possui um estilo único, uma personalidade própria e, como você já sabe, caso tenha se hospedado conosco, um alto padrão de serviços e de facilidades.

A meta deste plano é capacitar os empregados a experimentar nossos serviços como se fossem clientes e entender de que maneira nossos valores operam na empresa como um todo. Acreditamos ser importante que você experimente os produtos que oferecemos, pois assim haverá confiança de sua parte quando conversar com os clientes sobre os outros hotéis de nosso grupo. Em sua visita, também, você deverá encontrar-se com os colegas que trabalham em departamentos semelhantes ao seu, para entender o que fazem e como fazem. Isso contribuirá para o trabalho de equipe e para a boa comunicação.

Anexada a esta correspondência, segue uma cópia do formulário para reserva. Depois de preenchê-lo, envie-o para o seu chefe de departamento, que providenciará a reserva para você.

Antes de sua visita, você receberá um *Questionário para os empregados*, que deverá ser preenchido durante sua estada, no qual opinará sobre a qualidade do ambiente que você experimentou durante a visita.

Espero que aproveite esta oportunidade para comparar as formas como um hotel funciona, especialmente do ponto de vista do hóspede. Espero também que você aproveite seus dois dias de folga no Shire Inn.

Atenciosamente,

(Gerente geral)

Plano de hospedagem de empregados

FORMULÁRIO PARA RESERVA

Nome: ....

Hotel: .... Departamento: ....

Data da reserva: ....

Hotel — onde solicitou a reserva: ....

Data de chegada: ....

Data de saída: ....

Número de diárias: ....

Acomodação requisitada: ....
(*assinale a que você utilizará*) Solteiro/Casal/Camas separadas
Apartamento familiar/Fumante/Não-fumante

Nome das pessoas para quem a reserva foi feita:
(Adultos e Crianças/Idade)

....

....

....

....

Data de confirmação da reserva:
Reserva feita por: .... (Gerente-geral do Hotel)

Obs.:
- ❑ As reservas devem ser feitas até duas semanas antes da data prevista da visita.
- ❑ As reservas estão sujeitas à disponibilidade, sob o controle absoluto da gerência.
- ❑ A prioridade será sempre dos clientes que pagam integralmente a conta.

Plano de hospedagem de empregados

QUESTIONÁRIO PARA OS EMPREGADOS

Este plano permite que todos os empregados experimentem nossos hotéis como se fossem hóspedes comuns. Além disso, oferece a você a oportunidade de entender como aquilo que valorizamos ocorre na empresa como um todo.

O propósito central do plano é permitir que você se hospede em outro hotel para:

(a) experimentar nossos "produtos" em um hotel diferente daquele em que você trabalha;
(b) encontrar-se e conversar com colegas que trabalham em departamentos similares ao seu;
(c) ajudá-lo a melhor compreender as necessidades de nossos clientes;
(d) entender como o trabalho de equipe funciona em diferentes circunstâncias, para beneficiar tanto os clientes quanto a empresa.

A fim de ajudar-nos a alcançar os padrões desejados, solicitamos que você preencha este formulário e o envie para:

> Departamento de Recursos Humanos
> Shire Inns Limited,
> Colne Road,
> Reedley,
> BURNLEY.

Para que tiremos o máximo benefício deste plano, este formulário pode ser utilizado para acompanhar sua visita e rever o que nela ocorreu.

Plano de hospedagem de empregados

DETALHES DA VISITA

Hotel: ....
Data: ....
Tipo de acomodação: ....

Reunião pré-visita com o Chefe de Departamento ou Gerente:

Por que você escolheu este hotel? (. . .)

Instruções específicas sobre a estrutura do hotel (. . .)

Instruções específicas sobre a operação do hotel (. . .)

O que você gostaria de ver em sua visita? (. . .)

Quem você gostaria de encontrar? (. . .)

Como você sabe, nossos clientes valorizam o serviço diferenciado que oferecemos, e a atenção que dispensamos aos nossos valores fundamentais nos ajuda a continuar a **"fazer a diferença"**.

Completar estas poucas e breves questões, ajudar-nos-á a elaborar o *feedback* que devemos transmitir à equipe de trabalho e a avaliar se nossas instalações estão de acordo com as expectativas.

Data da estada: .... Número do apartamento: ....

O serviço que você recebeu foi agradável?

Recepção	Excepcional...	> média...	Média...	< média...	Insatisfatório...
Limpeza	Excepcional...	> média...	Média...	< média...	Insatisfatório...
Restaurante	Excepcional...	> média...	Média...	< média...	Insatisfatório...
Bar/Saguão	Excepcional...	> média...	Média...	< média...	Insatisfatório...
Clube de Lazer	Excepcional...	> média...	Média...	< média...	Insatisfatório...

O serviço que você recebeu foi eficiente?

Recepção	Excepcional...	> média...	Média...	< média...	Insatisfatório...
Limpeza	Excepcional...	> média...	Média...	< média...	Insatisfatório...
Restaurante	Excepcional...	> média...	Média...	< média...	Insatisfatório...
Bar/Saguão	Excepcional...	> média...	Média...	< média...	Insatisfatório...
Clube de Lazer	Excepcional...	> média...	Média...	< média...	Insatisfatório...

No geral, como você qualificaria sua experiência?

Excepcional... > média... Média... < média... Insatisfatória...

Sob cada um dos itens, informe-nos de fatos que justifiquem sua opinião. Sinta-se à vontade para identificar as pessoas que se destacavam em qualquer um destes aspectos:

- Entusiasmo no atendimento aos clientes.
- Orgulho de fazer parte do hotel e trabalho intenso para sustentar nosso diferencial.
- Respeito mútuo e trabalho em equipe para a sustentação de nossos valores familiares.
- Abordagem que leva em consideração o sucesso futuro na carreira.
- Desejo de ter sucesso como indivíduo.

... Fazendo a diferença pela sustentação desses valores fundamentais.

Revisão pós-visita com o Chefe de Departamento ou com o Gerente.

HÁ ALGUM COMENTÁRIO QUE VOCÊ GOSTARIA DE FAZER PARA QUE AUMENTEMOS SUA SATISFAÇÃO NA PRÓXIMA VISITA?

Fonte: O autor agradece a Chris Kelsall, Gerente de Treinamento e de Pessoal do Solent Hotel, Hampshire, e a Janet Richardson, Diretora de Recursos Humanos do Shire Inns, pelas informações aqui apresentadas.

APÊNDICE 2: MARRIOTT HOTELS

"O hotel preferido da Grã-Bretanha"

ESTRATÉGIA DE QUALIDADE DE SERVIÇOS

Histórico

Em agosto de 1995, o Whitbread Hotel Company adquiriu o Scotts Hotel e, simultaneamente, a franquia principal da marca Marriott na Grã-Bretanha. Isso ocorreu depois de um período em que o foco estava na melhoria da qualidade de serviços e do desempenho financeiro do portfólio atual do Whitbread Hotels.

A aquisição do Marriott elevou o número de hotéis para 36, ficando evidente que eles precisavam de uma visão muito clara para garantir o retorno dos investimentos feitos pelo Whitbread Public Limited Company.

Tal fato levou ao desenvolvimento de uma estratégia de nivelamento, cujo objetivo era o de garantir que todas as atividades estivessem alinhadas para permitir uma visão global, o que, por sua vez, representou uma evolução da Gestão da Qualidade Total que havia sido anteriormente adotada pelos Scotts Hotels, antigos proprietários do Whitbread Hotel Company.

O Whitbread Hotel Company criou uma nova visão:

"Por volta do ano 2000, ter-se a clara certeza de que os Marriott Hotels são os preferidos, acima de tudo pelos clientes, investidores e sócios. Ser o hotel preferido da Grã-Bretanha."

Por que mudar?

O investimento feito pelo Whitbread Public Limited Company, a empresa matriz, exigiu um novo foco dirigido ao retorno do capital investido, e os *benchmarks* externos indicavam que os concorrentes estavam suplantando os hotéis em termos de lucro por apartamento. O Whitbread Public Limited Company pretendia garantir que todas as suas marcas recebessem distinção por seu serviço ao cliente e que fossem a primeira escolha das pessoas.

Essa nova visão levou à criação de quatro novas estratégias:

1. Criação de fidelidade do cliente.
2. Serviço de qualidade.
3. Excelência operacional.
4. Liderança de equipe.

O Marriott possui uma filosofia, que diz "trate bem os nossos associados (empregados) que eles tratarão bem os hóspedes". Em razão disso, o Whitbread Hotel Company centrou seus esforços em uma estratégia de qualidade de serviços que garantiria que os hotéis Marriott fossem a primeira escolha dos clientes e dos associados.

Como?

A estratégia de qualidade dos serviços abarcava várias e diferentes atividades, incluindo a mensuração da satisfação do cliente, mas estava em particular direcionada a educar os empregados de todos os níveis sobre a qualidade de serviço e sobre sua aplicação prática em toda a empresa. A abordagem utilizada foi a seguinte:

1. A participação das equipes de gerência sênior do hotel em um programa de "Liderança de Serviços" durante 5 dias.
2. Envolvimento de três integrantes da equipe sênior, incluindo o Gerente-Geral, em um programa do tipo "Treinar quem treina" durante 3 dias, a fim de que todos os empregados recebam treinamento de qualidade de serviços no próprio local de trabalho.
3. Dezesseis horas de treinamento em módulos do tipo "Espírito para servir", dirigido a todos os empregados, durante um período de 4 meses.

A abordagem a esse treinamento e a implementação de todos os aspectos da estratégia de qualidade de serviços foi conduzida por uma equipe multifuncional, constituída por gerentes-gerais e gerentes corporativos, que faziam recomendações ao comitê executivo sobre como aplicar essa estratégia.

Tal abordagem era muito diferente das tentativas anteriores de melhorar a qualidade dos serviços, pois um dos resultados fundamentais do programa foi a criação de uma espécie de "Carta patente" de serviço individualizado para cada hotel, desenvolvida pela equipe sênior e, então, comunicada a todos os associados por meio do treinamento local.

Aonde vamos agora?
Três anos de utilização dessa abordagem foram, sem dúvida, um sucesso, sendo que aferições relevantes retiradas da pesquisa realizada junto aos clientes sobre a satisfação com os serviços oferecidos pelo hotel indicaram que o serviço e o desempenho dos associados melhoraram, além de a fidelidade dos hóspedes ter crescido.

Contudo, os resultados do desempenho dos negócios não apresentaram índices positivos no geral, ficando claro que a empresa agora precisava ajudar as equipes do hotel a adotar uma visão mais holística dos negócios e a administrá-los de maneira mais autônoma. Resultado: todas as equipes gerenciais do hotel estão trabalhando com o Modelo de Excelência da European Foundation for Quality Management, para que disponham de uma ferramenta de auto-avaliação e de priorização que funcione como um plano administrativo robusto e de três anos de duração para o hotel.

Fonte: o autor agradece a Jane Neil, Diretora de Treinamento do Whitbread Hotel Company, pelas informações fornecidas.

QUESTÕES PARA REVISÃO E DEBATE

1. Identifique com clareza exemplos dos principais fatores que influenciam o desempenho e a eficácia de uma organização de hospitalidade de sua escolha.
2. Reveja de maneira crítica o papel da cúpula administrativa em sua organização e quanta atenção é dada às características principais da gestão efetiva dos recursos humanos.
3. Explique os elementos fundamentais da Gestão da Qualidade Total e discuta sua implementação e aplicação na indústria da hospitalidade.
4. Expresse seu ponto de vista sobre a mensuração da produtividade no ramo da hospitalidade, bem como a natureza da qualidade do serviço prestado e o desempenho do setor.
5. Explique o que se entende por cultura organizacional. Como a cultura corporativa pode influenciar a eficácia das operações de hospitalidade?
6. O que você entende por clima organizacional? Discuta, utilizando exemplos práticos, sobre as principais áreas em que ações poderiam ser tomadas para melhorar o clima organizacional no ramo da hospitalidade.
7. Por que as pessoas em uma organização tendem a resistir à mudança? Como gerente, explique que ações tomaria para superar os problemas sociais e humanos ligados à introdução da mudança tecnológica.
8. Como gerente sênior, explique que ações proporia para aumentar o nível de produtividade de sua organização.
9. Comente sobre o quanto você acredita que o conflito seja inerente às organizações de trabalho. Qual é sua opinião sobre a abordagem radical para o conflito organizacional?
10. Estabeleça a diferença entre as perspectivas unitárias e pluralistas das organizações, citando exemplos específicos da influência das mesmas nas relações com os empregados e na gestão dos recursos humanos na indústria da hospitalidade.

TAREFA

Você é o novo gerente de recursos humanos de uma grande organização de hospitalidade. O gerente-geral lhe pediu para entrar em contato com um grupo de gerentes de linha e supervisores que duvidam do valor prático do comportamento organizacional e do estudo de gestão dos recursos humanos. Quais seriam os tópicos abordados em sua argumentação?

ESTUDO DE CASO: DEPARTAMENTO DE *CATERING* DO SHOTLEY BRIDGE HOSPITAL

O departamento de *catering* do Shotley Bridge Hospital, um hospital distrital localizado nas montanhas Pennine, tem provavelmente muito em comum com muitas unidades do país. Em 1992, o departamento estava fechando estações mal equipadas ou geograficamente remotas — várias em situação muito difícil —, reduzindo o número de empregados e reconfigurando os serviços, sem deixar de manter os padrões de serviço.

Embora o serviço aos pacientes e à equipe de trabalho não tenha realmente sido muito problemático, algumas dificuldades começavam a aparecer. Em uma reunião da equipe, em que se discutiriam cinco alternativas, ficou evidente que muitos achavam que o moral estava baixo e que as preocupações com o futuro eram muitas.

Também se notou que, embora as indicações tradicionais de eficiência e satisfação com o serviço fossem positivas (tais como desperdício, reclamações, etc.), elas não seriam suficientes para que o departamento progredisse.

As previsões de insegurança quanto ao futuro, bem como de certeza quanto ao *downsizing*, ficaram ainda maiores com o anúncio de uma fusão com o Dryburn Hospital, localizado a cerca de 35 quilômetros. Muitos gerentes e empregados provavelmente abandonariam o trabalho e talvez a equipe até fosse perdoada se o fizesse. Contudo, ações positivas foram tomadas.

Todos os empregados e gerentes de *catering* foram convocados para uma reunião em que cada um deles foi convidado a comentar a situação e a explicitar sua visão do futuro. Chegou-se à conclusão que a qualidade e o melhor serviço possível deveria ser prestado. As razões para isso eram três:

- Os serviços existentes poderiam ser consolidados e reconfigurados de maneira eficaz, envolvendo-se a equipe de funcionários no processo.
- O treinamento e o desenvolvimento poderiam ser avaliados por todos para ajudar a transição, o que significava transferir habilidades para o futuro.
- O material de CV era bom!

Os participantes do *workshop* decidiram buscar o que se chamava de BS5750 — não de maneira gratuita, mas como um primeiro passo para obter o Charter Mark e, mais importante, o reconhecimento dos clientes e dos funcionários de que se tratava de uma organização de qualidade. Havia cinco ações principais para se chegar a isso.

1. *Atingir o BS5750 (ISO 9000)*

    O Shotley Bridge Hospital possui um dos primeiros departamentos NHS (*National Health Service* — Seviço Nacional de Saúde) de *catering* a ter recebido crédito. A revisão dos sistemas e processos levou a um grande número de mudanças na prática, tais como o estabelecimento de arquivos de desenvolvimento pessoal para cada integrante da equipe, assim como a coleta e resolução de reclamações verbais e escritas. A estrutura da revisão administrativa em geral oferece um exemplo vigoroso dos processos adotados pelas auditorias externas.

    Conquistar "o coração e a mente" dos empregados, para que o hospital obtivesse um certificado, foi crucial. Várias apresentações foram feitas à equipe sobre os elementos que compunham o BS5750, e todo empregado teve um encontro com o gerente de *catering* para discutir como obter o certificado e como ele afetaria sua vida profissional. Para tanto, parte essencial do processo foi perguntar aos clientes o que achavam do serviço oferecido.

2. *Buscar as opiniões dos clientes externos*

    Um fórum com os pacientes foi realizado no final de 1992 — um dos primeiros fóruns na Grã-Bretanha a colher pontos de vista e sugestões feitas por pacientes que haviam passado algum tempo, recentemente, no hospital. O fórum foi um grande sucesso, e mais de 25 pacientes compareceram para expressar de maneira franca suas opiniões. Os facilitadores vinham de fora e representavam os empregados de *catering* por meio de perguntas. O encontro terminou com um *buffet*. O gerente de *catering* recebeu um relatório do encontro.

3. *Perguntar qual é o ponto de vista dos clientes internos*

    Um fórum foi realizado em nome do departamento pelos integrantes do Departamento de Qualidade Hospitalar. Um representante de cada uma das alas foi convidado (normalmente o gerente). Apesar de ter havido uma avassaladora exaltação do serviço, várias áreas causaram preocupação.

4. *Análise de dados*
   Ambos os grupos de clientes apontaram questões sobre as quais ações deveriam ser tomadas:
   - melhorar a comunicação ente o departamento de *catering* e as alas;
   - melhorar a descrição da comida no menu;
   - melhorar as habilidades da equipe de enfermagem ao servir a comida aos pacientes.

5. *Perguntar quais são os pontos de vista dos empregados de* catering
   Como parte do exame de qualidade do departamento, dois encontros de meio turno foram acertados com a equipe de trabalho, para que os departamentos compartilhassem suas experiências e apresentassem sugestões para melhorar o serviço prestado.
   Hoje o serviço é reconhecido nacionalmente por seus avanços, mas várias propostas de ação foram implementadas para melhorar o serviço ao cliente, entre elas:
   - A designação de um *chef* para cada ala, a fim de melhorar a comunicação com o departamento. O *chef* regularmente visita a ala para falar com os pacientes e com os empregados sobre questões relativas às refeições. Uma fotografia do *chef* indicado foi incluída no painel de empregados de cada ala.
   - Os menus foram reelaborados, contendo orientações aos pacientes e descrevendo de maneira clara os vários pratos.
   - Um grande programa de treinamento sobre o manuseio da comida foi implementado para o grupo de enfermagem em treinamento de *NVQ*. Isso levou a melhorias na conscientização e no conhecimento deles.
   - Informações claras foram dadas à equipe e aos clientes sobre como fazer reclamações a respeito de serviços.
   - A introdução de um menu para crianças, com fotos e ilustrações, tornando-o de mais fácil leitura para o público-alvo.
   - Fóruns permanentes (internos e externos).

Conclusão

Melhorias para a equipe e para os clientes foram utilizadas como parte da candidatura ao Charter Mark, sendo testadas por uma visita de inspeção do próprio Charter Mark.

Durante esse período, outras mudanças foram ainda implementadas nos serviços, com outras cozinhas sendo fechadas e com demissões. Apesar dessas alterações, melhorias no serviço ocorreram. Como resultado da melhoria dos sistemas e processos, uma consulta próxima com os usuários do serviço e com a equipe foi mantida, de forma que o moral do grupo se mantivesse alto e permitisse que um serviço ainda melhor continuasse a ser prestado.

A equipe, desde então, permanece fazendo o melhor possível para receber o certificado Investor in People.

A mensagem é clara: *envolva a equipe e ouça seus clientes!*

Fonte: o autor agradece a Martin Howe, Nigel Grinstead e Anne Tofts, da Healthskills, por este estudo de caso.

Tarefa

(i) **Comente sobre como a equipe gerencial do Shotley Bridge Hospital fez uso do programa de qualidade para incentivar o grupo de funcionários a aceitar a mudança.**

(ii) **A partir das idéias de Glover sobre a cultura organizacional, discuta as características do departamento de *catering* do Shortley Bridge Hospital que contribuíram para a cultura da eficácia.**

Folhas para análise de tarefas

CAPÍTULO 8: COMPORTAMENTO DO GRUPO E DESEMPENHO

Equipes gerenciais: um inventário de auto-avaliação (Tarefa 3)

Interpretação dos escores totais e observações posteriores

O escore mais alto referente ao papel da equipe indicará como o entrevistado poderá obter melhor pontuação em uma equipe gerencial. Os segundos escores mais altos denotam papéis de apoio, aos quais o indivíduo deve se ater quando há pouca necessidade, por parte do grupo, de um papel principal.

Os dois escores mais baixos no papel de equipe indicam possíveis pontos fracos. Porém, em vez de tentar reformar essa área, o gerente fará melhor se buscar o auxílio de um colega mais experiente na área em questão.

Folha de análise para o inventário de auto-avaliação

Transponha os escores retirados da Tabela 1 (p. 230), colocando-os seção por seção na Tabela 2, a seguir. Depois, some os pontos de cada coluna para obter o escore de distribuição total do papel de equipe.

TABELA 2 Folha de análise para o inventário de auto-avaliação

Seção		EE		PG		MO		PL		IR		MA		TE		FI
I		g		d		f		c		a		h		b		e	
II		a		b		e		g		c		d		f		h	
III		h		a		c		d		f		g		e		b	
IV		d		h		b		e		g		c		a		f	
V		b		f		d		h		e		a		c		g	
VI		f		c		g		a		h		e		b		d	
VII		e		g		a		f		d		b		h		c	
Total																	

(*Fonte:* Belbin R M, *Management Teams: Why They Succeed or Fail*, Butterworth-Heinemann [1981], pp. 156-157.)

Agora, observe os detalhes na Figura 8.5 (p. 218).

CAPÍTULO 9: LIDERANÇA GERENCIAL

Questionário sobre liderança (Tarefa 3)

Interpretação: Folha para o perfil de estilo de liderança T-P

Para determinar seu estilo de liderança, marque seu escore na seta de *interesse pelas tarefas* (T) da Figura 9.11A.

A seguir, passe para a seta à direita e marque seu escore na seta de *interesse pelas pessoas* (P).

Trace uma linha reta que una os escores P e T. **O ponto no qual essa linha cruzar a seta de liderança compartilhada indica seu escore em tal dimensão.**

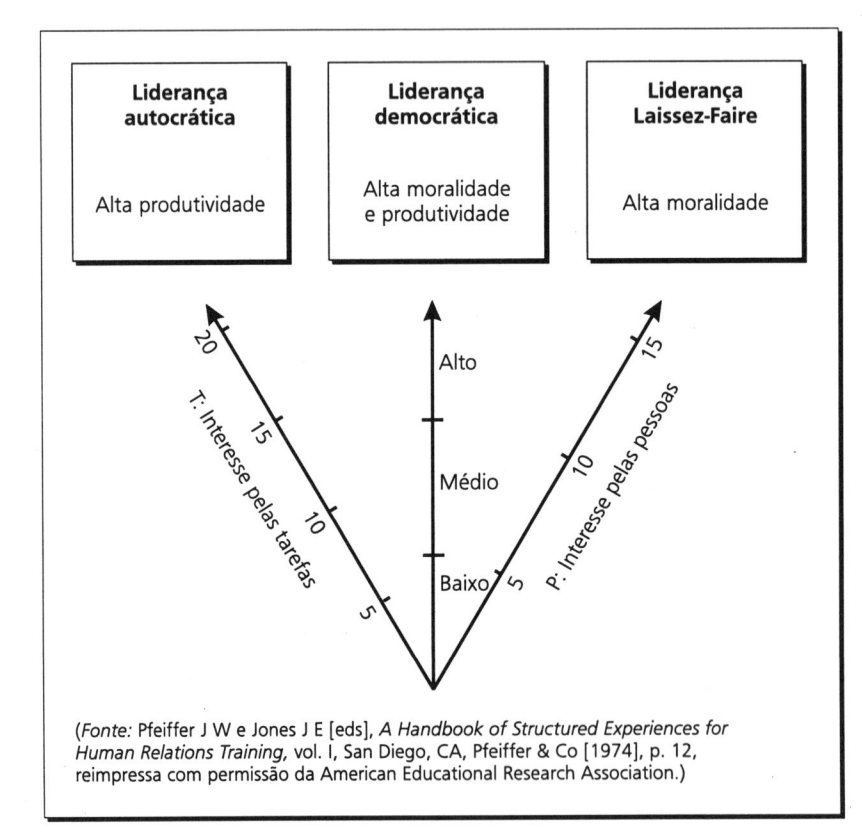

FIGURA 9.11A
Resultados compartilhados de liderança, provenientes do equilíbrio entre o interesse pelas tarefas e o interesse pelas pessoas.

Liderança autocrática — Alta produtividade

Liderança democrática — Alta moralidade e produtividade

Liderança Laissez-Faire — Alta moralidade

T: Interesse pelas tarefas

P: Interesse pelas pessoas

Alto / Médio / Baixo

(*Fonte:* Pfeiffer J W e Jones J E [eds], *A Handbook of Structured Experiences for Human Relations Training*, vol. I, San Diego, CA, Pfeiffer & Co [1974], p. 12, reimpressa com permissão da American Educational Research Association.)

Notas e referências

CAPÍTULO 1

1. Para uma discussão mais completa, ver Mullins, L J, *Management and Organisational Behaviour,* 5th ed., Financial Times Pitman Publishing (1999).
2. Ver, por exemplo, Guerrier Y, *Organizational Behavior in Hotels and Restaurants: An International Perspective*, John Wiley & Sons (1999).
3. Ver, por exemplo, Billsberry J (ed.), 'There's Nothing So Practical As a Good Theory: How Managers Become More Effective', *The Effective Manager: Perspectives and Illustrations,* Sage Publications (1996), pp. 1-27
4. Wood R C, *Organizational Behaviour for Hospitality Management*, Butterworth Heinemann (1994), p. 184.
5. Ver, por exemplo, Carmouche R and Kelly N, *Behavioral Studies in Hospitality Management*, Chapman & Hall (1995).
6. Luthans F, *Organizational Behaviour*, 7th ed., McGraw-Hill (1995).

CAPÍTULO 2

1. Vide, por exemplo, Mullins L J, 'Managerial Behaviour and Development in the Hospitality Industry', *Proceedings of the International Association of Hotel Management Schools Symposium,* Leeds Polytechnic, November 1988.
2. *Training: Who Needs it? Research Report 1995: Executive Summary*, HCTC, 1995.
3. *Statistical Review of the Hotel and Catering Industry*, HCTB and MMD Consultants, May 1984.
4. Hornsey T and Dann D, *Manpower Management in the Hotel and Catering Industry*, Batsford (1984).
5. King C A, 'What is Hospitality?', *International Journal of Hospitality Management,* vol. 14, no. 3/4 1995, pp. 219-234.
6. Guerrier Y, *Organizational Behaviour in Hotels and Restaurants: An International Perspective,* Wiley (1999).
7. Fearn D A, *The Practice of General Management: Catering Applications,* Macdonald (1971), p. 1.
8. Guerrier Y and Lockwood A, 'Managers in Hospitality: A Review of Current Research', in Cooper C (ed.), *Progress in Tourism, Recreation and Hospitality Management,* vol. 2, Bell haven Press (May 1990), pp. 151-167.
9. Medlik S, *The Business of Hotels,* 3rd edn, Butterworth-Heinemann (1994) p. xvi.
10. Jones P, 'Hospitality Research — Where Have We Got to?', *International Journal of Hospitality Management,* vol. 15, no. 1, 1996, pp. 5-10.
11. Taylor S and Edgar D, 'Hospitality Research: The Emperor's New Clothes?', *International Journal of Hospitality Management,* vol. 15, no. 3, 1996, pp. 211-227.
12. Guerrier Y and Deery M, 'Research in Hospitality Resource Management and Organizational Behaviour', *International Journal of Hospitality Management,* vol. 17, 1998, pp. 145-160.
13. Vide, por exemplo, Riley M, *Human Resource Management in the Hospitality and Tourism Industry,* 2nd edn, Butterworth-Heinemann (1996).
14. Medlik S, *The Business of Hotels,* 3rd edn, Butterworth-Heinemann (1994).
15. Por exemplo, vide Guerrier Y and Lockwood A, 'Core and Peripheral Employees in Hotel Operations', *Personnel Review,* vol. 18, no. 1, 1989, pp 9-15.
16. Vide, por exemplo, Mars G. Bryant D and Mitchell P, *Manpower Problems in the Hotel and Catering Industry,* Saxon House (1979).
17. Vide: por exemplo, Ahmed Z U, Heller V L and Hughes K A, 'South Africa's Hotel Industry', *Cornell HRA Quarterly,* February 1999, pp. 74-85.
18. Para uma discussão sobre hotéis pequenos, vide por exemplo: Medlik S, *The Business of Hotels,* 3rd edn, Butterworth-Heinemann (1994).
19. Hayward N, *There's a Small Hotel,* Methuen (2000).
20. Jones P (ed.), *Management in Service Industries,* Pitman (1989).
21. Fitzsimmons J A and Sullivan R S, *Service Operations Management,* McGraw-Hill (1982).
22. Jones P and Lockwood A, *The Management of Hotel Operations,* Cassell (1989).
23. Levitt T, 'Production-Line Approach to Service', *Harvard Business Review,* September-October 1972, p. 41.
24. Macdonald J, 'Service Is Different', *The TQM Magazine,* vol. 6, no. 1, 1994, pp. 5-7.
25. Stamatis D H, *Total Quality Service,* St Lucie Press (1996).
26. Jones P (ed.) in *Management Service Industries,* Pitmann (1989).
27. Albrecht K, *At America's Service,* Dow Jones-Irwin (1988), p. 20.
28. Chacko H E, 'Designing a seamless hotel organization', *International Journal of Contemporary Hospitality Management,* vol. 10, no. 4, 1998, p. 134.
29. Gronroos C, *Service Management and Marketing,* Lexington Books (1990), p. 244.
30. Riley M, *Human Resource Management in the Hospitality and Tourism Industry,* 2nd edn, Butterworth-Heinemann (1996), p. 1.

31. Katz D and Kahn R L, *The Social Psychology of Organizations*, 2nd edn, Wiley (1978).
32. Vide, por exemplo, Wachtel J M, 'Marketing or Sales? Some Confusion in the Hospitality Industry', *International Journal of Hospitality Management*, vol. 3, no. 1. 1984, pp. 38-40.
33. Nailon P, 'Theory in Hospitality Management', *International Journal of Hospitality Management*, vol. 1, no. 3. 1982, pp. 135-143.
34. Wood R C, 'Theory, Management and Hospitality: A Response to Philip Nailon', *International Journal of Hospitality Management*, vol. 2, no. 2. 1983, pp. 103-104.
35. *Ibid.*, p. 104.
36. Dodrill K and Riley M, 'Hotel Workers' Orientations to Work: The Question of Autonomy and Scope', *International Journal of Contemporary Hospitality Management*, vol. 4, no. 1. 1992, pp. 23-25.
37. Venison P, *Managing Hotels*, Heinemann (1983).
38. Wood R C, *Working in Hotels and Catering*, 3rd edn, International Thomson Business Press (1997) p. 74.
39. Mullins L J, 'Is the Hotel and Catering Industry Unique?', Hospitality, no. 21, September 1981, pp. 30-33.
40. Mullins L J, 'The Hotel and the Open Systems Model of Organizational Analysis', *The Service Industries Journal*, vol.13, no. 1, January 1993, pp. 1-16.
41. Costa J, Eccles G and Teare R, 'Trends in Hospitality: Academic and Industry Perceptions', *International Journal of Contemporary Hospitality Management*, vol. 9, no. 7. 1997, pp. 285-294.
42. Vide, por exemplo, Keiser J R, *Principles and Practices of Management in the Hospitality Industry*, 2nd edn, Van Nostrand Reinhold (1989).
43. Vide, por exemplo, Mullins L J, *Management and Organizational Behaviour*, 5th edn, Financial Times Pitman Publishing (1999).
44. Trist E L et al., *Organizational Choice*, Tavistock (1963).
45. Roddick A, *Body and Soul*, Ebury Press (1991).
46. Brech E F L (ed.), *The Principles and Practice of Management*, 3rd edn, Longman (1975).
47. Upchurch R S, 'Ethics in the Hospitality Industry: An Applied Model', *International Journal of Contemporary Hospitality Management*, vol. 10, no. 6. 1998, p. 227.
48. Forte, Sir Charles, 'Catering for Everyone', *Professional Administration*, vol. 9, no. 9, October 1979, p. 24.
49. Fearn D A, *The Practice of General Management: Catering Applications*, Macdonald (1971), p. 17.
50. Drucker P F, *The Practice of Management*, Pan Books (1968), pp. 82-83.
51. Para um relato mais detalhado, vide Gullen H V and Rhodes G E, *Management in the Hotel and Catering Industry*, Batsford (1983).
52. Simon H A, 'On the Concept of Organizational Goal', *Administrative Science Quarterly*, vol. 10, June 1984, p. 21.
53. Merriden T, 'The Gurus: Rosabeth Moss Kanter', *Management Today*, February 1997, p. 56.
54. Jones P (ed.), *Management in Service Industries*, Pitman (1989).
55. Schaffer J D, 'Structure and Strategy: Two Sides of Success' in Rutherford D G (ed.), *Hotel Management and Operations*, Van Nostrand Reinhold (1990).
56. Webster M W, 'Strategic Management in Context at Swallow Hotels', *International Journal of Contemporary Hospitality Management*, vol. 6, no. 5. 1994, pp. 3-8.
57. Keiser J R, *Principles and Practices of Management in the Hospitality Industry*, 2nd edn, Van Nostrand Reinhold (1989).
58. Ansoff H I, *Corporate Strategy*, rev'd edn, Penguin (1987).
59. Costa J, Eccles G and Teare R, 'Trends in Hospitality: Academic and Industry Perceptions', *International Journal of Contemporary Hospitality Management*, vol. 9, no. 7. 1997, pp. 285-294.

CAPÍTULO 3

1. Veja, por exemplo, Arnold J, Cooper C L and Robertson I T, *Work Psychology*, 2nd edn, Pitman (1995).
2. Forte, Charles (Lord), *Forte: The Autobiography of Charles Forte*, Sidgwick & Jackson (1986), p. 123.
3. Por exemplo, ver Wood R C, *Working in Hotels and Catering*, 2nd edn, International Thomson Business Press (1997)
4. Goldthorpe J H et al., *The Affluent Worker: Industrial Attitudes and Behaviour*, Cambridge University Press (1968).
5. Dodrill K and Riley M, 'Hotel Workers' Orientations to Work: The Question of Autonomy and Scope", *International Journal of Contemporary Hospitality Management*, vol. 4, no. 1, 1992, pp. 23-25.
6. Mullins L J, 'The Organisation and the Individual', *Administrator*, vol. 7, no. 4, April 1987, pp. 11-14.
7. Atkinson P E, 'Applications of the Behavioral Sciences Within the Hospitality Industry', *Hospitality*, September 1980, pp. 7-13.
8. Wood R C, *Organizational Behaviour for Hospitality Management*, Butterworth-Heinemann (1994).
9. Carmouche R and Kelly N, *Behavioural Studies in Hospitality Management*, Chapman & Hall (1995).
10. Slattery P, 'Social Science Methodology and Hospitality Management', *International Journal of Hospitality Management*, vol. 2, no. 1, 1983, pp. 9-14.
11. Wood R C, 'Against Social Science?', *International Journal of Hospitality Management*, vol. 7, no. 3, 1988, pp. 239-250.
12. Lennon J J and Wood R C, 'The Teaching of Industrial and Other Sociologies in Higher Education: The Case of Hotel and Catering Management Studies', *International Journal of Hospitality Management*, vol. 11, no. 3, 1992, pp. 239-253.
13. Ver, por exemplo, Drake R and Smith P, *Behavioural Science in Industry*, McGraw-Hill (1973).
14. Cowling A G et al., *Behavioural Sciences for Managers*, 2nd edn, Edward Arnold (1988), p. 1.
15. Ribeaux P and Poppleton S E, *Psychology and Work*, Macmillan (1978).
16. Gross R D, *Psychology: The Science of Mind and Behaviour*, Edward Arnold (1987).
17. Katz D, 'The Functional Approach to the Study of Attitudes', *Public Opinion Quarterly*, 21, 1960, pp. 163-204.
18. La Piere R T, 'Attitudes versus Action', *Social Forces*, vol. 13, 1934, pp. 230-237.
19. Para um versão simplificada da avaliação de atitudes, ver Riley M, *Human Resource Management in the Hospitality and Tourism Industry*, 2nd edn, Butterworth-Heinemann (1996).
20. Hicks L, Gender and Culture: A Study of the Attitudes Displayed by Managers in the Hotel Industry, (tese de doutorado não publicada), University of Surrey, 1991.
21. Heider F, 'Attitudes and Cognitive Organization', *Journal of Psychology*, vol. 21, 1946, pp. 107-112.
22. Festinger L A, *A Theory of Cognitive Dissonance*, Row, Peterson and Co (1957).
23. Por exemplo, ver Hornsey T and Dann D, *Manpower Management in the Hotel and Catering Industry*, Batsford (1984).
24. Ver, por exemplo, Weaver P A and Oh H C, 'Do American Business Travellers Have Different Hotel Service Requirements?',

International Journal of Hospitality Management, vol. 5, no. 3, 1993, pp. 16-21.
25. Morgan C T and King R A, *Introduction to Psychology*, 3rd edn, McGraw-Hill (1966), p. 343.
26. Hill W E, *Puck*, 6 November 1915.
27. Hellriegel D, Slocum J W and Woodman R W, *Organizational Behaviour*, 8th edn, South Western College (1998), p. 76.
28. Por exemplo, ver: Jones P, *Food Service Operations*, Holt, Rinehart & Winston (1983).
29. Hubrecht J and Teare R, 'A Strategy for Partnership in Total Quality Service', *International Journal of Contemporary Hospitality Management*, vol. 5, no. 3, 1993, p. iii.
30. Klein S, 'Customer Care Needs Staff Care', *Proceedings of the International Association of Hotel Management Schools Symposium*, Leeds Polytechnic, November 1988.
31. Wilson P R, 'Perceptual Distortion of Height as a Function of Ascribed Academic Status', *Journal of Social Psychology*, no.74, 1968, pp. 97-102.
32. Ellis P, *The Image of Hotel and Catering Work*, HCITB (1981), p. 26.
33. *Women in the Hotel and Catering Industry*, HCITB (1987).
34. *Women's Path to Management in the Hotel and Catering Industry*, HCITB (1984).
35. Guerrier Y and Lockwood A, 'Developing Hotel Managers — A Reappraisal', *International Journal of Hospitality Management*, vol. 8, no. 2, 1989, pp. 82-89.
36. Baum T, 'Toward a New Definition of Hotel Management', *Cornell HRA. Quarterly*, Educators' Forum 1988, pp. 36-39.
37. *Women's Path to Management in the Hotel and Catering Industry*, HCITB (1984).
38. Ver, por exemplo, Hicks L, 'Excluded Women: How Can This Happen in the Hotel World?', *The Services Industries Journal*, vol. 10, no. 2, April 1990, pp. 348-363.
39. Kanter R B, *Men and Women of the Corporation*, Basic Books (1977).
40. Hicks L, 'Gender and Culture: A study of the attitudes displayed by managers in the hotel industry', (tese de doutorado não publicada), University of Surrey, 1991.
41. Kotter J P, 'What Effective General Managers Really Do?', *Harvard Business Review*, vol. 60, no.6, November-December 1982, pp. 156-167.
42. Hicks L, 'Gender and Culture: A study of the attitudes displayed by managers in the hotel industry', (tese de doutorado não publicada), University of Surrey, 1991.
43. Jagger E and Maxwell G, 'Women in Top Jobs', *Proceedings of the International Association of Hotel Management Schools Symposium*, Leeds Polytechnic, November 1988.
44. Caulkin S, 'Minorities Get The Vote', *The Observer*, Sunday 14 November 1993.
45. Citação de Gloria Steinem in Reardon, K., 'The Memo every woman keeps in her desk', *Harvard Business Review*, March-April 1993, pp. 16-22.
46. Berne E, *Games People Play*, Penguin (1966).
47. Harris T A, *I'm OK — You're OK: A Practical Guide to Transactional Analysis*, Harper & Row (1969).
48. Luft J, *Group Processes: An Introduction to Group Dynamics*, 2nd edn, National Press (1970). (A expressão "Janela de Johari" é uma combinação dos primeiros nomes dos autores, Joseph Luft e Harry Ingham).
49. Ver, por exemplo, Riley M, *Managing People: A guide for managers in the hotel and catering industry*, Butterworth-Heinemann (1995).
50. Brown J A C, *The Social Psychology of Industry*, Penguin (1954 and 1986).
51. Ver, por exemplo, Hornsey T and Dann D, *Manpower Management in the Hotel and Catering Industry*, Batsford (1984).
52. Ver, por exemplo, Schein E H, *Organizational Psychology*, 3rd edn, Prentice-Hall (1988).
53. Robinson S, 'The Learning Curve', *Inside Hotels*, April/May 1992, pp.40-45.
54. Hiltrop J M, 'Managing the Changing Psychological Contract', *Employee Relations*, vol. 18, no. 1, 1996, pp. 36-49.
55. Altman W, Cooper C and Garner A, 'New Deal Needed to Secure Commitment', *Professional Manager*, September 1999, p. 39.
56. 'In Celebration of the Feel-Good Factor', *Professional Manager*, March 1998, p. 6.

CAPÍTULO 4

1. Ver por exemplo, Doswell R and Nailon P, 'What is Management?', in *Further Case Studies in Hotel Management*, Century Hutchinson (1977), pp. 15-26.
2. Drucker P F, *The Practice of Management*, Pan Books (1968), p.455.
3. *The Profile of Professional Management*, Results from Research into the Corpus of Knowledge, HCIMA (1977), p. 20.
4. Forte, Charles (Lord), *Forte: The Autobiography of Charles Forte*, Sidgwick & Jackson (1986), p. 119.
5. Mullins L J, 'Management and Managerial Behaviour', *International Journal of Hospitality Management*, vol. 4, no.1, 1985, pp. 39-41.
6. Webster M W, 'Strategic Management in Context at Swallow Hotels', *International Journal of Contemporary Hospitality Management*, vol.6, no. 5, 1994, pp. 3-8.
7. Mintzberg H, 'The Manager's Job: Folklore and Fact', *Harvard Business Review Classic*, March-April 1990, pp. 163-176.
8. Ver, por exemplo, Ferguson D H and Berger F, 'Restaurant Managers: What Do They Really Do?', *Cornell HRA Quarterly*, vol. 25, no. 1, May 1984, pp. 26-36.
9. Ver, por exemplo, Brown W, *Organization*, Penguin (1974) and Gullen H V and Rhodes G E, *Management in the Hotel and Catering Industry*, Batsford (1983).
10. Stewart R, *The Reality of Management*, 2nd edn, Pan Books (1986), p. 12.
11. Brech E F L (ed.), *Principles and Practice of Management*, 3rd edn, Longman (1975), p. 19.
12. Wood R C, 'Theory, Management and Hospitality: A Response to Philip Nailon', *International Journal of Hospitality Management*, vol. 2, no. 2, 1983, pp. 103-104.
13. Drucker P F, *People and Performance*, Heinemann (1977), p. 28.
14. *Ibid.*, pp. 59, 28, 29.
15. Baum T, 'Toward a New Definition of Hotel Management', *Cornell HRA Quarterly*, Educators' Forum August 1988, pp. 36-39.
16. Ver, por exemplo, Wentworth F, 'It's Time We took Supervisors Seriously', *Professional Manager*, January 1993, pp. 15-17.
17. Williams P W, 'Supervisory Hotel Employee Perceptions of Management Careers and Professional Development Requirements', *International Journal of Hospitality Management*, vol. 11, no. 4, 1992, pp. 347-358.
18. Fayol H, *General and Industrial Management*, edição revisada por Gray I, Pitman (1988).

19. 'Managing in the 21st Century', *Manager, The British Journal of Administrative Management*, January/February 2000, pp. 8-10
20. Mintzberg H, 'The Manager's Job: Folklore and Fact', *Harvard Business Review Classic*, March-April 1990, pp. 163-175.
21. Mintzberg H, *The Nature of Managerial Work*, Harper & Row (1973).
22. Ley D A, 'The Effective GM: Leader or Entrepreneur?', *Cornell HRA Quarterly*, November 1980, pp. 66-67.
23. Arnaldo M J, 'Hotel General Managers: A Profile', *Cornell HRA Quarterly*, November 1981, pp. 53-56.
24. Shortt G, 'Work Activities of Hotel Managers in Northern Ireland: A Mintzbergian Analysis', *International Journal of Hospitality Management*, vol. 8, no. 2, 1989, pp. 121-130.
25. Wood R C, *Working in Hotels and Catering*, 2nd edn, International Thomson Business Press (1997).
26. Ver também Wood R C, *Organizational Behaviour for Hospitality Management*, Butterworth-Heinemann (1994).
27. Hales C and Nightingale M, 'What Are Unit Managers Supposed to do? A Contingent Methodology for Investigating Managerial Role Requirements', *International Journal of Hospitality Management*, vol. 5, no. 1, 1986, pp. 3-11.
28. Stewart R, *Choices for the Manager*, McGraw-Hill (1982).
29. Kotter J P, 'What Effective General Managers Really Do', *Harvard Business Review*, vol. 60, no. 6, November-December 1982, pp. 156-167.
30. Stewart R, 'Managerial Behaviour: How Research Has Changed the Traditional Picture', in Earl M J (ed.), *Perspectives on Management: A Multidisciplinary Analysis*, Oxford University Press (1983) pp. 96-97.
31. Ferguson D H and Berger F, 'Restaurant Managers: What Do They *Really* Do?', *Cornell HRA Quarterly*, May 1984, p. 30.
32. Jones P and Lockwood A, *The Management of Hotel Operations*, Cassell (1989), p. 30.
33. Mullins L J, 'Managerial Behaviour and Development in the Hospitality Industry', *Proceedings of The International Association of Hotel Management Schools Symposium*, Leeds Polytechnic, November 1988.
34. *The Profile of Professional Knowledge*, Results from Research into the Corpus of Knowledge, HCIMA (1977) pp. 16-17.
35. Dann D, 'The Nature of Managerial Work in the Hospitality Industry', *International Journal of Hospitality Management*, vol. 9, no. 4, 1990, pp. 319-334.
36. Stewart R, *The Reality of Managemnt*, 2nd edn, Pan Books (1986), p. 20.
37. Baum T, 'Managing Hotels in Ireland: Research and Development for Change', *International Journal of Hospitality Management*, vol. 8, no. 2, 1989, p.139.
38. Guerrier Y and Lockwood A, 'Managers in Hospitality: A Review of Current Research', in Cooper C (ed.), *Progress in Tourism, Recreation and Hospitality Management*, vol. 2, Bellhaven Press, May 1990, p. 164.
39. Stewart R, *Choices for the Manager*, McGraw-Hill (1982).
40. Wood R C, *Working in Hotels and Catering*, 2nd edn, International Thomson Business Press (1997), p. 74.
41. Ver, por exemplo, Gullen H V and Rhodes G E, *Management in the Hotel and Catering Industry*, Batsford (1983).
42. Wood R C, 'Theory, Management and Hospitality: A Response to Philip Nailon', *International Journal of Hospitality Management*, vol.2, no.2, 1983, p. 104.
43. Por exemplo, ver Nailon P, 'Theory in Hospitality Management', *International Journal of Hospitality Management*, vol. 1, no. 3, 1982, pp. 135-143.
44. Ver, por exemplo, Drucker P F, *People and Performance*, Heinemann (1977).
45. Rees W D, *The Skills of Management*, 4th edn, International Thomson Business Press (1996), p. 26.
46. Gore J, 'Hotel Managers' Decision Making: can psychology help?' *International Journal of Contemporary Hospitality Management*, vol. 7, no. 2/3, 1995, pp. 19-23.
47. Ver, por exemplo, Morey R C and Dittmann D A, 'Evaluating a Hotel GM's Performance', *Cornell HRA Quarterly*, October 1995, pp. 30-35.
48. Drucker P F, *The Effective Executive*, Heinemann Professional (1988).
49. 'Managing Your Time Effectively', *Management Checklist 016*, The Institute of Management (1997).
50. Berger F and Merritt E A, 'No Time Left For You: Time-management Strategies For Restaurateurs', *Cornell HRA Quarterly*, October 1998, p. 33.
51. Stewart R, *Managers and Their Jobs*, 2nd edn, Macmillan (1988) p. 123.
52. Umbreit W T and Eder R W, 'Linking Hotel Manager Behaviour with Outcome Measures of Effectiveness', *International Journal of Hospitality Management*, vol. 6, no. 3, 1987, pp. 139-147.
53. Umbreit W T, 'Developing Behaviorally-Anchored Scales for Evaluating Job Performance of Hotel Managers', *International Journal of Hospitality Management*, vol. 5, no. 2, 1986, pp. 55-61.
54. Peacock A, 'A Job Well Done: Hospitality Managers and Success', *International Journal of Contemporary Hospitality Management*, vol. 7, no. 2/3, 1995, pp. 48-51.
55. Ver, por exemplo, Maher A, 'Accounting for Human Resources in UK Hotels', *Proceedings of CHME Research Conference*, Manchester Metropolitan University, April 1993.

CAPÍTULO 5

1. Mullins L J, 'Management and Managerial Behaviour', *International Journal of Hospitality Management*, vol. 4, no.1, 1985, p. 39.
2. Waterman R, *The Frontiers of Excellence*, Nicholas Brearley (1994).
3. Klein S, 'Customer Care Needs Staff Care', *Proceedings of The International Association of Hotel Management Schools Symposium*, Leeds Polytechnic, November 1988.
4. McGregor D, *The Human Side Of Enterprise*, Penguin (1987).
5. Venison P, *Managing Hotels*, Heinemann (1983), p. 56.
6. Blake R R and McCanse A A, *Leadership Dilemmas — Grid Solutions*, Gulf Publishing Company (1991).
7. Jones P J and Lockwood A, *The Management of Hotel Operations*, Cassell (1989).
8. Newborough G, 'People vs production', *Manager, The British Journal of Administrative Management*, May/June 1999, pp. 13-14.
9. Ver, por exemplo, Sieff M (Lord Sieff of Brimpton), *Management the Marks & Spencer Way*, Fontana Collins (1991).
10. Ver, por exemplo, Coates J, 'It is Legitimate to be Unavailable', *Industrial and Commercial Training*, vol. 22, no. 5, 1990, pp. 8-11.
11. Para um relato mais completo de MBWA, ver: Peters T J and Austin N K, *A Passion for Excellence*, William Collins (1985).
12. Ver, por exemplo, Wood R C, *Organizational Behaviour for Hospitality Management*, Butterworth-Heinemann (1994).

13. Venison P, *Managing Hotels*, Heinemann (1983), p. 32.
14. Waterman R, *The Frontiers of Excellence*, Nicholas Brearley (1994).
15. Lockwood A, Baker M and Ghillyer A (eds) *Quality Management in Hospitality*, Cassell (1996).
16. Wood RC, *Working in Hotels and Catering*, 2nd edn, International Thomson Business Press (1997).
17. Lee-Ross D, 'Two Styles of Hotel Manager, Two Styles of Worker', *International Journal of Contemporary Hospitality Management*, vol. 5, no.4, 1993, pp. 20-24.
18. Likert R, *New Patterns of Management*, McGraw-Hill (1961).
19. Likert R and Likert J G, *New Ways of Managing Conflict*, McGraw-Hill (1976).
20. Likert R, *The Human Organisation*, McGraw-Hill (1967), p. 138.
21. Drucker P F, *The Practice of Management*, Heinemann Professional (1989).
22. Ver, por exemplo, Humble J W, *Management By Objectives*, Management Publications Ltd for The British Institute of Management (1972).
23. Ver, por exemplo, Medlik S, *The Business of Hotels*, 3rd edn, Butterworth-Heinemann (1994).
24. Jones P and Lockwood A, *The Management of Hotel Operations*, Cassell (1989).
25. Mill R C, *Managing for Productivity in the Hospitality Industry*, Van Nostrand Reinhold (1989).
26. Kane J S and Freeman K A, 'MBO and Performance Appraisal', *Personnel*, vol. 63, no. 12, December 1986, pp. 26-36.
27. Wood R C, *Organizational Behaviour for Hospitality Management*, Butterworth-Heinemann (1994), p. 107.
28. Boella M J, *Human Resource Management in The Hospitality Industry*, 6th edn, Stanley Thornes (1996), pp. 55-56.
29. Shaner M C, 'The Nature of Hospitality Managers', *Cornell HRA Quarterly*, November 1978, pp. 65-70.
30. Worsfold P, 'A Personality Profile of the Hotel Manager', *International Journal of Hospitality Management*, vol. 8, no. 1, 1989, pp. 51-62.
31. Stone G, 'Personality and Effective Hospitality Management', *Proceedings of The International Association of Hotel Management Schools Symposium*, Leeds Polytechnic, November 1988.
32. Guerrier Y and Lockwood A, 'Developing Hotel Managers — A Reappraisal', *International Journal of Hospitality Management*, vol. 8, no. 2, 1989, pp. 82-89.
33. Ver, por exemplo, Mullins L J, *Management and Organisational Behaviour*, 5th edn, Financial Times Pitman Publishing (1999).
34. Mullins L J and Davies I, 'What Makes for an Effective Hotel Manager?', *International Journal of Contemporary Hospitality Management*, vol. 3, no. 1, 1991, pp. 22-25.
35. Goss-Turner S, 'The Role of the Multi-unit Manager in Branded Hospitality Chains', *Human Resource Management Journal*, vol. 9, no. 4, 1999, pp. 39-57.
36. Para conhecer mais sobre habilidades operacionais e de negócios, ver Guerrier Y, *Organizational Behaviour in Hotels and Restaurants: An International Perspective*, Wiley (1999).
37. *Meeting Competence needs in the Hotel and Catering Industry Now and in the Future*, HCTC Research Report, September 1992.
38. Maher A, 'Accounting for Human Resources in UK Hotels', *Proceedings of CHME Research Conference*, Manchester Metropolitan University, April 1993.
39. Ver, por exemplo, Handy C, *The Empty Raincoat*, Hutchinson (1994).
40. Green J, 'When was your Management Style last Applauded?', *Chartered Secretary*, December 1998, pp. 28-29.
41. Drucker P F, *People and Performance*, Heinemann (1977), p. 59.
42. Mercer K, 'Psychology at Work in the Hotel and Catering Industry', *HCIMA Review*, 4, 1978, p. 212.
43. Ver, por exemplo, Clark M, *Interpersonal Skills for Hospitality Management*, Chapman & Hall (1995).
44. Jones P (ed.), *Management in Service Industries*, Pitman (1989).
45. Mullins L J and Aldrich P, 'An Integrated Model of Management and Managerial Development', *Journal of Management Development*, vol. 7, no. 3, 1988, pp. 29-39.
46. Ver, por exemplo, Blanchard K and Johnson S, *The One Minute Manager*, Willow Books (1983).
47. Freemantle D, 'The People Factor', *Management Today*, December 1985, pp. 68-71.
48. Gunn B, 'Are Educationalists and Employers in Harmony on Hotel Management Training?', *Master Innholders' Forum*, London, June 1990. Reported in *Caterer & Hotelkeeper*, 14 June 1990, p. 14.
49. Maher A, 'Accounting for Human Resources in UK Hotels', *Proceedings of CHME Research Conference*, Manchester Metropolitan University, April 1993.
50. White M, 'Management Styles in Hotels', *HCIMA Journal*, October 1973, pp. 9-11.
51. Wood R C, *Organizational Behaviour for Hospitality Management*, Butterworth-Heinemann (1994), p. 107.
52. Umbreit W T, 'Developing Behavioraly-Anchored Scales for Evaluating Job Performance of Hotel Managers', *International Journal of Hospitality Management*, vol. 5, no. 2, 1986, p. 56.
53. Hales C and Nightingale M, 'What are unit managers supposed to do? A contingent methodology for investigating managerial role requirements', *International Journal of Hospitality Management*, vol. 5, no. 1, 1986, p. 9.
54. Worsfold P, 'Leadership and Managerial Effectiveness in the Hospitality Industry', *International Journal of Hospitality Management*, vol. 8, no. 2, 1989, p. 152.
55. Wood R C, *Organizational Behaviour for Hospitality Management*, Butterworth-Heinemann (1994).
56. Ponto de vista sustentado pelos funcionários de colocação setorial diante de estudantes de Gestão da Hospitalidade na University of Portsmouth Business School.
57. Ver também Robinson S, 'The Learning Curve', *Inside Hotels*, April/May 1992, pp. 40-45.
58. Venison P, *Managing Hotels*, Heinemann (1983).
59. *Building Capability for the Twenty-First Century*, Investors in People, UK (1999).
60. Ver, por exemplo, Freemantle D, 'The People Factor', *Management Today*, December 1985, pp. 68-71.
61. Martin P and Nicholls J, *Creating a Committed Workforce*, Institute of Personnel Management (1987), p. 97.
62. Peters T J and Waterman R H, *In Search of Excellence*, Harper & Row (1982), p. 238.
63. Fletcher W, 'Good Listener, Better Manager', *Management Today*, January 2000, p. 30.
64. Tarpey D, 'Handling With Care', *Caterer & Hotelkeeper*, 12 July 1990, p. 52.
65. Venison P, *Managing Hotels*, Heinemann (1983).
66. Ver Mullins L J, *Management and Organizational Behaviour*, 5th edn, Financial Times Pitman Publishing (1999).

CAPÍTULO 6

1. Ver, por exemplo, Boella M J, *Human Resource Management in the Hospitality Industry*, 6th edn, Stanley Thornes (1996).

2. Drucker P F, *The Practice of Management*, Pan Books (1968), p. 273.
3. Child J, *Organisation: A Guide to Problems and Practice*, 2nd edn, Harper & Row (1984).
4. Schaffer J D, 'Structure and Strategy: Two Sides of Success', in Rutherford D G (ed.), *Hotel Management and Operations*, Van Nostrand Reinhold (1990).
5. Gullen H V and Rhodes G E, *Management in the Hotel and Catering Industry*, Batsford (1983).
6. Keiser J R, *Principles and Practices of Management in the Hospitality Industry*, 2nd edn, Van Nostrand Reinhold (1989).
7. Para um relato detalhado, ver, por exemplo, Mullins L J, *Management and Organisational Behaviour*, 5th edn, Financial Times Pitman Publishing (1999).
8. Urwick L, *The Elements of Administration*, 2nd edn, Pitman (1974).
9. Brech E F L, *Organisations: The Framework of Management*, 2nd edn, Longman (1965).
10. Woodward J, *Industrial Organization: Theory and Practice*, 2nd edn, Oxford University Press (1980).
11. Ver, por exemplo: 'Managing in the 21st Century', *Manager, The Institute of Administrative Management*, January / February 2000, pp. 8-10.
12. Simon H A, *Administrative Behavior*, 3rd edn, Free Press (1976), p. xxii.
13. Taylor F W, *Scientific Management*, Harper & Row (1947).
14. Ver, por exemplo, Gospel H F and Littler C R (eds), *Managerial Strategies and Industrial Relations*, Heinemann (1983).
15. Para um debate interessante sobre a "desespecialização" e a flexibilidade no trabalho, ver Wood R C, *Working in Hotels and Catering*, 2nd edn, International Thomson Business Press (1997).
16. Weber M, *The Theory of Social and Economic Organization*, Collier Macmillan (1964).
17. Stewart R, *The Reality of Management*, 2nd edn, Pan Books (1986).
18. Argyris C, *Integrating the Individual and the Organization*, Wiley (1964).
19. Lockwood A and Jones P, *People and the Hotel and Catering Industry*, Holt, Rhinehart & Winston (1984), p. 173.
20. Shamir B, 'Between Bureaucracy and Hospitality: Some Organisational Characteristics of Hotels', *Journal of Management Studies*, vol. 15, no. 3, October 1978, pp. 285-307.
21. Ver, por exemplo, Fletcher W, 'Good Listener, Better Manager', *Management Today*, January 2000, p. 30.
22. Ver, por exemplo, Rose M, *Industrial Behaviour*, 2nd edn, Penguin (1988).
23. Nailon P, 'A Theory of Organisation in the Catering Industry', *HCIMA Journal*, vol. 61, 1977, p. 7.
24. Torrington D, Weightman J and Johns K, *Effective Management: People and Organisation*, Prentice-Hall (1989).
25. Ver, por exemplo, Etzioni A, *Modern Organizations*, Prentice-Hall (1964).
26. Ver, por exemplo, Luthans F, *Organizational Behaviour*, 5th edn, McGraw-Hill (1989).
27. Woodward J, *Industrial Organization: Theory and Practice*, 2nd edn, Oxford University Press (1980).
28. Burns T and Stalker G M, *The Management of Innovation*, Tavistock (1966).
29. Lawrence P R and Lorsch J W, *Organization and Environment*, Irwin (1969).
30. Ver, por exemplo, Child J, *Organization: A Guide to Problems and Practice*, 2nd edn, Harper & Row (1984).
31. Shamir B, 'Between Bureaucracy and Hospitality: Some Organizational Characteristics of Hotels', *Journal of Management Studies*, vol. 15, no.3, October 1978, pp. 285-307.
32. Nailon P, 'A Theory of Organisation in the Catering Industry', *HCIMA Journal*, vol. 61, 1977, p. 9.
33. Bowey A M, *The Sociology of Organizations*, Hodder & Stoughton (1976).
34. Handy C B, *The Age of Unreason*, Business Books (1989).
35. Meyer M W, *Theory of Organizational Structure*, Bobbs-Merrill (1977), p. 44.
36. Forte, Charles (Lord), *Forte: The Autobiography of Charles Forte*, Sidgwick & Jackson (1986), p. 122.
37. Schaffer J D, 'Structure and Strategy: Two Sides of Success', in Rutherford D G (ed.), *Hotel Management and Operations*, Van Nostrand Reinhold (1990).
38. Woodward J, *Industrial Organization: Theory and Practice*, 2nd edn, Oxford University Press (1980).
39. Medlik S, *The Business of Hotels*, 2nd edn, Heinemann (1989), p. 74.
40. Ver, por exemplo, Goss-Turner S, 'Human Resource Management', in Jones P and Pizam A (eds), *The International Hospitality Industry: Organizational and Operational Issues*, Pitman (1993), pp. 152-164.
41. Graicunas V A, 'Relationships in Organisation', in *Papers on the Science of Administration*, University of Columbia (1937).
42. Venison P, *Managing Hotels*, Heinemann (1983), p. 33.
43. Ver, por exemplo, Medlik S, *The Business of Hotels*, 3rd edn, Butterworth-Heinemann (1994), p. 81.
44. Chacko H E, 'Designing a Seamless Hotel Organization', *International Journal of Contemporary Hospitality Management*, vol. 10, no. 4, 1998, pp. 133-138.
45. Para um relato detalhado da organização informal, ver: Gray J L and Starke F A, *Organizational Behavior: Concepts and Applications*, 4th edn, Charles E Merrill (1988).
46. Stewart R, *The Reality of Management*, 2nd edn, Pan Books (1986), p. 127.

CAPÍTULO 7

1. Mullins L J, 'Management and Managerial Behaviour', *The International Journal of Hospitality Management*, vol. 4, no. 1, 1985, pp. 39-41.
2. Riley M, *Human Resource Management in The Hospitality and Tourism Industry*, 2nd edn, Butterworth-Heinemann, (1996), p. 44.
3. Ver, por exemplo, Vroom V H and Deci E L (eds), *Management and Motivation*, Penguin (1970).
4. Ver, por exemplo, Rudolph P A and Kleiner B H, 'The Art of Motivating Employees', *Journal of Managerial Psychology*, vol. 4, no. 5, 1989, pp. i-iv.
5. Green J R, 'Has Motivation Anything to do With You?', *Administrator*, October 1994, pp. 29-30.
6. Ellis P, *The Image of Hotel and Catering Work*, HCITB Research Report (1981).
7. Hunt J W, *Managing People at Work; A Manager's Guide to Behaviour in Organizations*, 3rd edn, McGraw-Hill (1992).
8. British Institute of Management, *Management News*, no. 64, February 1990, p. 6.
9. Willman I, 'Human Resource Management in the Service Sector', in Jones P (ed.), *Management in Service Industries*, Pitman (1989), p. 217.

10. Maslow A H, 'A Theory of Human Motivation', *Psychological Review*, vol. 50, no. 4, July 1943, pp. 370-396, and Maslow A H, *Motivation and Personality*, 3rd edn, Harper & Row (1987).
11. Ellis P, *The Image of Hotel and Catering Work*, HCITB Research Report (1981).
12. Ver, por exemplo, Hornsey T and Dann D, *Manpower Management in the Hotel and Catering Industry*, Batsford (1984), and Mullins L J, *Management and Organisational Behaviour*, 5th edn, Financial Times Pitman Publishing (1999).
13. Por exemplo, ver Robertson I T, Smith M and Cooper D, *Motivation: Strategies, Theory and Practice*, 2nd edn, Institute of Personnel and Development (1992).
14. Steers R M and Porter L W, *Motivation and Work Behaviour*, 5th edn, McGraw-Hill (1991).
15. Para um relato mais detalhado do modelo de Maslow aplicado ao comportamento do hóspede, ver Venison P, *Managing Hotels*, Heinemann (1983).
16. Alderfer C P, *Existence, Relatedness and Growth*, Collier Macmillan (1972).
17. Herzberg F, Mausner B and Synderman B B, *The Motivation to Work*, 2nd edn, Chapman & Hall (1959).
18. Balmer S and Baum T, 'Applying Herzberg's Hygiene Factors to the Changing Accommodation Environment' *International Journal of Contemporary Hospitality Management*, vol. 5, no.2, 1993, pp. 32-35.
19. Ver, por exemplo, Goldthorpe J H et al. *The Affluent Worker: Industrial Attitudes and Behaviour*, Cambridge University Press (1968).
20. Phillipchuck J, 'An Inquiry Into The Continuing Relevance of Herzberg's Motivation Theory', *Engineering Management Journal*, vol. 8, no. 1, March 1996, pp. 15-20.
21. MacQueen N, 'What Happened to Herzberg: Is Motivation Theory Out of Date?' *Hospitality*, no. 29, May 1982, p. 16.
22. Chitiris L, "Herzberg's Proposals and Their Applicability to The Hotel Industry', *Hospitality Education and Research Journal*, vol. 12, 1988, pp. 67-79.
23. MacQueen N, 'What Happened to Herzberg: Is Motivation Theory Out of Date?' *Hospitality*, no. 29, May 1982, p. 16.
24. McClelland D C, *The Achieving Society*, Van Nostrand Reinhold (1961) (também publicado por Irvington, 1976), and *Human Motivation*, Cambridge University Press (1988).
25. McClelland D C, 'Business Drive and National Achievement', *Harvard Business Review*, vol. 40, July-August 1962, pp. 99-112.
26. Weaver T, 'Theory M: Motivating with Money', *Cornell HRA Quarterly*, vol.29, no. 3, November 1988, pp. 40-45.
27. 'What You Thought: Motivating Minimum-Wage Workers', *Personnel Journal*, vol. 75. no. 3, March 1996, p. 16.
28. Vroom V H, *Work and Motivation*, Wiley (1964) (também publicado por Krieger, 1982).
29. Porter L W and Lawler E E, *Managerial Attitudes and Performance*, Irwin (1968).
30. Ver, por exemplo, Graen G, 'Instrumentality Theory of Work Motivation', *Journal of Applied Psychology Monograph*, vol. 53, no. 2, 1969, part 2.
31. Porter L W and Lawler E E and Hackman J R, *Behavior in Organizations*, McGraw Hill (1975).
32. Adams J S, 'Injustice in Social Exchange', versão resumida em Steers R M and Porter L W, *Motivation and Work Behaviour*, 2nd edn, McGraw-Hill (1979), pp. 107-124.
33. Locke E A, 'Towards a Theory of Task Motivation and Incentives', *Organizational Behavior and Human Performance*, vol. 3, 1968, pp. 157-189.
34. Ver exemplos em: (i) Latham G P and Yukl G A, 'A Review of the Research on the Applications of Goal Setting in Organizations', *Academy of Management Journal*, vol. 18, 1975, pp. 824-845; (ii) Latham G P and Locke E A, 'Goal Setting: A Motivational Technique that Works', *Organizational Dynamics*, Autumn 1979, pp. 28-80.
35. Locke E A, 'Personal Attitudes and Motivation', *Annual Review of Psychology*, vol. 26, 1975, pp. 457-480.
36. Para um resumo que sustenta essas conclusões, ver: Miner J B, *Theories of Organizational Behavior*, Holt, Rinehart & Winston (1980).
37. Herzberg F, 'One More Time: How do you Motivate Employees?', *Harvard Business Review*, vol. 46, 1968, pp. 3-62.
38. Blauner R, *Alienation and Freedom*, University of Chicago Press (1964).
39. Ver, por exemplo, Riley M, *Human Resource Management: A guide to personnel practice in the hotel and catering industry*, Butterworth-Heinemann (1991).
40. Ellis P, *The Image of Hotel and Catering Work*, HCITB Research Report (1981).
41. *Employee Relations for the Hotel and Catering Industry*, 7th edn, HCTC (1990).
42. Pavesic D V and Brymer R A, 'Job Satisfaction: What's Happening to the Young Managers?' *Cornell HRA Quarterly*, vol. 30, no. 4, February 1990, pp. 90-96.
43. Simons T and Enz C A, 'Motivating Hotel Employees: Beyond the carrot and the stick', *Cornell HRA Quarterly*, February 1995, pp. 20-27.
44. Kovach K, 'What Motivates Employees? Workers and Supervisors Give Different Answers', *Business Horizons*, September-October 1987, pp. 58-65.
45. Boella M J, *Human Resource Management in the Hospitality Industry*, 6th edn, Stanley Thornes, (1996), p. 45.
46. Ver, por exemplo, Mill R C, *Managing for Productivity in the Hospitality Industry*, Van Nostrand Reinhold (1989).
47. Magurn J P, *A Manual of Staff Management in the Hotel and Catering Industry*, Heinemann (1983).
48. Hackman J R and Oldham G R, *Work Design*, Addison-Wesley (1980).
49. Lee-Ross D, 'Attitudes and Work Motivation of Subgroups of Seasonal Hotel Workers', *The Services Industries Journal*, vol. 15, no. 3, July 1995, pp. 295-313.
50. Lee-Ross D, 'The Reliability and Rationale of Hackman and Oldham's Job Diagnostic Survey and Job Characteristics Model among Seasonal Hotel Workers', *International Journal of Hospitality Management*, vol. 17, 1998, pp. 391-406.
51. Ver, por exemplo, Hales C, 'Quality of Working Life: job redesign and participation in a service industry: a rose by any other name?', *The Service Industries Journal*, vol. 7, no. 3, 1987, pp. 253-273.
52. Ver, por exemplo, Grayson D, *Self-Regulating Work Groups*, Work Research Unit, Occasional Paper no. 46, HMSO (July 1990).
53. Keegan B M, 'Leadership in the Hospitality Industry', in Cassee E and Reuland R (eds), *The Management of Hospitality*, Pergamon (1983).
54. Porter L W and Roberts K H, *Communication in Organizations*, Penguin (1977), p. 97.
55. Orwell G, *Down and Out in Paris and London*, Penguin (1933), p. 69.
56. Jones P and Davies A, 'Empowerment: A study of general managers of four-star hotel properties in the UK', *International Journal of Hospitality Management*, vol. 10, no. 3, 1991, pp. 211-217.

57. Pickard J, 'The Real Meaning of Empowerment', *Personnel Management*, vol. 25, no. 11, November 1993, pp. 28-33.
58. Lashley C, 'Towards an Understanding of Employee Empowerment in Hospitality Services', *International Journal of Contemporary Hospitality Management*, vol. 7, no.1, 1995, pp. 27-32.
59. Lashley C, 'Employee Empowerment in Services: A Framework for Analysis', *Personnel Review*, vol. 28, no. 3, 1999, pp. 169-191.
60. Erstad M, 'Empowerment and Organizational Change', *International Journal of Contemporary Hospitality Management*, vol. 9, no. 7, 1997, pp. 325-333.
61. Ver, por exemplo, Simmons P and Teare R, 'Evolving a Total Quality Culture', *International Journal of Contemporary Hospitality Management*, vol. 5, no. 3, 1993, pp. v-viii.
62. Para um relato mais detalhado dos círculos de qualidade, ver Mullins L J, *Management and Organizational Behavior*, 5th edn, Financial Times Pitman Publishing (1999).

CAPÍTULO 8

1. Adair I, *Effective Teambuilding*, Gower (1986).
2. Schein E H, *Organizational Psychology*, 3rd edn, Prentice-Hall (1988), p. 145.
3. Ver, por exemplo, Riley M, *Human Resource Management: in the Hospitality and Tourism Industry*, 2nd edn, Butterworth-Heinemann (1996).
4. Trist E L et al., *Organizational Choice*, Tavistock Publications (1963).
5. Likert R, *New Patterns of Management*, McGraw-Hill (1961), p. 38.
6. Ver, por exemplo, Venison P, *Managing Hotels*, Heinemann (1983).
7. Simmons P and Teare R, 'Evolving a Total Quality Culture', *International Journal of Contemporary Hospitality Management*, vol. 5, no. 3, 1993, pp. v-viii.
8. Jones P and Lockwood A, *The Management of Hotel Operations*, Cassell (1989).
9. Ver, por exemplo, Drummond K E, *Human Resource Management for the Hospitality Industry*, Van Nostrand Reinhold (1990).
10. Riley M, *Human Resource Management in the Hospitality and Tourism Industry*, 2nd edn, Butterworth-Heinemann (1996), p. 60.
11. Berger F and Vanger R, 'Building Your Hospitality Team', *Cornell HRA Quarterly*, February 1986, pp. 83-84.
12. Gardner K and Wood R C, 'Theatricality in Food Service Work', *International Journal of Hospitality Management*, vol. 10, no. 3, 1991, pp. 267-278.
13. Heller R, *In Search of European Excellence*, HarperCollins Business (1997).
14. Ver, por exemplo, Gullen H V and Rhodes G E, *Management in the Hotel and Catering Industry*, Batsford (1983).
15. Ver, por exemplo, Keiser J R, *Principles and Practices of Management in the Hospitality Industry*, 2nd edn, Van Nostrand Reinhold (1989).
16. Lysons K, "Organisational Analysis', suplemento do *The British Journal of Administrative Management*, no. 18, March/April 1997.
17. Mullins L J, 'Management and Managerial Behavior', *The International Journal of Hospitality Management*, vol. 4, no. 1, 1985, pp. 39-41.
18. Ver, por exemplo, Atkinson P E, 'Developing Cohesive Working Groups', *Hospitality*, no. 29, May 1983, pp. 19-23.
19. Berger F and Vanger R, 'Building Your Hospitality Team', *Cornell HRA Quarterly*, February 1986, pp. 82-89.
20. Tuckman B W, 'Development Sequence in Small Groups', *Psychological Bulletin*, vol. 63, 1965, pp. 384-399.
21. Ver, por exemplo, Adair, *Effective Teambuilding*, Gower (1986).
22. Bass B M and Ryterband E C, *Organizational Psychology*, 2nd edn, Allyn & Bacon (1979).
23. Green J, 'Are your Teams and Groups at Work Successful?', *Administrator*, December 1993, p. 12.
24. Ver também Jones P and Lockwood A, *The Management of Hotel Operations*, Cassell (1989).
25. Seashore S E, *Group Cohesiveness in the Industrial Work Group*, Institute for Social Research, University of Michigan (1954).
26. Argyle M, *The Social Psychology of Work*, 2nd edn, Penguin (1986).
27. Ver, por exemplo, Allcorn S, 'Understanding Groups at Work', *Personnel*, vol. 66, no. 8, August 1989, pp. 28-36.
28. Bowey A, *The Sociology of Organizations*, Hodder & Stoughton (1976).
29. Whyte W F, *Human Relations in the Restaurant Industry*, McGraw-Hill (1948).
30. Staw B M, 'Organizational Psychology and the Pursuit of the Happy/Productive Worker', *California Management Review*, vol. 28, no. 4, Summer 1986, pp. 40-53.
31. Schein E H, *Organizational Psychology*, 3rd edn, Prentice-Hall (1988).
32. Dann D and Hornsey T, 'Towards a Theory of Interdepartmental Conflict in Hotels', *The International Journal of Hospitality Management*, vol. 5, no. 1, 1986, pp. 23-28.
33. Ver, por exemplo, Kogan N and Wallach M A, 'Risk-taking as a Function of the Situation, the Person and the Group', in Newcomb T M (ed.) *New Directions in Psychology III*, Holt, Rinehart and Winston (1967).
34. Shaw M E, *Group Dynamics*, McGraw-Hill (1976).
35. Janis J L, *Groupthink*, 2nd edn, Houghton Mifflin (1982).
36. Ver, por exemplo, Leane C R, 'A Partial Test of Janis' Groupthink Model', *Journal of Management*, vol. 11, no. 1, 1985, pp. 5-17.
37. Osborn A F, *Applied Imagination*, edição revisada, Scribner (1957).
38. Bavelas A, 'Communication Patterns in Task-Oriented Groups', in Lasswell H N and Lerner D (eds) *The Policy Sciences*, Stanford University Press (1951).
39. Leavitt H J, *Managerial Psychology*, 4th edn, University of Chicago Press (1978).
40. Sahw M E, 'Communication Networks', in Berkowitz L (ed.), *Advances in Experimental Social Psychology*, vol. 1, Academic Press (1964).
41. Belbin R M, *Management Teams: Why They Succeed or Fail*, Heinemann (1981).
42. Belbin R M, *Team Roles at Work*, Butterworth-Heinemann (1993).
43. White J, 'Teaming with Talent', *Management Today*, September 1999, pp. 57-61.
44. Para um exemplo de um conjunto de papéis de um gerente de unidade, ver Hales C and Nightingale M, 'What Are Unit Managers Supposed to Do?' *The International Journal of Hospitality Management*, vol. 5, no. 1, 1986, pp. 3-11.
45. Jones P and Lockwood A, *The Management of Hotel Operations*, Cassell (1989).

46. Ver, por exemplo, Handy C B, *Understanding Organizations*, 4th edn, Penguin (1993).
47. Lockwood A and Jones P, *People and the Hotel and Catering Industry*, Holt, Rinehart & Winston (1984).
48. Wood R C, *Organizational Behavior for Hospitality Management*, Butterworth-Heinemann (1994), p. 78.
49. Filley A C and House R J, *Managerial Process and Organizational Behavior*, Scott Foresman (1969).
50. *Are Managers Under Stress? A Survey of Management Morale*, The Institute of Management, September 1996.
51. Hall K and Savery L K, 'Stress Management', *Management Decision*, vol. 25, no. 6, 1987, pp. 29-35.
52. Green J, 'Team Building in Practice', *Chartered Secretary*, November 1997, pp. 34-37.
53. Moreno J L, *Who Shall Survive?*, Beacon House (1953).
54. Rogers E M and Kincaid D L, *Communication Networks: Towards a New Paradigm for Research*, The Free Press (1981), p. 92.
55. Bales R F, *Personality and Interpersonal Behavior*, Holt, Rinehart & Winston (1970).
56. Benne K D and Sheats P, 'Functional Roles of Group Members', *Journal of Social Issues*, vol. 4, 1948, pp. 41-49.
57. Para um relato mais detalhado dos modelos de análise comportamental e seu uso, ver Mullins L J, *Management and Organisational Behaviour*, 5th edn, Financial Times Pitman Publishing (1999).

CAPÍTULO 9

1. Sieff M (Lord Sieff of Brimpton), *Management the Marks and Spencer Way*, Fontana Collins (1991) p. 133.
2. Tack A, *Motivational Leadership*, Gower (1984).
3. Ver, por exemplo, Mill R C, *Managing for Productivity in the Hospitality Industry*, Van Nostrand Reinhold (1989).
4. Crow S M and Hartman S J, 'Can't Get No Satisfaction', *Leadership and Organization Development Journal*, vol. 16, no. 4, 1995, pp. 34-38.
5. Hooper A and Potter J, 'Take it from the Top', *People Management*, 19 August 1999, pp. 46-49.
6. Keegan B M, 'Leadership in the Hospitality Industry' in Cassee E and Reuland R (eds), *The Management of Hospitality*, Pergamon (1983), p. 78.
7. Worsfold P, 'Leadership and Managerial Effectiveness in the Hospitality Industry', *International Journal of Hospitality Management*, vol. 8, no. 2, 1989, pp. 145-155.
8. Pittaway L, Carmouche R and Chell E, 'The Way Forward: Leadership Research in the Hospitality Industry', *International Journal of Hospitality Management*, vol. 17, 1998, pp. 407-426.
9. Hollingsworth M J, 'Leadership: Purpose and Values', *Manager, The British Journal of Administrative Management*, January/February 1999, p. 22.
10. Ver, por exemplo, Gretton I, 'Taking the Lead in Leadership', *Professional Manager*, January 1995, pp. 20-22.
11. Taffinder P, *The New Leaders: Achieving corporate transformation through dynamic leadership*, Kogan Page (1995).
12. Hunt J W, *Managing People at Work*, 2nd edn, McGraw-Hill (1986).
13. Watson C M, 'Leadership, Management and the Seven Keys', *Business Horizons*, March-April 1983, pp. 8-13.
14. Zaleznik A, 'Managers and Leaders: Are They Different?', *Harvard Business Review*, May-June 1977, pp. 67-78.
15. Bonnington C, 'Leading to the Top: The Successful Management of People', *Office and Information Management International*, September 1988, pp. 8-9.
16. Mintzberg H, *The Nature of Managerial Work*, Harper & Row (1973).
17. Adair J, *Effective Teambuilding*, Gower (1986), p. 123.
18. Ver, por exemplo, Riley M, *Human Resource Management in The Hospitality and Tourism Industry*, 2nd edn, Butterworth-Heinemann (1996).
19. McGregor D, *The Human Side of Enterprise*, Penguin (1987), p. 182.
20. French J R P and Raven B, 'The Basis of Social Power', in Cartwright D and Zander A F (eds), *Group Dynamics: Research and Theory*, 3rd edn, Harper & Row (1968).
21. Drucker P F, *The Practice of Management*, Pan Books (1968), p. 194.
22. Ver, por exemplo, Jennings E E, 'The Anatomy of Leadership', *Management of Personnel Quarterly*, vol. 1, no. 1, Autumn 1961, pp. 2-9.
23. Hornsey T and Dann D, *Manpower Management in the Hotel and Catering Industry*, Batsford (1984).
24. Jacob J, 'Towards a Simplistic Theory of Leadership', *Hospitality*, June 1980, pp. 40-41.
25. Walker R G, 'Wellsprings of Managerial Leadership', *Cornell HRA Quarterly*, vol. 27, no. 2, August 1986, pp. 14-16.
26. Conger J, 'Charisma and How to Grow It', *Management Today*, December 1999, p. 81.
27. Kotter J P, 'What Leaders Really Do', *Harvard Business Review*, May-June 1990, p. 103.
28. Krech D, Crutchfield R S and Ballachey E L, *Individual in Society*, McGraw-Hill (1962).
29. Adair J, *The Skills of Leadership*, Gower (1984).
30. Adair J, *Effective Teambuilding*, Gower (1986), p. 116.
31. Fleishman E A and Bass A R, *Studies in Personnel and Industrial Psychology*, 3rd edn, Dorsey (1974).
32. Worsfold P, 'Leadership and Managerial Effectiveness in the Hospitality Industry', *International Journal of Hospitality Management*, vol. 8, no. 2, 1989, pp. 145-155.
33. Likert R, *New Patterns of Management*, McGraw-Hill (1961).
34. Ver, por exemplo, Van der Wagen L and Davies C, *Supervision and Leadership in Tourism and Hospitality*, Cassell (1999).
35. Boella M J, *Human Resource Management in the Hospitality Industry*, 6th edn, Stanley Thornes (1996), p. 40.
36. Ibid.
37. Magurn J P, *A Manual of Staff Management in the Hotel and Catering Industry*, Heinemann (1983).
38. Belbin R M, *Team Roles at Work*, Butterworth-Heinemann (1993).
39. Erstad M, 'Empowerment and Organizational Change', *International Journal of Contemporary Hospitality Management*, vol. 9, no. 7, 1997, pp. 325-333.
40. Tannenbaum R and Schmidt W H, 'How to Choose a Leadership Pattern', *Harvard Business Review*, May-June 1973, pp. 162-180.
41. Follett M P, 'The Giving of Orders', in Pugh D S (ed.), *Organization Theory*, Penguin (1971), pp. 154-155.
42. Fiedler F E, *A Theory of Leadership Effectiveness*, McGraw-Hill (1967).
43. Hornsey T and Dann D, *Manpower Management in the Hotel and Catering Industry*, Batsford (1984), p. 108.
44. House R J, 'A Path-Goal Theory of Leadership Effectiveness', *Administrative Science Quarterly*, vol. 16, September 1971, pp. 321-338.

45. House R I and Dessler G, 'The Path-Goal Theory of Leadership', in Hunt J G and Larson L L (eds), *Contingency Approaches to Leadership*, Southern Illinois University Press (1974).
46. House R I and Mitchell T R, 'Path-Goal Theory of Leadership', *Journal of Contemporary Business*, vol. 3, Autumn 1974, pp. 81-97.
47. Hersey P and Blanchard K, *Management of Organizational Behavior*, 6th edn, Prentice-Hall (1993).
48. Burns J M, *Leadership*, Harper & Row (1978).
49. Kreitner R and Kinicki A, *Organizational Behavior*, 3rd edn, Irwin (1995), p. 441.
50. Hunt J W, *Managing People at Work*, 3rd edn, McGraw-Hill (1992), p. 255.
51. Bass B M, *Leadership and Performance Beyond Expectations*, Free Press (1985).
52. Bass B M and Avolio B J, *Improving Organizational Effectiveness Through Transformational Leadership*, Sage Publications (1994).
53. Ver, por exemplo, Hinkin T R, and Tracey J B, 'Transformational Leadership in the Hospitality Industry', *Hospitality Research Journal*, vol. 18, no. 1, 1994, pp. 49-63.
54. Tracey J B and Hinkin T R, "How Transformational Leaders Lead in The Hospitality Industry', *International Journal of Hospitality Management*, vol. 15, no. 2, 1996, p. 174.
55. Ver, por exemplo, Clarke C and Pratt S, 'Leadership's Fourpart Progress', *Management Today*, March 1985, pp. 84-86.
56. Nebel E C and Stearns K, 'Leadership in the Hospitality Industry', *Cornell HRA Quarterly*, vol. 18, no. 3, November 1977, pp. 69-76.
57. Keegan B M, 'Leadership in the Hospitality Industry', in Cassee E and Reuland R (eds), *The Management of Hospitality*, Pergamon (1983), pp. 69-93.
58. Pittaway L, Carmouche R and Chell E, 'The Way Forward: Leadership Research in the Hospitality Industry', *International Journal of Hospitality Management*, vol. 17, 1998, pp. 407-426.
59. Croney P, 'An Investigation Into The Management of Labour in The Hospitality Industry', MA Thesis, University of Warwick, 1988.
60. Wood R C, *Organizational Behaviour for Hospitality Management*, Butterworth-Heinemann (1994), p. 126.

CAPÍTULO 10

1. *Catering and Hospitality Industry — Key Facts and Figures*, HCTC, 1994.
2. *Training: who needs it? Research Report 1995: Executive Summary*, HCTC, 1995.
3. *British Hospitality: Trends and Statistics*, British Hospitality Association (1998).
4. Ver, por exemplo, Maher A, 'Accounting for Human Resources in UK Hotels', *Proceedings of CHME Research Conference*, Manchester Metropolitan University, April 1993.
5. Mullins L J, 'The Personnel Function', *HCIMA Journal*, no. 94, October 1979, pp. 22-25.
6. Guest D E, 'Human Resource Management and Industrial Relations', *Journal of Management Studies*, vol. 24, no. 5, September 1987, pp. 503-521.
7. Torrington D and Hall L, *Personnel Management: A New Approach*, 2nd edn, Prentice-Hall (1991), pp. 15-16.
8. Storey J, *Developments in the Management of Human Resources: An Analytical Review*, Blackwell (1992).
9. Legge K, *Human Resource Management: Rhetorics and Realities*, Macmillan (1995), p. 74.
10. Cuming M W, *The Theory and Practice of Personnel Management*, 7th edn, Butterworth-Heinemann (1993).
11. Willman P, 'Human Resource Management in the Service Sector', in Jones P (ed.), *Management in Service Industries*, Pitman (1989), p. 210.
12. Maher A, 'Accounting for Human Resources in UK Hotels', *Proceedings of CHME Research Conference*, Manchester Metropolitan University, April 1993.
13. Price L, 'Poor Personnel Practice in the Hotel and Catering Industry: Does it Matter?', *Human Resource Management Journal*, vol. 4, no. 4, 1994, pp. 44-62.
14. Kelliher C and Johnson K, 'Personnel Management in Hotels — Some Empirical Observations', *International Journal of Hospitality Management*, vol. 6, no. 2, 1987, pp. 103-108.
15. Kelliher C and Johnson K, 'Personnel Management in Hotels — An Update: A move to Human Resource Management?', *Progress in Tourism and Hospitality Research*, vol. 3, 1997, pp. 321-331.
16. Goldsmith A, Nickson D, Sloan D and Wood R C, *Human Resource Management for Hospitality Services*, International Thomson Business Press (1997), p. 11.
17. Baum T, Amoah V and Spivack S, 'Policy Dimensions of Human Resource Management in the Tourism and Hospitality Services', *International Journal of Contemporary Hospitality Management*, vol. 9, no. 5/6, 1997, pp. 221-229.
18. Lashley C, 'Matching the Management of Human Resources to Service Operations', *International Journal of Contemporary Hospitality Management*, vol. 10, no. 1, 1998, pp. 24-33.
19. Worsfold P, 'HRM, Performance, Commitment and Service Quality in the Hotel Industry', *International Journal of Contemporary Hospitality Management*, vol. 11, no. 7, 1999, pp. 340-348.
20. McBain R, 'The Role of Human Resource Management and the Psychological Contract', *Manager Update*, vol. 8, no. 4, Summer 1997, pp. 22-31.
21. Forte R, 'How I See The Personnel Function', *Personnel Management*, August 1982, p. 32.
22. Venison P, *Managing Hotels*, Heinemann (1983), p. 111.
23. Boella M J, *Human Resource Management in the Hotel and Catering Industry*, 6th edn, Stanley Thornes (1996).
24. Information and Advisory Services, Institute of Personnel and Development.
25. Mullins L J, 'The Personnel Function — A Shared Responsibility', *Administrator*, vol. 5, no. 5, May 1985, pp. 14-16.
26. Forte R, 'How I See The Personnel Function', *Personnel Management*, August 1982, p. 32.
27. Lucas R, *Managing Employee Relations in the Hotel and Catering Industry*, Cassell (1995), p. 8.
28. Para uma discussão mais detalhada, veja, por exemplo, Rollinson D, *Understanding Employee Relations: A Behavioural Approach*, Addison Wesley (1993).
29. *Employee Relations for the Hotel and Catering Industry*, 7th edn, HCTC, 1990, p. 9.
30. Cuming M W, *The Theory and Practice of Personnel Management*, 7th edn, Butterworth-Heinemann (1993), p. 9.
31. *Employee Relations for the Hotel and Catering Industry*, 7th edn, HCTC, 1990.
32. Para um relato mais detalhado, ver: Mullins L J, *Management and Organisational Behaviour*, 5th edn, Financial Times Pitman Publishing (1999).
33. Ver, por exemplo, Fletcher W, 'Good Listener, Better Manager', *Management Today*, January 2000, p. 30.

34. Atkinson J, *Flexibility, Uncertainty and Manpower Management*, Institute of Manpower Studies, 1985.
35. Guerrier Y and Lockwood A, 'Core and Peripheral Employees in Hotel Operations', *Personnel Review*, vol. 18, no. 1, 1989, pp. 9-15.
36. 'Managing Diversity: An Age Diverse Workforce', *Management Brief No. 6*, HCIMA, October 1999.
37. *Employee Relations for the Hotel and Catering Industry*, 7th edn, HCTC, 1990, p. 43.
38. Ver, por exemplo, Wasmuth W J and Davis S W, 'Managing Employee Turnover', *Cornell HRA Quarterly*, February 1983, vol. 23, no. 4, pp. 15-22, and 'Strategies for Managing Employee Turnover', *Cornell HRA Quarterly*, August 1983, vol. 24, no. 2, pp. 65-75.
39. Riley M, 'Labour Turnover: Time to Change the Paradigm?' *International Journal of Contemporary Hospitality Management*, vol. 5, no. 4, 1993, pp. i-iii.
40. Ver por exemplo: Mok C and Luk Y, 'Exit Interviews in Hotels: Making them a more powerful management tool', *International Journal of Hospitality Management*, vol. 14, no. 2, 1995, pp. 187-194.
41. Bonn M A and Forbringer L R, 'Reducing Turnover in the Hospitality Industry: An Overview of Recruitment, Selection and Retention', *International Journal of Hospitality Management*, vol. 11, no. 1, 1992, pp. 47-63.
42. Department of Employment, *Company Manpower Planning*, HMSO (1974).
43. *Manpower Planning Survey Report*, Williamm Mercer Fraser Ltd, August 1989.
44. *Employment Policy and Industrial Relations in the Hotels and Catering Industry*, Hotels and Catering EDC (1977).
45. Para maiores detalhes sobre planejamento de RH, registros e estatísticas, ver, por exemplo, Boella M J, *Human Resource Management in the Hospitality Industry*, 6th edn, Stanley Thornes (1996).
46. Ver, por exemplo, 'A computer System for Payroll Control — the challenge for suppliers', *The Hospitality Yearbook 1995*, HCIMA, pp. 94-95.
47. 'Managing Diversity: An Age Diverse Workforce', *Management Brief No. 6*, HCIMA, October 1999.
48. Bonn M A and Forbringer L R, 'Reducing Turnover in the Hospitality Industry: An Overview of Recruitment, Selection and Retention', *International Journal of Hospitality Management*, vol. 11, no. 1, 1992, pp. 47-63.
49. Williams P W and Hunter M, 'Supervisory Hotel Employee Perceptions of Management Careers and Professional Development Requirements', *International Journal of Hospitality Management*, vol. 11, no. 4, 1992, pp. 347-358.
50. Mullins L J, 'Job Analysis — Know the Job and the Person to Do It', *International Journal of Hospitality Management*, vol. 4, no. 4, 1985, pp. 181-183.
51. Para uma explicação sobre os diferentes métodos de seleção, ver Mullins L J, *Management and Organisational Behaviour*, 5th edn, Financial Times Pitman Publishing (1999).
52. Ver, por exemplo, Simons T, 'Interviewing Job Applicants — How to get beyond first impressions', *Cornell HRA Quarterly*, December 1995, pp. 21-27.
53. Por exemplo, no Waldorf mostram-se dois vídeos. Um apresenta os novos empregados à empresa e dá informações sobre suas filiais; outro, presta informação sobre o The Waldorf Hotel.
54. Adam-Smith D, Goss D and Bairstow S, 'Coming to Terms with New Labour's Laws', *Employment Relations Review*, Issue 12, February 2000.
55. *Training: who needs it? Research Report 1995: Executive Summary*, HCTC (1995).
56. Ver, por exemplo, Hubrecht J and Teare R, 'A Strategy for Partnership in Total Quality Service', *International Journal of Contemporary Hospitality Management*, vol.5, no. 3, 1993, pp. i-iv.
57. Ver, por exemplo, 'Change and Innovation in Education and Training', *The Hospitality Yearbook 1995*, HCIMA, pp. 37-48.
58. Robinson S, 'The Learning Curse', *Inside Hotels*, April/May 1992, pp. 40-45.
59. Ver, por exemplo, Haywood K M, 'Effective Training: Toward a Strategic Approach', *Cornell HRA Quarterly*, vol. 33, no. 6, December 1992, pp. 43-52.
60. Ver, por exemplo, Clements C J and Josiam B M, 'Training: Quantifying the Financial Benefits', *International Journal of Contemporary Hospitality Management*, vol. 7, no. 1, 1995, pp. 10-15.
61. Mullins L J, 'Successful Training — A Planned and Systematic Approach', *Administrator*, July 1991, pp. 4-5.
62. *The Investors in People Standard*, Investors in People UK (1995).
63. Lockwood A, Baker M and Ghillyer A (eds), *Quality Management in Hospitality*, Cassell (1996), pp. 160-161.
64. Mullins L J and Aldrich P, 'An Integrated Model of Management and Managerial Development', *Journal of Management Development*, vol. 7, no. 3, 1988, pp. 29-39.
65. Mullins L J, 'Managerial Behaviour and Development in the Hospitality Industry', *Proceedings of The International Association of Hotel Management Schools Symposium*, Leeds Polytechnic, November 1988.
66. Wood R C, *Working in Hotels and Catering*, 2nd edn, International Thomson Business Press (1997).
67. Goss-Turner S, 'The Role of the Multi-unit Manager in Branded Hospitality Chains', *Human Resource Management Journal*, vol. 9, no. 4, 1999, pp. 39-57.
68. Ver, por exemplo, Tyson S and Fell A, *Evaluating the Personnel Function*, 2nd edn, Stanley Thornes (1992).

CAPÍTULO 11

1. Scott M, *More Time, Less Stress*, Random House (1998).
2. Drucker P F, *The Practice of Management*, Heinemann Professional (1989).
3. Riley M, *Human Resource Management in the Hospitality and Tourism Industry*, 2nd edn, Butterworth-Heinemann (1996), p.73.
4. Mooney J D, *The Principles of Organization*, edição revisada, Harper & Row (1947), p. 17.
5. Gracie S, "Delegate don't Abdicate', *Management Today*, March 1999, p. 93.
6. Gray I, *Henri Fayol's General and Industrial Management*, Pitman (1988).
7. Gullen H V and Rhodes G E, *Management in the Hotel and Catering Industry*, Batsford (1983), p. 49.
8. Newstrom J W and Davis K, *Organizational Behavior: Human Behavior at Work*, 9th edn, McGraw-Hill (1993).
9. Forte, Charles (Lord), *Forte: The Autobiography of Charles Forte*, Sidgwick & Jackson (1986), p. 125.
10. Por exemplo, Peters T J and Austin N, *A Passion for Excellence: The Leadership Difference*, Random House (1985); and Waterman R H, *The Frontiers of Excellence*, Nicholas Brealey (1994).
11. Kanter R M, *The Change Masters*, Routledge (1988).

12. Ver, por exemplo, Vinton D, 'Delegation for Employee Development', *Training and Development Journal*, vol. 41, no. 1, January 1987, pp. 65-67.
13. Peter L J and Hull R, *The Peter Principle*, Pan Books (1970), p. 22.
14. Wood R C, *Organizational Behaviour for Hospitality Management*, Butterworth-Heinemann (1994), p. 45.
15. Hall K and Savery L K, 'Stress Management', *Management Decision*, vol.25, no. 6, 1987, pp. 29-35.
16. Mann S, 'Give a Little Gain a Lot', *Professional Manager*, March 1999, p. 32.
17. Stewart R, *The Reality of Management*, 2nd edn, Pan Books (1986), p. 190.
18. Kourdi J, *Successful Delegation in a Week*, Institute of Management and Hodder & Stoughton (1998).
19. Forte, Charles (Lord), *Forte: The Autobiography of Charles Forte*, Sidgwick & Jackson (1986), p. 124.
20. Tarpey D, 'Handling With Care', *Caterer and Hotelkeeper*, vol.12, July 1990, pp. 52-53.
21. Gracie S, 'Delegate don't Abdicate', *Management Today*, March 1999, p. 94.
22. Handy C B, *Understanding Organizations*, 4th edn, Penguin (1993), p. 283.
23. Ver, por exemplo, Blake R R, and Mouton J S, *The Managerial Grid III*, Gulf Publishing Company (1985).
24. Forte, Charles (Lord), *Forte: The Autobiography of Charles Forte*, Sidgwick & Jackson (1986), p. 190.
25. Mullins L and Banks G, "How Well am I Doing?', *Euhofa Journal*, International Association of Directors of Hotel Schools, Switzerland, no.18, June 1986.
26. Lockwood A, Baker M and Ghillyer A (eds), *Quality Management in Hospitality*, Cassell (1996), p. 158.
27. Boella M J, *Human Resource Management in the Hospitality Industry*, 6th edn, Stanley Thornes (1996), p. 107.
28. Lucas R, *Managing Employee Relations in the Hotel and Catering Industry*, Cassell (1995), p. 162.
29. Ver, por exemplo, Crainer S, 'Feedback to the Future', *Management Today*, June 1997, pp. 90-92.
30. Ver, por exemplo, Mill R C, *Managing for Productivity in the Hospitality Industry*, Van Nostrand Reinhold (1989).
31. Para um relato mais detalhado da avaliação de desempenho, ver Mullins L J, *Management and Organisational Behaviour*, 5th edn, Financial Times Pitman Publishing (1999).
32. Umbreit W T, Eder R W and McConnell J P, 'Performance Appraisals: Making Them Fair and Making Them Work', in Rutherford D G (ed.), *Hotel Management and Operations*, Van Nostrand Reinhold (1990), pp. 299-310.
33. Ver, por exemplo, Salaman G, *Class and the Corporation*, Fontana (1981).
34. Lawler E E, 'Control Systems in Organizations', in Dunnette M D (ed.), *Handbook of Industrial and Organizational Psychology*, Rand McNally (1976).
35. Luthans F, *Organizational Behavior*, 5th edn, McGraw-Hill (1989), p. 547.
36. Ver, por exemplo, East J, *Managing Quality in The Catering Industry*, Croner (1993).
37. Johns N, 'Quality Management in the Hospitality Industry: Part 2. Applications, Systems and Techniques', *International Journal of Contemporary Hospitality Management*, vol. 4, no. 4, 1992, pp. 3-7.
38. Hayman K G, 'Total Quality Management and Quality Assurance within the Food and Hospitality Service Industries', *The Manager: Journal of The Institute of Commercial Management*, March 1992, pp. 10-11.
39. Lockwood A, Baker M and Ghillyer A (eds), *Quality Management in Hospitality*, Cassell (1996).
40. Ver, por exemplo, Simmons P and Teare R, 'Evolving a Total Quality Culture', *International Journal of Contemporary Hospitality Management*, vol. 5, no. 3, 1993, pp. v-viii.
41. Johnston R, 'Operations Management Issues', in Jones P (ed.), *Management in Service Industries*, Pitman (1989), p. 201.
42. Martin W B, 'Defining What Quality Service Is For You', *Cornell HRA Quarterly*, vol. 26, no. 4, February 1986, pp. 32-38.
43. Hollins G and Hollins B, *Total Design: Managing Tile Design Process in the Service Sector*, Pitman (1991).
44. Jeong M and Oh H, 'Quality Function deployment: An extended framework for service quality and customer satisfaction in the hospitality industry', *International Journal of Hospitality Management*, vol.17, 1998, pp. 375-390.
45. Likert R, *New Patterns of Management*, McGraw-Hill (1961), pp. 7-8.
46. Venison P, *Managing Hotels*, Heinemann (1983), p. 64.
47. McGregor D, *The Human Side of Enterprise*, Penguin (1987).
48. Mullins L J, 'The Personnel Function', *HCIMA Journal*, vol. 94, October 1979, pp. 22-25.
49. Ver, por exemplo, Keiser J R, *Principles and Practices of Management in the Hospitality Industry*, 2nd edn, Van Nostrand Reinhold (1989).
50. Reeser C and Loper M, *Management: The Key to Organizational Effectiveness*, Scott Foresman (1978), p. 437.
51. Riley M, *Human Resource Management in the Hospitality and Tourism Industry*, 2nd edn, Butterworth-Heinemann (1996), p. 42.
52. Likert R and Likert J G, *New Ways of Managing Conflict*, McGraw-Hill (1976).
53. Ver, por exemplo, Johns N, 'Quality Management in the Hospitality Industry', *International Journal of Contemporary Hospitality Management: Part 3. Recent Developments*, vol. 5, no. 1, 1993, pp. 10-15.
54. Humble J W, *Management by Objectives*, Management Publications Ltd (1972).
55. Ver, por exemplo, Medlik S, *The Business of Hotels*, 3rd edn, Butterworth-Heinemann (1994).
56. Venison P, *Managing Hotels*, Heinemann (1983), p. 107.
57. Mullins L J, 'Behavioural Implications of Management Accounting', *Management Accounting*, vol. 59, no. 1, January 1981, pp. 36-39.
58. Ver, por exemplo, Prior P, 'Communicating: An Enthusiast's View', *Accountancy*, vol. 95, no. 1089, May 1984, p. 69.
59. Maher A, 'Accounting for Human Resources in UK Hotels', *Proceedings of CHME Research Conference*, Manchester Metropolitan University, April 1993.

CAPÍTULO 12

1. Para uma discussão mais completa, ver, por exemplo, Baguley P, *Improving Organizational Performance: A Handbook for Managers*, McGraw-Hill (1994).
2. Handy C B, *Understanding Organisations*, 4th edn, Penguin (1993).
3. Peters T J and Waterman R H, *In Search of Excellence*, Harper & Row (1982).
4. Heller R, *In Search of European Excellence*, HarperCollins Business (1997), p. xiv.
5. Pentecost D, 'Quality Management: The Human Factor', *European Participation Monitor*, no. 2, 1991, pp. 8-10.

6. James G, 'Quality of Working Life and Total Quality Management', ACAS, Occasional Paper, no. 50, November 1991.
7. Ver, por exemplo, Lammermeyr H U, 'Human Relationships — The Key to Total Quality Management', *Total Quality Management*, vol. 12, no. 2, 1991, pp. 175-180.
8. Para um relato da aplicação da Gestão da Qualidade Total no Scott's Hotels Ltd, ver Hubrecht J and Teare R, 'A Strategy for Partnership in Total Quality Service', *International Journal of Contemporary Hospitality Management*, vol. 5, no. 3, pp. i-v.
9. DNH, *Tourism: Competing with the Best: Benchmarking for Smaller Hotels*, Department of National Heritage, March 1996.
10. Partlow C G, 'Human Resources Practices of TQM Hotels', *Cornell HRA Quarterly*, October, 1996, pp. 67-77.
11. Baldacchino G, 'Total Quality Management in a Luxury Hotel: A Critique of Practice', *International Journal of Hospitality Management*, vol. 14, no. 1, 1995, pp. 67-78.
12. MacDonald J, 'Service is Different', *The TQM Magazine*, vol. 6, no. 1, 1994, pp. 5-7.
13. Bo, Xiangping, A Personal Report on *The Essence of Total Quality Management (TQM) — Its Application in the Hospitality Industry*, March 2000.
14. Agradeço a meu colega Martin Brunner por sua contribuição ao Modelo de Excelência.
15. Oakland J S, *Total Organizational Excellence: Achieving World Class Performance*, Butterworth-Heinemann (1999), p. 99.
16. *Winning Performance Through Business Excellence*, European Centre for Business Excellence (1999), p. 12.
17. *Meeting Competence Needs in the Hotel and Catering Industry: Now and in the Future*, HCTC Research Report, September 1992.
18. *Costs and Manpower Productivity in UK Hotels*, National Economic Development Council, 1992.
19. McLaughlin C P and Coffey S, 'Measuring Productivity in Services', *International Journal of Service Industry Management*, vol. 1, no.1, 1990, pp. 46-64.
20. Lane P, Ingold T and Yeoman I, 'Productivity in Hotels', *Proceedings of CHME Research Conference*, Manchester Metropolitan University, April 1993.
21. *RAC Inspected Hotels: Great Britain & Ireland 2000*, West One Publishing Ltd (1999), p. 21.
22. Harrington D and Akehurst G, 'Service Quality and Business Performance in the UK Hotel Industry', *International Journal of Hospitality Management*, vol. 15, no. 3, 1996, pp. 283-298.
23. Harrington D and Akehurst G, 'An Exploratory Investigation into Managerial Perceptions of Service Quality in UK Hotels', *Progress in Tourism and Hospitality Research*, vol. 2, John Wiley & Sons (1996), pp. 135-150.
24. Harrington D and Akehurst G, 'An Empirical Study of Service Quality Implementation', *The Services Industries Journal*, vol. 20, no. 2, 2000.
25. Jamison C, 'Top 10 Myths of Customer Service', *Manager: The British Journal of Administrative Management*, July/August 1999, pp. 19-21.
26. Para um relato detalhado do desenvolvimento organizacional, ver, por exemplo: French W L and Bell C H, *Organization Development: Behavioral Science Interventions for Organization Improvement*, 6th edn, Prentice-Hall (1999).
27. Ver, por exemplo, Mumford E, 'Helping Organizations Through Action Research: The Sociotechnical Approach', *Quality of Work Life*, vol. 3, no. 5-6, September-December 1986, pp. 329-44.
28. Patching K, *Management and Organisation Development*, Macmillan (1999).
29. Merriden T, 'The Gurus: Rosabeth Moss Kanter', *Management Today*, February 1997, p. 56.
30. Ver, por exemplo, Smircich L, 'Concepts of Culture and Organisational Analysis', *Administrative Science Quarterly*, vol. 28, 1963, pp. 339-358.
31. Mclean A and Marshall J, *Intervening in Cultures*, Working Paper, University of Bath (1983).
32. Schein E H, *Organizational Culture and Leadership: A Dynamic View*, Jossey-Bass (1985).
33. Woods R H, 'More Alike Than Different: The Culture of The Restaurant Industry', *Cornell HRA Quarterly*, vol. 30, no. 2, August 1989, pp. 82-97.
34. Hasell N, 'McDonald's Long March', *Management Today*, September 1994, p. 56.
35. Harrison R, 'Understanding Your Organization's Culture', *Harvard Business Review*, vol. 50, May/June 1972, pp. 119-128.
36. Handy C B, *Understanding Organizations*, 4th edn, Penguin (1993).
37. Ver, por exemplo, Handy C B, *Understanding Organizations*, 4th edn, Penguin (1993); and Mclean A and Marshall J, *Cultures at Work*, local Government Training Board (October 1988).
38. Gorman L, 'Corporate Culture — Why Managers Should Be Interested', *Leadership and Organization Development Journal*, vol. 8, no. 5, 1987, pp. 3-9.
39. Peters T J and Waterman R H, *In Search of Excellence*, Harper & Row (1982), pp. 75-76.
40. Heller R, *In Search of European Excellence*, HarperCollins Business (1997), p. 229.
41. Potter C C, 'What is Culture: And Can It Be Useful For Organisation Change Agents?', *Leadership and Organization Development Journal*, vol. 10, no. 3, 1989, pp. 17-24.
42. Siddall P, 'Working With Cultural Differences', *Chartered Secretary*, February 1998, p. 30.
43. Muraura G, Sutton J and Roberts D, 'Corporate and National Culture — An Irreconcilable Dilemma for the Hospitality Manager?', *International Journal of Contemporary Hospitality Management*, vol. 10, no. 6, 1998, pp. 212-220.
44. Glover W G, 'The Cult of Innefectiveness', *Cornell HRA Quarterly*, February 1987, reeditado em Rutherford D G (ed.), *Hotel Management and Operations*, Van Nostrand Reinhold (1990), pp. 29-33.
45. Tagiuri R and Litwin G H (eds), *Organizational Climate*, Graduate School of Business Administration, Harvard University (1968).
46. Meudell K and Gadd K, 'Culture and Climate in Short Life Organizations: Sunny Spells or Thunderstorms?' *International Journal of Contemporary Hospitality Management*, vol. 6, no. 5, 1994, p. 28.
47. Jones P and Lockwood A, *The Management of Hotel Operations*, Cassell (1989), p. 59.
48. Mill R C, *Managing for Productivity in the Hospitality Industry*, Van Nostrand Reinhold (1989).
49. Ver, por exemplo, Mullins L J, 'The Hotel and the Open Systems Model of Organisational Analysis', *The Service Industries Journal*, vol. 13, no. 1, 1993, pp. 1-16.
50. Hellriegel D, Slocum J W and Woodman R W, *Organizational Behavior*, 6th edn, West Publishing (1992).
51. Stewart R, *Managing Today and Tomorrow*, Macmillan (1991).
52. Ver, por exemplo: Dale B and Barlow E, 'Quality Circles: The View From Within', *Management Decision*, vol. 25, no. 4, 1987, pp. 5-9.
53. Okumus F and Hemmington N, 'Barriers and Resistance to Change in Hotel Firms: An Investigation at Unit Level', *Inter-

national Journal of Contemporary Hospitality Management, vol. 10, no. 7, 1998, pp. 283-288.
54. Hooper A and Potter J, 'Take it From the Top', *People Management*, 19 August 1999, p. 46.
55. Para um relato mais detalhado, ver Mullins L J, 'Information Technology — The Human Factor', *Administrator*, vol. 5, no. 8, September 1985, pp. 6-9.
56. Wood R C, *Working in Hotels and Catering*, 2nd edn, International Thomson Business Press (1997).
57. Carmouche R and Kelly N, *Behavioural Studies in Hospitality Management*, Chapman & Hall (1995).
58. Riley M, *Human Resource Management in the Hospitality and Tourism Industry*, 2nd edn, Butterworth-Heinemann (1996).
59. Handy C B, *Understanding Organizations*, 4th edn, Penguin (1993).
60. Ver, por exemplo, Townsend R, *Further Up the Organisation*, Coronet Books (1985).
61. Ver, por exemplo, Lucas R E, *Managing Employee Relations in the Hotel and Catering Industry*, Cassell (1995).
62. Erstad M, 'Empowerment and Organizational Change', *International Journal of Contemporary Hospitality Management*, vol. 9, no. 7, 1997, pp. 325-333.
63. Salaman G, *Class and Corporation*, Fontana (1981).
64. Ver, por exemplo, Drucker P F, *The Practice of Management*, Pan Books (1968).
65. Ver, por exemplo, Horwitz F M, 'HRM: An Ideological Perspective', *International Journal of Manpower*, vol. 12, no. 6, 1991, pp. 4-9.
66. Fox A, *Industrial Society and Industrial Relations*, HMSO (1966).
67. *Employee Relations for the Hotel and Catering Industry*, 7th edn, HCTC (1990), p. 21.

Índice

Nota: Os números de página seguidos por "*f*" indicam que a informação diz respeito a uma figura.

AA (Automobile Association), 337-339
Abordagem clássica para a estrutura organizacional, 140, 142-145, 146-147, 203-204, 309-310
Abordagem cuidadosa na gestão, 128-129
Abordagem de gestão voltada às tarefas, 124-126, 247-248, 250, 252
Abordagem de grupo para a liderança, 237-238f, 239, 240-242
Abordagem de relações humanas, 140, 142, 96-147, 172-173, 203-204, 252, 309-310
Abordagem de sistemas voltada à estrutura organizacional, 140, 142, 146-147, 150-151, 203-204
Abordagem do tipo "aprendendo a administrar organizações", 59-60
Abordagem estruturalista para as organizações, 146-147
Abordagem funcional de liderança, 237-238f, 239, 240-242
Abordagem "momento da verdade", 33-34
Abordagem neo-humana de relações, 146-147, 172-173
Abordagem RADAR para a excelência, 336
Abordagem radical (marxista) relacionada ao conflito, 350-351
Abordagem sistemática para a gestão, 143
Abrangência do controle, 140, 142, 148-149, 155-156
Ação positiva em nível individual, 128
Acionistas: responsabilidades para com os, 43-44
Adair, John, 240-242
Adams, J. S., 183-185
Adam-Smith, D., 281-282
Administração da mudança, 45, 194-195, 341-342, 347-351
Administração do tempo, 98-99, 306-307
Administração por objetivos (APO), 40-41, 118-122, 125-126, 194, 265, 347
  benefícios potenciais, 119-121
  como sistema de controle, 319-320
  limitações potenciais, 120-121
Administrando erros, 308-309
Agressão, 73-74
Agressão indevida, 73-74
Aikens, Tom, 55-57
Akehurst, G., 339-340
Albrecht, K., 33
Alderfer, C. P., 174-178
Aldrich, P., 284-285
Alienação no trabalho, 185-187
Alocação de recursos, 90-91
Alocação do tempo, 93-94

Altman, W., 75
Ambiente de trabalho, 211-212
Ambiente organizacional: ramo da hospitalidade, 25-28, 30
Ambiente social: causa de conflito, 214-215
Ambigüidade perceptiva, 63-64
Ampliação de cargos, 191-192
Análise de interação, 225-227
Análise de operações, 38-40
Análise do cargo, 143, 276-278
Análise dos pontos fracos e fortes, oportunidades e ameaças, 45, 47
Análise fundamental de resultados, 118-119
Análise transacional, 70-73
Antropologia, 58-59
APO *ver* Administração por objetivos
Áreas fundamentais de resultado para a administração de hotéis, 94, 119-120
Argyris, C., 144-145
Arnaldo, M. J., 90-91
Atitudes, 56-57, 59-62, 74, 113-114
Atitudes defensivas do ego, 60
Atitudes expressivas, 60
Atitudes instrumentais, 60, 143
Atitudes preconceituosas, 60-61
Atitudes racistas, 60-61
Auditorias internas, 319-320, 334
Ausência de autoridade no trabalho, 186-187
Auto-estima, 71
Auto-isolamento no trabalho, 186-187
Automotivação, 113
Autonomia no trabalho, 192-194, 347
Autoridade
  abrangência do controle, 140, 142, 148-149, 155-156
  como princípio de gestão, 88
  como princípio organizacional, 140, 142
  dos gerentes, 84-85, 128-129, 154
  e delegação, 303-307
  hierarquia da, 144, 148-149, 155
  teoria da aceitação da, 306-308
Avaliação de baixo para cima, 312
Avaliação de oportunidades, 45, 47
Avaliação de risco, 45, 47
Avaliação do amigo, 224-225
Avaliação feita pelo colega, 224-225

Baldacchino, G., 334
Bank wiring observation room, 145-146, 203-205, 213-214
Bass, B. M., 213, 252
Baum, T., 86-87, 95-96, 265
Belbin, R. M., 217-218, 219f, 221, 244-245
Benchmarking, 333-334
Benne, K. D., 226, 228
Berger, F., 93-94, 206-208, 211-212
Berne, E., 70-71
Binging, 204-205
Birmingham College of Food, 337
Blanchard, K., 250-252
Bo, Xiangping, 334-335
Boella, M. J., 121-122, 242-243, 244, 312
Bonn, M. A., 271-272, 274-276
Bonnington, Chris, 236
Bowey, A. M., 150-151, 213-214
Brainstorming, 215-216
Brech, E. F. L., 84-85, 142-143
British Hospitality Association, 336-337
British Quality Foundation, 334-336
Burns, J. M., 252
Burns, T., 148-149
Burocracia, 142-143, 144-145, 316-317

Cadeias escalares, 88-89, 155-156
Capacidade acadêmica, 122-123
Capacidade criativa, 122-123
Capacidade de discernimento, 122-123
Capacidade perecível do setor de serviços, 31
Características básicas de um cargo, 191-194
Características organizacionais, 117-118f
Características relativas ao procedimento de serviços, 314, 316
Centralização e descentralização, 88-89, 154-155, 189-191, 209, 303-304
Chacko, H. E., 33, 157-158
Chamadas telefônicas: tempo em, 93-94
Chefs: temperamento dos, 55-57
Chitiris, L., 178-179
Ciclo de construção de equipe, 206-208
Ciência comportamental, 58-59, 340-341
Ciência social, 58-60
Círculos de qualidade, 196-197
Classificação de clientes, 68-69
Clientes, 43-44, 74, 151-152
Clima organizacional, 341-342, 346-348
Coffey, S., 337
Colocação de estudantes, 74-75
Competência técnica, 122-124
Comportamento, 55-76
  abordagem interdisciplinar, 58-59
  atitudes de, 59-62
  conseqüências da injustiça, 183-185
  construtivo, 72-74
  da equipe de trabalho, 203-228
  dos gerentes, 92-94, 99-100, 111-129, 346-347
  dos líderes, 237-238, 241-246
  e análise transacional, 70-73
  e controle, 316-320
  e estilo de liderança, 242-246, 252
  e frustração, 72-74
  e normas, 312-314
  e orientação para o trabalho, 56-57, 74, 113-114
  influências sobre o, 57-59
  janela de Johari, 71-73
  percepção, 62-71
  relações com os empregados, 269-271
  ver também Motivação; Comportamento organizacional; Contrato psicológico
Comportamento construtivo, 72-74
Comportamento de liderança flexível, 251
  ver também Estilo de gestão contingencial
Comportamento individual, 57, 226, 228
Comportamento nas relações, 250-251
Comportamento nas tarefas, 250-251
Comportamento organizacional, 18-19, 340-352
Comportamento voltado para si próprio, 226, 228
Compra de produtos, 152
Compromisso, 75, 196, 269, 347
Comunicação
  em grupos de trabalho, 207-208, 211-212, 215-217
  ineficaz, 346
  na estrutura organizacional, 117-*118f,* 158-161, 194-196
  na gestão de pessoal, 127-128
Comunidade: responsabilidades em relação à, 43-45
Conceito de estrutura, 150-151
Conceito de motivação racional-econômico, 143, 172-173
Conceito de processo, 150-151
Conceito de relacionamento, 150-151
Confiança, 126-127, 307-308, 309, 346-347
Conflito, 204-205, 213-215, 221-222, 350-352
Conflito entre grupos, 213-214
Conflito organizacional, 213-215, 350-352
Conhecimento, 60
Conjunto de papéis, 92-93, 221-222
Consideração, 126-127, 241-243
Construção da rede, 69-71, 92-94
Consumidores como participantes, 30-31
Consumo nas empresas de serviço, 30-31
Continuum de comportamento de liderança, 244-246
Continuum de modelo de necessidades, 174-178
Contrato psicológico, 74-75, 172-173, 265-266, 341-344, 346-347
Controle, 308-320
  abordagem comportamental de, 316-320
  abordagens sobre o, 309-310
  abrangência do, 140, 142, 148-149, 155-156
  ambivalência quanto ao controle, 313-314
  avaliação de desempenho, 311-313, 319, 321-327
  como processo gerencial, 88, 93-94
  do comportamento de, 312-314
  implementação do, 318-319
  liberdade de ação, 319-320
  necessidade de, 308-309
  nível individual, 309-310
  nível organizacional, 117-*118f,* 310-311, 341-342
  processos de garantia de qualidade, 310-311, 313-314, 317-318
  projeto de sistemas de, 310-312
  significado e interpretação do, 309
  sistemas financeiro e contábil, 319-320
  supervisão, 314, 316
  ver também Delegação
Controle orçamentário, 119-120, 125, 319-320
Costa, J., 37-39, 45, 47

Crise de integração, 271, 277-279
Croney, P., 253
Culto da ineficácia, 345-346
Cultura alemã, 62
Cultura americana, 62
Cultura árabe, 62
Cultura de serviços, 33-34
Cultura de tarefas, 342-343
Cultura do poder, 342-343
Cultura islâmica, 61-62
Cultura japonesa, 61-62
Cultura judaica, 61-62
Cultura muçulmana, 61-62
Cultura nacional, 345-346
Cultura organizacional, 60-61, 342-346
   qualidade da cultura da vida profissional, 332, 346-347, 348-349
   cultura de serviços, 33-34
Cultura pessoal, 342-343
Cuming, M. W., 264-265, 269-271
Custos fixos, 31

Dann, D., 94-95, 213-215
Davies, A., 196
Deery, M., 24-25
Delegação, 84-85, 303-309
   autoridade, 303-308
   como comportamento de liderança, 303-304
   controle, 308-320
   liberdade de ação, 306-307, 319-320
   nível individual, 303, 303-304
   prática da, 305-309
   problemas com, 307-309
   recursos humanos, melhor aproveitamento dos, 306-307
   responsabilidade, 304-305, 308-309
   ver também Controle; Empregados, capacitação
Delegação, capacitação por meio de, 196
Demandas do trabalho, 92-93
Descentralização *ver* Centralização e descentralização
Descrições de cargo, 142-143, 276, 277f, 286-297
Desempenho
   aspirações ao, 117-119
   dificuldade de medir o, 31-33
   dos empregados, 43, 94, 119-120
   dos grupos de trabalho, 214-216
   e estabelecimento de metas, 185-186
   feedback do, 127-128, 179-180, 185-186, 192-194
      sistemas de controle, 311-313
   gerencial *ver* Eficácia gerencial
   objetivos do, 43
   organizacional *ver* Eficácia organizacional
   planos para a melhoria, 118-120
   satisfação do cliente como, 33-34
   sistemas de avaliação, 311-313, 319, 321-327
   sistemas de controle, 319
   ver também Motivação; Sistemas de remuneração
Desempenho organizacional *ver* Eficácia organizacional
Desenvolvimento da gestão, 284-285
Desenvolvimento organizacional, 340-352
Desespecialização do trabalho, 143
Dessler, G., 248
Diferenças étnicas, 61-62

Diferenciação na estrutura organizacional, 149-150
Dimensões principais do trabalho, 191-194
Diretrizes operacionais, 45
Disciplina, 88-89, 256
Discriminação contra as mulheres, 70-71
Discriminação positiva, 70-71
Dissonância cognitiva, 61-62
Distorção cognitiva, 183-185
Divisão de trabalho, 88-89, 143, 144
Dodrill, K., 35, 37, 57
Dress, 62, 67, 68-69
Drucker, P. F., 98, 118-119
   sobre a estrutura organizacional, 139, 140
   sobre a função gerencial, 85-86
   sobre a importância da gestão, 83-84
   sobre a liderança, 237, 239
   sobre os objetivos de desempenho, 42-43

Eder, R. W., 98-100, 312-313
Edgar, D., 24-25
Edinburgh, Duke of, Príncipe Philip, 75
Educação e treinamento
   desenvolvimento gerencial, 284-285
   dos empregados, 189-191, 281-284, 307, 308-309, 332, 346
   dos gerentes, 122-124, 125-126
   importância da vocação, 58-60
   trilhas de uma carreira, 69-70, 91, 122-123, 125-126
Efeito halo, 68-69, 277-278
Efeito halo enferrujado, 68-69
Eficácia gerencial, 44-45, 90-91, 96-101
   papel da liderança na, 235-236
Eficácia organizacional, 25-26, 39-40, 44-45, 139, 140, 331
   de grupos de trabalho, 211-213, 220f
   desenvolvimento da organização, 340-352
Eficiência, 96-98, 140, 142, 143, 331, 346
EFQM, Modelo de Excelência, 334-336
Ego oculto, 71-73
Elos para a comunicação, 205
Empregados
   capacitação, 33, 196-197, 332
   contrato psicológico, 74-75, 172-173, 265-258, 343-344, 346-347
   desempenho, 43, 94, 119-120
   e mudança, 348-349
   educação e treinamento, 189-191, 281-284, 307, 308-309, 332, 346
   estereotipia por sexo, 69-71
   na organização trevo, 150-152
   níveis de rotatividade, 125-126, 254-256, 271-272, 278-279
   no setor de hotelaria, 28-28, 30, 31
   orientação para o trabalho, 56-57, 74, 113-114
   percepção do cargo, 116-117
   percepção do clima organizacional, 346-347
   responsabilidade para com os, 43-44
   satisfação com a gestão, 111-113
   saúde, 129
   termos e condições de emprego, 280-282
   trabalhadores horistas, 180-181
   trabalhadores sazonais, 192-194
   ver também Comportamento; Gestão de Recursos Humanos; Motivação
Empregados centrais, 271

Empregados de serviços internos, 157-159
Empregados periféricos, 271
Empregados servindo o hóspede, 157-159
Ênfase nos sintomas, não nas causas, 346
English Tourist Council, 337-339
Enriquecimento de cargos, 191-194
Entrevistas
 de saída, 271-272
 de seleção, 277-280f
 efeito halo, 68-69, 277-278
 programa de entrevistas (estudos Hawthorne), 145-146, 269-271
Envolvimento, 127-128, 196-197
Enz, C. A., 188-190
 tratamento igual, 128, 346-347
 ver também Remuneração percebida
Equipe ver Empregados; Gerentes
Erstad, M., 196-197
Escala do colega menos desejado, 247-248
Escolhas no trabalho, 92-93
Escore potencial da motivação, 192-194
Especificações pessoais, 276
Espírito de equipe, 88-89
Esquemas de avaliação, 311-313, 319, 321-327
Estabilidade da posse, 88-89
Estado adulto, 70-71
Estado infantil, 70-71
Estado pai, 70-71
Estados de ego, 70-71
Estereotipia, 68-71, 277-278
Estilo autocrático de gestão, 124-126, 244, 253
Estilo autoritário de gestão, 112-113, 116-117, 125-126, 244, 256
Estilo de gestão contingencial, 237-238, 246-252, 253-254
 e controle gerencial, 309-310
 estrutura organizacional, 140, 142, 146-151
 teorias de liderança, 237-238, 246-254
Estilo de gestão "mãos à obra", 116-117
Estilo de gestão "vassoura nova", 255
Estilo de liderança de equipe, 244-245
Estilo de liderança laissez-faire, 244
Estilo de liderança situacional, 237-238, 239, 240, 246-252, 253-254
 ver também Estilo de gestão contingencial
Estilo de liderança solo, 244-245
Estilo democrático de liderança, 244, 253
Estilo persuasivo de gestão, 124, 244
Estilos gerenciais, 111-129, 341-342, 346-347
 e grupo de trabalho, 211-213
 e liderança, 236, 242-246, 317-318
 e modelo de cargo, 194-195
Estratégia como capacitação para a excelência, 335-336
Estratégia corporativa, 44-45, 47
Estratégias de qualidade de serviços, 33, 314-314, 316, 339-341, 357-359
Estresse, 129, 223-224
Estrutura
 dimensão da liderança, 241-243
 ver também Estrutura organizacional
Estrutura de linha e de equipe, 155-157
Estrutura organizacional, 25-26, 139-162, 346-347
 abordagens relativas à, 140, 142-152
 clássica, 142-145, 146-147, 203-204, 309-310

contingencial, 140, 142, 146-151, 309-310
 de relações humanas, 140, 142, 145-147, 172-173, 203-204, 309-310
 de sistemas, 34-40, 146-147, 150-151, 309-310
 organização trevo, 150-152
 teoria da ação social, 150-151
 determinação da tecnologia, 194-196
 e controle, 319
 e desempenho eficaz, 139, 140
 estrutura e pessoal, 152-153
 importância da, 139, 140
 influências ambientais, 148-150
 influências da Gestão de Qualidade Total, 332
 organização "sem costura", 157-159
 organização informal, 158-161, 319
 projeto de, 139, 140, 142-143, 152-158, 341-342
Estrutura organizacional dinâmica, 157-158
Estrutura organizacional plana, 157-158
Estruturas sobrepostas de grupo, 204-205
Estudantes em processo de colocação, 74-75
Estudo da Universidade de Michigan, 242-243
Estudo do trabalho, 143
Estudos de caso: utilização dos, 19-20
Estudos Hawthorne, 145-147, 172-173, 203-205, 269-271
Eu desconhecido, 71-72
Eu público, 71-73
Experimento da iluminação, 145
Explosão de conhecimento, 347-348

Falta de interesse no trabalho, 186-187
Fatores de crescimento, 178f, 178-179
Fatores de manutenção, 178f, 178-179
Fatores motivacionais, 178f, 178-179
Fatores relativos à higiene, 178f, 178-179
Fayol, H., 88-89
Fazer parte de um grupo de trabalho, 211-212
Fearn, D. A., 24-25, 42-43
Feedback de 360°, 312
Feedback sobre o desempenho, 127-128, 179-180, 185-186, 192-194
 sistemas de controle, 311-313
Fenômeno "expediente arriscado", 215
Ferguson, D. H., 93-94
Festinger, L. A., 61-62
Fiedler, F. E., 246-248, 252
Filosofia de self-service, 152
Filosofia organizacional, 40-42

Fixação, 73-74
Fletcher, W., 128
Follet, Mary Parker, 246
Forbringer, M. R., 271-272, 274-276
Força de trabalho flexível, 151-152, 152
Força motivacional, 181-182
Formas de incentivo, 180-181
 ver também Motivação; Sistemas de remuneração
Formulário de observação, 226, 228-227
Fornecedores: responsabilidades para com os, 44-45
Forte, Sir Charles, 42-43, 83-84, 152-153, 306-307, 308-310
Forte, Rocco, 265-266
Fraquezas: avaliação, 45

Frases relativas às missões, 33, 40-41
Freemantle, D., 124
French, J. R. P., 237
Freud, Sigmund, 70-71
Frustração, 72-74
Função Contábil, 154
Função de pessoal, 125-126, 154
   dos gerentes de linha, 266-269
   eficácia, 284-286
   equipe de trabalho e cooperação na, 267-269
   gerente especializado na, 265-268
   ver também Empregados; Gestão de Recursos Humanos
Funções de elementos (básicas), 152-154, 263-264
Funções de liderança de equipe, 240-241
Funções de manutenção, 225-226, 228, 242-243
Funções de tarefas (produtivas), 152-154, 225-226, 228, 263-264
   da liderança, 240-241, 242-243
Funções individuais de liderança, 240-241
Funções primárias, 342-343
Fundação ética, 40-42
Fundação operacional, 40-42

Garantia de qualidade, 310-311, 313-314, 316, 317-318
   e gestão de recursos humanos, 332
   estratégias de serviço de qualidade, 33, 314, 316, 339-341, 357-359
   Gestão da Qualidade Total, 314, 316, 332-335
   modelos de qualidade total, 334-337
   padrões de qualidade para os hotéis, 337-340, 344-345
Gardner, K., 207-208
Generalizações, 128
Gerência com circulação pelo ambiente, 115-116
Gerência de linha, 155-157, 266-269
Gerência visível, 115-116
Gerentes, 90-93, 120-129
   administração do tempo, 98-99
   atitudes compartilhadas, 60-61
   atitudes em relação às pessoas, 112-114
   autoridade, 84-85
   comportamento, 365-23, 99-100, 111-129
   confiança nas habilidades, 308-309
   conjunto de papéis, 92-93
   de hotel, 90-93
   de linha, 155-156
   de múltiplas unidades, 122-123, 284-285
   de restaurante, 85-86, 93-94
   delegação, 303-309
   e contrato psicológico, 74-75, 265-266, 341-342, 346-347
   eficácia, 44-45, 90-91, 96-101
   flexibilidade do trabalho, 92-93
   gestão bem-sucedida, 99-100
   influências ambientais, 37-39, 95-97
   mudança na natureza do trabalho, 348-349
   natureza essencial do trabalho, 85-88
   papéis gerenciais, 89-91, 236
   papel motivacional, 87-88, 341-342
   percepção da capacitação, 196-197
   percepção do serviço de qualidade, 340
   percepção dos empregados, 67, 68-69
   perfil profissional, 121-122
   rede de comunicação, 217
   relações informais, 69-71
   supervisores, 88
   treinamento e desenvolvimento, 284-285
   uso do título, 86-87
Gerentes de equipe, 155-157
Gerentes intermediários, 114-115
Gestão, 83-102
   como atividade humana, 93-94
   como atividade integradora, 83-84, 90-91
   como processo social, 84-85
   como subsistema, 39, 39-40
   cúpula administrativa no desenvolvimento da organização, 340-342, 343-344, 346
   das empresas de serviço, 32-34
   de pessoas, 100-101, 123-129
      filosofias gerenciais básicas, 126-128
      o custo humano de uma gestão deficiente, 128-129
   do conflito, 350-352
   e liderança, 235-236
   eficácia ver Eficácia gerencial
   estereotipia por sexo na, 69-70
   estilos de ver Estilo gerencial
   habilidades "duras", 123-124
   habilidades "macias", 123-124
   modelos de qualidade total, 334-337
   natureza da, 83-84
   no ambiente organizacional, 25-26
   objetivos de desempenho, 43
   princípios de, 88-90
   processos de, 84-86, 88-90, 341-342
   sistemas de, 116-117, 319
Gestão ativa, 92-93
Gestão autoritária benevolente, 116-118f, 319
Gestão autoritária e exploradora, 112-113, 116-118f, 319
Gestão centrada no lucro, 255
Gestão científica, 34-35, 142-144, 172-204
Gestão consultiva, 116-118f, 124, 125, 319
   estilo de liderança, 244, 245-246
Gestão country club, 113-115
Gestão de equipe, 114-115f
Gestão de obediência à autoridade, 113-115f
Gestão de pessoal, 263-265
   ver também Empregados; Gestão de Recursos Humanos
Gestão de projeto total, 314, 316
Gestão de Qualidade Total, 314, 316, 332-335
   e gestão dos recursos humanos, 332, 334
Gestão de Recursos Humanos (GRH), 25-26, 125-126, 263-286
   como base administrativa, 15-16
   e conflito, 351-352
   e mudança, 350-351
   função de pessoal, 125-126, 154
      da gerência de linha, 266-269
      eficácia, 284-286
      gerente especialista para a, 265-266, 267-268
      trabalho de equipe e cooperação, 267-269
   Gestão da Qualidade Total, 332, 334
   montando o quadro funcional, 269-271, 270-276
      níveis de rotatividade, 271-272, 278-279
      planejamento de recursos humanos, 271-274
      programas de integração, 278-281
      recrutamento e seleção, 274-279
      termos e condições do emprego, 280-282
   natureza, 263-265
   no ramo da hospitalidade, 264-266

políticas equânimes, 212-213
treinamento e desenvolvimento, 281-285
ver também Delegação
Gestão do tipo "o que é que eu ganho com isso", 114-115
Gestão enfraquecida, 113-*115f*
Gestão oportunista, 114-115
Gestão participativa, 119-120, 124, 125, 197, 318
relações de apoio, 117-119, 125-126, 314, 316-*317f,*
sistema, 16-17, 116-119, 205, 319
Gestão paternal, 114-115
Gestão por exceção, 143, 319-320
Gestão voltada a promoções, 115-116
Glover, W. G., 345-346
Goldsmith, A., 265
Goldthorpe, J. H., 56-57
Goss-Turner, S., 122-123, 284-285
Governo: responsabilidades para com o, 44-45
Grade de Blake e Mouton, 113-116, 236
Grade de liderança, 113-116, 236
Grade gerencial, 113-116, 236
Graicunas, V. A., 155
Grandes empreendedores, 179-180
Green, J., 123-124, 224
GRH *ver* Gestão de Recursos Humanos
Gross, R. D., 60
Grupos de trabalho
autônomos, 194, 196
benefícios dos, 210-212
canal de comunicação, 207-208, 211-212, 215-217
círculos de qualidade, 196-197
coesão, 211-214
desvantagens da, 213-214
compatibilidade dos integrantes, 211-212
comportamento, 274-286
comportamento individual, 224-227
conflito nos, 204-205, 213-215
de sucesso, 217-218, 221
desempenho, 24-25, 214-216, 214-228
desenvolvimento e maturidade, 212-213
eficácia, 211-213, 220*f*
estruturas sobrepostas de grupo, 204-205
estudos Hawthorne, 145-146, 203-205
grupos informais, 208*f,* 209-212, 319
importâncias dos, 203-204
natureza dos, 203-204
permanência dos integrantes, 211-212
relações entre papéis, 217-218, 221-224
tamanho do grupo, 211-212
trabalho de equipe, 206-208, 209, 211-212
ver também Liderança
Grupos formais, 209
Grupos informais, 208*f,* 209-212, 319
Guerrier, Y., 24-25, 95-96, 271
Guest, D. E., 263-264
Gullen, H. V., 140, 142

Habilidades "duras" de gestão, 123-124
Habilidades "macias" de gestão", 123-124
Habilidades humanas, 122, 122-*123f,* 124
Habilidades interpessoais, 83-85, 123-124
Habilidades práticas, 69-70
Habilidades sociais, 122, 122-*123f,* 123-124, 307-308

Hábito: resistência à mudança, 349
Hackman, J. R., 191-194
Hales, C., 92-93, 125
Hall, L., 263-265
Handy, Charles, 150-152, 331, 342-343
Harrington, D., 339-340
Harris, T. A., 70-71
HCITB, 69, 69-70, 175-177, 186-187
HCTC (Hotel and Catering Training Company), 186-187, 263, 271-272, 337, 352
relações com o empregado, 269-271, 270*f*
treinamento e qualificação, 122-123, 282
Heider, F., 60-62
Heller, R., 207-208, 209, 331-332, 345-346
Hemmington, N., 349-350
Hersey, P., 250-252
Hicks, L., 60-61, 69-70
Hiltrop, J. M., 75
Hinkin, T.R., 252
Hipótese da turba, 203-204
História: efeito sobre a cultura, 342-343
Hollingswarth, M. J., 235-236
Hollins, B., 314, 316
Hollins, G., 314, 316
Hornsey, T., 213-215
Hotel and Catering International Management Association, 336
Hotel and Catering Training Company *ver* HCTC
House, R. I., 248
Hunt, J. W., 252
Hunter, M., 275-276

Identidade organizacional, 65-67, 346-347
Identidade, percepção da, 65-67, 346-347
Identificação de tarefas, 192-194
Identificando o comportamento de liderança, 245-246, 250-251
Ideologia organizacional, 40-42
Ideologia/filosofia organizacional, 40-42
Imagem própria, 71-73, 180
Impessoalidade, 144-145
Implicações econômicas da mudança, 349
Indústria da hospitalidade
abordagem situacional, 248, 252, 253-254
administração por objetivos, 119-122, 125-126, 194
análise de operações, 38-40
aplicações da gestão científica, 143-144
arranjo organizacional, 25-28, 30
características do quadro de empregados, 28, 30
como organização trevo, 151-152
conflito entre departamentos, 213-215
educação *ver* Educação e treinamento
efeito na rotatividade, 254-256
esquemas de avaliação de desempenho, 312-313, 321-327
função de pessoal, 125-126
garantia de qualidade, 313-314, 316, 317-318, 339-341
gestão bem-sucedida, 99-100
gestão de qualidade total, 332-335
gestão de serviços, 32-34
gestão dos recursos humanos, 264-266
influências do ambiente, 37-39, 95-97
liderança, 235-236, 237, 239
liderança transformacional, 252
melhor estilo de liderança, 252-253

melhores esquemas práticos, 336-337
mensuração da produtividade, 337-339
modelo aberto de gestão de sistemas, 34-40
modelos de excelência, 332-337
motivação, 42-45, 178-180, 186-190
natureza da, 23-45, 47, 30-34, 186-190
padrões de qualidade para hotéis, 337-340, 344-345
pesquisa sobre, 24-25, 94-96, 235-236, 253-254
rotatividade de funcionários, 125-126, 254-256, 271-272, 278-279
significado do termo, 23-25
singularidade, 25, 34-35, 37, 95-96
teoria geral da administração aplicada ao, 24-25, 35, 37, 94-96
trabalho gerencial, 91-93, 94-97
treinamento ver Educação e treinamento
uso do termo, 15-16, 23-24
ver também Ramo hoteleiro
Ineficácia, 345-346
Influências culturais, 61-62, 208, 210, 345-346
Influências do ambiente
 administração da mudança, 45, 194-195, 341-342, 347-351
 ambiente externo, 96-97
 ambiente interno, 96-97
 na abordagem contingencial, 148-150
 na estratégia corporativa, 45, 47
 no comportamento, 58-59
 sobre a administração, 95-97, 341-342
 sobre a cultura organizacional, 343-345
 sobre o ramo da hospitalidade, 37-39
 sobre os grupos de trabalho, 211-212
Influências do grupo no comportamento, 57, 158-161
Iniciativa, 88-89
Injustiças: conseqüências comportamentais, 183-185
Inovação, 42-43, 180
Insatisfação, 178f, 178-179
Institute of Management, 98
Institute of Personnel and Development, 266-267
Instrumentalidade, 181-182
Intangibilidade das empresas de serviço, 31
Integração de metas, 39-41
Integração na estrutura organizacional, 149-150
Interdependência, 214-215, 307-308
Inter-relação das operações, 38-40
Investors in People (IiP), 125-126, 282-284, 336-337, 344-345
Isolamento no trabalho, 186-187

Jacob, J., 237, 239
Jagger, E., 70-71
James, G., 332
Jamison, C., 340-341
Janelas de Johari, 71-73
Janis, J. L., 215-216
Jeong, M., 314, 316
Johnson, K., 264-265
Johnston, R., 314
Jones, P., 24-25, 31-33, 94, 119-120, 123-124, 144-145, 196
Juízos sobre as pessoas, 67-68

Kanter, R. M., 44-45, 69-70, 341-342
Katz, D., 60

Keegan B. M., 194-195, 252
Keiser, J. R., 45, 140, 142
Kelliher, C., 264-265
King, C. A., 23-24
Kinicki, A., 252
Klein, S., 111-113
Kobjoll, Klaus, 128-129, 308-309
Kotter, J.P, 92-94, 239, 240
Krech, D., 239, 240-241
Kreitner, R., 252

La Piere, R. T., 60-61
Lashley, C., 196-197, 265
Lawler, E. E., 312-314
 modelo de expectativa, 181-185
Lawrence, P. R., 149-150
Lee-Ross, D., 116-117, 192-194
Legge, K., 264-265
Lei da situação, 246
Lei do salário mínimo (1998), 280-281
Lennon, J. J., 59-60
Levitt, T., 31-33
Ley, D. A., 90-91
Liberdade de ação, 306-308, 319-320, 349
Liderança, 235-236, 237, 239
 abordagem situacional, 246-254
 características da liderança, 237, 239
 como capacitação para a excelência, 335-336
 como característica organizacional, 117-118f
 como categoria comportamental, 237-238, 241-246, 252
 debate sobre a liderança adquirida ou natural, 239
 dos grupos de trabalho, 208, 210, 211-213
 e controle, 317-318
 e gestão, 235-236
 eficácia, 253
 estilos de, 237-238, 242-246, 317-318, 346-347
 estudo da, 237-254
 funções da, 239, 240-241
 liderança na mudança, 350
 liderança transformacional, 252
 perspectiva pessoal, 254-256
 poder e influência, 237
Liderança carismática, 239, 252
Liderança centrada na ação, 240-241
Liderança de apoio, 248, 252
Liderança de orientação interpessoal, 248
Liderança diretiva, 248
Liderança participativa, 244, 248, 250-251, 252, 350
Liderança transacional, 237-238, 252
Liderança transformacional, 237-238, 252-252
Liderança voltada à realização, 248, 250
Ligação esforço-desempenho-remuneração, 180-184, 185-186
Likert, R., 116-118, 125-126, 204-205, 242-243, 316, 319
Localização geográfica, 342-343
Locke, E. A., 185-186
Lockwood, A., 94, 95-96, 116-117, 119-120, 144-145, 271
 sobre a garantia de qualidade, 283-284, 314
Lorsch, J. W., 149-150
Lucas, R., 269, 312
Lucratividade, 43, 125, 319-320
Lucro como motivação, 42, 43
Lysons, K., 211-212

Má gestão, 255
Macdonald, J., 31-33, 334-335
MacQueen, N., 178-179
Magurn, J.P., 191-192, 244
Maher, A., 122-123, 264-265
Manual de Integração do Funcionário, 280, 296-298
Mão-obra intensiva dos serviços, 31
Margem contratual, 151-152
Martin, W. B., 314, 316
Marx, Karl, 146-147
Maslow, A. H., 112-113, 174, 177f
Maxwell, G., 70-71
McBain, R., 265-266
McClelland, D. C., 174-176, 179-180
McConnell, J. P., 312-313
McEwan, T., 194-196
McGregor, D., 112, 118-119, 236, 244-245, 317-318
McLaughlin, C. P., 337
Medida de um dia justo de trabalho, 172-173
Medidas de sucesso, 99-100
    características organizacionais e de equipe, 28, 30
    estereotipia por sexo, 69-71
    estrutura organizacional "sem costuras", 157-159
    motivação e satisfação com o cargo, 186-190
    orientação quanto ao trabalho, 57, 74, 113-114
    padrões de qualidade, 337-340, 344-345
    resistência à mudança, 349-350
    trabalhadores sazonais, 192-194
Medlik, S., 26-27
Medo do desconhecido, 348-349
Mensuração de resultado, 98-100
Metas organizacionais, 39-41, 45, 152-153, 179-180, 346-347
    característica do estabelecimento de metas, 117, 117-119
    ver também Objetivos
Mill, R. C., 347-348
Mintzberg, H., 89-91, 236
Mitos relativos ao serviço ao cliente, 340-341
Mobilidade dos gerentes, 91
Modelo de Excelência da European Foundation for Quality Management (EFQM), 334-193
Modelo de excelência por meio das pessoas, 336-338
Modelo de função, 189-197, 347
    abordagens mais amplas, 194-197
    reestruturação de cargos individuais, 189-192
    teorias motivacionais aplicadas ao, 178-179, 185-186
Modelo de função vertical, 263
Modelo de hospitalidade garantida, 337
Modelo de liderança dos "três círculos", 240-241
Modelo de necessidades e hierarquia, 112-113, 174, 177f
Modelo de Sistema, 15, 116-118f, 319
Modelo de teoria mecânica, 143
Modelo Mckinsey, 331-332
Modelo 7-S, 331-332
Modelos de excelência, 331-337
Modelos de qualidade total, 334-337
Modelos de sistemas abertos, 34-40
Moldando sua equipe para o sucesso, 336-337
Monitoração, 89-90, 91
Moral, 210-212, 347
    ver também Satisfação com o cargo; Motivação
Moreno, J. L., 224-225
Motivação, 171-190

atitudes ligadas à, 60
como característica organizacional, 117-118f
contrato psicológico, 74-75, 172-173
controle e, 318-319
dos grupos de trabalho, 210-212
estilos de gestão, 112-113
frustração, 72-74
modelo de função, 189-196
monetária, 143
necessidades e expectativas, 171-173, 174-178, 248, 250
no ramo da hospitalidade, 42-45, 178-180, 186-190
o lucro como motivação, 42-43
organização informal, 158-161, 319
orientação em relação ao trabalho, 56-57, 113-114
papel dos gerentes na, 87-88, 341-342
satisfação com o trabalho, 171-173, 178-179, 183-184, 186-190
sucesso como motivador positivo, 212-213
teorias da, 172-187
    teorias de conteúdo, 172-181
    teorias de processo, 173-176, 180-186
teorias de liderança, 248, 250, 252
ver também Satisfação com o cargo; Sistemas de remuneração
Motivação extrínseca/remuneração, 171-172, 182-183
Motivação intrínseca/remuneração, 171-173, 182-183
Mouton, J. S.: Grade de Blake e Mouton, 113-116
Mudança, Administrando a, 45, 194-195, 341-342, 347-351
Mulheres: efeitos da estereotipia por sexo, 69-71
Mullins, L. J., 284-285
Multiculturalismo, 61-62
Mwaura, G., 345-346

Nailon, P., 35, 37, 145-146, 150-151
Nebel, E. C., 252
Necessidades de crescimento, 175-177
Necessidades existenciais, 175-177
Necessidades relacionadas, 175-177
Necessidades, hierarquia de, 112-113, 174-177f
NEDC (National Economic Development Council), 337
Newborough, G., 114-116
Nightingale, M., 92-93, 125
Normas de grupos, 145-146, 158-161, 204-205, 212-214, 319
Normatização do horário de trabalho, 281-282
Nova tecnologia ver Tecnologia da informação
Núcleo profissional, 150-152

Oakland, J. S., 334-335
Objetivos, 25-26, 33, 40-44, 45
    administração por ver Administração por objetivos
    clarificação dos, 86-87, 119-120f, 341-342
    harmonização da estrutura e dos, 152-153
    influência na cultura, 342-344
    ver também Metas organizacionais
Objetivos múltiplos de mudança, 42-43
Observação direta, 60-61
Obsolescência do produto, 347-348
Oh, H., 314, 316
Ohio State University, estudo da, 241-243
Okumus, F., 349-349
Oldham, G. R., 191-194
Ordem, 88-89, 117

Ordem material, 88-89
Ordem social, 88-89
Organização circular, 157-158
Organização da agenda, 92-93
Organização do trabalho, 87, 93-94
Organização hoteleira "sem costuras", 157-159
Organização: influência no comportamento, 57-59
Organizações formais, 158-161
   em grupos informais, 208f, 209-212, 319
Organizações informais, 158-161, 319
Organizações mecânicas, 144-145, 148-150, 319
Organizações orgânicas, 148-150, 319
Organogramas, 157-158, 209
Orientação burocrática no trabalho, 56-57
Orientação instrumental para o trabalho, 56-57, 113-114, 178-179
Orientação para o trabalho, 56-57, 74, 113-114
Orientação solidária para o trabalho, 56-57

Padrões
   ausentes, 346
   de qualidade para os hotéis, 337-340
   investors in People, 125-126, 282-284, 336-337
Papéis de apoio na equipe, 217-218, 221
Papéis de equipe, 217-218, 219f, 221
Papéis decisivos, 89-91
Papéis funcionais, 217-218, 221
Papéis informativos, 89-90
Papéis interpessoais, 89-90, 91, 236
Papel da cultura, 342-343
Papel de administrador de problemas, 89-90, 91
Papel de disseminador, 89-90, 91
Papel de elo, 89-90
Papel de liderança, 89-91, 236
Papel de negociador, 90-91
Papel de porta-voz, 89-90, 91
Papel de testa-ferro, 89-90, 91
Papel do empreendedor, 89-91
Papel, conceito, 150-151
Papel, percepção, 182-183
Papel, relações, 71-72, 92-93, 217-218, 221-224
   análise interativa, 225-227
   papéis de equipe, 217-218, 221, 219f
Parcerias: capacitação para a excelência, 335-336
Participação, 196-197
Partlow, C. G., 334
Patching, K., 340-341
Peacock, A., 99-100
Pensamento de grupo, 215-216
Percepção, 62-71
   clima organizacional, 346-347
   da capacitação pelos gerentes, 196-197
   da influência e do poder dos líderes, 237
   do eu, 71-73
   do sistema de *status*, 214-215
   dos empregados sobre o trabalho, 116-117
   estímulos, 62-67
   seletiva, 68, 349
Percepção interpessoal, 67-71
Personalidade, 69-70, 83-84
   análise transacional, 70-73
   e liderança, 237-238f, 239, 240, 248, 250

gerentes de hospitalidade, 121-122
Personnel Journal, 180-181
Perspectiva pluralista das organizações, 351-352
Perspectiva unitária para as organizações, 351-352
Pesquisa, 24-25, 94-96, 235-236, 253-254
Pesquisa de diagnóstico, 192-194
Pesquisa de diagnóstico de cargo, 192-194
Pesquisas de atitude, 347
Pessoal
   como capacitadores da excelência, 335-336
   como subsistema, 39-40
   gestão de, 100-101, 123-129
   no ambiente organizacional, 25-26
   preocupação da gerência com o, 113-116
   ver também Comportamento; Empregados; Gestão de Recursos Humanos
Peter Principle, 307
Peters, T. J., 126-127, 331-332, 345-346
Phillipchuk, J., 178-179
Pickard, J., 196
Pittaway, L., 235-236, 253-254
Planejamento, 87, 93-94
   planos de entrevista, 278-279
   ver também Planejamento estratégico
Planejamento da força de trabalho *ver* Planejamento de recursos humanos
Planejamento da sucessão, 284-285
Planejamento de recursos humanos, 271-274
Planejamento estratégico, 33, 44-45, 47, 83-84, 305-307, 311-312
   gestão de recursos humanos, 271-274
Poder de coerção, 237
Poder de especialização, 237
Poder de remuneração, 237
Poder dos líderes, 237, 244
Poder legítimo, 237
Poder referente, 237
Política, 40-44, 86-87, 335-336, 341-342
   para as relações com os empregados, 269-271, 270f
Política de relacionamento com o cliente, 42
Política geral, 42
Política secional, 42
Ponto cego, 71-73
Porter, L. W., 175-177, 194-195
   modelo de expectativa, 181-185
Posição no mercado, 42-43
Práticas de administração tradicional, 125-126
Práticas de emprego, 33, 196-197, 332
   ver também Delegação
Práticas informais de trabalho, 145-146
Práticas padronizadas e produtos, 143-144, 152
Prêmio Gold Ribbon, 339-340
Prêmio Blue Ribbon, 339-340
Primeiras impressões, 66-67
Princípio da continuidade, 140, *142*
Princípio da coordenação, 140, 142
Princípio da correspondência, 140, 142
Princípio de agrupamento, 64-67f
Princípio de definição, 140, 142-143
Princípio de equilíbrio, 140, 142
Princípio de especialização, 140, 142, 144
Princípio de fechamento, 64-67
Princípio de objetivos, 140, 142

Princípios de eqüidade, 88-89
Processo social: gestão como, 84-85
Processo tecnológico, 147-149
Processos: como capacitadores da excelência, 335-336
Produção, 30-33, 113-116, 143, 147-149
Produtividade, 43
    abordagem da gestão científica, 215-216, 172-173, 203-204
    abordagem de relações humanas, 145-147, 172-173, 203-204
    mensuração da, 337-339
Produto: como medida de eficácia, 96-98
Profile of Professional Management (HCIMA), 94-95
Programa de Hospedagem de Empregados, 334, 352-358
Programas de integração, 278-281, 296-298
Projeção, perigos da, 68-69
Projeto de trabalho horizontal, 191-192
Propriedade dos serviços, 31-33
Proteção de bens, 94, 119-120
Psicologia, 58-59
    análise transacional, 70-73

Qualidade da cultura da vida profissional, 332, 346-347, 348-349
Quality function deployment (QFD), 314, 316
Questionários de descrição, 347
Questionários: mensuração da atitude, 60-61

RAC (Royal Automobile Club), 337-340
Ramo hoteleiro, 25-31
    áreas principais de resultado, 94, 119-120
    características organizacionais e de equipe, 28, 30
    estabelecimentos pequenos, 28, 30-31, 47-49
    estereotipia por sexo, 69-71
    estilos de gestão, 115-116, 117-119
        estilo de liderança, 242-243
    estrutura burocrática, 144-145
    estrutura organizacional sem costuras, 157-159
    gerentes, 90-93, 120-129
        atributos necessários, 122-124
        gestão de pessoal, 124-129
        medidas de sucesso, 99-100
        perfil de personalidade, 121-122
    motivação e satisfação com o cargo, 186-190
    natureza distintiva, 28, 30
    orientação quanto ao trabalho, 57, 74, 113-114
    padrões de qualidade, 337-340, 344-345
    primeiras impressões no, 67
        estilo de liderança, 242-243
    resistência à mudança, 349-350
    tipos de hotel, 26-28
    trabalho gerencial em, 91-93
    trabalhadores sazonais, 192-194
    ver também Indústria da hospitalidade; Setor de serviços
Ramsay, Gordon, 55-56
Raven, B., 237
Reconhecimento da realização, 127-128, 188-189, 346, 347
Reconhecimento e crédito, 127-128
Recrutamento e seleção, 274-281, 350-351
    análise de cargo, 276-278
    abordagem planejada e sistemática, 274-276

    abordagem sistemática, 143
    e rotatividade de funcionários, 271-272, 278-279
    processo de seleção, 277-278
        entrevistas, 68, 68-69, 277-280*f*
    programas de integração, 278-281
Recursos, 25-26, 43, 45, 335-336
Recursos financeiros, 43
Recursos físicos, 43
Recursos não-humanos, 25-26, 43
Rede de comunicação, 216-217, 218
Rede de comunicação em cadeia, 217-218
Rede de comunicação em círculo, 217, 218
Rede de comunicação em todos os canais, 217, 218
Rede de comunicação em Y, 217-218
Rees, W. D., 96-98
Reestruturação, 72-74
Reforço positivo, 347
Regra de ouro, 128-129
Regressão, 73-74
Relação gerente-subordinado, 113, 116-119, 125-126
Relação pessoas-organização, 75, 83-85, 123-129
Relações "se-então", 147-148
Relações com os empregados, 269, 270*f,* 351-352
Relações de apoio, 117-119, 125-126, 314, 316-*317f,* 347
Relações informais, 69-71, 91
Relações organizacionais, 155-156
Relações pessoas-organização, 75, 83-85, 123-129
Relações sociais, 158-161, 172-173, 183-185
Relevância vocacional, 58-60
    Ver também Educação e treinamento
Remuneração
    na indústria da hospitalidade, 92-93
    princípios de gestão, 88-89
    ver também Sistemas de remuneração
Remuneração igual, 182-185, 212-213, 214-215, 346-347
Remuneração por resultados, 143
Resolução de problemas, 72-74
Respeito, 126-127
Responsabilidade
    dos líderes, 240-241
    e clima organizacional, 347
    e delegação, 304-305, 308-309
    pessoal, 179-180, 192-193
    princípio administrativo, 88
    princípio da organização, 140, 142-143, 144
Responsabilidade final, 304-305, 346
Responsabilidades sociais, 43-45, 74
Restrições no trabalho, 92-93
Resultados da sociedade, 335-*336f*
Resultados de pessoal, 335-*336f*
Resultados do cliente, 335-*336f*
Resultados fundamentais para o desempenho, 335-*336f*
Retraimento, 73-74
Reuniões: tempo passado em, 93-94
Riley, M., 34-35, 57, 171, 206, 271-272, 303-305, 318
Risco: calculado para grandes empreendedores, 179-180
Roberts, K. H., 194-195
Roda gerencial, 92-93
Rodes, G. E., 140, 142
Rotação de cargos, 189-191
Ryterband, E. C., 213

Sala de testes para a montagem do relé, 145-146
Sanções nos grupos de trabalho, 204-205
Satisfação, 178f, 179
Satisfação com o emprego, 235-236, 341-342
   e motivação, 171-173, 183-184
   e orientação para o trabalho, 56-57
   ramo da hospitalidade, 186-190
   teoria dos dois fatores de Herzberg, 172-173, 174-176, 178-179, 185-186
Satisfação do cliente
   e estilo gerencial, 33-34, 111-113, 119-120, 123-124
   importância da equipe, 263-264, 315, 317-318
   modelo de sistemas abertos, 34-35, 37, 314
   ramo da hospitalidade, 33-34, 94, 123-124, 178-179
   ver também Garantia de qualidade
Schaffer, J. D., 152-153
Schein, E. H., 342
Schmidt, W. H., 244-246
Segurança: resistência à mudança, 349
Seleção ver Recrutamento e seleção
Seleção de local no setor de serviços, 31
Seleção sistemática e treinamento, 143
Serviços de apoio, 153-154
Sessões, 93-94
Setor de catering ver Indústria da hospitalidade
Setores de serviço
   controle de qualidade, 314-314, 316, 339-341
   controle nos, 318
   dificuldades de motivação, 172-175
   função de GRH, 265
   gestão dos, 32-34
      administração por objetivos nos, 119-120, 194
      Gestão da Qualidade Total, 334-335
   mensuração da produtividade, 337
   natureza dos, 30-34, 314
   ver também Indústria da hospitalidade
Shamir, B., 150
Shaner, M. C., 121-122
Shaw, M. E., 217
Sheats, P., 226, 228
Shortt, G., 91
Siddall, P., 345-346
Sieff, M. (Lord Sieff of Brimpton), 235-236
Significado do trabalho, 191-194
Simmons, P., 206
Simon, H. A., 142-143
Simon, T., 188-190
Sistema de controle contábil, 319-320, 346
Sistema de normas, 144
Sistema de regras, 144
Sistema sociotécnico, 146-147, 152-153, 203-204, 340-342, 350
   indústria da hospitalidade, 38-40, 194
Sistemas de controle financeiro, 319-320, 346
Sistemas de gestão, 116-117
Sistemas de remuneração, 33-34, 75, 88-89, 341-342, 347
   como causa de conflito, 214-215
   como fator motivacional, 171-172
      conceito racional-econômico, 143, 172-173
      motivação extrínseca/remuneração, 171-172, 182-183
      motivação intrínseca/remuneração, 171-173, 182-183
      para grande empreendedores, 179-180.
      para trabalhadores horistas, 180-181
      remunerações eqüânimes, 182-185
   e delegação, 306-307
Sistemas de status, 214-215, 349
Situação de favorabilidade da liderança, 246-248
Slattery, P., 58-59
Sociabilidade, 314, 316
Sociogramas, 224-226
Stalker, G. M., 148-149
Status social, 67-68
Stearns, K., 252
Steers, R. M., 175-177
Stewart, R.
   sobre a atividade gerencial, 84-85, 92-94, 95-96, 98-99, 307-308
   sobre a estrutura organizacional, 144-145, 158-161, 348-349
Stone, G., 122
Storey, J., 264-265
Subordinação aos interesses individuais, 88-89
Subsistema de estrutura, 39, 39-40
Subsistema de tarefas, 39
Subsistema tecnológico, 39
Subsistemas inter-relacionados, 39-40
Sucesso e motivação, 212-213
Supervisão, 88, 242-243, 275-276, 314, 316-316
Supervisão centrada na produção, 242-243
Supervisão centrada no cargo, 316
Supervisão centrada no empregado, 242-243, 316

Taffinder, P., 235-236
Tamanho, 147-148, 343-344
Tannenbaum, R., 244-246
Taylor, F. W., 142-143
Taylor, S., 24-25
Teare, R., 206
Técnicas de relato próprio, 60-61
Tecnologia
   mudanças na, 347-348
   tecnologia da informação, 186-187, 194-196, 347-348
Teoria da "pessoa notável", 237, 239
Teoria da ação em hotéis e catering, 150-151
Teoria da ação social, 150-151
Teoria da aceitação da autoridade, 307-308
Teoria da expectativa, 180-186
Teoria da maturidade dos seguidores, 250-252
Teoria da Motivação de dois fatores, 172-173, 174-176, 178-179, 185-186
Teoria da prontidão dos seguidores, 250-252
Teoria de dois fatores de Herzberg, 172-173, 174-176, 178-179, 185-186
Teoria de liderança caminho-meta, 248, 250
Teoria do intercâmbio, 183-185
Teoria do uso da motivação, 174-176, 179-180
Teoria ERG, 175-178
Teoria M, 180
Teoria motivacional, 181-182
Teoria motivacional da eqüidade, 180-181, 183-185
Teoria motivacional de metas, 180-181, 185-186
Teoria X, 112-114, 236, 244-245, 317-318
Teoria Y, 112-114, 125-126, 236, 244-245, 317-318
Teorias das qualidades, 237-238f, 239, 240

Teorias de processo motivacional, 173-176, 180-186
Teorias dos traços, 237-238f, 239, 240
Tipos de gerente, 115-116
Tomada de decisões, 33, 215-216, 244
  como característica organizacional, 117-119
Tomada de decisões em grupo, 117-119
Torrington, D., 263-265
Trabalhadores horistas: motivação, 180-181
Trabalhadores sazonais de hotel, 192-194
Trabalho de equipe, 194, 206-208, 209, 211-212
  ausência de, 346, 347
  ver também Grupos de trabalho
Trabalho: orientações relativas ao, 56-57, 74, 113-114
Tracey, J. B., 252
Treinamento *ver* Educação e treinamento
Trist, E. L., 38-39
Tuckman, B. W., 212-213

Umbreit, W. T., 98-100, 125, 312-313
Unidade de comando, 88
Unidade de direção, 88-89
Upchurch, R. S., 42
Urwick, L., 140, 142

Valência, 181-182
Valores de grupo, 204-205
Vanger, R., 206-208, 211-212
Variedade de habilidades, 192-194

Vendendo o comportamento organizacional, 245-246, 250-251
Venison, P., 35, 37, 113, 115-116, 128-129, 155, 265-266, 316, 319-320
Vroom, V. H.: Teoria da expectativa, 181-182

Wages Council Orders, 280-281
Walker, R. G., 239
Waterman, R. H., 111-112, 116-117, 126-127, 331-332, 345-346
Weaver, T., 180
Weber, Max, 144, 146-147
Webster, M. W., 44-45, 83-84
Western Electric Company (estudos Hawthorne), 145-147, 172-173, 203-205, 269-271
White, M., 124-126, 217-218, 221
Whyte, W. F., 213-214, 224
Williams, P. W., 275-276
Willman, P., 172-175, 264-265
Wood, R. C., 18, 84-85, 125-126, 207-208, 284-285
  sobre a cultura organizacional, 342
  sobre a delegação, 307
  sobre a administração por objetivos, 120-122
  sobre a relevância vocacional, 58-60
  sobre a singularidade da indústria da hospitalidade, 35, 37, 95-96
  sobre o estresse, 223-224
  sobre as características da atividade gerencial, 91-93
Woodward, J., 147-148, 152-154
Worsfold, P., 121-122, 125, 242-243, 265

edelbra

Impressão e acabamento:
E-mail: edelbra@edelbra.com.br
Fone/Fax: (54) 321-1744

Filmes fornecidos pelo Editor.